# 养老服务监管

## 工作手册

YANGLAO FUWU JIANGUAN
GONGZUO SHOUCE

民政部养老服务司
民政部政策法规司 编

中国社会出版社
国家一级出版社 · 全国百佳图书出版单位

**图书在版编目（CIP）数据**

养老服务监管工作手册 / 民政部养老服务司，民政部政策法规司编 . —北京：中国社会出版社，2021. 5（2021.12 重印）

ISBN 978-7-5087-6538-9

Ⅰ. ①养… Ⅱ. ①民… ②民… Ⅲ. ①养老—社会服务—监管制度—中国—手册 Ⅳ. ①D669. 6-62

中国版本图书馆 CIP 数据核字（2021）第 073013 号

---

**书　　名**：养老服务监管工作手册
**编　　者**：民政部养老服务司　民政部政策法规司

---

**出 版 人**：浦善新
**终 审 人**：李　浩
**策划编辑**：金　伟
**责任编辑**：陈　琛

---

**出版发行**：中国社会出版社　**邮政编码**：100032
**通联方式**：北京市西城区二龙路甲 33 号
**电　　话**：编辑室：（010）58124836
　　　　　销售部：（010）58124836
**网　　址**：www. shcbs. com. cn
　　　　　shcbs. mca. gov. cn
**经　　销**：各地新华书店

中国社会出版社天猫旗舰店

---

**印刷装订**：北京华创印务有限公司
**开　　本**：185mm×260mm　1/16
**印　　张**：45. 25
**字　　数**：1000 千字
**版　　次**：2021 年 5 月第 1 版
**印　　次**：2021 年 12 月第 2 次印刷
**定　　价**：138. 00 元

中国社会出版社微信公众号

推动养老事业和养老产业协同发展，健全基本养老服务体系，大力发展普惠型养老服务，支持家庭承担养老功能，构建居家社区机构相协调、医养康养相结合的养老服务体系。完善社区居家养老服务网络，推进公共设施适老化改造，推动专业机构服务向社区延伸，整合利用存量资源发展社区嵌入式养老。强化对失能、部分失能特困老年人的兜底保障，积极发展农村互助幸福院等互助性养老。深化公办养老机构改革，提升服务能力和水平，完善公建民营管理机制，支持培训疗养资源转型发展养老，加强对护理型民办养老机构的政策扶持，开展普惠养老城企联动专项行动。加强老年健康服务，深入推进医养康养结合。加大养老护理型人才培养力度，扩大养老机构护理型床位供给，养老机构护理型床位占比提高到55%，更好满足高龄失能失智老年人护理服务需求。逐步提升老年人福利水平，完善经济困难高龄失能老年人补贴制度和特殊困难失能留守老年人探访关爱制度。健全养老服务综合监管制度。构建养老、孝老、敬老的社会环境，强化老年人权益保障。综合考虑人均预期寿命提高、人口老龄化趋势加快、受教育年限增加、劳动力结构变化等因素，按照小步调整、弹性实施、分类推进、统筹兼顾等原则，逐步延迟法定退休年龄，促进人力资源充分利用。发展银发经济，开发适老化技术和产品，培育智慧养老等新业态。

——《中华人民共和国国民经济和社会发展第十四个五年规划和2035年远景目标纲要》

## 编写组成员名单

俞建良　肖登峰　李邦华　张时飞
孙文灿　韩晓燕　董少龙　张　悦
宛时进　唐潇鹤　张莹莹　常家玮

# 序

党的十九届五中全会首次将实施积极应对人口老龄化上升为国家战略，其中明确“健全养老服务综合监管制度”，体现了党中央对养老工作的高度重视，并对养老服务工作更好适应全面深化改革新特点，加强事中事后监管，优化营商环境，保障养老服务高质量发展提出了更高要求。

2018年12月底，第十三届全国人民代表大会常务委员会对《中华人民共和国老年人权益保障法》进行第三次修正，明确提出，“地方各级人民政府加强对本行政区域养老机构管理工作的领导，建立养老机构综合监管制度。县级以上人民政府民政部门负责养老机构的指导、监督和管理，其他有关部门依照职责分工对养老机构实施监督。”其中第四十五条明确，民政部门发现养老机构存在可能危及人身健康和生命财产安全风险的，责令限期改正，逾期不改正的，责令停业整顿。2020年11月，全国人大常委会法制工作委员会对在养老服务监督检查中法律适用问题作出明确答复，民政部门作为养老服务行业的管理部门，按照“管行业必须管安全”的要求，在对养老机构进行监督检查时，可以按照人民政府确定的职责，依照《中华人民共和国安全生产法》第六十二条的规定，行使安全生产法规定的有关职权。在监督检查中发现养老机构存在设施、医疗卫生、环境保护、消防、食品药品、特种设备安全风险等安全隐患的，应当采取措施确保养老机构内老年人和有关人员的人身健康、生命财产安全等合法权益，并通知具备相应专业执法力量、执法权限的部门协助处理。

养老服务监管主要是指民政部门以及其他有关主管部门在职权范围内，依照法律、行政法规规定的职责，运用指导、检查、协调、监督等行政手段，促使养老服务市场主体依法开展活动，制止和查处违法行为，维护行业秩序，所进行的一系列行政管理活动的总称。近年来，民政部高度重视法治政府建设和普法宣传工作，积极开展养老服务法治宣传教育，把推动养老服务监管工作与保障老年人合法权益和实现养老服务高质量发展相结合，积极营造敬老、爱老、助老社会氛围。

为了便于全国养老服务系统深入学习贯彻党的十九届五中全会精神，抓好有关规章和文件的学习贯彻，准确把握核心要义、目标任务、政策措施和工作要求，民政部养老服务司、政策法规司组织专门力量，编写了这部《养老服务监管工作手册》，重点对养老服务监管法规政策进行解读导学。目的是采取多种形式宣传养老服务监管职责、措施、工作进展情况和成效，更好地推动法规政策标准落地见效，积极鼓励和引导全社会参与，推动全社会形成关心、支持养老服务综合监管的良好氛围。

全书分为四部分。其中第一部分就贯彻落实监管工作相关文件，主要是《国务院办公厅关于建立健全养老服务综合监管制度 促进养老服务高质量发展的意见》、民政部等部门《关于规范养老机构服务行为 做好服务纠纷处理工作的意见》作了解读，重点就文件背景、主要原则作了进一步阐释，第二部分学习辅导问答就实施《养老机构管理办法》有关的54个重点问题作了分析解答。第三部分研究整理了养老服务领域20个养老机构纠纷典型案例，主要包括加强机构出入管理、落实安全主体责任、提高服务质量、规范服务行为四个方面，有助于广大养老服务机构参考借鉴，以改进服务、防范纠纷。第四部分汇总了现行有效的相关监管法律政策标准和新冠肺炎疫情防控要求，并汇编整理了近期部分地方出台的地方性养老服务法规、规章。

我们相信，该书作为养老服务监管领域的工具用书，将会给民政部门工作人员和养老服务从业人员进一步学好用好法规政策提供有益的帮助。

编　者

2021年4月

# 目录
CONTENTS

## 监管工作相关文件解读



## 学习辅导问答

## 养老服务纠纷案例汇编

# 法律、行政法规、地方性法规、规章及其他

**附赠：《养老服务综合监管概论》视频课程**

主讲人：民政部养老服务司　孙文灿

上　　中　　下

**视频教程　扫码观看**

# 监管工作相关文件解读

# 国务院办公厅关于建立健全养老服务综合监管制度促进养老服务高质量发展的意见

（国办发〔2020〕48号）

各省、自治区、直辖市人民政府，国务院各部委、各直属机构：

党中央、国务院高度重视发展养老服务，着力构建居家社区机构相协调、医养康养相结合的养老服务体系，取得明显成效。为深入贯彻落实党的十九大和十九届二中、三中、四中、五中全会精神，深化“放管服”改革，加快形成高效规范、公平竞争的养老服务统一市场，建立健全养老服务综合监管制度，坚持公正监管、规范执法，不断优化营商环境，引导和激励养老服务机构诚信守法经营、积极转型升级、持续优化服务，更好适应养老服务高质量发展要求，更好满足人民群众日益增长的养老服务需求，经国务院同意，现提出以下意见。

## 一、明确监管重点

（一）加强质量安全监管。按照“谁审批谁监管、谁主管谁监管”原则，引导养老服务机构（包括养老机构、居家社区养老服务机构。居家社区养老服务机构的认定办法由民政部另行制定）立足长期安全运营，落实安全责任，主动防范消除本机构在建筑、消防、食品、医疗卫生等方面的安全风险和隐患。民政部门会同住房城乡建设部门加强养老服务机构建筑使用安全检查，及时发现安全隐患，督促养老服务机构采取修缮、更换等措施整改消除。民政部门会同消防救援机构、住房城乡建设等有关部门抓好养老服务机构消防安全整治，摸清消防安全状况，建立隐患、整改、责任“三个清单”，对重大火灾隐患要提请政府挂牌督办、推动整改。督促指导养老服务机构落实食品安全责任，加强食品安全日常监督管理，开展养老服务机构食品安全风险监测。加强对养老机构内设医疗机构依法执业医疗，服务质量安全，采购和使用药品、耗材、医疗器械等相关产品的监督管理。

（二）加强从业人员监管。引导从业人员（包括养老服务机构的法定代表人、主要负责人、管理人员以及养老护理员等相关人员）自觉养成良好品行、掌握专业技能，提升服务质量和水平。养老服务机构应当制定员工守则，定期组织从业人员进行职业道德教育培训，提升从业人员职业道德水平。养老服务机构中从事医疗护理、康复治疗、消防管理等服务的专业技术人员，应当具备相关资格。加强养老护理员岗前职业技能培训及岗位职业技能提升培训，积极开展养老护理员职业技能等级认定工作。加强院校内老年服务与管理人才培养，实施职业技能水平评价。严格末端监督执法，依法依规加强对有关培训评价组织和职业技能等级证书的监管，防止出现乱培训、滥发证现象。依法依规从严惩处养老服务机构欺老、虐老等侵害老年人合法权益的行为，对相关责任人实施行业禁入措施。

（三）加强涉及资金监管。引导养老服务机构以合法合规方式筹集和使用养老服务涉及资金。加强对养老服务机构申领使用政府提供的建设运营补贴资金的监督管理，定期对养老服务机构申领使用补贴资金信息的真实性、准确性进行抽查、核查，依法打击以虚报冒领等方式骗取补贴资金的行为。加大对涉及使用财政资金的养老服务重点建设项目实施过程的真实性、合法性、效益性跟踪审计问效力度。加强对政府购买养老服务的监督管理，依法查处弄虚作假、挤占挪用等违法违规行为。加大对养老机构医保基金使用情况的监督管理力度，保障医保基金安全。加强对养老服务机构预收服务费用的规范管理。加强对金融机构开展养老服务领域金融产品、服务方式创新的监管。加大对以养老服务为名非法集资的风险排查力度，做好政策宣传和风险提示，依法打击养老服务机构以养老服务为名的非法集资活动。

（四）加强运营秩序监管。引导养老服务机构不断优化内部管理、规范服务行为，合理规避风险、妥善处置纠纷。养老机构应当在各出入口、接待大厅、值班室、楼道、食堂等公共场所和部位安装视频监控。养老机构应当建立健全内部管理档案，妥善保管异常事件报告、紧急呼叫记录、值班记录、交接班记录、门卫记录、视频监控记录等原始资料。严禁利用养老服务机构设施和场地开展与养老服务无关的活动，依法查处向老年人欺诈销售各类产品和服务的违法行为。依法查处养老服务设施用地单位未经批准改变规划确定的土地用途，以及非营利性养老服务机构擅自转让、出租、抵押划拨土地使用权的行为。指导养老机构按照国家有关规定和当事方协议约定提供服务，建立纠纷协商调解机制，引导老年人及其代理人依法维权。完善养老服务市场主体退出机制，指导退出的养老服务机构妥善做好老年人的服务协议解除、安置等工作，切实保障老年人合法权益。加强对民办非营利性养老服务机构退出财产处置的监管，防止因关联关系、利益输送、内部人控制等造成财产流失或者转移。依法打击无证无照从事养老服务的行为，对未依法取得营业执照以市场主体名义从事养老服务经营活动的，按照《无证无照经营查处办法》的有关规定查处；未经登记擅自以社会服务机构名义开展养老服务活动的，由民政部门依法查处；未经登记管理机关核准登记，擅自以事业单位法人名义开展养老服务活动的，由事业单位登记管理机关依法采取措施予以制止，并给予行政处罚。

（五）加强突发事件应对。引导养老服务机构增强风险防范意识和应对处置能力，尽可能减少突发事件造成的损失。建立完善养老服务机构突发事件的预防与应急准备、监测与预警、应急处置与救援、事后恢复与重建等工作机制。养老服务机构要依法制定自然灾害、事故灾难、公共卫生事件等突发事件应急预案，在场所内配备报警装置和必要的应急救援设备、设施，开展有关突发事件应急知识的宣传普及活动和必要的应急演练。养老服务机构要全面落实传染病疫情防控要求，坚持预防为主，指导老年人做好个人防护。养老服务机构发生或者可能发生传染病暴发或者流行、不明原因的群体性疾病、重大食物中毒事件的，应当依照《中华人民共和国突发事件应对法》、《中华人民共和国传染病防治法》、《突发公共卫生事件应急条例》等相关要求，向所在地县级卫生健康主管部门、疾病预防控制机构和民政部门报告，并在有关部门和机构指导下采取卫生处理、隔离等预防控制措施。养老服务机构发生生产安全事故的，应当依照生产安全事故报告和调查处理相关要求，向事故发生地县级以上应急管理部门和民政部门报告。

## 二、落实监管责任

（六）强化政府主导责任。优化政府职责体系，深化养老服务领域“放管服”改革，充分发挥政府在制度建设、行业规划、行政执法等方面的主导作用。深化行政执法体制改革，最大限度减少不必要的行政执法事项。各相关部门要按照职责分工依法履行业务指导和监管职责，实行清单式监管，明确监管事项、监管措施、监管依据、监管流程，监管结果要及时、准确、规范向社会公开。

（七）压实机构主体责任。养老服务机构要坚持党的领导、加强党的建设，符合条件的要按照应建尽建原则及时建立党组织，充分发挥基层党组织战斗堡垒作用和党员先锋模范作用。养老服务机构对依法登记、备案承诺、履约服务、质量安全、应急管理、消防安全等承担主体责任，其主要负责人是第一责任人。养老服务机构应当不断提高养老服务、安全管理、风险防控、纠纷解决的能力和水平。

（八）发挥行业自律和社会监督作用。养老服务领域行业组织要积极推行行业信用承诺制度，健全行业自律规约，规范会员生产和经营行为，加强会员信用管理，推动行业自律体系建设；制定行业职业道德准则，规范从业人员职业行为，积极协调解决养老服务纠纷。加大养老服务领域信息公开力度，建立养老服务质量信息公开清单制度，督促养老服务机构通过书面告知、在机构显要位置设置公示栏等方式，主动公开其基本信息、规章制度、服务项目、收费标准等事项，畅通群众监督渠道。优化养老服务投诉举报受理流程，实现“民政牵头、归口负责”。坚持正面宣传和舆论监督相结合，宣传报道应实事求是、表述严谨，对捏造事实、制造谣言、造成严重社会影响的，依法追究有关人员责任。

## 三、创新监管方式

（九）加强协同监管。健全各部门协调配合机制，实现违法线索互联、监管标准互通、处理结果互认，避免多头多层重复执法，切实减轻养老服务机构和从业人员负担。民政部门在监督检查中发现养老服务机构存在建筑、消防、食品、医疗卫生、环境保护、特种设备等方面安全隐患，应当立即督促养老服务机构采取措施消除隐患，并书面告知相关部门；对安全隐患突出或者情况紧急需要立即处置的，应当依法责令养老服务机构停业整顿或者采取紧急措施处置，并通知相关部门到场处理；对应当采取行政强制措施或者行政强制执行的，应当通知具备相应执法权限的部门或者申请人民法院依法处理。探索乡镇综合执法有效形式，将养老服务综合监管纳入由省级政府统一制定的赋权清单，建立健全乡镇政府与县级执法部门的协作机制。建立以“双随机、一公开”监管为基本手段、以重点监管为补充、以信用监管为基础的新型监管机制。省级相关部门要制定养老服务随机抽查事项清单，结合监管特点和需要，制定完善抽查工作细则，就抽查比例和频次、抽查方式、检查内容、检查流程等事项作出规定；统筹建立检查对象名录库和执法检查人员名录库，必要时可以吸纳检测机构、科研院所等参与。

（十）加强信用监管。依法依规实施守信联合激励和失信联合惩戒，引导养老服务机构诚信守法经营。以加强信用监管为着力点，创新监管理念、监管制度和监管方式，建立健全贯穿养老服务机构全生命周期，衔接事前、事中、事后全监管环节的新型监管机制。

建立养老机构备案信用承诺制度，推动形成标准公开、规则公平、预期明确、各负其责的治理模式。备案申请人应当就养老机构按照建筑、消防、食品、医疗卫生等法律法规和国家有关标准开展服务活动提交书面承诺并向社会公开，将书面承诺履约情况记入信用记录；对违反承诺的，依法依规实施惩戒。全面建立养老服务市场主体信用记录，以统一社会信用代码为标识，整合形成完整的市场主体信用记录，并通过“信用中国”网站、国家企业信用信息公示系统或中国政府网及相关部门门户网站等渠道依法依规向社会公开，实现对违法失信行为信息的在线披露和信息共享。探索开展养老服务机构公共信用综合评价，相关部门要将“双随机、一公开”监管与评价结果相结合，根据养老服务机构信用等级高低采取差异化监管措施。

（十一）加强信息共享。大力推行“互联网+监管”，充分运用大数据等新技术手段，实现监管规范化、精准化、智能化，减少人为因素，实现公正监管，减少对监管对象的扰动。统筹运用养老服务领域政务数据资源和社会数据资源，推进数据统一和开放共享。民政部门要依托“金民工程”，及时采集养老服务机构基本信息、服务质量、运营情况、安全管理、补贴发放，以及养老护理员等从业人员职业技能等级、从业经历、职业信用等数据信息，形成养老服务机构组织信息基本数据集和养老从业人员基本数据集。卫生健康部门要依托基本公共卫生服务老年人健康管理项目，及时采集老年人健康管理信息，形成健康档案基本数据集。各部门要将涉及老年人相关信息向国家人口基础信息库汇聚，公安部门要依托国家人口基础信息库，形成老年人基本信息数据集。人力资源社会保障部门要依托社会保障卡应用推广工作，实现老年人社会保障信息在养老服务领域共享复用。加强养老服务机构信息联动机制，有关部门要将养老服务机构登记、备案、抽查检查结果、行政处罚、奖惩情况等信息，按照经营性质分别在中国社会组织公共服务平台、国家企业信用信息公示系统、事业单位在线网进行公示，形成养老服务主体登记和行政监管基本数据集。依托全国一体化政务服务平台和国家“互联网+监管”系统推进有关基本数据集共享，推动技术对接、数据汇聚和多场景使用，实现跨地区互通互认、信息一站式查询和综合监管“一张网”。

（十二）发挥标准规范引领作用。建立健全养老服务标准和评价体系，实施养老机构服务质量、安全基本规范等标准，引领养老服务高质量发展。养老服务设施应严格执行国家工程建设技术标准规范。养老机构内设医疗机构的，应当遵守《养老机构医务室基本标准（试行）》等相关要求。加快完善居家上门服务规范，提高社区养老设施设备配置和服务标准化水平。健全养老服务标准化组织体系，推进民政部门组建养老服务标准化技术委员会，加快研究制定养老服务质量、安全基本规范等方面地方标准。推动建立政府主导制定的标准与市场主体制定的标准协同发展、协调配套的新型标准体系，鼓励行业组织等社会团体制定发布养老服务和产品的团体标准，鼓励养老服务机构制定具有竞争力的企业标准，向高品质、多样化升级，助力培育养老服务新业态。

## 四、加强保障和落实

（十三）加强组织领导。坚持党对养老服务工作的全面领导，把党的领导贯穿到养老服务综合监管全过程。各地区、各相关部门要认真落实党中央、国务院相关决策部署，按照本意见提出的各项措施和要求，制定配套措施，科学配置监管资源、统筹部署抓好落实。依托养老服务部际联席会议制度加强部门统筹协调，民政部要会同有关部门跟踪了解、督促检查本意见落实情况，确保各项措施落地见效。

（十四）提升执法水平。全面推行行政执法三项制度，强化对行政执法权力的制约和监督。加强行政执法人员业务培训，规范执法检查、立案、调查、审查、决定等程序和行为，提高行政执法人员的业务能力和执法水平。推动人财物等监管资源向基层下沉，加强依法履职所需的技术、设备、经费等方面的保障，推进执法装备标准化建设，提高现代科技手段在执法办案中的应用水平。

（十五）加大宣传力度。按照"谁执法谁普法"普法责任制要求，积极开展养老服务法治宣传教育。加强舆论引导，把推动养老服务综合监管工作与保障老年人合法权益和实现养老服务高质量发展相结合，积极营造敬老、爱老、助老社会氛围。各地区各部门要通过多种途径、采取多种形式宣传监管职责、措施、工作进展情况和成效，鼓励和引导全社会参与，推动形成关心、支持养老服务综合监管、促进养老服务高质量发展的良好氛围。

附件：养老服务综合监管相关部门职责分工

国务院办公厅

2020年11月26日

· 附件 ·

# 养老服务综合监管相关部门职责分工

发展改革部门依法负责对中央预算内投资支持的养老服务项目建设资金实施管理，对普惠性养老项目实施评估。

教育部门依照权限负责管理监督考核院校内（技工院校除外）职业技能等级证书的实施。

公安部门依法负责查处扰乱养老服务机构工作秩序，故意伤害、虐待老年人等侵犯老年人人身权利，以及以养老服务为名实施非法集资和诈骗等侵犯老年人财产权利的违法犯罪行为。加强人口管理信息的共享应用，提升行业监管能力和服务管理效率。

民政部门依法负责对养老服务机构服务质量、安全、运营的监督管理，推进养老服务标准化体系建设，开展养老服务机构信用监管，以及对社会服务机构性质的养老服务机构和养老服务领域行业组织的登记管理和业务指导监督工作。

财政部门负责会同发展改革部门、民政部门依法对养老服务机构建设补贴和运营补贴资金使用情况、政府购买养老服务进行监督管理。

人力资源社会保障部依法负责会同民政部建立完善养老护理员国家职业技能标准，依照职责权限做好院校外和技工院校的职业技能等级证书的监督管理。推动社会保障卡在养老服务领域应用，加强老年人社会保障公共服务的信息共享。

自然资源部门依法负责对养老服务机构规划用地等进行监督检查。

生态环境部门依法负责对养老服务机构环境影响评价的审批或者备案，对养老服务机构污染物排放情况进行监督检查。

住房城乡建设部门依法负责对养老服务设施工程建设质量安全的监督管理，依法负责养老服务设施工程建设标准规范的执行监督。

卫生健康部门依法负责养老机构设立医疗机构的审批或者备案，对医疗机构的执业活动和医疗卫生服务质量进行监督管理。依法负责指导养老服务机构聚集性传染病处置、突发公共卫生事件的医疗卫生救援和应急工作。依法负责采集、汇聚、存储、应用、共享老年人基本健康医疗数据。

应急管理部门负责按程序提请本级安全生产委员会将养老服务安全生产监督管理工作纳入对本级政府有关部门和下级人民政府年度安全生产考核。消防救援机构依法负责对养老服务机构实施消防监督检查。

审计部门依法负责对财政资金的使用情况、政府购买养老服务进行监督检查。

市场监管部门依法负责查处养老服务机构不执行政府定价、政府指导价和不按规定明码标价等价格违法行为，推动养老服务标准化工作，对营利性养老机构进行登记管理，对养老服务机构的特种设备安全、食品安全进行监督检查。

医疗保障部门依法负责对纳入医保定点的养老机构内设医疗机构医保基金的使用进行监督管理。

银保监部门依法负责对银行业、保险业金融机构参与养老服务市场相关行为进行监督管理。指导和督促银行、保险机构做好对涉嫌非法集资风险的排查。

事业单位登记管理机关依法负责对公办养老机构进行登记管理。

· 文件解读 ·

# 着力推进养老服务行业综合监管法治化规范化常态化

近日，国务院办公厅印发了《关于建立健全养老服务综合监管制度 促进养老服务高质量发展的意见》（国办发〔2020〕48 号，以下简称《意见》），为建立健全养老服务综合监管制度，构建权责明确、分工协作、透明高效的工作协同机制，维护公平有序的市场秩序，促进养老服务高质量发展指明了方向。《意见》的发布是落实党的十九届五中全会关于健全养老服务综合监管制度要求的阶段性成果。各地民政部门应当认真学习贯彻，结合本地实际抓好细化落实，着力推进养老服务行业综合监管法治化规范化常态化，努力当好“放管服”改革的先行者、安全底线的守护者、老年人权益的保护者、高效监管的实践者和高质量发展的推动者。

## 一、综合监管的基本概念

综合监管是政府履行行政管理职能的一种重要的监管模式，其核心是各相关部门通过对行业、领域某一特定管理事项中普遍存在的共性问题进行综合监督管理，并对相关专项监督管理工作进行协调、指导和监督，是综合性监管与行业性监管的结合，具有全局性高、综合性强、操作难度大等特征，已成为行政执法体制改革的重要方向。养老服务综合监管主要是指民政部门以及其他有关主管部门在职权范围内，依照法律、行政法规规定的职责，运用指导、检查、协调、监督等行政手段，促使养老服务市场主体依法开展活动，制止和查处违法行为，维护行业秩序所进行的一系列行政管理活动的总称。养老服务综合监管的综合性和多维度主要体现在以下四个方面。

一是监管主体上体现综合性。综合监管适用的领域涉及多个行政管理主体，其中任何一个单一主体的专业监管都无法涵盖养老服务的全流程和全领域，都无法防范养老服务领域的所有风险隐患。因此，客观上需要在分工明确基础上，加强各监管主体之间的统筹协调。

二是监管模式上体现综合性。每个行业都有着其特定的监管模式，这就要求综合监管体系的设计既要满足宏观监管（同质性监管）的需要，也要满足微观监管（特殊性监管）的需要。宏观监管的目标是防范系统性风险的产生，以维护整个养老服务领域的整体稳定，因此带有较为强烈的综合协调性；而微观监管的目的在于控制养老服务领域特定风险或者特定被监管对象的潜在风险。

三是监管过程上体现综合性。行政审批制度改革的深入，以及“放管服”的常态化与规范化对全过程监管，尤其是事中事后监管提出了更高的要求。为应对新时代、新形势、新要求，监管过程也要完成从单一性监管手段、监管程序到多样化、多元化监管手段、监管程序的转变，完成从重“事前审批”到重“事中和事后监管”的转变。

四是监管内容上体现综合性。养老服务综合监管内容已经从单纯服务行为拓展到了行为、安全、秩序三位一体。其中，质量是核心，例如老年人在养老机构里的生活起居等，贯穿养老服务全过程；安全是底线，例如消防、食品、建筑、特种设备安全等，是最基本的服务要求；秩序是关键，也容易成为舆论关注的焦点，例如突发事件应对、养老机构关闭后老年人安置、涉及老年人非法集资排查整治等，是促进行业健康发展的有效保障。行为、安全、秩序相互依存、相互促进，不可偏废。加强综合监管迫切需要从分工重构、政策协同、监管协调、立法支持、信息共享、社会共治等多方面系统推进。

综合监管可以分为全域型、一体型、结合型和松散型四种。全域型是指监管范围纵向到底，横向到边，涵盖了从中央到地方、从专业到类专业、从行政管理部门监管到业界、社会共治所及的所有主体、模式、过程、内容，金融领域综合监管就属于典型的全域型监管。一体型是指监管主体的单一化，以市场综合监管为代表，市场监管综合行政执法改革整合了工商、质检、食品、药品、物价、知识产权等领域执法职责，统一组建市场监管执法队伍。养老服务综合监管是典型的结合型监管，即综合监管与行业监管或专项监管相结合。民政部门作为监管牵头部门负责实施综合监管，充分发挥其他相关专项监管的优势，使得负有监管职责的行政管理部门依据法律法规的规定，在各自的职责范围内对养老服务中的相关内容实施专项监督管理。结合型的优点是既有牵头部门从宏观层面进行整体把握，同时各行政管理部门又能各司其责实施行政管理，有利于监管效能的整体提升。

## 二、综合监管的依据和程序

2020 年 11 月 16 日，习近平总书记在中央全面依法治国工作会议上强调要“坚定不移走中国特色社会主义法治道路”。2013 年 2 月 23 日，习近平总书记在全面推进依法治国第四次集体学习时强调要“坚持依法治国、依法执政、依法行政共同推进，坚持法治国家、法治政府、法治社会一体建设”。养老服务综合监管本质上是与养老服务相关的行政主管部门的综合行政执法行为。做好养老服务综合监管，按照党中央全面依法治国工作要求，要严格做到“法定职责必须为，法无授权不可为”。

养老服务综合监管的法律依据，除了中央批准的有关部门《三定方案》外，还包括相关实体法和程序法。其中实体法主要是指规定养老服务综合监管法律责任或者行政处罚条款的法律法规：老年人权益保护、安全生产管理、建筑安全监管、食品安全监管、消防安全监管、医疗卫生安全监管、特种设备安全与节能环保、商事登记管理、企业信用信息监管、反不正当竞争、反垄断、价格收费监督检查等。在上述养老服务综合监管的实体法中，大部分是既规定养老服务机构的权利义务和相关管理制度要求，又规定法律责任或者行政处罚条款的法律法规。需要强调的是，《中华人民共和国刑法》（修正案九）关于虐待被看护人罪等犯罪构成的规定，以及《全国人大法工委关于在养老服务机构监督检查中法律适用问题的意见》等，也是养老服务综合监管实体法的重要内容。

养老服务综合监管的程序法，主要是指规定有关综合监管程序的法律法规。截至目前，还没有专门的程序法规范。养老服务综合监管除应当适用《中华人民共和国行政处罚法》《中华人民共和国行政强制法》和《行政执法机关移送涉嫌犯罪案件的规定》外，还应当依照《国务院办公厅关于全面推行行政执法公示制度执法全过程记录制度重大执法决定法制审核制度的指导意见》（国办发〔2018〕118 号）等文件要求，加快转变政府职能，推进严格规范公正文明执法。

## 三、面临的形势与挑战

党中央、国务院高度重视发展养老服务，在推进居家社区机构相协调、医养康养相结合的养老服务体系建设，深化“放管服”改革等方面取得明显成效。但养老服务质量和安全隐患仍是突出短板，监管制度不健全、协同不紧密等问题仍然存在，在监管主体、职能定位、监管模式、监管策略等方面还存在薄弱环节，主要表现在监管主体不明、职责不清，分散监管与监管重复并存；现有的监督机制、工作模式、相关的法律法规不能适应新时代养老服务行业综合监督工作需要；行政执法人员数量不足，专业化程度不高等。《意见》的出台是实施积极应对人口老龄化国家战略，促进基本养老服务均等化的重要内容，对于推进养老服务高质量发展具有重要的里程碑意义。

一是法律法规需要与时俱进。现代行政管理本质上是依法行政。养老服务相关法律法规，是行业综合监管的依据和前提。目前我国已经基本形成了以《中华人民共和国老年人权益保障法》《养老机构管理办法》《养老机构服务安全基本规范》等法律规章和国家标准为骨干的有中国特色的养老服务法律体系。但养老服务专门立法缺失，导致在部门协同监管上，难以在部门规章层面进一步明确，相关部门职责，而且限于规章的层级，也难以对养老服务违法行为进行包括行政强制在内强有力的责任追究，无法通过提高违法违规行为的成本形成高压态势和震慑力。在积极推进养老服务立法过程中，有必要率先通过国务院文件形式，在国家层面明确民政及相关部门在养老服务监管中的职责任务，统筹监管和发展，以公正监管推动改革发展，为实现养老服务更高质量、更有效率、更加公平、更可持续、更为安全的发展，提供有力保障。

二是监管力量需要提升能力。监管队伍建设是保障养老服务行业综合监管目标实现的根本。《意见》明确养老服务监管要转变理念、体制和方式，从重点监管养老机构转向全行业监管，从注重事前审批转向注重事中事后全流程监管，从单项监管转向综合协同监管。无论是广度还是深度，养老服务行业综合监管的任务将会显著增长，基层民政部门将面临巨大的监管压力。需要通过内部挖潜、部门协同、第三方支持、行业自律等多种方式，帮助养老服务监管队伍更好承担监管职责。特别是行政执法三项制度改革，对规范执法行为、提升执法水平等方面都提出了新的要求。《意见》已经明确加强队伍和能力建设，充实行业综合监管力量，加强业务培训，推进综合监管队伍专业化、规范化、职业化。

三是执法手段亟待现代化。执法手段信息化是实现养老服务行业综合监管目标的关键。到 2020 年底，全国养老服务机构已有 20 余万家，行业从业人员数量更多。同时，养老服务领域新业态、新模式层出不穷，“互联网+”养老服务方兴未艾。原来主要依靠执法人员现场检查的执法方式和执法手段，已经难以实现监管目标。如何有效利用互联网技术、人工智能技术、区块链技术和信息化手段，进行风险提示、警示教育、及时发现和处理违法违规行为等；如何有效运用社会网格化管理经验，充分发挥社会监督力量等将成为做好综合监管亟待破解的关键问题。目前，“金民工程”已经根据养老服务行业的“场景”特点开发出符合行业特点和规律的行为监测程序，通过数据挖掘技术及时监测和发现违法违规行为，通过信息系统或信用监管平台及时发布或通报欺老虐老行为。这些技术手段和措施将提高监管的精准性、智能化水平，提升综合监管效率。

## 四、其他领域经验借鉴

他山之石，可以攻玉，近年来，按照党中央、国务院决策部署，在市场监管、医疗卫生、医疗保障、行业协会商会监管等方面，已经出台了专门政策文件，并积累了丰富经验。

在市场监管领域，2018 年，中共中央、国务院办公厅印发《关于深化市场监管综合行政执法改革的指导意见》，对深入推进市场监管综合行政执法改革，全面整合市场监管职能，加强执法队伍建设，规范和提高执法办案水平，建立统一、权威、高效的市场监管综合执法体制进行了全面部署。市场监管总局印发了贯彻落实通知，明确市场监管综合执法队伍统一行使行政处罚权以及与之相关的行政检查、行政强制权，包括投诉举报的受理和行政处罚案件的立案、调查、处罚等。强化综合执法工作的依法、公开、透明，推动建立政府监管部门、行业组织、生产经营主体、社会公众共同参与的社会共治体系。

在医疗卫生领域，2018 年，国务院办公厅印发《关于改革完善医疗卫生行业综合监管制度的指导意见》（国办发〔2018〕63 号），要求转变监管理念、体制和方式，从重点监管公立医疗卫生机构转向全行业监管，从注重事前审批转向注重事中事后全流程监管，从单项监管转向综合协同监管，从主要运用行政手段转向统筹运用行政、法律、经济和信息等多种手段，提高监管能力和水平，为实施健康中国战略、全方位全周期保障人民健康提供有力支撑。要求在不单设实体性办事机构、不增加编制的前提下，依托现有资源，建立由卫生健康行政部门牵头、有关部门参加的综合监管协调机制，负责统筹综合监管的协调、指导和医疗卫生服务重大案件查处等工作。制定完善部门权责清单，明确监管职责。依法承担医疗卫生行业执法监督职责的机构开展相关执法监督工作。

在医疗保障领域，2020 年，国务院办公厅印发《关于推进医疗保障基金监管制度体系改革的指导意见》（国办发〔2020〕20 号），要求加快推进医保基金监管制度体系改革，构建全领域、全流程的基金安全防控机制。适应医保管理服务特点，建立和完善部门间相互配合、协同监管的综合监管制度，推行网格化管理。推进信息共享和互联互通，健全协同执法工作机制。建立健全打击欺诈骗保行为衔接工作机制。推行“双随机、一公开”监管机制，建立和完善日常巡查、专项检查、飞行检查、重点检查、专家审查等相结合的多形式检查制度，加快建立省级乃至全国集中统一的智能监控系统，实现基金监管从人工抽单审核向大数据全方位、全流程、全环节智能监控转变。

在行业协会商会领域，根据《中共中央办公厅 国务院办公厅关于印发〈行业协会商会与行政机关脱钩总体方案〉的通知》要求，经国务院同意，2016 年，发展改革委、民政部会同有关部门研究制定了《行业协会商会综合监管办法（试行）》（发改经体〔2016〕2657 号），要求切实转变监管理念，建立健全综合监管体制，加快推进行业协会商会成为依法设立、自主办会、服务为本、治理规范、行为自律的社会组织。厘清行政机关与协会商会的职能边界，改变单一行政化管理方式，构建政府综合监管和协会商会自治的新型治理模式，健全专业化、协同化、社会化的监督管理机制，完善政府综合监管体系，切实加强事中事后监管，落实“谁主管、谁负责”原则。各行业管理部门要按职能对协会商会进行政策和业务指导，并履行相关监管责任。

## 五、地方的探索与实践

（一）北京、天津等地推进政策创制

北京市民政局等部门 2018 年联合下发《北京市养老服务机构监管办法（试行）》（京民福发〔2018〕412 号），《办法》坚持依法实施、分级负责、属地为主、公平公正、公开高效原则，对北京市行政辖区内从事养老照料服务的养老机构、社区养老服务驿站（农村幸福晚年驿站）进行综合监管，旨在建立健全政府部门行政监管、行业协会自律管理、服务对象及家属主动监督、社会舆论公开监督的养老服务机构监管体系。民政部门牵头制定本市养老服务机构监管政策，协调相关部门和各区政府规划、监督、指导全市养老服务机构监管工作。发展改革、公安、财政、人力社保、规划国土、环保、住房城乡建设、农业、卫生计生、市场监督管理、消防、金融等部门按照各自职责落实监管责任，发挥多部门联合监管职能，突出养老服务机构事中事后监管和服务质量标准宣贯落实。监管内容突出对养老服务政策标准实施、安全运营、财政资金使用、人才培训、市场行为、规划建设、建筑设施、医疗卫生、食品药品、环境卫生、价格收费等情况和老年人权益维护等方面的管理和监督。相关部门采用随机抽取被检查对象、随机选派检查人员的“双随机”抽查方式，监管养老服务政策标准落实、财政资金管理使用、养老服务质量、突发事故等。天津市民政局 2020 年下发《关于进一步加强养老机构监管工作的通知》（津民规〔2020〕7 号），建立区域性养老机构综合监管制度，推动跨区域、跨部门、跨层级执法联动，完善养老机构服务纠纷预防和处置机制，推动建立养老机构事中、事后综合监管制度。建立养老机构联合巡查制度，健全常态化联合监管机制，按照部门各自监管职责，制定详细的日常联合巡查办法，强化上下联动、部门协同，形成监管合力。建立健全综合监管结果与养老服务机构等级评审、政府补助、优惠政策等挂钩机制，确保综合监管效果。

（二）广州推行纵向横向协同联动

广东省广州市养老服务工作联席会议 2020 年印发了《关于全面加强养老机构综合监管的实施方案》（穗养老联席〔2020〕2 号），推进构建养老机构事前、事中、事后全过程综合监管体系和高质量发展长效机制，全面化解养老机构重大风险隐患。该实施方案坚持全覆盖、全方位、全过程，构建全方位、立体式监管网络，健全登记备案管理和退出处置机制，以养老服务社会诚信体系建设为主线，以深入开展日常服务质量监测和社会督导为手段，构建贯穿全过程、全周期的事前、事中、事后监管制度。特别提出完善统筹协调机制，形成综合监管合力，由民政部门牵头，定期与相关职能部门共同研究解决养老机构监督管理工作中的重点难点问题以及养老服务市场主体反映的关键症结。强化横向职能部门分工协作，落实纵向部门监管职能，民政部门负属地管理责任，负责本行政区域养老机构的具体指导、监督和管理，根据工作实际，各区参照市的做法，牵头会同有关职能部门成立区级综合执法队伍，加强执法队伍建设，不断提升执法工作水平；镇街负属地管理责任，负责本区域养老机构的日常监管。同时，规范事前登记备案，推动监管关口前移；狠抓事中监管，形成联动督查机制；完善事后处置，确保良性运营。例如，在强化养老服务机构的安全监管方面，广州市花都区民政局联合消防、卫生健康、市场监管等部门每年开展两次联合督查。在强化未经备案且不具备条件养老服务机构的跨部门监管方面，健全属地街镇网格巡查、发现、上报机制，将建筑、消防、食品卫生、医疗服务、特种设备等方面的安全风险及时抄告住房城乡建设、应急管理、市场监管、卫生健康等部门，召开多部门研究处置工作碰头会，落实多部门联合执法处置，切实保障老年人及其家属的合法权益。

（三）重庆、湖南等地推进消防安全等领域专项突破

重庆市民政局联合公安、财政、住房城乡建设、卫生健康、应急、市场监管、金融监管、消防救援等部门，对养老机构常态化疫情防控、消防安全、食品安全、医疗卫生安全、服务规范、突发事件应急预案、非法集资等工作进行全面抽查。同时，制定了区县落实养老机构安全监管工作责任检查清单，将安全生产监管领导机制、制度建设、培训、检查等纳入重点督导内容，进一步压实属地相关部门监管责任。对存在的问题列出隐患清单，逐项制定整改措施，明确责任分工，对存在重大安全风险的挂牌督办、集中整治，确保专项检查整治收到实实在在的效果。湖南省民政厅联合省住房和城乡建设厅、省自然资源厅、省消防救援总队出台《关于做好养老服务机构消防设计审查、消防验收及备案有关事项的通知》（湘民发〔2020〕36号），坚持分类施策，切实解决好部分已建成并投入使用的养老服务机构，因土地规划等原因，无法通过消防设计审查、消防验收及备案的问题，有效规范了养老机构安全管理。

## 六、落实的要求和任务

养老服务综合监管改革涉及部门多、涉及领域广、工作要求高、肩负任务重，加之监管的专业性、规范性、技术性比较强，应当着力推动建立统一、权威、高效的综合监管体系，积极推进体制构建和机制创新，打造政治过硬、业务精湛、秉公执法、人民满意的专业化养老服务综合监管队伍。

一是要政治对标对表。坚持党对养老服务工作的全面领导，把党的领导贯穿到养老服务综合监管全过程是健全养老服务综合监管制度的政治要求。党的十九届五中全会提出明确要求，国务院出台专门意见，凸显养老服务综合监管在党和国家各项工作中的重要地位，凸显这项工作的复杂性、艰巨性和紧迫性，更凸显全面加强养老服务综合监管是切实增强“四个意识”、坚定“四个自信”、做到“两个维护”，推动巩固深化“不忘初心、牢记使命”主题教育成果各项任务落地见效的重大政治要求。必须进一步强化政治意识，坚持对标对表，深刻领会、认真落实中央决策部署，在指导思想、基本原则、主要任务、组织实施等方面，与中央决策部署和改革精神保持高度一致，确保政策执行不走样、预期目标不偏离、任务落地不打折。

二是要坚持以老年人为中心。养老服务综合监管工作关系老年人的安危冷暖，直接涉及老年人的“钱袋子”“饭盒子”“药瓶子”，是一项民生工程。加强养老服务综合监管与构建新发展格局，激发市场活力，促进养老服务消费直接相关，有序推进养老服务供给侧结构性改革和高质量发展，实现养老服务从“有没有”到“好不好”“优不优”的转变，提高广大老年人的生活品质，维护老年人的合法权益，体现了民政部门全心全意为人民服务的初心和担当。社会共治需要人民群众的日常监督和广泛参与，彰显养老监管人民性的新时代特征。构建养老服务综合监管体制机制，必须坚持人民至上的根本原则，紧紧围绕

建设人民满意的服务型政府要求明确监管目标，抓住人民群众最关心最直接最现实的利益问题，通过监管促进社会公平正义，严守安全底线，对侵害安全的不管是新业态还是传统业态，都要采取严厉监管措施，坚决依法打击，更好满足老年人日益增长的美好生活需要，让老年人有更多获得感、幸福感和安全感。

三是要优化协同高效。优化协同高效是推进养老服务综合监管的内在要求。健全各部门协调配合机制，深化行政执法体制改革，最大限度减少不必要的行政执法事项，实现违法线索互联、监管标准互通、处理结果互认。建立以“双随机、一公开”监管为基本手段、以重点监管为补充、以信用监管为基础的新型监管机制。由民政部门牵头随机抽取检查对象，会同参与部门随机抽选检查人员组成联合检查组，一次性完成对抽查对象的检查。各相关专业监管部门也可以与民政部门各自抽选本部门检查人员组成联合检查组，按照抽查计划和抽查清单，共同一次性完成对抽查对象的所有检查，监管结果要及时、准确、规范并向社会公开。

四是要坚持专业科学权威。建设专业化养老服务综合监管力量，促进综合监管统一、权威、高效，人员专业、职能专司。养老监管各项业务一般都有专门的法律法规、制度规范、工作流程、技术规范和实施要求。《养老机构服务质量基本规范》《养老机构服务安全基本规范》等国家标准也都提出了具体规定，特别是建筑、消防、食品、药品、特种设备检查，以及社会组织登记管理等领域执法办案专业性较强。民政部门在养老服务质量监管之外，更多是发挥牵头协调作用，遵循依法实施、综合实施、谁检查谁反馈、谁检查谁负责、公开透明的原则，健全行业监管部门和综合监管部门的协调配合机制，实现专司其职，专业人员专职实施。发挥行业组织、标准化组织和第三方专业机构作用，鼓励行业组织参与制定相关标准和政策文件，在涉及建筑、消防、食品、特种设备等安全领域，加强与相关专业技术组织、保险经纪机构联系，依托专业化鉴定意见和工作建议，提高监管专业化水平。

五是要严格履行监管责任。始终坚持放管结合、放管并重，夯实监管责任，提升监管效能，加快完善全过程、全链条监管体系，事中监管要做到动态监测、及时预警，有效防范和化解风险；事后监管要做到可追溯、核查，纠正和惩处违法违规行为。全面实行权责清单制度。按照要求编制和公布权责清单，进一步明确职责边界，逐项明确行使主体、权责名称、设定依据、履责方式等内容，逐项制定完善办事指南和运行流程图，明确每个环节的承办主体、办事标准、办理时限、监督方式等，提高行政监管的规范化水平。推进监管权限、程序、责任法定化，强化对监管权力的制约和监督，坚决纠正不作为、乱作为，坚决摒弃随意检查、多重检查、重复执法等行为，坚决避免人情监管、选择执法、执法不公、暗箱操作等现象。要完善执法程序，加强执法监督，制定统一养老服务监管执法的工作指引和文书格式，全面推行行政执法公示制度、执法全过程记录制度、重大执法决定法制审核制度。上级民政部门可采取执法检查、考核评价、案卷评查等方式，加强对下级监管执法工作的监督检查，并对结果进行公示或通报。

六是要创新综合监管方式。探索利用信息化手段开展监督执法，实现执法全程可留痕可追溯。严格落实国务院关于政府信息公开工作规定，充分发挥政府大数据监管的作用，运用区块链、大数据等新技术提升智慧监管水平，注重执法监管和企业征信等数据资料的归集整理和共享共用，对于与行政处罚相关的监督检查、行政处罚等涉企信息，通过国家企业信用信息公示系统等平台向社会公示，实现对守法者“无事不扰”，对违法者“利剑高悬”。建立健全责任追究和尽职免责制度，对通过事故调查、执法监督检查、群众举报投诉等发现的不作为或乱作为，违法违规进行处罚的，坚决做到有责必问、追责必严。对于依法行政、勇于担当尽职的，建立完善容错纠错和尽职免责机制。

## 问题一：作为养老服务监管领域第一个全国性综合指导意见，《关于建立健全养老服务综合监管制度 促进养老服务高质量发展的意见》（以下简称《意见》）在哪些方面进行了重点创新？

党的十八大以来，我国养老服务业发展取得显著成绩，已经成为全社会普遍关心，涉及千家万户的重大民生事业和新兴服务业。《意见》作为养老服务领域第一个全国性综合指导意见，立足于养老服务发展的顶层设计和长远布局，在解答新时期养老服务监管“管什么、谁来管、怎么管”等基本问题和重大命题过程中，结合我国养老服务发展实际，在多个方面形成了制度突破和政策创新。

一是理念创新，跳出监管看监管，强调监管目的是保障服务、促进发展。文件的标题开宗明义，明确提出“建立健全养老服务综合监管制度 促进养老服务高质量发展”，这是贯穿《意见》全文的理念和指导思想。《意见》以“更好适应养老服务高质量发展要求、更好满足人民群众日益增长的养老服务需求”为出发点和落脚点，深入贯彻落实习近平总书记关于提高养老院服务质量重要指示精神，深入贯彻党的十九届五中全会关于高质量发展的决策部署，形成了养老服务综合监管的基本思路、主要意见和重要措施，推动养老服务领域进一步落实了新发展理念。

二是体系创新，进一步弥补了养老服务体系的监管短板和不足。近年来，中央和各地区各部门相继出台了一系列扶持鼓励养老服务发展的政策，取得显著成效。《意见》的出台，强化了养老服务监管，完善了一手抓扶持发展，一手抓监督管理，两手并重、相互促进的工作格局，进一步丰富了养老服务体系内涵，健全了养老服务体系的“四梁八柱”。

三是模式创新，形成了以事中事后监管为核心的养老服务新型监管模式。许多国家和地区对投资举办养老机构都进行严格的行业准入管理，形成了以许可为核心的养老服务监管模式。为深化养老服务供给侧结构性改革，我国推进了全面放开养老服务市场、取消养老机构设立许可的重要改革。为适应养老服务领域的“放管服”改革需要，《意见》针对取消养老机构设立许可后的新形势，在强化“宽进”、鼓励参与的同时，突出了过程监管、结果监管，完善了事中事后配套监管措施，确保养老服务行业放得开、管得住，构建了新的养老服务监管模式。

四是机制创新，搭建了养老服务跨部门、跨层级、跨领域的协同机制。养老服务的对象是老年人，是人与人、面对面的直接服务，监管内容包含质量安全、从业人员、资金、运营秩序等方方面面，直接涉及 16 个部门。《意见》在进一步明确部门职责分工基础上，强调行业管理部门和综合管理部门的协同协作，打破了养老服务监管的条块分割，形成了新的监管机制。

五是措施创新，提出了一系列新的、具体的监管举措。《意见》充分借鉴相关领域有效监管做法，充分总结党的十八大以来加强养老服务监管的实践经验，尤其是 2017 年以来贯彻落实习近平总书记重要指示精神实施的养老院服务质量建设专项行动经验，提出了一系列新的监管举措。比如：要求养老机构在各出入口、接待大厅、值班室、楼道、食堂等公共场所和部位安装视频监控；养老服务机构存在安全隐患的，视情况采取不同监管措施，安全隐患突出或者情况紧急需要立即处置的，民政部门应当依法责令养老服务机构停业整顿或者采取紧急措施处置，并通知相关部门到场处理；加强信用监管；推行“互联网+监管”等。

### 问题二：《关于建立健全养老服务综合监管制度 促进养老服务高质量发展的意见》对解决养老服务问题提出了哪些针对性措施，民政部门将如何落实？

近年来，养老服务加快发展之势明显，但同时，养老服务质量、安全隐患等方面确实存在一些问题，监管相对滞后。为统筹发展和安全，《意见》提出了一系列针对性措施，具体体现在以下几个方面：

第一，把质量安全纳入监管重点，要求做好风险隐患排查。《意见》对防范和化解养老服务机构在建筑、消防、食品、医疗卫生等方面安全隐患提出了明确要求，核心是民政部门要会同相关责任部门指导督促养老服务机构做好隐患排查和整改落实。下一步，民政部门一是会同有关部门，统筹制订抽查检查计划，全面摸清各类养老服务机构的质量安全状况。二是对排查出的问题，会同有关部门建立隐患清单、整改清单和责任清单，落实整改责任，对整改不合格或者仍然存在质量安全风险的，依法责令停业整顿。三是加强相关部门信息共享，建立数据监测分析系统，利用大数据、云计算等技术方式，提高风险监测和预警能力。

第二，把质量安全作为监管责任重点，要求压实行业主管部门责任和养老服务机构主体责任。《意见》明确，各相关部门要按照职责分工依法履行业务指导和监管职责，实行清单式监管，包括明确监管事项、措施、依据、流程和公开监管结果。《意见》在附件中把有关服务质量和安全管理的职责明确分解到了相应部门；《意见》还明确养老服务机构对质量安全、应急管理、消防安全等承担主体责任，其主要负责人是第一责任人，养老服务机构应当不断提高养老服务、安全管理、风险防控的能力和水平。下一步，民政部门一是加强协同监管，落实监管责任清单，消除质量安全监管责任盲区。二是通过抽查检查、明察暗访等多种方式，督促养老服务机构履行主体责任，建立完善服务质量和安全管理制度规范，制订突发事件应急预案，增加质量管理、风险防范意识和应对处置能力。三是建立养老服务安全监管约谈制度，及时反馈监督检查中发现的问题，告知相关规定，提出整改要求，督促养老服务机构整改落实。四是加大安全投入，支持帮助养老机构改造升级消防设施设备，组织养老服务机构加强消防知识宣传和应急演练。

第三，把标准作为日常监管的重要方式和手段，要求发挥规范引领作用。《意见》提出，要建立健全养老服务标准和评价体系，实施养老机构服务质量、安全基本规范等标准，引领养老服务高质量发展，并要求各级民政部门加快制定养老服务质量、安全基本规范等地方标准。近年来，民政部会同市场监管总局陆续制定发布了《养老机构服务安全基本规范》《养老机构服务质量基本规范》《养老机构等级划分与评定》等国家标准，其中《养老机构服务安全基本规范》是强制性国家标准，分别明确了养老院服务质量和安全的“底线”“基准线”和“等级线”，建立了养老服务质量评价和衡量的标尺。下一步，民政部门一是以《养老机构服务安全基本规范》强制性国家标准实施为契机，加强宣传培训和分类指导，联合相关部门督促指导养老机构利用过渡期做好强标生效实施前的问题整治。

二是以落实强制性标准提出的“九防”（防噎食、防食品药品误食、防压疮、防烫伤、防坠床、防跌倒、防他伤和自伤、防走失、防文娱活动意外）为抓手，制定发布一批配套的行业标准。三是持续开展《养老机构服务质量基本规范》国家标准达标活动，启动实施养老机构等级评定示范工程，推出一批星级示范养老机构，辐射带动其他养老机构服务质量整体改善。

## 问题三：《意见》在加强养老服务从业人员监管方面有哪些针对性措施？

《意见》从加强职业道德教育、加强职业技能培训、开展职业技能等级认定、加强院校内人才培养，依法从严惩处等方面提出了从业队伍监管和建设的针对性措施。下一步，民政部门将联合相关部门，以贯彻落实《意见》为契机，做好以下三方面工作。

一是加强职业道德教育和法治宣传。继续指导养老服务机构定期组织职业道德教育培训，提升职业道德水平，引导从业人员自觉养成尊老、敬老、爱老的良好品行。同时，要在养老服务行业大力宣传预防和处罚欺老虐老行为的法律知识，让从业人员学法懂法守法。

二是提升职业技能水平。依托职业技能提升行动和康养职业技能培训计划，加强对养老护理员职业技能培训，提升专业技能水平，特别是要通过开展职业技能等级认定工作，打通养老护理员职业晋升通道，加快培养高技能人才，建立褒扬机制，充分尊重和肯定养老护理员的劳动价值、社会意义。

三是加大监督惩治力度。将排查欺老虐老行为作为行业监管的重要内容，充分发挥行业自律和社会监督作用，鼓励行业协会制定行业职业道德准则，规范从业人员职业行为。畅通养老服务质量投诉渠道，及时受理欺老虐老投诉举报。对调查属实的，坚持“零容忍”，依法追究责任人法律责任；情节恶劣的，依法依规在一定期限内实施行业禁入措施。

# 关于建立健全养老服务综合监管制度促进养老服务高质量发展的意见

**新华社北京12月21日电** 国务院办公厅日前印发《关于建立健全养老服务综合监管制度促进养老服务高质量发展的意见》(以下简称《意见》),对养老服务综合监管工作作出全面系统部署。

《意见》指出,要深入贯彻落实党的十九大和十九届二中、三中、四中、五中全会精神,深化“放管服”改革,加快形成高效规范、公平竞争的养老服务统一市场,建立健全养老服务综合监管制度,坚持公正监管、规范执法,不断优化营商环境,引导和激励养老服务机构诚信守法经营、积极转型升级、持续优化服务,更好适应养老服务高质量发展要求,更好满足人民群众日益增长的养老服务需求。《意见》就建立健全养老服务综合监管制度确定了三方面政策措施:

一是明确监管重点。加强质量安全监管,加大对建筑、消防、食品、医疗卫生等重点环节的监督检查,引导养老服务机构落实安全责任,主动防范消除安全风险和隐患。加强从业人员监管,引导从业人员提升服务质量和水平,依法依规从严惩处养老服务机构欺老、虐老等侵害老年人合法权益的行为。加强涉及资金监管,加大对使用财政资金项目的跟踪审计,加强对政府购买养老服务、养老机构医保基金使用的监督管理,依法打击养老服务机构以养老服务为名的非法集资活动。加强运营秩序监管,依法打击无证无照从事养老服务的行为。加强突发事件应对,建立完善工作机制,引导养老服务机构增强风险防范意识和应对处置能力。

二是落实监管责任。强化政府主导责任,深化养老服务领域“放管服”改革,充分发挥政府在制度建设、行业规划、行政执法等方面的主导作用。压实机构主体责任,养老服务机构对依法登记、履约服务、质量安全、应急管理、消防安全等承担主体责任,其主要负责人是第一责任人。发挥行业自律和社会监督作用,养老服务领域行业组织要积极推行行业信用承诺制,健全行业自律规约,加大养老服务领域信息公开力度,优化养老服务投诉举报受理流程。

三是创新监管方式。加强协同监管,健全各部门协调配合机制,建立以“双随机、一公开”监管为基本手段、以重点监管为补充、以信用监管为基础的新型监管机制。加强信用监管,建立养老机构备案信用承诺制度,加大信用记录的披露和应用。加强信息共享,统筹运用养老服务领域政务数据资源和社会数据资源,推进数据统一和开放共享。发挥标准规范引领作用,建立健全养老服务标准和评价体系,实施养老机构服务质量、安全基本规范等标准,引领养老服务高质量发展。

《意见》强调,要加强组织领导,各地区、各相关部门要按照《意见》提出的各项措施和要求,制定配套措施,科学配置监管资源、统筹部署抓好落实。要提升执法水平,强化对行政执法权力的制约和监督,提高行政执法人员的业务能力和执法水平。要加大宣传力度,积极开展养老服务法治宣传教育,推动形成关心、支持养老服务综合监管,促进养老服务高质量发展的良好氛围。

# 民政部 中央政法委 最高人民法院 最高人民检察院 公安部 司法部 关于规范养老机构服务行为做好服务纠纷处理工作的意见

（民发〔2020〕89号）

各省、自治区、直辖市民政厅（局）、党委政法委、高级人民法院、人民检察院、公安厅（局）、司法厅（局），新疆生产建设兵团民政局、党委政法委、新疆维吾尔自治区高级人民法院生产建设兵团分院、新疆生产建设兵团人民检察院、公安局、司法局：

为坚持和发展新时代“枫桥经验”，更好推动民法典实施，积极应对当前养老机构与老年人之间服务纠纷增多问题，推进矛盾纠纷及时高效化解，保障老年人身体健康和生命财产安全，维护养老机构合法权益和正常服务秩序，为建设更高水平的平安中国提供有力保障，根据老年人权益保障法等相关法律法规规定，现提出以下意见。

**一、加强养老机构内部管理。**养老机构应当建立健全安全管理制度，压实安全主体责任，加强从业人员的安全教育、法治教育、人文教育和心理健康教育及培训，从源头上消除服务安全风险，最大限度预防纠纷发生。在老年人或者其代理人事先充分告知老年人身体健康状况和患病情况的基础上，养老机构应当做好入院评估工作，对老年人的身心状况进行评估，并根据评估结果合理确定照料护理等级。养老机构应当全面推行服务协议制度，与接受服务的老年人或者其代理人签订服务协议，明确当事人权利、义务；可以向老年人或者其代理人提供风险告知书，提示服务过程中可能发生的意外风险和相应的处置措施，但不得以格式条款不合理地免除或者减轻自身责任、加重老年人责任、限制老年人主要权利，或者排除老年人主要权利。养老机构应当在各出入口、接待大厅、值班室、楼道、食堂等公共场所安装视频监控；经老年人或其代理人书面同意，可以在老年人居室内安装视频监控，并妥善保管视频监控资料，依法保护老年人隐私权不受侵害。养老机构应当建立内部管理信息档案，妥善保管异常事件报告、紧急呼叫记录、值班记录、交接班记录、门卫记录、视频监控等原始资料。养老机构应当建立老年人档案，收集和妥善保管老年人基本情况、老年人入院评估、服务风险告知书、服务协议、护理日志、健康档案等资料。养老机构应当做好护理日志记录，及时、准确、完整记录老年人照料护理、服用药物等有关事项，因抢救急危重症老年人，未能及时记录护理日志的，应当在事后及时据实补记，并加以注明。积极发挥责任保险的经济补偿和风险预防等功能，养老机构可以投保综合责任保险，借助保险公司和保险经纪公司的风险管理经验，及时发现并消除安全隐患，改进风险管理措施。养老机构应当依法制定自然灾害、事故灾难、公共卫生事件、社会安全事件等突发事件应急预案，在场所内配备报警装置和必要的应急救援设备、设施，定期开展突发事件应急演练。突发事件发生后，养老机构应当立即启动应急预案，采取防止危害扩大的必要处置措施，同时根据突发事件应对管理职责分工向民政部门和有关部门报告。

**二、规范服务纠纷处理程序。**发生服务纠纷的，养老机构应当按照以下步骤处理：1. 老年人受伤的，应当转送医疗机构救治并及时通知其代理人或者紧急联系人。2. 告知老年人或者其代理人服务纠纷处理的办法和程序。3. 在老年人的代理人或者紧急联系人在场的情况下，对服务协议等相关资料进行封存，并妥善保管。老年人或者其代理人在资料封存之日起超过 3 年未提出解决纠纷要求，或者服务纠纷已经解决的，养老机构可以自行启封。4. 配合民政等有关部门做好调查处理工作。5. 老年人在养老机构内死亡的，依照殡葬管理有关规定处理。基于突发事件引发的服务纠纷，养老机构应当先行妥善安置老年人。

**三、引导当事人自愿协商解决纠纷。**对责任明确、当事人无重大分歧或异议的服务纠纷，可以协商解决。鼓励养老机构成立由入住老年人和代理人代表组成的院民委员会，参与纠纷调解。协商解决应当坚持自愿、合法、平等的原则，尊重客观事实、注重人文关怀，文明、理性表达意见和诉求。协商一般应当在配置录音、录像、安保等条件的场所进行。养老机构可以指定、委托协商代表，或者聘请专业法律顾问参与协商。老年人家属人数较多或者纠纷涉及老年人人数较多的，可以推举代表进行协商。双方经协商，可以自行和解达成协议。当事人之间就和解协议的履行或者内容发生争议的，可以向人民法院提起诉讼。

**四、运用调解等方式化解纠纷。**服务纠纷发生后，当事人可以向纠纷发生地或者当事人所在地的人民调解委员会申请调解，人民调解委员会也可以依法主动调解，防止矛盾激化。经人民调解委员会调解达成的调解协议，具有法律约束力，当事人应当按照约定履行。人民调解委员会调解不成的，应当终止调解，并依据有关法律、法规的规定，告知当事人可以通过仲裁、行政、司法等途径依法维护自己的合法权利。根据纠纷化解需要，具备条件的地区可以依法设立养老服务纠纷行业性、专业性人民调解委员会。探索开展服务纠纷行政调解，对涉及人数较多、影响较大、可能影响社会稳定的服务纠纷，民政部门可以依当事人申请，通过建议、劝告等非强制方式，引导当事人达成调解协议，化解纠纷。经人民调解、行政调解达成调解协议后，双方当事人认为有必要的，可以依法向人民法院申请司法确认。鼓励行业协会开展调解工作，积极发挥行业自律和服务功能，促进纠纷及时有效化解。

**五、依法裁判服务纠纷案件。**人民法院应当坚持“调解优先、调判结合”方针，对具备调解基础的案件，按照自愿、合法原则，采取立案前委派、立案后委托、诉中邀请等方式，引导当事人通过调解解决纠纷。对调解不成的案件，人民法院应当根据相关规定及时立案或者恢复审理，依法作出判决。人民法院在审理涉服务纠纷案件时，要根据老年人权益保障法等相关规定，平等保护老年人和养老机构合法权利；要坚持权责一致原则，根据服务协议、老年人特殊生理特点，以及养老机构履行服务协议和管理职责等客观情况，依法确定各方责任。对养老机构已经依法履行服务协议和管理职责，符合服务标准的，依法裁判养老机构减轻或免除责任。最高人民法院、最高人民检察院通过发布指导性案例等方式，加强对审判和检察工作的指导。人民法院在诉讼过程中应当加强法律宣传教育，做好裁判文书释疑工作，发挥释法说理功能，体现法理情相协调。

**六、依法打击违法犯罪行为。**服务纠纷处理过程中，发生老年人家属或者其他人员实施围堵、在养老机构内外非法聚集、停放遗体、拉挂横幅、聚众闹事等扰乱正常服务秩序，侵犯养老机构和其他老年人合法权益等涉嫌违法犯罪行为的，养老机构应当及时向所在地公安机关报告，提供当事方人数、具体行为、有无人员受伤等现场情况，并保护好现场，配合公安机关做好调查取证等工作。公安机关接到报告后应当及时出警，并视情况采取应对处置措施。养老机构存在欺老虐老行为的，民政部门依法予以行政处罚。老年人家属、其他人员和养老机构及其从业人员构成违反治安管理行为的，由公安机关依法给予治安管理处罚；构成犯罪的，依法追究刑事责任。

**七、建立部门协作工作格局。**各地各有关部门要充分认识依法处理养老机构服务纠纷的重要意义，加强组织领导与协调配合，形成工作合力。各级民政部门应当依法保障老年人合法权益，加强行业监管，指导养老机构建立完善服务纠纷处理制度，制定应急预案；健全养老机构安全隐患投诉机制，对老年人及其家属就服务安全存在问题的投诉、提出的意见建议，及时调查处理；主动与人民法院、人民检察院、公安机关、司法行政部门互通信息，及时研究解决问题，共同维护养老机构服务质量安全和秩序。各级党委政法委应当将服务纠纷化解工作纳入本地区平安建设工作全局，指导和协调人民法院、人民检察院、公安机关、司法行政部门密切配合，推进严格规范公正文明执法。各级人民法院、人民检察院、公安机关、司法行政部门应当加强沟通协调，确保案件顺利侦查、起诉、审判、执行。

**八、营造依法解决服务纠纷的社会氛围。**按照“谁立法谁普法”、“谁执法谁普法”的原则，各级民政部门要积极开展法治宣传教育，选取典型案例，以案释法，提高养老机构及其从业人员、老年人及其家属法治意识和法律素养，倡导依法、文明、理性表达诉求。人民法院、人民检察院、公安机关、司法行政部门要坚持依法办理、舆论引导、社会面管控“三同步”工作原则，加强对服务纠纷解决的舆论应对，对社会影响大、舆论关注度高的案件，及时向社会通报案件进展情况，澄清事实真相，做好舆论引导工作。对恶意炒作、报道严重失实，引起不良社会影响，扰乱养老机构正常服务秩序的，养老机构要及时澄清，可以依法提起诉讼。

民政部　中央政法委　最高人民法院
最高人民检察院　公安部　司法部
2020 年 7 月 27 日

·文件解读·

# 坚持发展新时代“枫桥经验”运用多元化手段做好养老机构服务纠纷处理工作

随着我国逐渐进入老龄化社会，小型化、少子化的家庭结构和空巢家庭数量不断增多，社会化养老已成为必然趋势，入住养老机构已经成为重要的养老方式。但由于养老机构服务水平参差不齐，加之很多老年人体弱多病，养老机构与入住老人之间发生的纠纷案件日益增多。

党的十八大以来，习近平总书记就坚持发展新时代的“枫桥经验”，完善纠纷多元化解机制发表了一系列重要论述。完善多元纠纷解决机制，是推进国家治理体系和治理能力现代化的重要抓手，是妥善解决社会治理中矛盾纠纷的有力措施。为了积极应对老年人和养老机构矛盾纠纷增多的问题，推动纠纷及时高效化解，保障老年人合法权益，维护养老机构正常服务秩序，经过深入调研论证和广泛征求意见，民政部会同中央政法委、最高人民法院、最高人民检察院、公安部、司法部联合印发了《关于规范养老机构服务行为 做好服务纠纷处理工作的意见》（以下简称《意见》）。

《意见》本着客观中立、依法治理、多元参与、部门协作的原则，围绕做好养老机构纠纷处理工作，主要提出了八方面的指导意见。一是加强养老机构内部管理。对养老机构加强内部管理、规范服务行为，最大限度预防服务纠纷发生提出了明确要求。二是规范养老机构服务纠纷处理程序。对发生服务纠纷时，养老机构应当采取的步骤作出了规定。三是为引导当事人自愿协商解决纠纷。对协商解决的原则、场所、参与人员和达成协议的效力提出了明确要求。四是运用调解等方式化解纠纷。运用人民调解、行政调解、行业协会调解等方式，多元化解养老机构服务纠纷。五是依法裁判养老机构服务纠纷案件。对人民法院的审判原则提出了规范指引，并对人民法院做好裁判文书释疑工作提出了要求。六是依法严厉打击违法犯罪行为。依法严厉处置养老机构服务纠纷处理过程中，扰乱正常服务秩序，以及侵犯养老机构和老年人合法权益等涉嫌违法犯罪行为。七是建立部门协作工作格局。明确了民政部门和有关中央单位、部门的职责分工。八是营造依法解决养老机构服务纠纷的社会氛围。明确开展法治宣传教育，积极做好舆论引导工作。

《意见》总体思路是：一是关口前移。通过加强养老机构内部管理，规范服务纠纷处理程序，从源头预防和减少纠纷发生，最大限度预防纠纷发生。二是倡导以柔性方式化解纠纷。《意见》鼓励当事人自愿协商解决纠纷，充分发挥人民调解、司法调解、行政调解在解决养老服务纠纷中的重要作用，鼓励行业协会发挥行业自律和服务功能，参与纠纷调解。三是坚持平等保护、权责一致的原则。平衡老年人和养老机构的合法权利，不片面加重养老机构的责任。四是坚守法律思维，倡导依法、理性表达诉求。依法打击在纠纷处理过程中的违法犯罪行为，维护养老机构正常运营秩序，保护其他入住老年人的合法权益。

《意见》主要亮点是：一是坚持预防为主，强化内部管理。《意见》从规范养老机构内部管理服务行为出发，从源头上消除服务安全风险隐患，最大限度预防纠纷发生。二是推动服务矛盾纠纷多元化解。《意见》鼓励当事人自愿协商解决纠纷，注重运用多种方式推动矛盾纠纷高效化解，明确了多种解决纠纷的途径。三是坚持平等保护推动依法解决纠纷。《意见》坚持平等保护入住老年人和养老机构合法权益，确定公平法律适用原则，维护正常养老服务秩序。

做好《意见》的贯彻，要充分认识《意见》出台的重要意义和落实要求。

一、贯彻落实民法典的有力举措。2020 年 5 月 28 日，十三届全国人大三次会议高票表决通过《中华人民共和国民法典》。民法典是“社会生活的百科全书”，在法律体系中居于基础性地位，也是市场经济的基本法。我国台湾地区著名民法学家王泽鉴说过：“民为邦本，法乃工器。为民法而奋斗，就是为个人、自由尊严、社会公平正义而奋斗！”民法典的颁布实施，为规范养老机构服务行为，依法确定法律责任提供了基本遵循。民法典第一千一百九十八条规定：“宾馆、商场、银行、车站、机场、体育场馆、娱乐场所等经营场所、公共场所的经营者、管理者或者群众性活动的组织者，未尽到安全保障义务，造成他人损害的，应当承担侵权责任。因第三人的行为造成他人损害的，由第三人承担侵权责任；经营者、管理者或者组织者未尽到安全保障义务的，承担相应的补充责任。经营者、管理者或者组织者承担补充责任后，可以向第三人追偿。”养老机构是为老年人提供集中居住和照料服务的服务机构，老年人在入住养老机构期间，因养老机构未尽到管理服务职责，导致其遭受人身财产损害时，养老机构应当承担赔偿责任。《意见》落实民法典上述规定，明确提出坚持权责一致原则，根据服务协议、老年人特殊生理特点，以及养老机构履行服务协议和管理职责等客观情况，依法确定各方责任。对养老机构已经依法履行服务协议和管理职责，符合服务标准的，依法裁判养老机构减轻或免除责任。

二、坚持和发展新时代“枫桥经验”的具体实践。20 世纪 60 年代初，浙江诸暨枫桥的干部群众在社会主义教育运动中创造了“发动和依靠群众，坚持矛盾不上交，就地解决，实现捕人少、治安好”的“枫桥经验”。1963 年，“枫桥经验”经毛泽东同志批示后在全国推广，50 多年来历久弥新、经久不衰。习近平总书记对坚持和发展“枫桥经验”作出重要指示，指出浙江枫桥“依靠群众就地化解矛盾”，并根据形势变化不断赋予其新的内涵，成为全国政法综治战线的一面旗帜。各级党委和政府要充分认识“枫桥经验”的重大意义，发扬优良作风，适应时代要求，创新群众工作方法，善于运用法治思维和法治方式解决涉及群众切身利益的矛盾和问题，把“枫桥经验”坚持好、发展好，把党的群众路线坚持好、贯彻好。《意见》传承弘扬、创新发展新时代“枫桥经验”，紧密结合养老服务纠纷特点，努力发挥好“枫桥经验”在预防化解服务矛盾、实现高质量发展中的重要作用，在推进基层治理体系和治理能力现代化等方面进行了新的探索。《意见》引导当事人自愿协商解决纠纷，鼓励养老机构成立院民委员会参与纠纷调解。对协商解决的原则、场所、参与人员和达成协议的效力提出了明确要求，鼓励运用人民调解、行政调解、行业协会调解等方式，多元化解养老机构服务纠纷。

三、提高养老院服务质量的标尺指引。养老机构作为养老服务的提供者，有责任主动做好养老服务纠纷的预防和处理工作。《意见》以高度的政治自觉，深入贯彻落实习近平总书记关于提高养老院服务质量的重要指示精神，驰而不息强调规范养老机构服务，推动建立提高养老机构服务质量的长效机制。《意见》开宗明义要求加强养老机构内部管理，对规范服务行为，最大限度预防服务纠纷发生。养老机构应当建立健全安全管理制度，压实安全主体责任，加强人员教育培训，不断提高安全意识和服务能力。《意见》明确养老机构应当从完善入院评估、签订服务协议、做好风险告知、安装视频、加强档案管理、规范护理日志、提高应急能力等方面入手，紧盯重点环节，加强内部规范化管理。为规范养老机构服务纠纷处理程序，《意见》对发生服务纠纷时，养老机构应当采取的步骤作出了规定，明确了救治优先原则。《意见》要求养老机构制定突发事件应急预案，提高应急处置能力。如果出现老年人受伤等情况，养老机构应当本着老年人权益优先的原则，先将老年人送医治疗。同时，按照告知权利、封存证据、配合调查等程序，做好相应应对和处置。

四、平等保护权责一致的有效指导。民法典第四条明确“民事主体在民事活动中的法律地位一律平等”。《中华人民共和国老年人权益保障法》第三条明确“国家保障老年人依法享有的权益”。养老机构与老年人之间基于服务协议形成了平等主体之间的服务合同法律关系，养老机构应当依照国家有关规定和服务协议约定为老年人提供服务，依法承担安全保障义务和注意义务，确保提供的服务，符合保障老年人人身、财产安全的要求。老年人及其家属应当遵守养老机构的规章制度，维护养老机构正常服务秩序。《意见》旗帜鲜明地强调“平等保护老年人和养老机构合法权利”，目的在于纠正有关养老机构承担过重责任、老年人居于弱势地位需要特别优先保护的片面认识，强调“平等保护”和“权责一致”。既为养老机构创造宽松和谐的发展环境，也提醒和引导老年人及其家属承担应尽义务和相应的不利后果。

五、推动依法理性维权加强普法宣传的切实保障。《意见》倡导依法理性表达诉求，明确在服务纠纷处理过程中，发生老年人家属或者其他人员实施围堵、在养老机构内外非法聚集、停放遗体、拉挂横幅、聚众闹事等扰乱正常服务秩序，侵犯养老机构和其他老年人合法权益等涉嫌违法犯罪行为的，养老机构应当及时向所在地公安机关报告，提供当事方人数、具体行为、有无人员受伤等现场情况，并保护好现场，配合公安机关做好调查取证等工作。公安机关接到报告后应当及时出警，并视情况采取应对处置措施。养老机构存在欺老虐老行为的，民政部门依法予以行政处罚。老年人家属、其他人员和养老机构及其从业人员构成违反治安管理行为的，由公安机关依法给予治安管理处罚；构成犯罪的，依法追究刑事责任。《意见》要求积极开展法治宣传教育，选取典型案例，以案释法，提高养老机构及其从业人员、老年人及其家属法治意识和法律素养，倡导依法、文明、理性表达诉求。

六、扎实有效推进服务监管政策落实。养老服务监管主要是指民政部门以及其他有关主管部门在职权范围内，依照法律、行政法规规定的职责，运用指导、检查、协调、监督等行政手段促使养老服务市场主体依法开展活动，制止和查处违法行为，维护行业秩序所进行的一系列行政管理活动的总称。2013 年国务院印发《关于加快发展养老服务业的若干意见》，掀开了养老服务跨越式发展帷幕，在中央层面较短时间内集中出台了一批促进社会力量发展养老服务、加强老年人福利和兜底保障的政策措施。与之相比，有关养老服务质量、安全和秩序监管的政策相对滞后，缺乏系统长远的体系规划。《意见》的出台，既借鉴教育、医疗等领域多元化解纠纷制度的经验，也系统总结地方处理的做法，填补了养老服务纠纷处理的政策空白。《意见》明确要求各级民政部门应当加强行业监管，指导养老机构建立完善服务纠纷处理制度，制定应急预案；健全养老机构安全隐患投诉机制，对老年人及其家属就服务安全存在问题的投诉、提出的意见建议，及时调查处理；主动与人民法院、人民检察院、公安机关、司法行政部门互通信息，及时研究解决问题，共同维护养老机构服务质量安全和秩序。

# 学习辅导问答

## 1.《养老机构管理办法》的修改背景和修改思路是什么

机构养老是我国养老服务体系的重要组成部分。党的十九届五中全会提出实施积极应对人口老龄化国家战略，构建居家社区机构相协调、医养康养相结合的养老服务体系，健全养老服务综合监管制度，进一步明确了养老机构的发展方向。《养老机构管理办法》（简称《办法》）自2013年7月1日实施以来，在规范养老机构管理、促进养老服务健康发展方面发挥了重要作用。但随着我国经济社会的发展和人民群众对美好生活的期待，养老机构管理工作也出现了一些新情况、新问题，原有的《办法》已经难以解决。因此，有必要对《办法》进行修改，此次修改主要遵循的思路：

一是贯彻落实上位法律法规及党中央、国务院决策部署的要求。2018年12月29日新修正的《中华人民共和国老年人权益保障法》取消了养老机构设立许可，要求实行养老机构登记备案和部门综合监管制度，《办法》根据最新的老年人权益保障法，修改和增加了相关内容。针对新修订的消防法、食品安全法等相关法律法规对养老机构的特殊要求，《办法》也作出了相应的细化规定。另外，《办法》对近年来党中央、国务院加快推进养老机构服务发展作出的新部署也进行了回应，增加了相关内容。

二是坚持问题导向，着力解决现实中存在的突出问题。2017年以来，民政部联合相关部门持续开展了全国养老院服务质量建设专项行动，在此过程中确实发现目前养老机构服务中欺老虐老等行为还时有发生，养老机构监管制度不健全、协同机制不紧密等问题依然存在，在应对新冠肺炎疫情中暴露出的应急救援能力不足的短板也很突出。《办法》针对上述问题规定了相应的解决措施，以增加规章的针对性和操作性。

三是认真总结经验，将成熟的、具有普遍意义的做法上升为规章。近年来，一些地方为配套实施《中华人民共和国老年人权益保障法》出台了关于养老服务的地方性法规、政府规章；民政部也印发了很多政策文件，这其中不乏一些机构管理方面的好经验、好做法，《办法》也充分吸收了相关内容。

## 2.《养老机构管理办法》修改的主要内容有哪些

2013年6月，为配合实施当时修改的《中华人民共和国老年人权益保障法》，民政部以部令49号发布了《养老机构管理办法》（简称《办法》）的部门规章。此次发布的《办法》是对2013年《办法》的全面修改。

修改后的《办法》共七章四十九条，与之前相比，新增十七条，修改二十九条。除附则外，主要内容包括以下方面：

一、关于总则。总则是规章的总纲，规定的是整部规章最基本的问题。总则一章一是与民法典、《国务院办公厅关于推进养老服务发展的意见》等保持一致，明确养老机构分为营利性养老机构和非营利性养老机构（第二条）。二是增加养老机构服务活动基本要求的内容，明确养老机构应当按照建筑、消防、食品安全、医疗卫生、特种设备等法律、法规和强制性标准开展服务活动，以压实责任，避免因取消许可导致安全底线被击穿的问题

（第四条）。三是强化政府投资兴办养老机构的兜底保障责任，增加要求其保障特困人员、经济困难的计划生育特殊家庭老年人服务需求的有关内容（第六条）。四是增加政府投资兴办养老机构经营方式改革的有关内容。明确政府投资兴办的养老机构，可以采取委托管理、租赁经营等方式，交由社会力量运营管理（第六条）。

二、关于备案办理。备案是按 2018 年修正的《中华人民共和国老年人权益保障法》要求建立的新制度。这次修改按照《中华人民共和国老年人权益保障法》的规定，用“备案办理”专章 5 个条文细化了备案制度的相关内容。具体规定了备案机关、备案时间、备案提交材料、备案办理流程、变更备案、备案有关信息公开及共享的内容（第九条至第十四条）。

三、关于服务规范。服务规范一章明确了养老机构向老年人提供生活照料、康复护理、精神慰藉、文化娱乐等服务活动的要求。该章一是完善了入院评估制度，规定养老机构应当对老年人身心状况进行评估，并根据评估结果确定或者变更老年人照料护理等级（第十五条）。二是根据新冠肺炎疫情防控实践和传染病防治法要求，细化了养老机构发现老年人为传染病人或者疑似传染病人时的应对措施，明确应当及时向附近的疾病预防控制机构或者医疗机构报告，配合实施卫生处理、隔离等预防控制措施（第二十条）。三是增加了养老机构协助老年人家庭成员看望和问候老年人的内容（第二十三条）。四是增加了鼓励养老机构开展延伸服务的内容，明确养老机构可以运营社区养老服务设施，或者上门为居家老年人提供服务等（第二十四条）。

四、关于运营管理。运营管理一章主要对养老机构的内部工作机制进行规范。一是重视养老护理人员队伍建设，增加养老机构应当建立健全体现养老护理人员职业技能等级等因素的薪酬制度的内容（第二十六条）。二是强调养老机构安全保障工作，增加养老机构应当在相关公共场所安装视频监控设施，妥善保管视频监控记录的内容（第二十八条）。三是依照突发事件应对法有关规定，强化养老机构对突发事件的预防和处置，除应当制定突发事件应急预案外，还应当配备必要设施、设备并定期组织应急演练，发生突发事件后，养老机构必须采取防止危害扩大的必要处置措施（第三十一条）。

五、关于监督检查。养老机构设立许可取消后，事中有效的监督检查变得尤为紧要，《办法》对此进行了较大幅度的修改完善。一是贯彻综合监管制度要求，明确民政部门在监督检查中发现养老机构存在应当由其他部门查处的违法行为的，应当及时通报有关部门处理（第三十六条）。二是强化民政部门监督检查职责，明确实施“双随机、一公开”的监管方式，且要求民政部门应当每年对养老机构服务安全和质量进行不少于一次的现场检查（第三十八条、第三十九条）；三是针对养老服务领域非法集资问题，明确民政部门防范、监测和预警职责（第四十条）；四是规定未经登记以养老机构名义活动的处置办法（第四十五条）。

六、关于法律责任。《办法》加大了事后惩戒力度，增加了警告的处罚方式，完善了养老机构承担法律责任的行为方式，将未建立入院评估制度或者未按照规定开展评估活动、未按照协议约定提供服务、未依法预防和处置突发事件等行为增加为应当予以处罚的情形（第四十六条）。

## 3.《养老机构管理办法》对养老机构概念的界定与修改前有哪些变化

修改后的《养老机构管理办法》（简称《办法》）明确养老机构是指依法办理登记，为老年人提供全日集中住宿和照料护理服务，床位数在10张以上的机构。与之前相比，主要有以下几点变化：

一是删除了“依照《养老机构设立许可办法》设立”的表述。这主要是因为2018年修正的《中华人民共和国老年人权益保障法》取消了养老机构设立许可，规章必须与之保持一致。

二是完善了与养老机构服务有关的表述，将“集中居住”修改为“全日集中住宿”、将“照料服务”修改为“照料护理服务”。这里通过“全日集中住宿”的表述，区分养老机构与日间照料机构、老年住宅等；而对养老机构的护理服务给予强调，主要为进一步强化养老机构主要面向失能老年人服务的发展方向。

三是概念中增加10张以上床位数的规定。这主要考虑到：第一，《办法》对养老机构的服务和运营提出了诸多制度性要求，床位数量在9张及以下的主体很难达到要求。第二，原《养老机构设立许可办法》对养老机构床位数的要求也是“10张以上”，延续相关内容便于针对养老机构的优惠扶持政策有序衔接，更好地保持政策连续性。第三，对床位数量在9张及以下的主体并不会出现监管真空，只是不按照本《办法》进行规范，下一步可作为社区养老服务机构和设施进行管理。

## 4. 养老机构管理的部门职责是怎么规定的，民政部门与相关部门如何建立协同监管机制

习近平总书记高度重视养老服务特别是服务质量和安全监管工作，多次作出重要指示批示。2013年12月28日，习近平总书记在北京四季青敬老院考察时要求：养老服务机构要加强管理，增强安全意识，提高服务质量，让每一位老人都能生活得安心、静心、舒心，都能健康长寿、安享幸福晚年。

养老服务监管主要是指民政部门以及其他主管部门在职权范围内，依照法律、法规规定的职责，运用指导、检查、协调、监督等行政手段督促养老服务市场主体依法开展活动，查处和惩戒违法行为，维护行业秩序所进行的一系列行政管理活动的总称。民政部门作为养老服务的行业管理部门，依法负责养老机构的质量安全、从业人员、服务涉及资金、运营秩序等方面的指导、监督和管理。其他主管部门如卫生健康、应急管理（消防救援）、住房和城乡建设、自然资源等部门依照各自职责分工对养老机构实施监督管理。养老服务监管是民政部门等有关主管部门对养老服务市场经营主体的外部监管，依据《中华人民共和国老年人权益保障法》《养老机构管理办法》等法律法规，以指导、服务、教育等非强制性手段为主，通过“双随机、一公开”的日常监管、重点领域的监督检查和行政执法，实现预防风险和实施惩戒的目的。

随着养老服务市场的全面放开，深化养老服务市场化改革不断加快，养老服务监管对象已经从养老机构拓展到养老服务机构，从体制内的福利院、敬老院等拓展到社会服务机构、企业法人、合伙企业等多种形式的市场主体。按照《国务院办公厅关于加快发展养老服务的意见》（国办发〔2019〕5 号）、《养老服务市场失信联合惩戒对象名单管理办法（试行）》（民发〔2019〕103 号）等文件规定，养老服务监管的对象包括养老服务机构和从业人员两类，其中养老服务机构主要包括养老机构、居家社区养老服务机构；从业人员包括上述养老服务机构的法定代表人、主要负责人、高级管理人员以及养老护理员等相关人员。

养老机构服务监管范围已经从单纯服务行为拓展到了质量、安全、秩序三位一体。质量是核心，贯穿养老服务全周期、全流程，督促养老机构质量符合法律法规和国家标准、行业标准规定，是养老服务最核心的要求；安全是底线，必须符合消防、食品、建筑、特种设备安全等条件，是养老服务最基本的要求；秩序是关键，维持养老机构运营秩序，确保养老服务工作正常有序开展，是养老服务最有效的保障。质量、安全、秩序相互依存、相互促进，不可偏废。

养老服务监管限定在行业监管，而非统包统揽、万能监管。根据中央批准的民政部“三定”方案和《中华人民共和国老年人权益保障法》规定，民政部负责统筹推进、督促指导、监督管理养老服务工作。作为行业监管部门，民政部门监管的重点是与养老服务本身直接相关的质量、安全和秩序。依照职责分工属于其他主管部门职责范围的，应当由相关部门对养老机构实施监管。民政部门要发挥好牵头协调作用，在监督检查中发现属于其他主管部门职责范畴的问题，应当及时书面告知有权处理的相关部门，并配合做好后续工作。

养老机构的监管覆盖服务质量、从业人员、涉老资金、运营秩序、消防、食品卫生、医疗卫生、土地用房等全过程、全要素，具有“涉及面广、监管部门多、监管难度大”等特点。传统监管方式，监管力量分散、监管环节难以有效衔接、重复检查加重养老机构负担等问题，严重制约了监管效能和监管水平的提升，为加快转变传统监管方式，打破条块分割，打通监管环节，加强各部门监管的协同性，迫切需要建立跨部门、跨领域的综合监管机制。《中华人民共和国老年人权益保障法》第四十四条规定：地方各级人民政府加强本行政区域内养老机构管理工作的领导，建立养老机构综合监管制度。县级以上人民政府民政部门负责养老机构的指导、监督和管理，其他有关部门依照职责分工对养老机构实施监督。《国务院办公厅关于建立健全养老服务综合监管制度 促进养老服务高质量发展的意见》（国办发〔2020〕48 号）明确，各部门要实行监管清单式管理，明确监管事项、监管措施、监管依据、监管流程，按照职责分工依法履行业务指导和监管职责，监管结果要及时、准确、规范并向社会公开。

为加强对养老服务工作的领导，强化统筹协调，形成工作合力，2019 年，经国务院同意建立了养老服务部际联席会议制度。联席会议由民政部、发展改革委、教育部、科技部、工业和信息化部、公安部、财政部、人力资源社会保障部、自然资源部、住房城乡建设部、商务部、卫生健康委、应急部、人民银行、国资委、税务总局、市场监管总局、统计局、医保局、银保监会、扶贫办等 21 个部门和单位组成，并明确民政部为牵头单位。

部际联席会议在党中央、国务院领导下，承担着统筹协调全国养老服务工作，研究解决养老服务工作重大问题，完善养老服务体系等工作职能。养老服务综合监管制度建立后，部际联席会议将在统筹协调解决监管工作中跨部门、跨领域重大问题，强化监管重大政策措施贯彻落实等方面发挥重要作用。

## 5. 政府投资兴办的养老机构应当承担哪些兜底保障责任，如何规范公建民营管理

《中华人民共和国老年人权益保障法》规定“老年人有从国家和社会获得物质帮助的权利，有享受社会服务和社会优待的权利，有参与社会发展和共享发展成果的权利”。党的十九届五中全会明确提出健全基本养老服务体系。适应经济改革、社会转型、人口老龄化等重大变化，我国养老服务也经历了政府直管直办向社会各类主体竞相举办、服务特殊困难群体向服务全社会老人的巨大转变。新中国成立后到改革开放前，形成了与计划经济相适应的补缺型福利养老服务模式。具体形式就是城市单位为职工提供一定的养老服务，农村集体为“五保户”老人提供敬老院兜底供养服务。城市的社会福利院和广大农村的敬老院成为承担养老兜底保障责任的主力军。1958 年 8 月，毛泽东主席视察河南省新乡县七里营人民公社敬老院，向老人赠送拐杖。同年，党的八届六中全会通过的《关于人民公社若干问题的决议》要求：“要办好敬老院，为那些无子女依靠的老年人（五保户）提供一个较好的生活场所。”由此，全国农村敬老院快速发展，到 1959 年就建立了 11 万个敬老院。敬老院经费主要从“三提五统”中解决，形成了合作化和人民公社时期农村养老保障制度的基本框架。2016 年，发展改革委联合民政部、中残联印发《“十三五”社会服务兜底工程实施方案》（发改社会〔2016〕2848 号），利用中央预算内投资支持各地农村敬老院等项目建设。“十三五”期间，中央预算内投资累计安排超 134 亿元，重点用于支持农村养老服务体系建设。2019 年，民政部联合发展改革委、财政部印发《关于实施特困人员供养服务设施（敬老院）改造提升工程的意见》（民发〔2019〕80 号），指导各地针对敬老院的设施条件、设备配置和安全管理实施为期三年的改造提升工程，重点强化失能、部分失能特困人员的兜底保障，确保到 2022 年底前每个县（市、区）至少建有 1 所县级敬老院。民政部还联合财政部、人力资源和社会保障部印发《关于进一步加强特困人员供养服务设施（敬老院）管理有关工作的通知》（民发〔2019〕83 号），针对敬老院法人登记率不高、照护人员短缺、经费保障不足、运营管理滞后等问题，提出明确改进措施，部署各地加快敬老院规范化发展。

《养老机构管理办法》第六条规定了兜底保障责任，明确政府投资兴办的养老机构在满足特困人员集中供养需求的前提下，优先保障经济困难的孤寡、失能、高龄、计划生育特殊家庭等老年人的服务需求。“特困人员”包括无劳动能力、无收入来源、无法定赡养抚养扶养义务人或者其法定赡养、抚养、扶养义务人无赡养、抚养、扶养能力的 60 周岁以上老年人。“计划生育特殊家庭”是指独生子女发生三级以上伤残或死亡，未再生育或收养子女的家庭。

政府投资兴办的养老机构应首先满足特困人员集中供养需求。特困人员供养的内容包

括提供基本生活条件，对生活不能自理的给予照料，提供疾病治疗，办理丧葬事宜等。在此基础上，经济困难的孤寡、失能、高龄、计划生育特殊家庭应优先安排入住政府投资兴办的养老机构。

《国务院关于加快发展养老服务的若干意见》（国发〔2013〕35号）明确开展公办养老机构改革试点，明确有条件的地方可以积极稳妥地把专门面向社会提供经营性服务的公办养老机构转制为企业，完善法人治理结构。政府投资兴办的养老床位应逐步通过公建民营等方式管理运营，积极鼓励民间资本通过委托管理等方式，运营公有产权的养老服务设施。要开展养老服务项目和设施安全标准化建设，不断提高服务水平。政府作为投资主体建设、购置、运营的养老机构，以部分固定资产作为投资吸引社会力量建设、约定期限后所有权归属政府所有的养老机构，以及利用国有单位培训疗养机构等其他公共服务设施改建而成的养老机构，原则上均可实施公建民营。民政部会同发改委先后开展了两批次公办养老机构改革试点工作，各地积极行动，取得了积极成效，形成一批可复制、可推广的典型案例。2020年9月24日，民政部办公厅与发展改革委办公厅对优秀案例进行了通报（民办函〔2020〕106号）。公建民营包含但不限于下列方式：整体租赁、一院两制等方式承包；整体或部分委托管理；联合经营等。暂不具备公建民营改革条件的地方，可创新服务供给方式，采取外包、合作、购买等方式，分项目、分步骤引入社会优质服务资源。鼓励支持社会力量以医养结合为方向运营公办养老机构。鼓励将公建民营机构打造成为养老服务标准化、信息化、医养结合、专业人才培养、国际交流合作等方面的特色基地，成为本区域服务标准、服务人才、运营管理经验的培育和输出基地，发挥引领示范和带动辐射作用。

推进公办养老机构改革要树牢底线思维，加强日常监管，坚持"宜公则公，宜民则民"，增强风险防控和快速应对能力，及时处置公建民营养老机构出现的突出问题，确保国有资产不流失、服务用途不改变、服务水平明显提高等改革目标不走样。要督促运营方严格按照服务合同履行相关责任，公建民营机构要预留一定比例的床位，保障政府托底对象和经济困难老年人需求。将保障特困人员等民政服务对象的基本养老服务放在最突出的位置，切实发挥好兜底线保基本作用。公建民营机构运营主体应定期向民政部门报告机构资产情况、运营情况，及时报告突发重大情况。要做好对机构运营管理情况的监督管理和绩效评价，将绩效评价结果作为机构等级评定和奖惩、中止或续约的重要依据。要用好用足国家对养老机构建设和发展的各项优惠政策，为公建民营实施营造良好环境。要积极培育优质市场主体，引导运营方依靠优质服务和良好信誉开拓市场，实现可持续发展。对于发现运营方违背服务主旨、弄虚作假、冒领财政资金等违法违规行为的，依照相关法律法规处理。

## 6. 社会力量举办养老机构可以享受哪些优惠扶持政策

当前，养老服务和产品需求快速增长，需要加快培育壮大市场主体，优化资源要素配置，激发产业发展活力。为有效缓解日渐严峻的养老问题，推动我国养老服务健康快速发展，需要引入各方力量共同参与。党的十八大以来，党中央、国务院在加快发展养老服务的重要政策文件中，都强调要充分发挥社会力量的主体作用。在《国务院关于加快发展养老服务业的若干意见》（国发〔2013〕35号）、《国务院办公厅关于全面放开养老服务市场 提升养老服务质量的若干意见》（国办发〔2016〕91号）、《国务院关于印发“十三五”国家老龄事业发展和养老体系建设规划的通知》（国发〔2017〕13号）和党中央、国务院印发的《国家积极应对人口老龄化中长期规划》等文件中，都对鼓励社会力量参与养老服务提出具体措施要求。

社会力量举办养老机构享受的优惠政策主要包括以下方面：

## 一、用地支持

依据《国务院关于加快发展养老服务业的若干意见》（国发〔2013〕35号）：

1. 各地要将各类养老服务设施建设用地纳入城镇土地利用总体规划和年度用地计划，合理安排用地需求，可将闲置的公益性用地调整为养老服务用地。

2. 民间资本举办的非营利性养老机构与政府举办的养老机构享有相同的土地使用政策，可以依法使用国有划拨土地或者农民集体所有的土地。

3. 对营利性养老机构建设用地，按照国家对经营性用地依法办理有偿用地手续的规定，优先保障供应，并制定支持发展养老服务业的土地政策。

依据《国务院办公厅关于全面放开养老服务市场提升养老服务质量的若干意见》（国办发〔2016〕91号）：

4. 营利性养老服务机构利用存量建设用地建设养老设施，涉及划拨建设用地使用权出让（租赁）或转让的，在原土地用途符合规划的前提下，允许补缴土地出让金（租金），办理协议出让或租赁手续。

5. 企事业单位、个人对城镇现有空闲的厂房、学校、社区用房等进行改造和利用，举办养老服务机构，经有关部门批准临时改变建筑使用功能从事非营利性养老服务且连续经营一年以上的，五年内土地使用性质可暂不作变更。

6. 民间资本举办的非营利性养老机构与政府举办的养老机构可依法使用农民集体所有的土地。

7. 对在养老服务领域采取政府和社会资本合作（PPP）方式的项目，可以国有建设用地使用权作价出资或者入股建设。

依据民政部、国家发改委等11部门《关于支持整合改造闲置社会资源发展养老服务的通知》（民发〔2016〕179号）：

8. 鼓励社会力量通过股份制、股份合作制、PPP等模式整合改造闲置社会资源发展养老服务。

9. 改造利用现有闲置厂房、社区用房等兴办养老服务设施，符合《划拨用地目录》且连续经营一年以上的，五年内可不增收土地年租金或土地收益差价，土地使用性质也可暂不作变更。在符合规划的前提下，已建成的住宅小区内增加养老服务设施建筑面积的，可不增收土地价款。

10. 城市经济型酒店等非民用房转型成养老服务设施的，报民政、住房城乡建设、国土资源、规划等部门备案。五年内可暂不办理土地和房产功能变更手续，满五年后继续用于养老服务设施的，可由产权人按有关规定办理使用功能变更手续。

11. 凡通过整合改造闲置社会资源建成的养老服务设施，符合相关政策条件的，均可依照有关规定享受养老服务建设补贴、运营补贴等资金支持和税费减免、水电气热费用优惠等政策扶持。

依据《自然资源部关于加强规划和用地保障支持养老服务发展的指导意见》（自然资规〔2019〕3号）：

12. 对单独成宗供应的营利性养老服务设施用地，应当以租赁、先租后让、出让方式供应，鼓励优先以租赁、先租后让方式供应。国有建设用地使用权出让（租赁）计划公布后，同一宗养老服务设施用地只有一个意向用地者的，市、县自然资源主管部门可按照协议方式出让（租赁）；有两个以上意向用地者的，应当采取招标、拍卖、挂牌方式出让（租赁）。

13. 鼓励利用商业、办公、工业、仓储存量房屋以及社区用房等举办养老机构，所使用存量房屋在符合详细规划且不改变用地主体的条件下，可在五年内实行继续按土地原用途和权利类型适用过渡期政策；过渡期满及涉及转让需办理改变用地主体手续的，新用地主体为营利性的，可以按新用途、新权利类型、市场价格，以协议方式办理，但有偿使用合同和划拨决定书以及法律法规等明确应当收回土地使用权的情形除外。

14. 新建住宅小区配套养老服务设施竣工后办理首次登记的，配套养老服务设施依据有关规定或者约定正式移交后办理转移登记的，营利性养老机构以有偿取得的土地、设施等资产进行抵押、商业银行向产权明晰的民办养老机构发放资产（设施）抵押贷款办理不动产抵押登记的，整合闲置设施改造为养老服务设施需要办理不动产登记的，不动产登记机构应积极予以办理。

依据《国家发展改革委等21部门关于印发〈促进健康产业高质量发展行动纲要（2019—2022年）的通知》（发改社会〔2019〕1427号）：

15. 鼓励在新增经营性用地供应中，根据区域卫生等规划实施评估情况，支持配建健康服务设施，完善社区健康服务设施配套建设标准和要求，制定监督落实的机制和办法。

## 二、税费支持

依据《民政部等10部门关于鼓励民间资本参与养老服务业发展的实施意见》（民发〔2015〕33号）：

1. 对民办养老机构提供的育养服务免征营业税。养老机构在资产重组过程中涉及的不动产、土地使用权转让，不征收增值税和营业税。

2. 进一步落实国家扶持小微企业相关税收优惠政策，对符合条件的小型微利养老服务企业，按照相关规定给予增值税、营业税、所得税优惠。

3. 对家政服务企业由员工制家政服务员提供的老人护理等家政服务，在政策有效期内按规定免征营业税。

4. 对符合条件的民办福利性、非营利性养老机构取得的收入，按规定免征企业所得税。

5. 对民办福利性、非营利性养老机构自用的房产、土地免征房产税、城镇土地使用税。对经批准设立的民办养老院内专门为老年人提供生活照顾的场所免征耕地占用税。

6. 对企事业单位、社会团体以及个人通过公益性社会团体或者县级以上人民政府及其部门，用于《中华人民共和国公益事业捐赠法》规定的公益事业的捐赠，符合相关规定的不超过年度利润总额12%的部分，准予扣除。对个人通过非营利性的社会团体和政府部门向福利性、非营利性的民办养老机构的捐赠，在缴纳个人所得税前准予全额扣除。

7. 对民办非营利性养老机构建设免征有关行政事业性收费，对营利性养老机构建设减半征收有关行政事业性收费。

依据《财政部 税务总局 发展改革委 民政部 商务部 卫生健康委关于养老、托育、家政等社区家庭服务业税费优惠政策的公告》（公告2019年第76号）：

8. 为社区提供养老等服务的机构，按照规定享受的税费优惠政策：提供社区养老等服务取得的收入，免征增值税，同时在计算应纳税所得额时，减按90%计入收入总额；承租房屋、土地用于提供社区养老等服务的，免征契税；用于提供社区养老等服务的房产、土地，免征不动产登记费、耕地开垦费、土地复垦费、土地闲置费；用于提供社区养老等服务的建设项目，免征城市基础设施配套费；确因地质条件等原因无法修建防空地下室的，免征防空地下室易地建设费。

9. 为社区提供养老等服务的机构自有或其通过承租、无偿使用等方式取得并用于提供社区养老服务的房产、土地，免征房产税、城镇土地使用税。

## 三、补贴与政策支持

依据民政部等10部门《关于鼓励民间资本参与养老服务业发展的实施意见》（民发〔2015〕33号）：

1. 鼓励民间资本参与老年公寓和居住区养老服务设施建设以及既有住宅适老化改造。对按照《城市居住区规划设计规范》《老年人居住建筑设计标准》等建设标准规划建设的适老住区和老年公寓项目中，其配套的符合独立登记条件的养老机构按规定享受相应的扶持政策。

依据《国务院办公厅关于全面放开养老服务市场 提升养老服务质量的若干意见》（国办发〔2016〕91号）：

2. 在鼓励境外投资者在华举办营利性养老机构的基础上，进一步放开市场，鼓励境外投资者设立非营利性养老机构，其设立的非营利性养老机构与境内投资者设立的非营利性养老机构享受同等优惠政策。

依据民政部 国家发展改革委等13部门《关于加快推进养老服务业放管服改革的通知》（民发〔2017〕25号）：

3. 对服务失能老年人的补贴标准应予以适当倾斜，对提供相同服务的经营性养老机构应享受与公益性养老机构同等补贴政策。

4. 进一步完善制度、规范流程，鼓励养老机构和服务企业依法设立分支机构，实现连锁化、规模化、品牌化发展。

依据《民政部关于进一步扩大养老服务供给 促进养老服务消费的实施意见》（民发〔2019〕88号）：

5. 探索多样化的经营模式，引导社会力量根据市场需要，兴办面向中高收入家庭的养老机构，构建全方位、多层次、立体化的养老服务体系，满足多元化、便利化、个性化服务需求。

依据国家卫生健康委等12部门《关于深入推进医养结合发展的若干意见》（国卫老龄发〔2019〕60号）：

6. 鼓励社会力量举办医养结合机构。政府对社会办医养结合机构区域总量不作规划限制。按照“非禁即入”原则，不得设置并全面清理取消没有法律法规依据和不合理的前置审批事项，没有法律法规依据不得限制社会办医养结合机构的经营性质。涉及同层级相关行政部门的，当地政务服务机构应当实行“一个窗口”办理，并一次性告知审批事项及流程、受理条件、材料清单、办理时限等内容。支持社会力量通过市场化运作方式举办医养结合机构，并按规定享受税费、投融资、用地等有关优惠政策。各地可采取公建民营、民办公助等方式支持社会力量为老年人提供多层次、多样化医养结合服务，鼓励地方结合实际制定多种优惠支持政策。支持社会办大型医养结合机构走集团化、连锁化发展道路。鼓励保险公司、信托投资公司等金融机构作为投资主体举办医养结合机构。

## 四、投融资支持

依据民政部等10部门《关于鼓励民间资本参与养老服务业发展的实施意见》（民发〔2015〕33号）：

1. 支持采取股份制、股份合作制、PPP（政府和民间资本合作）等模式建设或发展养老机构。

2. 鼓励社会力量举办规模化、连锁化的养老机构，鼓励养老机构跨区联合、资源共享，发展异地互动养老，推动形成一批具有较强竞争力的养老机构。

3. 通过中央基建投资等现有资金渠道，对社会急需、项目发展前景好的养老项目予以适当扶持。

4. 民政部本级彩票公益金和地方各级政府用于社会福利事业的彩票公益金，要将50%以上的资金用于支持发展养老服务业，并随老年人口的增加逐步提高投入比例。其中，支持民办养老服务发展的资金不得低于30%。

5. 民办非营利性养老机构应当为捐资举办，机构享有对其资产的法人财产权，捐资人（举办者）不拥有对所捐赠财产的所有权。对于举办者没有捐赠而以租赁形式给予组织使用的固定资产以及以借款方式投入组织运营的流动资金，允许其收取不高于市场公允水平的租金和利息。

6. 民办非营利性养老机构停办后，应当依法进行清算，其剩余资产由民政部门负责统筹，以捐赠形式纳入当地政府养老发展专项基金。原始捐资有增值的，经养老机构决策机构同意并经审计符合规定的，可对捐资人（举办者）给予一次性奖励。

7. 鼓励通过财政贴息、补助投资、风险补偿等方式，支持金融机构加快金融产品和服务方式创新，推进实施健康与养老服务工程。研究以养老服务产业为基础资产的证券化产品，稳步推进金融机构直接或间接投资养老服务业。

8. 拓宽信贷抵押担保物范围，允许民办养老机构利用有偿取得的土地使用权、产权明晰的房产等固定资产办理抵押贷款，不动产登记机构要给予办理抵押登记手续。

依据《国务院办公厅关于全面放开养老服务市场 提升养老服务质量的若干意见》（国办发〔2016〕91 号）：

9. 鼓励社会资本采取建立基金、发行企业债券等方式筹集资金，用于建设养老设施、购置设备和收购改造社会闲置资源等。鼓励银行业金融机构以养老服务机构有偿取得的土地使用权、产权明晰的房产等固定资产和应收账款、动产、知识产权、股权等抵质押，提供信贷支持，满足养老服务机构多样化融资需求。有条件的地方在风险可控、不改变养老机构性质和用途的前提下，可探索养老服务机构其他资产抵押贷款的可行模式。

依据《中国人民银行 民政部 银监会 证监会 保监会关于金融支持养老服务业加快发展的指导意见》（银发〔2016〕65 号）：

10. 鼓励银行业金融机构创新承贷主体，对企业或个人投资设立的养老服务机构，在风险可控的前提下，可以向投资企业或个人作为承贷主体发放贷款。对符合条件的个人投资设立小型养老服务机构，或招用员工比例达到政策要求的小微养老服务企业，积极利用创业担保贷款政策给予支持。对建设周期长、现金流稳定的养老服务项目，鼓励银行业金融机构适当延长贷款期限，灵活采取循环贷款、年审制、分期分段式等多种还款方式。

11. 支持处于成熟期、经营较为稳定的养老服务企业在主板市场上市。支持符合条件的已上市的养老服务企业通过发行股份等再融资方式进行并购和重组。

12. 支持处于成熟期的优质养老服务企业通过发行企业债、公司债、非金融企业债务融资工具等方式融资。鼓励中小养老服务企业发行中小企业集合票据、集合债券、中小企业私募债，积极发挥各类担保增信机构作用，为中小养老服务企业发债提供增信支持。对运作比较成熟、未来现金流稳定的养老服务项目，可以项目资产的未来现金流、收益权等为基础，探索发行项目收益票据、资产支持证券等产品。支持符合条件的金融机构通过发行金融债、信贷资产支持证券等方式，募集资金重点用于支持小微养老服务企业发展。

13. 支持各地采取政府和社会资本合作（PPP）模式建设或发展养老机构，鼓励银行、证券等金融机构创新适合 PPP 项目的融资机制，为社会资本投资参与养老服务业提供融资支持，积极探索与政府购买基本健康养老服务配套的金融支持模式。鼓励金融机构通过基金模式，探索运用股权投资、夹层投资、股东借款等多种形式，加大对养老服务企业、机构和项目的融资支持。

依据民政部等 13 部门《关于加快推进养老服务业放管服改革的通知》（民发〔2017〕25 号）：

14. 鼓励发起设立采取股权投资等市场化方式独立运作的养老投资基金，吸引社会力量进入养老服务基础设施和服务领域。

依据《最高人民法院关于适用〈中华人民共和国民法典〉有关担保制度的解释》（法释〔2020〕28 号）：

15. 第六条以公益为目的的非营利性学校、幼儿园、医疗机构、养老机构等提供担保的，人民法院应当认定担保合同无效，但是有下列情形之一的除外：

（一）在购入或者以融资租赁方式承租教育设施、医疗卫生设施、养老服务设施和其他公益设施时，出卖人、出租人为担保价款或者租金实现而在该公益设施上保留所有权；

（二）以教育设施、医疗卫生设施、养老服务设施和其他公益设施以外的不动产、动产或者财产权利设立担保物权。

登记为营利法人的学校、幼儿园、医疗机构、养老机构等提供担保，当事人以其不具有担保资格为由主张担保合同无效的，人民法院不予支持。

## 五、人才培养与就业

依据民政部等10部门《关于鼓励民间资本参与养老服务业发展的实施意见》（民发〔2015〕33号）：

1. 依托职业院校和养老机构等，加强养老护理人员培训，对符合条件参加养老照护职业培训和职业技能鉴定的从业人员，按规定给予补贴。

2. 允许符合条件的医师到民办养老机构医疗机构开展多点执业。鼓励民办养老机构引入社会工作人才。对在民办养老机构就业的专业技术人员执行与公办机构相同的执业资格、注册考核政策。

3. 做好养老护理员工资指导价位发布工作，指导民办养老机构和组织合理确定养老护理员劳动报酬。养老机构和组织应当依法足额缴纳社会保险费，对吸纳就业困难人员就业的养老机构，按规定给予社会保险补贴。就业困难人员以灵活就业方式从事居家养老服务的，可按规定享受灵活就业社会保险补贴。

依据《国务院办公厅关于全面放开养老服务市场 提升养老服务质量的若干意见》（国办发〔2016〕91号）：

4. 将养老护理员纳入企业新型学徒制试点和城市积分入户政策范围。

依据教育部办公厅等7部门《关于教育支持社会服务产业发展 提高紧缺人才培养培训质量的意见》（教职成厅〔2019〕3号）：

5. 鼓励符合条件的养老服务企业、养老服务机构等管理人员报考攻读专业学位硕士研究生。

6. 鼓励社会力量举办养老服务类职业院校，或与职业院校以股份制、混合所有制等形式共建产业学院，合作开设相关专业，规范并加快培养专门人才。将社会服务产业紧缺领域列为校企合作重点领域，优先支持建设产教融合创新项目、职业教育校企深度合作项目等。全国建设培育100家以上产教融合型家政企业，发挥家政服务业提质扩容“领跑者”行动示范企业和普惠养老重点企业的示范引领作用，推动50家优质企业与200所有关院校组建职业教育集团等，共建产业学院、大师工作室、协同创新平台、实习实训基地，实行现代学徒制、“订单培养”等培养模式，协同创新服务项目或开展技术研发，支持和鼓励企业承接教师实践锻炼和学生见习实习，深度参与紧缺领域人才培养培训。

依据《民政部关于进一步扩大养老服务供给 促进养老服务消费的实施意见》（民发〔2019〕88号）：

7. 各地要将养老服务列为职业教育校企合作优先领域，支持符合条件的养老机构举办养老服务类职业院校。对符合条件的养老服务类产教融合校企合作项目，优先纳入中央预算内投资支持范围。

## 六、慈善志愿支持

依据《国务院关于加快发展养老服务业的若干意见》（国发〔2013〕35号）：

1. 对企事业单位、社会团体和个人向非营利性养老机构的捐赠，符合相关规定的，准予在计算其应纳税所得额时按税法规定比例扣除。

依据教育部、民政部等9部门《关于加快推进养老服务业人才培养的意见》（教职成〔2014〕5号）：

2. 推动开展社会养老事业志愿服务。积极组织职业院校、本科院校在校生到养老机构和城乡社区、家庭等进行志愿服务，开展社会实践活动，增强学生的社会责任意识，激发从事养老服务事业的热情。

依据《中国红十字会总会 民政部 全国老龄工作委员会办公室关于红十字会参与养老服务工作的指导意见》（中红字〔2017〕1号）：

3. 鼓励具备条件的红十字会积极争取社会力量支持，结合实际兴办公益性养老机构。

## 7. 举办养老机构应当具备规定的哪些基本条件

设立养老机构，应当依法办理登记。设立非营利性养老机构，符合事业单位登记条件的，依法在编制部门办理事业单位法人登记；符合社会服务机构登记条件的，依法在民政部门办理社会服务机构（民办非企业单位）法人登记。设立营利性养老机构，依法在市场监督管理部门办理相应的登记。养老机构应当为老年人提供全日集中住宿和照料护理服务，床位数在10张以上。

根据《事业单位登记管理暂行条例》，申请事业单位法人登记，应具备下列条件：（1）经审批机关批准设立；（2）有自己的名称、组织机构和场所；（3）有与其业务活动相适应的从业人员；（4）有与其业务活动相适应的经费来源；（5）能够独立承担民事责任。

根据《民办非企业单位登记管理暂行条例》，申请登记民办非企业单位，应当具备下列条件：（1）经业务主管单位审查同意；（2）有规范的名称、必要的组织机构；（3）有与其业务活动相适应的从业人员；（4）有与其业务活动相适应的合法财产；（5）有必要的场所。民办非企业单位的名称应当符合国务院民政部门规定，不得冠以“中国”“全国”“中华”等字样。

设立经营性养老机构，应根据市场监管部门相关法规具备相应条件。可采用有限责任公司、股份有限公司、合伙企业、个体工商户等形式。根据《中华人民共和国公司法》规定，设立有限责任公司，应当具备下列条件：（1）股东符合法定人数；（2）有符合公司章程规定的全体股东认缴的出资额；（3）股东共同制定公司章程；（4）有公司名称，建立符合有限责任公司要求的组织机构；（5）有公司住所。设立股份有限公司，应当具备下列条件：（1）发起人符合法定人数；（2）有符合公司章程规定的全体发起人认购的股本总额或者募集的实收资本股本总额；（3）股份发行、筹办事项符合法律规定；（4）发起人制定公司章程，采用募集方式设立的经创立大会通过；（5）有公司名称，建立符合股份有限公司要求的组织机构；（6）有公司住所。根据《中华人民共和国合伙企业法》规定，设立合伙企业，应当具备下列条件：（1）有两个以上合伙人。合伙人为自然人的，应当具有完全民事行为能力；（2）有书面合伙协议；（3）有合伙人认缴或者实际缴付的出资；

（4）有合伙企业的名称和生产经营场所；（5）法律、行政法规规定的其他条件。根据《个体工商户条例》规定，有经营能力的公民，依照《个体工商户条例》规定经工商行政管理部门登记，从事工商业经营的，为个体工商户。个体工商户可以个人经营，也可以家庭经营。申请登记的经营范围不属于法律、行政法规禁止进入的行业。

除满足登记条件外，养老机构还需要符合《中华人民共和国消防法》《中华人民共和国建筑法》《中华人民共和国食品安全法》《医疗机构管理条例》等法规和相关强制性国家标准规定的基本条件。

根据《中华人民共和国消防法》《建设工程消防设计审查验收管理暂行规定》《建筑设计防火规范》等规定，总建筑面积大于1000平方米的养老机构建设工程属于特殊建设工程，建设单位应当向消防设计审查验收主管部门申请消防设计审查，未经消防设计审查或者审查不合格的，建设单位、施工单位不得施工。建设工程竣工验收后，建设单位应当向消防设计审查验收主管部门申请消防验收；未经消防验收或者消防验收不合格的，禁止投入使用。根据《中华人民共和国建筑法》，养老机构建筑工程开工前，建设单位应当按照国家有关规定向工程所在地县级以上人民政府建设行政主管部门申请施工许可证，并且申请施工许可证前应当已经办理该建筑工程用地批准手续；依法应当办理建设工程规划许可证的；养老机构建筑防火设计应符合相关强制性规定。

根据《中华人民共和国食品安全法》规定，养老机构内设食堂的，应当取得市场监督管理部门颁发的食品经营许可证，严格遵守法律、法规和食品安全标准；从供餐单位订餐的，应当从取得食品生产经营许可的企业订购，并按照要求对订购的食品进行查验。供餐单位应当严格遵守法律、法规和食品安全标准，当餐加工，确保食品安全。

根据《医疗机构管理条例》规定，养老机构按照国家医疗机构基本标准内设门诊部、诊所、卫生所（室）等，应报所在地的县级人民政府卫生行政部门备案。

根据《养老机构服务安全基本规范》强制性国家标准（2022年1月1日实施），养老机构应符合消防、卫生与健康、环境保护、食品安全、建筑、设施设备标准中的强制性规定及要求。

## 8. 养老机构与入住老年人及其代理人之间的法律关系是怎样的，双方享有哪些权利，承担何种义务

养老机构与入住老年人及其代理人之间存在养老服务合同关系。

《中华人民共和国老年人权益保障法》第四十八条规定，养老机构应当与接受服务的老年人或者其代理人签订服务协议，明确双方的权利、义务。

养老机构有权按照服务协议中的约定向入住老年人或其代理人收取服务费用；按照协议约定和公示的管理制度对入住老年人进行管理；在老年人出现紧急情况时，有权在通知老人监护人或其代理人的同时，采取必要的处置措施（包括但不限于转送医疗机构等）；有权利按照合同约定或法律规定解除养老服务合同。

养老机构应当按照双方签订的养老服务协议为老年人提供生活照料、康复护理、精神慰藉、文化娱乐等服务；应当按照建筑、消防、食品安全、医疗卫生等法律、法规和国家

有关标准开展服务活动；应当对老人进行入院评估，并根据评估结果与老年人及其代理人协商确定合适的照护等级；在不影响正常服务和管理的情况下，应当允许老人的家庭成员探视老年人或提供方便；应当建立老年人档案和信息资料的保管和使用制度，不得非法泄露老年人个人信息。

养老机构应当对入住老年人承担安全保障义务，养老机构及其工作人员不得以任何方式侵害老年人人身权益和财产权益；应当接受老年人及其代理人的合理建议和监督。

入住养老机构的老年人及其代理人享有根据老年人实际情况选择照护等级并接受相应服务的权利；对自身的健康状况、费用支出、入院记录等享有知情权，有权查阅、复制养老机构为其建立的个人档案，享有隐私权；代理人及其他家庭成员有权对老人进行探视，但不得影响养老机构的正常服务和管理；可以对养老机构的服务和运营提出意见和建议。

老年人及其代理人在入住前对于老年人的病史、特殊情况等应向养老机构尽到如实告知义务；应当配合养老机构进行入院评估、体检等；应当遵守养老机构的规章制度，维护养老机构正常的服务秩序；应当按照约定支付养老服务费用及其他相关费用。

## 9. 如何发挥养老机构行业组织的作用

养老机构加入养老服务行业组织，可以充分发挥养老服务行业组织的作用，加强自律和诚信建设，促进整个行业规范有序发展。一是可以促进养老服务规范化发展。养老服务行业组织建立健全各项自律性管理制度，支持和指导养老机构制定并组织实施行业职业道德准则，大力推动行业诚信建设，规范养老机构行为；协调会员企业关系，协商解决机构间、与服务对象之间争议，促进行业健康发展。二是支持组织贯彻实施有关地方或国家标准并进行监督，研究制定团体标准，维护公平竞争的市场秩序。三是成为联系政府和养老机构的桥梁纽带。养老行业组织可以利用自身密切联系养老机构的优势，协助政府加强和改善行业管理，加强调查研究，反映诉求和行业情况，组织制定“行规行约”并监督实施，协调维护养老机构利益，督促其履行社会责任。四是可以推动行业交流与合作。支持行业组织举办关于养老产业发展的专题研讨和技术、产品、设备展览展销等活动；加强同国外同行业组织的联系，推动多边、双边领域的合作与交流，掌握行业对外合作动态。

## 10. 如何办理养老机构设立登记

根据设立目的的不同，养老机构可以分为营利性和非营利性。以取得利润并进行分配为目的的，为营利性养老机构。为了公益目的或者其他非营利目的，不分配所取得利润的，为非营利性养老机构。

根据举办主体、资金来源的不同，非营利性养老机构又可以分为事业单位和社会服务机构两类。自然人、法人或者其他组织为了公益目的，利用非国有资产捐助举办，按照其章程提供社会服务的非营利法人为社会服务机构。国家为了社会公益目的，由国家机关举办或者其他组织利用国有资产举办的，从事社会服务的组织，为事业单位。设立非营利性养老机构，依法办理相应登记。

根据组织类型的不同，营利性养老机构又分为法人、非法人组织两类。以取得利润并分配给股东等出资人为目的成立的法人，为营利性法人。营利性法人包括有限责任公司、股份有限公司和其他企业法人等。不具有法人资格，但能够依法以自己名义从事民事活动的组织，为非法人组织。非法人组织包括个人独资企业、合伙企业、不具备法人资格的专业服务机构等。成立有限责任公司和股份有限公司和其他企业法人等营利性法人的，按照《公司登记管理条例》《企业法人登记管理条例》等有关规定，符合登记条件的，依法在市场监督管理部门办理企业法人登记；成立个人独资企业、合伙企业等非法人组织的，按照《中华人民共和国个人独资企业法》《合伙企业登记管理办法》等有关规定，符合登记条件的，依法在市场监督管理部门办理相应的登记。另外，养老机构还可以登记为个体工商户。自然人从事养老机构服务，经依法登记，为个体工商户。个体工商户可以起字号。个体工商户的债务，个人经营的，以个人财产承担；家庭经营的，以家庭财产承担；无法区分的，以家庭财产承担。

## 11. 养老机构设立登记后，如何申请备案，备案的法律依据、性质和要求是什么

2018 年修正的《中华人民共和国老年人权益保障法》取消了养老机构设立许可，规定养老机构登记后即可开展服务活动，并向县级以上人民政府民政部门备案，但对养老机构备案时间、备案机关未作明确。在符合上位法规定的前提下，修改后的《养老机构管理办法》（以下简称《办法》）对备案时间、备案机关作了细化规定。一是备案时间。《办法》将备案时间规定为养老机构收住老年人后的 10 个工作日，既保证了民政部门及时掌握养老机构收住老年人的基本情况，从而加强监管和指导，切实保障老年人的合法权益。同时，也符合《中华人民共和国老年人权益保障法》的立法本意，备案不作为养老机构开展服务活动的前置条件。二是备案机关。《办法》对非营利性养老机构和营利性养老机构的备案机关进行了区分，前者为“登记管理机关的同级民政部门”，后者为“服务场所所在地的县级民政部门”。主要目的是为了更好地与监督管理实际需要相适应。实践中，不少事业单位类型的养老机构举办者为省级、设区的市级人民政府或者其所属民政部门；一些社会服务机构性质养老机构的登记机关为省级或者设区的市级人民政府民政部门，将非营利性养老机构的备案机关规定为“登记管理机关的同级民政部门”对监督管理更为适宜。营利性养老机构类型多样，以服务场所所在地县级民政部门作为备案机关更有利于监督管理。

### 一、养老机构备案制度的主要特点

一是压实养老机构主体责任。养老机构办理备案不再需要提供建筑、消防、卫生防疫、环境等相关验收报告或者审查意见。养老机构通过书面承诺书，自主声明，承诺其按照建筑、消防、食品安全、医疗卫生、特种设备等法律、法规和强制性标准开展服务活动。民政部门收到养老机构备案的材料后，只做形式审查，材料齐备即办理备案。《办法》推行备案承诺制，将主体责任压实给养老机构，减少审批环节，提高行政办事效率，将民

政部门工作重心从事前审批转向过程服务和事后监管。

二是及时跟进监督检查。《办法》要求“备案后民政部门及时开展现场检查，核实备案信息；对未备案的养老机构，民政部门自发现其收住老年人后及时进行现场检查，并督促其办理备案”。通过及时跟进监督检查的方式，加强事中事后监管。同时，考虑到养老服务质量和安全问题是涉及老年人人身财产权益的重要领域，也是养老机构突出风险点，为全面压降质量安全隐患，《办法》在“双随机、一公开”的基础上，对重点领域实行全覆盖监督检查，要求民政部门每年对养老机构服务安全和质量进行不少于一次的现场检查。

三是强化养老机构信用监管。《办法》将主体责任压实给养老机构，在现场检查中发现养老机构违反承诺或者虚假承诺的，给予行政处罚，同时，将书面承诺的履约情况与信用记录、失信联合惩戒相结合，纳入养老服务联合惩戒对象名单，会同相关部门开展信用惩戒，并将违法失信信息依法依规向社会公开。

四是加强部门间信息共享。养老机构备案不具备强制力，但实际工作中，备案又是民政部门作为行业管理部门掌握相关信息的重要渠道。为了解决信息不对称、获取不及时等问题，《办法》提出“民政部门应当依托全国一体化在线政务服务平台，推进登记管理机关、备案机关信息系统互联互通、数据共享”，通过与登记管理机关之间的信息联动，及时掌握养老机构登记信息，纳入行业管理部门监管范畴。

## 二、养老机构备案的性质和要求

行政备案从功能上大致可以分为许可性备案、确认性备案和监督性备案。确认性备案实质上是行政确认，是对已有权利、资格或行为进行承认、确定或否认。对相对人而言，备案目的不在于改变现有法律关系状态，而在于确定现有法律关系、法律地位，获得法定效果，即通过特定公示方式将行政备案事项予以客观物化，并由此获得某些法律权益。监督性备案是由申请人向主管机关告知相关事情的事由、材料等，主管机关予以存档以便随后开展审查或其他行政活动获得相关信息依据。

《中华人民共和国老年人权益保障法》取消了养老机构设立许可，增设了备案制度，旨在全面放开养老服务市场，更大限度激发市场活力，推动养老服务业“放管服”改革。备案制度，是完善事中事后监管的重要制度设计。该备案应当被理解为监督性备案，既非许可性备案，也不是确认性备案，只是民政部门掌握有关情况以便更好履行行业监管职责的管理方式。备案是报告、报备，行政相对人将其需要进行的行为活动告知行政机关，行政机关掌握有关资料或者情况后对其实行监管管理。行政机关对备案的材料只进行形式审查，不作实质性审查，不能以备案变相设定或者实施行政许可，变相恢复设立养老机构的门槛。同时，养老机构的备案不具有强制性，养老机构不办理备案不承担相应法律责任。

养老机构备案作为监督性备案，而非许可性备案，备案申请人不再需要提供符合建筑、消防、食品安全、医疗卫生、特种设备等法律、法规和强制性标准条件的证明材料，民政部门作为备案机关也不再对其是否符合有关条件进行实质性审查，申请人只需要提供符合有关要求的承诺书即可。如违反承诺，或者不符合有关要求的，纳入事中事后监管处理。采取住宅式分户居住或者酒店式长租公寓等服务形式的养老新业态，虽然也宣称以老年人为主要服务对象，但因不符合养老机构全日集中住宿和照料护理服务的基本特征，不作为养老机构管理。

养老机构备案作为监督性备案，而非确认性备案，即是否备案并不作为认定养老机构的主要依据。首先，备案不是强制性的，只办理登记而未备案的，仍然是养老机构，民政部门仍应对其履行监管责任。其次，备案与行政给付是两种截然不同的行政行为，虽有关联但不能混为一谈。行政给付本质属于公共资源的再分配，在养老服务供给两端分别表现为建设运营补贴和老年人福利补贴。对于养老机构而言，备案是取得建设运营补贴的必要条件之一，但备案与取得建设运营补贴之间是必要不充分条件关系，即备案不一定取得补贴。为了提高补贴的经济和社会效益，做到精准投放，各地可以更加科学合理地设定审查条件和程序，例如可将是否符合规划要求、是否符合建筑、消防、食品安全、医疗卫生、特种设备等法律法规和强制性标准条件、相关收住和满意度情况、持续有效运营期限等作为审查依据。

需要明确的是，养老机构的备案制度从性质上与“放管服”改革中的“审批制改为备案制”不同。《国务院关于加强和规范事中事后监管的指导意见》（国发〔2019〕18号）中明确的“审批改备案”，是指《国务院关于在全国推开“证照分离”改革的通知》（国发〔2018〕35号）中明确的“审批改为备案”。

《国务院关于在全国推开“证照分离”改革的通知》明确“证照分离”改革有四种方式：直接取消审批、审批改为备案、实行告知承诺、优化准入服务。其中，“直接取消审批”是指：对设定必要性已不存在、市场机制能够有效调解、行业组织或中介机构能够有效实现行业自律管理的行政审批事项，直接取消。市场主体办理营业执照后即可开展相关经营活动。“取消审批，改为备案”是指：对取消审批后有关部门需及时准确获得相关信息，以更好开展行业引导、制定产业政策和维护公共利益的行政审批事项，改为备案。市场主体报送材料后即可开展相关经营活动，有关部门不再进行审批。即先备案、后营业，但是按照《中华人民共和国老年人权益保障法》的相关规定，养老机构登记后即可开展服务活动，不需要先办理备案再开展经营活动，同时，备案也不具备强制性，养老机构不办理备案也不承担相应法律责任。据此，取消养老机构设立许可属于“证照分离”改革中的第一种情形，即“直接取消审批”，而不是“取消审批，改为备案”。

## 12. 医养结合机构如何办理登记备案

医养结合机构是指同时具备医疗卫生资质和养老服务能力的医疗卫生机构或养老机构。近年来，各级民政部门和卫生健康部门一道，通过支持养老机构内设医疗机构或医务室、支持养老机构与医疗机构建立合作机制等形式，在全国养老服务体系建设中积极推进医养结合工作。2019 年，国家卫生健康委、民政部、市场监管总局、国家中医药局联合下发《关于做好医养结合审批登记工作的通知》（国卫办老龄发〔2019〕17 号），对进一步做好医养结合如何审批登记工作作出安排。

### 一、养老机构设立医疗机构

养老机构申请内部设置诊所、卫生所（室）、医务室、护理站，根据原国家卫生计生委办公厅《关于养老机构内部设置医疗机构取消行政审批实行备案管理的通知》（国卫办医发〔2017〕38号）要求，取消行政审批，实行备案管理。申办人应当向所在地的县级卫生健康行政部门备案。养老机构内部设置的诊所、卫生所（室）、医务室、护理站应当符合相应的医疗机构基本标准；向所在地的县区级卫生健康行政部门（含中医药管理部门，下同）备案，并提交设置单位或者其主管部门设置医疗机构的决定和设置医疗机构的备案材料；卫生健康行政部门收到备案材料后，对材料齐全且符合本通知要求的，应当在10个工作日内发放《医疗机构执业许可证》；材料不全或者不符合本通知要求的，应当当场或在5个工作日内一次性告知备案人需要补正的全部材料及内容。

养老机构申请举办二级及以下医疗机构（不含急救中心、急救站、临床检验中心、中外合资合作医疗机构、港澳台独资医疗机构），依据国家卫生健康委、国家中医药局《关于进一步改革完善医疗机构、医师审批工作的通知》（国卫医发〔2018〕19号）规定，设置审批与执业登记“两证合一”，卫生健康行政部门不再核发《设置医疗机构批准书》，在受理医疗机构执业登记申请后，经公示、审核合格后发放《医疗机构执业许可证》。

养老机构申请设立三级医疗机构的，应当向所在省级或地市级卫生健康行政部门提交申请，卫生健康行政部门依法核发《设置医疗机构批准书》。申办人收到《设置医疗机构批准书》后，申请医疗机构执业登记并提交相关材料。卫生健康行政部门审核合格后，发放《医疗机构执业许可证》。

### 二、医疗机构设立养老机构

具备法人资格的医疗机构申请设立养老机构的，不需另行设立新的法人，不需另行法人登记。

社会力量举办的非营利性医疗机构申请设立养老机构的，应当依法向县级以上民政部门备案，应当依法向其登记的县级以上民政部门办理章程核准、修改业务范围，并根据修改后的章程在登记证书的业务范围内增加“养老服务”等职能表述。

社会力量举办的营利性医疗机构申请内部设置养老机构的，应当依法向县级以上民政部门备案，应当依法向其登记的县级以上市场监管部门申请变更登记，在经营范围内增加“养老服务”等表述。

公立医疗机构申请设立养老机构的，应当依法向县级以上民政部门备案，应当依法向各级编办提出主要职责调整和变更登记申请，在事业单位主要职责及法人证书“宗旨和业务范围”中增加“养老服务、培训”等职能。

### 三、新建医养结合机构

对于申办人提出申请新举办医养结合机构的，即同时提出申请举办医疗机构和养老机构，需根据医疗卫生机构和养老机构的类型、性质、规模向卫生健康、民政或市场监督管理部门提交申请。

## 13. 申请备案养老机构需要提交哪些材料

养老机构办理备案，应当向民政部门报送备案申请书、养老机构登记证书复印件、承诺书等材料，并对真实性负责。

备案申请书具体包括五项内容：养老机构的名称、地址、法定代表人或者主要负责人信息等基本情况；养老机构服务场所的性质；养老床位的数量；服务设施面积；日常联系人及联系方式。

承诺书的具体内容包括但不限于：承诺已了解养老机构管理相关法律法规和标准规范，并按照建筑、消防、食品安全、医疗卫生等法律、法规和国家有关标准开展服务活动；承诺不以养老机构名义从事欺老虐老、不正当关联交易、非法集资等侵害老年人人身权益和财产权益，以及扰乱市场秩序的行为；承诺主动接受并配合民政部门和有关部门的指导、监督和管理；承诺不属实，或者违反承诺的，依法承担法律责任。

## 14. 民政部门收到备案材料后，应当如何处理

民政部门在收到养老机构提交的备案材料后，应当对备案材料进行形式审查，重点审查备案材料是否齐全、签字/印章是否缺少、填写是否规范等，对于备案材料的真实性、合法性不作审查。材料齐全，且符合法定规范的，应当予以备案，并提供备案回执；材料不齐全的，要一次性告知问题所在，并指导养老机构补正，做到让群众少跑腿。

按照“一门、一网、一次”的要求，各级民政部门应当加强信息化建设，大力推进“互联网+政务服务”力度，逐步实现养老机构网上备案，为养老机构和群众办事提供便利高效的政务服务。暂时无法实现网上备案的地方民政部门，应当优化服务流程、压缩办理时限，能够现场办理的，要现场办结。

## 15. 已经备案的养老机构备案事项发生变更的，如何办理变更备案

已经备案的养老机构变更名称、法定代表人或主要负责人等登记事项，或者变更服务场所权属、养老床位数量、服务设施面积等事项的，应当及时向原备案民政部门办理变更备案。

养老机构在原备案机关辖区内变更服务场所的，应当及时向原备案民政部门办理变更备案。营利性养老机构跨原备案机关辖区变更服务场所的，应当及时向变更后的服务场所所在地县级人民政府民政部门办理备案。

已经备案的养老机构备案事项发生变更的，如何办理变更备案，需要区分养老机构发生变更的备案事项的类型。

一、备案事项为登记事项。按照《事业单位登记管理暂行条例》有关规定，事业单位的登记事项包括名称、住所、宗旨和业务范围、法定代表人、经费来源（开办资金）。按照《民办非企业单位登记管理暂行规定》有关规定，社会服务机构的登记事项包括名称、住所、宗旨和业务范围和活动地域、法定代表人和负责人、注册资金。按照《中华人民共和国公司法（2018 年修正）》有关规定，公司的登记事项包括名称、住所、注册资本、经营范围、法定代表人。上述法律法规中，均明确要求登记事项发生变更的，应当依法向登

记管理机关办理变更登记。

如果养老机构变更的备案事项是名称、法定代表人或者主要负责人等登记事项，养老机构应当依法先向登记管理机关申请变更登记，经登记管理机关审查同意变更的，养老机构再及时向原备案民政部门办理变更备案。

二、备案事项为其他事项。如果养老机构变更的备案事项是服务场所权属、养老床位数量、服务设施面积等事项的，则不需要向登记管理机关申请变更登记，应当直接向原备案的民政部门及时办理变更备案。

三、备案事项为服务场所。养老机构的服务场所发生变更的，根据服务场所是否跨原备案机关辖区，分别向不同的部门办理变更备案。养老机构在原备案机关辖区内变更服务场所的，应当及时向原备案民政部门办理变更备案。按照《中华人民共和国公司法（2018年修正）》等相关规定，营利性养老机构可以在住所以外的场所申请设立分公司从事经营活动，即营利性养老机构可以在原备案机关辖区以外设立新的服务场所。因此，营利性养老机构跨原备案机关辖区变更服务场所的，应当及时向变更后的服务场所所在地县级人民政府民政部门办理备案。通过属地化管理将更有利于实施监管，以及备案后的现场核查。

## 16. 在哪里可以查询到养老机构的备案信息，如何实现养老机构登记和备案信息的互联共享

从养老机构备案信息公开的必要性来看，根据党中央、国务院《关于全面推进政务公开的工作要求》，公开透明是法治政府的基本特征。全面推进政务公开，让权力在阳光下运行，对于发展社会主义民主政治，提升国家治理能力，增强政府公信力执行力，保障人民群众知情权、参与权、表达权、监督权具有重要意义。同时按照《国务院办公厅印发〈关于全面推进政务公开工作的意见〉实施细则的通知》（国办发〔2016〕80号）要求，要进一步推进决策、执行、管理、服务、结果公开（以下统称“五公开”），加强政策解读、回应社会关切、公开平台建设等工作，持续推动简政放权、放管结合、优化服务改革。实行养老机构备案信息公开既是落实政务公开要求的应有之义，也是保障老年人知情权、选择权和监督权的重要途径。

从实现途径来看，根据《养老机构管理办法》养老机构登记后即可开展服务活动，但应当在收住老年人后10个工作日以内向相应部门办理备案。备案信息公开有两点必须做到：一是登记的实体要件和程序性要件必须公开，包括备案申请书、养老机构登记证书、符合《办法》第四条要求的承诺书等材料。二是已经备案的养老机构信息必须公开，包括基本信息，如法人登记情况、备案信息、相关资质情况和法律法规要求公开的其他信息等；资源信息，如可提供服务的老年人类型及床位数、服务内容和服务方式、收费标准和支付方式、遵循的服务质量规范标准、相关从业人员数量、设施设备情况、接收捐赠或志愿服务信息等；服务质量管理信息，如养老服务机构应当公开相关规章制度、意见反馈途径、相关服务质量检查记录等情况。

查询养老机构备案信息方面，群众可通过政府网站、政务新媒体、办事大厅公示栏、服务窗口等途径查询备案事项及流程、材料清单等信息。根据《民政部办公厅关于印发社

会救助和养老服务领域基层政务公开标准指引的通知》（民办函〔2019〕52 号）要求，各级民政部门应按照“应公开、尽公开”的要求，以群众易得到、易懂、易获取、易参与的方式及时公开与群众关系密切的行政行为和服务事项。其中养老机构备案信息包括但不限于相关政策法规文件、备案流程、养老服务扶持政策措施清单、办理时间地点、备案回执、养老机构安全风险事项、养老服务失信惩戒等信用管理制度等内容。

实现养老机构登记和备案信息互联共享方面，民政部门应依托全国一体化在线政务服务平台，推进登记管理机关、备案机关信息系统互联互通、数据共享。随着金民工程正式部署实施，全国养老服务系统上线运行，养老机构相关信息将自上而下打通数据瓶颈，同时实现与相关登记部门的跨部门数据共享，提高信息的互联互通。

## 17. 养老机构收住老年人时应当怎样进行评估并确定照料护理等级

《中华人民共和国老年人权益保障法》第四十二条第一款规定，国务院有关部门制定养老服务设施建设、养老服务质量和养老服务职业等标准，建立健全养老机构分类管理和养老服务评估制度。养老服务评估，是为科学确定老年人服务需求类型、照料护理等级以及明确护理、养老服务等补贴领取资格等，由专业人员依据相关标准，对老年人生理、心理、精神、经济条件和生活状况等进行的综合分析评价工作。从评估时间上可以分为首次评估（准入评估）和持续评估（跟踪式评估）。《养老机构管理办法》第十五条规定，养老机构应当建立入院评估制度，对老年人的身心状况进行评估，并根据评估结果确定照料护理等级。老年人身心状况发生变化，需要变更照料护理等级的，养老机构应当重新进行评估。养老机构确定或者变更老年人照料护理等级，应当经老年人或者其代理人同意。《养老机构服务安全基本规范》规定，老年人入住养老机构前应结合老年人日常生活活动、精神状态、感知觉与沟通、社会参与进行服务安全风险评估。服务安全风险评估应包括噎食、压疮、坠床、烫伤、跌倒、走失、他伤和自伤、食品药品误食、文娱活动意外。同时要求养老机构每年应至少进行 1 次阶段性评估。

养老机构应根据《老年人能力评估》（MZ/T 039-2013）等标准对入住老年人进行能力评估。老年人能力评估内容包括：日常生活活动能力，如进食、洗澡、修饰、穿脱衣、大小便控制、如厕、床椅转移、平地行走、非步行移动、上下楼梯等；精神状态，如时间/空间定向、人物定向、记忆、理解能力、表达能力、攻击行为、抑郁症状、意识水平等；感知觉和社会参与能力，如视力、听力、执行日常事务和社会交往能力等。老年人能力等级划分为能力完好、轻度失能、中度失能、中重度失能、重度失能五个级别。老年人能力评估应当以确定老年人服务需求为重点，突出老年人自我照料能力评估，所需健康体检应当在经卫生行政部门许可的开展健康体检服务的医疗机构内进行。对受年龄增长等原因影响较大的评估项目，应当进行持续评估。对首次评估确定为完全失能等级且康复难度大的老年人，可不再进行持续评估。评估结果应当及时告知评估对象，评估对象或者利害关系人对评估结果有异议的，可申请原评估机构重新评估。评估过程中应当加强对受评估老年人个人信息的保护。

对于经评估属于经济困难的孤寡、失能、高龄、失独等老年人，政府投资兴办的养老机构，应当优先安排入住。养老机构应当将评估结果作为老年人入院、制订护理计划和风险防范的主要依据。

## 18. 养老机构收住老年人签订的服务协议一般包括哪些内容

《中华人民共和国老年人权益保障法》第四十八条规定，养老机构应当与接受服务的老年人或者其代理人签订服务协议，明确双方的权利、义务。《农村五保供养工作条例》第十七条规定，乡、民族乡、镇人民政府应当与村民委员会或者农村五保供养服务机构签订供养服务协议，保证农村五保供养对象享受符合要求的供养。

服务协议应明确养老机构与老年人或者其代理人之间的权利义务关系，规范服务行为和收费行为。依据《养老机构管理办法》第十六条的规定，服务协议一般包括下列条款：

（一）养老机构的名称、住所、法定代表人或者主要负责人、联系方式；

（二）老年人或者其代理人和紧急联系人的姓名、住址、身份证明、联系方式；

（三）照料护理等级和服务内容、服务方式；

（四）收费标准和费用支付方式；

（五）服务期限和场所；

（六）协议变更、解除与终止的条件；

（七）暂停或者终止服务时老年人安置方式；

（八）违约责任和争议解决方式；

（九）当事人协商一致的其他内容。

2016 年，民政部会同原工商总局联合制定了《养老机构服务合同》（示范文本），其内容反映了在养老机构服务过程中，各环节必须明确的当事人双方责、权、利关系。

## 19. 养老机构可以为老年人提供哪些服务

《养老机构管理办法》第十七条至第二十三条规定了养老机构服务内容和要求，其中第十七条明确养老机构按照服务协议为老年人提供生活照料、康复护理、精神慰藉、文化娱乐等服务。《养老机构服务质量基本规范》（GB/T35796-2017）对养老机构提供的基本服务内容、标准和要求作了明确的规定，是养老机构开展养老服务的基准线。

出入院服务内容包括但不限于：入院评估、入院手续办理、出院手续办理等。老年人确认入住后，养老机构应与老年人和相关第三方签署服务协议，服务协议内容包括但不限于：权利义务、服务内容、服务标准、收费标准、合同的变更和解除。

生活照料服务包括为老年人提供饮食、起居、清洁、卫生等。养老护理员应了解所服务老年人的基本信息，包括但不限于：姓名、个人生活照料重点、个人爱好、精神心理情况。养老护理员应定时巡查老年人居室，观察老年人身心状况，发现特殊情况及时报告并协助处理。在清洁服务方面，养老机构应每日清扫老年人居室，整理老年人个人物品及生活用品；定期更换床上用品及窗帘等，被污染的及时更换；定期清洁老年人居室内电器、家具、玻璃等；定期清洗消毒卫浴设备，保证公共区域和老年人居室应整洁，地面干燥，物品摆放安全合理，空气无异味。养老机构应配备洗涤设备及固定场所，定期对设备进行消毒，保持洗衣场所环境整洁。应按照不同织物确定收集时间，定期清洗。老年人个人衣物与被褥应分类清洗。被污染的织物，应单独收集、清洗、消毒，做到先清洗，后消毒。

康复护理服务主要包括健康指导、预防保健、康复护理、院内感染控制等，生活护理服务包括翻身、叩背、尿管管理等。养老机构应指导老年人使用机构提供的康复辅助器具，包括但不限于轮椅、助行器等。养老机构内设医疗机构的，应做到按照内设医疗机构核准登记的诊疗科目开展诊疗活动；观察老年人生命体征、病情变化、体重变化；开展医疗巡视，发现老年人出现病情变化，作出相应处理；对老年人常见慢病进行监测及健康指导；进行老年人保健和传染病的预防，定期开展卫生知识宣教工作。

## 20. 养老机构提供的居住用房应当符合哪些条件

养老机构应当提供符合老年人住宿条件的居住用房，并配备适合老年人安全保护要求的设施、设备及用具，定期对老年人的活动场所和物品进行消毒和清洗。

根据 2018 年版《建筑设计防火规范》规定，除木结构建筑外，老年人照料设施的耐火等级不应低于三级。独立建造的一、二级耐火等级老年人照料设施的建筑高度不宜小于 32 米，不应大于 54 米；独立建造的三级耐火等级老年人照料设施，不应超过 2 层。老年人照料设施宜独立设置。当老年人照料设施与其他建筑上、下组合时，老年人照料设施宜设置在建筑的下部，并且老年人照料设施部分的建筑层数、建筑高度或所在楼层位置的高度应符合《建筑设计防火规范》第 5. 3. 1A 条的规定；老年人照料设施部分应与其他场所进行防火分隔，防火分隔应符合《建筑设计防火规范》第 6. 2. 2 条的规定。当老年人照料设施中的老年人公共活动用房、康复与医疗用房设置在地下、半地下时，应设置在地下一层，每间用房的建筑面积不应大于 200 平方米且使用人数不应大于 30 人。老年人照料设施中的老年人公共活动用房、康复与医疗用房设置在地上四层及以上时，每间用房的建筑面积不应大于 200 平方米且使用人数不应大于 30 人。老年人照料设施设置在木结构建筑内时，应布置在首层或二层。老年人照料设施的疏散楼梯或疏散楼梯间应与敞开式外廊直接连通，不能与敞开式外廊直接连通的室内疏散楼梯应采用封闭楼梯间。建筑高度大于 24 米的老年人照料设施，其室内疏散楼梯应采用防烟楼梯间。建筑高度大于 32 米的老年人照料设施，宜在 32 米以上部分增设能连通老年人居室和公共活动场所的连廊，各层连廊应直接与疏散楼梯、安全出口或室外避难场地连通。老年人照料设施内的非消防电梯应采取防烟措施，当火灾情况下需用于辅助人员疏散时，该电梯及其设置应符合本规范有关消防电梯及其设置的要求。3 层及 3 层以上总建筑面积大于 3000 平方米（包括设置在其他建筑内三层及以上楼层）的老年人照料设施，应在二层及以上各层老年人照料设施部分的每座疏散楼梯间的相邻部位设置 1 个避难间；当老年人照料设施设置与疏散楼梯或安全出口直接连通的开敞式外廊、与疏散走道直接连通且符合人员避难要求的室外平台等时，可不设置避难间。避难间内可供避难的净面积不应小于 12 平方米，避难间可利用疏散楼梯间的前室或消防电梯的前室，其他要求应符合《建筑设计防火规范》第 5. 5. 24 条的规定。

供失能老年人使用且层数大于 2 层的老年人照料设施，应按核定使用人数配备简易防毒面具。独立建造的老年人照料设施、与其他建筑组合建造且老年人照料设施部分的总建筑面积大于 500 平方米的老年人照料设施的内、外墙体和屋面保温材料应采用燃烧性能为 A 级的保温材料。一类高层公共建筑和建筑高度大于 32 米的二类高层公共建筑、5 层及以上且总建筑面积大于 3000 平方米（包括设置在其他建筑内五层及以上楼层）的老年人照料设施应设置消防电梯。体积大于 5000 立方米的老年人照料设施建筑应设置室内消火栓系统。老年人照料设施内应设置与室内供水系统直接连接的消防软管卷盘，消防软管卷盘的设置间距不应大于 30 米。大、中型老年人照料设施应设置自动灭火系统，并宜采用自动喷水灭火系统。老年人照料设施，任一层建筑面积大于 1500 平方米应设置火灾自动报警系统。老年人照料设施中的老年人用房及其公共走道，均应设置火灾探测器和声警报装置或消防广播。老年人照料设施建筑内消防应急照明和灯光疏散指示标志的备用电源的连续供电时间不应少于 1 小时。建筑内疏散照明的地面最低水平照度不应低于 10. 0lx；老年人照料设施的楼梯间、前室或合用前室、避难走道，不应低于 10. 0lx。老年人照料设施的非消防用电负荷应设置电气火灾监控系统。

根据《养老机构服务质量基本规范》，老年人居室内床位平均可使用面积不应低于 6 平方米，单人居室使用面积不低于 10 平方米；老年人居室配置的各种设施设备应安全、稳固，若有突出尖锐的阳角应做软包处理，床头、浴室、卫生间应设呼叫装置；应设置无障碍设施，包括但不限于：无障碍出入口、安全扶手、无障碍卫生间、防滑地面。无障碍设施的设计应符合 GB 50763 的规定；老年人居室内及其他非吸烟区域应禁止吸烟，若有需要，可设立吸烟区域。根据《老年人照料设施建筑设计标准》，老年人居室和老年人休息室不应设置在地下室、半地下室。居室应具有天然采光和自然通风条件，日照标准不应低于冬至日日照时数 2 小时。每间居室应按不小于 6 平方米/床确定使用面积。单人间居室使用面积不应小于 10 平方米，双人间居室使用面积不应小于 16 平方米。护理型床位的多人间居室，床位数不应大于 6 床；非护理型床位的多人间居室，床位数不应大于 4 床。床与床之间应有为保护个人隐私进行空间分隔的措施。居室的净高不宜低于 2. 4 米；当利用坡屋顶空间作为居室时，最低处距地面净高不应低于 2. 1 米，且低于 2. 4 米高度部分面积不应大于室内使用面积的三分之一。居室内应留有轮椅回转空间，主要通道的净宽不应小于 1. 05 米，床边留有护理、急救操作空间，相邻床位的长边间距不应小于 0. 8 米。居室门窗应采取安全防范措施及方便老年人辨识的措施。

## 21. 养老机构提供的饮食应当符合哪些条件

党中央、国务院高度重视食品安全工作，2019 年出台《中共中央 国务院关于深化改革加强食品安全工作的意见》（简称《意见》），明确要求生产经营者是食品安全第一责任人，要结合实际设立食品质量安全管理岗位，配备专业技术人员，严格执行法律法规、标准规范等要求，确保生产经营过程持续合规，确保产品符合食品安全标准。养老机构食品安全管理应当执行《中华人民共和国食品安全法》《中华人民共和国食品安全法实施条例》《食品经营许可管理办法》《食品生产经营日常监督检查管理办法》《餐饮服务食品安全操作规范（2018 版）》《养老机构管理办法》，以及《养老机构服务安全基本规范》《养老机构服务质量基本规范》《养老机构划分与等级评定》等国家标准的规定。

根据《中华人民共和国食品安全法》第五十七条规定，养老机构的食堂应当严格遵守法律、法规和食品安全标准；从供餐单位订餐的，应当从取得食品生产经营许可的企业订购，并按照要求对订购的食品进行查验。供餐单位应当严格遵守法律、法规和食品安全标准，当餐加工，确保食品安全。养老机构的主管部门应当加强食品安全教育和日常管理，降低食品安全风险，及时消除食品安全隐患。

根据《中华人民共和国食品安全法实施条例》第二十八条的规定，养老机构的食堂应当执行原料控制、餐具饮具清洗消毒、食品留样等制度，并依照《食品安全法》第四十七条的规定，定期开展食堂食品安全自查。承包经营集中用餐单位食堂的，应当依法取得食品经营许可，并对食堂的食品安全负责。集中用餐单位应当督促承包方落实食品安全管理制度，承担管理责任。

根据《养老机构管理办法》第二十九条规定，养老机构内设食堂的，应当取得市场监督管理部门颁发的食品经营许可证，严格遵守相关法律、法规和食品安全标准，执行原料控制、餐具饮具清洗消毒、食品留样等制度，并依法开展食堂食品安全自查。养老机构从供餐单位订餐的，应当从取得食品生产经营许可的供餐单位订购，并按照要求对订购的食品进行查验。

综合上述食品安全法律、法规和相关标准，养老机构提供餐饮服务重点是建立并严格执行相关制度，确保食品安全。

一是原料控制制度。养老机构选择的供货者应具有相关合法资质。应建立供货者评价和退出机制，对供货者的食品安全状况等进行评价，将符合食品安全管理要求的列入供货者名录，及时更换不符合要求的供货者。应自行或委托第三方机构定期对供货者食品安全状况进行现场评价。鼓励建立固定的供货渠道，与固定供货者签订供货协议，明确各自的食品安全责任和义务。鼓励根据每种原料的安全特性、风险高低及预期用途，确定对供货者的管控力度。

二是进货查验制度。从食品生产者采购食品的，查验其食品生产许可证和产品合格证明文件等；采购食品添加剂、食品相关产品的，查验其营业执照和产品合格证明文件等。从食品销售者（商场、超市、便利店等）采购食品的，查验其食品经营许可证等；采购食品添加剂、食品相关产品的，查验其营业执照等。从食用农产品个体生产者直接采购食用农产品的，查验其有效身份证明。从食用农产品生产企业和农民专业合作经济组织采购食用农产品的，查验其社会信用代码和产品合格证明文件。从集中交易市场采购食用农产品的，索取并留存市场管理部门或经营者加盖公章（或负责人签字）的购货凭证。采购畜禽肉类的，还应查验动物产品检疫合格证明；采购猪肉的，还应查验肉品品质检验合格证明。实行统一配送经营方式的，可由企业总部统一查验供货者的相关资质证明及产品合格证明文件，留存每笔购物或送货凭证。各门店能及时查询、获取相关证明文件复印件或凭证。采购食品、食品添加剂、食品相关产品的，应留存每笔购物或送货凭证。做好入库查验和记录工作。预包装食品的包装完整、清洁、无破损，标识与内容物一致。冷冻食品无解冻后再次冷冻情形，具有正常的感官性状。食品标签标识符合相关要求。食品在保质期内。查验期间，尽可能减少食品的温度变化。冷藏食品表面温度与标签标识的温度要求不得超过3℃，冷冻食品表面温度不宜高于-9℃。无具体要求且需冷冻或冷藏的食品，其温度可参考《餐饮服务食品安全操作规范》附录M的相关温度要求。

三是餐具饮具清洗消毒制度。餐具饮具使用后应及时洗净，餐饮具、盛放或接触直接入口食品的容器和工具使用前应消毒。清洗消毒方法参照《推荐的餐用具清洗消毒方法》。宜采用蒸汽等物理方法消毒，因材料、大小等原因无法采用的除外。餐具饮具消毒设备（如自动消毒碗柜等）应连接电源，正常运转。定期检查餐具饮具消毒设备或设施的运行状态。采用化学消毒的，消毒液应现用现配，并定时测量消毒液的消毒浓度。从业人员佩戴手套清洗消毒餐用具的，接触消毒后的餐用具前应更换手套。手套宜用颜色区分。消毒后的餐饮具、盛放或接触直接入口食品的容器和工具，应符合GB 14934《食品安全国家标准 消毒餐(饮)具》的规定。宜沥干、烘干清洗消毒后的餐用具。使用抹布擦干的，抹布应专用，并经清洗消毒后方可使用。不得重复使用一次性餐饮具。消毒后的餐饮具、盛放或接触直接入口食品的容器和工具，应定位存放在专用的密闭保洁设施内，保持清洁。保洁设施应正常运转，有明显的区分标识。定期清洁保洁设施，防止清洗消毒后的餐用具受到污染。使用的洗涤剂、消毒剂应分别符合GB 14930.1《食品安全国家标准 洗涤剂》和GB 14930.2《食品安全国家标准 消毒剂》等食品安全国家标准和有关规定，严格按照洗涤剂、消毒剂的使用说明进行操作。

四是食品留样制度。养老机构食堂和用餐配送单位，每餐次的食品成品应留样。应将留样食品按照品种分别盛放于清洗消毒后的专用密闭容器内，在专用冷藏设备中冷藏存放48小时以上。每个品种的留样量应能满足检验检测需要，且不少于125g。在盛放留样食品的容器上应标注留样食品名称、留样时间（月、日、时），或者标注与留样记录相对应的标识。应由专人管理留样食品、记录留样情况，记录内容包括留样食品名称、留样时间(月、日、时)、留样人员等。

五是食品安全自查制度。养老机构要结合经营实际，全面分析经营过程中的食品安全危害因素和风险点，确定食品安全自查项目和要求，建立自查清单，制订自查计划。根据食品安全法律法规和相关标准，自行或者委托第三方专业机构开展食品安全自查，及时发现并消除食品安全隐患，防止发生食品安全事故。食品安全自查包括制度自查、定期自查和专项自查。制度自查是指对食品安全制度的适用性，每年至少开展一次自查。在国家食品安全法律、法规、规章、规范性文件和食品安全国家标准发生变化时，及时开展制度自查和修订。定期自查是指养老机构对其经营过程，应每周至少开展一次自查。定期自查的内容，应根据食品安全法律、法规、规章和本规范确定。专项自查是指获知食品安全风险信息后，应立即开展专项自查。专项自查的重点内容应根据食品安全风险信息确定。对自查中发现的问题食品，应立即停止使用，存放在加贴醒目、牢固标识的专门区域，避免被误用，并采取退货、销毁等处理措施。对自查中发现的其他食品安全风险，应根据具体情况采取有效措施。

## 22. 入住养老机构的老年人可以享受哪些医疗康复服务

养老机构应当为老年人建立健康档案，开展日常保健知识宣传，做好疾病预防工作。

养老机构在老年人突发危重疾病时，应当转送医疗机构救治并及时通知其代理人或者紧急联系人。养老机构可以通过设立医疗机构或者采取与周边医疗机构合作的方式，为老年人提供医疗服务。养老机构设立医疗机构的，应当按照医疗机构管理相关法律法规进行管理。

根据《养老机构服务质量基本规范》，养老机构提供的医疗护理服务包括但不限于：常见病多发病诊疗、健康指导、预防保健、康复护理、院内感染控制。养老机构应对有需要的老年人提供护理服务，包括但不限于：翻身、叩背、尿管管理；应指导老年人使用机构提供的康复辅助器具，包括但不限于：轮椅、助行器；应遵医嘱使用约束用具，并与相关第三方签署知情同意书，按操作规范执行；老年人突发疾病时，应及时与相关第三方联系，不能处置的，应立即联系医疗救护机构，并协助做好老年人转诊转院工作；应根据老年人评估结果，签订相应的服药管理协议；提供服药管理服务时，工作人员应核对处方和药品，按照医疗相关规定进行药品发放；应组织老年人开展健康体检，每年不少于 1 次；老年人Ⅱ度及以上压疮在院新发生率应低于 5%。

养老机构内设医疗机构，应做到：按照内设医疗机构核准登记的诊疗科目开展诊疗活动；观察老年人生命体征、病情变化、体重变化；开展医疗巡视，发现老年人出现病情变化，作出相应处理；对老年人常见慢病进行监测及健康指导；进行老年人保健和传染病的预防，定期开展卫生知识宣教工作。

## 23. 养老机构发现老年人为疑似传染病人的，应当如何处理

依照《养老机构管理办法》第二十条的规定，养老机构发现老年人为传染病病人或者疑似传染病病人的，应当及时通知其代理人或者紧急联系人，并向附近的疾病预防控制机构或者医疗机构报告，配合实施卫生处理、隔离等预防控制措施。养老机构内发生疑似传染病或传染病时应及时启动应急预案，预防与控制并举，做到早发现、早报告、早隔离、早治疗，及时控制住传染病的传播。

一是做好传染病防治知识宣传教育。养老机构要配合卫生健康部门和民政部门向全体职工、老年人、家属等人员宣传传染病防控基本知识和要求。

二是加强隔离防护。限制入院探视时间、次数。限制人员出入。必要时配备口罩、手套等防护工具。对患者和疑似患者和密切接触者根据传染病的性质、传播途径的不同采取相应的隔离措施。

三是做好传染病筛查。通过体温检测、核酸检测等方式对密切接触人员或养老机构全体人员进行健康监测和传染病筛查，及时发现和送医治疗。

## 24. 养老机构发现老年人为精神病人的，应当如何处理

养老机构发现老年人为疑似精神障碍患者的，应当通知其代理人或者经常联系人，并依照精神卫生等相关法律法规的规定处理。一是养老机构在入院环节，做好老年人能力评估，确定申请入住老年人有无精神疾病。二是加强入住老年人健康管理。每年至少对入住

老年人进行 1 次全面健康体检，进行健康生活方式和健康状况评估，特别是注意对老年人的精神状态的评估。三是做好精神疾病预防。养老机构要组织开展心理卫生知识宣传教育，开展各种文化娱乐活动，使老年人保持积极心态，密切注意入住老年人的精神和心理状态，发现老年人有心理和情绪失控等现象，要及时进行干预。四是及时将发现的老年精神病人送符合康复条件的医疗机构和康复机构治疗康复。

## 25. 养老机构可以为老年人提供哪些精神慰藉服务

养老机构应当根据需要为老年人提供情绪疏导、心理支持等精神慰藉服务。应帮助入住养老机构的老年人熟悉机构环境，融入集体生活；应了解掌握老年人心理和精神状况，发现异常及时与老年人沟通了解，并告知代理人，必要时请医护人员、社会工作者等专业人员协助处理或转至医疗机构；应定期组织协调志愿者、社会工作者为老年人提供服务，促进老年人与外界社会接触交往；倡导老年人参与力所能及的志愿活动；根据《养老机构管理办法》第二十三条规定，养老机构应当为老年人家庭成员看望或者问候老年人提供便利，为老年人联系家庭成员提供帮助。

## 26. 养老机构如何丰富老年人的文化娱乐生活

养老机构应当开展适合老年人的文化、教育、体育、娱乐活动，丰富老年人的精神文化生活。根据《养老机构服务质量基本规范》，文化娱乐服务内容包括但不限于：文化、体育、娱乐、节日及纪念日庆贺活动。每日组织开展适合老年人生理、心理特点的文化娱乐活动。服务过程中，应密切关注老年人的身体情况，保障老年人安全地进行活动。养老机构开展文化、教育、体育、娱乐活动时，应当为老年人提供必要的安全防护措施。

需要着重说明的是，《国家中长期教育改革和发展规划纲要（2010—2020 年）》中就明确指出要“重视老年教育”。2018 年修正的《中华人民共和国老年人权益保障法》规定，“国家发展老年教育，把老年教育纳入终身教育体系，鼓励社会办好各类老年学校”。要整合老年教育资源，探索养教结合新模式。落实老年人照料设施相关工程建设标准要求，改善老年人的学习环境，完善老年人学习网络。在老年养护院、社会福利院、农村敬老院等设立固定或流动的学习场所，配备必要的教学设施设备，开展形式多样的老年教育，推进养教一体化，推动老年教育融入养老服务体系，丰富住养老人的精神文化生活。要加大对失能失智及盲聋等特殊老人群体的关爱力度，提供康复教育一体化服务。要把健康生活方式、科学膳食、合理用药、急诊急救、中医养生保健、生命教育等纳入老年教育，作为推进基层医疗卫生与养老服务相结合的重要内容，提高老年人健康生活水平。

## 27. 养老机构如何协助家庭成员关爱入住的老年人

《中华人民共和国老年人权益保障法》第十四条规定了赡养义务：“赡养人应当履行

对老年人经济上供养、生活上照料和精神上慰藉的义务，照顾老年人的特殊需要。赡养人是指老年人的子女以及其他依法负有赡养义务的人。赡养人的配偶应当协助赡养人履行赡养义务。”第十八条要求，“家庭成员应当关心老年人的精神需求，不得忽视、冷落老年人。与老年人分开居住的家庭成员，应当经常看望或者问候老年人。用人单位应当按照国家有关规定保障赡养人探亲休假的权利。”《中华人民共和国老年人权益保障法》不仅要求赡养人要履行物质上的赡养义务，同时应当关注老年人的精神需求，不共同居住的家庭成员应当经常看望和问候老人，这是为了保护老年人的合法权益，弘扬中华民族敬老、养老、助老的美德，让老人能够幸福地度过晚年生活。

入住养老机构的老年人无法与其家庭成员长期共同生活，缺少家庭成员的日常陪伴，可能会产生一些焦虑孤独等不良情绪，养老机构应当关注老人精神需求，缓解其精神压力。同时应当提供协助探望服务，为老年人家庭成员看望或者问候老年人提供便利；家庭成员较长时间未看望或者问候老年人的，养老机构可以为老年人联系家庭成员提供帮助。养老机构可以根据实际情况制定相应的探望制度，向家属告知探望时间和要求，提供专门的会客室，利用电话、网络视频等方式协助家庭成员关爱问候入住机构的老年人。

## 28. 养老机构可以向居家和社区提供哪些延伸服务

党的十九届四中全会提出要推进居家社区机构相协调、医养康养相结合的养老服务体系建设。

居家社区机构相协调，就是要发挥家庭、社区和机构各自优势，促进养老服务的融合发展。机构养老的优势在于向老年人提供专业化标准养老服务，促进居家社区机构相协调，很重要的一方面就是引导机构通过连锁化运营等方式进入社区，并提供上门居家养老服务，使老年人在熟悉的环境中得到专业机构的服务。《养老机构管理办法》第二十四条规定了延伸社区服务，养老机构可以运营社区养老服务设施，上门为居家老年人提供助餐、助浴、助洁等服务。养老机构可以利用自身的资源优势，培训和指导社区养老服务组织和人员，提供居家养老服务，实现示范、辐射、带动作用。

助餐服务：养老机构可以利用机构现有的场所及设施，为社区居家老人提供助餐服务，在社区内兴办和运营社区老年人助餐点，配备专职管理人员和服务人员，为社区居家老人提供优质便利的餐饮服务，也可以与市场餐饮企业合作开展为老年人助餐服务，对于行动不便的老人，可以提供上门送餐的服务。

助浴服务：养老机构可以将机构内公共浴室定时向社区居家老人开放，设置专人管理，或配备适老便携式上门助浴服务设备，设立专门上门助浴服务队伍，建立助浴服务安全操作规范，积极为社区居家老人提供上门助浴服务。

助洁服务：养老机构可以根据居家老人和老年人家庭服务需要配备家庭保洁、洗衣服务人员和有关设备，制定助洁服务流程，根据老年人和老年人家庭需求，准时提供上门助洁服务。也可与家政服务企业合作开展为老年人助洁服务。

心理关怀服务：养老机构可以发掘和利用机构现有场所，或者延伸区域内兴办、运营老年人活动中心（精神关怀服务站），组织开展适合老年人的文化、体育、手工、娱乐等活动。为辐射区域内老年人提供心理精神支持服务，实施老年人心理护理干预措施，开展老年人心理问题评估、情绪管理指导和健康知识讲座，对于存在中度到重度心理问题的老年人，提醒家人及早送老人到医疗机构就医。

## 29. 养老机构应当如何做好自身制度建设

《养老机构管理办法》第二十五条规定，养老机构应当按照国家有关规定建立健全安全、消防、食品、卫生、财务、档案管理等规章制度，制定服务标准和工作流程，并予以公开。《养老机构服务质量基本规范》要求，养老机构应建立基本管理制度，包括但不限于行政办公制度、人力资源制度、服务管理制度、财务管理制度、安全管理制度、后勤管理制度、评价与改进制度。应在机构内醒目位置公布服务管理信息，包括但不限于：服务资质、服务管理部门设置、服务管理专业技术人员资质、主要服务项目、收费标准。

以评价和改进制度建设为例，养老机构应定期听取老年人及其代理人的建议和意见，开通一条热线、设置一个邮箱、指定一个专人或者设立一个部门，全面完善投诉建议受理机制。定期开展机构内的服务质量检查与考核，采取日常检查、定期检查、不定期抽查、专项检查等方式进行内部评价。每年开展不少于 1 次的自我检查，并形成检查报告。每年开展不少于 1 次的服务满意度测评，向住院老年人或相关第三方发放满意度调查问卷，并形成分析报告；邀请相关专家或第三方专业机构，对服务质量进行评价。

养老机构要加强自身制度建设，一是做好建章立制工作。要对照法律法规标准中要求养老机构应当制定的规章制度，做到不缺项。结合自身实际和服务特点，重点是服务规范、服务安全、消防安全、食品安全、财务管理、档案管理等制度。二是加强制度执行。结合自身实际，提高制度执行力，并根据执行情况及时修改完善相关制度。

## 30. 养老机构配备的工作人员有哪些资格要求

《中华人民共和国老年人权益保障法》第四十七条规定：国家建立健全养老服务人才培养、使用、评价和激励制度，依法规范用工，促进从业人员劳动报酬合理增长，发展专职、兼职和志愿者相结合的养老服务队伍。国家鼓励高等学校、中等职业学校和职业培训机构设置相关专业或者培训项目，培养养老服务专业人才。养老机构配备人员一般包括行政管理人员、医务人员、养老护理员、相关专业技术人员和后勤保障人员。《养老机构管理办法》第二十六条规定“养老机构应当配备与服务和运营相适应的工作人员，并依法与其签订聘用合同或者劳动合同，定期开展职业道德教育和业务培训。养老机构中从事医疗、康复、消防等服务的人员，应当具备相应的职业资格。养老机构应当加强对养老护理人员的职业技能培训，建立健全体现职业技能等级等因素的薪酬制度。”

其中“养老机构应当配备与服务和运营相适应的工作人员，并依法与其签订聘用合同或者劳动合同，定期开展职业道德教育和业务培训。”是对养老机构配备工作人员的概括性要求。目前在养老服务法律法规和政策文件中没有对工作人员与服务对象配备比例的约束性要求。但在《养老机构等级划分与评定》（GB/T37276-2018）中对主要负责人和社会工作者作出了规定，例如对五级养老机构要求院长或副院长具有大专及以上文化程度，每200名老年人（不足200名的按200名计算）至少配有1名专职社会工作者。

其中，“养老机构中从事医疗、康复、消防等服务的人员，应当具备相应的职业资格”是对养老机构中专业技术人员应当具备的资质条件提出的明确要求。依照《中华人民共和国执业医师法》第十四条规定：医师经注册后，可以在医疗、预防、保健机构中按照注册的执业地点、执业类别、执业范围执业，从事相应的医疗、预防、保健业务。未经医师注册取得执业证书，不得从事医师执业行为。国家建立了康复理疗师的职业资格制度，分为助理康复理疗师、康复理疗师和高级康复理疗师三级，主要适用养老机构康复医学技术岗位。民政部、公安部印发的《社会福利机构消防安全管理十项规定》（民函〔2015〕280号）明确养老机构设有消防控制室的，工作人员应当持有消防行业特有工种职业资格证书。

其中，“养老机构应当加强对养老护理员的职业技能培训，建立健全体现职业技能等级因素的薪酬制度”是对养老机构培训和管理使用养老护理员的规范性要求。养老护理员是从事老年人生活照料、护理服务的人员，是养老服务的主要提供者，是养老服务体系的重要支撑保障，是解决家庭难题、缓解社会问题、促进社会和谐的重要力量，其素质能力直接关系养老机构服务质量。为贯彻落实《国务院办公厅关于推进养老服务发展的意见》（国办发〔2019〕5号）要求，人力资源社会保障部、民政部联合颁布《养老护理员国家职业技能标准（2019年版）》（以下简称2019年版《标准》）。养老护理员国家职业技能标准是指导养老护理员培养培训、开展职业技能等级认定和规范养老护理职业行为的基本依据。根据养老护埋员发展的新情况、新特点，围绕增加职业技能要求、放宽入职条件、拓宽职业空间、缩短晋级时间等方面，2019年版《标准》较2011年版《标准》，作了重大修改：一是增加了对养老护理员的技能要求。顺应居家和社区养老需要，在各职业等级中新增养老护理员在居家、社区养老服务中应具备的技能要求；强化消防知识在养老安全中的重要作用，在“基础知识”中新增“消防安全”内容；关注失智老年人照护需求，将“失智照护”分层次纳入各职业等级的工作内容和技能要求；根据地方积极探索“养老顾问”服务等实践，新增“能力评估”和“质量管理”等两项职业技能。二是放宽了养老护理员入职条件。将从业人员的“普通受教育程度”由“初中毕业”调整为“无学历要求”；将五级/初级工申报条件由“在本职业连续见习工作2年以上”调整为“累计从事本职业或相关职业工作1年（含）以上”；明确未取得小学毕业证书的考生，理论知识考试可采用口试的方式，主要考核从业人员从事本职业应掌握的基本要求和相关知识要求。三是拓宽了养老护理员职业发展空间。将养老护理员的职业技能等级由四个增至五个，新增“一级/高级技师”等级，明确了康复服务、照护评估、质量管理、培训指导等职业技能；对申报条件进行了较大调整，增加了技工学校、高级技工学校、技师学院、大专及以上毕业生的申报条件，规定中职中专毕业生可直接申报四级/中级工。四是缩短了职业技能等级的晋升时间。为加快提升养老护理人才层次，申报五级/初级工的从业时间由原来的2年缩短为1年；取得五级/初级工职业资格证书（或职业技能等级证书）后，申报四级/中级的，由5年调整为4年；取得四级/中级工职业资格证书（或职业技能等级证书）后，申报三级/高级工的，由4年缩减为2年；取得三级/高级工职业资格证书（或职业技能等级证书）后，申报二级/技师的，由5年减少为4年。民政部会同人力资源社会保障部正在组织开展养老服务人才培训提升行动，确保到2022年底前培养培训1万名养老院院长、200万名养老护理员、10万名专兼职老年社会工作者，切实提升养老服务持续发展能力。

## 31. 养老机构应当如何加强对工作人员的劳动保护和业务培训

《养老机构管理办法》第二十六条第一款明确“养老机构应当配备与服务和运营相适应的工作人员，并依法与其签订聘用合同或者劳动合同，定期开展职业道德教育和业务培训”，这是对养老机构依照《中华人民共和国劳动法》规定，规范劳动合同管理，保护养老护理员合法权益的要求。

在订立劳动合同方面，依照劳动合同法等有关规定，养老机构作为用人单位应当依法与养老护理员等工作人员签订劳动合同，并按时足额缴纳社会保险费。其中劳动合同法第八十二条规定，用人单位自用工之日起超过一个月不满一年未与劳动者订立书面劳动合同的，应当向劳动者每月支付二倍的工资。依照《中华人民共和国社会保险法》规定，用人单位应当为员工缴纳社会保险，不办理社会保险登记的，由社会保险行政部门责令限期改正；逾期不改正的，用人单位应缴纳社会保险数额一倍以上三倍以下的罚款。民政部门应当指导养老机构落实劳动保障法律法规，增强依法用工意识，提高职工依法维权能力，依法处理劳动关系矛盾。调动劳动关系主体双方的积极性、主动性，推动单位和职工协商共事、机制共建、效益共创、利益共享。鼓励有条件的企业按照法律法规和有关规定为职工建立补充保险。引导职工自觉履行法定义务，积极参加社会保险。依法将与养老服务用人单位建立稳定劳动关系的农民工纳入城镇职工基本养老保险和基本医疗保险。对劳务派遣单位或养老服务用人单位侵害被派遣养老服务人员社会保险权益的，依法追究连带责任。

在加强劳动保护方面，民政部门应当督促养老机构健全并落实劳动安全卫生责任制，严格执行国家劳动安全卫生保护标准。加大安全生产投入，强化安全生产和职业卫生教育培训，提供符合国家规定的劳动安全卫生条件和劳动保护用品。在应对新冠肺炎疫情工作中，养老机构人员高度密集，与医疗服务和一般生活服务不同，养老护理员为老年人提供的是全天候、全方位、高频次、近距离的护理服务，既包括生活照料，也涵盖部分医疗护理内容，且通常一名护理员需要照顾多名老年人，一旦有人感染，极易造成老年人和护理员的交叉传播。因此，做好养老护理员的传染病防治，控制交叉感染是切断病毒传播途径的关键一环。养老机构工作人员上岗前要做好戴口罩、手消毒等防护准备，加强七步洗手法督导培训，正确佩戴口罩，及时更换；必要时使用医用橡胶手套等防护措施；在接触每位老年人前、后，均应当洗手或手消毒，避免交叉传染。暂停面对面的集中交接班。

在加强职业道德教育方面，要推动建立养老服务人员关爱机制，培育富有特色的养老服务精神和理念，为职工构建共同的精神家园。特别是要加强孝亲敬老的传统文化教育，营造关心关爱老年人的职业环境。要特别注重职工的精神需求和心理健康，有针对性地做好思想引导和心理疏导工作，建立心理危机干预预警机制。大力宣传各地鼓励养老服务创业，加强人才建设的经验做法，宣传投身养老服务，扎根服务一线的先进典型，进一步营造全社会关心尊重养老服务人员，重视支持养老服务人才队伍建设的良好社会氛围。

在加强技能培训方面，重点是加强岗位要求、操作要领和服务标准的培训。通过开展养老护理员培养培训示范点建设、组织编写养老护理员培训大纲和教材、制定养老护理员培训支持政策措施等方式，加大培训力度。在技能培训方面，要着重吸取新冠肺炎疫情防控经验教训，要加强对养老机构管理人员感染预防与控制专业知识的培训，掌握相应工作规范和要求，一线服务人员应当掌握预防和控制感染的消毒隔离知识，并能够在服务中正确运用。

## 32. 养老机构如何确定收费标准，其收费标准应当符合哪些规定，社会公众如何获知养老机构的收费标准和收费依据

《中华人民共和国老年人权益保障法》第四十二条第二款规定：各级人民政府应当规范养老服务收费项目和标准，加强监督和管理。《养老机构管理办法》第二十七条规定：养老机构应当依照其登记类型、经营性质、运营方式、设施设备条件、管理水平、服务质量、照料护理等级等因素，合理确定服务项目的收费标准，并遵守国家和地方政府价格管理有关规定。养老机构应当在醒目位置公示各类服务项目收费标准和收费依据，接受社会监督。

《国务院办公厅关于推进养老服务发展的意见》（国办发〔2019〕5号），发展改革委、民政部《关于规范养老机构服务收费管理促进养老服务业健康发展的指导意见》（发改价格〔2015〕129号）明确了定价机制、收费标准和价格公示等要求。

在定价机制方面，建立市场形成价格为主的养老机构服务收费管理机制。民办养老机构服务收费标准由市场形成，民办营利性养老机构服务收费项目和标准均由经营者自主确定，政府有关部门不得进行不当干预；民办非营利性养老机构服务收费标准由经营者合理确定，政府有关部门可结合对非营利机构监管需要，对财务收支状况、收费项目和调价频次进行必要监督。坚持公办养老机构公益属性，确定保障范围，其余床位允许向社会开放，研究制定收费指导标准，收益用于支持兜底保障对象的养老服务，对经济困难的孤寡、失独、高龄老年人及失能、半失能老年人等提供养老服务，其床位费、护理费实行政府定价或政府指导价，伙食费等服务收费项目按照非营利原则据实收取。积极探索公建民营等方式运营的养老机构收费管理模式。以公建民营方式运行的养老机构，应采用招投标、委托运营等竞争性方式确定运营方，具体服务收费标准由运营方依据委托协议等合理确定。鼓励政府通过向民办养老机构购买服务的方式承担保障对象养老服务，相关收费政策由各地根据本地实际情况确定。

在收费标准方面，养老机构床位费、护理费、伙食费原则上按月度收取，伙食费等项目根据服务对象的实际消费情况，据实结算。实行市场定价的收费标准应保证相对稳定，并提前告知服务对象。养老机构事前应与接受服务的老年人或者其代理人签订书面服务合同，确保老年人的知情权和选择权，并定期提供费用清单和相关费用结算账目。对合同期内退养的老年人，收费结算按照合同约定执行。养老机构不得违反老年人意愿强制服务，

强制收费。

在收费公示方面，养老机构应将收费项目、收费标准等内容在收费场所显著位置进行公示，建有门户网站的同时在网站进行公示，接受社会监督。公示内容包括养老机构基本设施与条件、服务内容与等级、收费项目与标准等事项。根据民政部办公厅印发的《养老服务质量信息公开标准指引》规定，收费标准和支付方式作为服务资源信息列入信息公开范围。

## 33.《养老机构管理办法》对养老机构在服务运营管理上做好安全保障，提出了哪些要求

一是严守安全底线。养老机构建筑安全、消防安全、食品安全、医疗卫生安全是养老机构安全管理的重中之重。《养老机构管理办法》（简称《办法》）强调养老机构要履行安全生产主体责任，严守安全管理底线，建立健全规章制度，严格按照建筑、消防、食品安全、医疗卫生等法律、法规和强制性标准开展服务活动，避免发生安全底线被突破的事件。

二是规范服务行为。《办法》从养老机构入院评估、签订服务协议、服务种类和标准等方面提出了具体要求，加强了养老机构服务行为的规范化管理。同时，《办法》要求从事医疗护理、康复治疗、消防管理等服务的专业技术人员，必须具备相关资格。同时，养老机构应当定期开展职业道德教育和业务培训，提升养老机构从业人员的服务质量和水平。

三是降低运营风险。由于老年人身体特点，容易在服务过程中与养老服务机构发生纠纷。《办法》明确要求养老机构应当通过实行24小时值班，在公共场所安装视频监控设施，投保责任险等方式，降低运营风险，减少纠纷隐患。此外，为了强化养老机构对突发事件的预防和处置能力，《办法》明确养老机构除应当制订突发事件应急预案外，还应当配备必要设施、设备并定期组织应急演练，发生突发事件后，采取防止危害扩大的必要处置措施，并及时向有关部门报告。当养老服务机构无法继续正常运营，终止服务的，为避免老年人的合法权益受到侵害，《办法》提出养老机构应当妥善安置老年人，民政部门应当加强指导、提供帮助。

## 34. 养老机构如何做好安全值守和日常安全管理工作

养老机构安全管理各项制度是防范和处置各类事故风险的重要手段。主要包括以下几方面：

一是严格落实消防安全责任。应当依法建立并落实逐级消防安全责任制，明确各级、各岗位的消防安全职责。养老机构的法定代表人或者主要负责人对本单位消防安全工作全面负责。属于消防安全重点单位的养老机构应当确定一名消防安全工作专业人员为消防安全管理人，负责组织实施日常消防安全管理工作，主要履行制定落实年度消防工作计划和消防安全制度，组织开展防火巡查和检查、火灾隐患整改、消防安全宣传教育培训、灭火

和应急疏散演练等职责。养老机构应当明确消防工作管理部门，配备专（兼）职消防管理人员，建立志愿消防队，具体实施消防安全工作。

二是定期开展防火检查、巡查。养老机构应当每月至少组织各部门负责人开展一次防火检查，重点检查消防安全管理制度落实情况；每日防火巡查是否落实，是否发现并及时消除隐患；护理人员、保安、电工、厨师等员工是否掌握防火灭火常识和疏散逃生技能；起居室、疗养室、病房、活动室、厨房等重点部位防火工作落实情况；消防设施设备运行和维护保养情况；设有消防控制室的，值班和管理情况；电气线路、用电设备和燃气管道、液化气瓶、灶具定期检查情况，电气线路是否采取穿管等保护措施；厨房灶台、油烟罩和烟道清理情况；火灾隐患整改和防范措施落实情况。养老机构应当安排专人进行每日防火巡查，且不应少于两次，做好巡查记录，重点巡查有无玩火、违规吸烟和违章动用明火现象，使用蚊香、蜡烛、煤炉时是否落实防护措施；有无违规用电，使用电热毯、电磁炉、热得快等大功率电热器具；消防设施设备是否正常工作，消火栓、灭火器等消防设施器材是否被遮挡、损坏；安全出口、疏散通道、消防车通道是否畅通，应急照明、安全疏散指示标志是否完好；消防安全重点部位值守人员是否在岗在位；常闭式防火门是否处于关闭状态，防火卷帘下是否堆放物品。对检查、巡查中发现的问题要当场处理，不能处理的要及时上报，落实整改和防范措施。

三是落实24小时值班，做好老年人安全保障工作。养老机构应当在各出入口、接待大厅、楼道、食堂等公共活动场所安装视频监控设施。视频监控资料保存期一般不少于3个月。养老机构值班人员应定时巡视机构内的重点区域、重点检查对象，除做好消防安全巡查外，应密切关注老年人的身体健康和心理健康状况，及时发现风险隐患，尽早进行干预。要防范和化解老年人之间的矛盾纠纷，避免发生意外伤害事故。养老机构值班人员要认真做好值班巡查和交接班记录，发现问题及时上报，妥善处置。设有消防控制室的，工作人员应当持有消防行业特有工种职业资格证书，实行每日24小时专人值班制度，在值班时间严禁脱岗、擅离职守。自动消防设施的各种联动控制设备应当处于正常工作状态，火灾自动报警、自动喷水灭火、防排烟系统应当设在自动状态，消防水泵、防排烟风机、防火卷帘等消防用电设备的配电柜启动开关应当处于自动位置（通电状态）。消防控制室应当在明显位置张贴消防控制室管理制度和值班应急处置程序。值班人员接到火灾警报后，应当立即以最快方式确认；确认火灾后，立即确认联动控制开关处于自动状态，同时拨打“119”报警，并立即启动单位应急疏散和灭火预案。

## 35. 养老机构如何保障消防安全

《养老机构管理办法》第二十五条规定，养老机构应当按照国家有关规定建立健全安全、消防、卫生、财务、档案管理等规章制度，制定服务标准和工作流程，并予以公开。第三十条规定，养老机构应当依法履行消防安全职责，健全消防安全管理制度，实行消防工作责任制，配置、维护消防设施、器材并定期检测、维修，开展日常防火巡查，定期组织灭火和应急疏散消防安全培训。同时，养老机构还需要严格遵守《中华人民共和国消防法》等有关法规、消防安全相关国家标准和行业标准，切实加强消防安全管理，重点做好以下几方面工作：

一是养老机构要严格执行《城镇老年人设施规划规范》（GB 50437-2007）、《建筑设计防火规范》（GB 50016）、《建筑灭火器配置设计规范》（GB 50140）、《火灾自动报警系统设计规范》（GB 50116）、《建筑防烟排烟系统技术标准》（GB 51251）、《养老机构服务安全基本规范》（GB 38600-2019）等标准，严格落实前期规划和建设中涉及消防方面的要求。

二是消防安全管理应严格落实《中华人民共和国消防法》《社会福利机构消防安全管理十项规定》（民函〔2015〕280号）等法律法规涉及消防的有关规定，建立完善消防安全管理的规章制度，并加强日常管理保障制度落实落细。

三是加强消防设施设备提升改造。实施好民办养老机构消防安全达标提升工程，按照国家工程建设消防技术标准配置消防设施、器材，落实日常消防安全管理要求，针对经判定为重大火灾隐患的养老机构进行有效整改，使消防设施设备配备符合国家工程建设消防技术标准，消防安全管理满足需要，达到安全服务要求。实施特困人员服务设施（敬老院）改造提升工程，全面提升公办养老机构消防设施设备配备标准，切实筑牢安全管理底线。

四是完善养老机构消防管理组织机构，明确归口管理部门和专职人员，与其他业务工作同部署、同检查、同考评。

## 36. 养老机构应当如何做好突发事件应对处置

《中华人民共和国突发事件应对法》第三条规定：突发事件是指突然发生，造成或者可能造成严重社会危害，需要采取应急处置措施予以应对的自然灾害、事故灾难、公共卫生事件和社会安全事件。按照社会危害程度、影响范围等因素，自然灾害、事故灾难、公共卫生事件分为特别重大、重大、较大和一般四级。《养老机构管理办法》第三十一条规定："养老机构应当依法制定自然灾害、事故灾难、公共卫生事件、社会安全事件等突发事件应急预案，在场所内配备报警装置和必要的应急救援设备、设施，定期开展突发事件应急演练。突发事件发生后，养老机构应当立即启动应急预案，采取防止危害扩大的必要处置措施，同时根据突发事件应对管理职责分工向有关部门和民政部门报告。"

在应对新冠肺炎疫情工作中，养老机构服务自身特点增加了疫情发生的风险。从服务特点看，养老机构人员高度密集，与医疗服务和一般生活服务不同，且通常一名护理员需要照顾多名老年人，一旦有人感染，极易造成老年人和护理员的交叉传播。从服务人群特征看，养老机构收住的多数是失能失智老年人，且多患有多种慢性基础疾病，自身抵抗力低下，属于易感人群，养老机构封闭管理后，老年人缺少日常活动，身体和精神状态急速下降，更易受新冠肺炎病毒感染。从活动交叉性看，养老机构收住老年人出现感染症状后，需要外出检查确诊，在陪同就医过程中，老年人和陪同人员受感染，导致返回院内后引发交叉感染。实施封闭管理前机构举行春节前夕团拜、聚餐、家属探望等活动，人员流动大，聚集性活动多，一些机构封闭前已被感染，封闭后暴发。同时，养老机构发展现状增加了疫情防控的难度。一是服务场所条件受限。养老机构多由既有设施改造，注重设施本身的建筑和消防安全，在建设标准等方面缺乏隔离防护要求。老年人活动区、生活区相连，护理人员操作区和工作区交混，特别是老年人多数为多人间，通风条件不佳，不利于实施隔离、消毒等防疫措施，院内感染概率大。二是人员技术条件不足。养老机构的护理员主要定位在为老年人提供日常生活照护，医疗防疫知识、专业能力不足；一旦发生疫情已不是机构自身养老护理能力所能控制，需专业医疗医护力量保障。特别是中小型的社会办机构规模小而散，缺少专业防疫力量支持，危险程度更高。

习近平总书记2020年5月6日在主持中共中央政治局常务委员会会议时要求，要及时总结和运用好湖北省和武汉市疫情防控实践中行之有效的做法，围绕暴露出的问题补短板、堵漏洞、强弱项，理顺医药卫生体制，改革疾病预防控制体系，提升疫情监测预警能力，完善公共卫生应急法律法规，健全重大疫情、公共卫生应急管理和救治体系。根据此次疫情防控中的经验教训，结合2015年河南鲁山“5·25”特别重大火灾事故应急处理，养老机构应当从制定应急预案、建立完善应急处置制度、加强人员培训、做好事故报告和善后处理等方面，做好应急管理工作。

一是要建立完善应急处置制度。建立完善养老机构突发事件的预防与应急准备、监测与预警、应急处置与救援、事后恢复与重建等工作机制。养老机构要依法制定自然灾害、事故灾难、公共卫生事件等突发事件应急预案，在场所内配备报警装置和必要的应急救援设备、设施，开展必要的应急演练。例如，在养老机构消防安全方面，依据民政部、公安部印发的《社会福利机构消防安全管理十项规定》（民函〔2015〕280号），养老机构应当制定本单位灭火和应急疏散预案，明确每班次、各岗位人员负责报警、疏散、扑救初起火灾的职责，并每半年至少演练一次。养老机构应当结合单位实际，对特殊服务对象制定专门疏散预案，明确负责疏散的工作人员及其职责，并配备轮椅、担架等疏散工具，定期组织演练并及时修改完善预案。除组织有自理能力的服务对象有序疏散外，对无自理能力或者行动不便的服务对象，原则上应当安排在建筑较低层和便于疏散的地点，并逐一明确疏散救护人员。

二是要加强人员应急知识培训。突发事件应对法第十二条规定：县级以上人民政府应当建立健全突发事件应急管理培训制度，对人民政府及其有关部门负有处置突发事件职责的工作人员定期进行培训。以公共卫生应急培训为例，依照《中华人民共和国传染病防治法》要求，养老机构管理人员和一线服务人员应当加强传染病防治相关知识培训。管理人员应当加强机构感染预防与控制专业知识的培训，掌握相应工作规范和要求，一线服务人员应当掌握预防和控制感染的消毒隔离知识，并能够在服务中正确运用。养老机构还应当结合服务对象的身体、心理健康状况，有针对性地开展防火常识和逃生自救教育。

三是要做好报告和处理。养老服务机构发现入住的老年人发生或者可能发生传染病、不明原因的群体性疾病、重大食物中毒事件的，应当依照突发公共卫生事件应急条例相关要求，向所在地县级人民政府卫生行政主管部门报告，并配合有关部门实施卫生处理、隔离等预防控制措施。属于生产安全事故的，应当依据《生产安全事故报告和调查处理条例》《生产安全事故应急条例》要求，事故发生后，事故现场有关人员应当立即向养老机构负责人报告；养老负责人接到报告后，应当于1小时内向事故发生地县级以上人民政府安全生产监督管理部门和民政部门报告。情况紧急时，事故现场有关人员可以直接向事故发生地县级以上人民政府安全生产监督管理部门和民政部门报告。养老机构负责人接到事故报告后，应当立即启动事故相应应急预案，或者采取有效措施，组织抢救，防止事故扩大，减少人员伤亡和财产损失。

## 37. 养老机构如何做好档案管理工作

《养老机构管理办法》第二十五条规定，养老机构应当按照国家有关规定建立健全安全、消防、食品卫生、财务、档案管理等规章制度，制定服务标准和工作流程，并予以公开。第三十二条规定，养老机构应当建立老年人信息档案，收集和妥善保管服务协议等相关资料。档案的保管期限不少于服务协议期满后五年。养老机构及其工作人员应当保护老年人的个人信息和隐私。

养老机构加强档案管理，一是要明确养老机构档案管理的种类。档案主要包括老年人入住档案、健康档案、运营管理档案、财务档案等。二是制定和落实档案管理的规章制度。对档案的标准格式、存归档、保管、借阅等作出明确规定。三是要按照档案管理规范要求，由专人整理并统一保管。纸质档案和电子档案要定期检查维护。四是做好档案信息的保密工作，严禁泄露老年人个人信息和隐私。

依据民政部、中央政法委、最高人民法院、最高人民检察院、公安部、司法部《关于规范养老机构服务行为 做好服务纠纷处理工作的意见》（民发〔2020〕89 号），养老机构应当建立内部管理信息档案，妥善保管异常事件报告、紧急呼叫记录、值班记录、交接班记录、门卫记录、视频监控等原始资料。养老机构应当建立老年人档案，收集和妥善保管老年人基本情况、老年人入院评估、服务风险告知书、服务协议、护理日志、健康档案等资料。养老机构应当做好护理日志记录，及时、准确、完整记录老年人照料护理、服用药物等有关事项，因抢救急危重症老年人，未能及时记录护理日志的，应当在事后及时据实补记，并加以注明。发生服务纠纷的，在老年人的代理人或者紧急联系人在场的情况下，对服务协议等相关资料进行封存，并妥善保管。老年人或者其代理人在资料封存之日起超过 3 年未提出解决纠纷要求，或者服务纠纷已经解决的，养老机构可以自行启封。

依据《养老机构服务质量基本规范》国家标准，养老机构应建立老年人入住档案和健康档案，包括但不限于：服务合同、老年人身份证及户口本复印件、病史记录、体检报告及评估报告。老年人健康档案保管期限应不少于老年人出院后 5 年。以健康档案管理为例，健康档案是指养老机构对入住老年人健康状况及接受医疗保健服务过程的规范记录，健康档案在养老服务纠纷发生时往往成为判定责任的主要证据之一。健康档案内容应当包括档案首页、健康评估记录、健康体检记录、就诊记录、知情同意书、辅助检查报告单等。老年人健康档案宜由养老机构内设医疗机构建立，无内设医疗机构的，可委托其他医疗机构或者由本养老机构经培训后的工作人员建立。归档健康档案排列顺序为：健康档案封面、健康档案首页、就诊记录、知情同意书、检查报告单、健康体检记录、健康评估记录、其他相关健康记录等。老年人入住养老机构期间，健康档案应当定点集中存放，并指定专人负责保管，用后归还原处。因医疗保健活动需携带健康档案的，也应指定专人负责携带保管。老年人及其代理人可申请复印健康档案，工作人员可借阅健康档案，借用的健康档案应当妥善保管，不得涂改、转借、拆散、损毁或者复印。

## 38. 养老机构如何加强风险管理，降低运营风险

风险管理是社会组织或者个人通过风险识别、风险估测、风险评价，并在此基础上选择与优化组合各种风险管理技术，对潜在风险进行有效控制，妥善应对风险所致的后果，从而以最小的成本获取最大的安全保障。我国养老机构发展正处于快速发展阶段，特别是机构人员密集，基础设施条件落后，管理服务方式比较粗放，容易产生管理服务的盲点和漏洞。加之老年人生理、心理状况的特殊性，导致养老机构中时常发生老年人摔伤、骨折、猝死、走失等伤害事故。养老机构应始终把安全服务放到优先的位置，采取切实有力措施，保障老年人的基本权益。

养老机构管理服务风险主要包括三类：一是行政监管风险。主要是因养老机构违反《中华人民共和国老年人权益保障法》《养老机构管理办法》等有关法律法规规定，机构或者有关责任人员受到民政部门或者其他有关部门处罚，直至追究刑事责任的风险。二是内部管理风险。主要是指养老机构在内部用工、设施设备管理运维、服务外包托管等方面可能存在的风险。三是运营服务风险。主要是指养老机构在为老年人提供集中居住和生活照料服务过程中，因过错或者过失造成老年人或者其他人员伤害，需要承担的责任，主要原因可分为自身疏于管理、入住老人自身原因或矛盾、护理人员失职过失等。需要特别注意的是，在养老机构服务中责任事故和意外事故往往难以区分，入住的老人由于本身就是高龄高危人群，突发意外事故导致老人受伤或者死亡极易发生。确定承担责任的关键是养老机构是否尽到了足够的安全谨慎注意义务、保障义务和通知义务，且服务行为、设施设备配置符合国家标准和行业规范。

近年来，在政策保障、管理化标准、制定示范服务合同文本、推进政策性责任保险等多方面，构建了较为完整的行业发展安全保障和风险防控体系。养老机构应当落实有关规定并着重从以下方面加强风险管理：

一是加强内部管理制度建设。养老机构应当严格执行《养老机构管理办法》《养老机构服务安全基本规范》等规章和强制性国家标准要求，把风险防范摆在更加突出的位置。在服务理念上，要为老年人提供亲情化、个性化服务。要尊重老年人习惯，根据老年人生理心理特点，提供适宜的膳食、住宿、无障碍服务。要积极改善工作条件，加强劳动保护和职业防护。对护理人员，特别是长期护理失能老年人的护理人员及时给予心理疏导等人文关怀。针对老年人自救能力差，心理易波动的情况，养老机构应当着重从精神上给老人以安慰，防止老人因为心理障碍产生厌世想法。同时还需要加强与老人的亲属沟通，主动介绍老人心理健康和精神状况、可能突发的疾病与意外，以及养老机构能够采取的防范措施，以增加入住老人亲属对养老机构工作的理解与支持。

二是落实入住协议制度。根据《养老机构管理办法》要求，养老机构应当与入住老人或其代理人签订服务协议。养老机构拟定格式条款时应当遵循公平原则确定当事人之间的权利和义务，并对其中的免责条款负有提醒注意并按要求说明的特别义务。入院时应当依据《老年人能力评估》行业标准，对老年人进行评估，包括健康史、精神状况、自理能

力、功能活动等，还要对褥疮、跌倒意外、自杀等需要注意的老人意外风险进行专项评估，并对老人进行健康分级。养老机构应当将评估结果作为老年人入院、制订护理计划和风险防范的主要依据。通过开展养老服务评估，将有助于确定老年人多样化多层次的服务需求，更好地提供有针对性的养老服务。

三是注重安全环境建设。要注重建筑设施设备合规。新建、改扩建的养老机构要按照《老年人照料设施建筑设计标准》等进行科学规划与设计、建筑与装修。已建成的养老机构也要及时查找硬件设施中可能存在的安全隐患，特别是用火用电安全。既要注重实用性，还要注意安全性。另外，信息化手段的推广应用，将极大地提升养老机构服务水平和效率，降低劳动强度，有效防范安全责任事故发生。依托互联网、物联网等技术手段，实现对机构内老年人的无线定位求助、跌倒监测、夜间监测、老人行为智能分析等在内的日常生活照料和远程监护管理。要把建立养老责任保险作为加强养老机构风险管理的重要举措，进一步提高养老机构的设施及管理质量标准，借助保险公司和保险经纪公司的风险管理经验，聘请专业人员参与制订风险管理计划，及时发现服务过程中存在的安全隐患，改进风险管理措施。

四是加强安全制度建设。安全管理制度应包括但不限于：安全责任制度；安全教育制度；安全操作规范或规程；安全检查制度；事故处理与报告制度；突发事件应急预案；考核与奖惩制度。2016 年，国务院安委会印发《国务院安委会办公室关于实施遏制重特大事故工作构建双重预防机制的意见》（安委办〔2016〕11 号），要求“抓住辨识管控重大风险、排查治理重大隐患两个关键，深化安全专项整治，从组织、制度、技术、应急等方面对安全风险进行有效管控，推动建立统一、规范、高效的安全风险管控和隐患排查治理双重预防机制。”要加快推进养老机构安全风险分级管控和隐患排查治理双重预防机制建设，构建养老机构风险分布图、风险管控信息台账（清单）、事故隐患排查清单、隐患治理信息台账、隐患整改方案等双控机制。养老机构应当实行危险源辨识清单管理，根据业务过程实施安全风险识别、分析评价、分级管控、隐患排查、持续改进等工作，按照工程控制措施、安全管理措施、个体防护措施、应急措施等逻辑顺序对每个风险点制定精准的风险控制措施。

## 39. 养老机构如果暂停、终止服务的，应当履行哪些手续，如何保障老年人的合法权益

按照民法典第六十九条规定，有下列情形之一的，法人解散：1. 法人章程规定的存续期届满或者法人章程规定的解散事由出现；2. 法人的权力机构决议解散；3. 因法人分立、合并需要解散；4. 法人依法被吊销营业执照、登记证书，被责令关闭或者被撤销；5. 法律规定的其他情形。养老机构解散的，应当暂停、终止服务，依法清算并办理注销登记。清算期间，养老机构不得从事与清算无关的活动。养老机构清算后的剩余财产，依法处理。

由于养老机构暂停、终止服务，不能继续履行与老年人及其代理人之间签订的服务协议，为了保障老年人的合法权益不受侵害，修改后的《养老机构管理办法》（简称《办

法》）要求养老机构应当在合理期限内提前书面通知老年人及其代理人，并告知民政部门。老年人需要安置的，养老机构应当根据服务协议约定与老年人及其代理人协商确定安置事宜。之所以没有对合理期限作出限定，主要有两方面考虑：一是修改前的《办法》规定：养老机构暂停、终止服务的，应当于暂停或者终止服务60日前，向实施许可的民政部门提交老年人安置方案，方案经批准后，方可实施。这一规定是基于许可设置的，养老机构设立、暂停或者终止，都需要经民政部门批准后方可实施。修改后的《办法》取消了养老机构设立许可，相应的养老机构暂停、终止服务，也不需要民政部门批准。养老机构告知老年人及其代理人的行为，属于双方的民事行为，不适宜用行政法规对时限作出强制性规定。二是按照民法典有关规定，养老机构暂停、终止服务的原因有五种情形，其中依法被吊销营业执照、登记证书，或者被责令关闭或者被撤销的，是行政机关对养老机构作出的行政处罚，基于此原因暂停、终止服务的养老机构属于被动性，难以提前预知，只能在接受行政处罚决定后，再书面通知老年人及其代理人。因此，难以对合理期限一刀切，作出强制性要求。

入住养老机构的老年人属于困难群体，养老机构暂停、终止服务，老年人妥善安置问题将是一个难题。尽管养老机构的安置方案不再报民政部门批准，但民政部门作为养老服务的行业管理部门，从保护老年人的合法权益的角度出发，应当为养老机构妥善安置老年人提供帮助，譬如督促养老机构按照与老年人及其代理人确定的安置方案，及时妥善做好收住老年人的安置；推进收住老年人的分流安置，帮助协调其他养老机构接收老年人；对于其他养老机构不愿意接收的，应当协调公办养老机构发挥兜底保障作用，接收收住的老年人。

## 40. 养老机构终止服务后，如何办理清算和注销登记

2018年修正的《中华人民共和国老年人权益保障法》第四十六条规定：养老机构变更或者终止的，应当妥善安置收住的老年人，并依照规定到有关部门办理手续。有关部门应当为养老机构妥善安置老年人提供帮助。《养老机构管理办法》第三十五条第三款规定：养老机构终止服务后，应当依法清算并办理注销登记。

《养老机构管理办法》将养老机构区分为非营利性和营利性，确立了养老机构分类管理制度。由于非营利性与营利性养老机构在法人性质和组织形式上的显著区别，其在终止程序、财产处分等方面也存在差异。营利性养老机构应当按照公司法等相关法律规定成立清算组。非营利性养老机构应当按照事业单位法人和社会服务机构有关法律法规，在登记管理机关和其他有关机关的指导下成立清算组织进行清算。对于营利性养老机构，清算组根据清算方案，将机构财产分别支付清算费用、职工工资、社会保险费用和法定补偿金、缴纳所欠税款、清偿债务后的剩余财产，可以按照股东的出资比例分配。对于非营利性养老机构，应当在支付教职工的工资及应缴纳的社会保险费用，并偿还其他债务后，剩余财产应继续用于其他非营利性养老机构，不得在举办者中分配。

## 41.《养老机构管理办法》在加强民政部门日常监管方面有哪些新举措

养老机构设立许可取消后，事中有效的监督检查变得尤为紧要。修改后的《养老机构管理办法》（简称《办法》）在加强事中事后监管方面主要有以下举措。

一是强化了监督管理措施。《办法》明确了民政部门依法履行监督检查职责，可以采取约谈了解情况、进入现场检查、查阅复制有关资料、责令限期改正、责令停业整顿等措施。

二是创新了监管管理方式。养老机构取消设立许可后采取备案承诺制，有助于民政部门及时掌握辖区内兴办养老机构的情况，避免监管盲区。同时，为督促养老机构履行承诺，《办法》首次提出了及时跟进监督管理的方式。明确要求民政部门，对备案后民政部门及时开展现场检查，核实备案信息；对未备案的养老机构，民政部门自发现其收住老年人后及时进行现场检查，并督促其办理备案。同时，《办法》明确了"双随机、一公开"监管是养老机构监督检查的日常性、基础性方式，涉及服务安全和质量的重点领域，每年进行不少于一次的全覆盖现场检查；《办法》还将"双随机、一公开"监管与信用等级、风险程度等情况相结合，采取差异化监管措施。民政部门应当充分利用信息技术手段，加强对养老机构的监督检查，提高监管能力和水平。此外，《办法》还提出应当充分利用信息技术手段，加强对养老机构的监督检查，提高监管"智治"的能力和水平。

三是加强了与其他部门协调配合。民政部门作为行业管理部门，在履行养老机构监督管理职责过程中，负有牵头协调的职能，因此，《办法》明确在监督检查中发现养老机构存在应当由其他部门查处的违法违规行为的，要及时通报、移交有关部门处理，并配合有关部门做好相关查处工作。

## 42. 民政部门对养老机构的监管承担哪些职责，履行职责可以采取哪些措施

民政部门作为养老服务的行业主管部门，与发展改革、工信、卫生健康、应急、市场监管等多部门依据职责分工，共同对养老机构进行综合监管。其中，民政部门对养老机构的监管职责，主要是对其服务和运营进行监督检查。同时，民政部门在监督检查中发现养老机构存在应当由其他部门查处的违法行为的，及时通报有关部门处理。

养老机构设立许可取消后，要把更多行政资源从事前审批转到加强事中事后监管上来，修改后的《养老机构管理办法》（简称《办法》）加强了民政部门对养老机构的监督检查职责，创新和完善了监管方式。民政部门对养老机构的监督检查可以分为三种形式开展，即日常监督检查、重点监督检查和现场监督检查。按照《国务院关于加强和规范事中事后监管的指导意见》（国发〔2019〕18 号）的有关规定，日常监督检查原则上以"双随机、一公开"的方式进行，所谓"双随机"是指民政部门随机抽取检查对象、随机选派执法人员，"一公开"是指抽查情况和查处结果应当及时向社会公布。同时，为深入推

进“互联网+监管”，提升监管的精准化、智能化水平，民政部门应当充分利用计算机网络等信息技术手段，加强对养老机构服务活动的日常监督检查，提高养老机构管理水平。

考虑到养老服务是直接涉及人民群众生命健康的特殊重点领域，民政部门可以在日常监管的基础上，依法依规实施重点监管，推进信用分级分类监管，结合本行政区域内养老机构的服务规模、信用记录、风险程度等情况，确定不同的抽查比例和频次。对有不良信用记录、风险高的养老机构，加大抽查力度。

考虑到养老机构服务安全和质量是养老机构的核心和底线，是涉及老年人人身财产安全的重点领域，修改后的《办法》在“双随机、一公开”的基础上，对重点领域实施严格监管，明确提出民政部门应当每年对养老机构服务安全和质量进行不少于一次的现场检查。为了做好取消养老机构设立许可的衔接，加强备案后的事中事后监管，修改后的《办法》要求民政部门对已经备案的养老机构，自备案之日起20个工作日内进行现场检查，并核实备案信息。此规定的意义在于，民政部门通过事后对养老机构现场的检查，以及对备案信息的核查，来检查养老机构开展服务活动是否达到其承诺符合的建筑、消防、食品安全、医疗卫生等法律法规和国家有关标准。对于养老机构承诺不属实，或者违法承诺的，应当依法承担相应法律责任。此外，养老机构的备案不具有强制性，但为了保障入住老年人的合法权益，修改后的《办法》要求民政部门通过各种渠道得知养老机构收住老年人后，应当自发现之日起20个工作日内进行现场检查，并督促其及时备案，掌握基本情况并纳入监管范畴。

《中华人民共和国老年人权益保障法》第四十五规定，县级以上人民政府民政部门依法履行监督检查职责，可以采取以下措施：（一）向养老机构和个人了解情况；（二）进入涉嫌违法的养老机构进行现场检查；（三）查阅或者复制有关合同、票据、账簿及其他有关资料；（四）发现养老机构存在可能危及人身健康和生命财产安全风险的，责令限期改正，逾期不改正的，责令停业整顿。县级以上人民政府民政部门调查养老机构涉嫌违法的行为，应当遵守《中华人民共和国行政强制法》和其他有关法律、行政法规的规定。《养老机构管理办法》第三十七条对民政部门履行对养老机构日常监管职责作了进一步细化规定，民政部门依法履行监督检查职责，可以采取老年人权益保障法明确赋予的监管措施。民政部门实施监督检查时，监督检查人员不得少于2人，应当出示执法证件。对民政部门依法进行的监督检查，养老机构应当配合，如实提供相关资料和信息，不得隐瞒、拒绝、阻碍。

## 43. 民政部门调查养老机构涉嫌违法的行为，应当遵守《中华人民共和国行政强制法》和其他有关法律、行政法规的哪些规定

《养老机构管理办法》第三十六条规定：民政部门应当加强对养老机构服务和运营的监督检查，发现违反本办法规定的，及时依法予以处理并向社会公布。民政部门在监督检查中发现养老机构存在应当由其他部门查处的违法行为的，及时通报有关部门处理。民政部门实施监督检查时，监督检查人员不得少于2人，应当出示执法证件。

《中华人民共和国行政强制法》第十七条规定：行政强制措施由法律、法规规定的行

政机关在法定职权范围内实施。行政强制措施权不得委托。依据《中华人民共和国行政处罚法》的规定行使相对集中行政处罚权的行政机关，可以实施法律、法规规定的与行政处罚权有关的行政强制措施。行政强制措施应当由行政机关具备资格的行政执法人员实施，其他人员不得实施。

《中华人民共和国行政强制法》第十八条规定：行政机关实施行政强制措施应当遵守下列规定：（一）实施前须向行政机关负责人报告并经批准；（二）由两名以上行政执法人员实施；（三）出示执法身份证件；（四）通知当事人到场；（五）当场告知当事人采取行政强制措施的理由、依据以及当事人依法享有的权利、救济途径；（六）听取当事人的陈述和申辩；（七）制作现场笔录；（八）现场笔录由当事人和行政执法人员签名或者盖章，当事人拒绝的，在笔录中予以注明；（九）当事人不到场的，邀请见证人到场，由见证人和行政执法人员在现场笔录上签名或者盖章；（十）法律、法规规定的其他程序。

《中华人民共和国行政强制法》第十九条规定：情况紧急，需要当场实施行政强制措施的，行政执法人员应当在24小时内向行政机关负责人报告，并补办批准手续。行政机关负责人认为不应当采取行政强制措施的，应当立即解除。

## 44. 民政部门对养老机构的监督检查职责如何划分，有哪些规范化要求

民政部门对养老机构的监督检查职责权限划分采取备案为准、属地管理原则，即养老机构已经办理备案的，由备案的民政部门负责监督检查；未办理备案的，由养老机构服务场所所在地的县级人民政府民政部门负责监督检查。负有监督检查职责的民政部门可以委托下级民政部门承担监督检查事项。取消养老机构设立许可后，养老机构监督检查应当聚焦于事中和事后，定位在预防和日常监管。以日常行政检查方式为主，以指导、服务、教育等非强制性手段为主，以早发现、早提醒、早处置为主要目的。行政处罚应视为备用手段和最后诉诸的手段，旨在利剑高悬、震慑常在，养老机构监管中没有行政强制措施和行政强制执行。依据《国务院办公厅关于全面推行行政执法公示制度执法全过程记录制度重大执法决定法制审核制度的指导意见》（国办发〔2018〕118号）规定，应当加强对养老服务监管行政执法机构和人员的业务指导和培训，规范执法检查、受立案、调查、审查、决定等程序和行为。建立执法全过程记录制度、行政执法公示制度、重大执法决定法制审核以及行政裁量权基准等制度，强化对行政权力的制约和监督。

行政执法公示是保障行政相对人和社会公众知情权、参与权、表达权、监督权的重要措施。民政部门要按照“谁执法谁公示”的原则，明确公示内容的采集、传递、审核、发布职责，规范信息公示内容的标准、格式，及时通过政府网站及政务新媒体、办事大厅公示栏、服务窗口等平台向社会公开行政执法基本信息、结果信息。涉及国家秘密、商业秘密、个人隐私等不宜公开的信息，依法确需公开的，要作适当处理后公开。发现公开的行政执法信息不准确的，要及时予以更正。执法人员在进行监督检查、调查取证、送达执法文书等执法活动时，必须主动出示执法证件，向当事人和相关人员表明身份；要出具行政执法文书，主动告知当事人执法事由、执法依据、权利义务等内容。

行政执法全过程记录是行政执法活动合法有效的重要保证。行政执法机关要通过文字、音像等记录形式，对行政执法的启动、调查取证、审核决定、送达执行等全部过程进行记录，并全面系统归档保存，做到执法全过程留痕和可回溯管理。充分发挥音像记录直观有力的证据作用、规范执法的监督作用、依法履职的保障作用。要做好音像记录与文字记录的衔接工作，充分考虑音像记录方式的必要性、适当性和实效性。对现场执法、调查取证、举行听证、留置送达和公告送达等容易引发争议的行政执法过程，要根据实际情况进行音像记录。

重大执法决定法制审核，是确保行政执法机关作出的重大执法决定合法有效的关键环节。行政执法机关作出重大执法决定前，要严格进行法制审核，未经法制审核或者审核未通过的，不得作出决定。凡涉及重大公共利益，可能造成重大社会影响或引发社会风险，直接关系行政相对人或第三人重大权益，经过听证程序作出行政执法决定，以及案件情况疑难复杂、涉及多个法律关系的，都要进行法制审核。要严格审核行政执法主体是否合法，行政执法人员是否具备执法资格；行政执法程序是否合法；案件事实是否清楚，证据是否合法充分；适用法律、法规、规章是否准确，裁量基准运用是否适当；执法是否超越执法机关法定权限；行政执法文书是否完备、规范；违法行为是否涉嫌犯罪、需要移送司法机关等。法制审核机构完成审核后，要根据不同情形，提出同意或者存在问题的书面审核意见。行政执法承办机构要对法制审核机构提出的存在问题的审核意见进行研究，作出相应处理后再次报送法制审核。

## 45. 民政部门如何对养老机构进行“双随机、一公开”监督检查

《养老机构管理办法》第三十九条规定，民政部门应当采取随机抽取检查对象、随机选派检查人员的方式对养老机构实施监督检查。抽查情况及查处结果应当及时向社会公布。同时，民政部门应当结合养老机构的服务规模、信用记录、风险程度等情况，确定抽查比例和频次。对违法失信、风险高的养老机构，适当提高抽查比例和频次，依法依规实施严管和惩戒。构建以“双随机、一公开”监管为基本手段、以重点监管为补充、以信用监管为基础的新型监管机制，切实做到监管到位、执法必严，使守法守信者畅行天下、违法失信者寸步难行，是进一步营造公平竞争市场环境和法治化、便利化营商环境的重要举措。

依据《国务院关于在市场监管领域全面推行部门联合“双随机、一公开”监管的意见》（国发〔2019〕5号）要求，将“双随机、一公开”作为市场监管的基本手段和方式，除特殊重点领域外，原则上所有行政检查都应通过双随机抽查的方式进行，取代日常监管原有的巡查制和随意检查，形成常态化管理机制。对抽查中发现的问题线索一查到底、依法处罚，并将处罚结果记于相应市场主体名下，形成对违法失信行为的长效制约。省级民政部门要依照法律、法规、规章规定，建立养老服务随机抽查事项清单，结合监管特点和需要，制定完善抽查工作细则，就抽查比例和频次、抽查方式、检查内容、检查流程等事项作出规定；统筹建立检查对象名录库和执法检查人员名录库，必要时可以吸纳检

测机构、科研院所等参与。健全各部门协调配合机制，最大限度减少不必要的行政执法事项，科学确定部门联合抽查的事项和发起、参与部门，实现“进一次门、查多项事”，不仅要检查养老服务质量和安全问题，还要尽可能同步检查养老机构是否存在设施、医疗卫生、环境保护、消防、食品药品、特种设备安全风险等安全隐患。针对不同风险等级、信用水平的检查对象采取差异化分类监管措施，合理确定、动态调整抽查比例、频次和被抽查概率，既保证必要的抽查覆盖面和监管效果，又防止任意检查和执法扰民。

## 46. 民政部门怎样对养老机构开展现场监督检查

《养老机构管理办法》第三十八条规定，对已经备案的养老机构，备案民政部门应当自备案之日起 20 个工作日以内进行现场检查，并核实备案信息；对未备案的养老机构，服务场所所在地的县级人民政府民政部门应当自发现其收住老年人之日起 20 个工作日以内进行现场检查，并督促及时备案。民政部门应当每年对养老机构服务安全和质量进行不少于一次的现场检查。

现场检查是指民政部门派出检查人员在养老机构的服务场所，采取查阅、复制文件资料、查看实物、外部调查、访谈、询问、评估及测试等方式，对其运营管理、风险管理、内部控制、业务活动和风险状况等情况进行监督检查的行为。现场检查是民政部门监管流程的重要组成部分，通过发挥查错纠弊、校验核实、评价指导、警示威慑等功能，督促养老机构贯彻落实国家法律法规及监管政策，提高服务管理水平，维护养老机构运营秩序，保障老年人合法权益。民政部门应依照法律、行政法规、规章和规范性文件确定的职责、权限和程序进行现场监督检查，坚持客观公正，实事求是，忠诚履职，廉洁奉公，保守秘密。

要明确现场检查的职责范围。对已经备案的养老机构，由备案民政部门进行现场检查，并核实备案信息；对未备案的养老机构，由服务场所所在地的县级人民政府民政部门进行现场检查，并督促及时备案。备案与否不是养老机构是否可以营业的前提，也不是民政部门是否需要承担监管责任的标准。备案民政部门对已备案的养老机构自备案之日起 20 个工作日以内进行现场检查，以便尽快核实其基本信息、备案承诺是否属实等情况，并完成校验核实、评价指导等工作。对于发现备案基本信息有误，或者违反备案承诺的，应当根据不同情况，及时采取处置措施，发现养老机构存在应当由其他部门查处的违法违规行为的，及时通报有关部门处理。对未备案的养老机构，由服务场所所在地的县级人民政府民政部门进行现场检查，这是履行行业监管职责的基本要求，有利于督促属地民政部门积极履职。将现场检查时间确定为养老机构收住老年人之日起 20 个工作日以内，主要是与备案时间相协调，同时尽快完成现场检查，也可以尽最大可能降低可能造成的安全服务风险。

有关服务安全和质量现场检查的特别要求。《国务院关于在市场监管领域全面推行部门联合“双随机、一公开”监管的意见》（国发〔2019〕5 号）要求将“双随机、一公开”作为市场监管的基本手段和方式，除特殊重点领域外，原则上所有行政检查都应通过双随机抽查的方式进行，取代日常监管原有的巡查制和随意检查，形成常态化管理机制。但文件同时明确，重点检查事项针对涉及安全、质量、公共利益等领域，抽查比例不设上限。养老机构服务直接关系入住老年人生命财产安全，对其安全和质量现场检查每年不少于一次的规定，与“双随机、一公开”监管相衔接，有助于保证现场检查的全覆盖，及时发现养老机构存在的安全风险隐患，更好保障服务质量安全。

依法依规规范现场检查行为。民政部门的检查组应提前或进场时向被查养老机构发出书面检查通知，并向被查机构提出配合检查工作的要求，同时宣布现场检查工作纪律和有关规定，告知被查机构对检查人员履行监管职责和执行工作纪律、廉政纪律情况进行监督。检查人员应按要求做好工作记录、检查取证、事实确认和问题定性。检查过程中，应加强质量控制，做到检查事实清楚、问题定性准确、责任认定明晰、定性依据充分、取证手续齐全。检查组可通过事实确认书、检查事实与评价等方式就检查过程中发现的问题与被查机构交换意见。检查结束后，检查组应制作现场检查工作报告，并向被查机构出具现场检查意见书。检查人员应当认真收集、整理检查资料，将记录检查过程、反映检查结果、证实检查结论的各类文件、数据、资料等纳入检查档案范围。调查过程中如发现涉及需要采取监管措施或行政处罚的事项，应当按照相关要求收集证据，并依程序进行处理。现场检查人员执行现场检查任务时，应当保持应有的独立性，存在影响或者可能影响依法公正履行职责情况的，应实行回避。对专业性强的领域，可委托符合条件的第三方机构参与进行检查，并提供检查结果报告。

做好现场检查结果报告的运用。对于检查中发现的问题，民政部门应在检查意见书中责令被查机构限期改正。被查机构应在规定时间内，向作出决定机关提交整改报告。被查机构未按要求整改的，民政部门可根据《中华人民共和国老年人权益保障法》规定采取监管措施或进行行政处罚。民政部门在检查中发现被查机构存在违反法律法规、涉及行政处罚的违法违规行为等情形的，应依法采取《中华人民共和国老年人权益保障法》《养老机构管理办法》规定的监管措施。现场检查中发现养老机构及其工作人员涉嫌犯罪的，应当依法向公安机关、人民检察院等部门移送。如发现违法违规情形涉及其他主管部门的，检查结束后，承担现场检查职责的民政部门应将现场检查意见书及时抄送其他相关部门。民政部门对于检查中发现的普遍性、系统性风险和问题，应及时采取监管通报、风险提示等措施。对于检查中发现的监管机制和制度存在的问题，应及时提出修订和完善监管机制与制度的建议。

完善考核评价机制。民政部门应建立现场检查工作质量控制和考核评价机制，对检查立项的科学性、检查实施的合规性、检查成果的有效性以及现场检查人员的履职尽责情况等进行质量控制和考核评价。民政部门应建立现场检查正向激励机制，对于检查能力突出、查实重大违法违规问题、发现重大案件或重大风险隐患、挽回重大损失的检查人员，可给予表彰奖励。现场检查应当按照权责一致、宽严适度、教育与惩戒相结合的原则，完善现场检查工作问责和免责机制。对于在现场检查工作中不依法合规履职的，应在查清事实的基础上依照有关法律法规及银监会履职问责有关规定，对相关检查人员予以问责。对于有证据表明检查人员已履职尽责的，依法减轻或者免除检查人员的责任。对于滥用职权、徇私舞弊、玩忽职守、泄露所知悉的被查机构商业秘密等严重违反现场检查纪律的人员，依法给予行政处分；构成犯罪的，依法追究刑事责任。

## 47. 民政部门如何开展养老机构等级评定工作

习近平总书记在中央财经领导小组第十四次会议研究提高养老院服务质量工作时强调，要加快建立全国统一的服务质量标准和评价体系，加强养老机构服务质量监管，坚决依法依规从严惩处欺老、虐老行为。《中华人民共和国老年人权益保障法》第四十二条规定，国务院有关部门制定养老服务设施建设、养老服务质量和养老服务职业等标准，建立健全养老机构分类管理和养老服务评估制度。民政部印发《关于加快建立全国统一养老机构等级评定体系的指导意见》（民发〔2019〕137 号）（简称《指导意见》），就实施《养老机构等级划分与评定》国家标准（GB/T37276-2018），推动建立全国统一养老机构等级评定体系作出部署。《指导意见》提出坚持依据国标、分级实施，自愿申请、公开透明，综合施策、统筹推进的原则，到 2022 年，基本建立全国统一的养老机构等级评定体系，养老机构服务质量有新提升，公众对养老服务的安全感、满意度进一步提高。

《指导意见》要求，省级民政部门负责统筹确定本行政区域养老机构等级评定组织，或者面向社会公开选定第三方评定组织，合理设定各级评定组织职责权限。地方养老机构等级评定组织接受本级民政部门的指导和监督。省级民政部门要制定完善养老机构等级评定程序，细化具体标准和评定方法，设定首次评定等级限制和晋级年限要求，明确各评定环节的具体工作时限，全面推进全流程公开。

《指导意见》强调，各级民政部门要将养老机构等级评定工作纳入日常监管范围，强化程序和实体监督，做到可回溯管理，推动形成民政部门行业监管、评定组织内部约束、社会广泛监督的监管格局，畅通监督举报渠道，确保评定工作的公信力和权威性。

《指导意见》提出，地方已实施养老机构等级评定制度的，要做好与国家标准及全国等级评定体系的衔接，遵循“内容只增不减、标准只升不降”的原则适当调整，已经评定的三级及以下养老机构，可与国家标准的三级及以下养老机构进行转换或平移；四级及以上养老机构，有效期满后应当按照国家标准重新评定。尚未开展养老机构等级评定的地区，一律采用国家标准进行评定。

为指导各地民政部门更好落实《指导意见》，实施好《养老服务机构等级划分与评定》国家标准，民政部社会福利中心、全国社会福利服务标准化技术委员会联合发布《〈养老机构等级划分与评定〉国家标准实施指南》（试行），供地方开展养老机构等级评定工作时参考使用。《〈养老机构等级划分与评定〉国家标准实施指南》（试行）作为开展养老机构等级评定工作的实操性评价工具，分为环境、设施设备、运营管理和服务四个部分，对照《养老服务机构等级划分与评定》标准要求，进一步细化量化养老服务标准，提出了易操作、可评价的工作规范。等级评定总分为 1000 分，其中环境 120 分，设施设备 130 分，运营管理 150 分，服务 600 分。

## 48. 民政部门对养老机构如何开展信用监管

党中央、国务院高度重视社会信用体系建设。习近平总书记在党的十九大报告中指出，“推进诚信建设，要不断采取各类措施推进社会信用体系建设”。李克强总理在全国深化“放管服”改革优化营商环境电视电话会议重要讲话时强调，“在推进有效监管、公正公平监管的过程中，要加强社会信用体系建设”。社会信用体系已经成为社会主义市场经济体制和社会治理体制的重要组成部分。《国务院办公厅关于推进养老服务发展的意见》（国办发〔2019〕5号），明确提出要“加快推进养老服务领域社会信用体系建设，建立健全失信联合惩戒机制，对存在严重失信行为的养老服务机构及人员实施联合惩戒”。为贯彻落实党中央、国务院关于加强社会信用体系建设的决策部署，加快推进养老服务领域社会信用体系建设的要求，进一步规范养老服务市场秩序，促进养老服务业持续健康发展，民政部印发了《关于养老服务市场失信联合惩戒对象名单管理办法（试行）的通知》（民发〔2019〕103号）（简称《办法》）。

《办法》明确，民政部门对严重违法失信的养老服务机构和从业人员应当会同有关部门实施联合惩戒措施，将其列入联合惩戒对象名单，在一定期限内向社会公布，实施信用约束、联合惩戒。《办法》通过建立联合惩戒对象名单和重点关注对象名单制度，对养老服务领域违法失信的养老服务机构和从业人员，实施与失信行为相当的惩戒措施，让失信者寸步难行，实现“一处失信、处处受限”的信用惩戒格局。

《办法》指出，要根据失信行为程度的不同，建立联合惩戒对象名单和重点关注对象名单两项制度，对应采取与失信行为相当的惩戒措施。联合惩戒对象名单管理制度，以司法裁决、行政处罚、行政强制等处理结果为依据，将性质恶劣、情节严重、社会危害较大的违法失信行为的养老服务机构和从业人员列入联合惩戒对象名单，在一定期限内向社会公布，对其实施信用约束、联合惩戒等措施。同时，《办法》还明确，要建立重点关注对象名单制度，将养老服务机构备案时承诺不属实，或者违反承诺的，以及违反强制性国家标准，但尚未被行政处罚或者刑事处罚等这一类存在失信行为，但严重程度尚未达到列入联合惩戒对象名单情形的养老服务机构纳入重点关注对象名单，并在重点关注期内，对其实施严格监管等措施。

## 49. 老年人以及社会公众可以通过哪些渠道对养老机构的服务和运营进行监督

服务和运营的公众监督主要指公民通过批评、建议、检举、揭发、申诉、控告等基本方式对国家机关及其工作人员权力行使行为，以及养老机构服务和运营状况的合法性与合理性进行监督。不断扩大公众参与范围，方便社会公众了解情况、参与监督；引导加强内部监督，保障职工群众的监督权，鼓励职工群众监督举报各类隐患；注重推广有关地区和单位加强监督工作的经验做法，提高监督实效。

按照《民政部办公厅关于印发社会救助和养老服务领域基层政务公开标准指引的通知》（民办函〔2019〕52号）要求，养老服务领域基层政务公开包括通用政策、业务办理和行业管理信息三类。通用政策包括国家和地方层面推进养老服务发展的法律、法规、政策与标准文件，其中要专门归纳整理出现行养老服务扶持政策措施清单及养老机构投资指南。现行养老服务扶持政策措施清单应明确扶持政策内容、扶持对象、主管部门等信息，养老机构投资指南应明确养老机构投资要求、流程、主管部门等信息，方便社会了解和申办。业务办理中，民政部门负责办理的养老服务业务信息，包括养老机构备案，养老服务扶持补贴（建设补贴、运营补贴等）、老年人补贴（高龄津贴、服务补贴、护理补贴等）等事项，应明确办理流程、办理要求、办理部门、办理时限等信息。

养老机构运营监督方面，公众可通过政府网站、政务新媒体、公开查阅点、政府服务中心等途径对养老机构运营进行监督。根据《民政部办公厅关于印发社会救助和养老服务领域基层政务公开标准指引的通知》（民办函〔2019〕52 号）要求，各级民政部门应及时公开养老机构监督检查相关内容，包括养老机构评估、扶持、监督检查、行政处罚等信息。每一事项应明确政策法规文件、办事指南、审核审批信息、监督检查信息等二级事项，并明确公开依据、公开时限、公开主体、公开渠道和载体、公开对象、公开方式和公开层级。

养老机构服务监督方面，公众可通过养老机构内部公示栏或统一信息平台获取机构监督投诉电话、邮箱等意见反馈途径。根据《民政部办公厅关于印发〈养老服务质量信息公开标准指引〉的通知》（民办函〔2019〕137 号）要求，养老服务机构应当公开相关规章制度、意见反馈途径、相关服务质量检查记录等情况。

## 50. 如何查处未经登记以养老机构名义开展活动的组织

民政部门发现个人或者组织未经登记以养老机构名义开展活动的，应当书面通报相关部门，并配合做好查处工作。属于以民办非企业单位名义开展活动的，由民政部门根据《取缔非法民间组织暂行办法》等有关规定依法查处。属于营利性养老机构的由市场监管部门根据《无证无照经营查处办法》等有关法规依法查处。

根据《取缔非法民间组织暂行办法》规定，未经登记，擅自以社会团体或者民办非企业单位名义进行活动的；被撤销登记后继续以社会团体或民办非企业单位名义进行活动的属于非法民间组织。取缔非法民间组织，由违法行为发生地的登记管理机关负责。涉及两个以上同级登记管理机关的非法民间组织的取缔，由它们的共同上级登记管理机关负责，或者指定相关登记管理机关予以取缔。对跨省（自治区、直辖市）活动的非法民间组织，由国务院民政部门负责取缔，或者指定相关登记管理机关予以取缔。对非法民间组织，登记管理机关一经发现，应当及时进行调查，涉及有关部门职能的，应当及时向有关部门通报。

根据《无证无照经营查处办法》规定，县级以上地方人民政府负责组织、协调本行政区域的无证无照经营查处工作，建立有关部门分工负责、协调配合的无证无照经营查处工作机制。《无证无照经营查处办法》第六条规定：工商行政管理部门以及法律、法规、国务院决定规定的部门和省、自治区、直辖市人民政府确定的部门（以下统称查处部门）应当依法履行职责，密切协同配合，利用信息网络平台加强信息共享；发现不属于本部门查处职责的无证无照经营，应当及时通报有关部门。任何单位或者个人有权向查处部门举报无证无照经营。查处部门依法查处无证无照经营，应当坚持查处与引导相结合、处罚与教育相结合的原则，对具备办理证照的法定条件、经营者有继续经营意愿的，应当督促、引导其依法办理相应证照。

## 51. 养老机构违反《养老机构管理办法》的哪些行为需要承担相应法律责任

《养老机构管理办法》第四十六条规定了养老机构的法律责任，养老机构有下列行为之一的，由民政部门责令改正，给予警告；情节严重的，处以3万元以下的罚款：

（一）未建立入院评估制度或者未按照规定开展评估活动的；

（二）未与老年人或者其代理人签订服务协议，或者未按照协议约定提供服务的；

（三）未按照有关强制性国家标准提供服务的；

（四）工作人员的资格不符合规定的；

（五）利用养老机构的房屋、场地、设施开展与养老服务宗旨无关的活动的；

（六）未依照本办法规定预防和处置突发事件的；

（七）歧视、侮辱、虐待老年人以及其他侵害老年人人身和财产权益行为的；

（八）向负责监督检查的民政部门隐瞒有关情况、提供虚假材料或者拒绝提供反映其活动情况真实材料的；

（九）法律、法规、规章规定的其他违法行为。

养老机构及其工作人员违反本办法有关规定，构成违反治安管理行为的，依法给予治安管理处罚；构成犯罪的，依法追究刑事责任。

如果养老机构与入住老人未签订协议，可能会存在双方权利义务关系不明确，养老机构对老人的自理能力、病史情况掌握不足，影响服务质量甚至引发风险事故。如果争议纠纷发生时，签订书面的服务协议也有助于证据保全，查清事实真相。根据合同法中相关规定，如服务协议中有涉及人身伤害免责条款或免除养老机构自身责任，加重老年人或者其代理人一方责任的条款，相关条款可能会被认定为无效。

养老机构提供的服务应符合《中华人民共和国老年人权益保障法》《养老机构管理办法》《养老机构服务安全基本规范》以及设施设备、消防、食品安全等领域的相关规定。配备的医疗、康复、消防等服务人员，应当具有相关的职业资质。

养老机构应当建立入院评估制度，并按照规定开展评估活动。评估分为入院评估和持续评估，老年人入住养老机构时应当根据入院评估结果确定照护等级，入住后仍应定期进行重新评估，如未按规定开展评估活动，或当评估结果发生变化未及时通知老年人家属调整照护等级，造成损害后果可能会因此承担法律责任。

养老机构应当对入住老人承担合理限度内的安全保障义务。养老机构应当针对不同类型的突发事件制定应急预案，如面对老年人突发疾病、跌倒摔伤、外出走失、噎食、坠床、烫伤等情况时的启动应急处置预案。

## 52. 农村五保供养服务机构是否适用《养老机构管理办法》

根据《农村五保供养服务机构管理办法》规定，农村五保供养服务机构是指县级人民政府民政部门或者乡、民族乡、镇人民政府举办的，为农村五保供养对象提供供养服务的非营利性机构。符合条件的农村五保供养服务机构，应当依法办理事业单位法人登记。根据《农村五保供养工作条例》，五保供养对象为无劳动能力、无生活来源又无法定赡养、抚养、扶养义务人，或者其法定赡养、抚养、扶养义务人是无赡养、抚养、扶养能力的老年、残疾或者未满16周岁的村民。目前，绝大部分农村五保供养服务机构收住的是老年人，可参照《养老机构管理办法》管理。但《农村五保供养工作条例》《农村五保供养服务机构管理办法》等法规文件对农村五保供养服务机构的管理有特别规定的，依照其规定办理。

## 53. 对老年宜居住宅、保险养老社区、日间照料中心和互助性养老场所等其他类型的设施管理是否适用《养老机构管理办法》

老年宜居住宅、保险养老社区、日间照料中心和互助性养老场所等其他类型的设施管理不适用《养老机构管理办法》。

《中华人民共和国老年人权益保障法》第六十五条、《国务院办公厅关于全面放开养老服务市场 提升养老服务质量的若干意见》（国办发〔2016〕91号）第八项提出“支持老年宜居住宅开发”，目前老年宜居住宅主要适用城市房地产管理法相关规定，老年宜居住宅属于养老地产，目前尚未有明确统一的国家标准规范，老年宜居住宅与养老机构在形态、管理和服务上有诸多不同，实行不同的管理主体和管理方式，一是养老地产的房屋基本上都是居家式的，结构与一般居民住房一样，分为大、中、小等不同户型，房屋建筑设计、设施设备、服务内容等与养老机构相关规范和技术标准有区别。二是养老地产的房屋居住对象包括老年人但不仅限于老年人，其他家庭成员或者亲属也可以24小时与老年人共同居住和生活。三是养老地产基本上都是实行老年人自我服务或者家庭成员提供服务，没有专职队伍为其提供专业化服务。四是养老地产基本上每个房屋都有产权，是带产权出售给老年人及其他家庭成员或者亲属的。即使没有出售产权，但实行以租代售、出租长期使用权等形式，一次性收取老年人长期直至相当于住房50年至70年产权的租金，也属于养老地产。按照养老机构“是指为老年人提供集中居住和照料服务的机构”的定义，不能将养老宜居住宅纳入养老机构管理的范围。

保险养老社区是近年来出现的一种由保险机构建立的集居住、养老和护理等多种功能于一体的综合服务社区，主要采取自营、委托管理和出租等运营模式，将养老社区的房屋与传统保险产品对接，用房屋的租住权替代传统养老保险产品的现金收益，目前由银保监会进行业务监管，不宜纳入养老机构管理范围；日间照料中心和互助性养老场所，一般不实行全日制住养服务，且多由群众自治性组织开办运营，可作为基层群众自治管理范围，不宜纳入养老机构管理范围。

## 54. 民政部门作为养老服务行业管理部门，在养老服务机构监督检查中如何适用《中华人民共和国老年人权益保障法》《中华人民共和国安全生产法》等法律

2018 年底全国人大常委会修正《中华人民共和国老年人权益保障法》，明确提出："地方各级人民政府加强对本行政区域养老机构管理工作的领导，建立养老机构综合监管制度。县级以上人民政府民政部门负责养老机构的指导、监督和管理，其他有关部门依照职责分工对养老机构实施监督。"其中第四十五条明确，民政部门发现养老机构存在可能危及人身健康和生命财产安全风险的，责令限期改正，逾期不改正的，责令停业整顿。《中华人民共和国安全生产法》第九条规定了安全生产监督管理体制，明确安全生产监督管理部门和对有关行业、领域的安全生产工作实施监督管理的部门，统称负有安全生产监督管理职责的部门。该法第六十二条赋予了负有安全生产监督管理职责的部门，依法开展安全生产行政执法工作，享有行使检查权、处理权和采取行政强制措施的职权。

2020 年 11 月，全国人大常委会法制工作委员会对在养老服务监督检查中法律适用问题作出明确答复，民政部门作为养老服务行业的管理部门，按照"管行业必须管安全"的要求，在对养老机构进行监督检查时，可以按照人民政府确定的职责，依照《中华人民共和国安全生产法》第六十二条的规定，行使安全生产法规定的有关职权。在监督检查中发现养老机构存在设施、医疗卫生、环境保护、消防、食品药品、特种设备安全风险等安全隐患的，应当采取措施确保养老机构内老年人和有关人员的人身健康、生命财产安全等合法权益，并通知具备相应专业执法力量、执法权限的部门协助处理。

# 养老服务纠纷案例汇编

# 第一编
# 加强人员出入管理　履行安全保障义务案例

## 案例一：自理老人出入生意外 养老院应担何责

### 一、基本信息

审理法院：吉林省某中级人民法院

案由：生命权、健康权、身体权纠纷

当事人：上诉人（原审被告）：某养老院

被上诉人（原审原告）：李某1

**案情介绍：**李某1与李某2系父子关系。2011年7月1日，李某1与养老院签订入住协议，李某1将其父亲李某2送到养老院生活，协议约定李某2的服务等级为完全能自理，不限制李某2自由出入养老院。签订协议后，李某1向养老院交纳护理费、床位费等全部相关费用，至2018年12月份止。

2018年12月7日下午，李某2从养老院走失。养老院的工作人员经寻找无果后，于2018年12月7日18时57分向当地派出所报案，并于19时31分通过当地交通广播平台发布寻人启事。2018年12月8日，发现李某2死亡在吉林省某市××镇附近。因家属不同意进行尸检，无法确定李某2的死亡原因。后李某1向一审法院起诉要求养老院支付死亡赔偿金103600元、丧葬费12290元、精神损害抚慰金10000元、交通费1090.8元，共计126980.8元。

2017年12月19日，李某2被当地残联确定为三级智力残疾，适应性行为属中度缺陷，李某1及李某2均未如实向养老院告知智力残疾的情况。

### 二、裁判结果及裁判理由

一审法院裁判结果：一审法院酌定某养老院对李某2的死亡承担40%的赔偿责任。

一审法院裁判理由：一审法院认为，公民的生命健康权受法律保护。行为人因过错侵害他人民事权益，应当承担侵权责任。李某1与某养老院签订入住协议，将李某2送至某养老院入住，养老院作为专门的养老机构，理应负有管理、看护以及安全保障的义务。根据入住协议，李某2的服务等级为完全能自理，李某2也可自由出入某养老院。同时李某1及李某2均未向养老院如实告知李某2存在智力残疾的事实，存在一定的过错。虽养老院在管理服务过程中尽到了基本的安全保障义务，但其作为具备专业资质的养护机构，仍存在一定的疏漏。李某2在养老院已居住多年，养老院在日常生活中理应察觉到其存在智力残疾，因此在平时工作中更应加强管理服务，以避免损害后果的发生。综合考虑，养老院对李某2尽到了基本的安全保障义务，但在管理中也存在一定的瑕疵，一审法院酌定养老院对李某2的死亡承担40%的赔偿责任。

养老院认为，李某2的死亡原因系病死。但死亡原因的判定具有很强的专业性，在没有进行尸检，也没有法医专业鉴定意见的情况下，仅依据公安机关的死亡证明书即认定为病死，缺乏足够的事实及法律依据；养老院主张，李某2系完全民事行为能力人，入住时未向养老院告知智力残疾的情况，且养老院亦尽到了安全保障义务，故李某2对损害后果自行承担全部责任。一审法院认为，虽然李某1及李某2存在一定的过错，但养老院在管理中亦存在一定瑕疵，故应承担相应的赔偿责任。养老院的上述主张，一审法院不予支持。

上诉请求：1. 某养老院不应承担责任，请求二审法院撤销一审判决，依法改判或将本案发回重审。2. 一审、二审诉讼费全部由李某1负担。

二审法院裁判结果：二审法院认为，结合事发整个过程及双方当事人过错程度酌定养老院承担10%的赔偿责任。

二审法院裁判理由：二审法院对一审查明的事实予以确认。二审法院认为，公民享有生命健康权。公民、法人由于过错侵害他人财产、人身的，应当承担民事责任。李某2于2011年7月1日入住养老院，入住时年龄为52岁，养老院为李某2进行入院评估，将服务等级评定为完全能自理，自由出入养老院。可见，养老院对李某2实施的主要是生活照料。2017年12月19日，在李某1的委托下李某2被残联确定为三级智力残疾，该结论直接影响李某2今后的服务等级和服务内容，李某1应主动把相关报告单交给养老院并履行告知义务，由双方重新协议确定李某2的服务等级，李某1主张已把相关事实口头告知养老院，但未提供证据证明，应承担举证不能的法律后果。双方对原始合同内容未进行变更的情况下，某养老院按照入住时所确定李某1的自理能力进行管理并无不当。

李某2于2018年12月7日下午离开养老院，当天17时3分时养老院与李某1取得联系，并通过到李某2有可能前往的地点并向当地交通广播平台发布寻人启事、报警等方式积极寻找，养老院对李某2离开养老院后的处置过程中不存在过错。但养老院作为专门养老服务机构，不仅对所托管人员按照入住协议进行照料，而且对所托管人员具有安全保障的法定义务。这种法定义务，不局限于养老设施内的安全保障，还包括尽合理限度范围内的善良管理人的注意义务。李某2在养老院已居住多年，通过其日常生活应察觉到其有别于完全行为能力人，应及时通知家属，是否提高李某2的服务等级，将自理型服务变更为限制自由出入或者增加看护服务等，以防止和避免损害后果的发生。养老院疏于注意义务，发生李某2走失最终死亡的结果，又因养老院此种过失与李某2死亡没有直接的因果关系，不是事故发生的直接原因，故养老院仅需承担合理限度范围内的相应的赔偿责任。

二审法院认为结合事发整个过程及双方当事人过错程度酌定承担10%责任，一审法院判决由某养老院承担40%责任过重，二审法院予以调整。

## 三、分析点评

本案属于入住人员外出离开养老机构后发生意外死亡的养老服务纠纷案件，案件的争议焦点在于养老院作为安全保障义务的责任人，在此次意外事故中的过错程度及责任承担比例。本案中，法院均认定养老院应当对入住老年人承担安全保障义务，但根据过错程度和关联程度，二审法院将一审法院认定养老院承担的赔偿比例由40%降低为10%。

（一）关于当事人的责任认定。

1. 被上诉人（原审原告）李某1存在未及时将其父李某2精神状况发生变化的事实告知养老院，并据此变更服务协议和照料护理等级的过错。

李某2自入住养老院开始至走失七年的时间里一直按照自理老人的标准缴费，并在2017年被确定为智力残疾，该结论直接影响李某2今后的服务等级和服务内容。李某1作为老人家属，应主动把相关报告单交给某养老院并履行告知义务，由双方重新协议确定李某2的服务等级，但李某1无证据证明其履行了上述义务。在双方对原始合同内容未进行变更的情况下，养老院仍按照入住时所确定的自理等级对李某2进行管理，对此李某1应承担过错责任。

2. 上诉人（原审被告）养老院存在疏于履行尽合理限度范围内的善良管理人的注意义务。

养老院对李某2离开养老院后的及时报警并发布寻人启事的处置行为不存在过错。但养老院作为专门养老服务机构，不仅对所托管人员按照入住协议进行照料，还对所托管人员具有安全保障的法定义务。这种法定义务，不局限于养老设施内的安全保障，还包括尽合理限度范围内的善良管理人的注意义务。但李某2在养老院已居住多年，通过李某2日常生活应察觉到其有别于完全行为能力人，应及时通知家属，是否提高李某2的服务等级，将自理型服务变更为限制出入或者增加看护照料服务等，以防止和避免损害后果的发生。养老院疏于履行注意义务，发生李某2走失最终死亡的结果，但又因养老院此种过失与李某2死亡没有直接的因果关系，不是事故发生的直接原因，故养老院仅需承担合理限度范围内的相应的赔偿责任。

（二）改进建议

1. 明确安全保障义务的内容和界限。养老服务机构应当加强日常管理，履行合理限度内的安全保障义务。安全保障义务不仅包括对入住人员按照入住协议进行生活照料和护理服务，而且对所入住人员具有安全保障的法定义务。这种法定义务，不局限于养老设施内的安全保障，还包括尽合理限度范围内的善良管理人的注意义务。

本案中的养老院在发现老人走失当日，及时与家属取得联系、去老人常去的地点进行积极寻找、及时报警并通过广播发布寻人启事等处置行为较为及时妥当，不存在过错，具有借鉴意义。若养老服务机构在遇到类似情况时可以借鉴上述做法，及时妥善处置，在一定程度上减轻过错责任避免风险的发生；在诉讼过程中，报警记录、寻人启事等方式也可作为自身履行安全保障义务的证据，有助于维护自身的合法权益。

2. 规范和完善入住协议。养老服务协议中双方约定的照护等级提高，养老机构对入住老人所承担的照护义务和安全保障义务的程度也相应提高。协议签订后，如在院期间老人的身体、精神等情况发生变化，丧失自理能力或认知能力需要变更照料护理等级的，家属和养老机构双方应当及时沟通，养老机构应当重新进行评估，及时变更服务协议和照料护理等级，增加服务内容，避免安全事故纠纷的发生。另外，老年人及其代理人有义务如实向养老机构主动充分告知老年人身体和精神状况，故意隐瞒或者不如实陈述影响科学确定护理等级，间接造成老年人受到伤害的，老年人及其代理人也应当承担过错责任，并因此可以相应减轻养老机构责任。

本案中，家属在老人被确定为三级智力障碍时未及时告知养老机构，也未提出变更服务等级；养老机构在长期照护服务过程中应当察觉老人行为有异，也未向家属告知或提出变更服务协议，双方均存在一定过错，如果双方能够及时沟通情况，提高护理级别，加强对老年人的照料护理，或许可以通过限制出入管理、加强看护服务等措施，避免老人外出并最终死亡的后果。对于意外风险较高的老年人，可以协商购买老年人意外伤害保险。

3. 重视出入登记、老年人精神关爱等细节管理。本案中当事人均认可因李某 2 入住以后可自由外出的事实，即“李某 2 入住养老院时的要求是养老院只安排吃住，每天外出逛街、锻炼身体、找朋友或亲戚玩，经常在外面过夜等。有时候李某 1 也邀约父亲李某 2 一同出去游玩，夜不归宿，这对于死者李某 2 来说是再正常不过的事情”。如双方当事人已经在协议中明确约定，对李某 2 的自由出入自应不作限制。但从养老机构出入管理来看，自由出入与登记后出入并不冲突。养老院可以允许入住老年人进出自由，但应对外出后的去向进行登记，提示相应风险并告知注意事项。否则，因老年人外出后发生意外，养老院仍应承担一定赔偿责任。另外，养老院应当对老年人，特别是患有阿尔茨海默病等精神障碍老年人加强精神关爱，及时发现并掌握心理、情绪变化，给予有针对性的心理安抚。

**附：裁判依据**

## 《中华人民共和国民法典》

**第一千一百六十五条第一款** 行为人因过错侵害他人民事权益，应当承担侵权责任。

**第一千一百七十九条** 侵害他人造成人身损害的，应当赔偿医疗费、护理费、交通费等为治疗和康复支出的合理费用，以及因误工减少的收入。造成残疾的，还应当赔偿残疾生活辅助器具费和残疾赔偿金。造成死亡的，还应当赔偿丧葬费和死亡赔偿金。

**第一千一百八十三条** 侵害自然人人身权益造成严重精神损害的，被侵权人有权请求精神损害赔偿。

**第一千一百九十八条** 宾馆、商场、银行、车站、机场、体育场馆、娱乐场所等经营场所、公共场所的经营者、管理者或者群众性活动的组织者，未尽到安全保障义务，造成他人损害的，应当承担侵权责任。

# 案例二：未签协议即入住 老人走失应担责

## 一、基本信息

审理法院：江西省某中级人民法院

案由：生命权、健康权、身体权纠纷

当事人：上诉人（原审被告）：黎某

被上诉人（原审原告）：汤某1、汤某2

**案情介绍：**汤某1、汤某2系受害人汤某3之子。2016年11月3日，原告汤某1的妻子李某将汤某3送至被告黎某所办的养老院（未办理相关经营证照）养老，双方未签订书面合同，但双方口头约定每月养老服务费1200元，同日李某向被告黎某先交了一个月的养老服务费1200元，同时被告黎某向李某出具了1200元的收据一张，李某之后将老人汤某3交付给了养老院，李某就回了家，刚到家不久，就接到养老院黎某的电话，告知其汤某3走失了，这时原告一家万分焦急，于是组织人员在附近到处寻找汤某3，并且发出寻人启事，2016年11月6日上午10时许，李某向当地公安局派出所报警，称汤某3从被告黎某所办的养老院走失。2016年11月16日上午9时，当地派出所接到报警称，在附近池塘里发现一具男性尸体，经亲属现场辨认，死者为受害人汤某3。两原告认为，被告作为养老院的经营者没有对老人的生命安全尽到安全保障义务，两原告多次找被告协商赔偿事宜未果。为此，原告诉诸法院，请求依法判令养老院承担赔偿责任。

## 二、裁判结果及裁判理由

一审法院裁判结果：一审法院认定养老机构的实际经营人黎某应承担50%的责任。

一审法院裁判理由：经营性养老服务机构的服务内容，包括并不限于住宿、日常饮食和相关老年养护服务，并结合机构性质、服务内容及受众群体综合分析，其安全保障义务应当高于一般的住宿、餐饮经营者的法定义务，应以合理限度内使入住老人免受身体损害。在本案中被告黎某经营有偿养老服务机构，既有保障老人生命安全并防止意外伤害之义务，也有作为经营管理者的安全保障义务，其为两原告父亲汤某3提供的房间内仅有基本的住宿设施，在养老院的整个服务范围内，都没有监控设施，在审慎管理和安全保障方面，被告存在疏忽、纰漏和未尽之处，其对汤某3走失导致死亡存在过错，应承担相应的赔偿责任。黎某不具备办理养老院的条件，却违法经营养老院，未办理任何相关经营证照，其所办的养老院属于无证经营，这也存在一定的过错。

上诉请求：1. 撤销一审判决，改判驳回被上诉人的全部诉讼请求；2. 一、二审诉讼费用由被上诉人承担。

二审法院裁判结果：驳回上诉，维持原判。

二审法院裁判理由：上诉人经营的养老院虽然未取得批准手续，但其提供养老服务，应当具备养老院的一般属性，即老人在养老期间生活起居都在养老院，得到照顾、安全保障等。上诉人接受了被上诉人交的养老服务费，双方因此建立了服务合同关系，基于服务合同上诉人对汤某3负有安全保障义务，该安全保障义务包括保障老人不得单独离开养老院，上诉人关于双方没有约定对汤某3进行24小时的监护，基于汤某3的主动外出上诉人并不构成违约的抗辩理由不能成立，本院不予采纳。汤某3外出死亡发生在双方服务合同期间，上诉人没有尽到应有的安全保障义务，由此造成的损害后果，上诉人应当承担相应的赔偿责任，一审法院根据各自的过错，认定由上诉人承担50%的赔偿责任，符合法律规定，本院予以支持。

## 三、分析点评

本案属于老人从养老机构外出走失后身亡引发的养老服务纠纷。案件争议焦点在于养老机构的实际经营人黎某对汤某3的死亡是否承担赔偿责任及责任比例。两审法院均认为养老院应承担50%的赔偿责任。

（一）双方成立养老服务合同关系。

本案中原被告双方未签订书面协议，但是就老人入住达成了合意，缴费并出具收据。汤某1的妻子离开养老院后，在刚刚到家很短时间内接到老人走失的通知。两审法院均认为，双方已经成立养老服务合同法律关系，由此可见，未签订书面合同不影响养老服务合同法律关系的实际成立。作为养老机构的管理人，未尽到安全保障义务，造成他人损害的，应当承担侵权责任。一审法院认为，经营性养老服务机构的服务内容，包括并不限于住宿、日常饮食和相关老年养护服务，并结合机构性质、服务内容及受众群体综合分析，其安全保障义务应高于一般的住宿、餐饮经营者的法定义务，应以合理限度内使入住老人免受身体损害。

（二）关于双方的责任认定。

1. 养老机构未尽到安全保障义务，无证经营管理不规范。一审法院认为，黎某为两原告父亲汤某3提供的房间内仅有基本的住宿设施，在养老院的整个范围内，都没有监控设施，养老院属于“无证经营”，在审慎管理和安全保障方面，被告存在疏忽、纰漏和未尽之处，其对汤某3走失导致死亡存在过错。

2. 家属未告知汤某3存在认知障碍情况，也存在过错。根据法院查明的情况，汤某1家属李某将汤某3送至黎某所办的养老院时，未将汤某3患有阿尔茨海默病的情形详细告知黎某，也没有要求养老院对汤某3进行24小时的监护，对于汤某3外出走失并死亡，家属也存在一定的过错。

（三）改进建议

1. 规范入住协议的签订。本案中原被告双方未签订书面入住协议，同时老人家属也未将老人患有阿尔茨海默病的情况告知养老机构，养老机构疏于看管导致老人走失。养老机构应当与入住老人或者其家属签订书面养老服务协议，服务协议中应明确双方的权利义务、老人的基本信息、既往病史、照护等级、特殊情况等内容，双方应该就重点事项予以充分沟通，这样有助于养老机构全面地掌握老人的各方面情况，对于特殊老人应该采取措施防范各类风险的发生。

2. 民办养老机构依法登记备案，规范服务管理。本案中养老机构未办理合法的登记备案手续，被法院认定为具有一定过错。2019年我国已经取消养老机构设立许可，设立养老机构需要向地方民政部门申请社会服务机构登记或向市场监管部门申请企业登记。养老服务纠纷诉讼案件中，养老机构“无证经营”并不必然构成其承担责任的原因，但是无证经营的养老机构往往规模较小、以牺牲服务质量降低成本，面临多种安全风险隐患，管理和服务存在瑕疵，处于行政监管的盲区。养老机构应当依法主动进行相应的登记备案，自觉接受相关部门的监督管理，规范服务协议的签订和日常管理服务。本案中老人入住后，被告将老人安排在独立的房间，疏于照看导致老人私自离院，也没有相关的监控录像，其管理存在不完善之处。

江西某养老院承担的赔偿比例为50%，远高于吉林某养老院承担的10%。在对比分析两养老院服务行为的基础上，可以初步探究出法院在责任比例分担中的酌情考虑因素，即养老机构自身的合法性、服务行为的适当性、事故发生后处理的及时有效性以及老年人及其家属的过错程度。吉林某养老院在自身服务、管理和事件应对处置中相对更加妥当，因此在赔偿责任认定中相对较轻。

**附：裁判依据**

## 《中华人民共和国民法典》

**第一千一百七十三条**　被侵权人对同一损害的发生或者扩大有过错的，可以减轻侵权人的责任。

**第一千一百七十九条**　侵害他人造成人身损害的，应当赔偿医疗费、护理费、交通费等为治疗和康复支出的合理费用，以及因误工减少的收入。造成残疾的，还应当赔偿残疾生活辅助器具费和残疾赔偿金；造成死亡的，还应当赔偿丧葬费和死亡赔偿金。

**第一千一百八十二条**　侵害他人人身权益造成财产损失的，按照被侵权人因此受到的损失或者侵权人因此获得的利益赔偿；被侵权人因此受到的损失以及侵权人因此获得的利益难以确定，被侵权人和侵权人就赔偿数额协商不一致，向人民法院提起诉讼的，由人民法院根据实际情况确定赔偿数额。

**第一千一百八十三条**　侵害自然人人身权益造成严重精神损害的，被侵权人有权请求精神损害赔偿。

**第一千一百九十八条**　宾馆、商场、银行、车站、机场、体育场馆、娱乐场所等经营场所、公共场所的经营者、管理者或者群众性活动的组织者，未尽到安全保障义务，造成他人损害的，应当承担侵权责任。

## 《最高人民法院关于审理人身损害赔偿案件适用法律若干问题的解释》

**第一条**　因生命、健康、身体遭受侵害，赔偿权利人起诉请求赔偿义务人赔偿财产损失和精神损害的，人民法院应予受理。

本条所称“赔偿权利人”，是指因侵权行为或者其他致害原因直接遭受人身损害的受害人、依法由受害人承担扶养义务的被扶养人以及死亡受害人的近亲属。

本条所称“赔偿义务人”，是指因自己或者他人的侵权行为以及其他致害原因依法应当承担民事责任的自然人、法人或者其他组织。

**第六条** 从事住宿、餐饮、娱乐等经营活动或者其他社会活动的自然人、法人、其他组织，未尽合理限度范围内的安全保障义务致使他人遭受人身损害，赔偿权利人请求其承担相应赔偿责任的，人民法院应予支持。

**第十七条第三款** 受害人死亡的，赔偿义务人除应当根据抢救治疗情况赔偿本条第一款规定的相关费用外，还应当赔偿丧葬费、被扶养人生活费、死亡补偿费以及受害人亲属办理丧葬事宜支出的交通费、住宿费和误工损失等其他合理费用。

**第十八条第一款** 受害人或者死者近亲属遭受精神损害，赔偿权利人向人民法院请求赔偿精神损害抚慰金的，适用《最高人民法院关于确定民事侵权精神损害赔偿责任若干问题的解释》予以确定。

**第二十七条** 丧葬费按照受诉法院所在地上一年度职工月平均工资标准，以六个月总额计算。

**第二十九条** 死亡赔偿金按照受诉法院所在地上一年度城镇居民人均可支配收入或者农村居民人均纯收入标准，按二十年计算。但六十周岁以上的，年龄每增加一岁减少一年；七十五周岁以上的，按五年计算。

## 《最高人民法院关于确定民事侵权精神损害赔偿责任若干问题的解释》

**第十一条** 受害人对损害事实和损害后果的发生有过错的，可以根据其过错程度减轻或者免除侵权人的精神损害赔偿责任。

## 《中华人民共和国民事诉讼法》

**第六十四条第一款** 当事人对自己提出的主张，有责任提供证据。

## 《最高人民法院关于民事诉讼证据的若干规定》

**第二条** 当事人对自己提出的诉讼请求所依据的事实或者反驳对方诉讼请求所依据的事实有责任提供证据加以证明。

没有证据或者证据不足以证明当事人的事实主张的，由负有举证责任的当事人承担不利后果。

# 案例三：特困老人外出遇车祸 养老院因何被免责

## 一、基本信息

审理法院：北京市某中级人民法院

案由：违反安全保障义务责任纠纷

当事人：上诉人（原审原告）：周某1

被上诉人（原审被告）：北京市某老年公寓

被上诉人（原审被告）：北京市某街道办事处

**案情介绍：**周某于1949年12月2日出生，婚姻状况为未婚，周某1系周某姐姐。周某住址为被告街道办事处管辖地。2016年6、7月，某老年公寓作为甲方，与街道办事处（丙方）签订了《农村五保、城镇三无人员供养协议》，约定根据《农村五保供养工作条例》，就乙方（周某）入住养老事宜达成协议，经评估机构评估，乙方入住人为生活完全不能自理，甲方为乙方提供四人房间一个床位，房内主要设施有单人床、扶手椅、床头柜、衣柜、空调、电视、卫生间设施；甲方为乙方提供就餐并每周公布就餐食谱；甲方定时为乙方提供卫生清扫、理发、洗衣、打水等一般性服务；甲方在乙方入住期间患病或身体出现异常情况时，及时安排在本院医务室就医，或根据本院医生建议转院就医；当乙方发生紧急情况时甲方应及时采取措施并同时通知丙方或其他约定的联系人；丙方对乙方有探视权，丙方支付乙方在甲方入住期间发生的费用；丙方规定乙方不可以单独外出，如丙方同意，乙方外出期间出现一切问题由丙方负责，合同期限为一年，自2016年7月1日起至2017年6月30日止。协议签订后，周某被送往老年公寓，街道办事处交纳了周某入住期间的费用。

2017年5月18日3时10分，在北京市某区××路，案外人贾某驾驶×××号重型厢式货车由北向南行驶时，车辆前部将行人周某撞出，周某倒地，其身体被同方向包括案外人董某驾驶的×××号小型普通客车在内的多辆机动车碾轧，事故造成周某死亡，两车损坏。公安局交通支队经调查认为，周某违反交通信号通行的违法行为，是事故发生的主要原因，为主要责任；贾某未安全驾驶机动车的违法行为，是事故发生的次要原因，为次要责任；董某未安全驾驶机动车的违法行为，是事故发生的次要原因，为次要责任。

2017年7月5日，周某1提起机动车交通事故责任纠纷诉讼，将贾某单位、贾某、董某、重型厢式货车的保险公司1及小型普通客车的保险公司2诉至法院，要求上述主体赔偿周某死亡的损害后果，死亡赔偿金744575元、丧葬费46236元、精神损害抚慰金100000元、误工费2000元、交通费5000元、财产损失费2000元、律师费25000元。法院经审理认为，本次事故存在数名无意思联络侵权人，在不能认定具体哪辆机动车造成周某死亡的情况下，法院推定各侵权人对周某的死亡存在聚合因果关系，故包括贾某、董某在内的数名侵权人均应对周某死亡承担连带责任，各侵权人均负有承担全部清偿责任的义务。另据公安交通管理部门对事故责任的认定及贾某、董某对本次事故发生的原因力大小，因本次事故导致的民事赔偿责任，先由保险公司1、保险公司2在交强险范围内赔偿，不足部分，由贾某所在单位及贾某按30%连带赔偿，属于商业三者险赔偿范围的由保险公司1赔偿，交强险外，董某不再承担赔偿责任。对周某1主张的损失，法院认定为死亡赔偿金744575元、丧葬费46236元、精神损害抚慰金50000元、误工费2000元、交通费300元、财产损失费300元。对上述损失，法院判决由保险公司1和保险公司2分别在交强险责任限额内赔偿，不足部分由保险公司1在商业第三者责任保险限额内赔偿；驳回了周某1的其他诉讼请求。该判决已生效，并已执行完毕。

就周某离开老年公寓的经过，老年公寓陈述称，其负责人于2017年5月17日中午接报周某不见了，随后与街道办事处联系告知了该事项，并调取了事发当天的监控录像，发现周某系于2017年5月17日凌晨5时30分许，自行从老年公寓垃圾通道走出。审理中，周某1确认看到过老年公寓提供的录像，并对上述经过表示认可。

街道办接报后，电话通知了周某1一方，周某1于2017年5月17日晚向附近派出所报失踪，该所民警向周某1及老年公寓的法定代表人进行了询问，并制作了询问笔录，两人在询问中均确认周某精神状况正常，但系聋哑人，不喜欢与别人交流，性格闭塞。周某1以老年公寓未尽到安全保障义务，导致周某走失并发生交通事故为由，要求其赔偿周某死亡所产生的各项损失。

某老年公寓系民办非企业单位，于2005年12月30日取得登记，业务范围为收养老人、养老服务，具有当地民政局颁发的《养老机构设立许可证》。

## 二、裁判结果及裁判理由

一审法院裁判结果：周某1以违反安全保障义务为由，要求老年公寓及××街办事处承担周某死亡的赔偿责任缺乏依据。判决驳回周某1的诉讼请求。

一审法院裁判理由：第一，周某1作为周某的姐姐，依法有权在周某死亡后作为原告，对周某被侵权的后果主张赔偿。根据周某1起诉的案由和被告判断，本案诉讼当事人、诉讼标的与周某1起诉并已经审结的机动车交通事故案件均有差异，本次起诉不违反“一事不再理”原则。

本案争议的焦点问题在于，老年公寓及街道办事处对于周某的死亡损害后果是否应当承担侵权责任。根据生效判决及双方陈述，周某直接死于2017年5月18日的交通事故，对该交通事故的损害后果及责任，生效判决已有确认。周某1主张老年公寓及街道办事处对周某死亡的后果承担侵权责任，现有依据不足。街道办事处对于周某死亡的后果无任何侵权行为，也无过错。街道办事处作为周某住所地的政府机关，依法履行了其法定职责，为周某选择了养老机构，其选任的老年公寓具有收养老人、养老服务的资质，且其履行了作为委托方及时交纳费用的义务。街道办事处并非周某直接的管理人，其对周某出走的事件以及发生交通事故的事件既无法预料也无法阻止，故周某1以街道办事处作为被告缺乏依据，应予驳回。

第二，老年公寓在与街道办事处签订的供养协议履行期间，未尽仔细管理、认真照顾的义务，该不作为与周某自己的行为相结合，产生周某离开老年公寓的后果。周某作为成年人，虽有语言和听力残疾，但现有证据难以认定周某行为能力存在问题，周某自行离开养老院系其主动行为，但根据《农村五保、城镇三无人员供养协议》约定，送养人离开老年公寓需要符合约定条件，作为养老机构，在未征得委托人同意的前提下，在封闭管理的养老院，被送养人周某能自行出走，且在离开养老院五六个小时后才被发现，这足以说明老年公寓在管理上有漏洞，老年公寓虽辩称周某自其员工通道或者运送垃圾的通道离开，但这也正说明其对被送养人员可能离开的通道疏于管理，应该加以阻止而未阻止。老年公寓疏于管理，为周某离开公寓创造了条件。老年公寓存在疏于管理的过错，该过错系周某得以离开老年公寓的原因之一。

第三，周某自老年公寓离开的后果与周某死亡的后果之间不存在因果关系。法律上的因果关系是指行为与结果之间存在的引起与被引起的合乎规律的联系。周某自老年公寓离开并不必然引发交通事故，事实情况是周某自行步入封闭的城市快速机动车道，遇案外人未安全驾驶共同引起交通事故并导致周某死亡，老年公寓对交通事故既无法预料又无法制止，老年公寓对于交通事故的发生无任何侵权行为，也没有过错。

第四，老年公寓对周某离开其管理的养老院以后的行为不再负有安全保障义务。周某1以违反安保义务为由起诉，但经查，周某发生交通事故及死亡的地点位于某路，老年公寓对周某离开养老院以后的行为、损害后果不应承担赔偿责任。

上诉请求：1. 撤销一审判决；2. 判决某老年公寓、街道办事处赔偿周某1死亡赔偿金402202.5元、丧葬费32365.2元、误工费1400元、交通费270元等损失，共计436237.70元；3. 判令某老年公寓、××街办事处承担本案诉讼费用。

二审法院裁判结果：驳回上诉，维持原判。

二审法院裁判理由：本案争议的焦点问题为老年公寓及街道办事处对于周某的死亡损害后果是否应当承担侵权责任。

关于街道办事处对周某的死亡损害后果是否承担侵权责任一节。《中华人民共和国侵权责任法》第三十七条规定，宾馆、商场、银行、车站、娱乐场所等公共场所的管理人或者群众性活动的组织者，未尽到安全保障义务，造成他人损害的，应当承担侵权责任。承担安全保障义务的主体对该场所应具有事实上的控制力。本案中，老年公寓系北京市某区民政局登记的独立法人主体，街道办事处为一级政府行政机关，其对辖区内的事务管理为行政管理行为，作为周某住所地的政府机关，虽为周某选择了老年公寓，但街道办事处并非老年公寓的组织经营者，亦非老年公寓的安全保障义务主体，因此，周某1以街道办事处对老年公寓没有尽到监督管理责任、应承担选任责任以及周某走失后放任损害结果发生为由上诉主张街道办事处应该承担安全保障义务缺乏事实和法律依据，且周某1并未提供街道办事处存在管理、选任责任的证据，故对周某1的上诉主张不予采纳。

关于老年公寓对周某的死亡损害后果是否承担侵权责任一节。首先，周某作为成年人，虽有语言和听力残疾，但并不能以此否认周某的行为能力，周某1虽上诉主张其认为周某的行为能力存在问题，但并未提供证据，故本院对其上诉主张不予采纳。一审判决认定老年公寓存在疏于管理的过错并无不当，但周某自行离开老年公寓系其主动行为，与《农村五保、城镇三无人员供养协议》约定不符；其次，因果关系是侵权责任认定中最基本的构成要件。根据生效判决及双方陈述，周某直接死于2017年5月18日的交通事故，对该交通事故的损害后果及责任，生效判决已有确认。周某自行离开老年公寓的行为，与发生交通事故并无法律意义上的因果关系。老年公寓疏于管理的过错亦非对交通事故发生的过错；最后，如上所述，周某离开老年公寓后，老年公寓非周某发生交通事故场所的控制人，不负有安全保障义务。因此，老年公寓对周某的死亡损害后果不应承担侵权责任。周某1以违反安全保障义务为由，要求老年公寓及和平街办事处承担周某死亡的赔偿责任，一审法院未予支持并无不当。综上一审判决认定事实清楚，适用法律正确，应予维持。

## 三、分析点评

本案属于入住人员外出离开养老机构后发生意外死亡的养老服务纠纷案件，案件的争议焦点在于养老院作为安全保障义务的责任人，在此次意外事故中的过错程度及责任承担比例。案例三与案例一、二中，入住养老机构老年人自行外出，发生意外造成死亡，案件审理中法院均认定养老院应当对入住老年人承担安全保障义务，但根据因果关系、过错程度和关联程度，案例三中驳回了死者家属的诉讼请求，在确认养老机构对出入管理存在疏漏的前提下，却没有判令养老机构承担赔偿责任。法院的理由主要是："周某自行离开老年公寓的行为，与发生交通事故并无法律意义上的因果关系。老年公寓疏于管理的过错亦非对交通事故发生的过错。周某离开老年公寓后，老年公寓非周某发生交通事故场所的控制人，不负有安全保障义务。因此，老年公寓对周某的死亡损害后果不应承担侵权责任。"简而言之，周某的死亡与养老机构管理疏漏之间没有直接因果关系。

当然，对于养老机构而言，应当高度重视出入管理，把好出口关，特别是对于工作人员通道、垃圾通道等特殊通道，更应该严格管理，最大限度保障入住老年人安全。

# 第二编
# 落实安全主体责任　确保服务安全

## 案例四：老人房间吸烟出意外 养老院被追责

### 一、基本信息

审理法院：山东省某中级人民法院

案由：生命权纠纷

当事人：上诉人（原审被告）：金某，某老年公寓负责人

被上诉人（原审原告）：谢某1、谢某2、谢某3、谢某4、谢某5、谢某6

原审被告：某老年公寓

原审被告：张某

**案情介绍**：谢某1等六原告均系曹某的子女，2015年10月29日，谢某4将母亲曹某送往某老年公寓入住，因老年公寓要求曹某提交补充有关材料，双方没有签订书面服务协议。10月30日，曹某、谢某4在老年公寓提供的《某老年公寓入住协议书》中签名。10月31日11时4许，曹某所住房间发生火灾，后被送往医院住院治疗。入院诊断为：1. 急性重度一氧化碳中毒；2. 代谢性酸中毒；3. 脑梗塞后遗症。2015年11月22日，曹某出院，出院诊断为：1. 急性脑梗塞；2. 急性重度一氧化碳中毒；3. 代谢性酸中毒。诊疗经过记载：家人商量后决定出院。出院医嘱：建议继续治疗。曹某共住院21天，支付住院费等共计45925.19元（其中，金某支付住院押金3500元），出院后不久，曹某于2015年12月1日死亡。2016年8月25日，当地公安局派出所出具证明一份，载明：2015年11月1日，谢某1报案，老年公寓发生火灾，接警后值班民警到现场查看，发现公寓二楼曹某居住的房间内有明显火灾痕迹，现场已被打扫。某老年公寓系民办非企业单位，于2012年7月16日在某区民政局登记注册，负责人为金某，业务范围为：养老、托老，合伙人为金某、张某。张某提交证明一份，记载内容为：2014年4月25日，金某收到其撤股款2万元，张某撤出股份。

### 二、裁判结果及裁判理由

一审法院裁判结果：酌定老年公寓应承担70%的责任，金某、张某负连带责任。

一审法院裁判理由：虽然金某提交了其工作人员的书面证人证言，以证明曹某在房间内吸烟并予以阻止，但谢某1等对该事实不予认可。金某也没有要求证人出庭做证，依据

法律规定，该证人证言不能作为直接认定事实的依据。同时，火灾发生后，老年公寓有义务并且能够及时向有关部门报案，以便查明火灾原因，但其没有履行义务，并且对现场进行了清理，导致公安民警出警后无法查明事故原因。另外，老年公寓作为合法开办的养老、托老机构，对养老、托老对象具有谨慎照顾、服务的义务。因此，在本案火灾原因无法查清的情况下，应当依法认定老年公寓对该事故的发生承担全部责任。

从病案记载的内容来看，曹某系因急性重度一氧化碳中毒入院治疗，显然与火灾事故存在直接的因果关系。但双方没有对曹某的医疗费用中是否存在治疗脑梗塞后遗症疾病的费用进行司法鉴定，因此，住院期间产生的费用应当由老年公寓承担。同时，曹某的亲属主动要求曹某出院时，医院建议其继续进行治疗，而谢某 1 等人坚持出院，导致曹某出院后不久死亡，谢某 1 等对曹某的死亡后果存在一定的过错，考虑本案综合情况，对谢某 1 等主张的死亡赔偿金等损失酌情减少老年公寓承担责任的比例，以老年公寓承担谢某 1 等损失 70%的比例为宜。

上诉请求：1. 请求二审法院撤销一审判决，改判金某不承担死亡赔偿金、丧葬费、精神损害抚慰金的连带赔偿责任或发回重审；2. 本案一、二审诉讼费用及其他费用由谢某 1、谢某 2、谢某 3、谢某 4、谢某 5、谢某 6 承担。

二审法院裁判结果：驳回上诉，维持原判。

二审法院裁判理由：由于老年公寓的原因致使火灾事故原因无法查清，老年公寓管理上存在过错；曹某因火灾事故造成急性重度一氧化碳中毒等病症住院救治，后发生死亡后果，曹某的人身损害后果与老年公寓之间的过错行为有法律上的因果关系，老年公寓及其合伙开办人金某、张某应当承担民事责任。曹某作为被托养对象在老年公寓接受养老服务，老年公寓没有证据证明曹某存在违反老年公寓管理规定及其自身存在违法、违规行为。曹某在入住老年公寓期间遭受火灾事故导致人身损害，其自身不存在过错。在住院救治期间，谢某 1 等人在医疗机构建议继续治疗的情况下，自主决定出院，之后不久曹某死亡。因此，谢某 1 等人作为曹某的子女在没有穷尽医疗手段的前提下决定出院，其行为欠当，存在过失，一审判决在死亡赔偿金、丧葬费、交通费、误工费等赔偿方面，减轻老年公寓的赔偿责任，适用法律正确，确定减轻 30%的赔偿比例适当。

## 三、分析点评

本案中老人在养老机构生活期间发生火灾，由于老年公寓清理了现场致使火灾原因无法查清，老人入院治疗后，家属在没有穷尽医疗手段的前提下决定出院，最终老人死亡。案件的争议焦点在于养老服务合同是否成立、养老机构法律责任和应承担的赔偿责任比例。

### （一）养老服务合同是否成立

谢某 1 等提交的老年公寓入住协议书，系老年公寓提供的格式合同，曹某及谢某 4 均签字，但没有老年公寓签名，谢某 1 等也尚未交纳协议约定的服务费，老年公寓实际接收了曹某并安排入住。谢某 1 等原告主张老年公寓将谢某 4 签字的协议收下并收留的行为应认定为其对托养协议的认可；而被告认为协议里明确规定老人需要提交健康证明，在对方签署协议的情况下，老年公寓没有签字，就是等待对方交健康证明，协议不能生效。法院认为，结合曹某已经在签订协议前实际入住老年公寓的事实，应当认定老年公寓与曹某已成立服务合同关系。

合同法第三十七条规定：“采用合同书形式订立合同，在签字或者盖章之前，当事人一方已经履行主要义务，对方接受的，该合同成立。”虽然本案中养老机构未在合同上签章，原告方也没有交费，但是因为其已经实际接受了曹某入住，因此养老服务合同已经成立。

（二）各方的责任承担比例

1. 火灾发生后养老机构的处理存在过错。首先，养老机构应当对入住老人承担安全保障义务，曹某却在入住期间因火灾而受到损害。火灾发生后，老年公寓有义务并且能够及时向有关部门报案，以便查明火灾原因，但其没有履行配合义务，并且对现场进行了清理，导致公安民警出警后无法查明事故原因，老年公寓管理上存在过错。

2. 老人家属未采纳医院继续治疗的建议，导致老人最终死亡。作为子女，应当穷尽各种医疗手段尽可能地挽救老人的生命，本案中曹某因火灾而入院治疗后，家属拒绝采纳医院继续治疗的建议，强行要求出院，对于老人的死亡后果，也应当负有一定的责任。

（三）改进建议

1. 遵守消防安全规定，防范火灾隐患。依照《消防安全责任制实施办法》第 15 条—17 条规定，养老机构除按规定需要制定本单位的消防安全制度、消防安全操作规程、灭火和应急疏散预案；定期组织开展灭火和应急疏散演练，进行消防工作检查考核，保证各项规章制度落实外，由于属于人员密集场所，养老机构还应当建立消防安全评估制度，由具有资质的机构定期开展评估，参加火灾公众责任保险等，共计 18 条具体责任要求。在日常监管方面，《中华人民共和国消防法（2019 年修订）》规定，消防救援机构应当对机关、团体、企业、事业等单位遵守消防法律、法规的情况依法进行监督检查。消防救援机构在消防监督检查中发现火灾隐患的，应当通知有关单位或者个人立即采取措施消除隐患；不及时消除隐患可能严重威胁公共安全的，消防救援机构应当依照规定对危险部位或者场所采取临时查封措施。

养老机构应当重视消防安全，遵守各项消防制度要求，及时排查火灾隐患，完善各种消防设施建设，同时对于工作人员和入住老人进行消防安全教育，防范火灾风险的发生。同时应当注意，老人吸烟的行为不但有害身体健康，而且有诱发火灾的风险。根据《养老机构服务安全基本规范》，老年人居室内及其他非吸烟区域应禁止吸烟，若有需要，可设立吸烟区域。养老机构对于吸烟的老人应当进行劝导和教育。

2. 火灾发生后应当及时报告，同时注意证据保全。本案中存在的一个较大的问题是火灾原因无法查清，养老机构主张曹某本身吸烟导致发生火灾，但未提交充分的证据证明，法院不予认可。本案中火灾发生后养老机构的处理存在不当之处，没有及时向有关部门报告并配合调查事故原因，而是清理了火灾现场导致火灾原因无法查清，这也直接导致了法院认定其存在过错，应当承担责任。这提示养老机构在火灾等事故发生后应当注重证据保全，保留现场配合公安机关和消防救援机构等依法进行事故调查，这样有利于查清事实真相，在事故纠纷处理中维护自身合法权益。

**附：裁判依据**

## 《中华人民共和国民法典》

**第一千一百六十五条** 行为人因过错侵害他人民事权益造成损害的，应当承担侵权责任。

依照法律规定推定行为人有过错，其不能证明自己没有过错的，应当承担侵权责任。

**第一千一百六十七条** 侵权行为危及他人人身、财产安全的，被侵权人有权请求侵权人承担停止侵害、排除妨碍、消除危险等侵权责任。

**第一千一百六十八条** 二人以上共同实施侵权行为，造成他人损害的，应当承担连带责任。

**第一千一百七十九条** 侵害他人造成人身损害的，应当赔偿医疗费、护理费、交通费、营养费、住院伙食补助费等为治疗和康复支出的合理费用，以及因误工减少的收入。造成残疾的，还应当赔偿辅助器具费和残疾赔偿金；造成死亡的，还应当赔偿丧葬费和死亡赔偿金。

**第一千一百八十三条** 侵害自然人人身权益造成严重精神损害的，被侵权人有权请求精神损害赔偿。

## 《中华人民共和国民事诉讼法》

**第六十四条** 当事人对自己提出的主张，有责任提供证据。

当事人及其诉讼代理人因客观原因不能自行收集的证据，或者人民法院认为审理案件需要的证据，人民法院应当调查收集。

人民法院应当按照法定程序，全面地、客观地审查核实证据。

**第一百四十四条** 被告经传票传唤，无正当理由拒不到庭的，或者未经法庭许可中途退庭的，可以缺席判决。

# 案例五：毒虫叮咬致死亡 养老院被判赔偿

## 一、基本信息

审理法院：广西壮族自治区某中级人民法院

案由：生命权纠纷

当事人：上诉人（原审原告）：杨某1、杨某2、杨某3

上诉人（原审被告）：某养老院

**案情介绍**：2017年1月4日，三原告的父亲杨某4入住被告某养老院托养。2017年9月6日16时许，杨某4在养老院被蜈蚣叮咬右手背致伤，养老院工作人员为其伤口清洗消毒并包扎，当日17时30分左右，工作人员发现其出现气促、呕吐不适症状，遂致电120求救并电话通知杨某1。后杨某4被送到当地医院住院抢救3天后因抢救无效死亡，医院诊断死亡原因为蜈蚣咬伤和多器官功能损害，死亡诊断为：1. 蜈蚣咬伤；2. 急性左心功能衰竭；3. 心源性休克；4. 多器官功能损害；5. 频发房性早搏；6. 电解质紊乱等。杨某1支付了杨某4的医疗费11058.95元，养老院在杨某4死亡后支付了6000元给杨某1。

医院病历记录显示医生在2017年9月8日早上查房后发现杨某4病情危重，遂反复将病情告知杨某4的家属，并建议对杨某4进行血液净化治疗，但杨某4的家属拒绝对杨某4进行血液净化治疗。医院《死亡病例讨论记录》记载："患者考虑为毒物咬伤后导致多器官功能损害及内环境紊乱，病情危重，预后极差，同时由于患者家属不同意血液净化治疗，导致治疗困难，病情不断加重，最后抢救无效死亡。"

## 二、裁判结果及裁判理由

一审法院裁判结果：酌情确定养老院应当赔偿杨某1、杨某2、杨某3经济损失4万元（养老院已支付给杨某1等人的6000元应当从该款项中予以扣减，即该赔偿款为3.4万元）。

一审法院裁判理由：养老院应确保其经营场所的卫生、安全符合托养标准，避免造成人身损害，杨某4在养老院托养期间被蜈蚣咬伤，属养老院监管不力，养老院对此负有不可推卸的责任，但是不应对杨某4最终死亡的后果承担全部责任。首先，蜈蚣咬伤并不必然导致死亡，只是导致杨某4救治无效死亡的原因之一。其次，据医院《死亡病例讨论记录》记载的内容，若对杨某4采取血液净化治疗则有可能挽回其生命，但由于杨某1等人拒绝医院采取血液净化治疗，致使医院未能穷尽医疗手段去挽救杨某4的生命，故杨某4最终抢救无效死亡，不能全部归责于养老院。

原告上诉请求：撤销一审判决并改判支持其三人的一审诉讼请求。

被告上诉请求：撤销一审判决第一项，并改判其赔偿2万元给杨某1、杨某2、杨某3。

二审法院裁判结果：酌定养老院应当对杨某死亡造成的损失承担20%的赔偿责任。养老院应当赔偿杨某 1 等人损失共计 46351. 75 元，扣除其已支付的 6000 元，养老院尚应赔偿 40351. 75 元。

二审法院裁判理由：首先，养老院作为养老服务机构，应当保障其经营场所的安全、卫生，对托养的老人尽到合理的照料义务。现因养老院未对杨某 4 的居住场所尽到卫生和安全保障义务，致使杨某 4 在养老院托养期间被蜈蚣咬伤，故养老院应对杨某 4 受伤治疗而造成的医疗费、住院伙食补助费和护理费损失承担全部赔偿责任。

关于杨某 4 的死因问题，根据医院出具的《死亡记录》，载明杨某 4 的死亡原因是蜈蚣咬伤、多器官功能损害。即蜈蚣咬伤是导致杨某 4 死亡的原因之一，但不是唯一的原因。对于普通人而言，被蜈蚣咬伤通常不会导致死亡的后果，杨某 4 被蜈蚣咬伤后也没有立即导致出现死亡的后果，因此，一审法院认定蜈蚣咬伤不是导致杨某死亡的全部原因正确。又根据医院出具的《死亡病例讨论记录》，证明杨某 4 在医院抢救过程中，家属拒绝医院建议进行的血液净化治疗，导致杨某 4 治疗困难，病情不断加重，最后抢救无效死亡。根据《中华人民共和国民法总则》第二十六条第二款的规定："成年子女对父母负有赡养、扶助和保护的义务。"本案中，杨某 4 在医院抢救过程中，医院建议进行血液净化治疗，即存在抢救治疗的可能性，作为杨某 4 的子女，杨某 1 等人在杨某 4 生命垂危等待抢救过程中，既负有法律上的赡养救助义务，也负有道德上穷尽一切手段积极救助的义务。而杨某 1 等人在医院建议对杨某 4 采取血液净化治疗进一步抢救的情况下，却拒绝医院建议的抢救治疗措施，最终导致杨某 4 死亡，杨某 1 等人拒绝抢救的行为显然不符合善良之风俗，亦有违社会主义核心价值观，对该种未对父母尽到赡养救助义务的行为应当予以摒弃。因此，杨某 1 等人对杨某 4 的死亡后果亦有过错。综合养老院和杨某 1、杨某 2、杨某 3 对杨某 4 死亡造成的原因力以及杨某 4 的自身身体状况，本院酌定养老院应当对杨某 4 死亡造成的损失承担 20%的赔偿责任。一审法院在没有分清责任的情况下酌情认定判决养老院尚应赔偿 34000 元给杨某 1 等人不当，本院依法予以纠正。

## 三、分析点评

本案属于老人在养老机构居住期间被蜈蚣咬伤引发的养老服务纠纷，但由于家属拒绝医院建议的救治措施，最终导致了老人死亡的悲剧。案件的争议焦点在于养老机构对老人死亡后果应承担的责任比例。

（一）关于各方的责任划分。

1. 养老机构应对杨某 4 被咬伤承担全部责任。被告养老院应当保障其经营场所的安全、卫生，对托养的老人承担生活照料义务和安全保障义务。杨某 4 在养老院托养期间被蜈蚣咬伤，二审法院认为养老院未尽到对老人居住场所的卫生和安全保障义务，应对杨某 4 受伤治疗而造成的医疗费、护理费等损失承担全部赔偿责任。

2. 对于老人最终死亡的后果，家属亦有责任。两审法院均认为，蜈蚣咬伤不是导致杨某 4 死亡的唯一原因，根据医院提供的病情记录，医院曾多次建议对杨某 4 采取血液净化治疗，但遭到家属拒绝，致使未能穷尽医疗手段去挽救杨某 4 的生命，故杨某 4 最终抢救无效死亡。原告作为老人的子女，未对老人尽到赡养救助义务，有违公序良俗，也具有过错。

3. 根据各方过错程度及原因力大小，合理界定养老机构的赔偿责任。养老服务纠纷处理中，应当根据养老机构过错程度判断责任承担比例，如果老年人自身、老年人家属或者第三方也具有过错的，应当减轻养老机构的责任承担比例。本案中老人家属在医疗救治过程中也具有过错。《中华人民共和国老年人权益保障法》第十四条规定了子女赡养义务："赡养人应当履行对老年人经济上供养、生活上照料和精神上慰藉的义务，照顾老年人的特殊需要。赡养人是指老年人的子女以及其他依法负有赡养义务的人。赡养人的配偶应当协助赡养人履行赡养义务。"第十五条规定："赡养人应当使患病的老年人及时得到治疗和护理；对经济困难的老年人，应当提供医疗费用。对生活不能自理的老年人，赡养人应当承担照料责任；不能亲自照料的，可以按照老年人的意愿委托他人或者养老机构等照料。"如果本案中的原告方接受医院的治疗建议，很可能可以挽救老人的生命，因此对于老人的死亡后果，不能将全部责任归咎于养老机构。因而二审法院酌定养老院应当对杨某4死亡造成的损失承担20%的赔偿责任是恰当的。

（二）改进建议。

养老机构应加强日常管理，防范各类风险事故。强制性国家标准《养老机构服务安全基本规范》中列举了九种养老机构日常服务过程中的常见风险，包括噎食、食品药品误食、压伤、烫伤、坠床、跌倒、他伤和自伤、走失、文娱活动意外等。实践中，引发纠纷事故的原因复杂多样，养老机构应当从多方面加强管理，强化风险责任意识，本案中的毒虫咬伤虽然具有一定的偶然性，但是养老机构仍应当从中吸取教训，养老机构对入住老人承担的安全保障义务标准应当高于其他经营场所的义务，高度重视老人居室内的卫生清洁和安全，定期进行消毒、驱虫等，如发现老人被咬伤的情况也应当及时作出处理或将老人送往医院进行救治。

**附：裁判依据**

## 《中华人民共和国民法典》

**第六条** 民事主体从事民事活动，应当遵循公平原则，合理确定各方的权利和义务。

**第一千一百六十五条** 行为人因过错侵害他人民事权益造成损害的，应当承担侵权责任。

依照法律规定推定行为人有过错，其不能证明自己没有过错的，应当承担侵权责任。

**第一千一百九十八条** 宾馆、商场、银行、车站、机场、体育场馆、娱乐场所等经营场所、公共场所的经营者、管理者或者群众性活动的组织者，未尽到安全保障义务，造成他人损害的，应当承担侵权责任。

## 《最高人民法院关于审理人身损害赔偿案件适用法律若干问题的解释》

**第六条** 从事住宿、餐饮、娱乐等经营活动或者其他社会活动的自然人、法人、其他组织，未尽合理限度范围内的安全保障义务致使他人遭受人身损害，赔偿权利人请求其承担相应赔偿责任的，人民法院应予支持。

# 案例六：危险物品管理出疏漏 他伤事故应担责

## 一、基本信息

审理法院：新疆生产建设兵团某中级人民法院

案由：生命权纠纷

当事人：上诉人（原审原告）：许某 1

被上诉人（原审被告）：某养老院

被上诉人（原审被告）：李某

**案情介绍**：被告养老院为自然人投资的民办养老院，被告李某为养老院负责人。原告的父亲许某 2（死者，2008 年入住养老院）和王某（侵害人，2010 年入住养老院，经鉴定患有精神分裂症，为限制刑事责任能力人。在刑事羁押期间，因病去世，涉及故意伤害罪的刑事案件已被公安机关撤销）在被告李某经营的养老院居住养老。2017 年 8 月 4 日 16 时左右，王某用养老院值班室的安保木棒将原告的父亲许某 2 殴打至重伤。事发后，养老院的值班人员将许某 2 送到某医院救治并当日又送到另一医院急诊科。在医院住院期间支出医疗费用等各项费用若干。许某 2 出院后，2017 年 9 月 23 日至 2017 年 11 月 6 日期间，在某老年康复中心康复治疗，又支出各项费用若干。后许某 2 于 2017 年 11 月 7 日，因脑外伤伴发多脏器功能衰竭而死亡。原告认为因被告某养老院及李某的管理不到位，导致父亲许某 2 被王某殴打致死，诉至一审法院。

许某 2 在医院住院期间，王某的儿子王某 1 已垫付医疗费 62300 元、养老院垫付 13000 元。本案原告起诉时将王某 1 列为被告，并要求承担责任，庭审中，原告向法院提交申请，撤回对王某 1 的起诉。

## 二、裁判结果及裁判理由

一审法院裁判结果：酌定被告养老院承担 35%的责任。

一审法院裁判理由：被告养老院作为提供养老服务的专业机构，未采取足够的措施避免本案损害后果的发生，即未尽到充分的安全注意义务，在已经知道养老院值班室的安保工具木棒被许某 2 和王某拿走后，没有及时收回，由此可见，被告养老院在管理上存在一定的漏洞，因此，被告养老院对原告的父亲受伤害事故应当承担相应的责任。一审法院结合双方签订的入院登记表、入院告知书、入院须知内容、许某 2 受伤的过程、后果、被告养老院在原告父亲许某 2 受伤后及时报案并把许某 2 送到医院等采取了一系列补救措施等因素综合认定，被告养老院承担 35%的责任。

上诉请求：撤销原判第一、二项，改判养老院承担许某 2 各项经济损失 471699. 28 元；李某对上述损失承担共同赔偿责任；一、二审案件受理费及送达费由养老院和李某负担。

二审法院裁判结果：驳回上诉，维持原判。

二审法院裁判理由：《中华人民共和国侵权责任法》第三十七条第二款规定因第三人

的行为造成他人损害的，由第三人承担侵权责任；管理人或者组织者未尽到安全保障义务的，承担相应的补充责任。受害人许某 2 入住养老院，养老院就应负有一定的保障入住人员安全的义务。根据查明的事实可知，许某 2 与王某已经发生过争吵，养老院在发现王某拿走了安保木棒放在自己居住的房屋时，应当预见可能发生危险和损害，采取收回木棒、加强教育管理等措施防止损害的发生，但养老院疏于管理，致使王某用木棒打伤了许某 2 并致其死亡。本案损害后果是王某实施的加害行为所致，王某应承担侵权赔偿责任，因王某已去世、许某 1 撤回了对王某之子王某 1 的起诉，是许某 1 自愿处分其民事权利的体现，但是养老院在护理、照顾许某 2 期间，没有完全尽到合理限度范围内的安全保障义务，就应该在能够防止损害产生的范围内承担相应的补充赔偿责任。一审综合审查本案案发原由、经过及事发后养老院积极救助许某 2 等情形，判令由养老院承担许某 2 各项经济损失的 35%并无不当，本院予以支持。

## 三、分析点评

本案属于老人在养老机构遭到第三人的殴打后重伤致死引发的养老服务纠纷，第三人王某患有精神障碍且已经去世。二审法院认为本案的争议焦点为：1. 本案一审原告许某 1 提起的诉讼是侵权之诉还是合同之诉；2. 许某 1 损失赔偿数额的认定是否超出了诉讼请求范围；3. 双方当事人的赔偿责任划分是否适当；4. 李某是否承担共同赔偿责任。

（一）关于侵权之诉与合同之诉的选择和适用

本案原被告之间存在养老服务合同关系，合同履行期间，因被告养老院履行安全保障义务存在瑕疵，导致许某 2 受到第三人殴打致死，因此，双方成立侵权法律关系。《中华人民共和国合同法》第一百二十二条规定：“因当事人一方的违约行为，侵害对方人身、财产权益的，受损害方有权选择依照本法要求其承担违约责任或者依照其他法律要求其承担侵权责任。”许某 1 作为受害人许某 2 的法定继承人，有权在法律规定的范围内处分自己的民事权利和诉讼权利，其在一审起诉时，对被告应承担何种责任依法有选择权，可以选择对自己有利的责任方式保障其损失得到最充分的补偿。许某 1 在一审起诉的诉讼请求就是损害赔偿，并明确提出了精神损失赔偿费，因此本案案由定为生命权侵权纠纷。

（二）关于赔偿数额的认定

依照《中华人民共和国侵权责任法》第二十条侵害他人人身权益造成财产损失的，按照被侵权人因此受到的损失赔偿。即赔偿必须以给被侵权人造成的实际损失为前提。本案中存在的问题是，在许某 2 住院期间，王某之子和养老院经营者李某都垫付了部分医疗费。法院认为，二人垫付的医疗费也是许某 1 的实际医疗费损失，已垫付的金额在实际履行过程中应当予以扣除。

（三）关于赔偿责任划分

《中华人民共和国侵权责任法》第三十七条第二款规定因第三人的行为造成他人损害的，由第三人承担侵权责任；管理人或者组织者未尽到安全保障义务的，承担相应的补充责任。本案中，许某 2 与王某已经发生过争吵，养老院在发现王某拿走了安保木棒放在自己居住的房屋时，应当预见可能发生危险和损害，采取收回木棒、加强教育管理等措施防止损害的发生，但养老院疏于管理，致使王某用木棒打伤了许某 2 并致其死亡。本案损害后果是王某实施的加害行为所致，王某应承担侵权赔偿责任，因王某已去世、许某 1 撤回了对王某之子的起诉，是许某 1 自愿处分其民事权利的体现，但是养老院在护理、照顾许某 2 期间，没有完全尽到合理限度范围内的安全保障义务，就应该在能够防止损害产生的范围内承担相应的补充赔偿责任。

另外，养老院属于民办非企业法人，依法应以养老院的财产独立承担民事责任，李某是其法定代表人和实际经营者。原告要求李某共同承担责任，但并未提交证据证明养老院与李某财产混同，因此李某不需要共同承担责任。

（四）改进建议

1. 养老机构应当加强日常安全管理。虽然王某的殴打行为是造成许某 2 重伤致死的主要原因，但是本案中的养老院疏于管理导致王某拿走了安保木棒，也存在过错。养老机构在日常管理过程中应当提高风险防范意识，对于安保木棒等危险物品应当做到妥善管理，可以设置专门的安保工作人员负责，事发前许某 2 与王某已经发生过争吵，王某将安保木棒放进自己居住的房屋里，发生这种情况时养老机构应当予以察觉，及时收回木棒妥善保管，并对王某进行批评教育。养老机构在管理和服务过程中应当及时进行巡视检查，发现异常情况及时妥善处理，防范风险事故的发生。

2. 对精神状况异常的老人要重点关注，采取隔离居住等措施防范风险事故。本案中打人者王某属于精神障碍老人，对于此类老人，养老机构应当格外关心关注，采取措施防止其伤害他人或者自杀自伤。首先，应该完善入院评估制度，老人入院前与家属进行充分沟通，对老人的自理能力、精神状况、既往病史进行充分的了解和掌握。在日常管理中，要关注老人的心理和情绪，如发现异常要及时进行开导劝慰，入住老人之间发生矛盾要进行调解和说服教育。对于有伤害他人倾向的精神障碍老人应当采取隔离居住等措施，防范此类风险事故的发生。

**附：裁判依据**

## 《中华人民共和国民法典》

**第一千一百六十五条** 行为人因过错侵害他人民事权益造成损害的，应当承担侵权责任。

依照法律规定推定行为人有过错，其不能证明自己没有过错的，应当承担侵权责任。

**第一千一百七十九条** 侵害他人造成人身损害的，应当赔偿医疗费、护理费、交通费、营养费、住院伙食补助费等为治疗和康复支出的合理费用，以及因误工减少的收入。造成残疾的，还应当赔偿辅助器具费和残疾赔偿金；造成死亡的，还应当赔偿丧葬费和死亡赔偿金。

**第一千一百八十一条** 被侵权人死亡的，其近亲属有权请求侵权人承担侵权责任。被侵权人为组织，该组织分立、合并的，承继权利的组织有权请求侵权人承担侵权责任。

被侵权人死亡的，支付被侵权人医疗费、丧葬费等合理费用的人有权请求侵权人赔偿费用，但是侵权人已经支付该费用的除外。

## 《最高人民法院关于审理人身损害赔偿案件适用法律若干问题的解释》

**第十七条第三款** 受害人死亡的，赔偿义务人除应当根据抢救治疗情况赔偿本条第一款规定的相关费用外，还应当赔偿丧葬费、被扶养人生活费、死亡补偿费以及受害人亲属办理丧葬事宜支出的交通费、住宿费和误工损失等其他合理费用。

**第十八条** 受害人或者死者近亲属遭受精神损害，赔偿权利人向人民法院请求赔偿精神损害抚慰金的，适用《最高人民法院关于确定民事侵权精神损害赔偿责任若干问题的解释》予以确定。

精神损害抚慰金的请求权，不得让与或者继承。但赔偿义务人已经以书面方式承诺给予金钱赔偿，或者赔偿权利人已经向人民法院起诉的除外。

**第十九条** 医疗费根据医疗机构出具的医药费、住院费等收款凭证，结合病历和诊断证明等相关证据确定。赔偿义务人对治疗的必要性和合理性有异议的，应当承担相应的举证责任。

医疗费的赔偿数额，按照一审法庭辩论终结前实际发生的数额确定。器官功能恢复训练所必要的康复费、适当的整容费以及其他后续治疗费，赔偿权利人可以待实际发生后另行起诉。但根据医疗证明或者鉴定结论确定必然发生的费用，可以与已经发生的医疗费一并予以赔偿。

**第二十一条** 护理费根据护理人员的收入状况和护理人数、护理期限确定。

护理人员有收入的，参照误工费的规定计算；护理人员没有收入或者雇佣护工的，参照当地护工从事同等级别护理的劳务报酬标准计算。护理人员原则上为一人，但医疗机构或者鉴定机构有明确意见的，可以参照确定护理人员人数。

护理期限应计算至受害人恢复生活自理能力时止。受害人因残疾不能恢复生活自理能力的，可以根据其年龄、健康状况等因素确定合理的护理期限，但最长不超过二十年。

受害人定残后的护理，应当根据其护理依赖程度并结合配置残疾辅助器具的情况确定护理级别。

**第二十二条** 交通费根据受害人及其必要的陪护人员因就医或者转院治疗实际发生的费用计算。交通费应当以正式票据为凭；有关凭据应当与就医地点、时间、人数、次数相符合。

**第二十三条** 住院伙食补助费可以参照当地国家机关一般工作人员的出差伙食补助标准予以确定。

受害人确有必要到外地治疗，因客观原因不能住院，受害人本人及其陪护人员实际发生的住宿费和伙食费，其合理部分应予赔偿。

**第二十四条** 营养费根据受害人伤残情况参照医疗机构的意见确定。

《中华人民共和国民事诉讼法》第一百四十二条：

法庭辩论终结，应当依法作出判决。判决前能够调解的，还可以进行调解，调解不成的，应当及时判决。

## 案例七：精神障碍老人伤人 养老院应担何责

### 一、基本信息

审理法院：浙江省某中级人民法院

案由：生命权、健康权、身体权纠纷

当事人：上诉人（原审原告）：虞某 1、虞某 2、虞某 3、虞某 4

被上诉人（原审被告）：程某 1、程某 2

原审被告：某养老院

被上诉人（原审被告）：李某

**案情介绍**：上诉人的母亲叶某于 2012 年 7 月 17 日入住某养老院，程某于 2018 年 3 月 25 日也入住该养老院。2018 年 3 月 27 日 23 时 15 分许，瘫痪在床的叶某被程某棍击而亡。经司法鉴定，程某患有帕金森病伴发精神行为障碍，作案时处于发病期，无刑事责任能力。2018 年 8 月 15 日，程某被强制医疗，后程某因病死亡。2018 年 5 月 3 日，被告某养老院与叶某家属达成约定，先由被告某养老院垫付叶某丧葬费、赔偿金 10 万元，并约定养老院、程某及其家属赔偿原告赔偿款总额少于 30 万元的由养老院补足。另查明，程某生育程某 1、程某 2 二子。

死者叶某的子女向一审法院起诉请求：判令被告程某 1、程某 2、某养老院赔偿原告丧葬费 28192. 5 元、死亡赔偿金 210230 元、精神损害抚慰金 50000 元、误工费 13822. 8 元、交通费 8190 元、其他损失 4630 元，返还押金 1000 元（不包括在养老院承诺的 300000 元赔偿总额里），减去已付的 100000 元，合计 216065. 3 元。

### 二、裁判结果及裁判理由

一审法院裁判结果：1. 由被告程某 1、程某 2 在继承程某遗产实际价值范围内赔偿原告虞某 1、虞某 2、虞某 3、虞某 4 各项经济损失计人民币 258327. 84 元。限于判决生效后十日内付清。2. 由被告某养老院赔偿原告虞某 1、虞某 2、虞某 3、虞某 4 各项经济损失计人民币 45587. 27 元（已履行）。3. 由原告虞某 1、虞某 2、虞某 3、虞某 4 返还被告某养老院垫付款 54412. 73 元。限于判决生效后十日内付清。4. 驳回原告虞某 1、虞某 2、虞某 3、虞某 4 的其他诉讼请求。

一审裁判理由：公民的生命健康权受法律保护。程某棍击叶某致死的事实清楚，证据确凿充分，应由程某承担主要赔偿责任即 85%。现程某因病死亡，被告程某 1、程某 2 作为第一顺位继承人，二被告自被继承人程某死亡时已继承其相应遗产。根据继承法的规定，继承遗产应当清偿被继承人依法应当缴纳的税款和债务，缴纳税款和清偿债务以他的遗产实际价值为限。本案所涉赔偿款项系被继承人程某遗留的应由其清偿的债务，被告程某 1、程某 2 依法继承了程某的遗产，即被告程某 1、程某 2 负有用所得遗产清偿程某遗留债务的义务。叶某、程某与某养老院签订《寄养人员协议书》，系双方真实意思表示，内容不违反法律法规禁止性规定，应为有效。双方均应按合同约定全面履行各自的义务。

叶某、程某入住同一家养老院，养老院即负有在一定的合理限度范围内保护其人身和财产安全的义务。但是，安全保障义务合理限度的确定，在足以保护受害人的人身和财产安全为原则的同时，必须考虑社会条件的现实可能性、受害人自身状况等综合因素，控制在合理限度内，并以此确认双方的责任及责任大小。本案中，事故发生时，养老院未尽到合理的安全保障义务，存在一定的过错。该院综合本案情况，确定养老院对原告方损失承担15%的赔偿责任。

上诉请求：请求依法撤销原判，改判程某1、程某2、某养老院赔偿上诉人丧葬费28192.5元、死亡赔偿金210230元、精神损害抚慰金5万元、误工费13822.8元、交通费1.5万元、其他损失2000元，返还押金1000元，减去已付的10万元，合计220245.3元。

二审法院裁判结果：1. 撤销一审判决；2. 由程某1、程某2于本判决生效后十日内赔偿上诉人各项经济损失258327.84元，该款先从程某的遗产中支付，不足部分，由程某1、程某2共同赔偿；3. 由某养老院于本判决生效后十日内赔偿上诉人各项经济损失45587.27元（该款已履行完毕）；4. 驳回上诉人的其他诉讼请求。

二审法院裁判理由：被侵权人死亡的，其近亲属有权请求侵权人承担侵权责任。本案程某患有帕金森病伴发精神行为障碍，其对叶某的伤害行为是导致叶某死亡的直接原因。经司法鉴定，程某在作案时处于发病期，无刑事责任能力。根据《中华人民共和国侵权责任法》第三十二条规定："无民事行为能力人、限制民事行为能力人造成他人损害的，由监护人承担侵权责任。监护人尽到监护责任的，可以减轻其侵权责任。有财产的无民事行为能力人、限制民事行为能力人造成他人损害的，从本人财产中支付赔偿费用。不足部分，由监护人赔偿。"监护人对不具备完全民事行为能力人的监护责任是法定责任，监护人应按照法律规定的监护顺序承担监护责任。监护人责任的归责原则为无过错原则，只要被监护人损害他人的民事权益，监护人就应承担民事责任，故在本案程某丧失行为能力时，基于法律规定程某1、程某2的监护责任即产生，程某在养老院受托养并不能免除程某1、程某2的监护责任，程某给他人造成损害，其监护人应承担相应的民事责任。因此，程某1、程某2应对程某的财产赔偿不足部分承担赔偿责任。监护责任是基于身份关系产生，养老院与叶某、程某之间系养老服务合同关系，其与叶某、程某之间无监护关系。养老院应保障入住老人的人身安全，因其未能尽到安全保障义务，致使叶某被程某伤害，应对损害的发生承担过错责任。程某1主张送其父程某到养老院时，已告知养老院其父有帕金森病会出现幻觉等事实，对此其未能提供证据予以证实。而程某入住养老院时间不久，养老院无法及时根据程某的精神状况采取相应措施。一审法院结合养老院对托养人安全保障义务等的客观条件，认定养老院对上诉人的损失承担15%的赔偿责任，该认定并无不当。

## 三、分析点评

本案与前述案例六具有较大的相似性，均属于养老院入住老人之间，使用钝器击伤致死，养老院由于未充分履行安全保障义务，被法院判决承担一定比例的赔偿责任。需要单独讨论的是，在本案中，被上诉人提出将其父亲程某送到养老院后，应当由养老院承担监护责任，其送其父去养老院的第一件事就告诉养老院的院长及医生，其父患有帕金森病，其并没有隐瞒。养老院收多少钱是养老院自己的定价问题，养老院既然收了钱就要代家属看管老人，而不是对老人不管不顾。对此，二审法院在判决中进行了释法，即监护责任和合同责任是分别基于身份关系和协议约定产生的两种性质截然不同的法律关系，监护责任是基于身份关系产生，养老院与叶某、程某之间系养老服务合同关系，其与叶某、程某之间无监护关系。子女将老人送至养老院，并不免除其监护责任，其生活扶助、医疗救治、改善老人居住环境、对老人的各种人情关怀等义务仍需要承担，对于因自家老人行为造成损害后果的，子女应当依法承担赔偿责任。

## 案例八：老人坠楼出意外 养老机构应警惕

### 一、基本信息

审理法院：山东省某中级人民法院

案由：生命权、健康权、身体权纠纷

当事人：再审申请人（一审原告、二审上诉人）：胥某1、胥某2

被申请人（一审被告、二审被上诉人）：某老年公寓

案情介绍：胥某1、胥某2为逝者吴某的子女，吴某于2014年9月1日在老年公寓办理了入住手续并入住，护理等级为自理，2015年5月2日吴某在老年公寓内坠楼身亡，经公安机关现场勘查排除他人造成吴某坠楼的可能。胥某1、胥某2向一审法院起诉请求：判令老年公寓赔偿医疗费370元、死亡赔偿金191470元，丧葬费21344元、精神损害抚慰金50000元，共计263184元。

### 二、裁判结果及裁判理由

一审法院裁判结果：驳回胥某1、胥某2的诉讼请求。

一审法院裁判理由：当事人对自己提出的诉讼请求所依据的事实或者反驳对方诉讼请求所依据的事实，有责任提供证据加以证明。没有证据或者证据不足以证明当事人的事实主张的，由负有举证责任的当事人承担不利后果。本案中，死者吴某在老年公寓的护理等级为自理，死亡原因为坠楼，通过庭审及双方当事人陈述，胥某1、胥某2并没有提供足够的证据证明死者的坠楼与老年公寓有关，因此应予驳回。

二审法院裁判结果：驳回上诉，维持原判。

二审裁判理由：老年公寓由相关部门颁发了相关执照，死者吴某在老年公寓的护理等级为自理，吴某坠楼经公安机关现场勘查排除他人造成吴某坠楼的可能，胥某1、胥某2又无充分证据证明吴某的死亡与老年公寓的养老护理之间有必然的因果关系，据此，原审认定胥某1、胥某2应该承担举证不能的责任，并无不当。

再审请求：撤销二审判决，并依法改判。事实和理由：1. 本案一审法院召集当事人及代理人进行了现场勘验，逝者所住527房间窗台高度为0.89米。2003年《建设部关于国家标准〈住宅设计规范〉局部修订的公告》中第3.9.1条规定，外窗窗台距楼面、地面高度低于0.9米时，应设有防护措施。逝者房间不符合安全标准，也未设置安全防护设施，存在安全隐患。2. 逝者房间未设置封闭阳台，不符合养老住宅标准。3. 逝者所住床体距离房间窗户太近，存在极大安全隐患，老年公寓的设施严重不符合有关行业标准，未尽到安全保障义务，导致了本案的发生，理应承担赔偿责任。

再审法院裁判结果：再审请求不能成立，不予支持。

再审裁判理由：依据侵权责任法的规定，承担侵权损害赔偿责任的构成要件应有以下几点：1. 侵害行为；2. 损害的事实；3. 侵害行为与损害事实之间的因果关系；4. 侵权行为人主观上有过错。本案中，胥某1、胥某2主张，根据一审法院现场勘验笔录，因吴某

生前居住的房间窗台高度为 0. 89 米，低于 0. 90 米。根据 2003 年建设部关于国家标准局部修订的公告《住宅设计规范》中第 3. 9. 1 条的规定，老年公寓应设置而未设置安全防护设施，且床体离窗户过近，存在安全隐患，因此老年公寓应对吴某的死亡承担赔偿责任。老年公寓则主张，老年公寓房屋系建造于 2003 年修订的《住宅设计规范》之前，不应适用该修订的标准。本院认为，2003 年修订的《住宅设计规范》自 2003 年 9 月 1 日起实施，该规范第 1. 0. 2 条规定：本规范适用于全国城市新建、扩建的住宅设计，而老年公寓获准登记的时间早于该规范的实施时间，故该规范不适用于老年公寓。胥某 1、胥某 2 主张吴某生前居住的房间内窗台高度为 0. 89 米，与其主张的标准高度 0. 90 米差距为 0. 01 米，但胥某 1、胥某 2 未能提交证据证明该差距与吴某坠楼死亡之间存在因果关系。胥某 1、胥某 2 还主张床体离窗户过近，存在安全隐患，并主张“估计是（吴某）早晨起来拉窗帘或者推窗户，一下子从窗户出去了”。本院认为，首先，依据当事人之间签订的《入住协议》，吴某的护理等级为自理，吴某作为完全民事行为能力人，其应对自己的行为负有高度的注意义务。其次，根据一审法院的现场勘验笔录及一审时当事人提交的吴某生前居住房间的照片，该房间的窗户为平开窗，胥某 1、胥某 2 推测是吴某推窗或拉窗帘导致坠楼，与客观实际不符。胥某 1、胥某 2 也未能提交证据证明老年公寓对吴某坠楼死亡在主观上有过错。因此，胥某 1、胥某 2 称老年公寓未尽到安全注意义务，导致吴某坠楼死亡的主张无事实及法律依据。

## 三、分析点评

本案属于老年人坠楼的养老服务纠纷。老人在养老机构居住期间坠楼身亡，争议焦点老年公寓应否对吴某的死亡承担侵权损害赔偿责任。一审、二审和再审法院均认为，原告的诉讼请求不成立，被告养老公寓不需要对吴某的死亡后果承担责任。

### （一）关于当事人的责任认定

1. 吴某为完全民事行为能力人，应当对自己的行为负有高度的注意义务。根据现场勘验笔录，排除他人造成吴某坠楼的可能。吴某为完全民事行为能力人且护理等级为自理，应当对自己的行为负有高度的注意义务，吴某因其自身原因而坠楼，应该对其行为后果承担责任。

2. 关于养老机构是否应设置安全防护设施。原告方主张，2003 年《建设部关于国家标准〈住宅设计规范〉局部修订的公告》中第 3. 9. 1 条规定，外窗窗台距楼面、地面高度低于 0. 9 米时，应设有防护措施。经现场勘查，吴某生前居住的房间内窗台高度为 0. 89 米，与其主张的标准高度 0. 90 米差距为 0. 01 米。养老机构认为根据消防监督检查规定和《中华人民共和国消防法》，老年公寓场所属于人员密集场所，并且外墙门窗是不应当设置影响逃生和灭火救援的障碍物，因此养老院不应当安装防护栏。再审法院认为，2003 年修订的《住宅设计规范》自 2003 年 9 月 1 日起实施，该规范第 1. 0. 2 条规定：本规范适用于全国城市新建、扩建的住宅设计，而老年公寓获准登记的时间早于该规范的实施时间，故该规范不适用于老年公寓。

3. 原告未能提交证据证明老年公寓对吴某坠楼死亡在主观上有过错，原告称老年公寓未尽到安全注意义务，导致吴某坠楼死亡的主张无事实及法律依据。原告认为养老机构未尽到安全保障义务，根据侵权举证责任分配规则，本案应适用一般侵权的过错责任原则。即原告应当证明养老机构存在过错，且此种过错与吴某的死亡后果之间存在因果关系。根据民事诉讼法的相关规定，当事人对自己提出的诉讼请求所依据的事实或者反驳对方诉讼请求所依据的事实，有责任提供证据加以证明。没有证据或者证据不足以证明当事人的事实主张的，由负有举证责任的当事人承担不利后果。原告主张吴某生前居住的房间窗台高度不合格、未设置安全防护设施、老人房间内床体离窗户过近，存在安全隐患等，推测是吴某推窗或拉窗帘导致坠楼，根据一审法院的现场勘验笔录及证据，没有证据支持原告的推测。因此，该案属于没有证据或者证据不足以证明当事人的事实主张的情形，应当由原告承担不利后果。

（二）改进建议

1. 关注入住老人的心理健康，及时进行情绪疏导。本案坠楼老人吴某为完全民事行为能力人，虽然判决中未明确提到吴某平时的心理状况，但吴某坠楼有可能是由于情绪问题产生的轻生行为。在养老机构中的入住老人在其生理需求得到满足的同时自然也要追求心理需求的满足，然而由于身体衰老、生理疾病、缺乏子女陪伴交流等各种因素造成老年人心理上的压力，相应的心理需求并未得到有效满足。日常照护过程中，养老机构应当关注老人的心理健康，养老护理员应保持友善和耐心的态度对待老人，如发现老人存在不良情绪或异常心理状态时，要对老人予以关注，及时进行情绪疏导和交流沟通，帮助老人缓解心理压力。应当注意到，自理老人也可能出现心理问题，养老机构在保证安全的前提下可以定期举办一些文体娱乐活动，丰富自理老人的生活，使老人们保持积极乐观的生活态度。在养老机构入住评估过程中要重视心理状况评估。本案中养老机构提供的证据中包括试住期（两周）持续评估表，经评估认定吴某属于自理老人。自理老人虽然可以自主完成生活日常活动，但同样可能面临心理健康问题，引发事故风险。养老机构应当重视对入院老人的持续性心理评估，及时将情况反馈给家属等。

2. 完善养老机构内设施建设，及时排查风险隐患。养老机构应当对入住老年人承担安全保障义务，建筑设施设计不当有可能会引发事故风险。本案中原告的诉讼请求虽未得到支持，老人房间窗户如能够设置防护措施确实可以防范坠楼风险。养老机构内的设施设备应当严格遵守住房城乡建设、消防等部门相关法律法规的规定，定期进行检修和维护。老人房间、公共区域、餐厅、浴室等区域内的基础设施等，都要做好风险防范工作。设施设备的安装应当尽可能考虑老人的生理特点，如房间内床位的摆放设计应当合理，日常尽量使用无棱角的桌柜减少磕碰风险，地面考虑用防滑的材料防止老人跌倒，在楼梯走廊等区域安装监控以便意外情况发生时能够及时发现和处理。

**附：裁判依据**

## 《中华人民共和国民法典》

**第一千一百六十五条**　行为人因过错侵害他人民事权益造成损害的，应当承担侵权责任

依照法律规定推定行为人有过错，其不能证明自己没有过错的，应当承担侵权责任。

## 《最高人民法院关于民事诉讼证据的若干规定》

**第二条** 当事人对自己提出的诉讼请求所依据的事实或者反驳对方诉讼请求所依据的事实有责任提供证据加以证明。

没有证据或者证据不足以证明当事人的事实主张的，由负有举证责任的当事人承担不利后果。

## 《中华人民共和国民事诉讼法》

**第一百七十条** 第二审人民法院对上诉案件，经过审理，按照下列情形，分别处理：

（一）原判决、裁定认定事实清楚，适用法律正确的，以判决、裁定方式驳回上诉，维持原判决、裁定；

**第一百七十五条** 第二审人民法院的判决、裁定，是终审的判决、裁定。

**第二百零七条** 人民法院按照审判监督程序再审的案件，发生法律效力的判决、裁定是由第一审法院作出的，按照第一审程序审理，所作的判决、裁定，当事人可以上诉；发生法律效力的判决、裁定是由第二审法院作出的，按照第二审程序审理，所作的判决、裁定，是发生法律效力的判决、裁定；上级人民法院按照审判监督程序提审的，按照第二审程序审理，所作的判决、裁定是发生法律效力的判决、裁定。

人民法院审理再审案件，应当另行组成合议庭。

# 第三编
# 提高服务质量　做好服务纠纷处理

## 案例九：老人在养老院生褥疮 院方应担责

### 一、基本信息

审理法院：新疆维吾尔自治区某中级人民法院

案由：生命权、健康权、身体权纠纷

当事人：上诉人（原审原告）：雷某1、雷某2、雷某3

上诉人（原审被告）：某老年公寓

**案情介绍：**2015年，三原告的母亲向某生活不能自理、行动不便，原告雷某2将向某送往被告养老公寓处。2015年1月1日，雷某2与养老公寓签订《老年公寓入住协议》一份并缴纳押金及服务费，约定老年公寓为向某提供安全住所、生活护理、医疗护理等服务，协议中还写明向某到被告处时主要病症为：脑中风。

2015年2月10日，原告雷某2将其母亲从被告处接出，当时原告母亲全身多处出现褥疮。同日，原告雷某2将其母亲送至医院救治，医院对原告母亲进行内脏衰竭院前急救。2015年2月10日晚，雷某2将其母亲送回养老院，因养老院拒绝接收向某再次入住，原告报110后，经所在辖区民警协调，向某被安排再次入住。当晚，原告母亲状态为：神志昏迷。

2015年2月11日，被告养老公寓法定代表人谭某给原告出具书面承诺一份，内容为“向某，2015年1月1日入院，入院时生活不能自理，脑梗引起，入院时没有褥疮。现出现褥疮由养老院承担全部责任，褥疮所用全部费用由养老院负担。其他如脑血管、心脏等内脏引起的后果不承担责任，入住方请谅解”。

2015年2月15日11时，向某在被告处死亡。司法鉴定意见为：（一）被鉴定人向某因多脏器炎性感染伴衰竭出现致命性心律失常而死亡。（二）被鉴定人向某身体多处褥疮与其死亡有因果关系。后三原告以被告老年公寓严重违反协议，不尽责任，造成原告母亲死亡为由将老年公寓诉至一审法院。

### 二、裁判结果及裁判理由

一审法院裁判结果：养老公寓对向某的损害后果承担60%的责任，剩余40%的责任应由原告自己承担。

一审法院裁判理由：养老公寓作为给向某提供照顾服务方，并未尽心照顾好向某，致向某患褥疮致多脏器炎性感染伴衰竭出现致命性心律失常而死亡，养老公寓应对其服务不周给向某造成的损害后果承担相应的赔偿责任。因向某本身体质偏瘦弱，且又系高血压致脑中风状况，这均是易发褥疮的一个因素。另外，原告作为向某的子女，在明知其母亲患严重褥疮的情况下，本应对其母亲向某进行精心照料，给向某更多的关爱、安抚、照顾，但原告不但未尽基本的孝道，而且在明知被告不可能给其母亲提供很好的服务及照顾的情况下，却违背公序良俗地通过报警的方式让其母亲再次入住到被告处，原告对其母亲的死亡后果负有不可推卸的责任。故原、被告应对各自的过错承担相应的责任。

上诉请求：原审原告认为，向某及三原告均没有任何责任，但原审判决要求其承担40%的责任与事实、法律相悖，最多承担20%责任。

原审被告请求二审法院依法撤销原判，发回重审或改判。

二审法院裁判结果：驳回上诉，维持原判。

二审法院裁判理由：上诉人某老年公寓作为给向某提供照顾服务方，并未尽心照顾好向某，致使向某患褥疮致多脏器炎性感染伴衰竭出现致命性心律失常而死亡，老年公寓应承担相应的赔偿责任。上诉人雷某1、雷某2、雷某3在其母亲患严重褥疮的情况下，虽然将其母亲送往医院，却懈怠于对其母亲进行积极救治，反而将病重的母亲送回老年公寓处，上诉人对其母亲的死亡后果，具有放任的故意，应承担相应的责任。原审认定事实清楚，适用法律正确，程序合法，应予以维持。

## 三、分析点评

本案属于养老机构护理不当导致老人产生褥疮引发的养老服务纠纷，本案中老人的家属也具有较高程度的过错。案件争议焦点在于养老机构与家属之间的责任划分，一审法院认为对于老人的死亡后果养老机构应承担60%的责任，其余40%的责任由原告方承担。二审法院维持原判。

（一）关于双方的责任认定

1. 本案中养老机构存在照护不周的过错。老年公寓应当按照服务协议中的约定对入院老人提供良好的照护，向某患有脑梗常年卧床，入住养老机构后产生了褥疮，本案中养老机构没有做好日常护理和褥疮预防处置，应当承担相应的赔偿责任。

2. 老人家属未对老人进行积极救治，放任了死亡后果发生，也存在严重过错。原告在发现其母亲患有严重褥疮时，应当将其母亲送到医院进行积极的治疗，而原告在已经发现老年公寓服务不周，无法使得其母亲得到健康照护时，仍然强行将其母亲送回老年公寓，遭到拒收后还采取了报警的方式要求老年公寓接收其母亲，这种怠于积极救治老人的行为最终导致了向某死亡，因此本案中向某的子女即原告方存在严重过错。

（二）赡养老人既是道德义务，也是法律义务。《中华人民共和国民法典》第二十六条规定："成年子女对父母负有赡养、扶助和保护的义务。"《中华人民共和国老年人权益保障法》第十四条规定了赡养义务："赡养人应当履行对老年人经济上供养、生活上照料和精神上慰藉的义务，照顾老年人的特殊需要。赡养人是指老年人的子女以及其他依法负有赡养义务的人。赡养人的配偶应当协助赡养人履行赡养义务。"第十五条规定："赡养人应当使患病的老年人及时得到治疗和护理；对经济困难的老年人，应当提供医疗费用。对生活不能自理的老年人，赡养人应当承担照料责任；不能亲自照料的，可以按照老年人的意愿委托他人或者养老机构等照料。”老年人入住养老机构，不改变其与家属之间的监护关系，养老机构与老年人及家属成立养老服务合同法律关系。老年人子女将老人送入养老机构，是为了让老人得到更好的照料，在发现养老机构的服务行为存在明显问题引发老人褥疮时，应当及时将老人送往专业的医疗机构进行积极治疗，这是为人子女在道德上应尽的义务，也是《中华人民共和国老年人权益保障法》规定的法定义务。不管是否有救治希望，作为子女都有义务进行积极救治。而本案中原告的行为未尽基本的孝道，在明知被告不可能给其母亲提供很好的服务及照顾的情况下，通过报警的方式让其母亲再次入住到被告处，违背了公序良俗的基本要求，最终导致其母亲死亡的悲剧，本案中原告的行为应当得到谴责，法院裁判也考虑到了家属过错的因素，认为原告应承担40%的责任。

（三）改进建议

1. 提高服务质量，加强对褥疮的风险评估。《养老机构服务安全基本规范》中提出的服务安全风险评估范围列出的风险中包括压疮风险。民政部发布的行业标准《养老机构预防压疮服务规范》的内容包括养老机构预防压疮服务的评估、预防方法和管理要求。养老机构对于新收入住的老人应当进行入院评估，其中应注意评估生活不能自理老人的压疮风险，根据评估结果采取相应的预防和照护措施。服务过程中，要加强对护理员的职业技能培训，对于长期卧床休养的老人，应当对其进行精准的照护，经常进行勤擦勤换勤翻身，做好日常护理、预防和服务工作，一旦发现老人患有褥疮，应当及时与其家属取得联系并将老人转送医疗机构进行治疗。一般来说，如果老人入住养老机构前没有褥疮，入住后因患褥疮产生的事故纠纷，养老机构难以举证自身服务不存在过错，通常情况下需要承担赔偿责任。

2. 建立合理的矛盾纠纷解决机制。本案中，雷某2将其病情较为严重的母亲通过报警的方式强行送回养老机构并要求其负责人出具承诺书的做法应当谴责。养老机构服务不当导致其母亲身患褥疮，雷某2应当首先积极为其母亲进行留院治疗，尽最大可能挽救老人的生命健康。对于治疗费用以及赔偿金的争议，应当以合理方式与养老机构协商解决或者寻求司法救济。作为养老机构，应当对自身确实存在的过错承担相应的责任，也应当从事故纠纷中吸取教训，改善服务质量，避免服务不当引发纠纷。

**附：裁判依据**

## 《中华人民共和国民法典》

**第一千一百六十五条** 行为人因过错侵害他人民事权益造成损害的，应当承担侵权责任。

依照法律规定推定行为人有过错，其不能证明自己没有过错的，应当承担侵权责任。

**第一千一百七十三条** 被侵权人对同一损害的发生或者扩大有过错的，可以减轻侵权人的责任。

## 《最高人民法院关于审理人身损害赔偿案件适用法律若干问题的解释》

**第二十七条** 丧葬费按照受诉法院所在地上一年度职工月平均工资标准，以六个月总额计算。

**第二十九条** 死亡赔偿金按照受诉法院所在地上一年度城镇居民人均可支配收入或者农村居民人均纯收入标准，按二十年计算。但六十周岁以上的，年龄每增加一岁减少一年；七十五周岁以上的，按五年计算。

## 《最高人民法院关于适用〈中华人民共和国民事诉讼法〉的解释》

**第九十条** 当事人对自己提出的诉讼请求所依据的事实或者反驳对方诉讼请求所依据的事实，应当提供证据加以证明，但法律另有规定的除外。

在作出判决前，当事人未能提供证据或者证据不足以证明其事实主张的，由负有举证证明责任的当事人承担不利的后果。

# 案例十：自理老人屋内出意外 如何判定法律责任

## 一、基本信息

审理法院：吉林省某中级人民法院

案由：生命权纠纷

当事人：上诉人（原审被告）：薛某

被上诉人（原审原告）：马某1、马某2、马某3、马某4、马某5

上诉请求：撤销原审判决，并依法改判驳回被上诉人的诉讼请求或发回重审；一审、二审诉讼费用由被上诉人承担。

**案情介绍：**死者马某生于1941年1月8日，共育有五名子女，即本案全体原告；被告系某老年休养中心负责人，该老年休养中心未办理营业执照。2015年3月18日原告马某4将其父亲马某送往薛某开办的休养中心处托养。入住时马某生活能够自理，属自理类型，每月托费为650元，住双人间。马某被安排在该公寓108房间。2015年4月19日5时许，同住公寓的老人郭某敲马某的门，没有动静，半个小时后郭某再次敲马某的门，还是没有动静，郭某从窗帘处发现马某趴在该房间地上，光着腿。郭某遂找到老板（被告薛某），被告拨打110报警，警察接警后，被告用钥匙打开房间门（当时门锁着，窗户关着，窗帘挡一半），看到马某已经死亡。遂通知马某家属。经司法鉴定：马某全身各处表皮剥脱、挫伤，损伤轻微，不足以构成死因，可以排除机械性外伤致死。病理报告显示，病理诊断为脑干出血、冠状动脉粥样硬化，管腔偏心性狭窄Ⅱ级、冠状动脉粥斑内出血、陈旧性心肌梗死、肺水肿、高血压。鉴定书意见：马某系因脑干出血而死亡。原告花费马某病理检验费4500元，尸体解剖费2660元，尸体冷冻费999元，律师代理费7000元，火化费1965元。

## 二、裁判结果及裁判理由

一审法院裁判结果：酌定被告承担30%的赔偿责任。

一审法院裁判理由：本案被告经营的老年休养中心未及时发现老人生病，未尽到妥善看护义务，存在一定过错。马某死亡原因系脑干出血而死，其自身身体疾病因素是造成死者死亡的主要原因，被告未尽到适当的注意义务及必要的救助义务，对马某死亡的后果应承担次要责任。故被告应按责任比例承担赔偿责任。原告诉请的火化费、尸体冷冻费包括在丧葬费范畴内，故不再单独支持。原告诉请的300元托养费，与本案不是同一法律关系，原告可另行告诉，原审法院不予处理。

二审法院裁判结果：驳回上诉，维持原判。

二审法院裁判理由：薛某经营老年休养中心，应当办理相关的经营许可，配备与老年人身体健康状况相适应的合理限度范围内的看护人员及经营条件，并根据老年人身体健康状况普遍较差的实际情况负有一定限度范围内的注意义务和救助义务，但薛某既未办理相关经营许可，未提供适当的看护人员及经营条件，在事故发生时亦未尽到合理的注意义务及必要的救助义务，导致马某未获及时救治而死亡，故对马某的死亡后果存在一定过错，原审判决结合本案的实际情况酌定薛某对马某的死亡后果承担30%的赔偿责任并无不当。

## 三、分析点评

本案属于老年人在养老机构托养期间突发疾病身亡引发的养老服务纠纷，养老机构未办理经营证照。案件的争议焦点在于养老机构是否存在过错及对老人死亡后果是否应当承担赔偿责任。

（一）养老机构具有过错

本案中的去世老人马某系自理老人，在夜间突发疾病身亡，其自身身体疾病因素是造成死亡的主要原因。两审法院均认为，被告在事故发生时亦未尽到合理的注意义务及必要的救助义务，导致马某未获及时救治而死亡，故对马某的死亡后果存在一定过错，酌定其承担30%的责任。本案中存在的问题是如何认定养老机构救助不及时？上诉人薛某认为自身不存在过错，在上诉理由中提到，本案中马某属于自理型老人，除了食宿、洗衣外无须过多看护。根据证据可以推定，马某的死亡时间是4月18日晚9点以后至19日早上5点以前的睡觉休息时间，马某入住养老院时其子女也表明老人身体状况很好，在养老院期间也没有表现出有病的迹象和征兆。在马某去世前一晚，他的房门是反锁的，窗帘拉一半，这些都是马某自己的行为。根据过错责任归责原则，一审法院认为养老机构未及时发现老人生病，未尽到妥善看护义务，存在一定过错，但结合案情经过，看护义务的标准应当根据服务协议中的护理级别确定，马某为普通的自理型老人，其身亡具有一定的意外性。但对于养老服务机构来说，要做到“及时发现”和“及时救助”，虽然具有现实困难，但仍可以通过加强值班巡查、健康监测等加以改进和提升，并保存好相关护理服务日志，尽最大可能减少服务事故风险。

（二）养老服务纠纷中合同法律关系与侵权法律关系

原告在一审起诉时诉讼请求中包括“返还马某剩余入住费300元”，法院认为与本案不是同一法律关系，不予处理。本案案由为生命权纠纷，属于侵权责任纠纷，而托养费属于养老服务合同法律关系的合同履行问题。《中华人民共和国合同法》第一百二十二条规定：“因当事人一方的违约行为，侵害对方人身、财产权益的，受损害方有权选择依照本法要求其承担违约责任或者依照其他法律要求其承担侵权责任。”养老服务纠纷往往兼具侵权与违约双重属性，起诉案由可由原告方本着对自己有利的原则择一适用，两种责任的举证标准不同。需要注意的是，如主张侵权责任，返还托养费这一请求无法得到支持；如果主张违约责任（违反服务协议），则无法得到精神损害赔偿。

（三）改进建议

1. 养老机构应当依法登记备案，完善入住协议的签订及日常管理。2018年12月29日新修改的《中华人民共和国老年人权益保障法》取消了养老机构设立许可，规定养老机构登记后即可开展服务活动，并向县级以上人民政府民政部门备案。未登记备案的养老机构可能存在管理不规范或者风险隐患。养老机构应当与入住老人或其家属签订入住协议，协议中应确定护理级别、既往病史和双方权利义务等。明确合理的照护等级，有利于为老人提供有针对性的服务，减少因服务疏失引发的风险，在事故纠纷发生时，入住协议也可作为证据提交，有助于查清案件事实，合理划分各方的责任。养老机构也应当为入住老年人建立健康档案并定期体检，及时发现和治疗早期疾病，保障老年人的身体健康。

2. 意外发生时应采取及时的救助措施。本案中一审法院认为养老机构未及时发现老人生病，未尽到妥善看护义务。养老机构为了防范和减少承担责任的风险，首先要做到意外情况发生及时地发现，其次要做到及时妥善处理。可以通过相关区域安装监控视频及床位呼叫按铃、加强工作人员巡视检查尤其是夜间检查等方式及时发现异常情况。

**附：裁判依据**

## 《中华人民共和国民法典》

**第一千一百六十五条** 行为人因过错侵害他人民事权益造成损害的，应当承担侵权责任。

依照法律规定推定行为人有过错，其不能证明自己没有过错的，应当承担侵权责任。

# 案例十一：老人突发心脏病身亡 养老院能否免责

## 一、基本信息

审理法院：天津市某中级人民法院

案由：生命权、健康权纠纷

当事人：上诉人（原审被告）：某养老院

被上诉人（原审原告）：兰某1

原审第三人：某政府街道办事处

**案情介绍**：原告兰某1系死者兰某2之子。兰某2系第三人街道办辖区享受低保政策人员，因兰某2向第三人自述丧偶，无业，与儿子多年不来往，患脑梗塞后遗症，高血压等疾病，2015年2月17日，街道办与兰某2及被告签订《天津市入住养老机构协议书》，约定由第三人作为托养人，兰某2作为住养人，入住养老院。协议书约定，“护理级别为自理级；养老院应建立健康档案；养老院应定期安排体检，如出现病情变化，应协助进行治疗；如在住养期间去世，由街道办负责善后事宜。”协议签订后，兰某2即入住被告养老院，养老院称收取的护理费用前三个月为每月2300元，自2015年6月起调整为每月4500元的全护，费用由街道办支付，养老院亦担负了一部分。原告兰某1对此表示不知情，街道办表示认可。2016年11月22日上午，养老院工作人员发现兰某2没有生命体征，未通知家属，未拨打120，亦未送往医院。养老院经与街道办商议，将兰某2尸体送至天津市某殡仪公司。经鉴定，兰某2符合高血压心脏病、冠状动脉粥样硬化性心脏病引起的心力衰竭致死。

## 二、裁判结果及裁判理由

一审法院裁判结果：酌定被告养老院承担30%的赔偿责任。

一审法院裁判理由：街道办、兰某2与养老院签订入住协议，养老院收取了相应费用，应当对兰某2的饮食起居等方面进行照顾，并根据兰某2的身体状况等情况提供相应的护理。从养老院的收费标准来看，对于兰某2的护理等级是逐渐提高的，自2015年6月开始更是提高为全护的标准，但养老院并未为兰某2建立健康档案，亦未对其定期体检，行为上存在瑕疵。根据养老院对事实经过的陈述，兰某2死亡时并无护理人员在场，被告为兰某2提供的全护级别护理，不应存在脱离看护的情况。此外，兰某2死亡时，养老院未通知家属，未拨打120急救，仅依据自己工作人员的认定就确定了兰某2死亡，该工作人员又无相关的医护人员资质，养老院的行为显然存在过错。故依据养老院履行合同的瑕疵情况及过错程度，结合兰某2入院前患有脑栓塞、高血压等疾病和病情发展的不可逆因素，以及对养老护理行业本身具有的公益性等情况考虑，酌情确定由被告承担30%的赔偿责任。

上诉请求：1. 撤销一审判决，依法改判驳回被上诉人兰某1一审的全部诉讼请求或将本案发回重审；2. 一、二审诉讼费由被上诉人承担。

二审法院裁判结果：驳回上诉，维持原判。

二审法院裁判理由：养老院应当尽到保障住养人兰某2人身安全以及看护、救助的义务。本案中，兰某2进住养老院时的护理级别为自理级，之后因身体原因，自2015年6月份变为全护，但养老院并未按照协议书的约定为兰某2建立健康档案，亦未对其定期体检，在履行看护义务上存在瑕疵，另根据养老院对事实经过的陈述，兰某2死亡时并无护理人员在场，未拨打120急救，亦未及时通知家属，仅依据工作人员的认定就确定了兰某2死亡，更未按照协议书的约定遇住养人身体突发情况需去就医、抢救，并及时采取措施，其行为存在过错。故认定上诉人对兰某2的死亡存在一定的过错责任。一审判决并无不当。

## 三、分析点评

本案属于老人在养老机构托养期间突发心脏病身亡引发的养老服务纠纷，老人由政府街道办出资入住养老机构。案件的争议焦点在于养老机构对老人死亡后果应承担的责任比例。

（一）养老机构承担责任的依据

养老机构、街道办和托养老人三方签订了入住协议，但养老机构并未按照协议中的约定对老人进行定期体检和建立健康档案，因此履行服务协议存在瑕疵。老人入住期间，护理级别由自理调整为全护，相应费用等级也有所提升，兰某2死亡时并无护理人员在场，未拨打120急救，亦未及时通知家属，仅工作人员的认定就确定了兰某2死亡，更未按照协议书的约定与住养人身体突发情况需去就医、抢救，并及时采取措施，养老院的行为存在过错。由于兰某2自身具有基础性疾病，其疾病是导致其死亡的主要原因，考虑养老护理行业本身具有公益性质，法院酌定养老院需承担30%的责任。

（二）改进建议

1. 养老机构应当为入住老年人建立健康档案并定期体检。本案中的老人在机构入住期间突发心脏病身亡，工作人员发现时已经没有生命体征。为入住老人建立健康档案并且定期体检既是服务协议中约定的养老机构义务，也有助于预防风险事故纠纷的发生，更好地为老年人做好服务。健康档案中应当明确老人的身体健康状况、既往病史、就医记录等内容，根据老人的具体情况进行有针对性的照护。定期体检则有助于及时发现和治疗早期疾病，保障老年人的身体健康。养老机构为入住老人建立健康档案并定期体检，有利于防范和减少因突发疾病引发的养老服务事故纠纷，纠纷发生时，健康档案及体检记录也可以作为证据提交，有助于查清事实真相，明确各方的责任。

2. 意外发生时应采取及时的救助措施。在养老服务纠纷案例中，法院判决养老机构承担责任的一个常见原因就是认为养老机构采取的救助措施不及时，未及时拨打120延误救治时机等等。为了防范和减少承担责任的风险，首先要做到意外情况发生及时地发现，其次要做到及时妥善处理。可以通过相关区域安装监控视频及床位呼叫按铃、加强工作人员巡视检查，尤其是夜间检查等方式及时发现异常情况。有条件的养老机构内可以配备一定数量的医护人员或者对护理员进行培训，发生意外情况时采取一些临时的紧急救助措施，同时要及时拨打急救电话或将老人送往附近医院进行专业诊治。纠纷案例中，常见情况是养老机构联系了老人家属，等待家属赶到后才作出是否送医治疗的决定，这种做法违反了救治优先原则，存在较大风险。

**附：裁判依据**

## 《中华人民共和国民法典》

**第一千一百六十五条** 行为人因过错侵害他人民事权益造成损害的，应当承担侵权责任。

依照法律规定推定行为人有过错，其不能证明自己没有过错的，应当承担侵权责任。

**第一千一百七十九条** 侵害他人造成人身损害的，应当赔偿医疗费、护理费、交通费、营养费、住院伙食补助费等为治疗和康复支出的合理费用，以及因误工减少的收入。造成残疾的，还应当赔偿辅助器具费和残疾赔偿金；造成死亡的，还应当赔偿丧葬费和死亡赔偿金。

## 《最高人民法院关于审理人身损害赔偿案件适用法律若干问题的解释》

**第十八条** 受害人或者死者近亲属遭受精神损害，赔偿权利人向人民法院请求赔偿精神损害抚慰金的，适用《最高人民法院关于确定民事侵权精神损害赔偿责任若干问题的解释》予以确定。

精神损害抚慰金的请求权，不得让与或者继承。但赔偿义务人已经以书面方式承诺给予金钱赔偿，或者赔偿权利人已经向人民法院起诉的除外。

**第二十七条** 丧葬费按照受诉法院所在地上一年度职工月平均工资标准，以六个月总额计算。

**第二十九条** 死亡赔偿金按照受诉法院所在地上一年度城镇居民人均可支配收入或者农村居民人均纯收入标准，按二十年计算。但六十周岁以上的，年龄每增加一岁减少一年；七十五周岁以上的，按五年计算。

# 案例十二：老人坠床救治不及时 养老机构被追责

## 一、基本信息

审理法院：安徽省某中级人民法院

案由：侵权责任纠纷

当事人：上诉人（原审被告）：某老年公寓

被上诉人（原审原告）：程某 1、程某 2

**案情介绍：**程某 1、程某 2 系邓某的子女。2017 年 11 月 16 日，邓某（乙方）、程某 2（丙方）与某老年公寓（甲方）签订《养老服务合同》，约定由老年公寓为邓某提供居住、生活照料、膳食、医疗保健等一系列养老服务，邓某自愿要求入住，接受老年公寓提供约定的养老服务，并愿意向老年公寓支付相应费用，程某 2 同意作为履行本合同项下付款义务的连带责任担保人，并保证履行本合同规定的丙方应当承担的其他义务。

2017 年 12 月 13 日凌晨两点左右，邓某意外从床上跌落至地面，经老年公寓工作人员询问，邓某表示心口疼。老年公寓通知程某 2 到老年公寓处看望。早晨，邓某被送至合肥市某医院住院治疗，被诊断为心源性脑栓塞、脑疝形成、冠心病、心律失常。后经抢救无效去世。死亡原因为大面积脑栓塞、脑疝形成。医疗费邓某自费数额为 1545. 07 元。

## 二、裁判结果及裁判理由

一审法院裁判结果：一审法院认定老年公寓承担 70%的赔偿责任。

一审法院裁判理由：从《首次服务项目确认表》可以看出邓某护理级别较高、护理内容较多，包括洗脸、洗手、梳头、洗脚、扶助如厕、协助使用便器、协助使用轮椅、完全帮助整理床单位、完全帮助整理衣物等项目。案涉《养老服务合同》也约定由老年公寓为邓某提供医疗保健等养老服务。而邓某凌晨摔倒表示心口疼时，老年公寓未持认真负责审慎的态度，对于事故的发生未给予充分重视，亦未采取相应有效的医疗救助措施并及时将邓某送至医院，而是通知邓某亲属。故老年公寓辩称其已通知邓某家属，护理义务已完成，在本起事故中无过错，不予采纳。程某 2 经老年公寓通知至邓某处看望时，也存在疏忽未审慎对待母亲摔伤问题，对损害后果的发生也存在一定的过错。

上诉请求：1. 请求撤销原判，发回重审，或者改判驳回被上诉人的诉讼请求；2. 被上诉人承担本案的一、二审诉讼费用。

二审法院裁判结果：驳回上诉，维持原判。

二审法院裁判理由：老年公寓作为有偿养老服务机构，既有保障入住老人生命安全并防止意外伤害的合同义务，亦有作为经营管理者的安全保障义务，且因其服务对象的特殊性，其安全保障义务更应高于一般经营者的安全保障义务。具体到本案，首先，邓某在老年公寓于凌晨从床上摔下受伤，老年公寓辩称其提供有夜间巡逻，尽到了安全保障义务，但并未提供夜间巡视、查房记录等相关证据，且其对邓某如何摔下的原因亦未作出合理说明，故本院认定老年公寓对邓某从床上摔下受伤具有一定的过错。其次，根据老年公寓负责医疗的工作人员陈某一审出庭证言，邓某摔伤后，陈某赶到现场并询问了邓某的情况，邓某表示心口疼，且某出院诊断为心源性脑栓塞、脑疝形成、冠心病、心率失常，死亡原因系大面积脑栓塞、脑疝形成，可推知邓某在老年公寓内摔伤的行为与其死亡原因有一定的关联性。老年公寓虽对邓某摔伤后死亡原因申请鉴定，但因客观原因导致无法鉴定，故无法排除从床上摔下受伤而引发上述症状的可能性和关联性。最后，邓某于凌晨从老年公寓内的床上摔下后，邓某即表示了出现心口疼痛症状，结合邓某年老体弱的身体状况，作为专业养老服务机构，老年公寓对此应给予充分重视，密切关注邓某的身体状况，并根据需要及时将其送至医院进行救治，因老年公寓怠于履行其合理的救助义务，老年公寓存有一定的过错。

## 三、分析点评

本案属于老人在养老机构居住时夜间从床上坠落引发疾病后死亡导致的养老服务纠纷。案件争议焦点在于老年公寓对邓某的死亡导致的损失是否承担赔偿责任及责任比例。两审法院均认为老年公寓应承担70%的赔偿责任。

（一）关于当事人的责任认定

1. 养老机构对于邓某摔伤这一情况未采取审慎的态度对待，也未采取合理的救助措施。二审法院认为，且因其服务对象的特殊性，养老机构的安全保障义务更应高于一般经营者的安全保障义务。邓某在老年公寓内摔伤的行为与其死亡原因有一定的关联性，邓某从床上坠落后表示心口疼，养老公寓作为专业养老服务机构应充分重视，密切关注邓某的身体状况，并根据需要应及时将其送至医院进行救治，而养老机构仅通知了家属，救治措施不及时，存在一定的过错。

2. 程某2作为老人子女，也存在疏忽未审慎对待母亲摔伤问题，对损害后果的发生也存在一定的过错。程某2在接到通知后来到养老公寓看望邓某，也存在疏忽未审慎对待母亲摔伤问题，邓某凌晨两点摔伤后表示心口疼，而第二天早上才被送往医院救治，程某2赶到后未及时作出将邓某送医治疗的判断，一定程度上延误了最佳救治时机，对损害后果的发生也具有一定过错。

（二）改进建议

1. 做好坠床风险防范工作。坠床风险是强制性国家标准《养老机构服务安全基本规范》中提出的九种服务安全风险之一，也是养老服务过程中的常见风险。入住养老机构的老人许多患有基础性疾病，甚至生活不能自理常年卧床，一旦发生坠床意外，容易引发严重的损害后果。此外，坠床意外容易在夜间发生，难以被及时发现，从而贻误救治时机，加重损害后果，引发事故纠纷。因此，养老机构应当加强安全管理，做好风险防范工作。第一，应当将坠床风险评估作为入院评估内容的一部分，对于风险较高的老人应该采取特别的照护措施加强防范和看护。第二，应该对养老机构内的设施设备等进行定期检修维护，如对护理床位防护栏进行加牢加固等。第三，应当加强工作人员夜间巡视工作，以便发生意外情况时能够及时发现和处理。

2. 意外发生后及时采取救治措施。本案中凌晨发生老人坠床后，养老机构通知了家属到场，第二天早上才将老人送往医院抢救，法院认为延误送医治疗并致老人死亡这一后果，双方均存在过错。程某 2 曾经辩称其接到通知赶到了现场，但因当时养老院的医护人员也在现场，并检查了其母亲的情况，告知没有大碍，作为普通的人员无法准确地判断当时的情况。养老机构在面对类似情况时，应当采取积极审慎的态度严肃对待，在情况较为紧急时，应当立即拨打 120 电话将老人送往医院进行专业的诊疗和检查，而不是凭经验判断认为其没有大碍，贻误治疗时机。

**附：裁判依据**

## 《中华人民共和国民法典》

**第一千一百六十五条** 行为人因过错侵害他人民事权益造成损害的，应当承担侵权责任。

依照法律规定推定行为人有过错，其不能证明自己没有过错的，应当承担侵权责任。

**第一千一百七十三条** 被侵权人对同一损害的发生或者扩大有过错的，可以减轻侵权人的责任。

**第一千一百八十三条** 侵害自然人人身权益造成严重精神损害的，被侵权人有权请求精神损害赔偿。

## 《最高人民法院关于审理人身损害赔偿案件适用法律若干问题的解释》

**第十七条第三款** 受害人死亡的，赔偿义务人除应当根据抢救治疗情况赔偿本条第一款规定的相关费用外，还应当赔偿丧葬费、被扶养人生活费、死亡补偿费以及受害人亲属办理丧葬事宜支出的交通费、住宿费和误工损失等其他合理费用。

**第十八条第一款** 受害人或者死者近亲属遭受精神损害，赔偿权利人向人民法院请求赔偿精神损害抚慰金的，适用《最高人民法院关于确定民事侵权精神损害赔偿责任若干问题的解释》予以确定。

**第二十七条** 丧葬费按照受诉法院所在地上一年度职工月平均工资标准，以六个月总额计算。

**第二十九条** 死亡赔偿金按照受诉法院所在地上一年度城镇居民人均可支配收入或者农村居民人均纯收入标准，按二十年计算。但六十周岁以上的，年龄每增加一岁减少一年；七十五周岁以上的，按五年计算。

**第三十五条** 本解释所称“城镇居民人均可支配收入”“农村居民人均纯收入”“城镇居民人均消费性支出”“农村居民人均年生活消费支出”“职工平均工资”，按照政府统计部门公布的各省、自治区、直辖市以及经济特区和计划单列市上一年度相关统计数据确定。

“上一年度”，是指一审法庭辩论终结时的上一统计年度。

## 案例十三：养老机构有了责任险 保险公司来赔偿

### 一、基本信息

审理法院：辽宁省某中级人民法院

案由：生命权纠纷

当事人：上诉人（原审被告）：某养老院

被上诉人（原审原告）：栾某1、栾某2、栾某3、栾某4、栾某5

被上诉人（原审被告）：某保险公司

上诉请求：撤销原判，同意承担30%的赔偿责任。

**案情介绍：**五原告之父栾某患有脑血栓瘫痪在床，生活不能自理，2013年7月31日，栾某被送到被告养老院，双方签订服务协议书，养老院与栾某及其子女代表栾某2签字盖章。2015年8月4日9时50分左右，在被告养老院内，栾某从床上摔到地上，造成头部外伤。被告养老院分别于10时15分、10时45分电话通知栾某2。家属到达现场后，拨打120将栾某送至沈阳某医院救治，栾某于2015年8月4日12时19分因休克经抢救无效死亡。共花费急救费547元，医疗费1655.61元。另外，某养老院于2015年5月15日在保险公司投保养老服务机构责任保险，保险期限2015年5月1日至2016年4月30日。

五原告向法院起诉，请求判令某养老院、某保险公司赔偿死亡赔偿金145410元、丧葬费24555元、精神抚慰金50000元、医药费及办理丧葬费用25000元；诉讼费由某养老院、某保险公司承担。

### 二、裁判结果及裁判理由

一审法院裁判结果：依照《中华人民共和国侵权责任法》第六条、《中华人民共和国保险法》第六十五条、《最高人民法院关于审理人身损害赔偿案件适用法律若干问题的解释》第十七条、第二十七条、第二十九条、《最高人民法院关于确定民事侵权精神损害赔偿责任若干问题的解释》第八条、《中华人民共和国民事诉讼法》第六十四条第一款的规定，判决如下：保险公司赔偿栾某子女医疗费2202.61元，死亡赔偿金119500元；养老院赔偿栾某子女死亡赔偿金25910元，丧葬费24555元，精神损害抚慰金20000元。保险公司应当向原告支付赔偿金，超出保险范围部分的赔偿金应由养老院支付。

一审法院裁判理由：公民的生命权受法律保护。侵权责任法规定，行为人因过错侵害他人民事权益应当承担侵权责任。养老院与被害人栾某及其亲属签订了入院养老机构协议书，双方应各自履行约定义务，因养老院管理疏忽致被害人从床上摔到地上造成受伤直至死亡的后果，其存在过失，可以认定被害人的死亡与养老院的过错存在因果关系，故五原告要求赔偿的诉讼请求予以支持。

关于保险公司抗辩原告与其不存在保险合同关系，且其非侵权行为人，不应向原告直接赔偿，因养老院在保险公司投保每人伤亡限额为12万元的养老服务机构责任保险，根据《中华人民共和国保险法》第六十五条规定，保险人对责任保险的被保险人给第三者造成损害，可以依照法律的规定或者合同的约定，直接向第三者赔偿保险金。责任保险的被保险人给第三者造成损害，被保险人对第三者应负的赔偿责任确定的，根据被保险人的请求，保险人应当直接向该第三者赔偿保险金。被保险人怠于请求的，第三者有权就其应获赔偿部分直接向保险人请求赔偿保险金。养老院作为被保险人在依法从事养老服务活动时，因过失导致意外事故，造成服务对象遭受人身伤亡，保险公司应按保险合同的约定直接对原告进行赔偿。

二审法院裁判结果：驳回上诉，维持原判。

二审法院裁判理由：养老院对护栏已经松动存在管理疏忽的责任，导致栾某从床上摔到地上受伤，此为养老院过错之一。其二，栾某坠地时间为 9 点 50 分左右，养老院在 10 点 15 分才通知其家属，且未拨打 120 采取急救措施，未能及时救助，此为其过错之二。虽然养老院称栾某家属要求到场后再拨打 120 急救，但因栾某家属对此否认，养老院不能举证证明，且老人受伤后拨打急救电话进行急救系其应尽的责任，不应因其他因素放任老人损害后果的发展。另外，养老院工作人员称栾某坠地时间为 9 点 50 分左右，根据死因报告记载，栾某死因为休克，死亡时间是 12 点 19 分，发病至死亡大概间隔 3 小时，该记载与栾某坠地时间及其死亡时间相符，可以认定栾某的死亡系其坠地受伤后所致，故与养老院的过错存在因果关系。综上，栾某的死亡系养老院未能尽到管理责任所致，养老院应承担全部赔偿责任。

## 三、分析点评

本案属于老人在养老机构内从床上坠落引起的养老服务纠纷，养老机构在保险公司投保了养老服务机构责任保险。案件争议焦点在于养老院是否应当对原告损失承担全部赔偿责任。一审法院认为某养老院应当承担全部赔偿责任，保险公司应当向原告支付赔偿金，超出保险范围部分的赔偿金应由养老院支付。二审法院维持原判。

（一）关于养老机构的责任认定

1. 本案中养老机构存在管理疏忽的过错。养老院称此前栾某曾因经常晃动床护栏，导致护栏松动。为了防止老人掉下床，该院将护栏修复后用布条把护栏与床头床尾绑在一起，事发时老人又将护栏晃动松动了，从养老院提供的照片看出，事发当时病床的护栏已经松动，二审法院认为，护栏系金属制品，且应由螺丝固定于床上，其松动非短时间、小力气所能形成的，因此可以判定，护栏松动并非当日形成，在事件发生之前即已松动，养老院对护栏已经松动存在管理疏忽的责任，导致栾某从床上摔到地上受伤。某养老院未及时发现床护栏的松动并予以及时维修，此种管理疏忽与老人死亡后果具有因果关系，养老院具有管理疏忽的过错。

2. 养老机构存在救助不及时的过错。养老机构在发现老人受伤后未采取及时有效的救助措施，栾某坠地时间为 9 点 50 分左右，某养老院在 10 点 15 分才通知其家属，未第一时间拨打 120 采取急救措施，家属到达现场后才将老人送往医院治疗，老人在医院抢救无效后死亡，二审法院认为养老院未能及时救助老人。

（二）改进建议

1. 警惕老人坠床风险，加强设施检修维护。强制性国家标准《养老机构服务安全基本规范》中提出的服务安全风险评估范围有九种风险，其中包括坠床风险。坠床风险也是养老机构服务过程中的常见风险，无论是自理老人还是不能自理的卧床老人，均有可能发生坠床风险。本案中养老院提到栾某曾因经常晃动床护栏，导致护栏松动，为了防止老人掉下床，该院将护栏修复后用布条把护栏与床头床尾绑在一起，但后来护栏再次松动并发生了老人坠床的情况，造成严重损害后果。养老机构日常管理中应当注意加强老人生活区域内的各项设施设备的检查和维修，发现故障或隐患应当及时处理。

2. 发生意外时应采取必要及时的救助措施。本案中，一、二审法院均认为养老院采取的救助措施不及时，在发现老人受伤后，养老院的做法是先联系其家属，家属到达后才将老人送医院急救，如果养老院能够在第一时间立即拨打 120 将老人送往医院，将为挽救老人生命赢得更多时间。老年人在养老机构入住期间，可能会发生意外受伤或者突发疾病等状况，这种情况下，养老机构可能会因为救助不及时而承担法律责任。紧急情况发生时，养老机构应当第一时间拨打 120 将老人送往医院进行诊断治疗。

3. 投保养老机构责任保险分散风险。养老机构投保责任保险，有助于降低运营风险，避免因为事故纠纷赔偿而引发破产风险，也有助于提升养老机构的责任意识和风险意识，维护老年人的合法权益。本案中的被告养老机构虽然要对老人的损害后果承担全部责任，但是因为投保了责任保险，大部分赔偿金由保险公司进行支付。养老机构服务和经营过程中，各类风险均有可能发生，投保责任保险十分必要。在签订入住协议时，也可考虑与家属进行协商，为入住老人投保人身意外伤害保险。服务纠纷发生后，责任保险的承保机构应当按照保险合同约定及时参与服务纠纷的处理；需要保险理赔的，养老机构、受伤害老年人或其代理人应当配合并如实向责任保险的承保机构提供服务纠纷情况。

**附：裁判依据**

## 《中华人民共和国民法典》

**第一千一百六十五条** 行为人因过错侵害他人民事权益造成损害的，应当承担侵权责任。

依照法律规定推定行为人有过错，其不能证明自己没有过错的，应当承担侵权责任。

## 《中华人民共和国保险法》

**第六十五条** 保险人对责任保险的被保险人给第三者造成的损害，可以依照法律的规定或者合同的约定，直接向该第三者赔偿保险金。

责任保险的被保险人给第三者造成损害，被保险人对第三者应负的赔偿责任确定的，根据被保险人的请求，保险人应当直接向该第三者赔偿保险金。被保险人怠于请求的，第三者有权就其应获赔偿部分直接向保险人请求赔偿保险金。

责任保险的被保险人给第三者造成损害，被保险人未向该第三者赔偿的，保险人不得向被保险人赔偿保险金。

责任保险是指以被保险人对第三者依法应负的赔偿责任为保险标的的保险。

## 《最高人民法院关于审理人身损害赔偿案件适用法律若干问题的解释》

**第十七条** 受害人遭受人身损害，因就医治疗支出的各项费用以及因误工减少的收入，包括医疗费、误工费、护理费、交通费、住宿费、住院伙食补助费、必要的营养费，赔偿义务人应当予以赔偿。

受害人因伤致残的，其因增加生活上需要所支出的必要费用以及因丧失劳动能力导致的收入损失，包括残疾赔偿金、残疾辅助器具费、被扶养人生活费，以及因康复护理、继续治疗实际发生的必要的康复费、护理费、后续治疗费，赔偿义务人也应当予以赔偿。

受害人死亡的，赔偿义务人除应当根据抢救治疗情况赔偿本条第一款规定的相关费用外，还应当赔偿丧葬费、被扶养人生活费、死亡补偿费以及受害人亲属办理丧葬事宜支出的交通费、住宿费和误工损失等其他合理费用。

**第二十七条** 丧葬费按照受诉法院所在地上一年度职工月平均工资标准，以六个月总额计算。

**第二十九条** 死亡赔偿金按照受诉法院所在地上一年度城镇居民人均可支配收入或者农村居民人均纯收入标准，按二十年计算。但六十周岁以上的，年龄每增加一岁减少一年；七十五周岁以上的，按五年计算。

## 《最高人民法院关于确定民事侵权精神损害赔偿责任若干问题的解释》

**第八条** 因侵权致人精神损害，但未造成严重后果，受害人请求赔偿精神损害的，一般不予支持，人民法院可以根据情形判令侵权人停止侵害、恢复名誉、消除影响、赔礼道歉。

因侵权致人精神损害，造成严重后果的，人民法院除判令侵权人承担停止侵害、恢复名誉、消除影响、赔礼道歉等民事责任外，可以根据受害人一方的请求判令其赔偿相应的精神损害抚慰金。

## 《中华人民共和国民事诉讼法》

**第六十四条第一款** 当事人对自己提出的主张，有责任提供证据。

## 案例十四：老人在院摔倒致骨折 安全保障不可少

### 一、基本信息

审理法院：吉林省某中级人民法院

案由：健康权纠纷

当事人：上诉人（原审原告）：仇某1

被上诉人（原审被告）：某老年托护院、吕某

**案情介绍**：吕某系托护院的经营者，2017年3月9日，托护院（甲方）与仇某1、仇某2（乙方）的监护人仇某3（系兄弟关系）签订了《协议书》一份，协议约定条款若干。协议签订后，仇某1、仇某2入住托护院二楼207房间，该二人属于生活能自理的被托护人员，每月托护费2000元，其向托护院交纳了2017年3月至8月合计6个月的托护费。

仇某1于2017年8月30日16时30分至17时30分时间段内，在托护院下楼倒垃圾的过程中摔倒，餐厅服务员发现仇某1摔倒后找来托护院的勤杂工吴某，吴某将仇某1背回其房间。吕某于当日17时49分电话联系仇某1的弟弟仇某3，仇某3于当日19时将仇某1接走送至某医院住院治疗32天，一级护理11天、二级护理21天，产生住院医疗费7770.86元；出院诊断：左股骨粗隆间骨折、左股骨近端骨折；出院后要求和注意事项：卧床休息6个月内勿负重，定期复查X线片，病情变化随诊。

依仇某1鉴定申请，经法院对外委托，司法鉴定中心对仇某1的伤情进行了伤残等级评定，对其出院后的护理期限、等级和护理费用以及营养期限、营养费用进行鉴定，该鉴定中心作出《司法鉴定意见书》，鉴定意见：1. 仇某1此次外伤构成九级伤残；2. 仇某1出院后护理期限为150日，护理等级不属于法医临床鉴定范围，护理费请人民法院依据相关标准予以确认；3. 仇某1此次外伤营养期限为100日，每日营养费标准目前国家尚无明确规定，建议参照住院伙食补助费标准100元/日。因鉴定，仇某1产生交通费510元。

### 二、裁判结果及裁判理由

一审法院裁判结果：托护院对仇某1的摔伤后果存在轻过失，吕某应承担30%的责任。

一审法院裁判理由：托护院对老年人这一特定服务对象，应提供有针对性的安全保障设施，在楼梯防护等设施上未充分考虑老年人行动不便的情形，在签订合同时，也未告知仇某1托护院未经登记及养老机构设立许可等相关资质信息，可以认定托护院在订立合同及履行合同的过程中存在一定过错及瑕疵，托护院对仇某1的损害发生负有一定责任。仇某1作为自理人员，在托护院已配置保洁人员清理垃圾的情况下，自行下楼倾倒垃圾桶不慎摔伤，亦应承担相应责任。考虑吕某所从事的行业为老人扶养，该工作具有一定的社会公益性质，解决了部分老年人的养老问题。综上，托护院对仇某1的摔伤后果存在轻过失，其应承担的责任比例以30%为宜。托护院未办理登记手续，不具备诉讼主体资格，吕

某系托护院实际的开办人，相应的民事责任应由吕某承担。

上诉请求：1. 依法撤销原判，重新审理。2. 依法改判吕某承担全部赔偿责任，支付赔偿金 124712. 24 元。3. 吕某承担全部诉讼费用。

二审法院裁判结果：驳回上诉，维持原判。

二审法院裁判理由：公民的生命健康权受法律保护。托护院与仇某 1 的监护人仇某 3 签订托护协议，对仇某 1 进行看护，其应当提供与约定的护理等级相配套的服务，对仇某 1 入住期间的人身安全负有合理限度内的安全保障义务。本案双方当事人的主要争议焦点在于托护院对仇某 1 摔倒致伤是否应承担民事责任。本案中仇某 1 生活能够自理，其在下楼倒垃圾的过程中摔倒致伤，是托护院无法预料的，故仇某 1 摔倒致伤与托护院是否尽到安全托护义务无直接的因果关系，亦与托护院是否取得设立养老机构的合法手续，没有直接的因果关系。但在楼梯设施上未充分考虑老年人行动不便、易出现意外的情形而应提供有针对性的安全保障设施，证明其在管理上存在一定的过失，应对损害结果承担相应的赔偿责任。

## 三、分析点评

本案属于老人在养老机构内跌倒摔伤引起的养老服务纠纷。案件争议焦点在于托护院对仇某 1 摔倒致伤是否应承担民事责任。一审法院酌定托护院承担 30%的责任，二审法院维持原判。

（一）关于当事人的责任认定

1. 被告托护院在楼梯防护等设施上未充分考虑老年人行动不便的情形，在管理上存在一定过失。老人不慎摔伤，属于托护院无法预料的情况，考虑到入住托护院的老年人行动不便、易出现意外，养老机构在楼梯等设施设置上应当采取防滑、增加扶手等防护措施，本案中的托护院具有一定的过失。

2. 仇某 1 作为完全民事行为能力人，应该对自己的行为具有注意义务。仇某 1 为自理人员，在托护院已配置保洁人员清理垃圾的情况下，自行下楼倾倒垃圾桶不慎摔伤，其应承担相应责任。

（二）关于本案中托护院未取得设立养老机构合法手续问题。2018 年修正的《中华人民共和国老年人权益保障法》取消养老机构设立许可后，设立民办公益性养老机构，依照《民办非企业单位登记管理暂行条例》规定，依法向县级以上地方人民政府民政部门申请社会服务机构登记。本案中老人摔伤及诉讼均发生在《老年人权益保障法》修改之前，仇某 1 上诉主张该养老院在未取得合法设立养老机构的合法手续情况下进行经营，又没有配备相关的专业护理人员，同时未尽到安全保障义务，设施不完善，导致仇某 1 的人身损害，是造成人身损害的直接原因，两审法院均认为该上诉理由和诉讼请求不能成立，托护院未办理登记和设立许可，属于行政管理范畴，与仇某 1 摔伤没有直接的因果关系。但是，该问题直接影响托护院的诉讼主体资格，托护院未办理登记，不具备诉讼主体资格，吕某作为托护院的实际开办人，应当承担相应的民事责任。

（三）改进建议

1. 加强设施适老化改造，防范老人跌倒摔伤风险。跌倒摔伤风险是养老机构管理服务中的常见和高发风险。一些老年人本身年龄较高行动不便，加之自身患有基础疾病，一旦摔倒可能导致骨折或者引发其他疾病，如老人在机构内发生摔倒致伤没有及时处理，可能引发严重后果。本案中的老人属于自理老人，在自行下楼倒垃圾时经过楼梯摔倒，法院认为养老机构既违反安全保障义务，也存在管理瑕疵，故判决其承担部分责任。养老机构的服务对象是老年人，应当加强硬件设施的改造，针对各种易发生的意外情形采取一定的防护措施，在老人经常活动的区域如房间浴室内应采取防滑地面材质；楼梯应设置牢固的扶手等设施并安装监控；湿滑路面要及时处理等等。在入住签订协议前也应当与家属进行充分沟通，了解掌握老人是否有走路不稳的情况，做好入院评估工作，对于半自理或者完全不能自理的老人要加强看管照护，防范意外情况的发生。

2. 民办养老机构依法办理相应登记备案手续。本案中的托护院未办理设立养老机构的合法手续，法院认定其存在轻过失，这种无证经营的方式违反了《无证无照经营查处办法》，属于违反行政管理法律行为。另外，未登记的托护院不具有法人资格，因此面临诉讼纠纷时实际经营人吕某需要承担全部的民事责任，该养老机构所从事的养老服务是一种单位经营行为，但发生事故纠纷时仍只能要求吕某个人承担责任。

取消养老机构设立许可的同时需要加强事中事后监管，而未登记的养老机构可能存在监管盲区。一些未经登记备案的小型养老机构可能存在管理服务不规范，专业人员配备不足，存在消防安全、建筑设施、食品安全等方面的安全隐患。民政部门在日常监管中发现无证无照经营的养老机构，应当书面抄告登记管理机关依据《无证无照经营查处办法》予以查处。

# 案例十五：老人呛食窒息死亡 如何判定法律责任

## 一、基本信息

审理法院：山东省某中级人民法院

案由：生命权、身体权、健康权纠纷

当事人：上诉人（原审原告）：邱某1、邱某2、邱某3

被上诉人（原审被告）：某养老休养中心

案情介绍：三原告之母金某年老体弱，2017年4月22日，原告邱某1及母亲金某与被告某养老中心签订入住协议书，金某入住某养老中心。其中入住协议第二条第二款约定：乙方、丙方已了解甲方环境、设施、服务内容和方式；了解本协议约定甲方对乙方提供的是定时巡视服务而非专人随时陪护；明知乙方年事已高、体能较低，突发心脑血管疾病或骨折等其他意外人身伤害的可能性较大，自愿承担此类风险，不会要求甲方对此类后果承担责任。第三条：根据评估结果，确定乙方金某现属于重度失能。合同附件一约定：金某的护理标准为每天早晚帮助老人清洁口腔，洗脸，为老人喂水喂饭喂药，帮助老人大小便等等。双方还对其他事项进行了约定。2018年2月28日，被告工作人员在给金某喂食早饭过程中，金某因食物呛食造成窒息死亡。邱某1、邱某2、邱某3向一审法院起诉请求：被告养老中心赔偿丧葬人员误工费7263.9元、丧葬费29460元、交通费500元、死亡赔偿金235880元、精神损害抚慰金20000元、律师费18000元并承担诉讼费用。

## 二、裁判结果及裁判理由

一审法院裁判结果：驳回原告的诉讼请求。

一审法院裁判理由：被告在本次事故中不存在过错行为，也未违反双方的合同约定。根据法律规定，养老护理人员并不需要特殊资质。对于原告主张的被告为受害人金某服用安眠药，众所周知，安眠药只对于睡眠有促进作用，即便服用过量，只会导致服药人丧失意识直至死亡，而并不会影响进食。因此，被告在本案中不存在过错，受害人死亡与被告的服务行为不存在因果关系。

上诉请求：撤销原判，依法改判，支持上诉人的诉讼请求；一、二审诉讼费由被上诉人承担。

二审法院裁判结果：驳回上诉，维持原判。

二审裁判理由：《中华人民共和国侵权责任法》第六条第一款规定，“行为人因过错侵害他人民事权益，应当承担侵权责任。”《最高人民法院关于适用〈中华人民共和国民事诉讼法〉的解释》第九十条规定，“当事人对自己提出的诉讼请求所依据的事实或者反驳对方诉讼请求所依据的事实，应当提供证据加以证明，但法律另有规定的除外。在作出判决前，当事人未能提供证据或者证据不足以证明其事实主张的，由负有举证证明责任的当事人承担不利的后果。”从被上诉人的监控视频看，被上诉人职工为金某喂食早饭，喂食速度不存在过快或用力过猛，即被上诉人对金某发生食物呛食的后果不存在故意或重大过失行为。事故发生后被上诉人职工当即进行了初步抢救措施，并嘴对嘴为金某吸出食物残渣，之后拨打120急救电话，被上诉人采取的上述救助措施并无不当。因此，事发后被上诉人在救助金某的过程中也无故意或重大过失行为。被上诉人为金某服用安眠药也是履行合同约定的喂药义务，其提交的购药结算账单不足以证明被上诉人为金某喂用了过量的安眠药并导致其发生食物呛食及其他后果。因上诉人的证据不充分，应承担举证不能的法律后果。

## 三、分析点评

本案属于养老机构服务过程中的养老服务纠纷。失能老人在接受工作人员喂食过程中发生呛食造成窒息死亡。争议焦点在于养老中心应否对金某的死亡承担侵权损害赔偿责任。一审和二审法院均认为，原告的诉讼请求不成立，被告养老中心不需要对金某的死亡后果承担责任。

（一）关于养老机构是否存在过错

1. 养老机构的喂食行为不存在过错。金某属于重度失能老年人，养老机构工作人员为其喂食早饭属于履行入院协议中约定的义务。一审法院当庭播放依法调取的事发时的现场监控。从监控视频可以看到，被告职工为金某喂食早饭，喂食速度不存在过快或用力过猛，喂食行为本身不存在任何过错，养老中心对金某发生食物呛食的后果不存在故意或重大过失行为。养老中心为金某服用安眠药也是履行合同约定的喂药义务，原告提交的购药结算账单不足以证明养老中心为金某喂用了过量的安眠药并导致其发生食物呛食及其他后果。

2. 养老机构的医疗救助行为也不存在过错。金某发生呛食后，养老中心工作人员当即进行了初步抢救措施，并嘴对嘴为金某吸出食物残渣，之后拨打120急救电话，养老中心采取的上述医疗救助措施并无不当。因此，事发后养老中心在救助金某的过程中也无故意或重大过失行为。养老护理员不属于持资质上岗人员，原告主张被告无资质人员不当救治，延误救治时机的主张不能成立。

（二）改进建议

1. 养老机构应注意保留监控录像等证据作为纠纷发生时的维权依据。本案中，被告养老中心胜诉的一个重要原因在于其提供了监控录像作为证据，监控录像记录了金某在接受服务过程中发生呛食意外的全过程以及救助过程，被告职工为金某喂食早饭的速度不存在过快或用力过猛，无故意或重大过失行为。当发生养老服务纠纷时，原被告双方各执一词，养老机构如能提供事件发生时的监控录像，有助于查清事实真相，判定各方的过错及责任承担。为避免纠纷发生时败诉的风险，养老机构在日常服务过程中应当注重规范管理和证据保全，对入住协议、病史档案、老人外出登记等事项要进行规范的记录和留存；对于监控录像也应当妥善保管，特殊情况发生时监控录像能够帮助及时地发现和处理，在纠纷发生时也可以作为维护权益的证据。

2. 发生意外时要及时采取合理的救助措施。本案中养老机构在老人发生呛食意外后采取了较为合理的救助措施，并拨打了120急救电话，虽然未能挽救老人的生命，但是两审法院均认为养老中心的救助措施并无不当，不存在过错。入住养老机构的老人们需要不同程度的照护，很多自身又具有病史，养老机构应当重视安全风险问题。实践中，跌倒、摔伤、坠床、噎食、突发疾病等原因都有可能引发安全风险，有些情况下，养老机构对于意外的发生不存在过错，但同样有可能因为救助行为不当而承担责任。因此，养老机构应加强工作人员技能培训，制订各种意外情况发生时的应急预案，在意外情况发生时进行妥善的处理，采取力所能及的救助措施，及时拨打120急救电话，有条件的可以配备专业的医护人员。

**附：裁判依据**

## 《中华人民共和国民法典》

**第一千一百六十五条** 行为人因过错侵害他人民事权益造成损害的，应当承担侵权责任。

## 《中华人民共和国民事诉讼法》

**第一百七十条第一款第一项：**第二审人民法院对上诉案件，经过审理，按照下列情形，分别处理：

（一）原判决、裁定认定事实清楚，适用法律正确的，以判决、裁定方式驳回上诉，维持原判决、裁定；

## 《最高人民法院关于适用〈中华人民共和国民事诉讼法〉的解释》

**第九十条** 当事人对自己提出的诉讼请求所依据的事实或者反驳对方诉讼请求所依据的事实，应当提供证据加以证明，但法律另有规定的除外。

在作出判决前，当事人未能提供证据或者证据不足以证明其事实主张的，由负有举证证明责任的当事人承担不利的后果。

# 案例十六：老人院内酗酒出意外 养老机构应如何赔偿

## 一、基本信息

审理法院：安徽省某中级人民法院

案由：生命权纠纷

当事人：上诉人（原审被告）：某养老服务中心

被上诉人（原审原告）：华某1、华某2

案情介绍：华某系华某1、华某2之父，2017年11月，华某1、华某2委托其叔父华某3送华某入住某养老服务中心，双方未签订书面养老服务合同。华某1、华某2按自理型每月支付养老服务费1000元，未欠服务费。

2018年8月10日11时18分左右，因华某在该中心二楼大厅摔倒，养老服务中心法定代表人胡某随即电话联系华某2，要求派人前来处理，华某2告知胡某由其叔父华某3前往处理。当日12时30分左右，华某3在接到华某2电话后，赶至养老服务中心，见华某独自躺在床上，拨打120电话（时间为12：47），将华某送至某医院急救。华某有脑梗塞病史多年，入院时处于醉酒状态，入院诊断：1. 闭合性颅脑损伤轻型、右颞顶部头皮裂伤、右颞顶部头皮血肿、左侧颞叶脑梗死、右侧基底节区软化灶、右侧侧脑室旁脑缺血灶；2. 软组织多处挫伤。

后华某在住院期间病情恶化，2018年8月13日，医院建议转院治疗。2018年8月14日，华某2表示“暂不转院，要求就近治疗”；医院制订医疗方案，告知诊疗中存在并发症风险时，华某2又作出“拒绝气管切开，后果自负”的谅解承诺，并在病情及诊疗措施知情同意书上签字，叔父华某3也签字确认；后华某病情加重，华某2于2018年8月18日在拒绝医学治疗同意书上签字，表示放弃对华某进行医学治疗。2018年8月30日11时，华某经抢救无效死亡。医院组织专家进行死亡病例讨论，具体讨论意见：结合患者病史及临床表现考虑系外伤后“脑梗塞”所致中枢性呼吸循环衰竭。华某1、华某2为此支付医疗费用12966.68元。

华某2于2018年8月19日电话向当地派出所报警称，其父在养老服务中心居住时受伤，要求派员调取当天监控。派出所派员现场走访，未发现任何违法犯罪行为。出警人员经询问监控系统安装人员确认，由于监控主机电源自然损坏，无法正常工作，养老服务中心2018年6月就报修过，非人为破坏；同时还对相关人员进行询问并制作笔录。后双方因医疗费无法协商一致诉讼至一审法院。庭审中，经法院释明，华某1、华某2明确表示选择安全保障责任侵权作为诉讼的基础法律关系，并明确表示不要求对养老服务中心与父亲摔伤、死亡之间有无过错及过错程度（关联性与参与度）进行司法鉴定。

## 二、裁判结果及裁判理由

一审法院裁判结果：酌定某养老服务中心承担本案损失15%的过错责任，其余损失由华某1、华某2自行承担。

一审法院裁判理由：某养老服务中心作为专业养老机构，应当最大限度地保障入住对象的人身安全，如未尽到安全保障义务，造成入住者人身损害的，应当承担相应的赔偿责任。华某1、华某2父亲华某虽未与养老服务中心签订书面入住协议，但双方形成了事实上的养老服务合同关系，养老服务中心应当按照服务合同约定全面履行照顾职责。华某入住养老服务中心期间，养老服务中心对其酗酒行为未能进行约束或者有效劝说，在其摔倒后也未及时采取合理、必要的应对措施，管理服务不周全，存在瑕疵，未能尽到谨慎、注意义务，且又未能举证证明华某摔倒受伤系其故意所为，养老服务中心应当承担适度的过错责任。

华某为生活全部自理型入住者，长期饮酒且事发当日过量饮酒，摔倒受伤，自身应承担相应的过错责任，综合考虑其自身病史及家属拒绝转院治疗、签字拒绝插管治疗等，由于华某1、华某2未申请外伤与死亡之间有无关联及参与度进行司法鉴定，无法认定外伤导致华某的最终死亡，同时考虑养老服务行业的公益性，酌定某养老服务中心承担本案损失15%的过错责任。

上诉请求：撤销原判，依法改判驳回华某1、华某2的诉讼请求。

二审法院裁判结果：驳回上诉，维持原判。

二审法院裁判理由：某养老服务中心是依法设立的为老年人提供集中居住和照料服务的机构，应保障入住对象的人身安全，尽照料职责。华某入住养老中心期间，某养老服务中心对其酗酒行为未能进行约束或者有效劝说，在其摔倒后也未及时采取合理、必要的应对措施，且又未能举证证明华某摔倒受伤系其故意所为，某养老服务中心已采取了足以防止损害发生的安全保障措施。原判依据各方的过错程度并结合本案实际情况，酌定某养老服务中心承担15%的赔偿责任并无不当。

## 三、分析点评

本案属于老人在养老机构内自主跌倒摔伤引起的养老服务纠纷，对于老人摔伤后入院治疗后经抢救无效死亡的后果，老人、家属和养老机构三方均存在不同程度的过错。案件争议焦点在于养老机构作为安全保障责任义务人，在此次事故中应承担的责任比例。一审法院酌定某养老服务中心承担15%的责任，二审法院维持原判。

（一）关于当事人的责任认定

1. 华某过量饮酒，存在一定过错，且其最终死亡的后果与其自身病史具有一定关联性。华某为生活自理型入住老人，长期饮酒且事发当日过量饮酒，摔倒受伤，自身应承担相应的过错责任。华某患有脑梗塞病史多年，以及闭合性颅脑损伤轻型、右颞顶部头皮裂伤、右颞顶部头皮血肿、左侧颞叶脑梗死、右侧基底节区软化灶、右侧侧脑室旁脑缺血灶等多种疾病综合所致最终死亡后果。

2. 华某1和华某2作为老人子女，未采纳医院的治疗建议，也具有一定程度的过错。作为老人的子女，应当采纳医院的诊疗建议，在道义上应当尽最大可能性挽救老人的生命。但是，本案中的原告并未做到这一点，未积极地对老人进行救治。华某摔伤入院后病情恶化，治疗期间，医院建议转院治疗，华某2表示“暂不转院，要求就近治疗”；在医院制订治疗方案并告知诊疗中存在并发症风险时，华某2又作出“拒绝气管切开，后果自负”的谅解承诺。最终华某的死亡后果，家属也负有一定责任。

3. 养老服务中心履行安全保障义务存在瑕疵，未能尽到谨慎、注意义务，应承担适度的过错责任。养老服务中心应保障入住对象的人身安全，尽照料职责。首先，华某入住期间，养老服务中心对其酗酒行为未能进行约束或者有效劝说，华某因饮酒过量而摔倒。其次，两审法院均认为养老服务中心在华某摔倒后也未及时采取合理、必要的应对措施。养老机构负责人胡某在发现华某摔伤时，未第一时间拨打 120 急救电话，而是联系了华某 2 要求其派人来处理，华某 2 电话联系其叔父华某 3，华某 3 赶到时发现华某独自躺在床上，后华某 3 才拨打急救电话将华某送医治疗。这一过程中，养老服务中心既没有第一时间拨打 120 急救电话，也没有安排院内护理照顾，处置过程存在不当之处，一定程度上可能会延误救治时机。

（二）关于养老服务纠纷请求权的基础

本案一审审理中经法院释明，华某 1、华某 2 明确表示选择适用安全保障义务作为要求养老服务中心承担侵权责任的基础法律关系。一般来说，养老服务纠纷中，入住老人及家属一方和养老机构双方既存在养老服务合同关系，也存在违反安全保障义务的侵权关系，两者存在法律上的竞合，当事人可以选择其中一种作为请求权的基础。

根据《中华人民共和国民法总则》第 186 条“因当事人一方的违约行为，损害对方人身权益、财产权益的，受损害方有权选择请求其承担违约责任或者侵权责任”以及《中华人民共和国合同法》第 122 条“因当事人一方的违约行为，侵害对方人身、财产权益的，受损害方有权选择依照本法要求其承担违约责任或者依照其他法律要求其承担侵权责任”的规定，在出现责任承担竞合的情形时，当事人可以本着对己方有利的原则，选择适用要求被告承担责任的基础法律关系。

养老服务纠纷中，老年人在入住养老机构期间权益受到损害，当侵权和违约责任相竞合时，老年人及其家属可以选择其一作为请求权基础。从证明责任角度来看，老年人及其家属一方如选择要求养老机构承担违约责任，仅需要证明养老服务合同关系存在以及养老机构方存在违约情形即可；如选择要求养老机构承担违反安全保障义务的侵权责任，相对来说需要承担更高程度的证明责任。《中华人民共和国侵权责任法》第三十七条：“宾馆、商场、银行、车站、娱乐场所等公共场所的管理人或者群众性活动的组织者，未尽到安全保障义务，造成他人损害的，应当承担侵权责任。”养老机构作为安全保障义务人，一般来说承担侵权责任适用过错责任归责原则，老年人及其家属一方应当证明养老机构的照护或管理行为存在过错，对老年人造成了损害后果，且过错和损害后果之间存在因果关系。

从损害赔偿角度来看，老年人及其家属如选择违约责任，无法获得精神损害赔偿。如选择侵权责任，可以主张精神损害赔偿。根据《中华人民共和国侵权责任法》第二十二条：“侵害他人人身权益，造成他人严重精神损害的，被侵权人可以请求精神损害赔偿。”《最高人民法院关于审理人身损害赔偿案件适用法律若干问题的解释》第十八条规定：“受害人或者死者近亲属遭受精神损害，赔偿权利人向人民法院请求赔偿精神损害抚慰金的，适用《最高人民法院关于确定民事侵权精神损害赔偿责任若干问题的解释》予以确定。”由此可见，相对于违约责任来说，当事人如主张侵权责任，需要承担更多的证明责任，同时也可主张精神损害赔偿。司法实践中，两种案由的养老服务纠纷均存在，当老年人受到的损害较为严重如残疾或死亡时，老年人及其家属即原告方选择主张侵权责任相对更为有利。

（三）关于判定赔偿比例的考虑因素

一审法院在裁判理由中提到：“如果不合理地拔高养老机构的安全保障义务，可能会导致养老机构瞻前顾后，以求自保，从而影响其提供养老服务的质量，最终损害社会公共利益。”养老机构侵权责任的特殊性主要表现在：1. 养老机构具有浓厚的公益色彩，机构性质主要以民办非企业单位、社会福利机构和事业单位为主。2. 养老机构对于老年人的居住生活具有一定的控制力。养老机构对老年人负有保护、照料的法定和合同义务。3. 养老机构服务的对象多以失能失智老年人为主，相当部分属于限制民事行为能力和无民事行为能力人，自理和自护能力差，需要依照评估后协商确定的护理等级予以谨慎照顾。从司法实践来看，养老机构服务纠纷往往存在合同责任、养老机构安全保障义务下的侵权责任、第三人侵权责任和子女的监护责任相互交叉，加之双方当事人举证能力弱、辨识能力差，纠纷处理难度大。一方面，从鼓励行业发展，维护社会资本进入养老领域的积极性，不能科以过重责任；另一方面，要保护老年人合法权益，维护行业规范性，需要法官在利益衡量和自由心证的基础上不断进行个案权衡，即安全保障义务应当有合适的限度，否则将导致片面加重养老机构责任而导致因安全风险过大最终损害从业积极性，影响服务供给和行业长期健康发展，同时也会纵容子女或者老年人的监护人不积极履行照料或监护责任，导致社会伦理和家庭关系受损并最终侵害老年人合法权益。

（四）改进建议

1. 规范服务协议的签订。本案中未签订书面协议不影响双方养老服务合同关系的成立，但对于养老机构来说，应当与入住老人或其家属签订规范的服务协议，协议中应明确双方的权利义务、老人的基本信息、既往病史、照护等级、特殊情况等内容，双方应该就重点事项予以充分沟通。同时，应注意养老服务协议大多数属于格式条款，如其中包含违反法律规定的免除自身责任加重对方责任的人身伤害免责条款，在司法裁判时该条款会被认定无效。

2. 发生意外时应采取必要及时的救助措施。当入住养老机构的老人突发生理疾病或意外情况时，养老机构应当积极地采取必要的救助措施防范更为严重的损害后果，如立即采取医学救治措施，及时拨打 120 急救电话，联系其家属并作为记录等等。日常管理中可以加强对机构工作人员的技能培训，学习在遇到突发情况时的处理方法，如紧急止血、人工呼吸等基础技能，同时制订发生紧急情况的应急预案。本案中，老人摔伤后，养老机构未在第一时间拨打 120 也未留人陪同的做法欠妥。

3. 养老机构在规范日常服务管理的同时，也应注意维护自身权益。本案中的养老机构对于老人的不良酗酒行为没有进行劝阻和约束，也存在一定过错。日常管理中，养老机构对于入住老人应尽到关心和照护义务，对于其不良习惯应当进行劝阻，但是华某作为自理老人，也应对其自身行为承担责任。作为养老机构应当在规范日常管理的同时，注意证据保全和维护自身权益。

# 第四编
# 规范服务人员行为　保障老年人合法权益

## 案例十七：虐待老人 养老院护工被追究刑事责任

### 一、基本信息

审理法院：山东省某人民法院

案情介绍：李某年近 90 岁，被子女送到某养老院生活。被告人姜某为该养老院护工，负责三层楼包括李某在内的约 30 名老人的日常护理工作。后来李某瘫痪在床，无法下地活动，李某的儿子让在她的床上绑上绳子和铁栏杆，防止她掉下来。2016 年下半年开始，姜某觉着李某开始变得不好看管了，再去照顾她的时候很生气，就打了李某腹部几拳。一次他给李某换尿布，但她不配合，他将上半身的力量压在手掌上用手掌按她左侧肋骨，按了大约四五下，还打了她面部两三巴掌。2016 年底，他照顾李某的时候，她不听话，在床上乱动，他用右手打了她下巴一下。她还要翻身，他就用左手打她下巴一下，这样反复打了五下。后来，李某的子女发现母亲身上出现多处伤痕，全身多处皮肤挫裂伤。后经医生初步诊断，老人肋骨骨折。在调取了养老院的监控视频后，子女发现姜某曾多次对老人加以虐待，这名护工趁给老人换纸尿裤的时候，不仅用力压老人的胸口，还多次用胳膊肘击老人的头部。随后，李某的子女报警。

公安机关将护工姜某抓获归案。经法医鉴定，李某右侧第 4、5 肋骨腋中线处骨折，局部无明显骨痂形成及骨密度增高征象，符合近期外伤新鲜骨折，构成轻伤二级；面部、舌体部皮肤软组织损伤，构成轻微伤。在案件审理过程中，被告人姜某与被害人的亲属达成协议，赔偿被害人经济损失人民币 5 万元，被害人亲属对被告人姜某予以谅解。

### 二、裁判结果及裁判理由

法院经过审理认为，被告人姜某对其负有看护职责的人实施虐待行为，情节恶劣，其行为构成虐待被看护人罪，应予惩处，公诉机关指控成立，本院予以支持。关于被告人姜某的辩护人所提被告人犯罪行为较轻的辩护意见，经查，被告人姜某作为老年公寓的看护人员，对被害人李某实施虐待、殴打行为，致李某轻伤，其行为具有较大的社会危害性，故对其该辩护意见不予采纳；其所提被告人姜某积极赔偿被害人损失并取得被害人亲属谅解的辩护意见，经查属实，予以采纳。被告人姜某到案后如实供述犯罪事实，可从轻处罚。

依照《中华人民共和国刑法》第二百六十条之一第一款、第六十七条第三款之规定，判决被告人姜某犯虐待被看护人罪，判处有期徒刑七个月。

# 案例十八：因虐待老人护工被追究刑事责任 养老院承担连带赔偿责任

## 一、基本信息

审理法院：北京市某人民法院

案情介绍：孙某是一名年过 90 岁生活无法自理的高龄老人。从 2016 年 10 月就开始住在养老院。2018 年下半年，孙某的大女儿去养老院看望他的时候，告诉女儿说“胸口疼”，其大女儿立刻联系养老院，养老院称孙某当天跟人有吵架，没什么事。当时没看到明显外伤，并没有在意。次日其大女儿再次看望父亲的时候，发现孙某左侧面颊有一片瘀青，左眼眶和左眼角也有伤。孙某还是说胸口疼。其大女儿带孙某到北京某医院看病，诊断结果显示胸口三处有 6 根肋骨骨折，面部多处瘀青，脑部有血肿，其大女儿立刻报警。随后养老院院长陪同养老院护工张某到公安机关投案自首。

## 二、裁判结果及裁判理由

法院经审理查明，在 2017 年 7 月至案发前的看护期间，张某数次殴打被害人孙某的头、面部及用力捶打被害人胸部、肋部，造成被害人头面部及胸部、肋部受伤。经鉴定，被害人孙某双侧额颞顶部硬膜下血肿，鉴定为轻伤一级；右侧第 5、6、8 肋、左侧第 2、6、10 肋骨折，鉴定为轻伤一级；胸骨体骨折，鉴定为轻伤二级；面部软组织挫伤、眼部挫伤均鉴定为轻微伤。

在庭审过程中，张某谎称孙某脸部的伤是洗澡时磕到的，在追问下其才承认在洗澡的时候打了一巴掌。养老院监控视频显示，张某在明知有监控的情况下，仍数次对被害人有殴打及用力推倒、拉拽的行为。

法院判决：被告人张某犯虐待被看护人罪，判处有期徒刑二年。被告人张某赔偿被害人 79839 元。养老院对上述费用承担连带赔偿责任。

## 案例十九：住家保姆虐待老人被追究刑事责任 社区养老服务机构承担连带赔偿责任

### 一、基本信息

审理法院：某市人民法院

**案情介绍：**2019 年 7 月 12 日晚上 8 点左右，张某查看下午才安装的监控记录，几乎惊叫了出来。监控画面显示，男保姆持续使劲地用手拍打着外公刘某的脑袋，抽打他的脸部，身体瘫痪的外公完全无力反抗。

刘某现年 82 岁，行动不便，张某联系社区养老服务中心雇用了 63 岁男保姆王某照顾外公的饮食起居。2019 年 7 月 12 日下午，张某特意在老人的起居室内安装了摄像头，她怎么也没想到当晚查看视频监控录像的时候就看见王某在殴打外公。张某急忙赶往家里，指责王某的粗鲁行为。张某发现外公身上有多处不明原因的瘀青，而且精神状态在近几个月内日渐萎靡。结合当晚王某的行为，于是报警。

### 二、裁判结果及裁判理由

法院经审理查明，2019 年初，某社区养老服务中心与张某签订服务协议，安排员工王某到张某家中，负责照顾失能老年人刘某的生活起居。协议约定，王某平时居住在刘某家中，每月工资 6000 元。2019 年 6 月以来，王某在服务过程中，因刘某意识不清，服务强度大，渐生不满，采取打耳光、敲击头部等方式殴打被照护人刘某。经法医学鉴定中心鉴定，被害人刘某鉴定为轻微伤。

法院判决认为：王某采取暴力殴打方式，虐待被看护人罪，当庭被判处有期徒刑一年。本案开庭审理过程中，被告人王某多次辩称，自己对被害人刘某实施打骂行为是因为王某不愿吃药等抗辩理由不成立。判决王某赔偿刘某 45213 元，王某所在单位某社区养老服务中心承担连带赔偿责任。

### 三、分析点评

1. 欺老虐老行为可能被追究刑事责任

2016 年 12 月 21 日，习近平总书记在中央财经领导小组第十四次会议上强调，我国已步入人口老龄化社会，但养老服务发展处于起步阶段，养老院供给质量严重滞后的问题十分突出，质量低、收费高，欺老、虐老行为时有发生，群众反映强烈。从第四编的 17—19 三个案例来看，护理人员将殴打、欺侮被照顾老年人当作发泄不良情绪、控制老年人行为的错误手段，具有较强代表性。在案件调查处理过程中，护理人员、甚至养老服务机构均未认识到这些行为已经构成了违法犯罪，将依法被追究刑事责任，而还只是停留在“服务质量”问题，幻想通过赔偿息事宁人取得谅解。

近些年来，幼儿园老师虐待小朋友、福利院虐待老人的事件时有发生，一些虐待手段残忍，情节特别恶劣，对儿童、老年人等被监护人、被看护人的心理造成严重的伤害。然而，受害人往往由于伤情构不成轻伤，达不到故意伤害罪的立案追诉标准，导致无法追究施暴人的刑事责任。刑法规定的第260条的虐待罪仅限于家庭成员之间，且如果未达到被害人重伤、死亡的结果，属于告诉才处理的犯罪。这种情况下，往往给予施暴人行政处罚，由其承担民事赔偿责任，不能更好地保护被害人的权益。为了堵塞法律漏洞，加强对养老机构等承担照顾服务的单位、养老护理人员等承担服务职责的个人的约束，更好保护被服务对象的合法权益，2015年8月29日，中华人民共和国主席习近平签署第三十号主席令，公布了由中华人民共和国第十二届全国人民代表大会常务委员会第十六次会议于2015年8月29日通过的《中华人民共和国刑法修正案（九）》，自2015年11月1日起施行。刑法修改案（九）第十九条规定：在刑法第二百六十条后增加一条，作为第二百六十条之一："对未成年人、老年人、患病的人、残疾人等负有监护、看护职责的人虐待被监护、看护的人，情节恶劣的，处三年以下有期徒刑或者拘役。单位犯前款罪的，对单位判处罚金，并对其直接负责的主管人员和其他直接责任人员，依照前款的规定处罚。有第一款行为，同时构成其他犯罪的，依照处罚较重的规定定罪处罚。"因此，养老服务机构服务人员等对其负有看护职责的人实施虐待行为，情节恶劣的，其行为将构成虐待被看护人罪。

这里需要明确的是，虐待被看护人罪属于竞合犯。竞合犯又称犯罪的竞合，是指不同的犯罪彼此交织在一起，两个以上具体罪名的犯罪构成要件同时适用于同一具体的犯罪事实，发生评价范围上的交叉、重合或者包容而形成的一种复杂犯罪形态。虐待被看护人罪与故意伤害罪极易构成竞合，如情节严重符合故意伤害罪认定标准，应依照处罚较重的规定定罪处罚。

2. 养老服务机构可构成单位犯罪

刑法修正案（九）明确单位犯虐待被看护人罪的，对单位判处罚金，并对其直接负责的主管人员和其他直接责任人员，依照虐待被看护人罪的规定处罚。养老服务机构应当按照双方签订的服务协议为老年人提供生活照料、康复护理、精神慰藉、文化娱乐等服务，相关服务活动应当符合建筑、消防、食品安全、医疗卫生等法律、法规和国家有关标准。养老服务机构明知工作人员存在虐待老年人行为而放任的，属于过失犯罪；养老服务机构有组织进行虐待老年人行为的，构成故意犯罪，均可对其直接负责的主管人员和其他直接责任人员，依照虐待被看护人罪的规定依法追究刑事责任。

3. 提高法治意识，规范工作人员服务

相对家庭内虐待老年人而言，养老服务机构虐待老年人的行为社会危害性更大。我国刑法之前仅仅规定了虐待罪，养老服务机构虐待老年人如果没有造成轻伤以上后果，则可以逃避刑法的制裁，严重违背了公众对于刑法正义的期待。刑法修正案（九）明确虐待被看护人罪入刑，养老服务机构的服务行为造成老年人人身伤害的，除了承担民事赔偿责任外，情节严重的还将被追究刑事责任。由于社会公众对虐待老年人容忍度极低，从法院判决来看，个别养老护理人员的恶习已经穿破了法律底线，虽未有伤害的故意，但构成虐待被看护人罪被依法追究了刑事责任。另外需要注意的是，刑法还明确了职业禁止制度，第三十七条之一第一款明确了职业禁止期限为3—5年，法院可以对直接责任人，直接负责的主管人员和其他直接责任人员判处职业禁止，禁止其在一定期限内从事养老服务工作。

设定法律责任的目的在于：通过使当事人承担不利的法律后果，保障法律上的权利、义务得以生效，实现法的价值。构成虐待被看护人罪的，除了需要承担刑事责任外，还需对损害后果承担民事赔偿责任。民政等行业主管部门还应当依照《中华人民共和国老年人权益保障法》《养老机构管理办法》对相关机构和人员进行行政处罚。因此，虐待被看护人罪还构成了民事责任、行政责任和刑事责任的竞合。民事责任承担方式主要以补偿、恢复受害人权利为基本内容，实现方式主要以财产性方式为基本形式。行政责任的承担方式主要包括两个层面：一是以违法的行政主体为主要适用对象的撤销违法行政行为、履行职务或法定义务、通报批评、赔礼道歉等；二是以违法的行政相对人为主要适用对象的罚款、拘留、责令停产停业、吊销营业执照等，实现方式主要是非财产性方式。刑事责任主要通过限制、剥夺犯罪人的人身自由的方式实现，处罚的强度也最大。

养老机构是我国养老服务体系的重要支撑。提高养老院服务质量，关系我国 2 亿多老年人口特别是 4000 多万失能和部分失能老年人口的晚年幸福，也关系到老年人家庭子女的工作和生活，看似人民群众身边一些具体的事情，实际上是涉及人民群众特别是老年人生活质量的大事。刑法等法律对养老服务行为作出了底线规定，养老服务机构应当加强对工作人员的培训管理，提高法治意识，强化服务规范化建设，更好为老年人提供安全优质服务。

**附：裁判依据**

## 中华人民共和国刑法修正案（九）

**第一条**　在刑法第三十七条后增加一条，作为第三十七条之一：“因利用职业便利实施犯罪，或者实施违背职业要求的特定义务的犯罪被判处刑罚的，人民法院可以根据犯罪情况和预防再犯罪的需要，禁止其自刑罚执行完毕之日或者假释之日起从事相关职业，期限为三年至五年。”

**第十九条**　在刑法第二百六十条后增加一条，作为第二百六十条之一：“对未成年人、老年人、患病的人、残疾人等负有监护、看护职责的人虐待被监护、看护的人，情节恶劣的，处三年以下有期徒刑或者拘役。

“单位犯前款罪的，对单位判处罚金，并对其直接负责的主管人员和其他直接责任人员，依照前款的规定处罚。

“有第一款行为，同时构成其他犯罪的，依照处罚较重的规定定罪处罚。”

# 案例二十：护理员喂药后老人摔伤身亡 养老机构承担赔偿责任

## 一、基本信息

审理法院：辽宁省某中级人民法院

案由：服务合同纠纷

当事人：上诉人（原审原告、反诉被告）：兰某1、兰某2、兰某3、兰某4、兰某5、兰某6

被上诉人（原审被告、反诉原告）：某敬老院

**案情介绍**：六原告均为老人孙某的子女，2014年10月9日，兰某1与敬老院签署《××市入住养老机构合同书》并缴纳了入住费用，孙某于当日入住敬老院，护理类型为自理，因入住时孙某可自行活动，护理费用900元/月，无专人护理。2014年10月18日晚，因孙某在晚间睡不着，吵闹，影响其他老人休息，敬老院经征求孙某的儿媳妇的意见，孙某的家属表示同意给孙某服用安眠类药物，敬老院给孙某服用阿普唑仑一片，19日晚上敬老院给孙某服用阿普唑仑两片。2014年10月20日早上4点多，孙某在敬老院摔倒，左额头处摔伤。同日上午10点左右，兰某1前往敬老院探望孙某，次日兰某1再次前往敬老院探望其母孙某。

2014年10月25日，因孙某病情加重，敬老院将孙某送往医院治疗，经诊断，老人出现肺内感染、双侧胸腔积液、双侧肺气肿、急性呼吸衰竭、脑梗塞等症状，后医嘱转往上级医院治疗。此后，老人曾两次出院回家休养，此后又住院进行治疗。2015年2月17日，老人去世。

## 二、裁判结果及裁判理由

一审法院裁判结果：酌定敬老院对孙某摔伤治疗以及死亡的后果承担20%的责任。

一审法院裁判理由：养老机构应为入住的老人提供必要的养老设施和相关的养老服务。在履行服务合同过程中，敬老院为孙某服用非孙某自带的二类精神药品阿普唑仑，虽然征求了孙某家属的意见，家属也同意服用安眠类药品，但并没有执业医师的医嘱，故敬老院对此存在明显的过错。因未经专门鉴定机构作出专业的鉴定意见，从日常生活经验判断，孙某摔倒的原因不排除因其年迈（摔伤时85周岁），行动不方便，且凌晨4点天色尚暗，不慎摔伤；不排除是因某些疾病引发摔伤；但也不能绝对排除是因为其服用药物后，产生药效或部分副作用导致其摔伤。而在孙某摔伤后，敬老院对其进行了积极治疗，且孙某的家属兰某1在孙某摔伤当天10时左右以及摔伤的第二天均前往敬老院探望孙某，其家属并未将孙某送往医院医治，在孙某病重后，敬老院积极将孙某送往医院治疗，而孙某是在家休养一段时间后去世，该院综合本案的具体情况，酌定敬老院对孙某摔伤治疗以及死亡的后果承担20%的责任。

上诉请求：申请改判或发回重审由被上诉人承担全部责任。

二审法院裁判结果：驳回上诉，维持原判。

二审法院裁判理由：孙某摔伤时已经85岁高龄，现兰某1自认孙某摔伤前具有脑血栓病史，经审查孙某两次入院的医疗诊断病历，孙某患有多种基础疾病，仅从常识判断不能得出敬老院为孙某服用阿普唑仑会导致摔伤进而引发上述病症之间具有高度逻辑关联的结论。故本案孙某摔倒、病发及最终死亡的结果与服用阿普唑仑具有高度关联性的举证责任应由兰某1等上诉人承担，现兰某1仅以阿普唑仑的药品说明书举证证明上述事实具有关联性，在事实和逻辑上的证明力不够，因上诉人兰某1等未能提供孙某服用阿普唑仑会导致其摔伤并引发上述病症的直接证据，对其上诉主张，本院不予支持。原审法院综合本案的具体情况，考虑到敬老院具有的公益属性，鉴于阿普唑仑系第二类精神药品应当凭执业医师出具的处方谨慎服用，而敬老院未按医嘱为孙某服用阿普唑仑具有一定的主观过错，酌定敬老院对孙某摔伤治疗以及死亡的后果承担20%的责任，兼顾了兰某1等六上诉人作为家属的心理感受，基本公平，本院予以维持。

另外，其他地方还发生了养老院给老人服药致人死亡，经营者被追究刑事责任的案件。老人唐某居住在吉林省某养老院，因年纪大了脾气不好与同院老人发生纠纷，将他人打伤，为避免老人再次发脾气伤及他人，该养老院经营者冷某在征求其家属同意的情况下，给唐某服用了两片氯氮平片，当晚唐某因急性心肌梗死致心功能障碍而死亡。经鉴定，急性心肌梗死致心功能障碍为根本死亡原因，氯氮平中毒为辅助死亡原因；唐某血药浓度已达到中毒浓度，且明显大于临床治疗血药浓度。冷某后悔不已，积极赔偿唐某家属各项损失38万元，取得了唐某家属的谅解。2020年8月3日，当地检察院以冷某涉嫌犯过失致人死亡罪将其起诉至当地法院，法院依法审理后，认为冷某具有自首、赔偿并取得谅解等从轻情节，落实社区矫正考察、帮教措施，以后不致再危害社会，判处其有期徒刑一年，缓刑一年六个月。

## 三、分析点评

上述案例均是因养老机构工作人员喂老人服用药物引发的养老服务纠纷，虽然两案中养老机构喂药的行为均取得了老人家属同意，但是最终都发生了老人死亡的悲剧。

1. 养老机构应当审慎使用处方药品，听从专业医师的医嘱。处方药是指必须要由有处方权的执业医师或者执业助理开出处方，才能到医院药房或者药店购买的药物，一般处方药绝大多数具有一定的毒副作用，因此需要在医生的指导下合理使用。案例二十中冷某自作主张给唐某服用超量的该处方药，最终导致老人死亡，冷某被法院判决承担刑事责任。

2. 老人入住时养老机构应当与家属进行充分沟通，了解老人的过敏病史等。入住协议中应该有专门的条款明确老人的健康状况、自理情况和过敏病史等，养老机构应当对老人的情况有所掌握并进行有针对性的照护，家属也应当尽到相应的告知义务。入住养老机构的老人本身身体较弱，很多患有基础性疾病，一旦服用药物过量或者引起不良的反应可能引发十分严重的后果。案例中唐某因氯氮平中毒而诱发急性心肌梗死身亡，虽然两案中养老机构为老人服药均取得了家属同意，但是仍不能完全免除养老机构的责任。

# 法律、行政法规、<br>地方性法规、规章及其他

## （一）法律、行政法规

# 中华人民共和国老年人权益保障法
# （2018年修正）

（1996年8月29日第八届全国人民代表大会常务委员会第二十一次会议通过　根据2009年8月27日第十一届全国人民代表大会常务委员会第十次会议《关于修改部分法律的决定》第一次修正　2012年12月28日第十一届全国人民代表大会常务委员会第三十次会议修订　根据2015年4月24日第十二届全国人民代表大会常务委员会第十四次会议《关于修改〈中华人民共和国电力法〉等六部法律的决定》第二次修正　根据2018年12月29日第十三届全国人民代表大会常务委员会第七次会议《关于修改〈中华人民共和国劳动法〉等七部法律的决定》第三次修正）

### 目　录



### 第一章　总　　则

**第一条**　为了保障老年人合法权益，发展老龄事业，弘扬中华民族敬老、养老、助老的美德，根据宪法，制定本法。

**第二条**　本法所称老年人是指六十周岁以上的公民。

**第三条**　国家保障老年人依法享有的权益。

老年人有从国家和社会获得物质帮助的权利，有享受社会服务和社会优待的权利，有参与社会发展和共享发展成果的权利。

禁止歧视、侮辱、虐待或者遗弃老年人。

**第四条** 积极应对人口老龄化是国家的一项长期战略任务。

国家和社会应当采取措施，健全保障老年人权益的各项制度，逐步改善保障老年人生活、健康、安全以及参与社会发展的条件，实现老有所养、老有所医、老有所为、老有所学、老有所乐。

**第五条** 国家建立多层次的社会保障体系，逐步提高对老年人的保障水平。

国家建立和完善以居家为基础、社区为依托、机构为支撑的社会养老服务体系。

倡导全社会优待老年人。

**第六条** 各级人民政府应当将老龄事业纳入国民经济和社会发展规划，将老龄事业经费列入财政预算，建立稳定的经费保障机制，并鼓励社会各方面投入，使老龄事业与经济、社会协调发展。

国务院制定国家老龄事业发展规划。县级以上地方人民政府根据国家老龄事业发展规划，制定本行政区域的老龄事业发展规划和年度计划。

县级以上人民政府负责老龄工作的机构，负责组织、协调、指导、督促有关部门做好老年人权益保障工作。

**第七条** 保障老年人合法权益是全社会的共同责任。

国家机关、社会团体、企业事业单位和其他组织应当按照各自职责，做好老年人权益保障工作。

基层群众性自治组织和依法设立的老年人组织应当反映老年人的要求，维护老年人合法权益，为老年人服务。

提倡、鼓励义务为老年人服务。

**第八条** 国家进行人口老龄化国情教育，增强全社会积极应对人口老龄化意识。

全社会应当广泛开展敬老、养老、助老宣传教育活动，树立尊重、关心、帮助老年人的社会风尚。

青少年组织、学校和幼儿园应当对青少年和儿童进行敬老、养老、助老的道德教育和维护老年人合法权益的法制教育。

广播、电影、电视、报刊、网络等应当反映老年人的生活，开展维护老年人合法权益的宣传，为老年人服务。

**第九条** 国家支持老龄科学研究，建立老年人状况统计调查和发布制度。

**第十条** 各级人民政府和有关部门对维护老年人合法权益和敬老、养老、助老成绩显著的组织、家庭或者个人，对参与社会发展做出突出贡献的老年人，按照国家有关规定给予表彰或者奖励。

**第十一条** 老年人应当遵纪守法，履行法律规定的义务。

**第十二条** 每年农历九月初九为老年节。

## 第二章 家庭赡养与扶养

**第十三条** 老年人养老以居家为基础，家庭成员应当尊重、关心和照料老年人。

**第十四条** 赡养人应当履行对老年人经济上供养、生活上照料和精神上慰藉的义务，照顾老年人的特殊需要。

赡养人是指老年人的子女以及其他依法负有赡养义务的人。

赡养人的配偶应当协助赡养人履行赡养义务。

**第十五条** 赡养人应当使患病的老年人及时得到治疗和护理；对经济困难的老年人，应当提供医疗费用。

对生活不能自理的老年人，赡养人应当承担照料责任；不能亲自照料的，可以按照老年人的意愿委托他人或者养老机构等照料。

**第十六条** 赡养人应当妥善安排老年人的住房，不得强迫老年人居住或者迁居条件低劣的房屋。

老年人自有的或者承租的住房，子女或者其他亲属不得侵占，不得擅自改变产权关系或者租赁关系。

老年人自有的住房，赡养人有维修的义务。

**第十七条** 赡养人有义务耕种或者委托他人耕种老年人承包的田地，照管或者委托他人照管老年人的林木和牲畜等，收益归老年人所有。

**第十八条** 家庭成员应当关心老年人的精神需求，不得忽视、冷落老年人。

与老年人分开居住的家庭成员，应当经常看望或者问候老年人。

用人单位应当按照国家有关规定保障赡养人探亲休假的权利。

**第十九条** 赡养人不得以放弃继承权或者其他理由，拒绝履行赡养义务。

赡养人不履行赡养义务，老年人有要求赡养人付给赡养费等权利。

赡养人不得要求老年人承担力不能及的劳动。

**第二十条** 经老年人同意，赡养人之间可以就履行赡养义务签订协议。赡养协议的内容不得违反法律的规定和老年人的意愿。

基层群众性自治组织、老年人组织或者赡养人所在单位监督协议的履行。

**第二十一条** 老年人的婚姻自由受法律保护。子女或者其他亲属不得干涉老年人离婚、再婚及婚后的生活。

赡养人的赡养义务不因老年人的婚姻关系变化而消除。

**第二十二条** 老年人对个人的财产，依法享有占有、使用、收益和处分的权利，子女或者其他亲属不得干涉，不得以窃取、骗取、强行索取等方式侵犯老年人的财产权益。

老年人有依法继承父母、配偶、子女或者其他亲属遗产的权利，有接受赠与的权利。子女或者其他亲属不得侵占、抢夺、转移、隐匿或者损毁应当由老年人继承或者接受赠与的财产。

老年人以遗嘱处分财产，应当依法为老年配偶保留必要的份额。

**第二十三条** 老年人与配偶有相互扶养的义务。

由兄、姐扶养的弟、妹成年后，有负担能力的，对年老无赡养人的兄、姐有扶养的义务。

**第二十四条** 赡养人、扶养人不履行赡养、扶养义务的，基层群众性自治组织、老年人组织或者赡养人、扶养人所在单位应当督促其履行。

**第二十五条** 禁止对老年人实施家庭暴力。

**第二十六条** 具备完全民事行为能力的老年人，可以在近亲属或者其他与自己关系密切、愿意承担监护责任的个人、组织中协商确定自己的监护人。监护人在老年人丧失或者部分丧失民事行为能力时，依法承担监护责任。

老年人未事先确定监护人的，其丧失或者部分丧失民事行为能力时，依照有关法律的规定确定监护人。

**第二十七条** 国家建立健全家庭养老支持政策，鼓励家庭成员与老年人共同生活或者就近居住，为老年人随配偶或者赡养人迁徙提供条件，为家庭成员照料老年人提供帮助。

## 第三章 社会保障

**第二十八条** 国家通过基本养老保险制度，保障老年人的基本生活。

**第二十九条** 国家通过基本医疗保险制度，保障老年人的基本医疗需要。享受最低生活保障的老年人和符合条件的低收入家庭中的老年人参加新型农村合作医疗和城镇居民基本医疗保险所需个人缴费部分，由政府给予补贴。

有关部门制定医疗保险办法，应当对老年人给予照顾。

**第三十条** 国家逐步开展长期护理保障工作，保障老年人的护理需求。

对生活长期不能自理、经济困难的老年人，地方各级人民政府应当根据其失能程度等情况给予护理补贴。

**第三十一条** 国家对经济困难的老年人给予基本生活、医疗、居住或者其他救助。

老年人无劳动能力、无生活来源、无赡养人和扶养人，或者其赡养人和扶养人确无赡养能力或者扶养能力的，由地方各级人民政府依照有关规定给予供养或者救助。

对流浪乞讨、遭受遗弃等生活无着的老年人，由地方各级人民政府依照有关规定给予救助。

**第三十二条** 地方各级人民政府在实施廉租住房、公共租赁住房等住房保障制度或者进行危旧房屋改造时，应当优先照顾符合条件的老年人。

**第三十三条** 国家建立和完善老年人福利制度，根据经济社会发展水平和老年人的实际需要，增加老年人的社会福利。

国家鼓励地方建立八十周岁以上低收入老年人高龄津贴制度。

国家建立和完善计划生育家庭老年人扶助制度。

农村可以将未承包的集体所有的部分土地、山林、水面、滩涂等作为养老基地，收益供老年人养老。

**第三十四条** 老年人依法享有的养老金、医疗待遇和其他待遇应当得到保障，有关机构必须按时足额支付，不得克扣、拖欠或者挪用。

国家根据经济发展以及职工平均工资增长、物价上涨等情况，适时提高养老保障水平。

**第三十五条** 国家鼓励慈善组织以及其他组织和个人为老年人提供物质帮助。

**第三十六条** 老年人可以与集体经济组织、基层群众性自治组织、养老机构等组织或者个人签订遗赠扶养协议或者其他扶助协议。

负有扶养义务的组织或者个人按照遗赠扶养协议，承担该老年人生养死葬的义务，享有受遗赠的权利。

## 第四章　社会服务

**第三十七条**　地方各级人民政府和有关部门应当采取措施，发展城乡社区养老服务，鼓励、扶持专业服务机构及其他组织和个人，为居家的老年人提供生活照料、紧急救援、医疗护理、精神慰藉、心理咨询等多种形式的服务。

对经济困难的老年人，地方各级人民政府应当逐步给予养老服务补贴。

**第三十八条**　地方各级人民政府和有关部门、基层群众性自治组织，应当将养老服务设施纳入城乡社区配套设施建设规划，建立适应老年人需要的生活服务、文化体育活动、日间照料、疾病护理与康复等服务设施和网点，就近为老年人提供服务。

发扬邻里互助的传统，提倡邻里间关心、帮助有困难的老年人。

鼓励慈善组织、志愿者为老年人服务。倡导老年人互助服务。

**第三十九条**　各级人民政府应当根据经济发展水平和老年人服务需求，逐步增加对养老服务的投入。

各级人民政府和有关部门在财政、税费、土地、融资等方面采取措施，鼓励、扶持企业事业单位、社会组织或者个人兴办、运营养老、老年人日间照料、老年文化体育活动等设施。

**第四十条**　地方各级人民政府和有关部门应当按照老年人口比例及分布情况，将养老服务设施建设纳入城乡规划和土地利用总体规划，统筹安排养老服务设施建设用地及所需物资。

公益性养老服务设施用地，可以依法使用国有划拨土地或者农民集体所有的土地。

养老服务设施用地，非经法定程序不得改变用途。

**第四十一条**　政府投资兴办的养老机构，应当优先保障经济困难的孤寡、失能、高龄等老年人的服务需求。

**第四十二条**　国务院有关部门制定养老服务设施建设、养老服务质量和养老服务职业等标准，建立健全养老机构分类管理和养老服务评估制度。

各级人民政府应当规范养老服务收费项目和标准，加强监督和管理。

**第四十三条**　设立公益性养老机构，应当依法办理相应的登记。

设立经营性养老机构，应当在市场监督管理部门办理登记。

养老机构登记后即可开展服务活动，并向县级以上人民政府民政部门备案。

**第四十四条**　地方各级人民政府加强对本行政区域养老机构管理工作的领导，建立养老机构综合监管制度。

县级以上人民政府民政部门负责养老机构的指导、监督和管理，其他有关部门依照职责分工对养老机构实施监督。

**第四十五条**　县级以上人民政府民政部门依法履行监督检查职责，可以采取以下措施：

（一）向养老机构和个人了解情况；

（二）进入涉嫌违法的养老机构进行现场检查；

（三）查阅或者复制有关合同、票据、账簿及其他有关资料；

（四）发现养老机构存在可能危及人身健康和生命财产安全风险的，责令限期改正，逾期不改正的，责令停业整顿。

县级以上人民政府民政部门调查养老机构涉嫌违法的行为，应当遵守《中华人民共和国行政强制法》和其他有关法律、行政法规的规定。

**第四十六条** 养老机构变更或者终止的，应当妥善安置收住的老年人，并依照规定到有关部门办理手续。有关部门应当为养老机构妥善安置老年人提供帮助。

**第四十七条** 国家建立健全养老服务人才培养、使用、评价和激励制度，依法规范用工，促进从业人员劳动报酬合理增长，发展专职、兼职和志愿者相结合的养老服务队伍。

国家鼓励高等学校、中等职业学校和职业培训机构设置相关专业或者培训项目，培养养老服务专业人才。

**第四十八条** 养老机构应当与接受服务的老年人或者其代理人签订服务协议，明确双方的权利、义务。

养老机构及其工作人员不得以任何方式侵害老年人的权益。

**第四十九条** 国家鼓励养老机构投保责任保险，鼓励保险公司承保责任保险。

**第五十条** 各级人民政府和有关部门应当将老年医疗卫生服务纳入城乡医疗卫生服务规划，将老年人健康管理和常见病预防等纳入国家基本公共卫生服务项目。鼓励为老年人提供保健、护理、临终关怀等服务。

国家鼓励医疗机构开设针对老年病的专科或者门诊。

医疗卫生机构应当开展老年人的健康服务和疾病防治工作。

**第五十一条** 国家采取措施，加强老年医学的研究和人才培养，提高老年病的预防、治疗、科研水平，促进老年病的早期发现、诊断和治疗。

国家和社会采取措施，开展各种形式的健康教育，普及老年保健知识，增强老年人自我保健意识。

**第五十二条** 国家采取措施，发展老龄产业，将老龄产业列入国家扶持行业目录。扶持和引导企业开发、生产、经营适应老年人需要的用品和提供相关的服务。

## 第五章　社会优待

**第五十三条** 县级以上人民政府及其有关部门根据经济社会发展情况和老年人的特殊需要，制定优待老年人的办法，逐步提高优待水平。

对常住在本行政区域内的外埠老年人给予同等优待。

**第五十四条** 各级人民政府和有关部门应当为老年人及时、便利地领取养老金、结算医疗费和享受其他物质帮助提供条件。

**第五十五条** 各级人民政府和有关部门办理房屋权属关系变更、户口迁移等涉及老年人权益的重大事项时，应当就办理事项是否为老年人的真实意思表示进行询问，并依法优先办理。

**第五十六条** 老年人因其合法权益受侵害提起诉讼交纳诉讼费确有困难的，可以缓交、减交或者免交；需要获得律师帮助，但无力支付律师费用的，可以获得法律援助。

鼓励律师事务所、公证处、基层法律服务所和其他法律服务机构为经济困难的老年人提供免费或者优惠服务。

**第五十七条** 医疗机构应当为老年人就医提供方便，对老年人就医予以优先。有条件的地方，可以为老年人设立家庭病床，开展巡回医疗、护理、康复、免费体检等服务。

提倡为老年人义诊。

**第五十八条** 提倡与老年人日常生活密切相关的服务行业为老年人提供优先、优惠服务。

城市公共交通、公路、铁路、水路和航空客运，应当为老年人提供优待和照顾。

**第五十九条** 博物馆、美术馆、科技馆、纪念馆、公共图书馆、文化馆、影剧院、体育场馆、公园、旅游景点等场所，应当对老年人免费或者优惠开放。

**第六十条** 农村老年人不承担兴办公益事业的筹劳义务。

## 第六章 宜居环境

**第六十一条** 国家采取措施，推进宜居环境建设，为老年人提供安全、便利和舒适的环境。

**第六十二条** 各级人民政府在制定城乡规划时，应当根据人口老龄化发展趋势、老年人口分布和老年人的特点，统筹考虑适合老年人的公共基础设施、生活服务设施、医疗卫生设施和文化体育设施建设。

**第六十三条** 国家制定和完善涉及老年人的工程建设标准体系，在规划、设计、施工、监理、验收、运行、维护、管理等环节加强相关标准的实施与监督。

**第六十四条** 国家制定无障碍设施工程建设标准。新建、改建和扩建道路、公共交通设施、建筑物、居住区等，应当符合国家无障碍设施工程建设标准。

各级人民政府和有关部门应当按照国家无障碍设施工程建设标准，优先推进与老年人日常生活密切相关的公共服务设施的改造。

无障碍设施的所有人和管理人应当保障无障碍设施正常使用。

**第六十五条** 国家推动老年宜居社区建设，引导、支持老年宜居住宅的开发，推动和扶持老年人家庭无障碍设施的改造，为老年人创造无障碍居住环境。

## 第七章 参与社会发展

**第六十六条** 国家和社会应当重视、珍惜老年人的知识、技能、经验和优良品德，发挥老年人的专长和作用，保障老年人参与经济、政治、文化和社会生活。

**第六十七条** 老年人可以通过老年人组织，开展有益身心健康的活动。

**第六十八条** 制定法律、法规、规章和公共政策，涉及老年人权益重大问题的，应当听取老年人和老年人组织的意见。

老年人和老年人组织有权向国家机关提出老年人权益保障、老龄事业发展等方面的意见和建议。

**第六十九条** 国家为老年人参与社会发展创造条件。根据社会需要和可能，鼓励老年人在自愿和量力的情况下，从事下列活动：

（一）对青少年和儿童进行社会主义、爱国主义、集体主义和艰苦奋斗等优良传统教育；

（二）传授文化和科技知识；

（三）提供咨询服务；

（四）依法参与科技开发和应用；

（五）依法从事经营和生产活动；

（六）参加志愿服务、兴办社会公益事业；

（七）参与维护社会治安、协助调解民间纠纷；

（八）参加其他社会活动。

**第七十条** 老年人参加劳动的合法收入受法律保护。

任何单位和个人不得安排老年人从事危害其身心健康的劳动或者危险作业。

**第七十一条** 老年人有继续受教育的权利。

国家发展老年教育，把老年教育纳入终身教育体系，鼓励社会办好各类老年学校。

各级人民政府对老年教育应当加强领导，统一规划，加大投入。

**第七十二条** 国家和社会采取措施，开展适合老年人的群众性文化、体育、娱乐活动，丰富老年人的精神文化生活。

## 第八章 法律责任

**第七十三条** 老年人合法权益受到侵害的，被侵害人或者其代理人有权要求有关部门处理，或者依法向人民法院提起诉讼。

人民法院和有关部门，对侵犯老年人合法权益的申诉、控告和检举，应当依法及时受理，不得推诿、拖延。

**第七十四条** 不履行保护老年人合法权益职责的部门或者组织，其上级主管部门应当给予批评教育，责令改正。

国家工作人员违法失职，致使老年人合法权益受到损害的，由其所在单位或者上级机关责令改正，或者依法给予处分；构成犯罪的，依法追究刑事责任。

**第七十五条** 老年人与家庭成员因赡养、扶养或者住房、财产等发生纠纷，可以申请人民调解委员会或者其他有关组织进行调解，也可以直接向人民法院提起诉讼。

人民调解委员会或者其他有关组织调解前款纠纷时，应当通过说服、疏导等方式化解矛盾和纠纷；对有过错的家庭成员，应当给予批评教育。

人民法院对老年人追索赡养费或者扶养费的申请，可以依法裁定先予执行。

**第七十六条** 干涉老年人婚姻自由，对老年人负有赡养义务、扶养义务而拒绝赡养、扶养，虐待老年人或者对老年人实施家庭暴力的，由有关单位给予批评教育；构成违反治安管理行为的，依法给予治安管理处罚；构成犯罪的，依法追究刑事责任。

**第七十七条** 家庭成员盗窃、诈骗、抢夺、侵占、勒索、故意损毁老年人财物，构成违反治安管理行为的，依法给予治安管理处罚；构成犯罪的，依法追究刑事责任。

**第七十八条** 侮辱、诽谤老年人，构成违反治安管理行为的，依法给予治安管理处罚；构成犯罪的，依法追究刑事责任。

**第七十九条** 养老机构及其工作人员侵害老年人人身和财产权益，或者未按照约定提供服务的，依法承担民事责任；有关主管部门依法给予行政处罚；构成犯罪的，依法追究刑事责任。

**第八十条** 对养老机构负有管理和监督职责的部门及其工作人员滥用职权、玩忽职守、徇私舞弊的，对直接负责的主管人员和其他直接责任人员依法给予处分；构成犯罪的，依法追究刑事责任。

**第八十一条** 不按规定履行优待老年人义务的，由有关主管部门责令改正。

**第八十二条** 涉及老年人的工程不符合国家规定的标准或者无障碍设施所有人、管理人未尽到维护和管理职责的，由有关主管部门责令改正；造成损害的，依法承担民事责任；对有关单位、个人依法给予行政处罚；构成犯罪的，依法追究刑事责任。

## 第九章 附 则

**第八十三条** 民族自治地方的人民代表大会，可以根据本法的原则，结合当地民族风俗习惯的具体情况，依照法定程序制定变通的或者补充的规定。

**第八十四条** 本法施行前设立的养老机构不符合本法规定条件的，应当限期整改。具体办法由国务院民政部门制定。

**第八十五条** 本法自 2013 年 7 月 1 日起施行。

# 中华人民共和国消防法

## 第一章　总　　则

**第一条**　为了预防火灾和减少火灾危害，加强应急救援工作，保护人身、财产安全，维护公共安全，制定本法。

**第二条**　消防工作贯彻预防为主、防消结合的方针，按照政府统一领导、部门依法监管、单位全面负责、公民积极参与的原则，实行消防安全责任制，建立健全社会化的消防工作网络。

**第三条**　国务院领导全国的消防工作。地方各级人民政府负责本行政区域内的消防工作。各级人民政府应当将消防工作纳入国民经济和社会发展计划，保障消防工作与经济社会发展相适应。

**第四条**　国务院应急管理部门对全国的消防工作实施监督管理。县级以上地方人民政府应急管理部门对本行政区域内的消防工作实施监督管理，并由本级人民政府消防救援机构负责实施。军事设施的消防工作，由其主管单位监督管理，消防救援机构协助；矿井地下部分、核电厂、海上石油天然气设施的消防工作，由其主管单位监督管理。县级以上人民政府其他有关部门在各自的职责范围内，依照本法和其他相关法律、法规的规定做好消防工作。法律、行政法规对森林、草原的消防工作另有规定的，从其规定。

**第五条**　任何单位和个人都有维护消防安全、保护消防设施、预防火灾、报告火警的义务。任何单位和成年人都有参加有组织的灭火工作的义务。

**第六条**　各级人民政府应当组织开展经常性的消防宣传教育，提高公民的消防安全意识。机关、团体、企业、事业等单位，应当加强对本单位人员的消防宣传教育。应急管理部门及消防救援机构应当加强消防法律、法规的宣传，并督促、指导、协助有关单位做好消防宣传教育工作。教育、人力资源行政主管部门和学校、有关职业培训机构应当将消防知识纳入教育、教学、培训的内容。新闻、广播、电视等有关单位，应当有针对性地面向社会进行消防宣传教育。工会、共产主义青年团、妇女联合会等团体应当结合各自工作对象的特点，组织开展消防宣传教育。村民委员会、居民委员会应当协助人民政府以及公安机关、应急管理等部门，加强消防宣传教育。

**第七条**　国家鼓励、支持消防科学研究和技术创新，推广使用先进的消防和应急救援技术、设备；鼓励、支持社会力量开展消防公益活动。对在消防工作中有突出贡献的单位和个人，应当按照国家有关规定给予表彰和奖励。

## 第二章　火灾预防

**第八条**　地方各级人民政府应当将包括消防安全布局、消防站、消防供水、消防通信、消防车通道、消防装备等内容的消防规划纳入城乡规划，并负责组织实施。城乡消防安全布局不符合消防安全要求的，应当调整、完善；公共消防设施、消防装备不足或者不适应实际需要的，应当增建、改建、配置或者进行技术改造。

**第九条** 建设工程的消防设计、施工必须符合国家工程建设消防技术标准。建设、设计、施工、工程监理等单位依法对建设工程的消防设计、施工质量负责。

**第十条** 对按照国家工程建设消防技术标准需要进行消防设计的建设工程，实行建设工程消防设计审查验收制度。

**第十一条** 国务院住房和城乡建设主管部门规定的特殊建设工程，建设单位应当将消防设计文件报送住房和城乡建设主管部门审查，住房和城乡建设主管部门依法对审查的结果负责。前款规定以外的其他建设工程，建设单位申请领取施工许可证或者申请批准开工报告时应当提供满足施工需要的消防设计图纸及技术资料。

**第十二条** 特殊建设工程未经消防设计审查或者审查不合格的，建设单位、施工单位不得施工；其他建设工程，建设单位未提供满足施工需要的消防设计图纸及技术资料的，有关部门不得发放施工许可证或者批准开工报告。

**第十三条** 国务院住房和城乡建设主管部门规定应当申请消防验收的建设工程竣工，建设单位应当向住房和城乡建设主管部门申请消防验收。前款规定以外的其他建设工程，建设单位在验收后应当报住房和城乡建设主管部门备案，住房和城乡建设主管部门应当进行抽查。依法应当进行消防验收的建设工程，未经消防验收或者消防验收不合格的，禁止投入使用；其他建设工程经依法抽查不合格的，应当停止使用。

**第十四条** 建设工程消防设计审查、消防验收、备案和抽查的具体办法，由国务院住房和城乡建设主管部门规定。

**第十五条** 公众聚集场所在投入使用、营业前，建设单位或者使用单位应当向场所所在地的县级以上地方人民政府消防救援机构申请消防安全检查。消防救援机构应当自受理申请之日起十个工作日内，根据消防技术标准和管理规定，对该场所进行消防安全检查。未经消防安全检查或者经检查不符合消防安全要求的，不得投入使用、营业。

**第十六条** 机关、团体、企业、事业等单位应当履行下列消防安全职责：（一）落实消防安全责任制，制定本单位的消防安全制度、消防安全操作规程，制定灭火和应急疏散预案；（二）按照国家标准、行业标准配置消防设施、器材，设置消防安全标志，并定期组织检验、维修，确保完好有效；（三）对建筑消防设施每年至少进行一次全面检测，确保完好有效，检测记录应当完整准确，存档备查；（四）保障疏散通道、安全出口、消防车通道畅通，保证防火防烟分区、防火间距符合消防技术标准；（五）组织防火检查，及时消除火灾隐患；（六）组织进行有针对性的消防演练；（七）法律、法规规定的其他消防安全职责。单位的主要负责人是本单位的消防安全责任人。

**第十七条** 县级以上地方人民政府消防救援机构应当将发生火灾可能性较大以及发生火灾可能造成重大的人身伤亡或者财产损失的单位，确定为本行政区域内的消防安全重点单位，并由应急管理部门报本级人民政府备案。消防安全重点单位除应当履行本法第十六条规定的职责外，还应当履行下列消防安全职责：（一）确定消防安全管理人，组织实施本单位的消防安全管理工作；（二）建立消防档案，确定消防安全重点部位，设置防火标志，实行严格管理；（三）实行每日防火巡查，并建立巡查记录；（四）对职工进行岗前消防安全培训，定期组织消防安全培训和消防演练。

**第十八条** 同一建筑物由两个以上单位管理或者使用的，应当明确各方的消防安全责任，并确定责任人对共用的疏散通道、安全出口、建筑消防设施和消防车通道进行统一管理。住宅区的物业服务企业应当对管理区域内的共用消防设施进行维护管理，提供消防安全防范服务。

**第十九条** 生产、储存、经营易燃易爆危险品的场所不得与居住场所设置在同一建筑物内，并应当与居住场所保持安全距离。生产、储存、经营其他物品的场所与居住场所设置在同一建筑物内的，应当符合国家工程建设消防技术标准。

**第二十条** 举办大型群众性活动，承办人应当依法向公安机关申请安全许可，制定灭火和应急疏散预案并组织演练，明确消防安全责任分工，确定消防安全管理人员，保持消防设施和消防器材配置齐全、完好有效，保证疏散通道、安全出口、疏散指示标志、应急照明和消防车通道符合消防技术标准和管理规定。

**第二十一条** 禁止在具有火灾、爆炸危险的场所吸烟、使用明火。因施工等特殊情况需要使用明火作业的，应当按照规定事先办理审批手续，采取相应的消防安全措施；作业人员应当遵守消防安全规定。进行电焊、气焊等具有火灾危险作业的人员和自动消防系统的操作人员，必须持证上岗，并遵守消防安全操作规程。

**第二十二条** 生产、储存、装卸易燃易爆危险品的工厂、仓库和专用车站、码头的设置，应当符合消防技术标准。易燃易爆气体和液体的充装站、供应站、调压站，应当设置在符合消防安全要求的位置，并符合防火防爆要求。已经设置的生产、储存、装卸易燃易爆危险品的工厂、仓库和专用车站、码头，易燃易爆气体和液体的充装站、供应站、调压站，不再符合前款规定的，地方人民政府应当组织、协调有关部门、单位限期解决，消除安全隐患。

**第二十三条** 生产、储存、运输、销售、使用、销毁易燃易爆危险品，必须执行消防技术标准和管理规定。进入生产、储存易燃易爆危险品的场所，必须执行消防安全规定。禁止非法携带易燃易爆危险品进入公共场所或者乘坐公共交通工具。储存可燃物资仓库的管理，必须执行消防技术标准和管理规定。

**第二十四条** 消防产品必须符合国家标准；没有国家标准的，必须符合行业标准。禁止生产、销售或者使用不合格的消防产品以及国家明令淘汰的消防产品。依法实行强制性产品认证的消防产品，由具有法定资质的认证机构按照国家标准、行业标准的强制性要求认证合格后，方可生产、销售、使用。实行强制性产品认证的消防产品目录，由国务院产品质量监督部门会同国务院应急管理部门制定并公布。新研制的尚未制定国家标准、行业标准的消防产品，应当按照国务院产品质量监督部门会同国务院应急管理部门规定的办法，经技术鉴定符合消防安全要求的，方可生产、销售、使用。依照本条规定经强制性产品认证合格或者技术鉴定合格的消防产品，国务院应急管理部门应当予以公布。

**第二十五条** 产品质量监督部门、工商行政管理部门、消防救援机构应当按照各自职责加强对消防产品质量的监督检查。

**第二十六条** 建筑构件、建筑材料和室内装修、装饰材料的防火性能必须符合国家标准；没有国家标准的，必须符合行业标准。人员密集场所室内装修、装饰，应当按照消防技术标准的要求，使用不燃、难燃材料。

**第二十七条** 电器产品、燃气用具的产品标准，应当符合消防安全的要求。电器产品、燃气用具的安装、使用及其线路、管路的设计、敷设、维护保养、检测，必须符合消防技术标准和管理规定。

**第二十八条** 任何单位、个人不得损坏、挪用或者擅自拆除、停用消防设施、器材，不得埋压、圈占、遮挡消火栓或者占用防火间距，不得占用、堵塞、封闭疏散通道、安全出口、消防车通道。人员密集场所的门窗不得设置影响逃生和灭火救援的障碍物。

**第二十九条** 负责公共消防设施维护管理的单位，应当保持消防供水、消防通信、消防车通道等公共消防设施的完好有效。在修建道路以及停电、停水、截断通信线路时有可能影响消防队灭火救援的，有关单位必须事先通知当地消防救援机构。

**第三十条** 地方各级人民政府应当加强对农村消防工作的领导，采取措施加强公共消防设施建设，组织建立和督促落实消防安全责任制。

**第三十一条** 在农业收获季节、森林和草原防火期间、重大节假日期间以及火灾多发季节，地方各级人民政府应当组织开展有针对性的消防宣传教育，采取防火措施，进行消防安全检查。

**第三十二条** 乡镇人民政府、城市街道办事处应当指导、支持和帮助村民委员会、居民委员会开展群众性的消防工作。村民委员会、居民委员会应当确定消防安全管理人，组织制定防火安全公约，进行防火安全检查。

**第三十三条** 国家鼓励、引导公众聚集场所和生产、储存、运输、销售易燃易爆危险品的企业投保火灾公众责任保险；鼓励保险公司承保火灾公众责任保险。

**第三十四条** 消防产品质量认证、消防设施检测、消防安全监测等消防技术服务机构和执业人员，应当依法获得相应的资质、资格；依照法律、行政法规、国家标准、行业标准和执业准则，接受委托提供消防技术服务，并对服务质量负责。

## 第三章　消防组织

**第三十五条** 各级人民政府应当加强消防组织建设，根据经济社会发展的需要，建立多种形式的消防组织，加强消防技术人才培养，增强火灾预防、扑救和应急救援的能力。

**第三十六条** 县级以上地方人民政府应当按照国家规定建立国家综合性消防救援队、专职消防队，并按照国家标准配备消防装备，承担火灾扑救工作。乡镇人民政府应当根据当地经济发展和消防工作的需要，建立专职消防队、志愿消防队，承担火灾扑救工作。

**第三十七条** 国家综合性消防救援队、专职消防队按照国家规定承担重大灾害事故和其他以抢救人员生命为主的应急救援工作。

**第三十八条** 国家综合性消防救援队、专职消防队应当充分发挥火灾扑救和应急救援专业力量的骨干作用；按照国家规定，组织实施专业技能训练，配备并维护保养装备器材，提高火灾扑救和应急救援的能力。

**第三十九条** 下列单位应当建立单位专职消防队，承担本单位的火灾扑救工作：（一）大型核设施单位、大型发电厂、民用机场、主要港口；（二）生产、储存易燃易爆危险品的大型企业；（三）储备可燃的重要物资的大型仓库、基地；（四）第一项、第二项、第三项规定以外的火灾危险性较大、距离国家综合性消防救援队较远的其他大型企业；（五）距离国家综合性消防救援队较远、被列为全国重点文物保护单位的古建筑群的管理单位。

**第四十条** 专职消防队的建立，应当符合国家有关规定，并报当地消防救援机构验收。专职消防队的队员依法享受社会保险和福利待遇。

**第四十一条** 机关、团体、企业、事业等单位以及村民委员会、居民委员会根据需要，建立志愿消防队等多种形式的消防组织，开展群众性自防自救工作。

**第四十二条** 消防救援机构应当对专职消防队、志愿消防队等消防组织进行业务指导；根据扑救火灾的需要，可以调动指挥专职消防队参加火灾扑救工作。

## 第四章 灭火救援

**第四十三条** 县级以上地方人民政府应当组织有关部门针对本行政区域内的火灾特点制定应急预案，建立应急反应和处置机制，为火灾扑救和应急救援工作提供人员、装备等保障。

**第四十四条** 任何人发现火灾都应当立即报警。任何单位、个人都应当无偿为报警提供便利，不得阻拦报警。严禁谎报火警。人员密集场所发生火灾，该场所的现场工作人员应当立即组织、引导在场人员疏散。任何单位发生火灾，必须立即组织力量扑救。邻近单位应当给予支援。消防队接到火警，必须立即赶赴火灾现场，救助遇险人员，排除险情，扑灭火灾。

**第四十五条** 消防救援机构统一组织和指挥火灾现场扑救，应当优先保障遇险人员的生命安全。火灾现场总指挥根据扑救火灾的需要，有权决定下列事项：（一）使用各种水源；（二）截断电力、可燃气体和可燃液体的输送，限制用火用电；（三）划定警戒区，实行局部交通管制；（四）利用邻近建筑物和有关设施；（五）为了抢救人员和重要物资，防止火势蔓延，拆除或者破损毗邻火灾现场的建筑物、构筑物或者设施等；（六）调动供水、供电、供气、通信、医疗救护、交通运输、环境保护等有关单位协助灭火救援。根据扑救火灾的紧急需要，有关地方人民政府应当组织人员、调集所需物资支援灭火。

**第四十六条** 国家综合性消防救援队、专职消防队参加火灾以外的其他重大灾害事故的应急救援工作，由县级以上人民政府统一领导。

**第四十七条** 消防车、消防艇前往执行火灾扑救或者应急救援任务，在确保安全的前提下，不受行驶速度、行驶路线、行驶方向和指挥信号的限制，其他车辆、船舶以及行人应当让行，不得穿插超越；收费公路、桥梁免收车辆通行费。交通管理指挥人员应当保证消防车、消防艇迅速通行。赶赴火灾现场或者应急救援现场的消防人员和调集的消防装备、物资，需要铁路、水路或者航空运输的，有关单位应当优先运输。

**第四十八条** 消防车、消防艇以及消防器材、装备和设施，不得用于与消防和应急救援工作无关的事项。

**第四十九条** 国家综合性消防救援队、专职消防队扑救火灾、应急救援，不得收取任何费用。单位专职消防队、志愿消防队参加扑救外单位火灾所损耗的燃料、灭火剂和器材、装备等，由火灾发生地的人民政府给予补偿。

**第五十条** 对因参加扑救火灾或者应急救援受伤、致残或者死亡的人员，按照国家有关规定给予医疗、抚恤。

**第五十一条** 消防救援机构有权根据需要封闭火灾现场，负责调查火灾原因，统计火灾损失。火灾扑灭后，发生火灾的单位和相关人员应当按照消防救援机构的要求保护现场，接受事故调查，如实提供与火灾有关的情况。消防救援机构根据火灾现场勘验、调查情况和有关的检验、鉴定意见，及时制作火灾事故认定书，作为处理火灾事故的证据。

## 第五章 监督检查

**第五十二条** 地方各级人民政府应当落实消防工作责任制，对本级人民政府有关部门履行消防安全职责的情况进行监督检查。

县级以上地方人民政府有关部门应当根据本系统的特点，有针对性地开展消防安全检查，及时督促整改火灾隐患。

**第五十三条** 消防救援机构应当对机关、团体、企业、事业等单位遵守消防法律、法规的情况依法进行监督检查。公安派出所可以负责日常消防监督检查、开展消防宣传教育，具体办法由国务院公安部门规定。

消防救援机构、公安派出所的工作人员进行消防监督检查，应当出示证件。

**第五十四条** 消防救援机构在消防监督检查中发现火灾隐患的，应当通知有关单位或者个人立即采取措施消除隐患；不及时消除隐患可能严重威胁公共安全的，消防救援机构应当依照规定对危险部位或者场所采取临时查封措施。

**第五十五条** 消防救援机构在消防监督检查中发现城乡消防安全布局、公共消防设施不符合消防安全要求，或者发现本地区存在影响公共安全的重大火灾隐患的，应当由应急管理部门书面报告本级人民政府。

接到报告的人民政府应当及时核实情况，组织或者责成有关部门、单位采取措施，予以整改。

**第五十六条** 住房和城乡建设主管部门、消防救援机构及其工作人员应当按照法定的职权和程序进行消防设计审查、消防验收、备案抽查和消防安全检查，做到公正、严格、文明、高效。

住房和城乡建设主管部门、消防救援机构及其工作人员进行消防设计审查、消防验收、备案抽查和消防安全检查等，不得收取费用，不得利用职务谋取利益；不得利用职务为用户、建设单位指定或者变相指定消防产品的品牌、销售单位或者消防技术服务机构、消防设施施工单位。

**第五十七条** 住房和城乡建设主管部门、消防救援机构及其工作人员执行职务，应当自觉接受社会和公民的监督。

任何单位和个人都有权对住房和城乡建设主管部门、消防救援机构及其工作人员在执法中的违法行为进行检举、控告。收到检举、控告的机关，应当按照职责及时查处。

## 第六章 法律责任

**第五十八条** 违反本法规定，有下列行为之一的，由住房和城乡建设主管部门、消防救援机构按照各自职权责令停止施工、停止使用或者停产停业，并处三万元以上三十万元以下罚款：（一）依法应当进行消防设计审查的建设工程，未经依法审查或者审查不合格，擅自施工的；（二）依法应当进行消防验收的建设工程，未经消防验收或者消防验收不合格，擅自投入使用的；（三）本法第十三条规定的其他建设工程验收后经依法抽查不合格，不停止使用的；（四）公众聚集场所未经消防安全检查或者经检查不符合消防安全要求，擅自投入使用、营业的。建设单位未依照本法规定在验收后报住房和城乡建设主管部门备案的，由住房和城乡建设主管部门责令改正，处五千元以下罚款。

**第五十九条** 违反本法规定，有下列行为之一的，由住房和城乡建设主管部门责令改正或者停止施工，并处一万元以上十万元以下罚款：（一）建设单位要求建筑设计单位或者建筑施工企业降低消防技术标准设计、施工的；（二）建筑设计单位不按照消防技术标准强制性要求进行消防设计的；（三）建筑施工企业不按照消防设计文件和消防技术标准施工，降低消防施工质量的；（四）工程监理单位与建设单位或者建筑施工企业串通，弄虚作假，降低消防施工质量的。

**第六十条** 单位违反本法规定，有下列行为之一的，责令改正，处五千元以上五万元以下罚款：（一）消防设施、器材或者消防安全标志的配置、设置不符合国家标准、行业标准，或者未保持完好有效的；（二）损坏、挪用或者擅自拆除、停用消防设施、器材的；（三）占用、堵塞、封闭疏散通道、安全出口或者有其他妨碍安全疏散行为的；（四）埋压、圈占、遮挡消火栓或者占用防火间距的；（五）占用、堵塞、封闭消防车通道，妨碍消防车通行的；（六）人员密集场所在门窗上设置影响逃生和灭火救援的障碍物的；（七）对火灾隐患经消防救援机构通知后不及时采取措施消除的。个人有前款第二项、第三项、第四项、第五项行为之一的，处警告或者五百元以下罚款。有本条第一款第三项、第四项、第五项、第六项行为，经责令改正拒不改正的，强制执行，所需费用由违法行为人承担。

**第六十一条** 生产、储存、经营易燃易爆危险品的场所与居住场所设置在同一建筑物内，或者未与居住场所保持安全距离的，责令停产停业，并处五千元以上五万元以下罚款。生产、储存、经营其他物品的场所与居住场所设置在同一建筑物内，不符合消防技术标准的，依照前款规定处罚。

**第六十二条** 有下列行为之一的，依照《中华人民共和国治安管理处罚法》的规定处罚：（一）违反有关消防技术标准和管理规定生产、储存、运输、销售、使用、销毁易燃易爆危险品的；（二）非法携带易燃易爆危险品进入公共场所或者乘坐公共交通工具的；（三）谎报火警的；（四）阻碍消防车、消防艇执行任务的；（五）阻碍消防救援机构的工作人员依法执行职务的。

**第六十三条** 违反本法规定，有下列行为之一的，处警告或者五百元以下罚款；情节严重的，处五日以下拘留：（一）违反消防安全规定进入生产、储存易燃易爆危险品场所的；（二）违反规定使用明火作业或者在具有火灾、爆炸危险的场所吸烟、使用明火的。

**第六十四条** 违反本法规定，有下列行为之一，尚不构成犯罪的，处十日以上十五日以下拘留，可以并处五百元以下罚款；情节较轻的，处警告或者五百元以下罚款：（一）指使或者强令他人违反消防安全规定，冒险作业的；（二）过失引起火灾的；（三）在火灾发生后阻拦报警，或者负有报告职责的人员不及时报警的；（四）扰乱火灾现场秩序，或者拒不执行火灾现场指挥员指挥，影响灭火救援的；（五）故意破坏或者伪造火灾现场的；（六）擅自拆封或者使用被消防救援机构查封的场所、部位的。

**第六十五条** 违反本法规定，生产、销售不合格的消防产品或者国家明令淘汰的消防产品的，由产品质量监督部门或者工商行政管理部门依照《中华人民共和国产品质量法》的规定从重处罚。人员密集场所使用不合格的消防产品或者国家明令淘汰的消防产品的，责令限期改正；逾期不改正的，处五千元以上五万元以下罚款，并对其直接负责的主管人员和其他直接责任人员处五百元以上二千元以下罚款；情节严重的，责令停产停业。消防救援机构对于本条第二款规定的情形，除依法对使用者予以处罚外，应当将发现不合格的消防产品和国家明令淘汰的消防产品的情况通报产品质量监督部门、工商行政管理部门。产品质量监督部门、工商行政管理部门应当对生产者、销售者依法及时查处。

**第六十六条** 电器产品、燃气用具的安装、使用及其线路、管路的设计、敷设、维护保养、检测不符合消防技术标准和管理规定的，责令限期改正；逾期不改正的，责令停止使用，可以并处一千元以上五千元以下罚款。

**第六十七条** 机关、团体、企业、事业等单位违反本法第十六条、第十七条、第十八条、第二十一条第二款规定的，责令限期改正；逾期不改正的，对其直接负责的主管人员和其他直接责任人员依法给予处分或者给予警告处罚。

**第六十八条** 人员密集场所发生火灾，该场所的现场工作人员不履行组织、引导在场人员疏散的义务，情节严重，尚不构成犯罪的，处五日以上十日以下拘留。

**第六十九条** 消防产品质量认证、消防设施检测等消防技术服务机构出具虚假文件的，责令改正，处五万元以上十万元以下罚款，并对直接负责的主管人员和其他直接责任人员处一万元以上五万元以下罚款；有违法所得的，并处没收违法所得；给他人造成损失的，依法承担赔偿责任；情节严重的，由原许可机关依法责令停止执业或者吊销相应资质、资格。前款规定的机构出具失实文件，给他人造成损失的，依法承担赔偿责任；造成重大损失的，由原许可机关依法责令停止执业或者吊销相应资质、资格。

**第七十条** 本法规定的行政处罚，除应当由公安机关依照《中华人民共和国治安管理处罚法》的有关规定决定的外，由住房和城乡建设主管部门、消防救援机构按照各自职权决定。被责令停止施工、停止使用、停产停业的，应当在整改后向作出决定的部门或者机构报告，经检查合格，方可恢复施工、使用、生产、经营。当事人逾期不执行停产停业、停止使用、停止施工决定的，由作出决定的部门或者机构强制执行。责令停产停业，对经济和社会生活影响较大的，由住房和城乡建设主管部门或者应急管理部门报请本级人民政府依法决定。

**第七十一条** 住房和城乡建设主管部门、消防救援机构的工作人员滥用职权、玩忽职守、徇私舞弊，有下列行为之一，尚不构成犯罪的，依法给予处分：（一）对不符合消防安全要求的消防设计文件、建设工程、场所准予审查合格、消防验收合格、消防安全检查合格的；（二）无故拖延消防设计审查、消防验收、消防安全检查，不在法定期限内履行职责的；（三）发现火灾隐患不及时通知有关单位或者个人整改的；（四）利用职务为用户、建设单位指定或者变相指定消防产品的品牌、销售单位或者消防技术服务机构、消防设施施工单位的；（五）将消防车、消防艇以及消防器材、装备和设施用于与消防和应急救援无关的事项的；（六）其他滥用职权、玩忽职守、徇私舞弊的行为。产品质量监督、工商行政管理等其他有关行政主管部门的工作人员在消防工作中滥用职权、玩忽职守、徇私舞弊，尚不构成犯罪的，依法给予处分。

**第七十二条** 违反本法规定，构成犯罪的，依法追究刑事责任。

## 第七章 附 则

**第七十三条** 本法下列用语的含义：（一）消防设施，是指火灾自动报警系统、自动灭火系统、消火栓系统、防烟排烟系统以及应急广播和应急照明、安全疏散设施等。（二）消防产品，是指专门用于火灾预防、灭火救援和火灾防护、避难、逃生的产品。（三）公众聚集场所，是指宾馆、饭店、商场、集贸市场、客运车站候车室、客运码头候船厅、民用机场航站楼、体育场馆、会堂以及公共娱乐场所等。（四）人员密集场所，是指公众聚集场所，医院的门诊楼、病房楼，学校的教学楼、图书馆、食堂和集体宿舍，养老院，福利院，托儿所，幼儿园，公共图书馆的阅览室，公共展览馆、博物馆的展示厅，劳动密集型企业的生产加工车间和员工集体宿舍，旅游、宗教活动场所等。

**第七十四条** 本法自 2009 年 5 月 1 日起施行。

# 中华人民共和国食品安全法

## 第一章 总 则

**第一条** 为了保证食品安全，保障公众身体健康和生命安全，制定本法。

**第二条** 在中华人民共和国境内从事下列活动，应当遵守本法：（一）食品生产和加工（以下称食品生产），食品销售和餐饮服务（以下称食品经营）；（二）食品添加剂的生产经营；（三）用于食品的包装材料、容器、洗涤剂、消毒剂和用于食品生产经营的工具、设备（以下称食品相关产品）的生产经营；（四）食品生产经营者使用食品添加剂、食品相关产品；（五）食品的贮存和运输；（六）对食品、食品添加剂、食品相关产品的安全管理。供食用的源于农业的初级产品（以下称食用农产品）的质量安全管理，遵守《中华人民共和国农产品质量安全法》的规定。但是，食用农产品的市场销售、有关质量安全标准的制定、有关安全信息的公布和本法对农业投入品作出规定的，应当遵守本法的规定。

**第三条** 食品安全工作实行预防为主、风险管理、全程控制、社会共治，建立科学、严格的监督管理制度。

**第四条** 食品生产经营者对其生产经营食品的安全负责。食品生产经营者应当依照法律、法规和食品安全标准从事生产经营活动，保证食品安全，诚信自律，对社会和公众负责，接受社会监督，承担社会责任。

**第五条** 国务院设立食品安全委员会，其职责由国务院规定。国务院食品安全监督管理部门依照本法和国务院规定的职责，对食品生产经营活动实施监督管理。国务院卫生行政部门依照本法和国务院规定的职责，组织开展食品安全风险监测和风险评估，会同国务院食品安全监督管理部门制定并公布食品安全国家标准。国务院其他有关部门依照本法和国务院规定的职责，承担有关食品安全工作。

**第六条** 县级以上地方人民政府对本行政区域的食品安全监督管理工作负责，统一领导、组织、协调本行政区域的食品安全监督管理工作以及食品安全突发事件应对工作，建立健全食品安全全程监督管理工作机制和信息共享机制。县级以上地方人民政府依照本法和国务院的规定，确定本级食品安全监督管理、卫生行政部门和其他有关部门的职责。有关部门在各自职责范围内负责本行政区域的食品安全监督管理工作。县级人民政府食品安全监督管理部门可以在乡镇或者特定区域设立派出机构。

**第七条** 县级以上地方人民政府实行食品安全监督管理责任制。上级人民政府负责对下一级人民政府的食品安全监督管理工作进行评议、考核。县级以上地方人民政府负责对本级食品安全监督管理部门和其他有关部门的食品安全监督管理工作进行评议、考核。

**第八条** 县级以上人民政府应当将食品安全工作纳入本级国民经济和社会发展规划，将食品安全工作经费列入本级政府财政预算，加强食品安全监督管理能力建设，为食品安全工作提供保障。县级以上人民政府食品安全监督管理部门和其他有关部门应当加强沟通、密切配合，按照各自职责分工，依法行使职权，承担责任。

**第九条** 食品行业协会应当加强行业自律，按照章程建立健全行业规范和奖惩机制，提供食品安全信息、技术等服务，引导和督促食品生产经营者依法生产经营，推动行业诚信建设，宣传、普及食品安全知识。消费者协会和其他消费者组织对违反本法规定，损害消费者合法权益的行为，依法进行社会监督。

**第十条** 各级人民政府应当加强食品安全的宣传教育，普及食品安全知识，鼓励社会组织、基层群众性自治组织、食品生产经营者开展食品安全法律、法规以及食品安全标准和知识的普及工作，倡导健康的饮食方式，增强消费者食品安全意识和自我保护能力。新闻媒体应当开展食品安全法律、法规以及食品安全标准和知识的公益宣传，并对食品安全违法行为进行舆论监督。有关食品安全的宣传报道应当真实、公正。

**第十一条** 国家鼓励和支持开展与食品安全有关的基础研究、应用研究，鼓励和支持食品生产经营者为提高食品安全水平采用先进技术和先进管理规范。国家对农药的使用实行严格的管理制度，加快淘汰剧毒、高毒、高残留农药，推动替代产品的研发和应用，鼓励使用高效低毒低残留农药。

**第十二条** 任何组织或者个人有权举报食品安全违法行为，依法向有关部门了解食品安全信息，对食品安全监督管理工作提出意见和建议。

**第十三条** 对在食品安全工作中做出突出贡献的单位和个人，按照国家有关规定给予表彰、奖励。

## 第二章 食品安全风险监测和评估

**第十四条** 国家建立食品安全风险监测制度，对食源性疾病、食品污染以及食品中的有害因素进行监测。

国务院卫生行政部门会同国务院食品安全监督管理等部门，制定、实施国家食品安全风险监测计划。

国务院食品安全监督管理部门和其他有关部门获知有关食品安全风险信息后，应当立即核实并向国务院卫生行政部门通报。对有关部门通报的食品安全风险信息以及医疗机构报告的食源性疾病等有关疾病信息，国务院卫生行政部门应当会同国务院有关部门分析研究，认为必要的，及时调整国家食品安全风险监测计划。

省、自治区、直辖市人民政府卫生行政部门会同同级食品安全监督管理等部门，根据国家食品安全风险监测计划，结合本行政区域的具体情况，制定、调整本行政区域的食品安全风险监测方案，报国务院卫生行政部门备案并实施。

**第十五条** 承担食品安全风险监测工作的技术机构应当根据食品安全风险监测计划和监测方案开展监测工作，保证监测数据真实、准确，并按照食品安全风险监测计划和监测方案的要求报送监测数据和分析结果。

食品安全风险监测工作人员有权进入相关食用农产品种植养殖、食品生产经营场所采集样品、收集相关数据。采集样品应当按照市场价格支付费用。

**第十六条** 食品安全风险监测结果表明可能存在食品安全隐患的，县级以上人民政府卫生行政部门应当及时将相关信息通报同级食品安全监督管理等部门，并报告本级人民政府和上级人民政府卫生行政部门。食品安全监督管理等部门应当组织开展进一步调查。

**第十七条** 国家建立食品安全风险评估制度，运用科学方法，根据食品安全风险监测信息、科学数据以及有关信息，对食品、食品添加剂、食品相关产品中生物性、化学性和物理性危害因素进行风险评估。

国务院卫生行政部门负责组织食品安全风险评估工作，成立由医学、农业、食品、营养、生物、环境等方面的专家组成的食品安全风险评估专家委员会进行食品安全风险评估。食品安全风险评估结果由国务院卫生行政部门公布。

对农药、肥料、兽药、饲料和饲料添加剂等的安全性评估，应当有食品安全风险评估专家委员会的专家参加。

食品安全风险评估不得向生产经营者收取费用，采集样品应当按照市场价格支付费用。

**第十八条** 有下列情形之一的，应当进行食品安全风险评估：

（一）通过食品安全风险监测或者接到举报发现食品、食品添加剂、食品相关产品可能存在安全隐患的；

（二）为制定或者修订食品安全国家标准提供科学依据需要进行风险评估的；

（三）为确定监督管理的重点领域、重点品种需要进行风险评估的；

（四）发现新的可能危害食品安全因素的；

（五）需要判断某一因素是否构成食品安全隐患的；

（六）国务院卫生行政部门认为需要进行风险评估的其他情形。

**第十九条** 国务院食品安全监督管理、农业行政等部门在监督管理工作中发现需要进行食品安全风险评估的，应当向国务院卫生行政部门提出食品安全风险评估的建议，并提供风险来源、相关检验数据和结论等信息、资料。属于本法第十八条规定情形的，国务院卫生行政部门应当及时进行食品安全风险评估，并向国务院有关部门通报评估结果。

**第二十条** 省级以上人民政府卫生行政、农业行政部门应当及时相互通报食品、食用农产品安全风险监测信息。

国务院卫生行政、农业行政部门应当及时相互通报食品、食用农产品安全风险评估结果等信息。

**第二十一条** 食品安全风险评估结果是制定、修订食品安全标准和实施食品安全监督管理的科学依据。

经食品安全风险评估，得出食品、食品添加剂、食品相关产品不安全结论的，国务院食品安全监督管理等部门应当依据各自职责立即向社会公告，告知消费者停止食用或者使用，并采取相应措施，确保该食品、食品添加剂、食品相关产品停止生产经营；需要制定、修订相关食品安全国家标准的，国务院卫生行政部门应当会同国务院食品安全监督管理部门立即制定、修订。

**第二十二条** 国务院食品安全监督管理部门应当会同国务院有关部门，根据食品安全风险评估结果、食品安全监督管理信息，对食品安全状况进行综合分析。对经综合分析表明可能具有较高程度安全风险的食品，国务院食品安全监督管理部门应当及时提出食品安全风险警示，并向社会公布。

**第二十三条** 县级以上人民政府食品安全监督管理部门和其他有关部门、食品安全风险评估专家委员会及其技术机构，应当按照科学、客观、及时、公开的原则，组织食品生产经营者、食品检验机构、认证机构、食品行业协会、消费者协会以及新闻媒体等，就食品安全风险评估信息和食品安全监督管理信息进行交流沟通。

## 第三章 食品安全标准

**第二十四条** 制定食品安全标准，应当以保障公众身体健康为宗旨，做到科学合理、安全可靠。

**第二十五条** 食品安全标准是强制执行的标准。除食品安全标准外，不得制定其他食品强制性标准。

**第二十六条** 食品安全标准应当包括下列内容：（一）食品、食品添加剂、食品相关产品中的致病性微生物，农药残留、兽药残留、生物毒素、重金属等污染物质以及其他危害人体健康物质的限量规定；（二）食品添加剂的品种、使用范围、用量；（三）专供婴幼儿和其他特定人群的主辅食品的营养成分要求；（四）对与卫生、营养等食品安全要求有关的标签、标志、说明书的要求；（五）食品生产经营过程的卫生要求；（六）与食品安全有关的质量要求；（七）与食品安全有关的食品检验方法与规程；（八）其他需要制定为食品安全标准的内容。

**第二十七条** 食品安全国家标准由国务院卫生行政部门会同国务院食品安全监督管理部门制定、公布，国务院标准化行政部门提供国家标准编号。食品中农药残留、兽药残留的限量规定及其检验方法与规程由国务院卫生行政部门、国务院农业行政部门会同国务院食品安全监督管理部门制定。屠宰畜、禽的检验规程由国务院农业行政部门会同国务院卫生行政部门制定。

**第二十八条** 制定食品安全国家标准，应当依据食品安全风险评估结果并充分考虑食用农产品安全风险评估结果，参照相关的国际标准和国际食品安全风险评估结果，并将食品安全国家标准草案向社会公布，广泛听取食品生产经营者、消费者、有关部门等方面的意见。食品安全国家标准应当经国务院卫生行政部门组织的食品安全国家标准审评委员会审查通过。食品安全国家标准审评委员会由医学、农业、食品、营养、生物、环境等方面的专家以及国务院有关部门、食品行业协会、消费者协会的代表组成，对食品安全国家标准草案的科学性和实用性等进行审查。

**第二十九条** 对地方特色食品，没有食品安全国家标准的，省、自治区、直辖市人民政府卫生行政部门可以制定并公布食品安全地方标准，报国务院卫生行政部门备案。食品安全国家标准制定后，该地方标准即行废止。

**第三十条** 国家鼓励食品生产企业制定严于食品安全国家标准或者地方标准的企业标准，在本企业适用，并报省、自治区、直辖市人民政府卫生行政部门备案。

**第三十一条** 省级以上人民政府卫生行政部门应当在其网站上公布制定和备案的食品安全国家标准、地方标准和企业标准，供公众免费查阅、下载。对食品安全标准执行过程中的问题，县级以上人民政府卫生行政部门应当会同有关部门及时给予指导、解答。

**第三十二条** 省级以上人民政府卫生行政部门应当会同同级食品安全监督管理、农业行政等部门，分别对食品安全国家标准和地方标准的执行情况进行跟踪评价，并根据评价结果及时修订食品安全标准。省级以上人民政府食品安全监督管理、农业行政等部门应当对食品安全标准执行中存在的问题进行收集、汇总，并及时向同级卫生行政部门通报。食品生产经营者、食品行业协会发现食品安全标准在执行中存在问题的，应当立即向卫生行政部门报告。

## 第四章 食品生产经营

**第三十三条** 食品生产经营应当符合食品安全标准，并符合下列要求：（一）具有与生产经营的食品品种、数量相适应的食品原料处理和食品加工、包装、贮存等场所，保持该场所环境整洁，并与有毒、有害场所以及其他污染源保持规定的距离；（二）具有与生产经营的食品品种、数量相适应的生产经营设备或者设施，有相应的消毒、更衣、盥洗、采光、照明、通风、防腐、防尘、防蝇、防鼠、防虫、洗涤以及处理废水、存放垃圾和废弃物的设备或者设施；（三）有专职或者兼职的食品安全专业技术人员、食品安全管理人员和保证食品安全的规章制度；（四）具有合理的设备布局和工艺流程，防止待加工食品与直接入口食品、原料与成品交叉污染，避免食品接触有毒物、不洁物；（五）餐具、饮具和盛放直接入口食品的容器，使用前应当洗净、消毒，炊具、用具用后应当洗净，保持清洁；（六）贮存、运输和装卸食品的容器、工具和设备应当安全、无害，保持清洁，防止食品污染，并符合保证食品安全所需的温度、湿度等特殊要求，不得将食品与有毒、有害物品一同贮存、运输；（七）直接入口的食品应当使用无毒、清洁的包装材料、餐具、饮具和容器；（八）食品生产经营人员应当保持个人卫生，生产经营食品时，应当将手洗净，穿戴清洁的工作衣、帽等；销售无包装的直接入口食品时，应当使用无毒、清洁的容器、售货工具和设备；（九）用水应当符合国家规定的生活饮用水卫生标准；（十）使用的洗涤剂、消毒剂应当对人体安全、无害；（十一）法律、法规规定的其他要求。非食品生产经营者从事食品贮存、运输和装卸的，应当符合前款第六项的规定。

**第三十四条** 禁止生产经营下列食品、食品添加剂、食品相关产品：（一）用非食品原料生产的食品或者添加食品添加剂以外的化学物质和其他可能危害人体健康物质的食品，或者用回收食品作为原料生产的食品；（二）致病性微生物，农药残留、兽药残留、生物毒素、重金属等污染物质以及其他危害人体健康的物质含量超过食品安全标准限量的食品、食品添加剂、食品相关产品；（三）用超过保质期的食品原料、食品添加剂生产的食品、食品添加剂；（四）超范围、超限量使用食品添加剂的食品；（五）营养成分不符合食品安全标准的专供婴幼儿和其他特定人群的主辅食品；（六）腐败变质、油脂酸败、霉变生虫、污秽不洁、混有异物、掺假掺杂或者感官性状异常的食品、食品添加剂；（七）病死、毒死或者死因不明的禽、畜、兽、水产动物肉类及其制品；（八）未按规定进行检疫或者检疫不合格的肉类，或者未经检验或者检验不合格的肉类制品；（九）被包装材料、容器、运输工具等污染的食品、食品添加剂；（十）标注虚假生产日期、保质期或者超过保质期的食品、食品添加剂；（十一）无标签的预包装食品、食品添加剂；（十二）国家为防病等特殊需要明令禁止生产经营的食品；（十三）其他不符合法律、法规或者食品安全标准的食品、食品添加剂、食品相关产品。

**第三十五条** 国家对食品生产经营实行许可制度。从事食品生产、食品销售、餐饮服务，应当依法取得许可。但是，销售食用农产品，不需要取得许可。县级以上地方人民政府食品安全监督管理部门应当依照《中华人民共和国行政许可法》的规定，审核申请人提交的本法第三十三条第一款第一项至第四项规定要求的相关资料，必要时对申请人的生产经营场所进行现场核查；对符合规定条件的，准予许可；对不符合规定条件的，不予许可并书面说明理由。

**第三十六条** 食品生产加工小作坊和食品摊贩等从事食品生产经营活动，应当符合本法规定的与其生产经营规模、条件相适应的食品安全要求，保证所生产经营的食品卫生、无毒、无害，食品安全监督管理部门应当对其加强监督管理。县级以上地方人民政府应当对食品生产加工小作坊、食品摊贩等进行综合治理，加强服务和统一规划，改善其生产经营环境，鼓励和支持其改进生产经营条件，进入集中交易市场、店铺等固定场所经营，或者在指定的临时经营区域、时段经营。食品生产加工小作坊和食品摊贩等的具体管理办法由省、自治区、直辖市制定。

**第三十七条** 利用新的食品原料生产食品，或者生产食品添加剂新品种、食品相关产品新品种，应当向国务院卫生行政部门提交相关产品的安全性评估材料。国务院卫生行政部门应当自收到申请之日起六十日内组织审查；对符合食品安全要求的，准予许可并公布；对不符合食品安全要求的，不予许可并书面说明理由。

**第三十八条** 生产经营的食品中不得添加药品，但是可以添加按照传统既是食品又是中药材的物质。按照传统既是食品又是中药材的物质目录由国务院卫生行政部门会同国务院食品安全监督管理部门制定、公布。

**第三十九条** 国家对食品添加剂生产实行许可制度。从事食品添加剂生产，应当具有与所生产食品添加剂品种相适应的场所、生产设备或者设施、专业技术人员和管理制度，并依照本法第三十五条第二款规定的程序，取得食品添加剂生产许可。生产食品添加剂应当符合法律、法规和食品安全国家标准。

**第四十条** 食品添加剂应当在技术上确有必要且经过风险评估证明安全可靠，方可列入允许使用的范围；有关食品安全国家标准应当根据技术必要性和食品安全风险评估结果及时修订。食品生产经营者应当按照食品安全国家标准使用食品添加剂。

**第四十一条** 生产食品相关产品应当符合法律、法规和食品安全国家标准。对直接接触食品的包装材料等具有较高风险的食品相关产品，按照国家有关工业产品生产许可证管理的规定实施生产许可。食品安全监督管理部门应当加强对食品相关产品生产活动的监督管理。

**第四十二条** 国家建立食品安全全程追溯制度。食品生产经营者应当依照本法的规定，建立食品安全追溯体系，保证食品可追溯。国家鼓励食品生产经营者采用信息化手段采集、留存生产经营信息，建立食品安全追溯体系。国务院食品安全监督管理部门会同国务院农业行政等有关部门建立食品安全全程追溯协作机制。

**第四十三条** 地方各级人民政府应当采取措施鼓励食品规模化生产和连锁经营、配送。国家鼓励食品生产经营企业参加食品安全责任保险。

**第四十四条** 食品生产经营企业应当建立健全食品安全管理制度，对职工进行食品安全知识培训，加强食品检验工作，依法从事生产经营活动。食品生产经营企业的主要负责人应当落实企业食品安全管理制度，对本企业的食品安全工作全面负责。食品生产经营企业应当配备食品安全管理人员，加强对其培训和考核。经考核不具备食品安全管理能力的，不得上岗。食品安全监督管理部门应当对企业食品安全管理人员随机进行监督抽查考核并公布考核情况。监督抽查考核不得收取费用。

**第四十五条** 食品生产经营者应当建立并执行从业人员健康管理制度。患有国务院卫生行政部门规定的有碍食品安全疾病的人员，不得从事接触直接入口食品的工作。从事接触直接入口食品工作的食品生产经营人员应当每年进行健康检查，取得健康证明后方可上岗工作。

**第四十六条** 食品生产企业应当就下列事项制定并实施控制要求，保证所生产的食品符合食品安全标准：（一）原料采购、原料验收、投料等原料控制；（二）生产工序、设备、贮存、包装等生产关键环节控制；（三）原料检验、半成品检验、成品出厂检验等检验控制；（四）运输和交付控制。

**第四十七条** 食品生产经营者应当建立食品安全自查制度，定期对食品安全状况进行检查评价。生产经营条件发生变化，不再符合食品安全要求的，食品生产经营者应当立即采取整改措施；有发生食品安全事故潜在风险的，应当立即停止食品生产经营活动，并向所在地县级人民政府食品安全监督管理部门报告。

**第四十八条** 国家鼓励食品生产经营企业符合良好生产规范要求，实施危害分析与关键控制点体系，提高食品安全管理水平。对通过良好生产规范、危害分析与关键控制点体系认证的食品生产经营企业，认证机构应当依法实施跟踪调查；对不再符合认证要求的企业，应当依法撤销认证，及时向县级以上人民政府食品安全监督管理部门通报，并向社会公布。认证机构实施跟踪调查不得收取费用。

**第四十九条** 食用农产品生产者应当按照食品安全标准和国家有关规定使用农药、肥料、兽药、饲料和饲料添加剂等农业投入品，严格执行农业投入品使用安全间隔期或者休药期的规定，不得使用国家明令禁止的农业投入品。禁止将剧毒、高毒农药用于蔬菜、瓜果、茶叶和中草药材等国家规定的农作物。食用农产品的生产企业和农民专业合作经济组织应当建立农业投入品使用记录制度。县级以上人民政府农业行政部门应当加强对农业投入品使用的监督管理和指导，建立健全农业投入品安全使用制度。

**第五十条** 食品生产者采购食品原料、食品添加剂、食品相关产品，应当查验供货者的许可证和产品合格证明；对无法提供合格证明的食品原料，应当按照食品安全标准进行检验；不得采购或者使用不符合食品安全标准的食品原料、食品添加剂、食品相关产品。食品生产企业应当建立食品原料、食品添加剂、食品相关产品进货查验记录制度，如实记录食品原料、食品添加剂、食品相关产品的名称、规格、数量、生产日期或者生产批号、保质期、进货日期以及供货者名称、地址、联系方式等内容，并保存相关凭证。记录和凭证保存期限不得少于产品保质期满后六个月；没有明确保质期的，保存期限不得少于二年。

**第五十一条** 食品生产企业应当建立食品出厂检验记录制度，查验出厂食品的检验合格证和安全状况，如实记录食品的名称、规格、数量、生产日期或者生产批号、保质期、检验合格证号、销售日期以及购货者名称、地址、联系方式等内容，并保存相关凭证。记录和凭证保存期限应当符合本法第五十条第二款的规定。

**第五十二条** 食品、食品添加剂、食品相关产品的生产者，应当按照食品安全标准对所生产的食品、食品添加剂、食品相关产品进行检验，检验合格后方可出厂或者销售。

**第五十三条** 食品经营者采购食品，应当查验供货者的许可证和食品出厂检验合格证或者其他合格证明（以下称合格证明文件）。食品经营企业应当建立食品进货查验记录制度，如实记录食品的名称、规格、数量、生产日期或者生产批号、保质期、进货日期以及供货者名称、地址、联系方式等内容，并保存相关凭证。记录和凭证保存期限应当符合本法第五十条第二款的规定。实行统一配送经营方式的食品经营企业，可以由企业总部统一查验供货者的许可证和食品合格证明文件，进行食品进货查验记录。从事食品批发业务的经营企业应当建立食品销售记录制度，如实记录批发食品的名称、规格、数量、生产日期或者生产批号、保质期、销售日期以及购货者名称、地址、联系方式等内容，并保存相关凭证。记录和凭证保存期限应当符合本法第五十条第二款的规定。

**第五十四条** 食品经营者应当按照保证食品安全的要求贮存食品，定期检查库存食品，及时清理变质或者超过保质期的食品。食品经营者贮存散装食品，应当在贮存位置标明食品的名称、生产日期或者生产批号、保质期、生产者名称及联系方式等内容。

**第五十五条** 餐饮服务提供者应当制定并实施原料控制要求，不得采购不符合食品安全标准的食品原料。倡导餐饮服务提供者公开加工过程，公示食品原料及其来源等信息。餐饮服务提供者在加工过程中应当检查待加工的食品及原料，发现有本法第三十四条第六项规定情形的，不得加工或者使用。

**第五十六条** 餐饮服务提供者应当定期维护食品加工、贮存、陈列等设施、设备；定期清洗、校验保温设施及冷藏、冷冻设施。餐饮服务提供者应当按照要求对餐具、饮具进行清洗消毒，不得使用未经清洗消毒的餐具、饮具；餐饮服务提供者委托清洗消毒餐具、饮具的，应当委托符合本法规定条件的餐具、饮具集中消毒服务单位。

**第五十七条** 学校、托幼机构、养老机构、建筑工地等集中用餐单位的食堂应当严格遵守法律、法规和食品安全标准；从供餐单位订餐的，应当从取得食品生产经营许可的企业订购，并按照要求对订购的食品进行查验。供餐单位应当严格遵守法律、法规和食品安全标准，当餐加工，确保食品安全。学校、托幼机构、养老机构、建筑工地等集中用餐单位的主管部门应当加强对集中用餐单位的食品安全教育和日常管理，降低食品安全风险，及时消除食品安全隐患。

**第五十八条** 餐具、饮具集中消毒服务单位应当具备相应的作业场所、清洗消毒设备或者设施，用水和使用的洗涤剂、消毒剂应当符合相关食品安全国家标准和其他国家标准、卫生规范。餐具、饮具集中消毒服务单位应当对消毒餐具、饮具进行逐批检验，检验合格后方可出厂，并应当随附消毒合格证明。消毒后的餐具、饮具应当在独立包装上标注单位名称、地址、联系方式、消毒日期以及使用期限等内容。

**第五十九条** 食品添加剂生产者应当建立食品添加剂出厂检验记录制度，查验出厂产品的检验合格证和安全状况，如实记录食品添加剂的名称、规格、数量、生产日期或者生产批号、保质期、检验合格证号、销售日期以及购货者名称、地址、联系方式等相关内容，并保存相关凭证。记录和凭证保存期限应当符合本法第五十条第二款的规定。

**第六十条** 食品添加剂经营者采购食品添加剂，应当依法查验供货者的许可证和产品合格证明文件，如实记录食品添加剂的名称、规格、数量、生产日期或者生产批号、保质期、进货日期以及供货者名称、地址、联系方式等内容，并保存相关凭证。记录和凭证保存期限应当符合本法第五十条第二款的规定。

**第六十一条** 集中交易市场的开办者、柜台出租者和展销会举办者，应当依法审查入场食品经营者的许可证，明确其食品安全管理责任，定期对其经营环境和条件进行检查，发现其有违反本法规定行为的，应当及时制止并立即报告所在地县级人民政府食品安全监督管理部门。

**第六十二条** 网络食品交易第三方平台提供者应当对入网食品经营者进行实名登记，明确其食品安全管理责任；依法应当取得许可证的，还应当审查其许可证。网络食品交易第三方平台提供者发现入网食品经营者有违反本法规定行为的，应当及时制止并立即报告所在地县级人民政府食品安全监督管理部门；发现严重违法行为的，应当立即停止提供网络交易平台服务。

**第六十三条** 国家建立食品召回制度。食品生产者发现其生产的食品不符合食品安全标准或者有证据证明可能危害人体健康的，应当立即停止生产，召回已经上市销售的食品，通知相关生产经营者和消费者，并记录召回和通知情况。食品经营者发现其经营的食品有前款规定情形的，应当立即停止经营，通知相关生产经营者和消费者，并记录停止经营和通知情况。食品生产者认为应当召回的，应当立即召回。由于食品经营者的原因造成其经营的食品有前款规定情形的，食品经营者应当召回。食品生产经营者应当对召回的食品采取无害化处理、销毁等措施，防止其再次流入市场。但是，对因标签、标志或者说明书不符合食品安全标准而被召回的食品，食品生产者在采取补救措施且能保证食品安全的情况下可以继续销售；销售时应当向消费者明示补救措施。食品生产经营者应当将食品召回和处理情况向所在地县级人民政府食品安全监督管理部门报告；需要对召回的食品进行无害化处理、销毁的，应当提前报告时间、地点。食品安全监督管理部门认为必要的，可以实施现场监督。食品生产经营者未依照本条规定召回或者停止经营的，县级以上人民政府食品安全监督管理部门可以责令其召回或者停止经营。

**第六十四条** 食用农产品批发市场应当配备检验设备和检验人员或者委托符合本法规定的食品检验机构，对进入该批发市场销售的食用农产品进行抽样检验；发现不符合食品安全标准的，应当要求销售者立即停止销售，并向食品安全监督管理部门报告。

**第六十五条** 食用农产品销售者应当建立食用农产品进货查验记录制度，如实记录食用农产品的名称、数量、进货日期以及供货者名称、地址、联系方式等内容，并保存相关凭证。记录和凭证保存期限不得少于六个月。

**第六十六条** 进入市场销售的食用农产品在包装、保鲜、贮存、运输中使用保鲜剂、防腐剂等食品添加剂和包装材料等食品相关产品，应当符合食品安全国家标准。

**第六十七条** 预包装食品的包装上应当有标签。标签应当标明下列事项：（一）名称、规格、净含量、生产日期；（二）成分或者配料表；（三）生产者的名称、地址、联系方式；（四）保质期；（五）产品标准代号；（六）贮存条件；（七）所使用的食品添加剂在国家标准中的通用名称；（八）生产许可证编号；（九）法律、法规或者食品安全标准规定应当标明的其他事项。专供婴幼儿和其他特定人群的主辅食品，其标签还应当标明主要营养成分及其含量。食品安全国家标准对标签标注事项另有规定的，从其规定。

**第六十八条** 食品经营者销售散装食品，应当在散装食品的容器、外包装上标明食品的名称、生产日期或者生产批号、保质期以及生产经营者名称、地址、联系方式等内容。

**第六十九条** 生产经营转基因食品应当按照规定显著标示。

**第七十条** 食品添加剂应当有标签、说明书和包装。标签、说明书应当载明本法第六十七条第一款第一项至第六项、第八项、第九项规定的事项，以及食品添加剂的使用范围、用量、使用方法，并在标签上载明“食品添加剂”字样。

**第七十一条** 食品和食品添加剂的标签、说明书，不得含有虚假内容，不得涉及疾病预防、治疗功能。生产经营者对其提供的标签、说明书的内容负责。食品和食品添加剂的标签、说明书应当清楚、明显，生产日期、保质期等事项应当显著标注，容易辨识。食品和食品添加剂与其标签、说明书的内容不符的，不得上市销售。

**第七十二条** 食品经营者应当按照食品标签标示的警示标志、警示说明或者注意事项的要求销售食品。

**第七十三条** 食品广告的内容应当真实合法，不得含有虚假内容，不得涉及疾病预防、治疗功能。食品生产经营者对食品广告内容的真实性、合法性负责。县级以上人民政府食品安全监督管理部门和其他有关部门以及食品检验机构、食品行业协会不得以广告或者其他形式向消费者推荐食品。消费者组织不得以收取费用或者其他牟取利益的方式向消费者推荐食品。

**第七十四条** 国家对保健食品、特殊医学用途配方食品和婴幼儿配方食品等特殊食品实行严格监督管理。

**第七十五条** 保健食品声称保健功能，应当具有科学依据，不得对人体产生急性、亚急性或者慢性危害。保健食品原料目录和允许保健食品声称的保健功能目录，由国务院食品安全监督管理部门会同国务院卫生行政部门、国家中医药管理部门制定、调整并公布。保健食品原料目录应当包括原料名称、用量及其对应的功效；列入保健食品原料目录的原料只能用于保健食品生产，不得用于其他食品生产。

**第七十六条** 使用保健食品原料目录以外原料的保健食品和首次进口的保健食品应当经国务院食品安全监督管理部门注册。但是，首次进口的保健食品中属于补充维生素、矿物质等营养物质的，应当报国务院食品安全监督管理部门备案。其他保健食品应当报省、自治区、直辖市人民政府食品安全监督管理部门备案。进口的保健食品应当是出口国（地区）主管部门准许上市销售的产品。

**第七十七条** 依法应当注册的保健食品，注册时应当提交保健食品的研发报告、产品配方、生产工艺、安全性和保健功能评价、标签、说明书等材料及样品，并提供相关证明文件。国务院食品安全监督管理部门经组织技术审评，对符合安全和功能声称要求的，准予注册；对不符合要求的，不予注册并书面说明理由。对使用保健食品原料目录以外原料的保健食品作出准予注册决定的，应当及时将该原料纳入保健食品原料目录。依法应当备案的保健食品，备案时应当提交产品配方、生产工艺、标签、说明书以及表明产品安全性和保健功能的材料。

**第七十八条** 保健食品的标签、说明书不得涉及疾病预防、治疗功能，内容应当真实，与注册或者备案的内容相一致，载明适宜人群、不适宜人群、功效成分或者标志性成分及其含量等，并声明“本品不能代替药物”。保健食品的功能和成分应当与标签、说明书相一致。

**第七十九条** 保健食品广告除应当符合本法第七十三条第一款的规定外，还应当声明“本品不能代替药物”；其内容应当经生产企业所在地省、自治区、直辖市人民政府食品安全监督管理部门审查批准，取得保健食品广告批准文件。省、自治区、直辖市人民政府食品安全监督管理部门应当公布并及时更新已经批准的保健食品广告目录以及批准的广告内容。

**第八十条** 特殊医学用途配方食品应当经国务院食品安全监督管理部门注册。注册时，应当提交产品配方、生产工艺、标签、说明书以及表明产品安全性、营养充足性和特殊医学用途临床效果的材料。特殊医学用途配方食品广告适用《中华人民共和国广告法》和其他法律、行政法规关于药品广告管理的规定。

**第八十一条** 婴幼儿配方食品生产企业应当实施从原料进厂到成品出厂的全过程质量控制，对出厂的婴幼儿配方食品实施逐批检验，保证食品安全。生产婴幼儿配方食品使用的生鲜乳、辅料等食品原料、食品添加剂等，应当符合法律、行政法规的规定和食品安全国家标准，保证婴幼儿生长发育所需的营养成分。婴幼儿配方食品生产企业应当将食品原料、食品添加剂、产品配方及标签等事项向省、自治区、直辖市人民政府食品安全监督管理部门备案。婴幼儿配方乳粉的产品配方应当经国务院食品安全监督管理部门注册。注册时，应当提交配方研发报告和其他表明配方科学性、安全性的材料。不得以分装方式生产婴幼儿配方乳粉，同一企业不得用同一配方生产不同品牌的婴幼儿配方乳粉。

**第八十二条** 保健食品、特殊医学用途配方食品、婴幼儿配方乳粉的注册人或者备案人应当对其提交材料的真实性负责。省级以上人民政府食品安全监督管理部门应当及时公布注册或者备案的保健食品、特殊医学用途配方食品、婴幼儿配方乳粉目录，并对注册或者备案中获知的企业商业秘密予以保密。保健食品、特殊医学用途配方食品、婴幼儿配方乳粉生产企业应当按照注册或者备案的产品配方、生产工艺等技术要求组织生产。

**第八十三条** 生产保健食品，特殊医学用途配方食品、婴幼儿配方食品和其他专供特定人群的主辅食品的企业，应当按照良好生产规范的要求建立与所生产食品相适应的生产质量管理体系，定期对该体系的运行情况进行自查，保证其有效运行，并向所在地县级人民政府食品安全监督管理部门提交自查报告。

## 第五章　食品检验（略）

## 第六章　食品进出口（略）

## 第七章　食品安全事故处置

**第一百零二条** 国务院组织制定国家食品安全事故应急预案。县级以上地方人民政府应当根据有关法律、法规的规定和上级人民政府的食品安全事故应急预案以及本行政区域的实际情况，制定本行政区域的食品安全事故应急预案，并报上一级人民政府备案。食品安全事故应急预案应当对食品安全事故分级、事故处置组织指挥体系与职责、预防预警机制、处置程序、应急保障措施等作出规定。食品生产经营企业应当制定食品安全事故处置方案，定期检查本企业各项食品安全防范措施的落实情况，及时消除事故隐患。

**第一百零三条** 发生食品安全事故的单位应当立即采取措施，防止事故扩大。事故单位和接收病人进行治疗的单位应当及时向事故发生地县级人民政府食品安全监督管理、卫生行政部门报告。县级以上人民政府农业行政等部门在日常监督管理中发现食品安全事故或者接到事故举报，应当立即向同级食品安全监督管理部门通报。发生食品安全事故，接到报告的县级人民政府食品安全监督管理部门应当按照应急预案的规定向本级人民政府和上级人民政府食品安全监督管理部门报告。县级人民政府和上级人民政府食品安全监督管理部门应当按照应急预案的规定上报。任何单位和个人不得对食品安全事故隐瞒、谎报、缓报，不得隐匿、伪造、毁灭有关证据。

**第一百零四条** 医疗机构发现其接收的病人属于食源性疾病病人或者疑似病人的，应当按照规定及时将相关信息向所在地县级人民政府卫生行政部门报告。县级人民政府卫生行政部门认为与食品安全有关的，应当及时通报同级食品安全监督管理部门。县级以上人民政府卫生行政部门在调查处理传染病或者其他突发公共卫生事件中发现与食品安全相关的信息，应当及时通报同级食品安全监督管理部门。

**第一百零五条** 县级以上人民政府食品安全监督管理部门接到食品安全事故的报告后，应当立即会同同级卫生行政、农业行政等部门进行调查处理，并采取下列措施，防止或者减轻社会危害：（一）开展应急救援工作，组织救治因食品安全事故导致人身伤害的人员；（二）封存可能导致食品安全事故的食品及其原料，并立即进行检验；对确认属于被污染的食品及其原料，责令食品生产经营者依照本法第六十三条的规定召回或者停止经营；（三）封存被污染的食品相关产品，并责令进行清洗消毒；（四）做好信息发布工作，依法对食品安全事故及其处理情况进行发布，并对可能产生的危害加以解释、说明。发生食品安全事故需要启动应急预案的，县级以上人民政府应当立即成立事故处置指挥机构，启动应急预案，依照前款和应急预案的规定进行处置。发生食品安全事故，县级以上疾病预防控制机构应当对事故现场进行卫生处理，并对与事故有关的因素开展流行病学调查，有关部门应当予以协助。县级以上疾病预防控制机构应当向同级食品安全监督管理、卫生行政部门提交流行病学调查报告。

**第一百零六条** 发生食品安全事故，设区的市级以上人民政府食品安全监督管理部门应当立即会同有关部门进行事故责任调查，督促有关部门履行职责，向本级人民政府和上一级人民政府食品安全监督管理部门提出事故责任调查处理报告。涉及两个以上省、自治区、直辖市的重大食品安全事故由国务院食品安全监督管理部门依照前款规定组织事故责任调查。

**第一百零七条** 调查食品安全事故，应当坚持实事求是、尊重科学的原则，及时、准确查清事故性质和原因，认定事故责任，提出整改措施。调查食品安全事故，除了查明事故单位的责任，还应当查明有关监督管理部门、食品检验机构、认证机构及其工作人员的责任。

**第一百零八条** 食品安全事故调查部门有权向有关单位和个人了解与事故有关的情况，并要求提供相关资料和样品。有关单位和个人应当予以配合，按照要求提供相关资料和样品，不得拒绝。任何单位和个人不得阻挠、干涉食品安全事故的调查处理。

## 第八章 监督管理

**第一百零九条** 县级以上人民政府食品安全监督管理部门根据食品安全风险监测、风险评估结果和食品安全状况等，确定监督管理的重点、方式和频次，实施风险分级管理。县级以上地方人民政府组织本级食品安全监督管理、农业行政等部门制定本行政区域的食品安全年度监督管理计划，向社会公布并组织实施。食品安全年度监督管理计划应当将下列事项作为监督管理的重点：（一）专供婴幼儿和其他特定人群的主辅食品；（二）保健食品生产过程中的添加行为和按照注册或者备案的技术要求组织生产的情况，保健食品标签、说明书以及宣传材料中有关功能宣传的情况；（三）发生食品安全事故风险较高的食品生产经营者；（四）食品安全风险监测结果表明可能存在食品安全隐患的事项。

**第一百一十条** 县级以上人民政府食品安全监督管理部门履行食品安全监督管理职责，有权采取下列措施，对生产经营者遵守本法的情况进行监督检查：（一）进入生产经营场所实施现场检查；（二）对生产经营的食品、食品添加剂、食品相关产品进行抽样检验；（三）查阅、复制有关合同、票据、账簿以及其他有关资料；（四）查封、扣押有证据证明不符合食品安全标准或者有证据证明存在安全隐患以及用于违法生产经营的食品、食品添加剂、食品相关产品；（五）查封违法从事生产经营活动的场所。

**第一百一十一条** 对食品安全风险评估结果证明食品存在安全隐患，需要制定、修订食品安全标准的，在制定、修订食品安全标准前，国务院卫生行政部门应当及时会同国务院有关部门规定食品中有害物质的临时限量值和临时检验方法，作为生产经营和监督管理的依据。

**第一百一十二条** 县级以上人民政府食品安全监督管理部门在食品安全监督管理工作中可以采用国家规定的快速检测方法对食品进行抽查检测。对抽查检测结果表明可能不符合食品安全标准的食品，应当依照本法第八十七条的规定进行检验。抽查检测结果确定有关食品不符合食品安全标准的，可以作为行政处罚的依据。

**第一百一十三条** 县级以上人民政府食品安全监督管理部门应当建立食品生产经营者食品安全信用档案，记录许可颁发、日常监督检查结果、违法行为查处等情况，依法向社会公布并实时更新；对有不良信用记录的食品生产经营者增加监督检查频次，对违法行为情节严重的食品生产经营者，可以通报投资主管部门、证券监督管理机构和有关的金融机构。

**第一百一十四条** 食品生产经营过程中存在食品安全隐患，未及时采取措施消除的，县级以上人民政府食品安全监督管理部门可以对食品生产经营者的法定代表人或者主要负责人进行责任约谈。食品生产经营者应当立即采取措施，进行整改，消除隐患。责任约谈情况和整改情况应当纳入食品生产经营者食品安全信用档案。

**第一百一十五条** 县级以上人民政府食品安全监督管理等部门应当公布本部门的电子邮件地址或者电话，接受咨询、投诉、举报。接到咨询、投诉、举报，对属于本部门职责的，应当受理并在法定期限内及时答复、核实、处理；对不属于本部门职责的，应当移交有权处理的部门并书面通知咨询、投诉、举报人。有权处理的部门应当在法定期限内及时处理，不得推诿。对查证属实的举报，给予举报人奖励。有关部门应当对举报人的信息予以保密，保护举报人的合法权益。举报人举报所在企业的，该企业不得以解除、变更劳动合同或者其他方式对举报人进行打击报复。

**第一百一十六条** 县级以上人民政府食品安全监督管理等部门应当加强对执法人员食品安全法律、法规、标准和专业知识与执法能力等的培训，并组织考核。不具备相应知识和能力的，不得从事食品安全执法工作。食品生产经营者、食品行业协会、消费者协会等发现食品安全执法人员在执法过程中有违反法律、法规规定的行为以及不规范执法行为的，可以向本级或者上级人民政府食品安全监督管理等部门或者监察机关投诉、举报。接到投诉、举报的部门或者机关应当进行核实，并将经核实的情况向食品安全执法人员所在部门通报；涉嫌违法违纪的，按照本法和有关规定处理。

**第一百一十七条** 县级以上人民政府食品安全监督管理等部门未及时发现食品安全系统性风险，未及时消除监督管理区域内的食品安全隐患的，本级人民政府可以对其主要负责人进行责任约谈。地方人民政府未履行食品安全职责，未及时消除区域性重大食品安全隐患的，上级人民政府可以对其主要负责人进行责任约谈。被约谈的食品安全监督管理等部门、地方人民政府应当立即采取措施，对食品安全监督管理工作进行整改。责任约谈情况和整改情况应当纳入地方人民政府和有关部门食品安全监督管理工作评议、考核记录。

**第一百一十八条** 国家建立统一的食品安全信息平台，实行食品安全信息统一公布制度。国家食品安全总体情况、食品安全风险警示信息、重大食品安全事故及其调查处理信息和国务院确定需要统一公布的其他信息由国务院食品安全监督管理部门统一公布。食品安全风险警示信息和重大食品安全事故及其调查处理信息的影响限于特定区域的，也可以由有关省、自治区、直辖市人民政府食品安全监督管理部门公布。未经授权不得发布上述信息。县级以上人民政府食品安全监督管理、农业行政部门依据各自职责公布食品安全日常监督管理信息。公布食品安全信息，应当做到准确、及时，并进行必要的解释说明，避免误导消费者和社会舆论。

**第一百一十九条** 县级以上地方人民政府食品安全监督管理、卫生行政、农业行政部门获知本法规定需要统一公布的信息，应当向上级主管部门报告，由上级主管部门立即报告国务院食品安全监督管理部门；必要时，可以直接向国务院食品安全监督管理部门报告。县级以上人民政府食品安全监督管理、卫生行政、农业行政部门应当相互通报获知的食品安全信息。

**第一百二十条** 任何单位和个人不得编造、散布虚假食品安全信息。县级以上人民政府食品安全监督管理部门发现可能误导消费者和社会舆论的食品安全信息，应当立即组织有关部门、专业机构、相关食品生产经营者等进行核实、分析，并及时公布结果。

**第一百二十一条** 县级以上人民政府食品安全监督管理等部门发现涉嫌食品安全犯罪的，应当按照有关规定及时将案件移送公安机关。对移送的案件，公安机关应当及时审查；认为有犯罪事实需要追究刑事责任的，应当立案侦查。公安机关在食品安全犯罪案件侦查过程中认为没有犯罪事实，或者犯罪事实显著轻微，不需要追究刑事责任，但依法应当追究行政责任的，应当及时将案件移送食品安全监督管理等部门和监察机关，有关部门应当依法处理。公安机关商请食品安全监督管理、生态环境等部门提供检验结论、认定意见以及对涉案物品进行无害化处理等协助的，有关部门应当及时提供，予以协助。

## 第九章　法律责任

**第一百二十二条**　违反本法规定，未取得食品生产经营许可从事食品生产经营活动，或者未取得食品添加剂生产许可从事食品添加剂生产活动的，由县级以上人民政府食品安全监督管理部门没收违法所得和违法生产经营的食品、食品添加剂以及用于违法生产经营的工具、设备、原料等物品；违法生产经营的食品、食品添加剂货值金额不足一万元的，并处五万元以上十万元以下罚款；货值金额一万元以上的，并处货值金额十倍以上二十倍以下罚款。明知从事前款规定的违法行为，仍为其提供生产经营场所或者其他条件的，由县级以上人民政府食品安全监督管理部门责令停止违法行为，没收违法所得，并处五万元以上十万元以下罚款；使消费者的合法权益受到损害的，应当与食品、食品添加剂生产经营者承担连带责任。

**第一百二十三条**　违反本法规定，有下列情形之一，尚不构成犯罪的，由县级以上人民政府食品安全监督管理部门没收违法所得和违法生产经营的食品，并可以没收用于违法生产经营的工具、设备、原料等物品；违法生产经营的食品货值金额不足一万元的，并处十万元以上十五万元以下罚款；货值金额一万元以上的，并处货值金额十五倍以上三十倍以下罚款；情节严重的，吊销许可证，并可以由公安机关对其直接负责的主管人员和其他直接责任人员处五日以上十五日以下拘留：（一）用非食品原料生产食品、在食品中添加食品添加剂以外的化学物质和其他可能危害人体健康的物质，或者用回收食品作为原料生产食品，或者经营上述食品；（二）生产经营营养成分不符合食品安全标准的专供婴幼儿和其他特定人群的主辅食品；（三）经营病死、毒死或者死因不明的禽、畜、兽、水产动物肉类，或者生产经营其制品；（四）经营未按规定进行检疫或者检疫不合格的肉类，或者生产经营未经检验或者检验不合格的肉类制品；（五）生产经营国家为防病等特殊需要明令禁止生产经营的食品；（六）生产经营添加药品的食品。明知从事前款规定的违法行为，仍为其提供生产经营场所或者其他条件的，由县级以上人民政府食品安全监督管理部门责令停止违法行为，没收违法所得，并处十万元以上二十万元以下罚款；使消费者的合法权益受到损害的，应当与食品生产经营者承担连带责任。违法使用剧毒、高毒农药的，除依照有关法律、法规规定给予处罚外，可以由公安机关依照第一款规定给予拘留。

**第一百二十四条**　违反本法规定，有下列情形之一，尚不构成犯罪的，由县级以上人民政府食品安全监督管理部门没收违法所得和违法生产经营的食品、食品添加剂，并可以没收用于违法生产经营的工具、设备、原料等物品；违法生产经营的食品、食品添加剂货值金额不足一万元的，并处五万元以上十万元以下罚款；货值金额一万元以上的，并处货值金额十倍以上二十倍以下罚款；情节严重的，吊销许可证：（一）生产经营致病性微生物，农药残留、兽药残留、生物毒素、重金属等污染物质以及其他危害人体健康的物质含量超过食品安全标准限量的食品、食品添加剂；（二）用超过保质期的食品原料、食品添加剂生产食品、食品添加剂，或者经营上述食品、食品添加剂；（三）生产经营超范围、超限量使用食品添加剂的食品；（四）生产经营腐败变质、油脂酸败、霉变生虫、污秽不洁、混有异物、掺假掺杂或者感官性状异常的食品、食品添加剂；（五）生产经营标注虚假生产日期、保质期或者超过保质期的食品、食品添加剂；（六）生产经营未按规定注册的保健食品、特殊医学用途配方食品、婴幼儿配方乳粉，或者未按注册的产品配方、生产工艺等技术要求组织生产；（七）以分装方式生产婴幼儿配方乳粉，或者同一企业以同一配方生产不同品牌的婴幼儿配方乳粉；（八）利用新的食品原料生产食品，或者生产食品添加剂新品种，未通过安全性评估；（九）食品生产经营者在食品安全监督管理部门责令其召回或者停止经营后，仍拒不召回或者停止经营。除前款和本法第一百二十三条、第一百二十五条规定的情形外，生产经营不符合法律、法规或者食品安全标准的食品、食品添加剂的，依照前款规定给予处罚。生产食品相关产品新品种，未通过安全性评估，或者生产不符合食品安全标准的食品相关产品的，由县级以上人民政府食品安全监督管理部门依照第一款规定给予处罚。

**第一百二十五条** 违反本法规定，有下列情形之一的，由县级以上人民政府食品安全监督管理部门没收违法所得和违法生产经营的食品、食品添加剂，并可以没收用于违法生产经营的工具、设备、原料等物品；违法生产经营的食品、食品添加剂货值金额不足一万元的，并处五千元以上五万元以下罚款；货值金额一万元以上的，并处货值金额五倍以上十倍以下罚款；情节严重的，责令停产停业，直至吊销许可证：（一）生产经营被包装材料、容器、运输工具等污染的食品、食品添加剂；（二）生产经营无标签的预包装食品、食品添加剂或者标签、说明书不符合本法规定的食品、食品添加剂；（三）生产经营转基因食品未按规定进行标示；（四）食品生产经营者采购或者使用不符合食品安全标准的食品原料、食品添加剂、食品相关产品。生产经营的食品、食品添加剂的标签、说明书存在瑕疵但不影响食品安全且不会对消费者造成误导的，由县级以上人民政府食品安全监督管理部门责令改正；拒不改正的，处二千元以下罚款。

**第一百二十六条** 违反本法规定，有下列情形之一的，由县级以上人民政府食品安全监督管理部门责令改正，给予警告；拒不改正的，处五千元以上五万元以下罚款；情节严重的，责令停产停业，直至吊销许可证：（一）食品、食品添加剂生产者未按规定对采购的食品原料和生产的食品、食品添加剂进行检验；（二）食品生产经营企业未按规定建立食品安全管理制度，或者未按规定配备或者培训、考核食品安全管理人员；（三）食品、食品添加剂生产经营者进货时未查验许可证和相关证明文件，或者未按规定建立并遵守进货查验记录、出厂检验记录和销售记录制度；（四）食品生产经营企业未制定食品安全事故处置方案；（五）餐具、饮具和盛放直接入口食品的容器，使用前未经洗净、消毒或者清洗消毒不合格，或者餐饮服务设施、设备未按规定定期维护、清洗、校验；（六）食品生产经营者安排未取得健康证明或者患有国务院卫生行政部门规定的有碍食品安全疾病的人员从事接触直接入口食品的工作；（七）食品经营者未按规定要求销售食品；（八）保健食品生产企业未按规定向食品安全监督管理部门备案，或者未按备案的产品配方、生产工艺等技术要求组织生产；（九）婴幼儿配方食品生产企业未将食品原料、食品添加剂、产品配方、标签等向食品安全监督管理部门备案；（十）特殊食品生产企业未按规定建立生产质量管理体系并有效运行，或者未定期提交自查报告；（十一）食品生产经营者未定期对食品安全状况进行检查评价，或者生产经营条件发生变化，未按规定处理；（十二）学校、托幼机构、养老机构、建筑工地等集中用餐单位未按规定履行食品安全管理责任；（十三）食品生产企业、餐饮服务提供者未按规定制定、实施生产经营过程控制要求。餐具、饮具集中消毒服务单位违反本法规定用水，使用洗涤剂、消毒剂，或者出厂的餐具、饮具未按规定检验合格并随附消毒合格证明，或者未按规定在独立包装上标注相关内容的，由县级以上人民政府卫生行政部门依照前款规定给予处罚。食品相关产品生产者未按规定对生产的食品相关产品进行检验的，由县级以上人民政府食品安全监督管理部门依照第一款规定给予处罚。食用农产品销售者违反本法第六十五条规定的，由县级以上人民政府食品安全监督管理部门依照第一款规定给予处罚。

**第一百二十七条** 对食品生产加工小作坊、食品摊贩等的违法行为的处罚，依照省、自治区、直辖市制定的具体管理办法执行。

**第一百二十八条** 违反本法规定，事故单位在发生食品安全事故后未进行处置、报告的，由有关主管部门按照各自职责分工责令改正，给予警告；隐匿、伪造、毁灭有关证据的，责令停产停业，没收违法所得，并处十万元以上五十万元以下罚款；造成严重后果的，吊销许可证。

**第一百二十九条** 违反本法规定，有下列情形之一的，由出入境检验检疫机构依照本法第一百二十四条的规定给予处罚：（一）提供虚假材料，进口不符合我国食品安全国家标准的食品、食品添加剂、食品相关产品；（二）进口尚无食品安全国家标准的食品，未提交所执行的标准并经国务院卫生行政部门审查，或者进口利用新的食品原料生产的食品或者进口食品添加剂新品种、食品相关产品新品种，未通过安全性评估；（三）未遵守本法的规定出口食品；（四）进口商在有关主管部门责令其依照本法规定召回进口的食品后，仍拒不召回。违反本法规定，进口商未建立并遵守食品、食品添加剂进口和销售记录制度、境外出口商或者生产企业审核制度的，由出入境检验检疫机构依照本法第一百二十六条的规定给予处罚。

**第一百三十条** 违反本法规定，集中交易市场的开办者、柜台出租者、展销会的举办者允许未依法取得许可的食品经营者进入市场销售食品，或者未履行检查、报告等义务的，由县级以上人民政府食品安全监督管理部门责令改正，没收违法所得，并处五万元以上二十万元以下罚款；造成严重后果的，责令停业，直至由原发证部门吊销许可证；使消费者的合法权益受到损害的，应当与食品经营者承担连带责任。食用农产品批发市场违反本法第六十四条规定的，依照前款规定承担责任。

**第一百三十一条** 违反本法规定，网络食品交易第三方平台提供者未对入网食品经营者进行实名登记、审查许可证，或者未履行报告、停止提供网络交易平台服务等义务的，由县级以上人民政府食品安全监督管理部门责令改正，没收违法所得，并处五万元以上二十万元以下罚款；造成严重后果的，责令停业，直至由原发证部门吊销许可证；使消费者的合法权益受到损害的，应当与食品经营者承担连带责任。消费者通过网络食品交易第三方平台购买食品，其合法权益受到损害的，可以向入网食品经营者或者食品生产者要求赔偿。网络食品交易第三方平台提供者不能提供入网食品经营者的真实名称、地址和有效联系方式的，由网络食品交易第三方平台提供者赔偿。网络食品交易第三方平台提供者赔偿后，有权向入网食品经营者或者食品生产者追偿。网络食品交易第三方平台提供者作出更有利于消费者承诺的，应当履行其承诺。

**第一百三十二条** 违反本法规定，未按要求进行食品贮存、运输和装卸的，由县级以上人民政府食品安全监督管理等部门按照各自职责分工责令改正，给予警告；拒不改正的，责令停产停业，并处一万元以上五万元以下罚款；情节严重的，吊销许可证。

**第一百三十三条** 违反本法规定，拒绝、阻挠、干涉有关部门、机构及其工作人员依法开展食品安全监督检查、事故调查处理、风险监测和风险评估的，由有关主管部门按照各自职责分工责令停产停业，并处二千元以上五万元以下罚款；情节严重的，吊销许可证；构成违反治安管理行为的，由公安机关依法给予治安管理处罚。违反本法规定，对举报人以解除、变更劳动合同或者其他方式打击报复的，应当依照有关法律的规定承担责任。

**第一百三十四条** 食品生产经营者在一年内累计三次因违反本法规定受到责令停产停业、吊销许可证以外处罚的，由食品安全监督管理部门责令停产停业，直至吊销许可证。

**第一百三十五条** 被吊销许可证的食品生产经营者及其法定代表人、直接负责的主管人员和其他直接责任人员自处罚决定作出之日起五年内不得申请食品生产经营许可，或者从事食品生产经营管理工作、担任食品生产经营企业食品安全管理人员。因食品安全犯罪被判处有期徒刑以上刑罚的，终身不得从事食品生产经营管理工作，也不得担任食品生产经营企业食品安全管理人员。食品生产经营者聘用人员违反前两款规定的，由县级以上人民政府食品安全监督管理部门吊销许可证。

**第一百三十六条** 食品经营者履行了本法规定的进货查验等义务，有充分证据证明其不知道所采购的食品不符合食品安全标准，并能如实说明其进货来源的，可以免予处罚，但应当依法没收其不符合食品安全标准的食品；造成人身、财产或者其他损害的，依法承担赔偿责任。

**第一百三十七条** 违反本法规定，承担食品安全风险监测、风险评估工作的技术机构、技术人员提供虚假监测、评估信息的，依法对技术机构直接负责的主管人员和技术人员给予撤职、开除处分；有执业资格的，由授予其资格的主管部门吊销执业证书。

**第一百三十八条** 违反本法规定，食品检验机构、食品检验人员出具虚假检验报告的，由授予其资质的主管部门或者机构撤销该食品检验机构的检验资质，没收所收取的检验费用，并处检验费用五倍以上十倍以下罚款，检验费用不足一万元的，并处五万元以上十万元以下罚款；依法对食品检验机构直接负责的主管人员和食品检验人员给予撤职或者开除处分；导致发生重大食品安全事故的，对直接负责的主管人员和食品检验人员给予开除处分。违反本法规定，受到开除处分的食品检验机构人员，自处分决定作出之日起十年内不得从事食品检验工作；因食品安全违法行为受到刑事处罚或者因出具虚假检验报告导致发生重大食品安全事故受到开除处分的食品检验机构人员，终身不得从事食品检验工作。食品检验机构聘用不得从事食品检验工作的人员的，由授予其资质的主管部门或者机构撤销该食品检验机构的检验资质。食品检验机构出具虚假检验报告，使消费者的合法权益受到损害的，应当与食品生产经营者承担连带责任。

**第一百三十九条** 违反本法规定，认证机构出具虚假认证结论，由认证认可监督管理部门没收所收取的认证费用，并处认证费用五倍以上十倍以下罚款，认证费用不足一万元的，并处五万元以上十万元以下罚款；情节严重的，责令停业，直至撤销认证机构批准文件，并向社会公布；对直接负责的主管人员和负有直接责任的认证人员，撤销其执业资格。认证机构出具虚假认证结论，使消费者的合法权益受到损害的，应当与食品生产经营者承担连带责任。

**第一百四十条** 违反本法规定，在广告中对食品作虚假宣传，欺骗消费者，或者发布未取得批准文件、广告内容与批准文件不一致的保健食品广告的，依照《中华人民共和国广告法》的规定给予处罚。广告经营者、发布者设计、制作、发布虚假食品广告，使消费者的合法权益受到损害的，应当与食品生产经营者承担连带责任。社会团体或者其他组织、个人在虚假广告或者其他虚假宣传中向消费者推荐食品，使消费者的合法权益受到损害的，应当与食品生产经营者承担连带责任。违反本法规定，食品安全监督管理等部门、食品检验机构、食品行业协会以广告或者其他形式向消费者推荐食品，消费者组织以收取费用或者其他牟取利益的方式向消费者推荐食品的，由有关主管部门没收违法所得，依法对直接负责的主管人员和其他直接责任人员给予记大过、降级或者撤职处分；情节严重的，给予开除处分。对食品作虚假宣传且情节严重的，由省级以上人民政府食品安全监督管理部门决定暂停销售该食品，并向社会公布；仍然销售该食品的，由县级以上人民政府食品安全监督管理部门没收违法所得和违法销售的食品，并处二万元以上五万元以下罚款。

**第一百四十一条** 违反本法规定，编造、散布虚假食品安全信息，构成违反治安管理行为的，由公安机关依法给予治安管理处罚。媒体编造、散布虚假食品安全信息的，由有关主管部门依法给予处罚，并对直接负责的主管人员和其他直接责任人员给予处分；使公民、法人或者其他组织的合法权益受到损害的，依法承担消除影响、恢复名誉、赔偿损失、赔礼道歉等民事责任。

**第一百四十二条** 违反本法规定，县级以上地方人民政府有下列行为之一的，对直接负责的主管人员和其他直接责任人员给予记大过处分；情节较重的，给予降级或者撤职处分；情节严重的，给予开除处分；造成严重后果的，其主要负责人还应当引咎辞职：（一）对发生在本行政区域内的食品安全事故，未及时组织协调有关部门开展有效处置，造成不良影响或者损失；（二）对本行政区域内涉及多环节的区域性食品安全问题，未及时组织整治，造成不良影响或者损失；（三）隐瞒、谎报、缓报食品安全事故；（四）本行政区域内发生特别重大食品安全事故，或者连续发生重大食品安全事故。

**第一百四十三条** 违反本法规定，县级以上地方人民政府有下列行为之一的，对直接负责的主管人员和其他直接责任人员给予警告、记过或者记大过处分；造成严重后果的，给予降级或者撤职处分：（一）未确定有关部门的食品安全监督管理职责，未建立健全食品安全全程监督管理工作机制和信息共享机制，未落实食品安全监督管理责任制；（二）未制定本行政区域的食品安全事故应急预案，或者发生食品安全事故后未按规定立即成立事故处置指挥机构、启动应急预案。

**第一百四十四条** 违反本法规定，县级以上人民政府食品安全监督管理、卫生行政、农业行政等部门有下列行为之一的，对直接负责的主管人员和其他直接责任人员给予记大过处分；情节较重的，给予降级或者撤职处分；情节严重的，给予开除处分；造成严重后果的，其主要负责人还应当引咎辞职：（一）隐瞒、谎报、缓报食品安全事故；（二）未按规定查处食品安全事故，或者接到食品安全事故报告未及时处理，造成事故扩大或者蔓延；（三）经食品安全风险评估得出食品、食品添加剂、食品相关产品不安全结论后，未及时采取相应措施，造成食品安全事故或者不良社会影响；（四）对不符合条件的申请人准予许可，或者超越法定职权准予许可；（五）不履行食品安全监督管理职责，导致发生食品安全事故。

**第一百四十五条** 违反本法规定，县级以上人民政府食品安全监督管理、卫生行政、农业行政等部门有下列行为之一，造成不良后果的，对直接负责的主管人员和其他直接责任人员给予警告、记过或者记大过处分；情节较重的，给予降级或者撤职处分；情节严重的，给予开除处分：（一）在获知有关食品安全信息后，未按规定向上级主管部门和本级人民政府报告，或者未按规定相互通报；（二）未按规定公布食品安全信息；（三）不履行法定职责，对查处食品安全违法行为不配合，或者滥用职权、玩忽职守、徇私舞弊。

**第一百四十六条** 食品安全监督管理等部门在履行食品安全监督管理职责过程中，违法实施检查、强制等执法措施，给生产经营者造成损失的，应当依法予以赔偿，对直接负责的主管人员和其他直接责任人员依法给予处分。

**第一百四十七条** 违反本法规定，造成人身、财产或者其他损害的，依法承担赔偿责任。生产经营者财产不足以同时承担民事赔偿责任和缴纳罚款、罚金时，先承担民事赔偿责任。

**第一百四十八条** 消费者因不符合食品安全标准的食品受到损害的，可以向经营者要求赔偿损失，也可以向生产者要求赔偿损失。接到消费者赔偿要求的生产经营者，应当实行首负责任制，先行赔付，不得推诿；属于生产者责任的，经营者赔偿后有权向生产者追偿；属于经营者责任的，生产者赔偿后有权向经营者追偿。生产不符合食品安全标准的食品或者经营明知是不符合食品安全标准的食品，消费者除要求赔偿损失外，还可以向生产者或者经营者要求支付价款十倍或者损失三倍的赔偿金；增加赔偿的金额不足一千元的，为一千元。但是，食品的标签、说明书存在不影响食品安全且不会对消费者造成误导的瑕疵的除外。

**第一百四十九条** 违反本法规定，构成犯罪的，依法追究刑事责任。

## 第十章 附 则

**第一百五十条** 本法下列用语的含义：食品，指各种供人食用或者饮用的成品和原料以及按照传统既是食品又是中药材的物品，但是不包括以治疗为目的的物品。食品安全，指食品无毒、无害，符合应当有的营养要求，对人体健康不造成任何急性、亚急性或者慢性危害。预包装食品，指预先定量包装或者制作在包装材料、容器中的食品。食品添加剂，指为改善食品品质和色、香、味以及为防腐、保鲜和加工工艺的需要而加入食品中的人工合成或者天然物质，包括营养强化剂。用于食品的包装材料和容器，指包装、盛放食品或者食品添加剂用的纸、竹、木、金属、搪瓷、陶瓷、塑料、橡胶、天然纤维、化学纤维、玻璃等制品和直接接触食品或者食品添加剂的涂料。用于食品生产经营的工具、设备，指在食品或者食品添加剂生产、销售、使用过程中直接接触食品或者食品添加剂的机械、管道、传送带、容器、用具、餐具等。用于食品的洗涤剂、消毒剂，指直接用于洗涤或者消毒食品、餐具、饮具以及直接接触食品的工具、设备或者食品包装材料和容器的物质。食品保质期，指食品在标明的贮存条件下保持品质的期限。食源性疾病，指食品中致病因素进入人体引起的感染性、中毒性等疾病，包括食物中毒。食品安全事故，指食源性疾病、食品污染等源于食品，对人体健康有危害或者可能有危害的事故。

**第一百五十一条** 转基因食品和食盐的食品安全管理，本法未作规定的，适用其他法律、行政法规的规定。

**第一百五十二条** 铁路、民航运营中食品安全的管理办法由国务院食品安全监督管理部门会同国务院有关部门依照本法制定。保健食品的具体管理办法由国务院食品安全监督管理部门依照本法制定。食品相关产品生产活动的具体管理办法由国务院食品安全监督管理部门依照本法制定。国境口岸食品的监督管理由出入境检验检疫机构依照本法以及有关法律、行政法规的规定实施。军队专用食品和自供食品的食品安全管理办法由中央军事委员会依照本法制定。

**第一百五十三条** 国务院根据实际需要，可以对食品安全监督管理体制作出调整。

**第一百五十四条** 本法自 2015 年 10 月 1 日起施行。

# 中华人民共和国刑法修正案（九）节选

《中华人民共和国刑法修正案（九）》已由中华人民共和国第十二届全国人民代表大会常务委员会第十六次会议于2015年8月29日通过，现予公布，自2015年11月1日起施行。

一、在刑法第三十七条后增加一条，作为第三十七条之一：“因利用职业便利实施犯罪，或者实施违背职业要求的特定义务的犯罪被判处刑罚的，人民法院可以根据犯罪情况和预防再犯罪的需要，禁止其自刑罚执行完毕之日或者假释之日起从事相关职业，期限为三年至五年。

“被禁止从事相关职业的人违反人民法院依照前款规定作出的决定的，由公安机关依法给予处罚；情节严重的，依照本法第三百一十三条的规定定罪处罚。

“其他法律、行政法规对其从事相关职业另有禁止或者限制性规定的，从其规定。”

十九、在刑法第二百六十条后增加一条，作为第二百六十条之一：“对未成年人、老年人、患病的人、残疾人等负有监护、看护职责的人虐待被监护、看护的人，情节恶劣的，处三年以下有期徒刑或者拘役。

“单位犯前款罪的，对单位判处罚金，并对其直接负责的主管人员和其他直接责任人员，依照前款的规定处罚。

“有第一款行为，同时构成其他犯罪的，依照处罚较重的规定定罪处罚。”

# 中华人民共和国刑法修正案（十一）节选

（2020年12月26日第十三届全国人民代表大会常务委员会第二十四次会议通过）

三、将刑法第一百三十四条第二款修改为："强令他人违章冒险作业，或者明知存在重大事故隐患而不排除，仍冒险组织作业，因而发生重大伤亡事故或者造成其他严重后果的，处五年以下有期徒刑或者拘役；情节特别恶劣的，处五年以上有期徒刑。"

四、在刑法第一百三十四条后增加一条，作为第一百三十四条之一："在生产、作业中违反有关安全管理的规定，有下列情形之一，具有发生重大伤亡事故或者其他严重后果的现实危险的，处一年以下有期徒刑、拘役或者管制：

"（一）关闭、破坏直接关系生产安全的监控、报警、防护、救生设备、设施，或者篡改、隐瞒、销毁其相关数据、信息的；

"（二）因存在重大事故隐患被依法责令停产停业、停止施工、停止使用有关设备、设施、场所或者立即采取排除危险的整改措施，而拒不执行的；

"（三）涉及安全生产的事项未经依法批准或者许可，擅自从事矿山开采、金属冶炼、建筑施工，以及危险物品生产、经营、储存等高度危险的生产作业活动的。"

# 中华人民共和国国务院令
# 第 730 号

现公布《国务院关于修改〈行政执法机关移送涉嫌犯罪案件的规定〉的决定》，自公布之日起施行。

总理　李克强

2020 年 8 月 7 日

# 国务院关于修改《行政执法机关移送涉嫌犯罪案件的规定》的决定

（国务院令第 730 号）

国务院决定对《行政执法机关移送涉嫌犯罪案件的规定》作如下修改：

一、第三条增加一款，作为第二款："知识产权领域的违法案件，行政执法机关根据调查收集的证据和查明的案件事实，认为存在犯罪的合理嫌疑，需要公安机关采取措施进一步获取证据以判断是否达到刑事案件立案追诉标准的，应当向公安机关移送。"

二、将第十五条、第十六条、第十七条中的"行政处分"修改为"处分"。

三、增加一条，作为第十八条："有关机关存在本规定第十五条、第十六条、第十七条所列违法行为，需要由监察机关依法给予违法的公职人员政务处分的，该机关及其上级主管机关或者有关人民政府应当依照有关规定将相关案件线索移送监察机关处理。"

四、将第十八条改为第十九条，修改为："行政执法机关在依法查处违法行为过程中，发现公职人员有贪污贿赂、失职渎职或者利用职权侵犯公民人身权利和民主权利等违法行为，涉嫌构成职务犯罪的，应当依照刑法、刑事诉讼法、监察法等法律规定及时将案件线索移送监察机关或者人民检察院处理。"

本决定自公布之日起施行。

《行政执法机关移送涉嫌犯罪案件的规定》根据本决定作相应修改并对条文序号作相应调整，重新公布。

# 行政执法机关移送涉嫌犯罪案件的规定

（2001 年 7 月 9 日中华人民共和国国务院令第 310 号公布　根据 2020 年 8 月 7 日《国务院关于修改〈行政执法机关移送涉嫌犯罪案件的规定〉的决定》修订）

**第一条**　为了保证行政执法机关向公安机关及时移送涉嫌犯罪案件，依法惩罚破坏社会主义市场经济秩序罪、妨害社会管理秩序罪以及其他罪，保障社会主义建设事业顺利进行，制定本规定。

**第二条**　本规定所称行政执法机关，是指依照法律、法规或者规章的规定，对破坏社会主义市场经济秩序、妨害社会管理秩序以及其他违法行为具有行政处罚权的行政机关，以及法律、法规授权的具有管理公共事务职能、在法定授权范围内实施行政处罚的组织。

**第三条**　行政执法机关在依法查处违法行为过程中，发现违法事实涉及的金额、违法事实的情节、违法事实造成的后果等，根据刑法关于破坏社会主义市场经济秩序罪、妨害社会管理秩序罪等罪的规定和最高人民法院、最高人民检察院关于破坏社会主义市场经济秩序罪、妨害社会管理秩序罪等罪的司法解释以及最高人民检察院、公安部关于经济犯罪案件的追诉标准等规定，涉嫌构成犯罪，依法需要追究刑事责任的，必须依照本规定向公安机关移送。

知识产权领域的违法案件，行政执法机关根据调查收集的证据和查明的案件事实，认为存在犯罪的合理嫌疑，需要公安机关采取措施进一步获取证据以判断是否达到刑事案件立案追诉标准的，应当向公安机关移送。

**第四条**　行政执法机关在查处违法行为过程中，必须妥善保存所收集的与违法行为有关的证据。

行政执法机关对查获的涉案物品，应当如实填写涉案物品清单，并按照国家有关规定予以处理。对易腐烂、变质等不宜或者不易保管的涉案物品，应当采取必要措施，留取证据；对需要进行检验、鉴定的涉案物品，应当由法定检验、鉴定机构进行检验、鉴定，并出具检验报告或者鉴定结论。

**第五条**　行政执法机关对应当向公安机关移送的涉嫌犯罪案件，应当立即指定 2 名或者 2 名以上行政执法人员组成专案组专门负责，核实情况后提出移送涉嫌犯罪案件的书面报告，报经本机关正职负责人或者主持工作的负责人审批。

行政执法机关正职负责人或者主持工作的负责人应当自接到报告之日起 3 日内作出批准移送或者不批准移送的决定。决定批准的，应当在 24 小时内向同级公安机关移送；决定不批准的，应当将不予批准的理由记录在案。

**第六条**　行政执法机关向公安机关移送涉嫌犯罪案件，应当附有下列材料：

（一）涉嫌犯罪案件移送书；

（二）涉嫌犯罪案件情况的调查报告；

（三）涉案物品清单；

（四）有关检验报告或者鉴定结论；

（五）其他有关涉嫌犯罪的材料。

**第七条** 公安机关对行政执法机关移送的涉嫌犯罪案件，应当在涉嫌犯罪案件移送书的回执上签字；其中，不属于本机关管辖的，应当在 24 小时内转送有管辖权的机关，并书面告知移送案件的行政执法机关。

**第八条** 公安机关应当自接受行政执法机关移送的涉嫌犯罪案件之日起 3 日内，依照刑法、刑事诉讼法以及最高人民法院、最高人民检察院关于立案标准和公安部关于公安机关办理刑事案件程序的规定，对所移送的案件进行审查。认为有犯罪事实，需要追究刑事责任，依法决定立案的，应当书面通知移送案件的行政执法机关；认为没有犯罪事实，或者犯罪事实显著轻微，不需要追究刑事责任，依法不予立案的，应当说明理由，并书面通知移送案件的行政执法机关，相应退回案卷材料。

**第九条** 行政执法机关接到公安机关不予立案的通知书后，认为依法应当由公安机关决定立案的，可以自接到不予立案通知书之日起 3 日内，提请作出不予立案决定的公安机关复议，也可以建议人民检察院依法进行立案监督。

作出不予立案决定的公安机关应当自收到行政执法机关提请复议的文件之日起 3 日内作出立案或者不予立案的决定，并书面通知移送案件的行政执法机关。移送案件的行政执法机关对公安机关不予立案的复议决定仍有异议的，应当自收到复议决定通知书之日起 3 日内建议人民检察院依法进行立案监督。

公安机关应当接受人民检察院依法进行的立案监督。

**第十条** 行政执法机关对公安机关决定不予立案的案件，应当依法作出处理；其中，依照有关法律、法规或者规章的规定应当给予行政处罚的，应当依法实施行政处罚。

**第十一条** 行政执法机关对应当向公安机关移送的涉嫌犯罪案件，不得以行政处罚代替移送。

行政执法机关向公安机关移送涉嫌犯罪案件前已经作出的警告，责令停产停业，暂扣或者吊销许可证、暂扣或者吊销执照的行政处罚决定，不停止执行。

依照行政处罚法的规定，行政执法机关向公安机关移送涉嫌犯罪案件前，已经依法给予当事人罚款的，人民法院判处罚金时，依法折抵相应罚金。

**第十二条** 行政执法机关对公安机关决定立案的案件，应当自接到立案通知书之日起 3 日内将涉案物品以及与案件有关的其他材料移交公安机关，并办结交接手续；法律、行政法规另有规定的，依照其规定。

**第十三条** 公安机关对发现的违法行为，经审查，没有犯罪事实，或者立案侦查后认为犯罪事实显著轻微，不需要追究刑事责任，但依法应当追究行政责任的，应当及时将案件移送同级行政执法机关，有关行政执法机关应当依法作出处理。

**第十四条** 行政执法机关移送涉嫌犯罪案件，应当接受人民检察院和监察机关依法实施的监督。

任何单位和个人对行政执法机关违反本规定，应当向公安机关移送涉嫌犯罪案件而不移送的，有权向人民检察院、监察机关或者上级行政执法机关举报。

**第十五条** 行政执法机关违反本规定，隐匿、私分、销毁涉案物品的，由本级或者上级人民政府，或者实行垂直管理的上级行政执法机关，对其正职负责人根据情节轻重，给予降级以上的处分；构成犯罪的，依法追究刑事责任。

对前款所列行为直接负责的主管人员和其他直接责任人员，比照前款的规定给予处分；构成犯罪的，依法追究刑事责任。

**第十六条** 行政执法机关违反本规定，逾期不将案件移送公安机关的，由本级或者上级人民政府，或者实行垂直管理的上级行政执法机关，责令限期移送，并对其正职负责人或者主持工作的负责人根据情节轻重，给予记过以上的处分；构成犯罪的，依法追究刑事责任。

行政执法机关违反本规定，对应当向公安机关移送的案件不移送，或者以行政处罚代替移送的，由本级或者上级人民政府，或者实行垂直管理的上级行政执法机关，责令改正，给予通报；拒不改正的，对其正职负责人或者主持工作的负责人给予记过以上的处分；构成犯罪的，依法追究刑事责任。

对本条第一款、第二款所列行为直接负责的主管人员和其他直接责任人员，分别比照前两款的规定给予处分；构成犯罪的，依法追究刑事责任。

**第十七条** 公安机关违反本规定，不接受行政执法机关移送的涉嫌犯罪案件，或者逾期不作出立案或者不予立案的决定的，除由人民检察院依法实施立案监督外，由本级或者上级人民政府责令改正，对其正职负责人根据情节轻重，给予记过以上的处分；构成犯罪的，依法追究刑事责任。

对前款所列行为直接负责的主管人员和其他直接责任人员，比照前款的规定给予处分；构成犯罪的，依法追究刑事责任。

**第十八条** 有关机关存在本规定第十五条、第十六条、第十七条所列违法行为，需要由监察机关依法给予违法的公职人员政务处分的，该机关及其上级主管机关或者有关人民政府应当依照有关规定将相关案件线索移送监察机关处理。

**第十九条** 行政执法机关在依法查处违法行为过程中，发现公职人员有贪污贿赂、失职渎职或者利用职权侵犯公民人身权利和民主权利等违法行为，涉嫌构成职务犯罪的，应当依照刑法、刑事诉讼法、监察法等法律规定及时将案件线索移送监察机关或者人民检察院处理。

**第二十条** 本规定自公布之日起施行。

# 中华人民共和国国务院令
# 第 737 号

《防范和处置非法集资条例》已经2020年12月21日国务院第119次常务会议通过，现予公布，自2021年5月1日起施行。

总理　李克强
2021年1月26日

# 防范和处置非法集资条例

（国务院令第737号）

## 第一章　总　　则

**第一条**　为了防范和处置非法集资，保护社会公众合法权益，防范化解金融风险，维护经济秩序和社会稳定，制定本条例。

**第二条**　本条例所称非法集资，是指未经国务院金融管理部门依法许可或者违反国家金融管理规定，以许诺还本付息或者给予其他投资回报等方式，向不特定对象吸收资金的行为。

非法集资的防范以及行政机关对非法集资的处置，适用本条例。法律、行政法规对非法从事银行、证券、保险、外汇等金融业务活动另有规定的，适用其规定。

本条例所称国务院金融管理部门，是指中国人民银行、国务院金融监督管理机构和国务院外汇管理部门。

**第三条**　本条例所称非法集资人，是指发起、主导或者组织实施非法集资的单位和个人；所称非法集资协助人，是指明知是非法集资而为其提供帮助并获取经济利益的单位和个人。

**第四条**　国家禁止任何形式的非法集资，对非法集资坚持防范为主、打早打小、综合治理、稳妥处置的原则。

**第五条**　省、自治区、直辖市人民政府对本行政区域内防范和处置非法集资工作负总责，地方各级人民政府应当建立健全政府统一领导的防范和处置非法集资工作机制。县级以上地方人民政府应当明确防范和处置非法集资工作机制的牵头部门（以下简称处置非法集资牵头部门），有关部门以及国务院金融管理部门分支机构、派出机构等单位参加工作机制；乡镇人民政府应当明确牵头负责防范和处置非法集资工作的人员。上级地方人民政府应当督促、指导下级地方人民政府做好本行政区域防范和处置非法集资工作。

行业主管部门、监管部门应当按照职责分工，负责本行业、领域非法集资的防范和配合处置工作。

**第六条** 国务院建立处置非法集资部际联席会议（以下简称联席会议）制度。联席会议由国务院银行保险监督管理机构牵头，有关部门参加，负责督促、指导有关部门和地方开展防范和处置非法集资工作，协调解决防范和处置非法集资工作中的重大问题。

**第七条** 各级人民政府应当合理保障防范和处置非法集资工作相关经费，并列入本级预算。

## 第二章 防　　范

**第八条** 地方各级人民政府应当建立非法集资监测预警机制，纳入社会治安综合治理体系，发挥网格化管理和基层群众自治组织的作用，运用大数据等现代信息技术手段，加强对非法集资的监测预警。

行业主管部门、监管部门应当强化日常监督管理，负责本行业、领域非法集资的风险排查和监测预警。

联席会议应当建立健全全国非法集资监测预警体系，推动建设国家监测预警平台，促进地方、部门信息共享，加强非法集资风险研判，及时预警提示。

**第九条** 市场监督管理部门应当加强企业、个体工商户名称和经营范围等商事登记管理。除法律、行政法规和国家另有规定外，企业、个体工商户名称和经营范围中不得包含“金融”、“交易所”、“交易中心”、“理财”、“财富管理”、“股权众筹”等字样或者内容。

县级以上地方人民政府处置非法集资牵头部门、市场监督管理部门等有关部门应当建立会商机制，发现企业、个体工商户名称或者经营范围中包含前款规定以外的其他与集资有关的字样或者内容的，及时予以重点关注。

**第十条** 处置非法集资牵头部门会同互联网信息内容管理部门、电信主管部门加强对涉嫌非法集资的互联网信息和网站、移动应用程序等互联网应用的监测。经处置非法集资牵头部门组织认定为用于非法集资的，互联网信息内容管理部门、电信主管部门应当及时依法作出处理。

互联网信息服务提供者应当加强对用户发布信息的管理，不得制作、复制、发布、传播涉嫌非法集资的信息。发现涉嫌非法集资的信息，应当保存有关记录，并向处置非法集资牵头部门报告。

**第十一条** 除国家另有规定外，任何单位和个人不得发布包含集资内容的广告或者以其他方式向社会公众进行集资宣传。

市场监督管理部门会同处置非法集资牵头部门加强对涉嫌非法集资广告的监测。经处置非法集资牵头部门组织认定为非法集资的，市场监督管理部门应当及时依法查处相关非法集资广告。

广告经营者、广告发布者应当依照法律、行政法规查验相关证明文件，核对广告内容。对没有相关证明文件且包含集资内容的广告，广告经营者不得提供设计、制作、代理服务，广告发布者不得发布。

**第十二条** 处置非法集资牵头部门与所在地国务院金融管理部门分支机构、派出机构应当建立非法集资可疑资金监测机制。国务院金融管理部门及其分支机构、派出机构应当按照职责分工督促、指导金融机构、非银行支付机构加强对资金异常流动情况及其他涉嫌非法集资可疑资金的监测工作。

**第十三条** 金融机构、非银行支付机构应当履行下列防范非法集资的义务：

（一）建立健全内部管理制度，禁止分支机构和员工参与非法集资，防止他人利用其经营场所、销售渠道从事非法集资；

（二）加强对社会公众防范非法集资的宣传教育，在经营场所醒目位置设置警示标识；

（三）依法严格执行大额交易和可疑交易报告制度，对涉嫌非法集资资金异常流动的相关账户进行分析识别，并将有关情况及时报告所在地国务院金融管理部门分支机构、派出机构和处置非法集资牵头部门。

**第十四条** 行业协会、商会应当加强行业自律管理、自我约束，督促、引导成员积极防范非法集资，不组织、不协助、不参与非法集资。

**第十五条** 联席会议应当建立中央和地方上下联动的防范非法集资宣传教育工作机制，推动全国范围内防范非法集资宣传教育工作。

地方各级人民政府应当开展常态化的防范非法集资宣传教育工作，充分运用各类媒介或者载体，以法律政策解读、典型案例剖析、投资风险教育等方式，向社会公众宣传非法集资的违法性、危害性及其表现形式等，增强社会公众对非法集资的防范意识和识别能力。

行业主管部门、监管部门以及行业协会、商会应当根据本行业、领域非法集资风险特点，有针对性地开展防范非法集资宣传教育活动。

新闻媒体应当开展防范非法集资公益宣传，并依法对非法集资进行舆论监督。

**第十六条** 对涉嫌非法集资行为，任何单位和个人有权向处置非法集资牵头部门或者其他有关部门举报。

国家鼓励对涉嫌非法集资行为进行举报。处置非法集资牵头部门以及其他有关部门应当公开举报电话和邮箱等举报方式、在政府网站设置举报专栏，接受举报，及时依法处理，并为举报人保密。

**第十七条** 居民委员会、村民委员会发现所在区域有涉嫌非法集资行为的，应当向当地人民政府、处置非法集资牵头部门或者其他有关部门报告。

**第十八条** 处置非法集资牵头部门和行业主管部门、监管部门发现本行政区域或者本行业、领域可能存在非法集资风险的，有权对相关单位和个人进行警示约谈，责令整改。

## 第三章 处　　置

**第十九条** 对本行政区域内的下列行为，涉嫌非法集资的，处置非法集资牵头部门应当及时组织有关行业主管部门、监管部门以及国务院金融管理部门分支机构、派出机构进行调查认定：

（一）设立互联网企业、投资及投资咨询类企业、各类交易场所或者平台、农民专业合作社、资金互助组织以及其他组织吸收资金；

（二）以发行或者转让股权、债权，募集基金，销售保险产品，或者以从事各类资产管理、虚拟货币、融资租赁业务等名义吸收资金；

（三）在销售商品、提供服务、投资项目等商业活动中，以承诺给付货币、股权、实物等回报的形式吸收资金；

（四）违反法律、行政法规或者国家有关规定，通过大众传播媒介、即时通信工具或者其他方式公开传播吸收资金信息；

（五）其他涉嫌非法集资的行为。

**第二十条** 对跨行政区域的涉嫌非法集资行为，非法集资人为单位的，由其登记地处置非法集资牵头部门组织调查认定；非法集资人为个人的，由其住所地或者经常居住地处置非法集资牵头部门组织调查认定。非法集资行为发生地、集资资产所在地以及集资参与人所在地处置非法集资牵头部门应当配合调查认定工作。

处置非法集资牵头部门对组织调查认定职责存在争议的，由其共同的上级处置非法集资牵头部门确定；对跨省、自治区、直辖市组织调查认定职责存在争议的，由联席会议确定。

**第二十一条** 处置非法集资牵头部门组织调查涉嫌非法集资行为，可以采取下列措施：

（一）进入涉嫌非法集资的场所进行调查取证；

（二）询问与被调查事件有关的单位和个人，要求其对有关事项作出说明；

（三）查阅、复制与被调查事件有关的文件、资料、电子数据等，对可能被转移、隐匿或者毁损的文件、资料、电子设备等予以封存；

（四）经处置非法集资牵头部门主要负责人批准，依法查询涉嫌非法集资的有关账户。

调查人员不得少于2人，并应当出示执法证件。

与被调查事件有关的单位和个人应当配合调查，不得拒绝、阻碍。

**第二十二条** 处置非法集资牵头部门对涉嫌非法集资行为组织调查，有权要求暂停集资行为，通知市场监督管理部门或者其他有关部门暂停为涉嫌非法集资的有关单位办理设立、变更或者注销登记。

**第二十三条** 经调查认定属于非法集资的，处置非法集资牵头部门应当责令非法集资人、非法集资协助人立即停止有关非法活动；发现涉嫌犯罪的，应当按照规定及时将案件移送公安机关，并配合做好相关工作。

行政机关对非法集资行为的调查认定，不是依法追究刑事责任的必经程序。

**第二十四条** 根据处置非法集资的需要，处置非法集资牵头部门可以采取下列措施：

（一）查封有关经营场所，查封、扣押有关资产；

（二）责令非法集资人、非法集资协助人追回、变价出售有关资产用于清退集资资金；

（三）经设区的市级以上地方人民政府处置非法集资牵头部门决定，按照规定通知出入境边防检查机关，限制非法集资的个人或者非法集资单位的控股股东、实际控制人、董事、监事、高级管理人员以及其他直接责任人员出境。

采取前款第一项、第二项规定的措施，应当经处置非法集资牵头部门主要负责人批准。

**第二十五条** 非法集资人、非法集资协助人应当向集资参与人清退集资资金。清退过程应当接受处置非法集资牵头部门监督。

任何单位和个人不得从非法集资中获取经济利益。

因参与非法集资受到的损失，由集资参与人自行承担。

**第二十六条** 清退集资资金来源包括：

（一）非法集资资金余额；

（二）非法集资资金的收益或者转换的其他资产及其收益；

（三）非法集资人及其股东、实际控制人、董事、监事、高级管理人员和其他相关人员从非法集资中获得的经济利益；

（四）非法集资人隐匿、转移的非法集资资金或者相关资产；

（五）在非法集资中获得的广告费、代言费、代理费、好处费、返点费、佣金、提成等经济利益；

（六）可以作为清退集资资金的其他资产。

**第二十七条** 为非法集资设立的企业、个体工商户和农民专业合作社，由市场监督管理部门吊销营业执照。为非法集资设立的网站、开发的移动应用程序等互联网应用，由电信主管部门依法予以关闭。

**第二十八条** 国务院金融管理部门及其分支机构、派出机构，地方人民政府有关部门以及其他有关单位和个人，对处置非法集资工作应当给予支持、配合。

任何单位和个人不得阻挠、妨碍处置非法集资工作。

**第二十九条** 处置非法集资过程中，有关地方人民政府应当采取有效措施维护社会稳定。

## 第四章　法律责任

**第三十条** 对非法集资人，由处置非法集资牵头部门处集资金额20%以上1倍以下的罚款。非法集资人为单位的，还可以根据情节轻重责令停产停业，由有关机关依法吊销许可证、营业执照或者登记证书；对其法定代表人或者主要负责人、直接负责的主管人员和其他直接责任人员给予警告，处50万元以上500万元以下的罚款。构成犯罪的，依法追究刑事责任。

**第三十一条** 对非法集资协助人，由处置非法集资牵头部门给予警告，处违法所得1倍以上3倍以下的罚款；构成犯罪的，依法追究刑事责任。

**第三十二条** 非法集资人、非法集资协助人不能同时履行所承担的清退集资资金和缴纳罚款义务时，先清退集资资金。

**第三十三条** 对依照本条例受到行政处罚的非法集资人、非法集资协助人，由有关部门建立信用记录，按照规定将其信用记录纳入全国信用信息共享平台。

**第三十四条** 互联网信息服务提供者未履行对涉嫌非法集资信息的防范和处置义务

的，由有关主管部门责令改正，给予警告，没收违法所得；拒不改正或者情节严重的，处10万元以上50万元以下的罚款，并可以根据情节轻重责令暂停相关业务、停业整顿、关闭网站、吊销相关业务许可证或者吊销营业执照，对直接负责的主管人员和其他直接责任人员处1万元以上10万元以下的罚款。

广告经营者、广告发布者未按照规定查验相关证明文件、核对广告内容的，由市场监督管理部门责令改正，并依照《中华人民共和国广告法》的规定予以处罚。

**第三十五条** 金融机构、非银行支付机构未履行防范非法集资义务的，由国务院金融管理部门或者其分支机构、派出机构按照职责分工责令改正，给予警告，没收违法所得；造成严重后果的，处100万元以上500万元以下的罚款，对直接负责的主管人员和其他直接责任人员给予警告，处10万元以上50万元以下的罚款。

**第三十六条** 与被调查事件有关的单位和个人不配合调查，拒绝提供相关文件、资料、电子数据等或者提供虚假文件、资料、电子数据等的，由处置非法集资牵头部门责令改正，给予警告，处5万元以上50万元以下的罚款。

阻碍调查人员依法执行职务，构成违反治安管理行为的，由公安机关依法给予治安管理处罚；构成犯罪的，依法追究刑事责任。

**第三十七条** 国家机关工作人员有下列行为之一的，依法给予处分：

(一) 明知所主管、监管的单位有涉嫌非法集资行为，未依法及时处理；

(二) 未按照规定及时履行对非法集资的防范职责，或者不配合非法集资处置，造成严重后果；

(三) 在防范和处置非法集资过程中滥用职权、玩忽职守、徇私舞弊；

(四) 通过职务行为或者利用职务影响，支持、包庇、纵容非法集资。

前款规定的行为构成犯罪的，依法追究刑事责任。

## 第五章　附　　则

**第三十八条** 各省、自治区、直辖市可以根据本条例制定防范和处置非法集资工作实施细则。

**第三十九条** 未经依法许可或者违反国家金融管理规定，擅自从事发放贷款、支付结算、票据贴现等金融业务活动的，由国务院金融管理部门或者地方金融管理部门按照监督管理职责分工进行处置。

法律、行政法规对其他非法金融业务活动的防范和处置没有明确规定的，参照本条例的有关规定执行。其他非法金融业务活动的具体类型由国务院金融管理部门确定。

**第四十条** 本条例自2021年5月1日起施行。1998年7月13日国务院发布的《非法金融机构和非法金融业务活动取缔办法》同时废止

## (二) 地方性法规

# 上海市养老服务条例

(上海市人民代表大会常务委员会公告第57号)

《上海市养老服务条例》已由上海市第十五届人民代表大会常务委员会第二十八次会议于2020年12月30日通过,现予公布,自2021年3月20日起施行。

### 第一章 总 则

**第一条** 为了规范养老服务工作,健全养老服务体系,满足老年人养老服务需求,促进养老服务发展,根据《中华人民共和国老年人权益保障法》以及相关法律、法规,结合本市实际,制定本条例。

**第二条** 本市行政区域内的养老服务以及相关扶持保障、监督管理等活动,适用本条例。

本条例所称的养老服务,是指在家庭成员承担赡养、扶养义务的基础上,由政府和社会为老年人提供的生活照料、康复护理、健康管理、精神慰藉、紧急救援等服务,主要包括居家养老服务、社区养老服务和机构养老服务。

本条例所称的养老服务机构,包括为老年人提供全日集中住宿和照料护理服务的养老机构,以及为老年人提供居家和社区养老服务的居家社区养老服务机构。

**第三条** 本市养老服务坚持以人民为中心的发展思想,按照“人民城市建设”的要求,遵循政府主导、社会参与、市场运作、统筹发展、保障基本、普惠多样的原则,与本市经济社会发展相协调,实现高质量发展。

**第四条** 本市积极应对人口老龄化,健全符合超大城市特点的居家为基础,社区为依托,机构充分发展,居家社区机构相协调、医养康养相结合的养老服务体系,完善基本养老服务,发展公益性养老服务,促进市场化养老服务,培育养老新兴业态,推动养老事业和养老产业协调发展,满足多层次、多样化的养老服务需求,实现老有颐养。

**第五条** 各级人民政府应当将养老服务纳入本级国民经济和社会发展规划,将养老服务事业经费纳入同级财政预算,将养老服务工作纳入年度工作计划和绩效考核范围。

市人民政府应当加强对养老服务工作的领导,统筹协调养老服务体系建设,保障基本养老服务,促进养老服务健康发展,建立健全养老服务设施建设、运营及相关补贴政策的市级统筹协调机制。

区人民政府承担本行政区域养老服务工作的第一责任,应当根据本行政区域内老年人口数量、结构、分布等因素,推进养老服务设施建设,完善扶持保障措施,加强养老服务工作力量和综合监管，增加养老服务供给，提高养老服务质量。

市、区人民政府应当建立健全养老服务体系建设协调机制，统筹、协调、整合各类养老服务资源，研究解决养老服务重大问题。

乡镇人民政府、街道办事处负责组织实施本辖区内的养老服务工作，通过配备相应的社区工作者或者政府购买服务等方式，加强养老服务工作力量。

**第六条** 市、区民政部门是本行政区域内养老服务工作的行政主管部门，牵头推进养老服务体系建设，完善相应政策措施，制定基本养老服务标准，负责养老服务的监督管理。

卫生健康部门负责拟订医养结合政策措施，以及对老年人疾病防治、医疗护理、健康促进等老年健康工作的监督管理。

医疗保障部门负责组织实施长期护理保险制度，完善医养结合相关医疗保险政策。

发展改革、财政、人力资源社会保障、规划资源、住房城乡建设管理、房屋管理、市场监管、应急管理、消防救援、经济信息化、商务、教育、科技、公安、交通、生态环境、农业农村、文化旅游、金融管理、体育、统计、审计等部门和机构按照各自职责，共同做好养老服务相关工作。

**第七条** 本市健全基本养老服务体系。市人民政府应当制定并公布本市基本养老服务清单，明确基本养老服务的项目和具体内容，并根据经济社会发展水平、财政状况、养老服务需求变化等情况，适时进行调整。

基本养老服务应当优先保障符合条件的孤寡、失能、重度残疾、高龄老年人，以及计划生育家庭特别扶助对象、重点优抚对象等人员的基本养老服务需求。

**第八条** 本市鼓励和支持社会力量提供养老服务，激发市场主体活力，健全开放、竞争、公平、有序的养老服务市场，发挥社会力量在养老服务中的主体作用。

**第九条** 老年人的子女及其他负有赡养、扶养义务的人员，应当履行对老年人经济供养、生活照料、精神慰藉等义务。

本市支持家庭承担养老功能。

**第十条** 工会、共产主义青年团、妇女联合会、残疾人联合会、红十字会以及养老服务行业组织、老年人组织、慈善组织、志愿服务组织等社会组织，根据职责或者章程，发挥各自优势，协同做好养老服务工作。

居民委员会、村民委员会应当发挥自治功能和优势，协助做好养老服务工作。

鼓励自然人、法人和其他组织以各种形式参与或者支持养老服务。

**第十一条** 全社会应当弘扬中华民族养老、孝老、敬老的传统美德，积极践行社会主义核心价值观，树立尊重、关心、帮助老年人的社会风尚。

广播、电视、报刊、网络等媒体应当广泛开展养老、孝老、敬老的宣传教育活动。

**第十二条** 本市基于长江三角洲区域一体化发展战略，按照资源互补、信息互通、市场共享、协同发展的原则，推进区域养老服务一体化发展。

**第十三条** 本市支持开展养老服务基础理论、实务应用、制度保障、产业促进、行业管理等方向和领域的科学研究活动。

本市加强养老服务相关技术标准、服务模式、发展经验等方面的国内与国际交流合作。

**第十四条** 本市定期开展养老服务需求和供给状况调查，建立养老服务统计监测和信息发布制度。

## 第二章 设施规划与建设

**第十五条** 市民政部门会同市规划资源部门根据本市人口、公共服务资源、养老服务需求状况等因素，制定养老服务设施布局专项规划，合理布局各类养老服务设施，合理确定容积率，经市人民政府批准后，纳入相应的国土空间规划。区人民政府负责养老设施布局专项规划在本行政区域的推进落实。

规划资源部门应当按照有关规定，通过优化规划执行及建筑面积奖励等方式鼓励增加养老服务设施。

**第十六条** 本市按照区域内常住老年人口和需求配置社区养老服务设施。全市社区养老服务设施建筑面积应当不低于常住人口每千人四十平方米，并根据经济社会发展及时优化调整。

新建居住区应当按照规划要求和建设标准，配套建设相应的养老服务设施。配套建设的养老服务设施应当与住宅同步规划、建设，并由民政部门按照相关规定参与评审验收。

本市将社区养老服务设施建设作为城市更新的重要内容，已建成居住区的养老服务设施未达到规划要求或者建设标准的，所在地的区人民政府应当通过新建、改建、购置、置换、租赁等方式予以补充和完善。

鼓励企业事业单位和社会组织通过整合或者改造存量企业厂房、办公用房、商业设施和其他社会资源，建设符合标准的养老服务设施。相关部门应当根据国家和本市有关规定，在土地规划、消防审验、建筑安全等方面给予指导。

**第十七条** 各级人民政府应当将养老服务设施建设用地纳入国土空间规划和土地利用年度计划，按照国家和本市关于养老服务设施人均用地标准，合理安排用地需求。在符合规划、环保等要求的前提下，可以将闲置的公益性用地优先调整为养老服务设施用地。

新建非营利性养老服务设施建设用地，可以依法使用国有划拨土地或者农民集体所有的土地；新建营利性养老服务设施建设用地，以租赁、先租后让、出让等方式供应，拓展养老服务用地空间，降低养老服务用地成本。

**第十八条** 未经法定程序，任何组织和个人不得擅自改变养老服务设施建设用地用途或者养老服务设施使用性质，不得侵占、损坏或者拆除养老服务设施。

经法定程序批准改变养老服务设施建设用地用途、养老服务设施使用性质或者拆除养老服务设施的，应当按照不低于原有养老服务设施规模和标准建设或者置换；建设期间，应当安排过渡用房，满足老年人的养老服务需求。

**第十九条** 市、区人民政府应当加快推进与老年人日常生活密切相关的交通、文化等公共设施无障碍改造，支持已建成的多层住宅及养老服务设施加装电梯，在公共活动空间增设适合老年人活动、休息的设施。

本市为老年人交通出行、就医、办事等提供便利。各级行政管理部门、提供公共服务的机构和企业，在为老年人提供公共信息服务时，应当符合无障碍环境建设标准，满足无障碍信息传播与交流的需求，推广应用符合老年人需求特点的智能信息服务；为老年人提供公共服务时，应当充分尊重老年人的习惯，保留并完善传统服务方式。

## 第三章　居家养老服务

**第二十条**　居家养老服务，主要是通过上门、远程支持等方式，为老年人在其住所内提供的生活照料、常用临床护理等照护服务及其他支持性服务。

**第二十一条**　开展居家养老服务的机构根据老年人的需求，上门提供生活起居、卫生护理、康复辅助、环境清洁、助餐、助浴、助行等生活照料服务。

**第二十二条**　护理站等医疗机构可以为有医疗护理需要的居家老年人，提供常见病、慢性病治疗护理等基本临床护理服务。

**第二十三条**　本市支持运用互联网、物联网等技术手段，为老年人提供紧急救援服务，即时接收和处理老年人的紧急呼叫，协助联系救援。

对经济困难的高龄、独居老年人，可以通过政府购买服务等方式，为其提供紧急救援服务。

**第二十四条**　乡镇人民政府、街道办事处应当委托居民委员会、村民委员会，或者通过政府购买服务、组织志愿服务等方式，对高龄、独居等老年人定期进行巡访，提供精神慰藉等关爱服务，防范和化解意外风险。

**第二十五条**　本市支持为老年人提供家庭适老化改造、适老性产品安装、康复辅助器具配备和使用指导、智慧养老相关硬件和软件安装使用等服务。

符合条件的经济困难老年人进行家庭适老化改造的，由市、区人民政府给予适当补贴。

## 第四章　社区养老服务

**第二十六条**　社区养老服务，主要是依托社区养老服务设施或者场所，为老年人提供的日间照护、短期托养、助餐等服务以及其他支持性服务。

**第二十七条**　本市支持养老服务机构开展社区日间照护服务，为有需要的老年人提供照料护理、康复辅助、精神慰藉、文化娱乐、交通接送等服务。

**第二十八条**　本市支持养老服务机构开展社区短期托养服务，为失能、认知障碍、术后康复等老年人，提供阶段性的全日集中住宿和照料护理、精神慰藉、文化娱乐等服务。

**第二十九条**　乡镇人民政府、街道办事处应当开设社区食堂、老年助餐点等社区助餐服务场所，为有需求的老年人提供膳食加工配制、外送及集中用餐等服务，并保证膳食质量。

本市通过政府购买服务、合作共建等方式，支持社会餐饮企业、商业零售企业和网络订餐平台等，为老年人提供社区助餐服务。鼓励符合条件的养老机构或者机关、企业事业单位的食堂，为老年人提供社区助餐服务。

**第三十条**　本市支持在社区养老服务设施或者其他公共服务设施开辟专区，为老年人提供康复辅助器具的演示、体验等服务；支持企业开展康复辅助器具社区租赁服务。

符合条件的老年人租赁康复辅助器具，由市、区人民政府给予相应补贴。

## 第五章　机构养老服务

**第三十一条**　养老机构为入住老年人提供下列机构养老服务：

（一）满足日常生活需求的集中住宿、膳食营养、生活起居照料、洗涤与清洁卫生、室内外活动等生活照护服务；

（二）建立健康档案，宣传日常保健知识，并按照服务协议提供疾病预防、药物管理、医疗康复等日常健康服务；

（三）运用专业社会工作方法，提供情绪疏导、心理支持等精神慰藉服务；

（四）提供适合老年人的文化、教育、体育、娱乐等服务。

养老机构应当合理设置服务区域和床位数量，不得超出实际服务能力开展养老服务。

**第三十二条**　养老机构应当建立入院评估制度，对入住老年人的身心状况进行测评，制订分级照护服务计划，并根据老年人的身心变化动态调整。分级照护服务计划应当经老年人或者其代理人确认，并作为服务及收费的依据，在服务合同中予以载明。

认知障碍老年人的分级照护服务计划，应当符合认知障碍照护服务的标准与要求。

**第三十三条**　养老机构在提供服务的过程中，应当按照国家有关标准，对老年人进行服务安全风险评估，并通过制定应急预案、定期评价与改进、安全教育等方式，建立服务安全风险防范机制。

**第三十四条**　养老机构应当定期对老年人的生活、活动场所和使用的物品进行清洗消毒。

养老机构提供的饮食应当符合食品安全要求和民族风俗习惯，适宜老年人食用，有利于老年人营养平衡。

**第三十五条**　养老机构应当为入住老年人的家庭成员看望或者问候老年人提供便利，为老年人联系家庭成员提供帮助。

入住养老机构的老年人及其代理人应当遵守养老机构的规章制度，维护养老机构正常服务秩序。

**第三十六条**　老年人突发危重疾病的，养老机构应当及时通知其配偶、子女或者其他代理人，并按照服务合同约定转送医疗机构救治。

老年人疑似患有精神障碍的，养老机构应当按照精神卫生等有关法律、法规的规定处理。

**第三十七条**　养老机构应当建立老年人信息档案，收集和妥善保管服务协议等相关资料。档案的保管期限不少于服务协议期满后五年。

**第三十八条**　养老机构因停业整顿、变更或者终止等原因暂停、终止服务的，应当在合理期限内提前书面通知老年人及其代理人，并向原备案的民政部门报告。需要安置老年人的，养老机构应当根据服务合同约定与老年人或者其代理人协商确定安置事宜，制订安置方案。

民政部门应当督促养老机构落实安置方案，并为其妥善安置老年人提供帮助。

## 第六章　服务协调发展

**第三十九条**　本市促进居家、社区、机构养老服务融合发展，发挥养老服务机构的专业支撑作用，推动居家社区养老服务机构为家庭提供专业服务，鼓励养老机构开展居家和社区养老服务，提高养老服务资源利用效率。

支持符合条件的养老服务机构在老年人住所设立家庭照护床位，提供连续、稳定、专业的养老服务。

民政、卫生健康、医疗保障、财政等部门应当完善相关服务、管理等技术规范和支持政策。

**第四十条**　本市在中心城区和城镇化地区重点发展社区嵌入式养老服务，在社区内根据实际嵌入不同规模和功能的养老服务和设施，为老年人提供便利可及的养老服务。

街道办事处、乡镇人民政府应当至少建设一家社区综合为老服务中心，发挥平台作用，整合日间照料、短期托养、社区助餐、医养康养结合、养老顾问等养老服务资源，提供综合性养老服务支持。

**第四十一条**　本市将农村养老服务设施和服务纳入乡村振兴规划，相关区和乡镇人民政府应当按照城乡协调发展的要求，推动农村养老服务设施均衡布局，提升服务水平。

支持利用农民房屋和农村集体所有的土地、房屋等资源，尊重农民生活习惯和方式，发展符合农村特点的养老服务。

**第四十二条**　本市鼓励和支持老年人开展社区邻里服务、低龄健康老年人与高龄老年人结对关爱等互助性养老服务，探索建立互助性养老服务时间储蓄、兑换等激励、保障机制。

**第四十三条**　本市支持养老服务机构和其他社会专业机构为失能老年人的家庭照顾者提供下列支持服务：

（一）临时或者短期的托养照顾；

（二）家庭关爱服务；

（三）照护知识与技能培训；

（四）其他有助于提升家庭照顾能力或者改善其生活质量的相关服务。

**第四十四条**　本市依托养老服务机构和居民委员会、村民委员会的工作人员、社会工作者等，经培训后担任养老顾问，为老年人及其家庭提供养老服务清单，给予咨询、指导等服务。

鼓励和支持养老服务机构和其他组织发挥专业优势，开展社会化的养老顾问服务。

**第四十五条**　本市推进长江三角洲区域养老服务合作与发展，建立健全政府间合作机制，落实异地就医结算，推动本市老年人异地享受本市长期护理保险、养老服务补贴等待遇，方便老年人异地养老。

**第四十六条**　本市建立健全老年教育网络，将老年教育延伸到社区，为老年人提供线上线下相结合的教育服务。支持各类教育机构及其他社会主体通过多种形式举办或者参与老年教育，为养老服务机构提供教学资源等支持，推动养教结合。

本市探索建立市区联动的发挥老年人作用的信息化平台，开发老龄人力资源，支持老年人参与社会发展，促进积极养老。

## 第七章　医养康养结合

**第四十七条**　市、区人民政府及其民政、卫生健康、医疗保障、体育、教育等部门应当在政策体系、设施布局、人才培养、合作机制等方面推动医养康养相结合，建立健全老年健康服务体系，保障老年人的基本健康养老服务需求。

**第四十八条** 市、区人民政府在编制和完善区域卫生规划、养老服务设施规划时，应当统筹考虑养老服务设施与医疗卫生设施的布局，将两者同址或者邻近设置。

鼓励养老服务机构为医疗机构入驻提供场地和设施，方便老年人获取医疗服务。

本市按照国家有关规定，支持养老机构设立医疗机构，支持医疗机构设立养老机构。

**第四十九条** 卫生健康、医疗保障等部门应当为养老机构内设置医疗机构以及符合条件的养老机构设置老年护理床位提供支持、指导。在养老机构内设置的医疗机构和老年护理床位，按照规定纳入基本医疗保险支付范围。

支持各类医疗机构与养老服务机构通过签约等形式开展合作，开设绿色通道，为老年人接受医疗服务提供便利。

支持医师、护士到养老机构内设置的医疗机构开展多机构执业。

**第五十条** 区人民政府应当以社区卫生服务机构为平台，整合各类医疗卫生和社会资源，推动医疗机构与养老服务机构开展合作，为居家、社区与机构养老的老年人提供基本医疗和护理服务。

社区卫生服务机构应当按照国家和本市有关规定，开展老年人健康管理和常见病预防工作，为符合条件的居家、社区与机构养老的老年人提供下列服务：

（一）建立健康档案、定期免费体检等基本公共卫生服务；

（二）健康指导、保健咨询、慢性病管理等家庭医生签约服务；

（三）为符合相关医疗指征等条件的老年人提供上门诊视、设立家庭病床、居家护理等服务。

**第五十一条** 有条件的综合医疗机构应当开设老年病科；鼓励中医、专科医疗机构开设老年病专科。

本市按照老年人口的一定比例设置老年护理床位，加强医疗机构老年护理床位建设，支持综合医疗机构强化护理功能。

社区卫生服务机构、有条件的综合医疗机构应当根据需要，设置安宁疗护病区或者床位。

**第五十二条** 本市推广应用适用于老年人的中医药技术、方法和中医特色医养结合服务；支持医疗机构为老年人提供中医健康咨询评估、干预调理、随访管理等治未病服务，并与养老机构开展合作，提供中医药服务。

**第五十三条** 本市依托养老服务机构以及其他社会专业机构，推广老年人健康生活理念和方式，开展老年疾病防治、认知障碍干预、意外伤害预防、心理健康与关怀等健康促进活动，提供健身辅导、身体机能训练、运动干预等体养结合服务。

## 第八章 长期照护保障

**第五十四条** 本市建立相关保险、福利及救助相衔接的长期照护保障体系，完善长期护理保险、养老服务补贴等制度，发展长期照护商业保险，为长期失能老年人持续接受居家、社区、机构养老服务提供保障。

**第五十五条** 本市建立健全老年照护需求评估制度。对具有照料护理需求且符合条件的老年人，按照全市统一的标准对其失能程度、疾病状况、照护情况等进行评估，确定照护等级，作为其享受相应基本养老服务的依据。

全市统一的老年照护需求评估标准以及评估机构的管理办法，由市卫生健康、民政、医疗保障等部门制定。

评估机构与人员应当按照统一需求评估标准和操作规范，客观公正、独立规范开展评估工作。

**第五十六条** 本市按照国家有关规定，推进实施长期护理保险制度，建立健全互助共济、责任共担等多渠道筹资机制，对经老年照护需求评估达到一定照护等级的长期失能老年人，为其基本生活照料和与基本生活密切相关的医疗护理提供服务或者资金保障。

**第五十七条** 依法开展长期照护服务的养老服务机构，以及护理站等医疗机构，可以向医疗保障部门提出申请，经评估后，按照有关规定签订服务协议，成为长期护理保险定点护理服务机构。

**第五十八条** 本市建立和完善长期护理服务项目清单、标准、规范，并根据基金规模和服务需求、供给能力等因素进行调整，合理确定长期护理保险支付范围。

参保人员接受定点护理服务机构服务所发生的费用，属于长期护理保险基金支付范围的，由长期护理保险基金按照规定支付，其余部分由个人自负。

**第五十九条** 本市健全养老服务补贴制度，对经老年照护需求评估后符合条件的下列长期失能老年人，根据其照护等级、困难状况等因素给予相应的补贴，用于购买居家、社区、机构等养老服务：

（一）最低生活保障家庭成员；

（二）低收入家庭成员；

（三）分散供养的特困人员；

（四）市和区人民政府规定的其他经济困难或者特殊困难人员。

符合前款规定条件的老年人或者其代理人，可以通过网上或者向就近的社区事务受理服务机构提出申请，由老年人户籍所在地的乡镇人民政府、街道办事处初步审核后，报区民政部门审核决定。

享受养老服务补贴的老年人，可以选择相应的养老服务机构为其提供长期照护服务。

**第六十条** 区人民政府按照本市有关规定，保障达到一定照护等级的老年人依申请轮候入住提供基本养老服务的养老机构。

市发展改革、民政、财政等部门以及区人民政府应当加强资源统筹配置，完善相关制度，促进基本养老服务均衡发展、公平享受。

**第六十一条** 本市根据认知障碍老年人的长期照护需求，发展专门服务机构或者在养老服务机构内设置专区，制定认知障碍照护服务标准，为认知障碍老年人提供专业照护服务。

本市推进老年认知障碍友好社区建设，培育专业服务组织和专业人员队伍，加强认知障碍的早期预防和干预。

## 第九章　养老服务机构

**第六十二条**　设立养老服务机构，应当依法办理相关登记手续：

（一）设立非营利性养老服务机构，经批准设置为事业单位的，向事业单位登记管理机关办理登记手续；符合社会服务机构登记条件的，向民政部门办理登记手续。

（二）设立营利性养老服务机构，向市场监管部门办理登记手续。

养老服务机构登记后即可开展服务活动。

**第六十三条**　养老服务机构应当按照国家和本市有关规定，在提供服务或者收住老年人后十个工作日以内向所在地的区民政部门办理备案；备案信息发生变化的，应当及时办理变更手续。

民政部门应当将养老服务机构的备案信息向社会公开。

**第六十四条**　养老服务机构的场地、建筑物、设施设备，应当符合国家和本市的有关规范、标准和要求。政府投资举办的养老服务机构的设施设备应当做到经济实用。

禁止在养老服务机构内建造威胁老年人安全的建筑物和构筑物。

禁止利用养老服务机构的场地、建筑物和设施，开展与养老服务宗旨无关的活动。

**第六十五条**　养老服务机构应当配备与其运营服务相适应的管理人员、专业技术人员，并按照本市有关规定，根据服务类型、照护要求、服务对象数量等因素，配备相应比例的护理员。

养老服务机构中从事医疗、社会工作等服务的专业技术人员，应当具有相应的专业技术资格。

**第六十六条**　养老服务机构应当尊重老年人的人格尊严，依法保护老年人的个人信息。

养老服务机构为老年人提供的生活照料、康复护理、健康管理、精神慰藉、紧急救援等服务，应当符合有关国家、行业及地方标准和规范的要求。

养老服务机构的护理员以及餐饮服务人员应当持有有效健康证明；患有影响老年人身体健康疾病的，在治愈前养老服务机构不得安排其从事照护、餐饮等相关服务。

养老服务机构应当定期向老年人或者其代理人通报机构服务和运营管理的有关情况，听取意见和建议。

**第六十七条**　养老服务机构应当与接受服务的老年人或者其代理人签订服务合同，明确各方的权利义务，并按照服务合同约定的内容为老年人提供相应的服务，保证服务质量。

市民政部门会同市市场监管部门、有关行业协会制定服务合同示范文本，供养老服务机构与接受服务的老年人或者其代理人参照使用。

**第六十八条**　养老服务机构应当按照国家和本市有关规定，建立健全消防、安全值守、设施设备、食品药品、康复辅助器具等安全管理制度，确定专人负责，开展安全风险评估和定期安全检查，及时消除安全隐患。

**第六十九条**　养老服务机构应当指定专人负责日常卫生管理工作，建立健全传染病预防控制管理和疫情报告制度，制定传染病应急预案，组织开展健康巡查、清洁消毒、健康宣传等工作。

发现传染病病人或者疑似传染病病人的，养老服务机构应当及时向所在地的疾病预防控制机构或者社区卫生服务机构报告，按要求采取卫生处理等控制措施，并配合做好流行病学调查等工作。

卫生健康部门应当指导、督促疾病预防控制机构对养老服务机构的传染病防控工作进行技术指导和业务培训。

**第七十条** 养老服务机构应当制定突发事件应急预案，定期组织开展应急演练，并根据应急演练情况和实际情况的变化，对应急预案进行修订。

突发事件发生时，养老服务机构应当根据应急预案和有关部门的要求，立即开展应急处置；需要封闭管理时，可以采取人员出入管控、内部防控等必要措施。

养老服务机构可以根据实际需要，储备必要的应急物资。负责应急物资储备和供应的部门，应当为养老服务机构获取应急物资提供必要保障。

**第七十一条** 养老服务收费应当按照国家和本市价格管理的有关规定执行，收费标准根据养老服务机构的经营性质、设施设备条件、服务质量、照料护理等级、服务成本等因素确定。

养老服务机构应当在醒目位置公示服务项目收费标准和收费依据。

**第七十二条** 养老服务机构对依法登记、备案承诺、履约服务、质量安全、应急管理、消防安全等承担主体责任，其主要负责人是第一责任人。

## 第十章 养老服务人员

**第七十三条** 养老服务从业人员应当恪守职业精神，遵守行业规范，努力提高专业水平和服务质量。

养老服务从业人员应当向养老服务机构如实告知本人的从业经历、服务技能、健康状况等情况。

养老服务机构不得招录有歧视、侮辱、虐待、遗弃老年人等违法行为的人员从事养老服务工作。

市民政、人力资源社会保障部门会同市卫生健康、医疗保障等部门，加强养老服务从业人员管理，建立从业人员信息管理系统，完善从业人员信用管理，并依法为养老服务机构提供查询服务。

**第七十四条** 支持养老服务从业人员参加职业技能培训、继续教育和学历教育，提高专业素质和工作技能。

养老服务机构应当加强对养老服务从业人员的职业道德教育和职业技能培训，提高其职业道德素养和业务能力。

**第七十五条** 本市按照国家有关规定，实施养老护理员职业技能等级认定，建立统一的养老护理员技能等级序列。

本市综合考虑工作年限、技能等级等因素，合理制定养老护理员薪酬等级体系，设立养老护理员基本工资分级指导标准，引导养老服务机构予以落实。支持相关行业组织开展养老护理员市场工资水平监测，并定期发布监测结果，引导养老服务机构合理确定养老护理员的薪酬水平。

**第七十六条** 在养老机构内设置的医疗机构从业的医师、护士、医技人员等卫生专业技术人员，享有与其他医疗机构专业技术人员同等的进修轮训、继续教育等待遇，并在职称评定等方面同等条件下予以优先考虑。

本市支持老年社会工作者发挥专业优势，维持和改善老年人的社会功能，提高老年人生活质量。

**第七十七条** 养老服务机构应当与从业人员依法建立劳动关系、聘用关系等，改善工作条件，加强劳动保护和职业防护。

养老服务机构聘用从业人员符合条件的，由市、区民政部门给予相应补贴。

**第七十八条** 养老服务从业人员不得有下列行为：

（一）谩骂、侮辱、虐待、殴打老年人；

（二）偷盗、骗取、强行索要或者故意损毁老年人的财物；

（三）泄露在服务活动中知悉的老年人的隐私；

（四）其他违反法律、法规、公序良俗和职业道德的行为。

## 第十一章 养老产业促进

**第七十九条** 本市发挥市场主体作用，扩大多层次、多样化、个性化养老服务和产品供给，重点推动养老照护服务、康复辅助器具、智慧养老、老年宜居、养老金融等领域的养老产业发展。

**第八十条** 本市鼓励各类社会资本投资养老照护服务产业，兴办满足不同需求的养老服务机构。支持外商投资设立养老服务机构。鼓励物业服务企业探索开展物业服务和养老服务相结合的居家社区养老服务。

鼓励养老服务机构专业化、连锁化、品牌化发展，依法加强养老服务商标和品牌保护。

**第八十一条** 本市将康复辅助器具产业纳入重点发展的新兴产业，支持建设相关产业园区，鼓励科技园区布局发展智能康复辅助器具产业；支持企业加大研发设计和智能制造力度，开发更多适合老年人需求的康复辅助器具产品；支持符合条件的康复辅助器具产品申请医疗器械注册。

**第八十二条** 本市推动人工智能、物联网、云计算、大数据等新一代信息技术在养老服务领域的应用，定期发布智慧养老服务需求应用场景，制订完善智慧养老相关产品和服务标准，重点扶持安全防护、照料护理、健康促进、情感关爱等领域的智能产品、服务及支持平台，提升老年人生活品质。

**第八十三条** 本市支持社会资本设计开发适合老年人居住的商业房地产项目，建设或者运营集合居住、生活照料、医疗照护等功能的养老社区。鼓励利用自有土地、房屋建设或者运营养老社区。

区人民政府应当加强对辖区内各类养老社区建设、运营等的规范管理。发展改革、民政、住房城乡建设管理、规划资源、金融管理、房屋管理、市场监管等部门按照各自职责，做好规范指导工作。

**第八十四条** 本市促进养老普惠金融发展，支持金融机构开发满足老年人需求的多样化养老金融产品，增加社会养老财富储备，提升养老服务支付能力。

鼓励保险机构开发适合居家、社区、机构等多样化护理需求的商业长期护理保险产品。

**第八十五条** 本市依托长江三角洲区域合作机制，加强养老产业规划协同和项目协调，促进产业链上下游对接和功能互补；推动区域养老产业支持政策、标准规范、数据信息等方面的衔接共享，促进更大范围内要素自由流动，鼓励养老服务企业跨区域发展。

## 第十二章 扶持与保障

**第八十六条** 符合条件的养老服务机构，可以享受相应的税收优惠、行政事业性收费减免和建设补助、运营补贴等优惠政策。

符合条件的养老服务机构使用水、电、燃气、电话，按照居民生活类价格标准收费；使用有线电视，按照本市有关规定，享受付费优惠；需要缴纳的供电配套工程收费、燃气配套工程收费、有线电视配套工程收费，按照本市有关规定享受优惠。

鼓励养老服务机构投保责任保险。养老服务机构投保责任保险的，可以获得相应的补贴。

**第八十七条** 营利性养老服务机构与非营利性养老服务机构提供同等基本养老服务的，在建设补助、运营补贴等方面享受同等待遇；政府投资建设的养老服务设施交由企业运营，与交由社会服务机构运营享受同等待遇。

**第八十八条** 市人民政府应当制定政府购买养老服务的标准和指导性目录。各级人民政府应当按照标准和目录要求，落实资金保障，重点购买生活照料、康复护理、机构运营、社会工作和人员培养等服务，并加强绩效评价。

**第八十九条** 市、区人民政府应当将本级用于社会福利事业的福利彩票公益金中不低于百分之六十的资金用于支持养老服务。

鼓励自然人、法人和其他组织通过慈善捐赠等方式支持养老服务。

本市支持专业性的社会组织依法为有需要的老年人担任监护人或者提供相关服务。

**第九十条** 鼓励金融机构通过银行贷款、融资租赁、信托计划等方式，多渠道、多元化加大对养老服务机构及相关企业的融资支持。

鼓励保险机构开发面向养老服务机构的责任保险、财产保险等保险产品。

**第九十一条** 支持高等院校和中等职业学校开设养老服务、康复护理等专业，扩大养老服务专业招生规模。

鼓励职业培训机构对接养老服务机构培训需求，开展上岗、转岗、技能提升等各类培训。

鼓励养老服务机构与相关职业院校开展合作，培养具有专业理论知识和实践技能的养老服务人才。

**第九十二条** 市民政部门应当建立健全养老服务信息系统，与政务服务“一网通办”平台对接，提供养老服务信息查询、政策咨询、网上办事等服务，接受投诉举报。

民政、市场监管等部门应当加强信息共享，公开办事指南，简化和规范办事流程，为养老服务机构设立、备案等提供指导和便利服务。

## 第十三章　监督管理

**第九十三条**　本市健全养老服务综合监管制度。市人民政府应当制定养老服务监管责任清单，明确各相关职能部门的职责分工。市、区人民政府应当统筹协调相关职能部门和乡镇人民政府、街道办事处，加强对养老服务机构的综合监督管理。

民政、住房城乡建设管理、房屋管理、消防救援、卫生健康、市场监管、医疗保障等部门和机构应当依法加强对养老服务机构的服务运营、建筑安全、消防安全、医疗卫生安全、食品安全、服务价格、长期护理保险基金使用等环节的监督检查，并依托城市运行“一网统管”平台，完善养老服务机构组织信息、养老从业人员信息等基本数据集，加强监管信息共享和执法协作。

**第九十四条**　对已备案的养老服务机构，民政部门应当自备案之日起二十个工作日内进行现场检查，并核实备案信息；对未备案的养老服务机构，民政部门应当自发现其提供服务或者收住老年人之日起二十个工作日内进行现场检查，并督促其及时备案。

民政部门应当每年对养老服务机构的服务安全和质量进行不少于一次的现场检查。

**第九十五条**　民政、市场监管、住房城乡建设管理、房屋管理等部门应当制定养老服务设施、服务、管理、技术、安全等地方标准，并依照标准实施监管。

鼓励社会团体、养老服务机构制定高于国家、行业和地方标准的团体标准或者企业标准。

**第九十六条**　市民政部门应当建立健全养老服务机构等级评定制度，定期对养老服务机构的设施设备、人员配备、管理水平、服务质量等进行综合评定。

市民政部门应当根据国家和本市相关标准和要求，组织开展养老服务机构服务质量日常监测工作。

养老服务机构的等级评定和日常监测结果应当向社会公布，并作为其享受相关奖励、补贴政策的依据。

**第九十七条**　财政、审计等部门应当按照各自职责和有关规定，对政府投资举办或者接受政府补贴、补助的养老服务机构的财务状况、政府补贴资金使用情况进行监督。

**第九十八条**　公安、金融管理、市场监管、民政等部门应当对养老服务领域非法集资、诈骗等违法行为进行监测、分析和风险提示，依法予以查处。

**第九十九条**　民政部门应当建立养老服务机构信用档案，记录其设立与备案、日常监督检查、违法行为查处、等级评定结果等信息，并依法向市公共信用信息服务平台归集。

民政部门应当建立信用分级制度，确定养老服务机构信用等级，采取差异化监管措施。对严重失信的养老服务机构，由相关部门依法实施联合惩戒。

**第一百条**　养老服务行业组织应当健全行业自律规范，推动行业诚信体系建设，制定实施行业服务规范和职业道德准则，推动养老服务标准实施，提升养老服务质量，协调解决养老服务纠纷。

**第一百零一条**　民政、卫生健康、医疗保障、市场监管等部门应当及时受理与养老服务相关的投诉、举报；对接到的投诉、举报应当及时核实处理。

**第一百零二条** 市、区人民代表大会常务委员会通过听取和审议专项工作报告、开展执法检查等方式，加强对本行政区域内养老服务发展情况的监督。

市、区人民代表大会常务委员会充分发挥人大代表作用，组织人大代表围绕养老服务开展专题调研和视察等活动，汇集、反映人民群众的意见和建议，督促有关方面落实养老服务的各项工作。

## 第十四章 法律责任

**第一百零三条** 违反本条例规定的行为，法律、行政法规已有处理规定的，从其规定。

**第一百零四条** 违反本条例规定，养老服务机构未依法办理相关登记手续开展服务活动的，由民政、市场监管等部门依法查处。

违反本条例规定，养老服务机构有下列行为之一的，由民政部门责令改正，给予警告，并可处以二千元以上二万元以下罚款；情节严重的，处以二万元以上二十万元以下罚款：

（一）养老机构未建立入院评估制度或者未按照规定开展评估活动的；

（二）在养老服务机构内建造威胁老年人安全的建筑物和构筑物的；

（三）利用养老服务机构的场地、建筑物、设施，开展与养老服务宗旨无关活动的；

（四）配备人员的资格不符合规定的；

（五）安排未取得有效健康证明的护理员、餐饮服务人员上岗工作，或者未及时将患有影响老年人身体健康的疾病的护理员、餐饮服务人员调离岗位的；

（六）未按照有关强制性国家标准要求开展服务的；

（七）未依照规定预防和处置突发事件的；

（八）向负责监督检查的民政部门隐瞒有关情况、提供虚假材料或者拒绝提供反映其活动情况真实材料的。

对有前款所列行为之一的养老服务机构，有关部门可以中止、取消有关扶持、优惠措施；情节严重的，追回已经减免的费用和发放的补助、补贴。养老服务机构经整改消除前款所列行为的，可以重新申请相关扶持、优惠措施。

**第一百零五条** 养老服务机构或者其他组织、个人骗取补贴、补助、奖励的，由民政部门责令退回，可处以骗取补贴、补助、奖励金额一倍以上三倍以下罚款；构成犯罪的，依法追究刑事责任。

**第一百零六条** 违反本条例规定，养老机构擅自暂停或者终止服务，未妥善安置入住老年人的，由实施备案的民政部门责令改正，并处以一万元以上十万元以下罚款；情节严重的，处以十万元以上二十万元以下罚款。

**第一百零七条** 违反本条例规定，未按照核准的规划要求配套建设社区养老服务设施，或者未经法定程序擅自改变养老服务设施建设用地用途的，由规划资源部门依法查处。

违反本条例规定，未经法定程序擅自改变养老服务设施使用性质的，由民政部门责令限期改正，有违法所得的，没收违法所得；逾期不改正的，责令退回补贴资金和有关费用，处以一万元以上十万元以下罚款。

违反本条例规定，侵占、损坏、擅自拆除养老服务设施的，由民政部门责令限期改正；逾期不改正的，责令退回补贴资金和有关费用，处以十万元以上五十万元以下罚款；情节严重的，处以五十万元以上一百万元以下罚款。

**第一百零八条** 养老服务从业人员违反本条例有关禁止行为规定，构成违反治安管理行为的，由公安机关依法处罚；构成犯罪的，依法追究刑事责任。

**第一百零九条** 违反本条例规定，各级人民政府及其有关部门有下列行为之一的，对直接负责的主管人员和其他直接责任人员依法给予处分；构成犯罪的，依法追究刑事责任：

（一）未按照规定标准规划配置养老服务设施、安排养老服务设施年度用地计划的；

（二）未经法定程序，擅自改变养老服务设施建设用地用途或者养老服务设施使用性质的；

（三）未按照规定履行监督管理职责，造成不良后果的；

（四）未按照规定落实养老服务扶持、优惠政策的；

（五）对接到的投诉、举报，未及时核实处理的；

（六）其他滥用职权、玩忽职守、徇私舞弊的行为。

## 第十五章　附　则

**第一百一十条** 本条例自 2021 年 3 月 20 日起施行。2014 年 2 月 25 日上海市第十四届人民代表大会常务委员会第十一次会议通过，2016 年 2 月 23 日上海市第十四届人民代表大会常务委员会第二十七次会议修正的《上海市养老机构条例》同时废止。

# 山东省养老服务条例

山东省人民代表大会常务委员会公告（第96号）

（2020年3月26日 山东省第十三届人民代表大会常务委员会第18次会议通过）

## 第一章 总 则

**第一条** 为了积极应对人口老龄化，健全养老服务体系，满足老年人多样化、多层次养老服务需求，促进养老服务健康发展，根据《中华人民共和国老年人权益保障法》等法律、行政法规，结合本省实际，制定本条例。

**第二条** 本条例适用于本省行政区域内养老服务及其监督管理活动。

本条例所称养老服务，是指在家庭成员承担赡养、扶养义务的基础上，由政府和社会为老年人提供的生活照料、医疗保健、康复护理、文体娱乐、精神慰藉、紧急救援、临终关怀等服务。

**第三条** 养老服务是社会公共服务体系的重要组成部分，养老服务发展应当与经济社会发展水平相适应，坚持政府主导、社会参与、市场运作、保障基本的原则。

**第四条** 县级以上人民政府应当加强对养老服务工作的领导，将养老服务发展纳入本地区国民经济和社会发展规划，制定养老服务发展规划，建立健全居家社区机构相协调、医养康养相结合的养老服务体系，保障养老服务事业发展经费。

乡镇人民政府、街道办事处负责本辖区内的养老服务工作。

**第五条** 县级以上人民政府民政部门主管本行政区域内的养老服务工作。

县级以上人民政府卫生健康部门负责统筹推进医养结合和老年人健康服务工作；发展改革、财政、自然资源、住房城乡建设、应急管理、市场监督管理、医疗保障等部门按照各自职责，做好养老服务相关工作。

**第六条** 工会、共产主义青年团、妇女联合会、残疾人联合会、红十字会等单位应当发挥各自优势，协同做好养老服务工作。

居民委员会、村民委员会应当发挥基层群众性自治组织功能，做好老年人的服务保障工作。

鼓励公民、法人和其他组织通过多种方式提供、参与或者支持养老服务。

**第七条** 广播、电视、报刊、网络等新闻媒体应当践行社会主义核心价值观，加强养老服务的公益宣传，弘扬养老、孝老、敬老的传统美德，树立尊重、关心、帮助老年人的社会风尚。

鼓励新闻媒体开设老年频道或者专题、专栏等，传播适合老年人的健身、康养、维权等知识，丰富老年人的精神文化生活。

**第八条** 对在养老服务中作出突出贡献的单位和个人，由县级以上人民政府和有关部门按照规定给予表彰和奖励。

## 第二章 养老服务设施规划和建设

**第九条** 设区的市、县（市）人民政府民政部门应当会同自然资源等部门，根据本行政区域国土空间规划、老年人分布以及变动等情况，编制养老服务设施布局规划，明确养老服务设施的总体布局、用地规模，纳入公共服务设施专项规划，征求社会公众意见后，报本级人民政府批准实施。

控制性详细规划、乡规划、村庄规划应当落实养老服务设施布局规划的有关内容。

**第十条** 省、设区的市、县（市）人民政府应当将民政部门纳入国土空间规划委员会。

各级人民政府应当根据国土空间规划，保障养老服务设施建设用地。

政府举办的敬老院、福利院等养老服务设施用地，应当采取划拨方式供应；其他非营利性养老服务设施用地，经依法批准可以采取划拨方式供应。

营利性养老服务设施建设用地，可以采取出让、租赁等方式供应。

符合国家和省规定要求的，可以使用农村集体建设用地建设养老服务设施。

**第十一条** 新建城镇居住区按照每一百户不低于二十平方米的标准配套建设社区养老服务设施。

已建成的城镇居住区未配套建设或者建设的配套社区养老服务设施不符合规定要求的，所在地县（市、区）人民政府应当通过新建、改建、购置、置换、租赁等方式配置社区养老服务设施。

多个占地面积较小的居住区可以统筹配置社区养老服务设施。

**第十二条** 县级以上人民政府自然资源部门在提出居住用地规划条件时，应当明确配套社区养老服务设施同步规划设计要求，确定地块位置、使用性质、开发强度等内容；在审查城镇居住区建设项目设计方案前，应当征求同级民政部门意见。

**第十三条** 设区的市、县（市）人民政府住房城乡建设部门应当会同民政、自然资源等部门，在房地产开发项目建设条件意见书中明确社区养老服务设施的建设标准、投资来源、产权归属、完成时限、移交方式等内容。

**第十四条** 建设单位应当按照核准的规划要求配套建设社区养老服务设施。配套社区养老服务设施与住宅建设项目同步规划、同步建设、同步验收、同步交付使用。

县级以上人民政府自然资源部门依法对配套社区养老服务设施建设是否符合规划条件予以核实，未经核实或者经核实不符合规划条件的，建设单位不得组织竣工验收。

**第十五条** 对新建的城镇居住区配套社区养老服务设施，房地产开发项目建设条件意见书确定养老服务设施权属归政府的，建设单位应当按照约定的移交方式，自竣工验收合格之日起三个月内将设施以及有关建设资料全部无偿移交所在地县（市、区）人民政府民政部门，用于开展非营利性养老服务。

**第十六条** 县（市、区）人民政府民政部门应当将城镇居住区配套建设、配置的社区养老服务设施，通过公开竞争等方式无偿或者低偿委托养老服务组织运营。

**第十七条** 具备条件的闲置办公用房、学校、宾馆、医院、疗养院、厂房、商业设施等，可以改造为养老服务设施，有关部门应当简化办事程序，及时办理相关手续，并加强监督管理。

**第十八条** 各级人民政府应当完善优惠扶持措施，支持农村集体经济组织、村民委员会、社会力量建设互助幸福院、养老院、养老周转房等养老服务设施，因地制宜为农村老年人提供互助养老、日间照料、托养居住、配餐送餐等多样化养老服务。

**第十九条** 养老服务设施应当按照国家和省规定的建设标准和技术规范进行建设，并符合无障碍环境、消防安全、环境保护、卫生防疫等要求。

**第二十条** 新建、改建和扩建居住区应当符合国家无障碍设施工程建设标准。

县级人民政府应当加快已建成住宅小区公共服务设施的适老化无障碍改造，推进老旧小区的坡道、楼梯扶手、电梯等与老年人日常生活密切相关的生活服务设施的改造；推动和扶持老年人家庭无障碍设施的改造，为老年人创造无障碍居住环境。

**第二十一条** 未经法定程序，任何组织和个人不得擅自改变养老服务设施建设用地用途或者依法规划建设、配置的养老服务设施使用性质。

## 第三章　居家社区养老服务

**第二十二条** 县级以上人民政府应当加大财政投入，完善居家社区养老服务政策和基本公共服务，推动和支持企业事业单位、社会组织等为城乡老年人提供多样化居家社区养老服务。

居家社区养老服务主要包括下列内容：

（一）生活照料、餐饮配送、保洁、助浴、辅助出行等日常生活服务；

（二）健康体检、家庭病床、医疗康复、临终关怀等健康护理服务；

（三）关怀访视、生活陪伴、心理咨询与服务等精神慰藉服务；

（四）安全指导、紧急救援服务；

（五）法律咨询、法律援助、人民调解服务；

（六）文化娱乐、体育健身、休闲养生等服务。

**第二十三条** 从事居家社区养老服务的组织，应当依法办理企业注册登记或者社会服务机构登记。

从事居家社区养老服务的组织，应当建立健全规章制度，配备与服务规模相适应的场所、设施设备和工作人员，规范服务流程，按照有关规定合理确定收费标准，并接受服务对象、政府和社会的监督。

**第二十四条** 县级以上人民政府应当采取下列措施，引导社会力量开展居家社区养老服务：

（一）鼓励单位和个人利用居住区附近闲置的场所和设施，依法开展嵌入式养老服务；

（二）鼓励家政、物业等企业发挥自身优势，为老年人提供多样化养老服务；

（三）鼓励养老机构利用自身设施、服务资源和服务队伍，开展专业化养老服务；

（四）鼓励机关、团体和企业事业单位开放所属服务场所，为老年人提供就餐、文化、娱乐、健身等服务；

（五）鼓励农村集体经济组织和个人利用农村幸福院、村民委员会办公场所等，开展养老服务；

（六）鼓励支持设立家庭照护床位，由专业养老服务组织以及其他组织和个人提供上门照护服务。

**第二十五条** 县级以上人民政府卫生健康、民政、医疗保障部门应当推动医疗卫生服务向社区、家庭延伸，鼓励医疗机构上门为老年人提供康复、护理等服务。

鼓励支持乡村医生等发挥专业特长，为农村居家失能老年人提供上门护理服务，对其家庭成员进行护理指导。

**第二十六条** 县级以上人民政府卫生健康、医疗保障等部门应当按照各自职责，完善基层用药管理制度和基本医疗保险用药报销政策，保证基层医疗卫生机构药品配备，为老年人治疗常见病、慢性病用药提供方便。

承担基本公共卫生服务项目的基层医疗卫生机构应当为老年人建立健康档案，完善老年人家庭医生签约服务制度，提供定期免费体检、疾病预防、健康评估、医疗咨询等服务。

**第二十七条** 县级以上人民政府及其民政部门应当建立经济困难老年人养老服务需求评估制度，对经济困难老年人的家庭经济情况、身体状况、养老服务需求进行评估，通过政府购买服务等方式对符合条件的老年人提供居家社区养老服务，并根据需要进行家庭无障碍设施改造，配备生活辅助器具。

**第二十八条** 县级人民政府及其民政部门应当做好辖区内老年人基本信息摸排调查工作，及时了解老年人生活状况和家庭赡养责任落实情况，建立健全特殊老年人巡访制度，定期组织巡访独居、空巢、农村留守、计划生育特殊家庭的老年人，开展生活照料、精神慰藉、安全防护、权益维护等服务，及时防范和化解意外风险。

**第二十九条** 鼓励、支持发展邻里互助、亲友相助、志愿服务等互助养老服务模式，提倡健康老年人帮助高龄、失能、独居、空巢、留守、重病、计划生育特殊家庭等老年人。

## 第四章 机构养老服务

**第三十条** 设立养老机构的，应当依法办理相关注册登记手续，并向所在地县（市、区）人民政府民政部门备案。

**第三十一条** 养老机构应当有固定的服务场所和健全的安全管理制度，符合消防、卫生健康、环境保护、食品药品等标准中的强制性规定，配备与经营规模相适应的管理人员和专业技术人员，并按照不同护理等级配备规定数量的养老护理人员。

**第三十二条** 公办养老机构应当在满足特困人员集中供养需求的前提下，重点为经济困难的失能老年人、计划生育特殊家庭老年人提供免费或者低收费托养服务。床位有剩余的，可以向社会开放。

县级以上人民政府民政部门应当建立老年人入住公办养老机构评估和公示制度，定期向社会公布床位信息。

**第三十三条** 养老机构应当与入住的老年人或者其代理人依法订立养老服务合同，明确各方的权利和义务。

**第三十四条** 养老机构应当在老年人入住前，按照国家有关规定进行服务安全风险评估，根据评估结果划分风险等级，制定意外事件应对措施。

养老机构应当按照有关服务标准、规范以及养老服务合同约定，提供下列服务：

（一）提供符合食品安全要求和民族风俗习惯，适宜老年人食用的膳食；

（二）提供符合老年人居住条件的住房，并配备适合老年人安全保护要求的设施、设备以及用具；

（三）定期对老年人活动场所和使用物品进行清洗消毒；

（四）开展适合老年人的文化、体育、娱乐活动；

（五）根据需要为老年人提供心理咨询服务；

（六）建立夜间值班制度，做好老年人夜间监护工作；

（七）其他适合老年人的服务。

**第三十五条** 养老机构及其工作人员应当尊重入住老年人的人格尊严，不得歧视、侮辱、虐待、遗弃老年人。

养老服务的工作人员应当身心健康，具备与工作岗位相适应的文化水平和专业技能。

**第三十六条** 养老机构应当依法履行安全生产主体责任，建立健全消防、安全值守、设施设备、食品药品等安全管理制度，开展经常性安全检查，及时消除安全隐患。

养老机构发现老年人为疑似传染病病人或者精神障碍患者时，应当依照传染病防治、精神卫生等相关法律法规的规定及时处理。

**第三十七条** 养老机构应当针对自然灾害、事故灾难、公共卫生事件和社会安全事件制定突发事件应急预案，定期组织开展应急演练。

养老机构应当在突发事件发生后立即启动应急预案，落实应急处置措施，及时疏散、撤离、安置入住的老年人，预防危害发生或者防止危害扩大，并依法向有关部门报告。

**第三十八条** 养老机构暂停、终止养老服务的，应当在暂停或者终止服务六十日前，向备案的民政部门提交老年人安置方案。安置方案应当明确收住老年人的数量、安置计划以及实施日期等内容。民政部门应当及时督促养老机构实施安置方案，为其妥善安置老年人提供帮助。

**第三十九条** 鼓励、支持社会资本通过参资入股、整体租赁、委托管理等方式，建设、运营、管理公办养老机构。

以委托管理方式运营的，运营方应当定期向委托方报告机构资产、运营以及其他重大情况。

**第四十条** 各级人民政府和有关部门应当支持社会力量在社区建设养老机构或者设立养老机构服务网点，满足城乡老年人就近接受机构养老服务的需求。

**第四十一条** 县（市、区）人民政府以及乡镇人民政府、街道办事处应当采取措施，改善敬老院等农村特困人员供养机构的设施和环境条件，确保有集中供养意愿的农村特困人员中的老年人应养尽养。

鼓励支持通过改建、扩建等方式，引入社会资本和专业管理服务，将农村特困人员供养机构建设为区域性养老服务中心，向社会提供养老服务。

县级以上人民政府民政部门应当建立城市与农村养老服务对口支援和合作机制，通过人员培训、技术指导、设备支援等帮扶方式，提高农村养老服务水平。

## 第五章　医养康养结合服务

**第四十二条**　县级以上人民政府卫生健康、民政、医疗保障等部门应当建立健全医养结合工作机制，根据老年人口数量和分布等情况，统筹医疗卫生和养老服务设施、资源，发挥互补优势，促进医疗卫生与养老服务融合发展。

**第四十三条**　养老机构与医疗机构应当开展双向合作，形成医疗护理与养老服务之间的转介机制，建立康复病床、预约就诊、双向转诊、急诊就诊等医疗服务绿色通道。

鼓励有条件的养老机构承接医疗机构内需要长期照护的失能老年人。

**第四十四条**　县级以上人民政府卫生健康、医疗保障部门应当支持养老机构设立老年医院、康复医疗中心、护理中心等医疗机构或者在其内部设置门诊部、医务室、护理站等医疗卫生服务场所，将符合条件的医疗机构和服务场所纳入医保定点范围。

**第四十五条**　县级以上人民政府卫生健康、民政等部门应当支持医疗机构设立养老机构、设置老年病专科和门诊，并可以将利用率较低的医院转型为提供养老、康复、护理等服务的医养结合机构。

具备法人资格的医疗机构设立养老机构的，按照国家规定可以不再另行设立新的法人。

**第四十六条**　县级以上人民政府卫生健康部门应当充分发挥中医药在健康养老中的作用，开展老年人养生、医疗、护理、康复服务，将中医诊疗、中医治未病、中医药保健康复融入健康养老全过程。

**第四十七条**　鼓励和支持符合条件的执业医师、注册护士到养老机构设立的医疗机构执业或者在养老机构内开办门诊部、医务室、护理站。支持有相关专业特长的医师和其他专业人员在养老机构开展疾病预防、营养、中医调理养生等健康服务。

养老服务组织聘用的医护人员，在职称评定、职业技能培训等方面与医疗机构同类专业技术人员享受同等待遇。

## 第六章　扶持保障措施

**第四十八条**　县级以上人民政府应当设立养老服务专项资金，并根据经济发展水平和老年人服务需求逐步增加对养老服务的投入。

县级以上人民政府留成的福利彩票公益金，按照国家和省规定的比例用于支持发展养老服务。

鼓励有条件的村将经营收入、土地流转、集体经营性建设用地出租出让等集体经济收益，通过法定程序，按照一定比例用于解决本村老年人的养老服务需求。

**第四十九条**　县级以上人民政府应当定期发布基本养老公共服务清单，明确基本养老公共服务项目、供给对象、供给方式、服务标准和支出责任主体。

**第五十条**　养老服务组织按照国家和省有关规定享受税收优惠和行政事业性收费减免政策；符合条件的，由县级以上人民政府给予建设、运营补贴。

养老服务组织用水、用电、用气、用热，按照居民生活类价格标准收费；安装、使用和维护固定电话、有线（数字）电视、宽带互联网，按照国家和省有关规定减免收费。

**第五十一条** 鼓励单位和个人对养老服务事业进行捐赠，组织开展结对帮扶、定期探视等形式的老年人关爱服务活动。

县级以上人民政府民政部门应当培育和扶持各类为老年人服务的志愿服务组织，建立健全服务时间记录、储蓄、回馈等激励机制。

**第五十二条** 县级以上人民政府应当健全养老服务人才培养引进、岗位（职务）晋升、激励评价机制，并对从事养老服务工作的高等学校、中等职业学校毕业生按照规定给予入职补贴。

高等学校、中等职业学校开设养老服务相关专业的，按照规定给予奖励补助。

**第五十三条** 县级以上人民政府和有关部门可以通过购买服务等方式，开展失能老年人家庭照护者技能培训，组织有关社会组织、红十字会等开展养老照护、应急救护知识和技能培训。

养老服务组织应当定期组织工作人员进行职业道德教育和技能培训。

**第五十四条** 鼓励、支持金融机构创新金融产品，加大对养老服务的金融支持力度。

鼓励、支持养老服务组织拓展融资渠道，通过设立基金、发行债券等方式筹集资金。

**第五十五条** 县级以上人民政府应当组织推行长期护理保险制度，为符合条件的失能老年人提供基本生活和医疗护理服务，并逐步提高保障标准、扩大保障范围。

县级以上人民政府应当按照有关规定推进落实具有本省户籍的八十周岁以上老年人高龄津贴制度，并逐步提高津贴水平。

鼓励、支持商业保险机构开发适合老年人实际需求的健康保险、意外伤害保险和护理保险等产品，满足个人和家庭个性化、差异化养老保障需求。

**第五十六条** 县级以上人民政府应当统筹整合养老服务信息资源，建立健全养老服务信息共享机制，推进养老服务数据互联互通，实现跨部门、跨区域的协同合作和信息共享，推进养老服务与管理的智慧化应用。

鼓励、支持社会力量创新养老服务模式，开发和推广智慧养老服务平台，充分运用互联网、物联网、云计算、大数据等技术，集成市场和社会资源、促进供需对接，为老年人提供紧急援助、健康医疗、服务预约、安全监测等服务。

**第五十七条** 老年人患病住院期间，子女所在单位应当支持其护理照料老年人，给予适当陪护时间。

## 第七章 监督管理

**第五十八条** 县级以上人民政府应当建立健全养老服务部门协同监管机制，完善事中事后监管措施，及时查处违法违规行为，依法维护老年人的合法权益。

**第五十九条** 省人民政府民政部门应当会同市场监督管理部门制订养老服务标准编制计划，建立健全养老服务标准体系，对标准的实施情况进行监督检查。

鼓励养老服务组织制定并实施高于地方标准的企业标准。

**第六十条** 政府运营的公办养老机构实行政府定价或者政府指导价。公办养老机构委托第三方运营的，其收费标准根据委托协议等合理确定。

民办养老机构和其他养老服务组织收费标准实行市场调节价，并接受政府有关部门和社会的监督。

养老服务组织应当在醒目位置公示服务项目、收费标准。

**第六十一条** 省人民政府人力资源社会保障、民政部门应当将养老护理员纳入专项职业能力目录，组织实施养老护理员职业技能等级评价，提高养老护理员服务水平。

**第六十二条** 养老服务组织应当与养老服务从业人员依法订立聘用合同或者劳动合同，为养老服务从业人员缴纳社会保险费，并安排其定期进行健康检查。

**第六十三条** 各级人民政府和有关部门应当对养老服务领域非法集资、诈骗等违法行为的有关情况进行监测和分析，加强风险提示。

单位和个人涉嫌以养老服务名义实施非法集资、诈骗、传销等违法行为的，公安机关应当依法查处，其他有关部门应当协助配合并按照规定移送有关证据材料。

**第六十四条** 养老服务行业组织应当加强行业自律和诚信建设，制定行业服务规范，推动养老服务标准实施，规范服务行为，提升服务质量。

**第六十五条** 县级以上人民政府民政、卫生健康、市场监督管理等有关部门应当按照各自职责，开展养老服务质量投诉处理工作，公布投诉电话、信箱、电子邮箱等，依法受理有关举报和投诉。

接到举报、投诉后，民政、卫生健康、市场监督管理等部门应当按照规定及时予以核实处理，并将处理情况告知举报人、投诉人。

## 第八章　法律责任

**第六十六条** 违反本条例规定的行为，法律、行政法规已经规定法律责任的，适用其规定。

**第六十七条** 违反本条例规定，建设单位未按照规定建设配套社区养老服务设施将城镇居住区建设项目交付使用的，或者未按照规定将配套社区养老服务设施以及有关建设资料全部无偿移交所在地县（市、区）人民政府民政部门的，由县级以上人民政府住房城乡建设部门责令限期改正；逾期不改正的，处配套社区养老服务设施建设工程造价二倍以上五倍以下的罚款。

**第六十八条** 违反本条例规定，擅自改变依法规划建设或者配置的养老服务设施使用性质的，由县级以上人民政府民政部门责令限期改正，有违法所得的，没收违法所得；逾期不改正的，处五万元以上十万元以下的罚款；情节严重的，处十万元以上三十万元以下的罚款。

**第六十九条** 违反本条例规定，从事居家社区养老服务的组织未按照规定的标准提供服务的，由县级以上人民政府民政部门责令限期改正；逾期不改正的，处一千元以上三千元以下的罚款；情节严重的，处三千元以上一万元以下的罚款。

**第七十条** 违反本条例规定，养老机构有下列行为之一的，由县级以上人民政府民政部门责令限期改正；情节严重的，处一万元以上三万元以下的罚款；可能危及人身健康和生命财产安全的，责令停业整顿，并处三万元以上十万元以下的罚款：

（一）未与老年人或者其代理人订立养老服务合同的；

（二）未按照国家和省规定的技术标准和规范开展服务的；

（三）暂停、终止养老服务时未妥善安置入住老年人的；

（四）有歧视、侮辱、虐待、遗弃老年人或者其他侵犯老年人合法权益行为的；

（五）法律、法规规定的其他违法行为。

对有前款所列行为之一的养老机构，有关部门可以中止或者取消扶持、优惠待遇。

**第七十一条** 违反本条例规定，单位或者个人采用虚报、隐瞒、伪造等手段，骗取政府养老服务补助、补贴、奖励的，由县级以上人民政府民政部门责令退回，给予警告，处骗取资金数额百分之十以上百分之五十以下的罚款。

**第七十二条** 各级人民政府及其有关部门违反本条例规定，有下列情形之一的，对直接负责的主管人员和其他直接责任人员依法给予处分：

（一）未按照规定标准规划配置社区养老服务设施的；

（二）未按照规定安排养老服务设施年度用地计划的；

（三）未按照规定落实特殊困难老年人服务保障措施的；

（四）未按照规定对养老服务组织履行监督管理职责的；

（五）未按照规定落实养老服务优惠扶持政策的；

（六）其他滥用职权、玩忽职守、徇私舞弊的行为。

**第七十三条** 违反本条例规定，侵害老年人合法权益的，依法承担民事责任；构成犯罪的，依法追究刑事责任。

## 第九章 附 则

**第七十四条** 本条例下列用语的含义：

（一）养老服务组织，是指养老机构、从事居家社区养老服务的组织以及其他为老年人提供养老服务的组织。

（二）养老机构，是指依法登记、备案的为老年人提供集中居住和照料服务的机构。

（三）养老服务设施，是指专门为老年人提供生活照料、康复护理、文体娱乐、托养服务的房屋、场地等。

（四）失能老年人，是指按照国家规定评估确认的生活不能自理或者不能完全自理的老年人，包含失智老年人。

（五）计划生育特殊家庭，是指独生子女三级以上残疾或者死亡、未再生育或者收养子女的家庭。

（六）特困人员，是指无劳动能力、无生活来源且无法定赡养、扶养义务人，或者其法定赡养、扶养义务人无赡养、扶养能力的老年人。

**第七十五条** 本条例自 2020 年 5 月 1 日起施行。

# 广东省养老服务条例

（2018 年 11 月 29 日广东省第十三届人民代表大会常务委员会第 7 次会议通过）

## 第一章　总　则

**第一条**　为了积极应对人口老龄化，完善养老服务体系，规范养老服务工作，促进养老服务事业健康发展，根据《中华人民共和国老年人权益保障法》等法律、法规，结合本省实际，制定本条例。

**第二条**　本条例适用于本省行政区域内养老服务及其监督管理工作。

本条例所称养老服务，是指在家庭成员承担赡养、扶养义务的基础上，由政府和社会为老年人提供的生活照料、家政服务、医疗保健、康复护理、精神慰藉、文体娱乐、紧急救援、临终关怀等服务。

**第三条**　养老服务发展坚持以人为本、共建共享，建立健全以居家为基础、以社区为依托、机构充分发展、医养相结合的多层次养老服务体系。

**第四条**　省人民政府应当加强对全省养老服务工作的领导，建立健全养老服务扶持保障政策体系，推动养老服务体制改革，激发各类服务主体活力，促进养老服务事业健康发展。

地级以上市、县（市、区）人民政府及其有关部门应当根据国家和省的规定以及本地实际情况，完善养老服务扶持保障制度，加大政策支持和引导力度，推动养老服务供给方式创新，支持各类市场主体增加养老服务供给，加强监督管理，促进本地养老服务事业健康发展。

乡镇人民政府、街道办事处负责本辖区内的养老服务工作。

**第五条**　县级以上人民政府应当将发展养老服务事业纳入本地区国民经济和社会发展规划，制定养老服务专项规划和年度计划，推动养老服务体系建设。

县级以上人民政府应当将养老服务事业经费列入同级财政预算，建立稳定的经费保障机制，并鼓励社会投入，使养老服务事业与经济社会协调发展。

县级以上人民政府应当将养老服务工作纳入绩效考核体系，建立养老服务工作协调机制，每年定期分析养老服务事业发展状况，协调解决养老服务事业发展中的困难和问题。

**第六条**　县级以上人民政府民政部门负责统筹推进、督促指导、监督管理养老服务工作。

县级以上人民政府发展改革、工业信息化、教育、公安、财政、人力资源社会保障、自然资源、生态环境、住房城乡建设、交通运输、农村农业、卫生健康、应急管理、税务、市场监督管理、地方金融监管等部门应当按照各自职责共同做好养老服务工作。

**第七条** 鼓励公民、法人和其他组织以各种形式提供、参与或者支持养老服务。

工会、共产主义青年团、妇女联合会、残疾人联合会、红十字会等人民团体和养老服务行业协会、老年人组织、慈善组织、志愿服务组织等社会组织，根据职责或者章程参与养老服务工作。

村民委员会、居民委员会应当发挥基层群众性自治组织的功能和优势，协助做好养老服务工作。

社会各界应当践行社会主义核心价值观，广泛开展敬老、养老、助老宣传教育活动，树立尊重、关心、帮助老年人的社会风尚。

**第八条** 县级以上人民政府应当建立健全老年人养老服务需求评估制度，科学确定老年人养老服务需求类型和照顾护理等级，作为老年人享受相关补贴、接受居家社区养老服务、入住养老机构或者医养结合机构等的依据。

县级以上人民政府民政部门应当加强对本地养老服务需求评估数据的统计分析，根据老年人养老服务需求情况统筹规划养老服务工作。

**第九条** 省人民政府及其有关部门应当建设养老服务信息共享平台，整合养老服务相关资源信息，推进养老服务数据标准化和规范应用，实现跨部门、跨区域的协同合作和信息共享。

地级以上市、县（市、区）人民政府民政部门应当指导乡镇人民政府、街道办事处做好养老服务信息共享平台有关信息的采集和录入工作，引导养老服务组织将有关管理信息与养老服务信息共享平台对接。

养老服务信息共享平台的相关资源信息应当向社会公开，接受社会查询。

## 第二章　规划和建设

**第十条** 省人民政府住房城乡建设、自然资源行政主管部门应当会同民政部门，根据经济社会发展水平、人口老龄化发展趋势、老年人口分布和养老服务需求情况，制定养老服务设施配置标准和规划指引。

县级以上人民政府在编制城市总体规划、控制性详细规划时，应当按照人均用地不少于零点一平方米的标准分区分级规划养老服务设施，并根据本地经济社会发展水平和养老服务需求等情况逐步提高标准；将养老服务设施建设用地纳入土地利用总体规划和年度计划，予以优先安排。地级以上市、县（市、区）人民政府民政部门应当会同有关部门编制养老服务设施专项规划，经本级人民政府批准后实施。

乡镇人民政府组织编制镇规划、乡规划、村庄规划时，应当根据本地实际情况，结合乡镇所在地的县（市）域乡村建设规划，落实农村养老服务设施用地布局、建设要求等具体安排。在人口聚集地、中心村应当根据本地养老服务需求规划养老服务设施。

**第十一条** 新建城区和新建住宅区应当根据规划要求和建设标准，以每百户不低于二十平方米的标准配套建设养老服务设施，并与住宅建设项目同步规划、同步建设、同步验收、同步无偿移交乡镇人民政府、街道办事处按照规划用途安排使用。养老服务设施竣工验收时，住房城乡建设行政主管部门和建设单位应当征求所在地民政部门的意见。

旧城区和已建住宅区无养老服务设施或者养老服务设施未达到规划要求和建设标准的，所在地人民政府应当加强统筹协调，按照每百户不低于十五平方米的标准，通过新建、改建、购置、置换、租赁等方式进行配置。

配套建设养老服务设施的面积标准应当随着本地经济社会发展水平和养老服务需求等情况逐步提高。

**第十二条** 县级以上人民政府应当统筹加强农村养老服务设施建设。支持集体经济组织、村民委员会或者村民小组将闲置的村办学校、厂房、公共设施、集体用房和场地等，建设或者改造为养老服务设施。

鼓励社会力量参与农村养老服务设施建设。

**第十三条** 县级以上人民政府有关部门以及乡镇人民政府、街道办事处应当整合利用闲置场地和设施，建设养老服务设施；制定优惠措施，简化办事程序，引导和支持社会力量将具备条件的闲置办公用房、学校、培训中心、宾馆、招待所、疗养院、医院、厂房、商业设施等整合改造为养老服务设施。

**第十四条** 养老服务设施建设应当符合无障碍设施工程建设标准和管理规定。

县级以上人民政府及其有关部门应当推动道路、公共建筑、公共交通设施、公共交通工具、居住建筑、居住区无障碍设施的建设，支持高龄、失能或者部分失能、残疾等老年人家庭开展适应老年人生活特点和安全需要的家庭住宅无障碍改造。

**第十五条** 未经法定程序，任何组织和个人不得擅自改变养老服务设施建设用地用途或者养老服务设施使用性质，不得侵占、损害或者擅自拆除养老服务设施；因国家建设需要，经批准改变养老服务设施建设用地用途、养老服务设施使用性质或者拆除养老服务设施的，应当按照不低于原有规模和标准就近建设或者置换。建设期间，应当安排过渡用房，满足老年人的养老服务需求。

**第十六条** 养老服务设施属于社会公共服务基础设施，社会各界应当根据应对人口老龄化工作需要，支持养老服务设施的选址与建设。

地级以上市、县（市、区）人民政府民政部门以及乡镇人民政府、街道办事处应当加强养老服务设施的公益宣传，及时做好养老服务设施选址解释工作。鼓励村民委员会、居民委员会、社会组织以及志愿者开展养老服务设施选址相关法律、法规和政策、知识的宣传。

## 第三章 居家社区养老服务

**第十七条** 县级以上人民政府应当加大财政投入，完善居家社区养老服务政策和基本公共服务，加强宣传指导和组织协调，推动和支持社会力量依托社区，按照就近便利、安全优质、价格合理的原则，为城乡老年人提供居家社区养老服务。

**第十八条** 县级人民政府民政部门应当组织建立居家养老服务指导中心，负责居家社区养老服务的统筹规划、培训指导等工作。

乡镇人民政府、街道办事处应当组织设立居家养老服务中心，负责整合各类资源，统筹、指导本辖区内居家社区养老服务网点提供覆盖本辖区的居家社区养老服务。

**第十九条** 各级人民政府应当通过补贴、补助、购买服务等方式，优先保障经济困难的高龄、失能或者部分失能、独居以及计划生育特殊家庭、农村留守等老年人的居家社区养老服务需求。

县级人民政府及其民政部门应当建立特殊老年人巡访制度，通过委托养老服务组织等采取上门探视、电话询访等方式，定期对社区高龄独居、计划生育特殊家庭、农村留守老年人的生活状况进行巡访。

**第二十条** 地级以上市、县（市、区）人民政府民政部门以及乡镇人民政府、街道办事处应当推广和使用居家养老信息化服务平台，建立覆盖本辖区内居家老年人的信息库，整合各类养老服务资源，实现养老服务需求和供给的对接；支持社会力量运用信息化手段创新养老服务模式，开发和推广居家社区养老服务智能终端产品和应用，为居家老年人提供紧急呼叫、远程医疗、无线定位、安全监测、家政预约、物品代购、费用代缴、服务转介等服务。

**第二十一条** 地级以上市、县（市、区）人民政府民政部门以及乡镇人民政府、街道办事处应当根据本辖区内城乡居家老年人的养老服务需求情况，整合各类养老服务资源，引导和扶持社会力量参与养老服务，推动社区实现下列养老服务功能：

（一）合理布局助餐点，采取集中供餐、配送到户等方式，为老年人提供助餐服务。

（二）依托居家养老服务中心、老年人日间照料中心等，采取上门服务、日间托管等方式，为老年人提供生活照料服务。

（三）综合利用社区文化、体育、教育、娱乐等公共服务设施，组织开展适合老年人的文化、体育、娱乐等活动，丰富老年人的精神文化生活。

（四）采取上门探视、电话询访等方式，为老年人提供关怀访视、心理咨询、情绪疏导等服务。

（五）利用信息化手段，即时接收和处理老年人的紧急呼叫，为老年人提供协助联系救援等服务。

（六）其他形式的养老服务。

鼓励国家机关、社会团体、企业事业单位和其他组织开放所属场所，为老年人提供就餐、文化、体育、娱乐等服务。

**第二十二条** 地级以上市、县（市、区）人民政府卫生健康行政主管部门应当完善基层医疗卫生服务网络，指导、督促和激励基层医疗卫生机构为居家老年人提供下列服务：

（一）建立居家老年人健康档案，提供健康管理、慢性病管理等基本公共卫生服务。

（二）提供常见病和多发病的中西医诊治、合理用药、就医路径指导和转诊预约等基本医疗服务，挂号、交费、取药等专用窗口服务，以及就诊、转诊、综合诊疗的便利服务。

（三）提供上门出诊、家庭病床、社区护理等延伸性医疗服务和康复保健服务。

（四）落实家庭医生签约服务制度，为老年人提供常见病、慢性病医疗、护理、康复指导等服务。签约服务费用由基本公共卫生服务经费和签约老年人自费分担，符合医疗保险相关规定的费用可以纳入医疗保险基金支付范围。

（五）根据与居家养老服务中心、老年人日间照料中心等的合作协议，为老年人提供医疗卫生服务。

鼓励综合医院与邻近的基层医疗卫生机构建立指导、合作关系，满足居家老年人的医疗和康复需求。支持有资质的企业、社会组织等开展居家康复护理服务。

**第二十三条** 乡镇人民政府、街道办事处应当推动机构养老和居家社区养老服务融合发展，支持嵌入社区式养老机构建设，鼓励养老机构利用自身设施和服务资源为老年人提供居家社区养老服务，为老年人的家庭成员或者家政服务人员提供技能培训等延伸性服务，实现养老服务资源共享。

**第二十四条** 政府投资建设和公建配套的居家社区养老服务设施应当按照保障公益功能、提高利用效率的原则，由乡镇人民政府、街道办事处负责运营管理或者采取政府购买服务等方式委托具有相应资质的服务机构运营。

鼓励企业、社会组织和个人建设或者运营居家社区养老服务设施，开展专业化、多样化的居家社区养老服务。

**第二十五条** 从事居家社区养老服务的组织应当按照有关规定在商事登记机关或者社会组织登记机关办理登记。

开展居家社区养老服务，应当建立健全规章制度，配备与服务项目相符的场所、设施设备和工作人员，规范服务流程，按照有关规定合理确定收费标准，并接受服务对象、政府和社会的监督。

**第二十六条** 乡镇人民政府、街道办事处应当引导村民委员会、居民委员会探索互助养老模式，支持通过邻里互助、亲友相助、志愿服务等模式发展互助养老服务，鼓励有条件的集体经济组织资助发展农村互助养老。提倡低龄健康老年人帮助高龄、失能或者部分失能、重病、独居、计划生育特殊家庭以及农村留守老年人。

**第二十七条** 村民委员会、居民委员会应当协助政府调查、登记本辖区内老年人基本信息和养老服务需求，向本辖区内老年人宣传居家社区养老服务，组织老年人开展文体娱乐、互助养老、志愿服务等活动，收集和反映老年人对居家社区养老服务的意见、建议。

## 第四章 机构养老服务

**第二十八条** 各级人民政府和县级以上人民政府民政部门应当有计划、分层级、分类别促进养老机构建设，推动养老机构管理体制改革，通过公建民营、委托管理等方式引入社会力量运营政府设立的养老机构。

**第二十九条** 公益性养老机构应当经济实用，实行老年人入住评估制度并将床位资源信息向社会公开。

政府设立的养老机构应当优先保障经济困难的孤寡、失能或者部分失能、高龄、计划生育特殊家庭老年人以及特困老年人、低保家庭老年人、低收入老年人的养老服务需求。以公建民营、委托管理等方式运营的养老机构还应当按照相关协议优先满足中低收入老年人的养老服务需求。

**第三十条** 养老机构的设立应当符合国家有关规定，依法办理登记等相关手续。

县级以上人民政府及其有关部门应当支持设立和建设养老机构，优化行政审批服务，简化有关申请材料、环境影响评价手续、消防许可和产权登记手续，对符合条件的申请应当依法及时办理。对符合消防、食品等相关安全标准要求但因不动产登记、土地规划等行政手续问题不能通过消防审验、食品安全许可的养老机构和设施，由县级以上人民政府民政部门会同有关部门报同级人民政府集中研究处置措施，在确保安全的前提下优化审验手续。

**第三十一条** 各级人民政府和有关部门应当支持社会力量在社区建设养老机构或者设立养老机构服务网点，满足城乡老年人就近接受机构养老服务的需求。

**第三十二条** 县级以上人民政府应当采取多种措施改善农村特困人员供养机构设施设备和环境条件，通过引入社会资本和专业管理服务提高其养老服务能力。

支持建设农村区域性养老服务中心。鼓励利用闲置的办公用房、学校等资源，通过改建、扩建、置换等方式，将农村特困人员供养机构建设为区域性养老服务中心，向社会开放养老服务。

县级以上人民政府应当建立城市养老机构与农村特困人员供养机构对口支援和合作机制，通过人员培训、技术指导、设备支援等方式，帮助农村特困人员供养机构提高服务水平。

**第三十三条** 各级人民政府和有关部门应当支持建设护理型养老机构，推动养老机构提升护理型床位设置比例和康复护理水平。

**第三十四条** 养老机构应当遵守法律、法规，参照使用国家统一制定的养老机构服务合同示范文本与入住老年人或者其代理人订立养老服务合同，并按照有关强制性标准和服务合同为入住老年人提供集中住宿、生活照料、文体娱乐、康复护理、精神慰藉等服务。

养老机构应当配备与服务、运营相适应的管理人员和专业技术人员，按照不同护理等级配备规定数量的养老护理人员。

养老机构应当加强对工作人员的职业道德教育和规范。养老机构及其工作人员应当尊重入住老年人的人格尊严，不得歧视、侮辱、虐待、遗弃老年人。

禁止利用养老机构的场地、建筑物、设施开展与养老服务宗旨无关的活动。

**第三十五条** 养老机构应当按照国家和省的有关规定，建立健全消防、安全值守、设施设备、食品药品、卫生消毒等安全管理制度，定期开展安全检查，及时消除安全隐患。对患有可能影响老年人身体健康的疾病的护理人员、餐饮服务人员，应当及时将其调离岗位。

养老机构应当制定突发事件应急预案，定期组织开展应急演练。

**第三十六条** 政府运营的养老机构按照非营利原则，实行政府定价或者政府指导价；以公建民营、委托管理等方式运营的养老机构，具体服务收费项目和标准由运营者依据委托合同等合理确定。

社会力量设立的公益性养老机构服务收费项目和标准应当与其公益性质和服务质量相适应，接受政府有关部门对其财务收支状况、收费项目和标准的监督管理。

社会力量设立的经营性养老机构应当将养老服务收费项目和标准向社会公开，实行明码标价，接受市场监督管理部门和社会的监督。

**第三十七条** 养老机构暂停或者终止养老服务的，应当于暂停或者终止服务六十日前向所在地民政部门提交入住老年人的安置方案。民政部门应当督促养老机构实施安置方案、妥善安置老年人，并提供帮助。

**第三十八条** 县级以上人民政府应当推进养老机构责任保险工作，引导和鼓励养老机构购买责任保险，构建养老机构风险分担机制。

## 第五章 医养结合

**第三十九条** 县级以上人民政府及其卫生健康、民政等行政主管部门应当建立健全医养结合机制，根据本地老年人口数量和分布情况，统筹布局本行政区域内的医疗卫生和养老服务资源，促进医疗卫生和养老服务融合发展。

**第四十条** 县级以上人民政府民政、卫生健康行政主管部门应当支持养老机构、从事居家社区养老服务的组织引入医疗资源，与医疗卫生机构开展协议合作，推动二级以上医院与养老机构开展合作共建，在医疗护理技术、转诊服务等方面建立合作关系。

县级以上人民政府卫生健康行政主管部门应当引导和支持医疗卫生机构为养老机构开通预约就诊便捷通道，为入住养老机构的老年人提供医疗巡诊、健康管理、保健咨询、预约就诊、急诊急救等服务。鼓励医疗卫生机构运用先进技术为入住养老机构的老年人进行远程医疗会诊。

县级以上人民政府卫生健康行政主管部门应当整合医疗、护理、康复和养老资源，建立健全中医医院、基层医疗卫生机构等与养老机构的合作机制，为入住养老机构的老年人提供健康管理、住院治疗、康复护理、安宁疗护等服务。

**第四十一条** 县级以上人民政府卫生健康行政主管部门应当将养老机构设立医疗卫生机构纳入区域卫生规划，加大政策支持和技术指导力度，支持养老机构根据服务需求和自身能力设立老年病医院、康复医院、护理院、中医医院、安宁疗护机构或者在其内部设置门诊部、诊所、医务室、护理站等，为入住的老年人提供疾病治疗、康复护理、心理咨询、安宁疗护等服务。

养老机构设立老年病医院、康复医院、护理院、中医医院、安宁疗护机构等医疗卫生机构的，应当依法申请设立许可；在内部设置门诊部、诊所、医务室、护理站的，应当向住所地县级人民政府卫生健康行政主管部门备案。对符合条件的申请，卫生健康行政主管部门予以优先审核审批。

**第四十二条** 县级以上人民政府卫生健康、民政等行政主管部门应当支持医疗卫生机构按照规定设立养老机构、建设养老服务设施，为老年人提供集中居住、生活照料、康复护理、医疗保健等服务。

医疗卫生机构设立的养老机构享受与社会力量设立的养老机构同等优惠政策。

**第四十三条** 县级以上人民政府卫生健康行政主管部门应当完善老年人医疗护理服务体系，支持有条件的医疗卫生机构开设老年医学科，推动基层医疗卫生机构提高康复、护理床位比例和增设老年养护、安宁疗护病床，鼓励发展康复、老年病、长期护理、慢性病管理、安宁疗护等接续性医疗卫生机构。

**第四十四条** 县级以上人民政府应当逐步开展长期护理保障工作，完善专业照顾护理服务体系，通过发放护理补贴、探索建立长期护理保险制度、支持保险机构开发商业性长期护理保险产品等方式，保障老年人的护理需求。

**第四十五条** 县级以上人民政府医疗保障行政主管部门应当完善基本医疗保险政策，

优化医疗保险报销程序和结算方式。基本医疗保险基金支付政策应当向提供健康养老服务的基层医疗卫生机构倾斜。

养老机构设立的医疗卫生机构符合基本医疗保险定点条件，申请纳入基本医疗保险定点医疗机构协议管理范围的，应当予以纳入，入住的参保老年人按照规定享受相应待遇。

**第四十六条**　支持符合条件的执业医师、注册护士到养老机构设立的医疗卫生机构多机构执业或者在养老机构内开办诊所、护理站。支持有相关专业特长的医师和其他专业人员在养老机构开展疾病预防、营养、中医调理养生等健康服务。

## 第六章　养老服务人才

**第四十七条**　县级以上人民政府教育、财政、人力资源社会保障、卫生健康、民政等行政主管部门应当完善人才培养扶持政策，将养老服务专业人才培养纳入高等教育、职业教育、继续教育和职业技能培训体系，鼓励和支持高等学校、职业学校、技工学校和培训机构设置老年医学、中医药健康养老、康复、护理、社会工作等养老服务相关专业或者培训项目，在养老服务组织、医疗卫生机构设立教学实习基地，培养养老服务专业人才。

**第四十八条**　县级以上人民政府人力资源社会保障、卫生健康、民政等行政主管部门应当依托社会培训机构、职业学校、技工学校、养老服务组织、医疗卫生机构等建立养老服务实训基地，加强养老服务从业人员技能培训和鉴定工作。

养老服务从业人员和从事养老服务的社区工作者参加相关技能培训和鉴定，按照规定享受技能晋升培训补贴。

**第四十九条**　养老服务从业人员应当遵守职业道德规范，掌握基本的养老服务知识和职业技能。养老服务组织应当定期组织工作人员进行职业道德教育和职业技能培训。

养老护理人员应当参加职业道德教育和职业技能培训。鼓励养老服务组织、医疗卫生机构等对养老护理人员进行免费职业技能培训。

**第五十条**　养老服务组织应当与养老服务从业人员依法签订聘用合同或者劳动合同，改善工作条件，加强劳动保护和职业防护，依法为养老服务从业人员缴纳社会保险费，并安排其定期进行健康检查。

**第五十一条**　县级以上人民政府人力资源社会保障行政主管部门应当会同民政部门建立养老服务从业人员品德、能力、业绩相结合的技能等级评价制度，促进养老服务从业人员薪酬待遇逐步提高，对优秀人才在居住落户、住房保障、子女就学等方面给予优惠政策。

**第五十二条**　县级以上人民政府人力资源社会保障、卫生健康行政主管部门应当完善养老服务专业技术人员薪酬与职称评定等激励机制。对养老服务组织聘用的执业医生、护士、康复医师等专业技术人员，应当执行与医疗卫生机构相同的执业资格、注册考核制度，其在职称评定、继续教育、职业技能培训等方面与医疗卫生机构同类专业技术人员享受同等待遇。

**第五十三条**　县级以上人民政府应当在养老服务组织和社区开发公益性岗位，吸纳城镇就业困难人员、农村转移劳动力从事养老服务行业。

对招用本省就业困难人员并依法缴纳社会保险费的养老服务组织，县级以上人民政府人力资源社会保障行政主管部门应当按照规定给予岗位补贴、社会保险补贴等支持。

对在养老服务组织连续从事康复护理等养老服务工作达到规定年限的高等学校、职业学校、技工学校毕业生，县级以上人民政府民政部门可以给予入职奖励或者补贴；对自主创办养老服务企业的就业困难人员以及在校和毕业五年内的高等学校、职业学校、技工学校学生，县级以上人民政府人力资源社会保障行政主管部门可以给予一次性创业资助。

**第五十四条** 各级人民政府应当建立专业社会工作人才引入机制，鼓励在养老服务组织中开发设置社会工作者岗位或者购买社会工作服务，吸引专业社会工作者和高等院校社会工作专业毕业生从事养老服务工作。

## 第七章 扶持保障

**第五十五条** 县级以上人民政府应当将本级留成用于社会福利的福利彩票公益金按照不低于百分之五十的比例集中用于养老服务，并随着老年人口的增加逐步提高投入比例。

**第五十六条** 县级以上人民政府应当建立健全向社会购买养老服务制度，制定政府购买服务指导性目录，明确购买主体和承接主体，确定政府购买养老服务的种类、性质、内容和标准，建立健全政府购买养老服务的监督管理和绩效评价机制。

**第五十七条** 县级以上人民政府应当按照国家和省的有关规定，建立健全养老服务补贴制度，根据养老服务需求评估结果，对为经济困难的高龄、失能或者部分失能等老年人提供养老服务的组织或者个人，给予相应补贴。

**第五十八条** 县级以上人民政府应当按照国家和省的有关规定，对社会力量设立的公益性养老服务组织给予相应的建设补贴。

县级以上人民政府应当根据养老机构、医养结合机构实际服务的老年人数量等情况给予运营补贴。

**第五十九条** 社会力量设立的公益性养老机构、医养结合机构与政府设立的养老机构、医养结合机构享受相同的土地使用政策，可以依法使用国有划拨土地或者农民集体所有的土地；采取改造、利用城镇闲置的厂房、学校、社区用房方式的，按照规定享受用地优惠政策。

经营性养老机构、医养结合机构申请建设用地，按照国家对经营性用地依法办理有偿用地手续的规定，优先供应保障。

采取政府和社会资本合作方式的养老服务项目，可以利用国有建设用地使用权作价出资或者入股建设。

**第六十条** 县级以上人民政府及其有关部门应当落实国家和省的税费优惠政策，保障养老服务组织依法享受国家规定的税收优惠，对公益性养老机构、医养结合机构建设免征有关行政事业性收费，对经营性养老机构、医养结合机构建设减半征收有关行政事业性收费。

**第六十一条** 养老机构、医养结合机构、按社会服务机构登记的从事居家社区养老服务的组织，以及县级以上人民政府民政部门认定的其他养老服务组织，用水、用电、用气按照居民生活类价格标准收费。按社会服务机构登记的养老服务组织安装固定电话、有线（数字）电视、宽带互联网，按照国家和省的有关规定减免收费。

**第六十二条** 鼓励境外投资者在本省行政区域内依法设立公益性养老机构，其设立的公益性养老机构与境内投资者设立的公益性养老机构享受同等优惠政策。

**第六十三条** 县级以上人民政府应当推动金融机构为符合条件的养老服务项目提供金融服务，加大对养老服务业的信贷支持，支持保险资金投资养老服务领域，引导商业性保险机构开发适合老年人实际需求的健康保险、意外伤害保险等产品。

县级以上人民政府应当支持养老服务组织拓展融资渠道，鼓励社会资本通过建立基金、发行企业债券等方式筹集资金，用于购置、建设和改造养老服务设施。

**第六十四条** 县级以上人民政府应当支持发展品牌化和连锁经营的养老机构和其他养老服务组织，养老机构可以依法在其登记管理机关管辖范围内设立多个不具备法人资格的服务网点。

**第六十五条** 各级人民政府应当支持发展为老慈善事业，培育和扶持各类为老服务志愿组织，规范和完善志愿服务登记注册、培训服务、表彰奖励等管理制度，建立健全为老志愿服务时间记录、储蓄、回馈等激励机制。志愿者或者其直系亲属进入老龄后根据其为老志愿服务时间记录等优先、优惠享受政府和志愿服务组织提供的养老服务。

倡导国家机关、社会团体工作人员和企业事业单位职工、在校学生等参加为老志愿服务活动。鼓励志愿者与老年人结对，重点为高龄、失能或者部分失能、重病、独居、计划生育特殊家庭和农村留守老年人提供生活照料等服务。

**第六十六条** 县级以上人民政府及其有关部门应当建立健全相关政策，促进和扶持养老服务产业发展。

支持养老服务产业与健康、养生、旅游、文化、健身、休闲等产业融合发展，推动形成产业链长、覆盖领域广、经济社会效益显著的养老服务产业集群。

引导相关行业、企业在健康促进、健康监测、康复护理、辅助器具、智能看护、应急救援等领域，推进老年人适用产品用品和技术的研发、创新和应用，提高老年人适用产品用品的供给质量和水平。

## 第八章 监督管理

**第六十七条** 省人民政府应当建立跨部门的联合监督管理和联合执法机制，加强对养老服务组织运营和服务的监督管理。

县级以上人民政府民政部门应当会同有关部门依法对养老服务活动进行监督检查，发现存在违法行为的，应当及时查处。

**第六十八条** 县级以上人民政府自然资源、住房城乡建设、民政等行政主管部门应当会同有关部门，定期对养老服务设施的规划和建设情况进行监督检查。

**第六十九条** 县级以上人民政府应急管理行政主管部门依法对养老服务安全生产实施综合监督管理，其他有关部门按照各自职责做好养老服务安全生产监督管理工作。

**第七十条** 县级以上人民政府市场监督管理部门依法对养老服务广告、产品用品、食品药品、价格等实施监督管理。

**第七十一条** 各级人民政府和有关部门应当对养老服务领域非法集资、诈骗等违法行为的有关情况进行监测和分析，加强风险提示工作。

单位和个人涉嫌借养老服务名义实施非法集资、诈骗等违法行为的，公安机关应当依法查处，其他有关部门应当协助配合，并按照规定移送有关证据材料。

**第七十二条** 审计机关、财政部门按照国家和省的有关规定，对政府设立或者接受政府补贴、补助的养老服务组织的财务状况、政府补贴资金使用情况进行监督，并依法向社会公布。

**第七十三条** 县级以上人民政府应当建立责任追究制度，对所属有关部门和下级人民政府履行养老服务工作职责的情况进行监督，对发现的问题及时予以通报，责令限期整改。

**第七十四条** 省人民政府民政部门应当会同市场监督管理部门制定养老服务相关标准，建立健全养老服务标准体系，开展养老服务标准化宣传工作，推广养老服务标准化经验。

**第七十五条** 县级以上人民政府统计部门应当加强养老服务统计工作，科学准确地反映养老服务发展状况，跟踪掌握养老服务业发展的总体规模、行业结构、经济社会效益等基础数据。

**第七十六条** 县级以上人民政府民政部门应当建立养老机构、医养结合机构养老服务质量评估制度，定期组织有关方面专家或者委托相关社会组织、第三方专业机构等，按照养老服务相关标准对养老机构、医养结合机构的人员配备、设施设备条件、管理水平、服务质量、社会信誉等进行综合评估。评估结果应当向社会公开，并作为政府购买服务、发放建设和运营补贴等的参考依据。

**第七十七条** 县级以上人民政府及其有关部门应当建立养老服务行业信用体系，加强养老服务行业信用信息的记录、归集、共享和披露，并将信用信息作为享受扶持保障政策的参考依据；建立黑名单制度和退出机制，实施多部门、跨地区的联合惩戒，对有不良信用记录的养老服务组织增加监督检查频次，加强整改指导。

养老服务组织不得招录有歧视、侮辱、虐待、遗弃老年人等严重违规失信行为的人员从事养老服务工作。

**第七十八条** 引导和支持养老服务类社会组织制定和规范行业标准，开展服务质量评估、服务行为监督、价格自律、养老机构等级评估、第三方认证等活动，加强行业自律和诚信建设。

**第七十九条** 县级以上人民政府民政等有关部门应当建立养老服务举报投诉制度，公布举报电话、信箱、电子邮箱等，依法受理并处理有关举报和投诉。

## 第九章　法律责任

**第八十条** 有关部门及其工作人员未依法履行监督管理职责或者有其他滥用职权、玩忽职守、徇私舞弊行为的，由有权机关责令限期改正；情节严重的，对直接负责的主管人员和其他直接责任人员依法给予处分；构成犯罪的，依法追究刑事责任。

**第八十一条** 违反本条例第十一条规定，未按照规划要求配套建设养老服务设施的，由县级以上人民政府自然资源行政主管部门责令限期改正，处养老服务设施建设工程造价百分之五以上百分之十以下罚款。

**第八十二条** 违反本条例第十五条规定，未经法定程序擅自改变养老服务设施建设用地用途的，由县级以上人民政府自然资源行政主管部门责令限期改正，并处非法占用土地每平方米十元以上三十元以下罚款。

擅自改变政府投资或者资助建设、配置的养老服务设施使用性质的，由县级以上人民政府民政部门责令限期改正，有违法所得的，没收违法所得；逾期不改正的，责令退赔补贴资金和有关费用，并处五万元以上十五万元以下罚款；情节严重的，处十五万元以上三十万元以下罚款，依法取消相应投标资格并予以公告。

**第八十三条** 养老机构有下列行为之一的，由县级以上人民政府民政部门责令限期改正；逾期不改正的，处一万元以上三万元以下罚款；情节严重的，处三万元以上十万元以下罚款；构成犯罪的，依法追究刑事责任：

（一）未与老年人或者其代理人订立养老服务合同的；

（二）未按照有关强制性标准开展服务的；

（三）配备人员的资格不符合规定的；

（四）歧视、侮辱、虐待、遗弃老年人或者实施其他侵犯老年人合法权益行为的；

（五）利用养老机构的场地、建筑物、设施开展与养老服务宗旨无关的活动的；

（六）未及时将患有可能影响老年人身体健康的疾病的护理人员、餐饮服务人员调离岗位的；

（七）暂停、终止养老服务前未按照规定提交安置方案，或者暂停、终止养老服务后未妥善安置入住老年人的。

对有前款所列行为之一的养老机构，有关部门可以中止或者取消优惠扶持措施。

**第八十四条** 养老服务组织或者个人骗取补贴、补助、奖励的，由县级以上人民政府民政部门责令退回，并处骗取补贴、补助、奖励数额一倍以上三倍以下罚款；构成违反治安管理行为的，由公安机关依法给予处罚；构成犯罪的，依法追究刑事责任。

**第八十五条** 养老服务从业人员侵犯老年人合法权益，应当依法承担民事责任；构成违反治安管理行为的，由公安机关依法给予处罚；构成犯罪的，依法追究刑事责任。

## 第十章　附　则

**第八十六条** 本条例下列用语的含义：

（一）养老服务组织，是指养老机构、医养结合机构、从事居家社区养老服务的组织以及其他为老年人提供养老服务的组织。

（二）养老机构，是指依法设立并办理登记的为老年人提供集中居住和照料服务的机构。

（三）医养结合机构，是指兼具医疗卫生资质和养老服务能力的医疗卫生机构或者养老机构。

（四）养老服务设施，是指专门为老年人提供生活照料、康复护理、文体娱乐、托养等服务的房屋、场地、设施等。

（五）居家社区养老服务，是指由政府和社会依托社区为城乡居家老年人提供的助餐、助浴、助行、助洁、助购、助医、助急等养老服务。

（六）失能或者部分失能老年人，是指经评估确认的生活不能自理或者不能完全自理的老年人。

（七）计划生育特殊家庭，是指独生子女发生伤残或者死亡、未再生育或者收养子女的家庭。

**第八十七条** 本条例自2019年1月1日起施行。

# 重庆市养老机构管理办法

重庆市人民政府令第 326 号

《重庆市养老机构管理办法》已经 2018 年 11 月 29 日市第五届人民政府第 33 次常务会议通过，现予公布，自 2019 年 4 月 1 日起施行。

## 重庆市养老机构管理办法

### 第一章　总　则

**第一条**　为了保障老年人合法权益，促进养老机构发展，规范养老机构管理，根据《中华人民共和国老年人权益保障法》《重庆市老年人权益保障条例》和有关法律法规，结合本市实际，制定本办法。

**第二条**　本市行政区域内养老机构的规划建设、机构设立、扶持发展、服务运营及其监督管理，适用本办法。

**第三条**　本办法所称养老机构是指依法设立并为老年人提供集中居住和照料服务的机构。

**第四条**　养老机构的发展坚持政府引导、社会参与、市场运作、保障基本、统筹兼顾的原则。

**第五条**　市、区县（自治县）人民政府应当将养老机构发展纳入同级国民经济和社会发展规划，研究制定扶持发展政策，保障经费投入，促进养老机构与经济社会协调发展。

乡镇人民政府、街道办事处应当按照本办法规定，做好养老机构服务和发展相关工作。

**第六条**　市、区县（自治县）民政部门负责本行政区域内养老机构的指导、监督和管理。

发展改革、财政、教育、住房城乡建设、医保、规划自然资源、市场监管、税务、应急、卫生健康等部门按照各自职责，共同做好养老机构的发展和监督管理工作。

**第七条**　鼓励养老机构加入养老服务行业协会。

养老服务行业协会应当加强行业自律和诚信建设，参与标准制定和等级评定，开展调查研究、业务培训、调解争议等活动，引导和规范养老机构发展。

**第八条**　养老机构应当依法保障老年人的合法权益，不得歧视、侮辱、诽谤或者虐待、遗弃老年人。

老年人应当依法遵守养老机构的规章制度。

老年人的监护人、代理人应当依法履行养老服务合同。

**第九条** 政府投资兴办的养老机构，应当建立健全公开、公平、公正的收住制度，向社会公开床位资源信息，并优先保障经济困难的孤寡、失能、高龄、失独等老年人的养老服务需求。

政府投资兴办的养老机构，可以采取公建民营、委托管理、购买服务等方式，依法选定专业化的机构负责运营。

**第十条** 鼓励和支持社会力量举办和运营养老机构。

鼓励公民、法人或者其他组织为养老机构提供捐赠和志愿服务。

**第十一条** 市、区县（自治县）人民政府应当加强护理型养老床位建设，促进医养结合型养老机构发展。

## 第二章 规划建设

**第十二条** 市民政部门会同市规划自然资源等部门根据本市人口、公共服务资源、养老服务需求状况等因素，依法组织编制主城区养老服务设施布局专业规划，合理集中布局养老机构，经市人民政府批准后纳入主城区城市总体规划、控制性详细规划。

其他区县（自治县）民政部门会同相关部门编制本地区养老服务设施专业规划，合理集中布局养老机构。

**第十三条** 市、区县（自治县）人民政府应当将养老机构建设用地纳入土地利用总体规划和年度计划，合理安排用地需求。

非营利性养老机构用地，可以依法使用国有划拨土地或者农村集体建设用地。

营利性养老机构用地，在原土地用途符合规划的前提下，可以依法办理有偿用地手续。

鼓励将闲置的其他设施建设用地依法调整为养老机构用地。

养老机构建设用地用途，非经法定程序不得改变。

**第十四条** 新建城区和新建居住（小）区应当按照规划要求和养老服务标准规范相对集中配套建设相应的养老机构。配套建设的养老机构应当与住宅同步规划、同步建设、同步验收、同步使用。

**第十五条** 老城区和已建成居住（小）区应当通过购置、置换、租赁等方式或者在旧城更新和改造过程中配置相应的养老机构。

**第十六条** 任何组织和个人不得擅自改变养老机构服务设施使用性质，不得侵占、破坏养老机构服务设施。

## 第三章 机构设立

**第十七条** 养老机构的用房、场地、设施和设备等方面应当符合国家和本市养老机构建筑设计基本规范。

**第十八条** 设立养老机构，应当依法办理登记手续：

（一）举办非营利性养老机构，符合事业单位登记规定的，向事业单位管理机关办理登记手续；符合社会组织登记条件的，向民政部门办理社会组织登记手续。

（二）举办营利性养老机构，向市场监管部门办理登记手续。

**第十九条** 养老机构依法办理登记手续后，应当按照规定向民政部门备案。

市、区县（自治县）民政部门应当将备案需要提交的文件、材料目录和示范文本，在办事服务窗口及门户网站上公开。

**第二十条** 养老机构因改建、扩建等原因暂停服务的，或者因解散、被宣告破产等原因终止服务的，应当提前书面通知老年人及其监护人、代理人。

老年人需要安置的，养老机构应当根据服务合同约定与老年人协商处理安置事宜。

服务合同未对安置服务事项进行约定或者约定不明确的，养老机构应当与老年人或者其监护人、代理人协商处理安置事宜。

**第二十一条** 养老机构应当按照国家有关规定，于暂停或者终止服务 60 日前，向民政部门提交老年人安置方案。安置方案应当明确老年人的数量、安置计划及实施日期等事项，经民政部门审核后实施。

民政部门应当自收到安置方案之日起 20 日内完成审核，督促养老机构实施安置方案，并为其妥善安置老年人提供帮助。

养老机构不得擅自暂停或者终止养老服务。

**第二十二条** 养老机构因解散、被宣告破产等原因终止的，应当依法进行清算并办理注销手续。

## 第四章 扶持发展

**第二十三条** 市、区县（自治县）人民政府按照国家和本市有关规定，给予社会力量举办的养老机构建设补贴。

区县（自治县）人民政府根据社会力量举办的养老机构运营情况，可以给予运营补贴。

**第二十四条** 养老机构依法享受以下优惠：

（一）养老服务收入免征增值税；

（二）非营利性养老机构自用房产和土地免征房产税、城镇土地使用税；

（三）符合条件的非营利性养老机构的收入，按照规定免征企业所得税；

（四）非营利性养老机构建设免征行政事业性收费，营利性养老机构建设减半征收行政事业性收费；

（五）用水、用电、用气等按照居民生活类价格执行；

（六）国家和本市规定的其他优惠政策。

鼓励水、电、气安装服务企业和有关经营性单位对养老机构实行收费优惠。

外国投资者设立的养老机构，与国内投资者设立的养老机构享受同等优惠政策。

**第二十五条** 政府通过贷款贴息、风险补偿等方式，引导信贷资金和社会资金投资发展养老机构。

鼓励金融机构为符合条件的养老机构和老年人提供专项基金、中长期贷款以及综合金融服务。

**第二十六条** 市人力社保、卫生健康、医保、民政、财政等部门应当逐步建立符合本市实际的长期护理保险制度，将失能老年人按照规定纳入长期护理保险范围。

对具有本市户籍、生活长期不能自理且经济困难的老年人，市、区县（自治县）人民政府根据其失能程度等情况，按照国家和本市规定给予相应的护理补贴或者为其购买服务。

**第二十七条** 鼓励养老机构投保综合责任保险。

鼓励商业保险机构开发适合老年人的险种。

**第二十八条** 支持有条件的养老机构依法设立医疗机构，设置长期护理照料床位，提供医疗和护理服务。

养老机构设置的医疗机构符合医疗保险定点医疗机构条件的，按照规定纳入医疗保险协议定点范围，并按医疗保险规定联网结算。

鼓励其他各类医疗机构为养老机构提供医疗支持。基层医疗卫生机构、二级综合医疗机构应当根据需求和规划设置老年护理床位，提供保健、护理、安宁疗护等服务。

**第二十九条** 鼓励养老机构利用专业设施、场地、人员和技术等资源优势，培训指导专业院校、社区养老服务人员和其他养老照料人员。

鼓励养老机构上门为居家老年人提供助餐、助浴、助洁、助医等服务。

**第三十条** 鼓励和支持高等院校、中等职业学校设置养老护理等养老服务相关专业，对符合条件的学生按照规定提供奖（助）学金和资助资金。对中等职业学校就读养老服务相关专业的学生减免学费。

支持高等院校、中等职业学校、养老机构和职业培训机构等开展培训项目，对参加养老服务技能培训、创业培训且培训合格的从业人员，按照规定给予培训补贴。

**第三十一条** 养老机构护理人员的职称晋升按照社会工作人员职称序列参加申报、评审。第三方专业机构可以按照自愿、公平、公正原则开展养老护理员等级评定。

养老机构聘用的医生、护士、康复医师等专业技术人员，在技术职称评定、继续教育、职业技能培训等方面与医疗机构同类卫生专业技术人员享受同等待遇。

对高等院校、中等职业学校养老服务相关专业的毕业生从事养老服务工作，按照规定给予入职补贴。

对长期从事养老护理服务工作的人员，按照规定给予奖励。

**第三十二条** 支持发展为老年人服务的志愿服务组织，建立志愿服务激励机制，对表现突出的志愿服务组织、志愿者按规定给予褒扬、嘉奖。

鼓励通过政府购买服务等方式，支持养老机构设立老年社会工作岗位，配备专业的社会工作者，为老年人提供专业服务。

**第三十三条** 鼓励建设区域性农村养老机构，满足农村老年人养老服务需求。

区县（自治县）人民政府应当按照不低于集中供养对象年基本生活金15%的比例，核定政府投资兴办的农村养老机构管理运行经费。

## 第五章 服务运营

**第三十四条** 市民政部门应当会同市市场监管部门制定我市养老服务标准。

养老机构提供的服务应当符合国家标准、行业标准及地方标准。

养老机构应当在经营场所醒目位置按照规定公开其执行的标准。

**第三十五条** 市民政部门应当会同市医保、卫生健康等部门和行业协会根据国家老年人能力评估标准制定本市老年人护理等级评估标准和评估管理办法。

养老机构应当建立入院评估制度。根据本市护理等级评估标准，对老年人的身体和精神状况进行评估，确定护理等级，经老年人或者其监护人、代理人确认后，在服务合同中载明。

老年人身体或者精神状况发生变化，需要变更护理等级的，养老机构应当重新评估，经老年人或者其监护人、代理人确认后，变更服务合同的相关内容。

养老机构、老年人或者其监护人、代理人可以通过第三方专业机构进行护理等级评估。

**第三十六条** 养老机构应当与老年人或者其监护人、代理人签订服务合同。双方可以参考使用国家制定的养老机构服务合同示范文本。

**第三十七条** 养老机构应当开展下列照料服务：

（一）提供符合食品安全要求和民族风俗习惯，适宜老年人食用的膳食；

（二）提供符合老年人居住条件的住房，并配备适合老年人安全保护要求的设施、设备及用具；

（三）定期对老年人活动场所和使用物品进行清洗消毒；

（四）开展适合老年人的文化、体育、娱乐活动；

（五）根据需要为老年人提供情绪疏导、心理咨询等人文关怀服务；

（六）建立夜间值班制度，做好老年人夜间监护工作；

（七）其他适合老年人的生活照料服务。

**第三十八条** 养老机构应当为老年人定期检查身体，宣传日常保健知识，做好疾病预防工作。

养老机构在老年人突发危重疾病时，应当及时通知其监护人、代理人，并转送医疗机构救治。

养老机构发现老年人为疑似传染病病人或者精神障碍患者时，应当通知其监护人、代理人，并按照传染病防治、精神卫生相关法律法规的规定处理。

**第三十九条** 养老机构应当配备与服务和运营相适应的管理人员和专业技术人员，并根据不同护理等级配备相应比例的护理人员。

养老机构中的专业技术人员，应当具有相应专业技术资格；养老护理人员应当接受专业技能培训，经培训合格后上岗。

养老机构应当依法与其工作人员签订聘用合同或者劳动合同，提供相应的劳动保护和职业防护，定期组织工作人员进行职业道德教育和专业技能培训。

**第四十条** 养老机构中从事护理、餐饮等工作的人员应当具有有效的健康证明，每年定期进行健康检查；对患有可能影响老年人身体健康疾病的，养老机构应当及时调整工作岗位。

**第四十一条** 养老机构应当按照国家和本市有关规定，健全消防、安全值守、设施设备、食品药品等安全管理制度，确定专人负责，定期开展安全检查，及时消除安全隐患。

**第四十二条** 养老机构应当制定突发事件应急预案，并定期进行应急演练。

突发事件发生后，养老机构应当立即启动应急处理程序，根据突发事件应对管理职责分工向有关部门报告，并将应急处理结果报民政部门。

**第四十三条** 政府投资兴办的养老机构，实行政府定价或者政府指导价。

社会力量举办的营利性养老机构的服务收费标准由经营者自主确定；社会力量举办的非营利性养老机构的服务收费标准由经营者合理确定，有关部门进行价格监管。

养老机构应当在经营场所醒目位置公示各类服务项目、服务内容、收费标准和收费依据。

**第四十四条** 养老机构应当建立健全财务制度，定期制作财务报告，并接受相关部门监督。

养老机构应当建立老年人膳食等费用专门账户，定期向老年人或者其监护人、代理人公开账目。

**第四十五条** 养老机构应当按照公益事业捐赠法律法规规定接收和使用捐赠物资，并接受有关部门、社会和捐赠人的监督。

**第四十六条** 养老机构应当定期向老年人或者其监护人、代理人通报机构服务和运营管理的有关情况，听取意见和建议，发挥老年人对养老机构服务和管理的监督促进作用。

**第四十七条** 养老机构应当建立老年人基本信息档案和健康档案，妥善保存相关原始资料。

养老机构应当保护老年人的个人信息。

**第四十八条** 养老机构与老年人或者其监护人、代理人发生争议的，可以自行协商解决，或者申请人民调解组织、行业协会及其他有关组织进行调解，也可以依法通过仲裁、诉讼等途径解决。

## 第六章　监督管理

**第四十九条** 民政部门应当会同相关部门建立养老机构信息归集共享和协同监管机制，对养老机构服务运营进行监督管理。

**第五十条** 养老机构应当每年向所在地区县（自治县）民政部门报送年度工作报告。

境外组织（个人）独资或者与境内组织（个人）合资、合作设立的养老机构，应当每年向市民政部门报送年度工作报告。

年度工作报告应当包括机构服务范围、服务质量、运营管理等情况。

**第五十一条** 民政部门应当会同人力社保、公安、卫生健康、财政、应急、金融、市场监管等部门定期检查和随机抽查养老机构设施设备、服务质量、安全卫生等情况。

养老机构应当自觉接受和配合相关部门监督检查。

**第五十二条** 市民政部门应当建立养老机构评估制度，定期组织有关方面专家及社会人士或者委托第三方机构，对养老机构的人员、设施、服务、信誉、管理等情况进行综合评估。

综合评估结果应当向社会公布，并作为对养老机构等级划分、补贴资助、考核评价的依据。

**第五十三条** 民政部门应当定期开展养老机构信息统计工作，养老机构应当及时准确报送相关信息。

**第五十四条** 民政部门应当建立养老机构诚信档案，记录其设立终止、监督检查、违法行为查处、综合评估等情况。

对有不良诚信记录的养老机构，应当增加监督检查频次，加强整改指导。

**第五十五条** 市民政部门应当建立养老机构信息服务平台，并按照规定接入全市政务信息资源共享平台。

市、区县（自治县）民政部门应当通过养老机构信息服务平台将养老机构设立终止、评估结果、诚信记录、用工需求等相关信息，向社会公布，并提供政策咨询、信息查询等服务。

**第五十六条** 民政部门应当通过投诉、举报电话或者养老机构信息服务平台等渠道，受理对养老机构的投诉、举报。

民政部门接到举报、投诉后，应当及时核实、处理。

## 第七章 法律责任

**第五十七条** 违反本办法规定，养老机构擅自暂停、终止服务，或者暂停、终止服务未妥善安置老年人的，由民政部门责令限期改正；逾期未改正的，处1万元以上3万元以下罚款。

**第五十八条** 违反本办法规定，养老机构有下列行为之一的，由民政部门责令限期改正；逾期未改正的，处2千元以上1万元以下罚款；情节严重的，处1万元以上3万元以下罚款；涉嫌犯罪的，移送司法机关依法追究刑事责任：

（一）未与老年人或者其监护人、代理人签订养老服务合同的；

（二）利用养老机构的场所、设施、设备，开展与养老服务宗旨无关活动的；

（三）未按照国家有关标准和规定开展服务的；

（四）向民政部门隐瞒有关情况、提供虚假材料或者拒绝提供反映其活动情况真实材料的；

（五）配备人员的资格不符合规定的；

（六）安排未取得健康证明的护理人员、餐饮服务人员上岗工作，或者未及时将患有可能影响老年人身体健康疾病的护理人员、餐饮服务人员调离岗位的；

（七）歧视、侮辱、虐待或者遗弃老年人以及其他侵犯老年人合法权益行为的；

（八）法律、法规规定的其他违法行为。

对有前款所列行为之一的养老机构，有关部门有权中止扶持、优惠措施；情节严重的，追回已经发放的补助、补贴和减免的费用。养老机构经整改消除前款所列行为的，可以重新申请相关扶持、优惠措施。

**第五十九条** 违反本办法规定，有下列行为之一的，由有关部门责令改正，并依照相关法律、法规规定予以处理：

（一）新建居住（小）区的建设单位未按照规划和养老服务标准规范配套建设相应养

老机构的；

（二）擅自改变养老机构建设用地用途的；

（三）侵占、破坏养老机构服务设施的；

（四）违反规定使用或者骗取有关养老补贴财政资金的；

（五）法律、法规规定的其他违法行为。

**第六十条** 有关部门及其工作人员，在养老机构管理工作中玩忽职守、滥用职权、徇私舞弊的，对直接负责的主管人员和其他直接责任人员依法给予处分；涉嫌犯罪的，移送司法机关依法追究刑事责任。

## 第八章 附 则

**第六十一条** 本办法自2019年4月1日起施行。《重庆市城乡养老机构服务管理办法》（重庆市人民政府令第214号）同时废止。

# 深圳经济特区养老服务条例

(2021年3月1日起施行)

《深圳经济特区养老服务条例》经深圳市第六届人民代表大会常务委员会第四十五次会议于2020年10月29日通过，现予公布，自2021年3月1日起施行。

## 第一章 总 则

**第一条** 为了完善养老服务体系，促进养老服务事业健康发展，实现老有颐养，根据有关法律、行政法规的基本原则，结合深圳经济特区实际，制定本条例。

**第二条** 深圳经济特区养老服务及其监督管理工作，适用本条例。

**第三条** 养老服务坚持政府主导、政策扶持、社会参与、市场运作的原则，以居家养老为基础、社区养老为依托、机构养老为支撑，促进医养康养相结合，有效满足老年人多样化、多层次养老服务需求。

**第四条** 市人民政府应当统筹养老服务事业发展，将养老服务事业纳入国民经济和社会发展规划，根据经济社会发展水平制定和完善养老服务发展专项规划，并将养老服务工作纳入绩效考核体系。

各区人民政府负责在本辖区组织实施本条例。街道办事处负责组织实施本区域内养老服务工作，并指导社区居民委员会和养老服务机构开展养老服务工作。

**第五条** 市民政部门是市养老服务工作主管部门，负责全市养老服务工作的统筹组织、协调、指导和监督管理。

区民政部门负责本行政区域内养老服务工作的组织实施。

市、区人民政府有关部门以及工会、共青团、妇女联合会、残疾人联合会等群团组织应当按照各自职责，协同做好养老服务工作。

**第六条** 市人民政府建立养老服务联席会议制度，统筹协调全市养老服务工作，研究解决养老服务工作重大问题，完善养老服务体系。联席会议由市发展改革、教育、科技创新、工业和信息化、民政、财政、人力资源保障、规划和自然资源、住房建设、卫生健康、国资、市场监管、医疗保障等部门组成。

**第七条** 市人民政府应当按照资源互补、信息互通、协调发展的原则，推动粤港澳大湾区养老服务协同合作，促进区域养老服务一体化高质量发展。

**第八条** 鼓励公民、法人和其他组织以各种形式提供、参与、支持养老服务。

养老服务行业协会、老年人组织、慈善组织、志愿服务组织等社会组织，根据职责或者章程参与养老服务工作。

**第九条** 社会各界应当广泛开展敬老、养老、助老宣传教育，倡导健康养老新理念，营造尊重、关心、帮助老年人的良好风尚。

## 第二章　规划和建设

**第十条**　市规划和自然资源部门应当会同市发展改革、民政等部门结合经济社会发展水平和老年人口结构、分布、公共服务资源、养老服务需求等因素，制定养老服务设施布局专项规划，经市人民政府批准后，纳入控制性详细规划，指导养老服务设施规划建设。

养老服务设施布局专项规划应当明确市、区、街道、社区各级养老服务设施规划标准，并纳入深圳市城市规划标准与准则。社区养老服务设施应当与社区健康、助残等公共服务设施统筹布局、组合设置，实现互补共享。

养老服务设施布局专项规划每五年评估一次，并根据评估结果进行适当调整。

**第十一条**　市规划和自然资源部门应当按照相关规划保障养老服务设施用地需求。

鼓励利用商业、办公、工业、仓储存量房屋以及社区用房等举办养老服务机构。需要办理改变用地主体手续的，按照下列规定处理：

（一）新用地主体为非营利性的，原划拨土地可以继续以划拨方式使用；

（二）新用地主体为营利性的，可以按照新主体、新权利类型、市场价格，以协议方式办理。

养老服务设施用地非经法定程序不得改变用途。确因公共利益需要，经批准改变养老服务建设用地用途、拆除养老服务建设用地之上设施的，应当按照不低于原有面积和标准就近补建或者置换。

**第十二条**　在划拨或者出让建设用地使用权时，应当明确配建养老服务设施的面积、开发投资条件和建设周期，以及建成后交付、运营、管理、监管方式等内容。

养老服务设施用地应当严格按照市国有建设用地使用权出让合同或者市国有建设用地划拨决定书约定条款管理，并依法办理产权登记。

**第十三条**　市、区人民政府应当统筹构建多层次、全覆盖、高效便捷的养老服务网络。各区至少建设一家区级公办养老机构，每个街道至少建设一家综合性养老服务机构，并根据老年人分布情况在社区建设养老服务站点。

公办养老机构应当使用统一标识，同级养老机构应当统一建设管理规范。

**第十四条**　新建或者城市更新项目，应当落实规划确定的配建养老服务设施，并按照相关标准与项目主体同步规划、同步建设、同步验收、同步交付使用。

建成区现有养老服务设施未达到规划设置标准的，区人民政府应当通过购置、置换或者租赁等方式调剂解决。

## 第三章　居家和社区养老服务

**第十五条**　老年人养老以居家养老为基础。依法负有赡养、扶养老年人义务的子女、配偶及其他人员，应当依法履行对老年人经济上供养、生活上照料和精神上慰藉的义务。

**第十六条**　市、区人民政府应当完善居家和社区养老服务体系，推动和支持社会力量，依托社区，按照就近便利、安全优质、价格合理的原则，为老年人提供下列服务：

（一）日间托养、助餐、助浴、助洁、助行、代缴代购等；

（二）居家护理、健康体检、健康管理、医疗康复、安宁疗护等；

（三）关怀访视、心理咨询、情绪疏导等；

（四）教育培训、文化娱乐、体育健身、休闲养生等；

（五）安全指导、应急救助等；

（六）法律咨询、识骗防骗宣传、人民调解、法律援助等。

**第十七条** 市、区民政部门应当会同财政等部门根据养老服务内容，制定社区养老公共服务目录，明确服务种类、性质、内容和费用标准。

**第十八条** 区人民政府应当通过补贴和其他激励措施引导、支持养老服务机构开展家庭养老床位建设，完善居家养老、社区养老、机构养老相互衔接的专业化长期照护服务体系，为中度以上失能老年人居家养老提供专业化照护服务。

**第十九条** 区民政部门应当通过购买服务等方式为失能老年人家庭照护者提供下列服务：

（一）家庭照护服务技能培训；

（二）心理健康咨询和干预服务；

（三）替代老年人家庭照护者为重度失能老年人提供临时或者短期照护。

**第二十条** 老年人家庭进行生活设施无障碍改造，符合有关规定的，可以向社区基层组织提出申请，由街道办事处汇总报送区民政部门审定后，按照下列方式给予资助：

（一）属于中度以上失能老年人家庭的，由区财政给予一定补贴；

（二）属于特困老年人家庭的，由区财政给予全额资助。

前款具体办法由市民政部门会同市财政部门另行制定。

**第二十一条** 民政部门应当建立社区高龄老年人巡访制度，定期对高龄老年人的生活状况进行上门巡访或者电话询访。

**第二十二条** 鼓励医疗机构、养老服务机构、物业服务企业、家政服务企业以及其他社会组织和个人，提供居家和社区养老服务。社区养老服务设施可以委托相关社会组织和专业机构运营管理。

市、区人民政府可以通过公建民营、提供场地、租金补贴等方式支持社会力量举办养老服务机构。

**第二十三条** 区人民政府应当推进老旧住宅区的坡道、公厕、楼梯扶手、电梯等与老年人日常生活密切相关的公共服务设施的无障碍改造。

## 第四章 机构养老服务

**第二十四条** 市、区人民政府应当按照养老服务设施布局专项规划的要求投资建设公办养老机构，为符合条件的老年人提供长期照护服务。

鼓励社会力量举办多层次、多类型养老机构。鼓励社会力量通过受托管理、合资、合作等方式参与或者承接运营政府投资举办的养老机构。

**第二十五条** 养老机构床位设置应当以护理型床位为主。新建公办养老机构，护理型床位应当占总床位的80%以上；已建成的养老机构应当逐步提高护理型床位比例。

**第二十六条** 本市户籍老年人申请入住公办养老机构，有下列情形之一的，市、区民政部门应当保障其在一个月内入住：

（一）特困老年人；

（二）低收入困难家庭的中度以上失能、残疾、高龄老年人；

（三）中度以上失能的抚恤定补优抚对象；

（四）经市、区人民政府认定的对社会作出重大贡献的老年人；

（五）计划生育特殊家庭老年人。

其他本市户籍重度失能老年人申请入住公办养老机构的，市、区民政部门原则上应当保障其在三个月内入住。

公办养老机构床位不足以收住前两款规定老年人的，市、区人民政府可以通过购买民办养老机构床位予以保障。

**第二十七条** 公办养老机构接收本条例第二十六条规定人员的，区分收住对象实行差别收费，对本市户籍特困老年人免收费用；对低收入困难家庭的中度以上失能、残疾、高龄老年人按照居民最低生活保障标准收取费用；对其他符合公办养老机构入住条件的老年人，按照非营利原则扣除政府投入、社会捐赠后的实际成本，实行政府定价或者政府指导价管理。

公建民营养老机构，应当采用招投标等竞争性方式确定运营机构，服务收费项目和标准由运营机构依据委托协议等合理确定，并报民政部门备案。

社会力量举办的养老机构服务收费项目和标准，由经营者自主确定。收费标准应当保持相对稳定，调价周期不得少于一年，并于调整前三十日告知入住老年人及其监护人。市发展改革、民政部门应当依法引导、规范经营者自主定价。

养老机构服务收费项目和标准应当向社会公布并接受监督。

**第二十八条** 养老机构应当与入住老年人或者其监护人订立养老服务合同，依法明确双方的权利和义务。

养老机构服务合同示范文本由市民政部门制定。

**第二十九条** 养老机构应当配备与服务、运营相适应的管理人员和专业技术人员，按照不同护理等级配备规定数量的养老护理人员，按照相关法律、法规的规定和养老服务合同的约定，为入住老年人提供服务。

养老机构及其工作人员应当尊重入住老年人的人格尊严，依法保障老年人的人身权和财产权等合法权益。

鼓励养老机构与托幼机构、学校开展合作，探索代际互助养老模式。

**第三十条** 养老机构暂停或者终止养老服务的，应当妥善安置入住老年人。养老机构应当在暂停或者终止养老服务六十日前，书面告知入住老年人及其监护人，并向社会公告；同时，将入住老年人的安置方案书面告知养老机构所在地的区民政部门。

区民政部门应当督促暂停或者终止服务的养老机构实施安置方案，妥善安置入住老年人，相关安置费用由养老机构承担。区民政部门应当为养老机构妥善安置老年人提供帮助。

**第三十一条** 养老机构购买养老机构责任保险的，市、区人民政府可以给予适当补贴。

## 第五章　医养康养结合

**第三十二条**　市、区人民政府应当统筹推进医疗卫生服务与养老服务融合发展，建立健全医养康养结合机制。

市卫生健康部门应当会同市民政部门整合医疗卫生和养老资源，引导和支持医疗卫生机构与养老服务机构建立医养结合机制，在医疗和照护服务、学科研究、人才培养等方面开展交流合作，为老年人提供住院治疗、康复护理、安宁疗护等服务。

**第三十三条**　市、区人民政府应当推行家庭病床与居家养老相结合。对符合家庭病床建床条件的老年患者，医疗机构可以在其居住场所设立家庭病床并依法提供医疗卫生服务。

市卫生健康部门应当会同市医疗保障等部门完善家庭病床服务规范。

**第三十四条**　社区健康服务机构应当为社区老年人提供下列服务：

（一）建立老年人健康档案，提供疾病预防、健康管理、健康体检、慢性病管理等基本公共卫生服务；

（二）提供常见病和多发病的中西医诊治、合理用药指导和转诊预约等基本医疗服务；

（三）根据家庭医生服务协议和规范，为老年人提供常见病和慢性病医疗、家庭病床、安宁疗护以及护理、康复指导等服务。

**第三十五条**　养老机构可以依法设立卫生室、医务室等医疗机构，也可以与医疗卫生机构签订合作协议，为入住老年人提供医疗卫生服务。

**第三十六条**　医疗卫生机构应当为老年人设置预约就诊、转诊、挂号、缴费、取药等绿色通道或者优先窗口，为老年人就医提供便利。基层医疗联合体的牵头医院应当设置康复医学科、中医科和老年病科。

鼓励医疗机构开设老年医学科，提供康复、护理、安宁疗护服务和养老床位。鼓励基层医疗机构增加康复、护理床位数量。

医疗机构设置的医养结合床位不列入平均住院日统计指标。

**第三十七条**　卫生健康部门应当充分发挥中医药在健康养老中的作用，开展老年人养生、医疗、护理、康复服务，将中医诊疗、中医治未病、中医药保健康复融入健康养老全过程。

**第三十八条**　医疗机构的执业医师和注册护士在履行合约、完成本职工作的前提下，可以到为老年人提供医疗服务的医疗机构多点执业。

**第三十九条**　养老机构内设医疗机构的医护人员与其他医疗机构同类专业技术人员在资格认定、职称评定、继续教育和推荐评估等方面享受同等待遇。

养老机构内设医疗机构的医护人员纳入卫生健康部门管理。

**第四十条**　市人民政府应当统筹推进老年教育，建立和完善市、区、街道、社区各级老年教育网络，实行老年教育资源、课程、师资共享，为老年人学习、社交生活搭建平台。

**第四十一条**　市、区人民政府及相关部门应当加强健康宣传教育，推动老年健身、老年保健、老年疾病防治与康复、心理健康等方面教育活动的开展，预防疾病的发生和发展，提升老年人健康水平。

引导和支持社会力量提供老年教育、旅居养老、老年文化、老年休闲娱乐等方面的服务。

鼓励老年人在自愿和量力的情况下从事传播文化和科技知识、参与科技开发和应用、兴办社会公益事业等社会活动。

## 第六章 保障措施

**第四十二条** 市、区人民政府应当建立与老年人口增长和经济社会发展水平相适应的财政保障机制，将一般公共预算中安排的养老服务资金和用于养老服务的福利彩票公益金统筹用于养老服务体系建设，并建立健全养老服务补助制度和向社会购买养老服务制度。

**第四十三条** 市、区人民政府应当按照有关规定，为老年人提供下列基本养老公共服务：

（一）为本市户籍特困老年人提供基本生活保障、疾病治疗以及照料护理等服务；

（二）为本市户籍低收入等困难家庭老年人提供经济困难补贴、居家养老服务、无障碍改造、巡访关爱等服务；

（三）普惠型的高龄津贴、老年健康管理、老年健康促进、老年文化活动、老年教育、老年人家庭照护者照护技能培训等服务；

（四）老年人生活服务优待、法律援助等服务；

（五）市人民政府规定的其他养老公共服务。

市人民政府应当定期发布基本养老公共服务清单，明确基本养老公共服务项目、服务对象、服务方式、服务标准和责任主体。

**第四十四条** 市人民政府应当建立统一的老年人综合评估制度，科学确定老年人的失能等级、服务类型和照护等级，作为老年人享受相关补贴、长期护理保险待遇、接受居家和社区养老服务、入住养老机构或者医疗机构等的依据。

**第四十五条** 市民政部门应当会同市市场监管等部门制定居家养老、社区养老、机构养老服务的相关地方标准，建立和完善本市养老服务标准体系。

鼓励养老服务机构及其行业协会借鉴发达国家和地区的养老服务标准，制定并实施高于本市地方标准的企业标准、团体标准或者行业标准，提高养老服务水平。

**第四十六条** 市、区人民政府应当统筹推进养老服务人才队伍建设，将养老服务专业人才培养纳入本市人才政策体系，培养和引进优秀养老服务人才，对优秀人才在居住落户、住房保障、子女就学等方面给予优惠政策。

**第四十七条** 市、区人民政府应当将养老服务专业人才培养纳入高等教育、职业教育、继续教育和职业技能培训体系，鼓励和支持高等学校、职业学校、技工学校和培训机构设置老年医学、中医药健康养老、康复、护理、社会工作等养老服务相关专业或者培训项目，在养老服务组织、医疗卫生机构设立教学实习基地，培养养老服务专业人才。

对在养老服务机构连续从事康复护理等养老服务工作达到规定年限的高等学校、职业学校、技工学校毕业生，民政部门可以给予适当奖励或者补贴。

**第四十八条** 民政、人力资源社会保障、卫生健康等部门应当建立养老服务实训基地，加强养老服务从业人员技能培训和鉴定工作。

鼓励养老服务组织、医疗卫生机构等对养老护理人员进行免费职业技能培训。养老服务机构应当定期组织工作人员进行职业道德教育和职业技能培训。养老服务机构工作人员应当参加职业道德教育和职业技能培训。

**第四十九条** 市人民政府应当统筹发展机构护理、社区和居家护理以及其他多种形式的全方位、全周期的护理服务。

养老服务机构提供养老护理、康复护理、安宁疗护等服务的，应当由经过护理职业技能培训合格的养老护理人员提供。具体办法由市民政部门会同有关部门另行制定。

**第五十条** 建立养老服务专员制度。区人民政府应当通过购买服务方式配置养老服务专员，主要负责社区老年人信息登记、需求调查、巡访、政策宣传等相关工作。养老服务专员调查、登记老年人基本信息时，应当保护老年人个人隐私和其他合法权益。

**第五十一条** 建立长期护理保险制度。市人民政府应当遵循广覆盖、保基本、多层次、可持续的原则，构建以长期护理保险为基础，社会救助、社会福利、慈善事业、商业保险为补充的多层次照护保障体系，为失能人员提供长期照护服务保障。

**第五十二条** 用人单位职工和年满十八周岁且未在校就读的非在职人员，已参加本市基本医疗保险的，应当参加长期护理保险。

**第五十三条** 长期护理保险费以本市上年度在岗职工月平均工资为基数，按照0.1%的比例逐月缴交。参保人为职工的，由用人单位和个人各按照50%比例缴费；参保人为退休人员、居民及其他人员的，由个人缴费；困难人群缴费由财政给予补助。

市人民政府可以根据本市经济社会发展水平、长期护理保险基金收支结余情况等因素适时调整长期护理保险缴费标准，报市人民代表大会常务委员会备案。

**第五十四条** 长期护理保险待遇按照参保人照护评定等级、服务提供方式、累计参加长期护理保险的年限等确定。

**第五十五条** 长期护理保险基金应当用于支付长期护理保险待遇、照护等级评定费用以及市人民政府规定的其他费用。

属于基本医疗保险、工伤保险等其他社会保险基金支付的费用以及应当由第三方依法承担的照护费用，长期护理保险基金不予支付。

**第五十六条** 经本市长期护理保险失能照护等级评定委员会评定达到规定照护等级的参保人，按照规定享受长期护理保险待遇。

长期护理保险失能照护等级评定委员会由市医疗保障、民政、财政、人力资源保障、卫生健康等部门以及残疾人联合会等群团组织的代表组成。

失能人员照护等级评定标准由市医疗保障部门会同市民政、卫生健康等部门制定。

**第五十七条** 鼓励和支持商业保险机构开发与长期护理保险相互衔接的长期护理商业保险产品，满足失能人员多层次照护需求。

**第五十八条** 市、区人民政府应当完善高龄老年人补助制度，并根据社会经济发展水平进行动态调整。

区人民政府应当为符合条件的本市户籍老年人购买意外伤害险。

**第五十九条** 社会力量举办的公益性养老机构、医养结合机构与政府设立的养老机构、医养结合机构享受相同的土地使用政策，可以依法使用国有划拨土地或者集体所有的土地。

养老服务机构按照国家、广东省有关规定享受税收优惠政策和行政性收费减免政策；经民政部门认定的养老服务机构，用水、用电、用气按照居民生活类价格标准收费。

**第六十条** 市、区人民政府及其有关部门应当制定和完善相关政策，推动科技智慧养老产业发展，扶持、引导、鼓励科研机构和企业依托人工智能、物联网、云计算、大数据等新一代技术开展适合老年人的产品和养老服务研发，促进科技成果转化。

鼓励养老服务机构、家庭、个人使用适合老年人的科技产品，提高老年人照护质量。

**第六十一条** 市民政部门应当建立智慧养老服务平台，整合养老服务信息资源，建立健全养老服务信息共享机制，推进养老服务数据互联互通，开展各项养老政务经办、公共服务、分析决策，实现养老事务一站式办理，推进养老服务与管理的智慧化应用，为老年人提供高效、便捷的养老服务。

鼓励社会力量接入智慧养老服务平台，为老年人提供生活呼叫、远程照护、居家安全监测等服务。

民政部门应当按照相关规定为高龄、独居及其他有特殊需要的老年人配备紧急呼叫设备，与智慧养老服务平台相连接，为其提供无线定位、安全监测、实时求助等服务。

**第六十二条** 与老年人日常生活密切相关的各类服务机构应当为老年人办理相关业务设置专属通道，保留现场服务、现金支付服务等方式，并为因无法前往现场办理业务的失能老年人提供上门服务。

**第六十三条** 鼓励企业事业单位及其他组织和个人以捐赠、捐助、提供志愿服务等方式支持养老服务事业。

鼓励低龄、健康老年人为高龄、失能老年人提供志愿服务。

**第六十四条** 市民政部门应当指导和协助市义工联合会建立养老志愿服务时间储蓄制度，通过智慧养老服务平台，发布服务对象需求、储存和转移志愿者服务时间、评价志愿服务等信息。

志愿者或者其直系亲属进入老龄后，可以将志愿者储存的养老志愿服务时间兑换同等时长的养老服务。

**第六十五条** 支持公益慈善力量参与扶老助老服务，培育发展扶老助老慈善组织，建立慈善扶老助老服务网络，为独居、空巢、失能老年人提供物质、精神、健康、文化等方面的关爱服务，营造良好的敬老、助老社会氛围。

**第六十六条** 探索建立异地养老模式。本市户籍老年人在异地养老的，可以按照有关规定享受在本市养老的相关待遇。

支持本市养老服务机构与异地养老服务机构合作，为本市老年人在异地养老提供相关服务。

**第六十七条** 市、区民政部门以及社区居民委员会应当依法为无民事行为能力或者限制民事行为能力的老年人提供监护人指定等方面的协助，并依法履行临时监护、公职监护等职责。

## 第七章　监督管理

**第六十八条**　市民政部门应当建立全市统一的养老服务质量考核制度和评价制度。

市民政部门应当组织对政府举办的养老服务机构的人员配备、设施设备条件、管理水平、服务质量、服务对象满意度、社会信誉等进行综合考核，考核结果向社会公开。

区民政部门应当组织对本区域内社会举办养老服务机构的人员配备、设施设备条件、管理水平、服务质量、服务对象满意度、社会信誉等进行综合评价，评价结果向社会公开，并将评价结果作为政府购买服务、发放建设和运营补贴的重要依据。

市、区民政部门可以委托专业机构承担具体考核、评价工作。

**第六十九条**　市民政部门应当建立养老服务信用评价体系，依法记录和归集养老服务机构及其从业人员的信用信息，实现与全国信用信息共享平台的信息交换和共享。

市民政部门可以委托信用评级机构对养老服务机构进行信用评级。

**第七十条**　市民政部门应当建立养老服务举报投诉机制，公布举报电话、信箱、电子邮箱等，受理有关养老服务的投诉和举报。

市、区民政部门应当在接到举报、投诉之日起的十个工作日内核实处理，并将结果告知投诉人、举报人。

**第七十一条**　市场监管部门应当依照职责对养老服务广告、食品药品、价格等进行监督管理，维护市场秩序和老年人合法权益。

负有消防、安全生产等监管职责的部门应当按照责任分工，依法履行监管职责。

市医疗保障部门负责本市长期护理保险基金的监督管理。

**第七十二条**　民政、卫生健康、市场监管等部门应当加强对面向老年人提供的保健产品、金融产品和服务的监管。

从事养老服务的机构和人员不得向养老服务对象及其家属推销保健产品、金融产品或者服务，不得为其他经营主体的推销活动提供支持。

**第七十三条**　市民政部门应当会同市卫生健康、医疗保障等部门加强养老服务统计工作，准确反映养老服务发展状况，及时掌握养老服务业发展的总体规模、行业结构、服务质量、经济社会效益等基础数据。

**第七十四条**　支持养老服务机构及其从业人员建立养老服务行业协会，开展服务质量评估、服务行为监督、养老服务机构等级评估、第三方认证等活动，加强行业自律和诚信建设。

## 第八章　法律责任

**第七十五条**　违反本条例第十一条第三款规定，未经法定程序改变养老服务设施建设用地用途的，由规划土地监察机构责令限期改正，处擅自改变用途的土地每平方米五十元以上两百元以下罚款；逾期不改正的，无偿收回土地。

**第七十六条**　违反本条例第十四条规定，未按照规定配套建设社区养老服务设施的，由规划土地监察机构按照职责责令限期改正；逾期不配建的，不予规划核实，并处养老服务设施建设工程造价百分之十以上百分之二十以下罚款。

**第七十七条** 未经批准擅自改变政府投资或者资助建设的养老服务设施用途的，由区民政部门责令限期改正，有违法所得的，没收违法所得；逾期不改正的，处十万元以上三十万元以下罚款；情节严重的，处三十万元以上六十万元以下罚款，依法取消相应投标资格并予以公告。

擅自拆除政府投资或者资助建设的养老服务设施的，由区民政部门责令恢复原状，处养老服务设施工程造价百分之五以上百分之十以下罚款；逾期未恢复原状的，处养老服务设施工程重建造价两倍的罚款。

**第七十八条** 违反本条例第三十条第一款规定，养老服务机构暂停或终止养老服务未妥善安置入住老年人的，由区民政部门责令限期改正；逾期不改正的，处十万元以上五十万元以下罚款。

**第七十九条** 违反本条例第七十二条第二款规定，从事养老服务的机构和人员向养老服务对象及其家属推销保健产品、金融产品或者服务，或者为其他经营主体的推销活动提供支持的，由市场监管部门依法没收违法所得，销售金额不足一万元的，并处三万元罚款；销售金额在一万元以上的，并处销售金额三倍罚款；构成犯罪的，依法追究刑事责任。

**第八十条** 养老服务机构或者个人骗取补贴、补助、奖励的，由区民政部门责令退回，并处骗取补贴、补助、奖励数额三倍的罚款；构成犯罪的，依法追究刑事责任。

**第八十一条** 以欺诈、伪造证明材料或者其他手段骗取长期护理保险基金支出或者长期护理保险待遇的，由市医疗保障部门责令退回，并处骗取金额二倍以上五倍以下罚款；构成犯罪的，依法追究刑事责任。

**第八十二条** 有违反本条例规定的行为，本条例未规定处罚的，依照有关法律、法规的规定给予处罚。

## 第九章　附　则

**第八十三条** 本条例下列用语的含义：

（一）养老服务，是指在家庭成员承担赡养、扶养义务的基础上，由政府的基本公共服务、企业的市场化服务、社会组织的公益性和互助性服务共同组成的为老年人养老提供的社会化服务，包括居家、社区、机构养老服务等。

（二）基本养老公共服务，是指市、区人民政府根据本辖区养老服务需求、经济社会发展水平、政府保障能力等，为老年人提供的普惠、公平养老服务，主要包括国家、广东省规定的基本养老公共服务和本市增补养老公共服务。

（三）社区养老服务，是指以社区为依托，由政府提供基本公共服务，企业和社会组织提供专业化服务，基层群众性自治组织和志愿者提供公益和互助服务，为社区居住在家的老年人提供的养老服务。

（四）养老服务机构，是指为老年人提供生活起居、餐饮膳食、照料护理、康复训练、文体娱乐、医疗保健等服务的机构，包括养老机构、社区养老服务机构，以及经营范围和组织章程中包含养老服务内容的其他企业、事业单位和社会组织。

（五）养老机构，是指依法登记，为老年人提供全日集中住宿和照料护理服务，床位数在十张以上的机构。

（六）养老服务设施，是指专门为老年人提供居住托养、生活照料、康复护理、文体娱乐等服务的房屋和场地设施。

（七）特困老年人，是指无劳动能力、无生活来源、无赡养人和扶养人，或者其赡养人和扶养人确无赡养扶养能力的老年人。

（八）失能老年人，是指经评估确认的生活不能自理或者不能完全自理的老年人，其中包含失智老年人。

（九）计划生育特殊家庭，是指在国家提倡一对夫妻生育一个子女期间，终身只生育一个子女且没有收养子女或者终身没有生育只依法收养一个子女的家庭，其独生子女为三级以上残疾或者死亡、未再生育或者未收养子女的家庭。

**第八十四条** 本条例自 2021 年 3 月 1 日起施行。本条例规定的长期护理保险费自 2021 年 10 月 1 日起征缴，具体办法由市人民政府另行制定。

# 南京市养老服务条例

（2019年12月27日南京市第十六届人民代表大会常务委员会第19次会议通过　2020年1月9日江苏省第十三届人民代表大会常务委员会第13次会议批准）

## 第一章　总　则

**第一条**　为了应对人口老龄化，规范养老服务工作，提升养老服务质量，保障老年人合法权益，根据《中华人民共和国老年人权益保障法》《江苏省养老服务条例》等法律、法规，结合本市实际，制定本条例。

**第二条**　本市行政区域内养老服务及其监督管理工作，适用本条例。

本条例所称养老服务，是指在家庭成员承担赡养、扶养义务的基础上，由政府和社会为老年人提供的生活照料、家政服务、健康管理、康复护理、精神慰藉、文体娱乐以及紧急救援等服务。

**第三条**　养老服务应当坚持政府主导、社会参与、市场运作、统筹发展、保障基本、适度普惠的原则，构建居家为基础、社区为依托、机构充分发展、医养有机结合的养老服务体系。

**第四条**　市、区人民政府和江北新区管理机构应当将养老服务工作纳入国民经济和社会发展规划，建立与经济社会发展水平、人口老龄化和养老服务需求相适应的经费保障机制，所需经费列入同级财政预算。

建立市人民政府分管负责人牵头的养老服务联席会议机制，统筹协调养老服务工作，积极推动各行政主管部门信息共享与协作，定期分析养老服务发展状况，解决养老服务工作中的重要事项。养老服务联席会议办公室设在民政行政主管部门。

镇人民政府、街道办事处负责组织实施本区域内养老服务相关工作，指导村民委员会、居民委员会和养老服务组织开展养老服务相关工作。

**第五条**　民政行政主管部门负责养老服务工作的统筹组织、督促指导和监督管理。

卫生健康行政主管部门负责建立和完善老年健康服务体系，承担老年健康工作。

发展和改革、教育、公安、财政、人力资源和社会保障、规划和自然资源、城乡建设、住房保障和房产、交通运输、退役军人事务、应急管理、消防救援、审计、市场监管、政务数据、统计、医疗保障、金融监管等行政主管部门和单位按照各自职责，协同做好养老服务相关工作。

工会、共青团、妇联、残联、红十字会、科协等人民团体发挥各自优势，参与相关养老服务工作。

**第六条** 老年人的子女以及其他依法负有赡养、扶养义务的人员，应当履行经济供养、生活照料、健康关心和精神慰藉等义务，照顾老年人的特殊需要。

**第七条** 市、区人民政府和江北新区管理机构应当充分调动社会力量参与养老服务，采取政府和社会资本合作、公建民营等方式，推动养老服务业发展。

鼓励公民、法人和其他组织以各种形式提供、参与或者支持养老服务。

养老服务行业协会、老年人组织、慈善组织、志愿服务组织等社会组织，根据职责或者章程参与养老服务工作。

广播、电视、报刊、网络等新闻媒体应当广泛开展尊重、关心、帮助老年人的宣传教育活动，营造养老、孝老、敬老的社会氛围。

**第八条** 市、区人民政府和江北新区管理机构应当按照资源互补、信息互通、市场共享、协调发展的原则，开展长三角和南京都市圈区域养老协同合作，实现区域养老服务一体化高质量发展。

**第九条** 本市建立智慧养老服务平台，整合养老服务资源信息，推进养老服务数据标准化和规范应用，实现养老服务信息与户籍、医疗、社会保险、社会救助等信息跨区跨部门互通共享，为老年人提供高效、便捷的养老服务。

民政行政主管部门应当牵头做好辖区内智慧养老服务平台信息采集和录入工作，引导养老服务组织将有关信息与智慧养老服务平台对接。

智慧养老服务平台的资源信息应当依法向社会公开，接受社会查询。

**第十条** 市、区人民政府和江北新区管理机构应当对在养老服务工作中作出显著成绩的单位、家庭和个人给予表彰或者奖励。

## 第二章 规划和建设

**第十一条** 市民政行政主管部门应当会同市规划和自然资源行政主管部门，根据本市经济社会发展水平、人口老龄化发展趋势、老年人口分布和养老服务需求等状况，按照人均用地不少于零点二平方米的标准，编制本市养老服务设施布局专项规划，报市人民政府批准后组织实施。

养老服务设施布局专项规划应当符合国民经济和社会发展规划、国土空间规划、基本公共服务体系建设规划以及养老服务发展规划，明确养老院、社区居家养老服务中心（站）、老年人日间照料中心等养老服务设施的建设标准和规划指引。

养老服务设施布局专项规划主要内容应当纳入详细规划。

**第十二条** 区人民政府和江北新区管理机构应当根据本市养老服务设施布局专项规划，编制养老服务设施建设计划并组织实施。养老服务设施建设计划应当报市民政行政主管部门备案。

**第十三条** 养老服务设施应当符合相关公共设施配套标准和设计规范，满足无障碍设施建设、环境保护、消防安全、卫生防疫、食品安全、绿色建筑等要求，优先设置于建筑物底层，并设置独立的出入口，配有室外活动场地和公共绿地。

**第十四条** 新建住宅项目应当按照每百户不少于三十平方米的标准配套建设养老服务

用房。新建住宅区的养老服务用房等设施，与住宅项目同步规划、同步建设、同步验收、同步交付使用。住宅项目分期建设的，养老服务设施应当于首期配套建成，并与住宅主体建筑工程同步或者先行规划核实。未按照规划标准配套建设养老服务设施的，不予规划核实。

规划和自然资源行政主管部门应当将配套养老服务设施的建设要求和产权归属在土地出让合同中予以明确。土地出让合同约定产权属于民政行政主管部门的，建成后无偿移交给养老服务设施所在地民政行政主管部门。养老服务用房由所在地民政行政主管部门依法办理不动产权属转移登记并履行监管职责，确保养老服务用途。

已建成住宅项目无养老服务设施或者养老服务设施未达到规划要求和建设标准的，所在地区人民政府和江北新区管理机构应当按照每百户不少于十五平方米的标准，通过新建、改建、购买、置换、租赁等方式配置。

**第十五条** 区人民政府和江北新区管理机构可以通过购买、置换、租赁等方式，利用本行政区域内适合的厂房、学校、商业设施等场所，改造为养老服务设施。国家机关、人民团体和事业单位的存量服务用房，优先改造为养老服务设施。

鼓励集体经济组织、村民委员会或者村民小组利用闲置的厂房、村办学校、公共设施、集体用房等，设置或者改造为养老服务设施。

利用现有闲置厂房、社区用房、城市经济型酒店、办公用房等房产，以及集体用房等集体建设用地场所设置养老服务设施的，在市人民政府规定的过渡期内可以暂不改变房产性质，按照规定申办消防设计审核、验收或者备案手续。

**第十六条** 养老服务设施竣工后，建设单位应当依法组织联合验收和竣工验收备案。新建住宅项目配套建设的养老服务设施联合查验应当通知民政行政主管部门参加。符合建设标准的，民政行政主管部门应当接收。

未达到规划要求和建设标准或者拒不移交养老服务设施的，由规划和自然资源、城乡建设、民政等行政主管部门按照职责责令限期整改，未按照要求整改的，建设单位不得组织竣工验收。

**第十七条** 市、区人民政府和江北新区管理机构应当推动道路、公共建筑、公共交通设施、公共交通工具、住宅区无障碍设施的建设和改造。

区人民政府和江北新区管理机构应当结合老旧住宅区出新整治工程，对已建成住宅区公共出入口、坡道、走道、楼梯、电梯、厕所等服务设施进行适老化无障碍改造。优先支持老年人居住比例高的多层住宅加装电梯。

支持老年人家庭日常生活设施适老化无障碍改造，城乡建设、民政行政主管部门应当给予指导。符合条件的失智、失能和半失能老年人家庭进行适老化无障碍改造的，按照相关规定享受财政补贴。

**第十八条** 区人民政府和江北新区管理机构应当加快农村敬老院设施改造，设置护理型床位，开设失智、失能老年人照护单元。鼓励农村敬老院延伸服务范围，拓展日间照料、助餐助急、培训指导等综合性养老服务，逐步向区域性养老服务中心转型。

**第十九条** 任何单位和个人不得擅自改变养老服务设施建设用地用途或者养老服务设施用途，不得侵占、损害或者擅自拆除养老服务设施。

因公共利益需要，经批准改变养老服务设施建设用地用途、养老服务设施用途或者拆除养老服务设施的，应当按照不低于原有规模和标准就近补建或者置换。养老服务设施建设期间，应当安排过渡用房，满足老年人养老服务需求。

## 第三章　居家和社区养老服务

**第二十条**　市、区人民政府和江北新区管理机构应当完善社区养老服务政策和基本公共服务，推动和支持社会力量，依托社区，按照就近便利、安全优质、价格合理的原则，为老年人提供居家养老服务。

镇人民政府、街道办事处应当根据需要，建设具备全托、日托、上门服务、对下指导等综合功能的养老服务机构，在社区层面建立嵌入式养老服务机构，为老年人提供生活照料、助餐助行、精神慰藉、紧急救援等服务。

**第二十一条**　鼓励用人单位在老年人患病住院治疗期间，给予其子女以及其他依法负有赡养、扶养义务的人员一定时间的护理照料假，支持其进行护理照料。

**第二十二条**　设立居家养老服务中心（站）、老年人日间照料中心等居家和社区养老服务组织，应当依法向市场监管或者民政行政主管部门办理登记手续，并按照相关规定享受优惠扶持政策。

推进老年人居家养老服务市场化、社会化，鼓励家政、物业、物流、商贸等企业为老年人提供形式多样的居家养老服务。

鼓励国家机关、人民团体和企业事业单位开放所属场所，为邻近社区的老年人提供就餐、文化、娱乐、健身等服务。

**第二十三条**　居家养老服务包括下列内容：

（一）助餐、助浴、助行、助洁、助购、助医、助急等生活照料服务；

（二）健康管理、家庭护理等健康服务；

（三）关爱探访、生活陪伴、临终关怀等精神慰藉服务；

（四）安全监测、紧急救援等安全服务；

（五）文体娱乐、教育培训等文化服务。

智慧养老服务平台应当定期发布和更新养老服务组织信息，为老年人提供政策咨询、信息查询、助餐助浴、紧急救援、家政预约、代缴代购、辅助出行等养老服务。

**第二十四条**　市、区人民政府和江北新区管理机构向具有本市户籍并居住在本市的老年人按照下列规定提供养老服务：

（一）已参加基本医疗保险的六十周岁以上老年人享有定期免费体检；

（二）六十周岁以上老年人享有政府提供的意外伤害保险；

（三）八十周岁以上老年人享有高龄津贴；

（四）八十周岁以上老年人，每户每月享受一定时间的免费生活照料服务；

（五）属于政府养老扶助对象的老年人，半失能的每户每月享受不少于三十六小时，失智、失能的每户每月享受不少于四十八小时免费生活照料服务；

（六）国家、省和市规定的其他养老服务。

具体办法由市民政行政主管部门会同市财政行政主管部门另行制定并公布。

**第二十五条** 居家和社区养老服务组织应当配备与服务项目相适应的设施设备、场所和工作人员；制定服务细则，明确服务项目、服务内容以及收费标准等，并在显著位置公示，接受相关行政主管部门、服务对象和社会公众监督。

**第二十六条** 建立健全居家养老的扶持政策。对长期需要由家属居家照护的失智、失能老年人，所在地民政行政主管部门通过政府购买服务的方式，安排老年人短期入住养老机构，或者由养老服务组织上门提供临时或者短期照护服务。

**第二十七条** 鼓励养老服务组织按照养老机构服务内容和标准，在失智、失能、半失能老年人家中，设置家庭照护床位，安装必要的呼叫应答、信息传输和服务监控等设备，提供全天二十四小时规范化、专业化养老服务。家庭照护床位与养老机构院内床位享受同等综合运营补贴政策。具体办法由市民政行政主管部门会同市财政行政主管部门另行制定并公布。

**第二十八条** 建立社区重点独居老年人定期巡访制度。区人民政府和江北新区管理机构应当自行组织或者委托养老服务组织采取上门探视、电话询问等方式，定期对重点独居老年人的生活状况进行巡访。

区人民政府和江北新区管理机构民政行政主管部门应当按照相关规定为孤寡、独居、高龄等老年人配备紧急呼叫终端，与智慧养老服务平台相连接，为其提供无线定位、安全监测、实时求助、紧急救援等服务。

## 第四章 机构养老服务

**第二十九条** 市、区人民政府和江北新区管理机构应当有计划、分层次、分类别推动养老机构充分发展，引导养老机构根据自身定位合理延伸服务范围。

鼓励支持社会组织、企业和个人以独资、合资、合作等方式兴办养老机构。

鼓励社会力量通过委托管理、合资、合作等方式参与或者承接运营政府投资举办的养老机构。

**第三十条** 设立公益性养老机构，应当依法向民政行政主管部门备案，符合民办非企业单位条件的，向民政行政主管部门办理登记手续；经批准设立为事业单位的，向事业单位登记管理机关办理登记手续。经营性养老机构在市场监管行政主管部门办理登记手续后，应当向同级民政行政主管部门备案。

公益性养老机构可以在其登记机关管辖区域内设立多个不具备法人资格的服务网点。对已经取得营业执照的养老机构在本市开展经营活动的，不得强制其设立子公司。

**第三十一条** 政府投资举办的养老机构应当保障无劳动能力、无生活来源又无法定赡养、扶养义务人或者其法定赡养、扶养义务人无赡养、扶养能力的老年人养老服务需求。

最低生活保障家庭、最低生活保障边缘家庭中的失智、失能、高龄、独居、重度残疾的老年人和计划生育特殊家庭、优抚对象、劳动模范等老年人，申请入住政府投资举办或者公建民营养老机构的，应当优先收住。

**第三十二条** 养老机构应当参照国家统一的养老机构服务合同示范文本，与收住老年人或者其代理人签订服务合同，明确各方权利和义务。养老机构应当按照相关强制性标准和服务合同约定，为收住老年人提供集中食宿、生活照料、文体娱乐、康复护理、精神慰藉等服务。

**第三十三条** 养老机构应当根据本市老年人照料护理等级评估标准，对收住老年人的身体状况进行评估，确定照料护理等级，经本人或者其代理人确认后，在服务合同中予以载明。

老年人身体状况发生变化需要变更照料护理等级的，养老机构应当重新进行评估，经本人或者其代理人确认后，变更服务合同相关内容。

养老机构、老年人或者其代理人可以共同委托第三方专业机构实施照料护理等级评估。

**第三十四条** 养老机构应当配备与服务、运营相适应的管理人员和专业技术人员，按照照料护理等级配备相应的护理人员。

养老机构及其从业人员应当尊重收住老年人的人格尊严，不得歧视、侮辱、虐待、遗弃老年人。

**第三十五条** 养老机构应当加强安全生产管理，承担安全生产主体责任，履行下列安全生产职责：

（一）建立消防、安全值守、设施设备、食品药品、卫生消毒等安全生产管理制度；

（二）依法明确安全生产负责人，配备安全生产管理人员。确定一名消防安全工作专业人员为消防安全管理人，明确消防工作管理机构，配备专职或者兼职消防管理人员，建立微型消防站等志愿消防组织；

（三）按照国家、行业标准配置消防设施、器材和标识，以及监控设备、卫生消毒器具等安全防护设施，并定期维护保养；

（四）制定突发事件应急预案、专门疏散预案和灭火预案，至少每半年组织开展一次应急演练、对从业人员开展一次消防安全培训；

（五）实行全天二十四小时值守和每日巡查，定期对养老服务设施和服务开展安全检查，及时整改并消除安全隐患；

（六）法律、法规规定的其他安全生产职责。

**第三十六条** 政府投资举办的养老机构床位费和护理费，由发展和改革、医疗保障行政主管部门会同民政行政主管部门按照职责依法核定；政府投资建设由社会力量运营的养老机构服务收费项目和标准，由运营方依据委托协议合理确定。

社会力量设立的养老机构服务收费项目和标准，由经营者自主确定。收费标准应当保持相对稳定，调价周期不得少于一年，并于调整前四十五日告知收住老年人及其代理人。发展和改革、民政行政主管部门应当依法合理引导、规范经营者自主定价。

养老机构收费项目和标准应当向社会公布并接受监督。

**第三十七条** 养老机构不得以还本付息、给付回报或者约定回购等方式，诱导社会公众购买养老服务产品、养老公寓、预售卡、优惠卡，或者投资养老服务项目。

**第三十八条** 养老机构暂停或者终止服务的，应当提前六十日书面告知收住老年人及其代理人，向社会公告，并向所在地民政行政主管部门提交老年人安置方案，经批准后方可实施。民政行政主管部门应当在接到安置方案之日起二十日内作出是否批准的决定。

养老机构所在地民政行政主管部门应当督促养老机构实施安置方案，妥善安置收住老年人。

## 第五章　医养结合

**第三十九条**　本市推动医疗卫生与养老服务融合发展，逐步形成覆盖城乡、规模适宜、功能合理、综合连续的医养结合服务网络，为老年人提供多样化、多层次的医疗和康复服务。

卫生健康行政主管部门应当会同民政行政主管部门整合医疗、康复护理和养老资源，引导和支持医疗机构与养老服务组织建立医养联合体，在医疗和照护服务、医养学科研究、人才培养等方面开展交流合作，建立多点执业绿色通道，支持符合条件的执业医师和注册护士到养老机构设立的医疗机构执业，为老年人提供住院治疗、康复护理、生活照料、心理健康干预以及临终关怀等服务。

**第四十条**　民政和卫生健康等行政主管部门应当推动养老机构引进医疗资源，支持有条件的养老机构设立医疗机构或者与医疗机构建立合作机制。

养老机构可以按照国家医养结合机构审批登记相关规定向卫生健康行政主管部门申请设立三级以下医疗机构；符合条件的，卫生健康行政主管部门应当依法审核审批。养老机构设立的医疗机构，应当遵守现行医药价格政策。

养老机构内部设置诊所、卫生所（室）、医务室或者护理站的，应当按照国家医养结合机构审批登记相关规定向卫生健康行政主管部门备案，符合条件的纳入基本医疗保险定点范围。

**第四十一条**　本市医疗机构应当开通预约就诊、转诊绿色通道，为老年人提供高效、便捷的康复护理、卫生保健等服务。鼓励医疗机构开设老年病科，做好老年慢性病防治和康复护理等相关工作。

三甲医院应当设置专门窗口或者优先窗口，为八十周岁以上老年人提供挂号、就诊、转诊、取药、收费、综合诊疗等就医便利服务。

医疗机构设立养老机构的，应当依法向民政行政主管部门备案，并向其登记机关办理变更登记手续。符合条件的，享受养老机构相关建设补贴、运营补贴和其他养老服务扶持政策。

**第四十二条**　卫生健康行政主管部门应当完善基层医疗服务网络，支持综合医院、中医院等各类医院与基层医疗机构建立合作关系，指导、督促和激励基层医疗机构为老年人提供下列服务：

（一）建立老年人健康档案，提供健康管理、慢性病管理等基本公共卫生服务；

（二）提供常见病、慢性病和多发病的医疗、护理、康复等服务，优先就诊、合理用药指导和预约转诊等基本医疗服务；

（三）建立和完善家庭医生签约制度，为患常见病、慢性病等疾病的老年人开展跟踪防治服务，为行动不便的老年人提供上门巡诊服务；

（四）根据需要与社区居家养老服务中心（站）、老年人日间照料中心等合作，为老年人提供医疗卫生服务。

卫生健康和医疗保障等行政主管部门应当健全药品配送渠道，保障基层医疗卫生机构药品配备，满足老年人常见病、慢性病和多发病的用药需求。

**第四十三条**　本市逐步推进长期护理保险制度，为需要长期护理的失智、失能老年人提供基本护理保障。

长期护理保险实施方案由市医疗保障行政主管部门会同市卫生健康、民政等行政主管部门制订，报市人民政府批准后组织实施。

## 第六章　扶持保障

**第四十四条**　市、区人民政府和江北新区管理机构应当加大对养老服务的财政投入，市、区两级用于社会福利事业的彩票公益金应当按照不低于百分之五十五的比例用于支持发展养老服务。

**第四十五条**　市、区人民政府和江北新区管理机构应当根据本市养老服务设施布局专项规划和建设计划，将养老服务设施用地纳入国土空间规划、土地利用年度计划和国有建设用地供应计划。

公益性养老机构建设用地优先纳入年度土地供应计划，可以采取划拨方式供地；符合农村集体建设用地流转规定的，使用农村集体建设用地。利用闲置厂房、学校、社区用房等设施设立公益性养老机构的，按照相关规定享受用地优惠政策。

经营性养老机构建设用地，按照国家规定，采取租赁、出让等方式，优先供地。

再开发的城镇低效用地、农村集体建设用地，优先用于养老服务设施建设。

**第四十六条**　市、区人民政府和江北新区管理机构应当推动金融机构为符合条件的养老服务项目提供金融服务，加大养老服务业信贷支持，依法适当放宽对符合信贷条件老年人申请贷款的年龄限制；鼓励保险资金投资养老服务领域。

市、区人民政府和江北新区管理机构应当支持养老机构拓展融资渠道，鼓励社会力量通过建立基金、发行债券等方式筹集资金，购买、建设和改造养老服务设施。

**第四十七条**　养老服务组织按照相关规定享受税收优惠。公益性养老机构免征市、区征收的有关行政事业性收费、基础设施配套费；经营性养老机构市、区征收的有关行政事业性收费和基础设施配套费减半征收。

**第四十八条**　市、区人民政府和江北新区管理机构应当建立健全政府购买养老服务制度，将生活照料、家政服务、康复护理、医疗保健、精神慰藉、家庭无障碍改造等服务纳入政府购买服务指导性目录，并适时调整。

政府购买服务对象应当综合老年人经济条件、身体状况、年龄等因素确定，优先将政府养老扶助对象纳入政府购买服务范围。

**第四十九条**　本市建立养老服务顾问制度。区人民政府和江北新区管理机构可以通过政府购买服务等方式，按照常住老年人口的一定比例配备专职或者兼职养老服务顾问，为老年人及其家庭提供养老政策、养老方案、康复护理等方面咨询和指导服务。

**第五十条**　市、区人民政府和江北新区管理机构应当建立健全养老服务财政补贴制度，促进养老服务业可持续发展。

养老服务组织和个人按照相关规定享受下列补贴：

（一）本市户籍老年人享受养老服务补贴，符合条件的政府养老扶助对象入住养老机构的享受入住补贴；

（二）养老机构享受床位建设、综合运营、电梯安装、医疗机构设置补贴；

（三）居家和社区养老服务组织享受运营补贴；

（四）养老服务组织从业人员享受入职补贴和岗位津贴；

（五）法律、法规和国家、省、市规定的其他补贴。

**第五十一条** 教育、民政、财政、人力资源和社会保障、卫生健康等行政主管部门应当建立健全养老服务专业人才教育培训体系，支持高等学校、职业院校（含技工学校）和培训机构开设老年医学、康复护理等相关专业或者课程；支持职业院校（含技工学校）建设养老服务实训基地，在养老服务组织、医疗机构设立教学实习基地。

鼓励医疗机构为养老机构的相关专业技术人员提供技术指导，并为其在医疗机构进修培训提供便利。

**第五十二条** 民政行政主管部门应当会同人力资源和社会保障行政主管部门建立健全养老护理从业人员职业技能标准化培训体系。

养老服务组织应当定期组织从业人员开展职业道德教育和职业技能培训。

**第五十三条** 市、区人民政府和江北新区管理机构应当建立健全养老服务从业人员激励保障体系，促进其劳动报酬合理增长，维护养老服务从业人员合法权益。

民政行政主管部门应当会同人力资源和社会保障行政主管部门在养老服务组织中开发养老服务岗位，广泛吸纳养老服务专业人才、专业社会工作者从事养老服务工作。

**第五十四条** 养老服务组织聘用的执业医师、注册护士和医技人员等专业技术人员，在职业资格、注册考核、职称评定以及职业技能鉴定等方面享受与其他医疗机构内执业的同类专业技术人员同等待遇。

**第五十五条** 新建住宅项目配套建设的养老服务设施和社区办公服务用房调整为养老服务设施的，应当提供给公益性养老服务组织运营，并预留一定比例的特困老年人床位。

**第五十六条** 本市建立养老志愿服务时间储蓄制度。市民政行政主管部门应当会同市政务数据管理行政主管部门建立养老志愿服务时间储蓄信息管理平台，发布服务对象需求、预存和转移志愿者服务时间、评价志愿服务等。

志愿者或者其直系亲属进入老龄后，可以将志愿者预存的养老志愿服务时间兑换同等时长的养老服务。

养老志愿服务时间储蓄的具体办法由市人民政府另行制定。

## 第七章　监督管理

**第五十七条** 市、区人民政府和江北新区管理机构应当将养老服务工作纳入本级绩效考核体系，提高养老服务质量和服务水平。

**第五十八条** 市人民政府应当加强养老服务标准体系建设，组织相关行政主管部门和单位落实养老服务国家标准、行业标准，根据需要制定养老服务地方标准。鼓励和支持企业、社会团体制定高于国家标准、行业标准、地方标准的企业标准、团体标准。

**第五十九条** 民政、统计等相关行政主管部门应当加强养老服务统计工作，按照各自职责建立养老服务统计体系，及时统计养老服务总体规模、行业结构、经济社会效益等基础数据，准确反映本市养老服务业发展状况。

**第六十条** 民政行政主管部门应当加强对养老机构运营和服务的监督管理，定期组织开展监督检查并依法查处违法行为。

民政行政主管部门应当会同相关行政主管部门建立联合执法机制。存在房屋建设和使用、消防、食品卫生、特种设备、医疗服务等安全风险的，民政行政主管部门应当及时告知城乡建设、房产、应急管理、消防救援、市场监管、卫生健康等行政主管部门和单位，并协助配合做好相关查处工作。

**第六十一条** 规划和自然资源、城乡建设和民政等行政主管部门应当依法对养老服务设施规划布局、规划设计、施工建设、验收移交等规划建设活动实施全过程监督管理。民政行政主管部门应当每年牵头组织养老服务设施的规划和建设专项检查。

**第六十二条** 审计机关应当依法对政府投资举办或者接受政府补贴资金的养老服务组织财务状况以及资金使用情况进行审计监督，审计结果应当依法向社会公开。

**第六十三条** 市场监管行政主管部门应当加强养老服务广告、产品质量、食品药品、价格等领域的监督管理，维护市场秩序和老年人合法权益。

**第六十四条** 金融监管、民政等行政主管部门应当加强养老服务领域非法集资、诈骗等违法行为的监测和分析，发现非法集资、诈骗等违法行为构成犯罪的，应当及时报告或者移送公安机关处理。

**第六十五条** 应急管理行政主管部门应当依法对养老服务安全生产实施综合监督管理。民政行政主管部门应当加强养老服务设施和服务安全监督管理，督促治理重大事故隐患，依法处理安全生产违法行为，保障老年人人身和财产安全。公安、城乡建设、卫生健康等行政主管部门按照各自职责，协同做好相关安全管理工作。

**第六十六条** 民政行政主管部门应当建立养老服务业信用评价体系，依法记录和归集养老服务组织设立变更、监督检查、违法行为、综合评估等社会信用信息，并通过市公共信用信息平台和智慧养老服务平台向社会公开。

对诚实守信的养老服务组织，按照相关规定在政府购买服务、财政补贴等方面给予支持和激励；对严重失信的养老服务组织，依法列入失信名单，并采取限制行业进入等相应联合惩戒措施。

**第六十七条** 民政行政主管部门应当建立健全养老服务组织质量考核和绩效评价制度，定期组织第三方专业机构对养老服务组织的人员配备、设施设备条件、管理水平、服务质量、服务对象满意度、社会信誉等事项进行综合评估。

综合评估结果应当向社会公开，作为政府购买服务、财政补贴的依据。

**第六十八条** 民政行政主管部门应当建立健全养老服务投诉举报机制，受理养老服务投诉举报。接到投诉举报后，民政行政主管部门应当在七日内核实处理，并将结果告知投诉人、举报人。

## 第八章 法律责任

**第六十九条** 养老服务相关行政主管部门及其工作人员未依法履行监督管理职责或者有其他滥用职权、玩忽职守、徇私舞弊行为的，由有权机关责令限期改正；情节严重的，对直接负责的主管人员和其他直接责任人员依法给予处分；构成犯罪的，依法追究刑事责任。

**第七十条** 违反本条例规定，采取虚报、隐瞒、伪造等手段，骗取补贴、补助、奖励的，由民政行政主管部门责令退回，处骗取非法所得数额二倍以下罚款；构成违反治安管理行为的，由公安机关依法予以处罚；构成犯罪的，依法追究刑事责任。

**第七十一条** 违反本条例第十九条第一款规定，按照下列规定予以处罚：

（一）未经法定程序擅自改变养老服务设施建设用地用途的，由规划和自然资源行政主管部门责令限期改正，并处非法占用土地每平方米十元以上三十元以下罚款；

（二）未经法定程序擅自改变养老服务设施用途的，由民政行政主管部门责令限期改正；逾期不改正的，处一万元以上三万元以下罚款；

（三）未经法定程序擅自拆除养老服务设施的，由民政行政主管部门责令限期改正；逾期不改正的，责令退还建设补贴和有关费用，并处五万元以上五十万元以下罚款，情节严重的处五十万元以上一百万元以下罚款；造成损失的，依法承担民事责任。

**第七十二条** 养老机构有下列行为之一的，由民政行政主管部门责令限期改正；逾期不改正的，处一万元以上三万元以下罚款：

（一）违反本条例第三十二条规定，未与老年人或者其代理人签订养老服务合同的；

（二）违反本条例第三十四条第一款规定，配备人员的资格不符合规定的。

对有前款所列行为之一的养老机构，相关行政主管部门应当中止或者取消优惠扶持待遇。

## 第九章　附　则

**第七十三条** 本条例下列用语的含义：

（一）政府养老扶助对象，包括特困老年人，最低生活保障家庭以及最低生活保障边缘家庭中的老年人，经济困难的失智、失能、半失能老年人，计划生育特殊家庭老年人，百岁老人等市人民政府规定扶助的老年人；

（二）重点独居老年人，包括最低生活保障家庭中不满八十周岁的失智、失能独居老年人，以及八十周岁以上独居老年人；

（三）家庭照护床位，是指按照养老机构的服务标准，由养老服务组织在失智、失能、半失能老年人家中设置的养老照护床位。

**第七十四条** 本条例自 2020 年 7 月 1 日起施行。

## （三）部门规章

# 农村五保供养服务机构管理办法

（中华人民共和国民政部令第37号）

### 第一章 总 则

**第一条** 为了加强农村五保供养服务机构管理，提高供养服务能力和水平，保障农村五保供养对象的正常生活，根据《农村五保供养工作条例》和国家有关规定，制定本办法。

**第二条** 本办法所称农村五保供养服务机构，是指县级人民政府民政部门或者乡、民族乡、镇人民政府（以下简称主办机关）举办的，为农村五保供养对象提供供养服务的公益性机构。

符合条件的农村五保供养服务机构，应当依法办理事业单位法人登记。

**第三条** 县级以上人民政府民政部门负责本行政区域内的农村五保供养服务机构管理工作。

乡、民族乡、镇人民政府管理其举办的农村五保供养服务机构，并接受县级人民政府民政部门的业务指导。

**第四条** 农村五保供养服务机构实行等级评定，具体评定办法另行规定。

**第五条** 县级以上人民政府民政部门对在农村五保供养服务机构建设、管理和服务工作中作出显著成绩的单位和个人，给予表彰和奖励。

### 第二章 规划与建设

**第六条** 县级以上人民政府民政部门应当根据本级人民政府经济社会发展规划，会同有关部门编制农村五保供养服务机构建设专项规划，并组织实施。

**第七条** 农村人口规模较大、农村五保供养对象较多的乡、民族乡、镇，应当建设能够满足当地农村五保供养对象集中供养需要的农村五保供养服务机构。

县级人民政府民政部门根据实际需要，可以建设能够满足若干乡、民族乡、镇农村五保供养对象集中供养需要的农村五保供养服务机构。

**第八条** 农村五保供养服务机构建设应当符合国家有关的建筑设计规范和标准，坚持改建、扩建、新建相结合，充分利用闲置的设施。

农村五保供养服务机构的建设规模原则上不少于40张床位。

**第九条** 农村五保供养服务机构应当为每名农村五保供养对象提供使用面积不少于6平方米的居住用房。

农村五保供养服务机构应当建有厨房、餐厅、活动室、浴室、卫生间、办公室等辅助用房。

**第十条** 农村五保供养服务机构应当配置基本生活设施，配备必要的膳食制作、医疗保健、文体娱乐、供暖降温、办公管理等设备。

有条件的农村五保供养服务机构应当具备开展农副业生产所必需的场地和设施。

## 第三章 服务对象

**第十一条** 对自愿选择集中供养的农村五保供养对象，经县级人民政府民政部门安排，有供养能力的农村五保供养服务机构不得拒绝接收。

农村五保供养服务机构应当优先供养生活不能自理的农村五保供养对象。

**第十二条** 接收患有精神病、传染病农村五保供养对象的农村五保供养服务机构应当具备相应的治疗护理能力。

**第十三条** 乡、民族乡、镇人民政府应当与农村五保供养服务机构签订供养服务协议，委托其为农村五保供养对象提供供养服务。协议范本由县级人民政府民政部门制定，并报上一级民政部门备案。

**第十四条** 农村五保供养服务机构在满足当地农村五保供养对象集中供养需要的基础上，可以开展社会养老服务。

开展社会养老服务的农村五保供养服务机构应当与服务对象或者其赡养人签订协议，约定双方的权利和义务。

农村五保供养服务机构不得因开展社会养老服务降低对农村五保供养对象的集中供养条件和服务水平。

**第十五条** 农村五保供养对象和社会养老服务对象应当遵守农村五保供养服务机构的规章制度，爱护公共财物，文明礼貌，团结互助。

## 第四章 供养内容

**第十六条** 农村五保供养服务机构应当向农村五保供养对象提供下列服务：

（一）提供符合食品卫生要求、适合农村五保供养对象需要的膳食；

（二）提供服装、被褥等生活用品和零用钱；

（三）提供符合居住条件的住房；

（四）提供日常诊疗服务，对生活不能自理的给予护理照料；

（五）妥善办理丧葬事宜。

集中供养的农村五保供养对象未满 16 周岁或者已满 16 周岁仍在接受义务教育的，农村五保供养服务机构应当依法保证其接受并完成义务教育，保障所需费用。

有条件的农村五保供养服务机构应当为集中供养的重度残疾五保供养对象适配基本型辅助器具。

**第十七条** 农村五保供养服务机构的实际供养水平不得低于当地公布的农村五保集中供养标准。

**第十八条** 农村五保供养服务机构提供的供养服务，应当符合有关法律法规和规章的规定，符合国家的标准规范，尊重少数民族习惯。

**第十九条** 农村五保供养服务机构应当协同驻地乡镇卫生院或者其他医疗机构为农村五保供养对象提供日常诊疗服务。

经卫生行政部门许可，有条件的农村五保供养服务机构可以设立医务室，为农村五保供养对象提供日常诊疗服务。

农村五保供养服务机构应当协助有关部门保障农村五保供养对象享受农村合作医疗和农村医疗救助待遇。

**第二十条** 农村五保供养服务机构应当提供亲情化服务，组织文化娱乐、体育健身等活动，丰富农村五保供养对象的精神生活。

**第二十一条** 农村五保供养服务机构可以向分散供养的农村五保供养对象提供服务，具体服务方式由县级人民政府民政部门规定。

## 第五章 内部管理

**第二十二条** 农村五保供养服务机构应当建立健全财务管理、档案管理、环境卫生、安全保卫等规章制度，并向农村五保供养对象公开。

**第二十三条** 农村五保供养服务机构实行院长负责制，主办机关应当定期对院长履行职责的情况进行考核。

农村五保供养服务机构应当根据实际需要科学设定岗位，明确岗位要求和工作流程，实行岗位责任制。

**第二十四条** 农村五保供养服务机构应当设立院务管理委员会，实行院务公开。院务管理委员会由主办机关代表、农村五保供养对象代表和工作人员代表组成，其中农村五保供养对象代表应当达到二分之一以上。

院务管理委员会由农村五保供养服务机构全体人员民主选举产生，履行以下职责：

（一）监督本机构各项规章制度的执行情况；

（二）监督本机构财务收支和管理情况；

（三）监督院长和工作人员的工作；

（四）调解农村五保供养对象之间的矛盾纠纷；

（五）组织协调农村五保供养对象开展自我服务和自我管理；

（六）其他院务管理职责。

**第二十五条** 农村五保供养服务机构可以采取多种形式开展农副业生产，其收入应当用于改善农村五保供养对象的生活，任何单位和个人不得侵占、挪用。

农村五保供养服务机构可以鼓励农村五保供养对象参加有益身心健康和力所能及的生产活动，并给予适当报酬。

**第二十六条** 农村五保供养服务机构管理和使用的资产，任何单位和个人不得侵占，需要办理登记的应当依据有关规定办理登记手续。

## 第六章 工作人员

**第二十七条** 农村五保供养服务机构应当根据服务对象的数量和需求，配备工作人员。

有条件的农村五保供养服务机构应当配备专业社会工作者。

**第二十八条** 农村五保供养服务机构负责人由主办机关聘任，其他工作人员由农村五保供养服务机构聘用。

**第二十九条** 农村五保供养服务机构或者其主办机关应当与工作人员订立聘用合同或者劳动合同。

农村五保供养服务机构或者其主办机关应当保障工作人员的工资待遇不低于当地最低工资标准，并为其办理相应的养老、医疗、工伤等社会保险。

**第三十条** 县级人民政府民政部门应当对农村五保供养服务机构工作人员进行业务培训，考核合格的，准予上岗服务。

## 第七章　经费保障

**第三十一条** 农村五保供养服务机构的建设资金和管理资金应当按照财政预算管理程序申报，经审核后从财政预算中安排。

管理资金是指维持农村五保供养服务机构正常运转必需支出的各项费用，主要包括工作人员工资、办公经费、设备设施购置维护经费和水电燃料费等。

**第三十二条** 农村五保供养对象的集中供养资金应当按照当地人民政府公布的集中供养标准，纳入县乡财政专项保障，并按时拨付到农村五保供养服务机构。

农村五保供养服务机构应当将集中供养资金全部用于为农村五保供养对象提供供养服务，不得挪作他用。

**第三十三条** 县级以上人民政府民政部门应当每年从本级福利彩票公益金中安排一定数量，用于支持农村五保供养服务机构建设和维护。

**第三十四条** 鼓励机关、企业、事业单位、社会组织、个人向农村五保供养服务机构提供捐赠，帮助改善农村五保供养对象的生活条件。

## 第八章　法律责任

**第三十五条** 农村五保供养服务机构有下列行为之一的，由县级人民政府民政部门或者乡、民族乡、镇人民政府责令限期改正；逾期不改正的，县级人民政府民政部门或者乡、民族乡、镇人民政府应当终止供养服务协议；造成损失的，依法承担赔偿责任：

（一）歧视、虐待农村五保供养对象的；

（二）未尽到管理和服务义务致使农村五保供养对象合法权益遭受侵害的；

（三）侵占农村五保供养对象财产的；

（四）其他违反规定的行为。

**第三十六条** 农村五保供养服务机构工作人员有下列行为之一的，予以批评教育；情节严重的，予以辞退；造成损失的，依法承担赔偿责任；构成犯罪的，依法追究刑事责任：

（一）私分、挪用、截留农村五保供养款物的；

（二）私分、挪用农副业生产经营收入的；

（三）辱骂、殴打、虐待农村五保供养对象的；

（四）盗窃、侵占农村五保供养对象或者农村五保供养服务机构财产的；

（五）其他违反规定的行为。

**第三十七条** 农村五保供养对象有下列行为之一的，予以批评教育；情节严重的，停止集中供养；构成犯罪的，依法追究刑事责任：

（一）违反农村五保供养服务机构的规定，扰乱正常生活秩序的；

（二）打架、斗殴，造成他人身体伤害的；

（三）损毁、盗窃、侵占农村五保供养服务机构或者其他农村五保供养对象财产的；

（四）其他违反规定的行为。

## 第九章 附 则

**第三十八条** 鼓励其他社会福利机构为农村五保供养对象提供供养服务，相关管理和服务参照本办法执行。

**第三十九条** 本办法自 2011 年 1 月 1 日起施行。1997 年 3 月 18 日民政部发布的《农村敬老院管理暂行办法》同时废止。

# 养老机构管理办法

（中华人民共和国民政部令第66号）

## 养老机构管理办法

### 第一章 总 则

**第一条** 为了规范对养老机构的管理，促进养老服务健康发展，根据《中华人民共和国老年人权益保障法》和有关法律、行政法规，制定本办法。

**第二条** 本办法所称养老机构是指依法办理登记，为老年人提供全日集中住宿和照料护理服务，床位数在10张以上的机构。

养老机构包括营利性养老机构和非营利性养老机构。

**第三条** 县级以上人民政府民政部门负责养老机构的指导、监督和管理。其他有关部门依照职责分工对养老机构实施监督。

**第四条** 养老机构应当按照建筑、消防、食品安全、医疗卫生、特种设备等法律、法规和强制性标准开展服务活动。

养老机构及其工作人员应当依法保障收住老年人的人身权、财产权等合法权益。

**第五条** 入住养老机构的老年人及其代理人应当遵守养老机构的规章制度，维护养老机构正常服务秩序。

**第六条** 政府投资兴办的养老机构在满足特困人员集中供养需求的前提下，优先保障经济困难的孤寡、失能、高龄、计划生育特殊家庭等老年人的服务需求。

政府投资兴办的养老机构，可以采取委托管理、租赁经营等方式，交由社会力量运营管理。

**第七条** 民政部门应当会同有关部门采取措施，鼓励、支持企业事业单位、社会组织或者个人兴办、运营养老机构。

鼓励自然人、法人或者其他组织依法为养老机构提供捐赠和志愿服务。

**第八条** 鼓励养老机构加入养老服务行业组织，加强行业自律和诚信建设，促进行业规范有序发展。

### 第二章 备案办理

**第九条** 设立营利性养老机构，应当在市场监督管理部门办理登记。设立非营利性养老机构，应当依法办理相应的登记。

养老机构登记后即可开展服务活动。

**第十条** 营利性养老机构办理备案，应当在收住老年人后10个工作日以内向服务场所所在地的县级人民政府民政部门提出。非营利性养老机构办理备案，应当在收住老年人后10个工作日以内向登记管理机关同级的人民政府民政部门提出。

**第十一条** 养老机构办理备案，应当向民政部门提交备案申请书、养老机构登记证书、符合本办法第四条要求的承诺书等材料，并对真实性负责。

备案申请书应当包括下列内容：

（一）养老机构基本情况，包括名称、住所、法定代表人或者主要负责人信息等；

（二）服务场所权属；

（三）养老床位数量；

（四）服务设施面积；

（五）联系人和联系方式。

民政部门应当加强信息化建设，逐步实现网上备案。

**第十二条** 民政部门收到养老机构备案材料后，对材料齐全的，应当出具备案回执；材料不齐全的，应当指导养老机构补正。

**第十三条** 已经备案的养老机构变更名称、法定代表人或者主要负责人等登记事项，或者变更服务场所权属、养老床位数量、服务设施面积等事项的，应当及时向原备案民政部门办理变更备案。

养老机构在原备案机关辖区内变更服务场所的，应当及时向原备案民政部门办理变更备案。营利性养老机构跨原备案机关辖区变更服务场所的，应当及时向变更后的服务场所所在地县级人民政府民政部门办理备案。

**第十四条** 民政部门应当通过政府网站、政务新媒体、办事大厅公示栏、服务窗口等途径向社会公开备案事项及流程、材料清单等信息。

民政部门应当依托全国一体化在线政务服务平台，推进登记管理机关、备案机关信息系统互联互通、数据共享。

## 第三章 服务规范

**第十五条** 养老机构应当建立入院评估制度，对老年人的身心状况进行评估，并根据评估结果确定照料护理等级。

老年人身心状况发生变化，需要变更照料护理等级的，养老机构应当重新进行评估。

养老机构确定或者变更老年人照料护理等级，应当经老年人或者其代理人同意。

**第十六条** 养老机构应当与老年人或者其代理人签订服务协议，明确当事人的权利和义务。

服务协议一般包括下列条款：

（一）养老机构的名称、住所、法定代表人或者主要负责人、联系方式；

（二）老年人或者其代理人和紧急联系人的姓名、住址、身份证明、联系方式；

（三）照料护理等级和服务内容、服务方式；

（四）收费标准和费用支付方式；

（五）服务期限和场所；

（六）协议变更、解除与终止的条件；

（七）暂停或者终止服务时老年人安置方式；

（八）违约责任和争议解决方式；

（九）当事人协商一致的其他内容。

**第十七条** 养老机构按照服务协议为老年人提供生活照料、康复护理、精神慰藉、文化娱乐等服务。

**第十八条** 养老机构应当为老年人提供饮食、起居、清洁、卫生等生活照料服务。

养老机构应当提供符合老年人住宿条件的居住用房，并配备适合老年人安全保护要求的设施、设备及用具，定期对老年人的活动场所和物品进行消毒和清洗。

养老机构提供的饮食应当符合食品安全要求、适宜老年人食用、有利于老年人营养平衡、符合民族风俗习惯。

**第十九条** 养老机构应当为老年人建立健康档案，开展日常保健知识宣传，做好疾病预防工作。养老机构在老年人突发危重疾病时，应当及时转送医疗机构救治并通知其紧急联系人。

养老机构可以通过设立医疗机构或者采取与周边医疗机构合作的方式，为老年人提供医疗服务。养老机构设立医疗机构的，应当按照医疗机构管理相关法律法规进行管理。

**第二十条** 养老机构发现老年人为传染病病人或者疑似传染病病人的，应当及时向附近的疾病预防控制机构或者医疗机构报告，配合实施卫生处理、隔离等预防控制措施。

养老机构发现老年人为疑似精神障碍患者的，应当依照精神卫生相关法律法规的规定处理。

**第二十一条** 养老机构应当根据需要为老年人提供情绪疏导、心理咨询、危机干预等精神慰藉服务。

**第二十二条** 养老机构应当开展适合老年人的文化、教育、体育、娱乐活动，丰富老年人的精神文化生活。

养老机构开展文化、教育、体育、娱乐活动时，应当为老年人提供必要的安全防护措施。

**第二十三条** 养老机构应当为老年人家庭成员看望或者问候老年人提供便利，为老年人联系家庭成员提供帮助。

**第二十四条** 鼓励养老机构运营社区养老服务设施，或者上门为居家老年人提供助餐、助浴、助洁等服务。

## 第四章　运营管理

**第二十五条** 养老机构应当按照国家有关规定建立健全安全、消防、食品、卫生、财务、档案管理等规章制度，制定服务标准和工作流程，并予以公开。

**第二十六条** 养老机构应当配备与服务和运营相适应的工作人员，并依法与其签订聘用合同或者劳动合同，定期开展职业道德教育和业务培训。

养老机构中从事医疗、康复、消防等服务的人员，应当具备相应的职业资格。

养老机构应当加强对养老护理人员的职业技能培训，建立健全体现职业技能等级等因素的薪酬制度。

**第二十七条** 养老机构应当依照其登记类型、经营性质、运营方式、设施设备条件、管理水平、服务质量、照料护理等级等因素合理确定服务项目的收费标准，并遵守国家和地方政府价格管理有关规定。

养老机构应当在醒目位置公示各类服务项目收费标准和收费依据，接受社会监督。

**第二十八条** 养老机构应当实行24小时值班，做好老年人安全保障工作。

养老机构应当在各出入口、接待大厅、值班室、楼道、食堂等公共场所安装视频监控设施，并妥善保管视频监控记录。

**第二十九条** 养老机构内设食堂的，应当取得市场监督管理部门颁发的食品经营许可证，严格遵守相关法律、法规和食品安全标准，执行原料控制、餐具饮具清洗消毒、食品留样等制度，并依法开展食堂食品安全自查。

养老机构从供餐单位订餐的，应当从取得食品生产经营许可的供餐单位订购，并按照要求对订购的食品进行查验。

**第三十条** 养老机构应当依法履行消防安全职责，健全消防安全管理制度，实行消防工作责任制，配置消防设施、器材并定期检测、维修，开展日常防火巡查、检查，定期组织灭火和应急疏散消防安全培训。

养老机构的法定代表人或者主要负责人对本单位消防安全工作全面负责，属于消防安全重点单位的养老机构应当确定消防安全管理人，负责组织实施本单位消防安全管理工作，并报告当地消防救援机构。

**第三十一条** 养老机构应当依法制定自然灾害、事故灾难、公共卫生事件、社会安全事件等突发事件应急预案，在场所内配备报警装置和必要的应急救援设备、设施，定期开展突发事件应急演练。

突发事件发生后，养老机构应当立即启动应急预案，采取防止危害扩大的必要处置措施，同时根据突发事件应对管理职责分工向有关部门和民政部门报告。

**第三十二条** 养老机构应当建立老年人信息档案，收集和妥善保管服务协议等相关资料。档案的保管期限不少于服务协议期满后五年。

养老机构及其工作人员应当保护老年人的个人信息和隐私。

**第三十三条** 养老机构应当按照国家有关规定接受、使用捐赠、资助。

鼓励养老机构为社会工作者、志愿者在机构内开展服务提供便利。

**第三十四条** 鼓励养老机构投保责任保险，降低机构运营风险。

**第三十五条** 养老机构因变更或者终止等原因暂停、终止服务的，应当在合理期限内提前书面通知老年人或者其代理人，并书面告知民政部门。

老年人需要安置的，养老机构应当根据服务协议约定与老年人或者其代理人协商确定安置事宜。民政部门应当为养老机构妥善安置老年人提供帮助。

养老机构终止服务后，应当依法清算并办理注销登记。

## 第五章　监督检查

**第三十六条** 民政部门应当加强对养老机构服务和运营的监督检查，发现违反本办法规定的，及时依法予以处理并向社会公布。

民政部门在监督检查中发现养老机构存在应当由其他部门查处的违法违规行为的，及时通报有关部门处理。

**第三十七条** 民政部门依法履行监督检查职责，可以采取以下措施：

（一）向养老机构和个人了解情况；

（二）进入涉嫌违法的养老机构进行现场检查；

（三）查阅或者复制有关合同、票据、账簿及其他有关资料；

（四）发现养老机构存在可能危及人身健康和生命财产安全风险的，责令限期改正，逾期不改正的，责令停业整顿。

民政部门实施监督检查时，监督检查人员不得少于2人，应当出示执法证件。

对民政部门依法进行的监督检查，养老机构应当配合，如实提供相关资料和信息，不得隐瞒、拒绝、阻碍。

**第三十八条** 对已经备案的养老机构，备案民政部门应当自备案之日起20个工作日以内进行现场检查，并核实备案信息；对未备案的养老机构，服务场所所在地的县级人民政府民政部门应当自发现其收住老年人之日起20个工作日以内进行现场检查，并督促及时备案。

民政部门应当每年对养老机构服务安全和质量进行不少于一次的现场检查。

**第三十九条** 民政部门应当采取随机抽取检查对象、随机选派检查人员的方式对养老机构实施监督检查。抽查情况及查处结果应当及时向社会公布。

民政部门应当结合养老机构的服务规模、信用记录、风险程度等情况，确定抽查比例和频次。对违法失信、风险高的养老机构，适当提高抽查比例和频次，依法依规实施严管和惩戒。

**第四十条** 民政部门应当加强对养老机构非法集资的防范、监测和预警工作，发现养老机构涉嫌非法集资的，按照有关规定及时移交相关部门。

**第四十一条** 民政部门应当充分利用信息技术手段，加强对养老机构的监督检查，提高监管能力和水平。

**第四十二条** 民政部门应当定期开展养老服务行业统计工作，养老机构应当及时准确报送相关信息。

**第四十三条** 养老机构应当听取老年人或者其代理人的意见和建议，发挥其对养老机构服务和运营的监督促进作用。

**第四十四条** 民政部门应当畅通对养老机构的举报投诉渠道，依法及时处理有关举报投诉。

**第四十五条** 民政部门发现个人或者组织未经登记以养老机构名义开展活动的，应当书面通报相关登记管理机关，并配合做好查处工作。

## 第六章 法律责任

**第四十六条** 养老机构有下列行为之一的，由民政部门责令改正，给予警告；情节严重的，处以3万元以下的罚款：

（一）未建立入院评估制度或者未按照规定开展评估活动的；

（二）未与老年人或者其代理人签订服务协议，或者未按照协议约定提供服务的；

（三）未按照有关强制性国家标准提供服务的；

（四）工作人员的资格不符合规定的；

（五）利用养老机构的房屋、场地、设施开展与养老服务宗旨无关的活动的；

（六）未依照本办法规定预防和处置突发事件的；

（七）歧视、侮辱、虐待老年人以及其他侵害老年人人身和财产权益行为的；

（八）向负责监督检查的民政部门隐瞒有关情况、提供虚假材料或者拒绝提供反映其活动情况真实材料的；

（九）法律、法规、规章规定的其他违法行为。

养老机构及其工作人员违反本办法有关规定，构成违反治安管理行为的，依法给予治安管理处罚；构成犯罪的，依法追究刑事责任。

**第四十七条** 民政部门及其工作人员在监督管理工作中滥用职权、玩忽职守、徇私舞弊的，对直接负责的主管人员和其他责任人员依法依规给予处分；构成犯罪的，依法追究刑事责任。

## 第七章 附 则

**第四十八条** 国家对农村五保供养服务机构的管理有特别规定的，依照其规定办理。

**第四十九条** 本办法自 2020 年 11 月 1 日起施行。2013 年 6 月 28 日民政部发布的《养老机构管理办法》同时废止。

# 《养老产业统计分类（2020）》

（国家统计局令第30号）

## 养老产业统计分类（2020）

### 一、分类目的

为积极应对人口老龄化，加快推进养老产业发展，科学界定养老产业统计范围，准确反映养老产业发展状况，依据《中华人民共和国老年人权益保障法》和党中央、国务院关于发展养老产业的决策部署，以《国民经济行业分类》（GB/T 4754-2017）为基础，制定本分类。

### 二、概念界定和分类范围

养老产业，是以保障和改善老年人生活、健康、安全以及参与社会发展，实现老有所养、老有所医、老有所为、老有所学、老有所乐、老有所安等为目的，为社会公众提供各种养老及相关产品（货物和服务）的生产活动集合，包括专门为养老或老年人提供产品的活动，以及适合老年人的养老用品和相关产品制造活动。本分类将养老产业范围确定为：养老照护服务，老年医疗卫生服务，老年健康促进与社会参与，老年社会保障，养老教育培训和人力资源服务，养老金融服务，养老科技和智慧养老服务，养老公共管理，其他养老服务，老年用品及相关产品制造，老年用品及相关产品销售和租赁，养老设施建设等12个大类。

### 三、编制原则

（一）以国家相关法律和中共中央、国务院有关文件为指导。本分类以《中华人民共和国老年人权益保障法》和中共中央、国务院印发的《国家积极应对人口老龄化中长期规划》和推动高质量发展的相关文件、《国务院关于印发“十三五”国家老龄事业发展和养老体系建设规划的通知》《国务院关于加快发展养老服务业的若干意见》《国务院办公厅关于推进养老服务发展的意见》以及各细分领域政策文件提出的重点任务为指导，确定养老产业的基本范围。

（二）以《国民经济行业分类》为基础。本分类以《国民经济行业分类》（GB/T 4754-2017）为基础，是对国民经济行业分类中符合养老产业特征相关活动的再分类。

（三）突出养老服务和我国应对人口老龄化的养老及相关产品供给状况。本分类以反映我国应对人口老龄化的养老及相关产品供给为基础，充分考虑了提升养老服务质量等养老产业发展政策要求和养老产业新业态新模式，涵盖第二产业、第三产业中涉及养老产业的全部内容。

## 四、结构与编码

本分类采用线分类法和分层次编码方法，将养老产业划分为三层，分别用阿拉伯数字编码表示。第一层为大类，用 2 位数字表示，共有 12 个大类；第二层为中类，用 3 位数字表示，前两位为大类代码，共有 51 个中类；第三层为小类，用 4 位数字表示，前三位为中类代码，共有 79 个小类。

本分类代码结构：

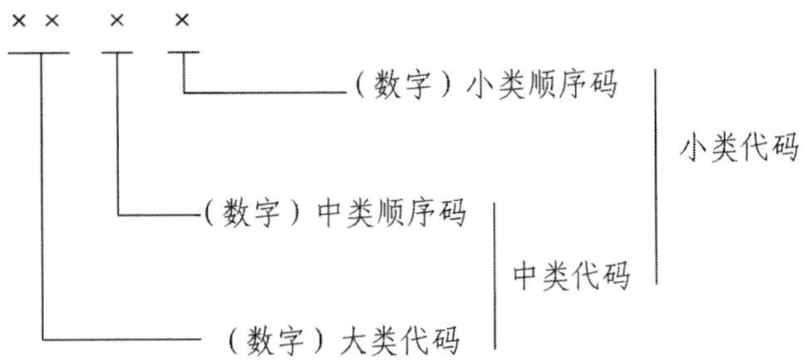


## 五、有关说明

（一）本分类建立了与《国民经济行业分类》（GB/T 4754-2017）的对应关系。在国民经济行业分类中仅部分活动属于养老产业的，行业代码用“＊”标记。

（二）本分类在“说明”栏中，对养老产业各小类的范围作了说明。

（三）本分类对应《国民经济行业分类》（GB/T 4754-2017）的具体范围和说明，参见《2017 国民经济行业分类注释》。

## 六、养老产业统计分类表

| 代码 | | | 名称 | 说明 | 国民经济行业分类代码及名称（2017） |
|---|---|---|---|---|---|
| 大类 | 中类 | 小类 | | | |
| 01 | | | **养老照护服务** | | |
| | 011 | 0110 | **居家养老照护服务** | 指家庭成员或雇用人员对居家老年人进行生活照料、康复护理等服务的活动，以及养老服务机构或其他社会主体（企业，社会组织等）向居家老年人提供的上门服务活动，如助餐、助行、助急、助浴、助洁、助医、日常照料等，不包括社区上门服务 | 6242* 外卖送餐服务<br>8010* 家庭服务<br>8090* 其他居民服务业<br>8219* 其他清洁服务<br>8521* 社会看护与帮助服务 |
| | 012 | 0120 | **社区养老照护服务** | 指养老服务机构依托社区养老服务设施向社区老年人提供的日托、全托等服务；社区养老服务机构、社区嵌入式的养老服务设施和带护理型床位的社区日间照料中心等机构提供的照护服务；依托社区综合服务设施和社区公共服务综合信息平台、呼叫服务系统和应急救援服务机制为老年人提供的全托、月托、上门等为主的精准化专业化生活照料、助餐助行、助浴助洁、助医、紧急救援、精神慰藉等照护服务；社区邻里互助、助老食堂、助老餐桌、老年社区（全周期养老综合体）提供的社区养老照护服务 | 6210* 正餐服务<br>6220* 快餐服务<br>6241* 餐饮配送服务<br>6299* 其他未列明餐饮业<br>8090* 其他居民服务业<br>8514* 老年人、残疾人养护服务<br>8521* 社会看护与帮助服务 |
| | 013 | 0130 | **机构养老照护服务** | 指各级政府、企业和社会力量兴办的养老院、老年福利院、老年公寓、老年养护院、敬老院、光荣院、农村幸福院、养老大院、农村特困人员供养服务机构等养老机构为在机构集中养老的老年人提供的养护和专业化护理服务；内设诊所、卫生所（室）、医务室、护理站的养老机构提供的医养结合服务；公办养老机构及公建民营养老机构为经济困难失能（含失智）老年人、计划生育特殊家庭老年人提供无偿或低收费托养服务；失智老年人照护机构提供的服务，不包括机构为居家老年人提供的上门服务 | 8416* 疗养院<br>8511* 干部休养所<br>8512* 护理机构服务<br>8514* 老年人、残疾人养护服务 |

续表

| | | | | | |
|---|---|---|---|---|---|
| 02 | | | **老年医疗卫生服务** | | |
| | 021 | 0210 | **老年预防保健和健康管理** | 指医院、基层医疗卫生机构、专业卫生机构等医疗卫生机构以防止和减少老年人损伤、疾病及其后遗症和并发症的数量或严重程度，提高老年人健康水平为目的，开展疾病预防、营养、中医养生等非诊疗性健康服务，以及预防保健、健康咨询、健康状态辨识、健康危险因素的干预以及家庭医生、老年疾病档案管理等健康管理服务，包括老年人中医治未病、家庭医生签约服务，不包括养老机构内设诊所、卫生所（室）、医务室、护理站提供的服务 | 7244* 健康咨询<br>8411* 综合医院<br>8412* 中医医院<br>8413* 中西医结合医院<br>8414* 民族医院<br>8421* 社区卫生服务中心（站）<br>8422* 街道卫生院<br>8423* 乡镇卫生院<br>8424* 村卫生室<br>8431* 疾病预防控制中心<br>8432* 专科疾病防治院（所、站）<br>8491* 健康体检服务<br>8492* 临床检验服务<br>8499* 其他未列明卫生服务 |
| | 022 | 0220 | **老年人疾病诊疗服务** | 指医院、基层医疗卫生机构、专业卫生机构等医疗卫生机构以减轻老年人疾病或损伤的症状和严重程度，阻止威胁生命或正常生活功能为首要目标的门诊、住院等诊疗服务，包括老年人中医药疾病诊疗服务 | 8411* 综合医院<br>8412* 中医医院<br>8413* 中西医结合医院<br>8414* 民族医院<br>8415* 专科医院<br>8421* 社区卫生服务中心（站）<br>8422* 街道卫生院<br>8423* 乡镇卫生院<br>8424* 村卫生室<br>8425* 门诊部（所）<br>8432* 专科疾病防治院（所、站）<br>8434* 急救中心（站）服务 |
| | 023 | | **老年康复护理服务** | | |
| | | 0231 | 老年康复和医疗护理服务 | 指为老年人提供的以达到、恢复或维持最佳的身体、感官、智力、心理和社会功能水平为目的的康复服务，为需要长期照护的老年患者提供的以减轻疼痛、减少健康状况恶化的专业化护理服务，包括老年中医康复、偏瘫肢体综合训练、认知知觉功能康复训练等老年康复医疗护理服务 | 8415* 专科医院<br>8416* 疗养院<br>8421* 社区卫生服务中心（站）<br>8422* 街道卫生院<br>8423* 乡镇卫生院<br>8513* 精神康复服务<br>8514* 老年人、残疾人养护服务 |

续表

| | | | | | |
|---|---|---|---|---|---|
| | | 0232 | 老年康复辅具配置服务 | 指为老年人、老年残疾人提供假肢、矫形器、轮椅车、助行器、助听器等康复辅具适配服务的活动，不包括医疗、康复机构的康复辅具适配服务 | 8522* 康复辅具适配服务 |
| | 024 | 0240 | **安宁疗护服务** | 指安宁疗护中心、其他具备安宁疗护服务能力的机构或组织通过控制老年患者疾病终末期或临终前痛苦和不适症状，提供生理、心理等方面的照料和人文关怀等服务，以提高生命质量，帮助老年患者舒适、安详、有尊严离世 | 8515* 临终关怀服务 |
| | 029 | 0290 | **其他未列明老年医疗卫生服务** | 指医养结合或康养服务等未列明的老年医疗卫生服务 | 8499* 其他未列明卫生服务 |
| 03 | | | **老年健康促进与社会参与** | | |
| | 031 | | **老年体育健身服务** | | |
| | | 0311 | 老年运动休闲和群众体育活动 | 指为老年人提供的运动休闲服务和老年人参与的公益性群众体育活动，包括广场舞、棋牌类等健身活动和游乐场体育休闲活动等 | 8870* 群众文体活动<br>8919* 其他体育组织<br>8930* 健身休闲活动<br>9020* 游乐园 |
| | | 0312 | 老年体育健康服务 | 指国民体质监测与康体服务，以及科学健身指导、运动康复按摩、体育健康指导等服务，不包括由各类医院、疗养院等提供的运动创伤治疗、康复、保健等服务 | 8992* 体育健康服务 |
| | 032 | 0320 | **老年文化娱乐活动** | 指主要由老年人参与的文艺类演出、学习培训、比赛、展览、鉴赏等文化娱乐活动，以及博物馆、图书馆等机构开展的养老相关的各类文化娱乐活动 | 8831* 图书馆<br>8850* 博物馆<br>8870* 群众文体活动<br>9011* 歌舞厅娱乐活动<br>9019* 其他室内娱乐活动<br>9052* 体育表演服务 |
| | 033 | 0330 | **老年旅游服务** | 指依托旅游资源、休闲疗养机构等，面向老年人游客开展的健康和旅游融合服务，包括以体育运动为目的的旅游景区服务，为老年人提供健康疗养或医疗旅游的旅行社相关服务，如向顾客提供咨询、旅游计划和建议、日程安排等服务，不包括以医疗机构、康复护理机构、疗养院为主要载体开展的医疗康复服务部分 | 7291* 旅行社及相关服务<br>786* 游览景区管理 |
| | 034 | | **老年健康养生服务** | | |

续表

| | | | | | |
|---|---|---|---|---|---|
| | | 0341 | 老年养生保健服务 | 指以老年人保养、调养、颐养生命为目的的保健服务和休闲养生活动，包括运动养生保健服务、保健按摩服务、足疗服务、汗蒸服务、理发及美容服务、其他健康保健服务，不包括以医疗机构、康复护理机构、疗养院为主要载体开展的医疗康复服务部分 | 8040* 理发及美容服务<br>8051* 洗浴服务<br>8052* 足浴服务<br>8053* 养生保健服务 |
| | | 0342 | 老年心理健康服务 | 指以集中式入户等多种形式，了解老年人常见心理问题，开展心理健康评估及服务 | 7244* 健康咨询 |
| | 035 | 0350 | **老年志愿服务** | 指老年人志愿参与基层民主监督、社会治安、公益慈善、移风易俗、民事调解、文教卫生、全民健身等志愿工作，医疗卫生、文化教育、农业科技等老专家、老知识分子参与东部援助西部、发达地区援助落后地区等志愿服务 | 8529* 其他不提供住宿社会工作 |
| 04 | | | **老年社会保障** | | |
| | 041 | | **老年社会保险** | | |
| | | 0411 | 基本养老保险 | 指职工基本养老保险、城乡居民基本养老保险的基金、经办、投资、管理等有关活动 | 9411 基本养老保险 |
| | | 0412 | 老年基本医疗保险 | 指针对老年人的职工基本医疗保险和城乡居民基本医疗保险的基金、经办、投资、管理等有关活动，包括老年大病保险活动 | 9412* 基本医疗保险 |
| | | 0413 | 老年长期护理保险 | 指以社会互助共济等方式筹集资金，为长期失能、部分失能老年人的基本生活照料以及与基本生活密切相关的医疗护理提供资金或服务保障的社会保险服务 | 9419* 其他基本保险 |
| | | 0414 | 老年补充保险 | 指企业年金、职业年金，以及针对老年人的补充医疗和其他补充保险 | 9420* 补充保险 |
| | 042 | 0420 | **老年人社会救助** | 指政府、社会力量对经济困难的老年人给予基本生活、医疗等救助，包括为老年人提供的红十字机构服务、慈善机构服务、社会救济管理服务、优抚事业单位服务、其他未列明社会救助服务；老年人的最低生活保障、临时救助、自然灾害生活救助、医疗救助，特困老年人员救助供养，生活无着的老年人救助等 | 8519* 其他提供住宿社会救助<br>8521* 社会看护与帮助服务<br>9490* 其他社会保障 |

续表

| | | | | | |
|---|---|---|---|---|---|
| | 043 | 0430 | **老年人慈善服务** | 指为老年人提供的慈善、募捐等社会工作的活动；志愿者或者志愿组织，在不收取任何物质报酬的情况下，志愿贡献个人的时间、知识、技能等，为养老服务机构和设施，以及老年人提供的各类服务 | 8529* 其他不提供住宿社会工作 |
| | 044 | 0440 | **老年人社会福利** | 指政府为经济困难的高龄、失能等老年人提供的高龄津贴、护理补贴、养老服务补贴、其他老龄补贴等适度普惠性社会福利服务 | 9224* 社会事务管理机构 |
| | 045 | 0450 | **养老彩票公益金服务** | 指用于老年人社会福利和社会救助的彩票公益金服务 | 9042* 福利彩票服务 |
| 05 | | | **养老教育培训和人力资源服务** | | |
| | 051 | | **养老教育和技能培训** | | |
| | | 0511 | 养老相关专业教育 | 指职业院校、普通高校中，健康服务与管理、中医养生学、中医康复学、老年医学、老年人服务与管理、老年保健与管理、康复治疗技术、康复辅助器具技术、营养与保健、心理咨询和社会工作等与养老相关的职业教育和普通教育，包括职业院校（含技工学校）设置的养老服务相关专业或开设的相关课程中提供的养老技能培训活动和养老服务实训基地服务 | 8336* 中等职业学校教育<br>834* 高等教育 |
| | | 0512 | 养老职业技能培训 | 指由人力资源社会保障部门、教育部门或其他政府部门批准举办，或由养老服务机构、社会组织、社工机构、红十字会等开展的养老照护、应急救护知识、技能培训，以及社会机构举办的与养老服务相关的职业技能培训活动，如养老服务、老年护理、老年康复、健康管理、保健按摩、公共营养等技能培训活动 | 8391* 职业技能培训 |
| | | 0513 | 家庭护老技能培训 | 指为老年人自身及其家庭成员（配偶、子女、亲戚等）提供的养老技能培训，包括家庭护老者技能培训、失能老年人家庭成员照护培训等 | 8399* 其他未列明教育 |
| | 052 | 0520 | **老年教育** | 指根据老年人的生理和心理特征，由政府、社区、社会力量或者企业举办的各类以帮助老年人提高安全资金管理意识、丰富老年人生 | 8399* 其他未列明教育 |

续表

| | | | | | |
|---|---|---|---|---|---|
| | | | | 活、提高老年人健康素养为目的的老年学校和“县（市、区）—乡镇（街道）—村（居委会）”三级社区老年教育办学网络，以及全国老年教育公共服务平台提供的老年教育服务 | |
| | 053 | | **养老人力资源服务** | | |
| | | 0531 | 养老职业技能服务 | 指针对养老护理员等职业技能考核和鉴定服务 | 7269* 其他人力资源服务 |
| | | 0532 | 养老就业服务 | 指专门为老年人提供家政、护理、康复等服务的养老服务岗位人员的就业服务 | 726* 人力资源服务 |
| | | 0533 | 老年人人力资源开发服务 | 指为老年人制定的老年人才开发利用专项规划，建立老年人才信息库，支持老年人才自主创业，帮助有意愿且身体状况允许的贫困老年人和其他老年人接受岗位技能培训或农业实用技术培训，推动用人单位与受聘老年人依法签订书面协议等人力资源开发服务 | 7269* 其他人力资源服务 |
| 06 | | | **养老金融服务** | | |
| | 061 | | **老年商业保险** | | |
| | | 0611 | 老年人寿保险 | 指以老年人的寿命为保险标的的人寿保险，包括定期寿险、终身寿险和两全保险等 | 6811* 人寿保险 |
| | | 0612 | 老年健康保险 | 指对老年人以健康原因或医疗行为发生为给付保险金条件的人身保险，包括疾病保险、医疗保险、护理保险、医疗意外保险 | 6813* 健康保险 |
| | | 0613 | 老年人意外伤害保险 | 指以老年人因意外事故而导致身故、残疾或者发生保险合同约定的其他事故为给付保险金条件的人身保险 | 6814* 意外伤害保险 |
| | | 0614 | 养老机构责任保险 | 指以被保险人在其管理区域内从事养老服务时，因过失导致意外事故，造成第三者的人身伤亡或财产损失的赔偿责任为保险标的的保险 | 6820* 财产保险 |
| | 062 | | **商业养老保险** | | |
| | | 0621 | 养老年金保险 | 指商业保险机构提供的，以养老保障为目的的年金保险 | 6812 年金保险 |
| | | 0622 | 住房反向抵押养老保险 | 指将住房反向抵押与养老年金保险相结合的商业养老保险服务 | 6639* 其他非货币银行服务 |

续表

| | | | | | |
|---|---|---|---|---|---|
| | | 0629 | 其他商业养老保险 | 指保险中介服务、保险监管服务及保障委托管理服务等与养老相关或密切相关的保险活动，包括个人商业养老年金保险产品，个人商业养老年金保险计划 | 6830* 再保险<br>6840 商业养老金<br>685* 保险中介服务<br>6870* 保险监管服务<br>6890* 其他保险活动 |
| | 063 | 0630 | **养老理财服务** | 指银行及银行理财子公司、信托等金融机构开发或者提供的养老型理财产品、信托产品等养老金融产品服务，以及为养老活动提供支持的基金管理服务、养老目标基金管理服务、养老投资与资产管理、产权交易服务等，包括银行养老理财服务和银行理财子公司养老理财服务 | 6640* 银行理财服务<br>6720* 公开募集证券投资基金<br>6739* 其他非公开募集证券投资基金<br>6760* 资本投资服务<br>6860* 保险资产管理 |
| | 064 | 0640 | **养老金信托** | 指养老保险经办机构将单位和个人按照有关法律、法规规定缴纳的养老保险费作为信托资产，交给金融信托机构管理和经营，职工退休后获益的一种信托形式 | 6911* 信托公司 |
| | 065 | 0650 | **养老债券** | 指专门为老年人提供生活照料、康复护理等服务的营利性或非营利性养老项目发行养老产业专项债券，用于建设养老服务设施设备和提供养老服务 | 671* 证券市场服务<br>6760* 资本投资服务<br>6790* 其他资本市场服务 |
| | 069 | 0690 | **其他养老金融服务** | 指营利性养老机构以有偿取得的土地设施等资产进行抵押融资的金融服务和养老融资服务等其他养老金融服务 | 6790* 其他资本市场服务 |
| 07 | | | **养老科技和智慧养老服务** | | |
| | 071 | | **养老科技服务** | | |
| | | 0711 | 养老科学研究和试验发展 | 指针对老年疾病的医学、护理学研究和其他医学研究与试验发展服务，老年社会发展、老年心理、养老照料等社会科学研究活动，老年食品、养老照护辅具、老年日常生活辅助产品、老年用品、老年康复训练及健康促进辅具等医疗产品的研发活动 | 7320* 工程和技术研究和试验发展<br>7340* 医学研究和试验发展<br>7350* 社会人文科学研究 |
| | | 0712 | 养老科技推广和应用服务 | 指将与老年人健康相关的新技术、新产品、新工艺直接推向市场而进行的技术推广和转让活动、知识产权服务、科技中介活动、创业服务平台，以及其他科技推广活动，包括老年食品、养老照护辅具、老 | 7512* 生物技术推广服务<br>7520* 知识产权服务<br>7530* 科技中介服务<br>7540* 创业空间服务<br>7590* 其他科技推广服务业 |

续表

| | | | | | |
|---|---|---|---|---|---|
| | | | | 年日常生活辅助产品、老年用品、老年康复训练及健康促进辅具等新产品的科技推广和应用服务 | |
| | | 0713 | 养老产品质检技术服务 | 指养老相关食品、药品、医疗用品及器材等健康相关产品的质量、检测、检验和出入境检验检疫、测试、鉴定等活动，包括养老相关产品标准化、计量、认证认可活动 | 745* 质检技术服务 |
| | 072 | | **智慧养老服务** | | |
| | | 0721 | 互联网养老服务平台 | 指专门为老年人服务提供第三方服务平台的互联网活动，包括互联网养老服务和产品销售平台、互联网老年旅游出行服务平台等 | 6432* 互联网生活服务平台<br>6434* 互联网公共服务平台 |
| | | 0722 | 养老大数据与云计算服务 | 指养老相关数据处理与存储、大数据处理、云存储、云计算、云加工、区块链技术等服务 | 6450* 互联网数据服务<br>6550* 信息处理和存储支持服务 |
| | | 0723 | 物联网养老技术服务 | 指面向养老行业所开展的物联网咨询、设计、建设、维护、管理等服务，物联网和远程智能安防监控技术服务 | 6532* 物联网技术服务 |
| | | 0729 | 其他智慧养老技术服务 | 指养老服务领域的人工智能等新一代信息技术和智能硬件等产品的技术服务，以及其他与养老相关的应用软件开发与经营，基础环境、网络、软硬件等运行维护，健康信息技术咨询等服务，包括与户籍、医疗、社会保险、社会救助等信息资源对接的国家养老服务管理信息系统的技术服务，以及在保障数据安全的前提下，研发涉及老年人的人口、保障、服务、信用、财产等基础信息分类的养老服务综合信息化平台 | 651* 软件开发<br>6520* 集成电路设计<br>6531* 信息系统集成服务<br>6540* 运行维护服务<br>6560* 信息技术咨询服务<br>6579* 其他数字内容服务<br>659* 其他信息技术服务业 |
| **08** | | | **养老公共管理** | | |
| | **081** | **0810** | **政府养老管理服务** | 指国家及各级民政、教育等部门对养老机构、老年学校安全等管理的活动和其他养老相关的管理和服务活动，如养老机构服务质量监管和老年用品的质量监管，包括研究建立长期照护服务项目、标准、质量评价等行业规范，完善居家、社区、机构相衔接的专业化长期照护服务体系，完善全国统一的老年人能力综合评估标准，统一开展老年人能力综合评估，全面建立经济困难的高龄、失能老年人补贴制度， | 9224* 社会事务管理机构<br>9225* 经济事务管理机构<br>9226* 行政监督检查机构 |

续表

| | | | | | |
|---|---|---|---|---|---|
| | | | | 稳妥推进长期护理保险试点，研究设立全国养老服务工作的评比表彰项目，建立养老服务监测分析与发展评价机制，对依法申报消防设计审核、消防验收和消防备案的养老机构，主动提供消防技术咨询服务，做好养老机构消防审批服务等 | |
| | 082 | 0820 | **养老社会组织服务** | 指养老服务相关的老年协会等社会团体和基金会等提供的养老服务 | 952* 社会团体<br>9530* 基金会 |
| 09 | | | **其他养老服务** | | |
| | 091 | 0910 | **养老传媒服务** | 指养老健康、文化、娱乐、社会参与等相关活动的新闻采访、编辑和发布服务，以及老年人喜闻乐见的图书、报刊及影视剧、戏剧、广播剧等优秀老年文艺作品的制作和发布服务，包括数字广播、电视、互联网、手机 APP 等移动客户端、微博、微信、社区宣传展板等提供的养老信息服务和出版服务 | 642* 互联网信息服务<br>8610* 新闻业<br>8621* 图书出版<br>8622* 报纸出版<br>8623* 期刊出版<br>8624* 音像制品出版<br>8625* 电子出版物出版<br>8626* 数字出版<br>8710* 广播<br>8720* 电视<br>8730* 影视节目制作<br>8740* 广播电视集成播控 |
| | 092 | | **老年法律服务和法律援助** | | |
| | | 0921 | 老年司法援助服务 | 指由政府设立的法律咨询或者法律援助机构组织法律援助的律师，为经济困难或特殊需求老年人提供的免费或优惠的法律服务活动，建立老年人法律维权热线，以及针对老年群体特点开展适应老年人特殊需求的专项法律服务活动，包括为农村和贫困、高龄、空巢、失能等特殊困难老年群体提供的法律服务、法律援助和司法救助，以及保障老年人合法权益的法律援助 | 7231* 律师及相关法律服务<br>7239* 其他法律服务 |
| | | 0922 | 老年公益公证服务 | 指为老年人办理的减免费用的公证服务 | 7232* 公证服务 |
| | 093 | 0930 | **养老相关展览服务** | 指养老用品、康复辅具、健康文化等各类博览、展览或展会等服务，包括设立养老、康复展区的国际进口博览会提供的相关服务 | 7284* 文化会展服务<br>7289* 其他会议、展览及相关服务 |
| | 094 | 0940 | **老年婚姻服务** | 指为老年人提供的婚姻介绍、婚庆典礼等服务 | 8070* 婚姻服务 |

续表

| | | | | | |
|---|---|---|---|---|---|
| | 095 | 0950 | 养老代理服务 | 指有资质的社会组织接受计划生育特殊家庭、孤寡、残疾等特殊老年人委托，依法代为办理入住养老机构、就医等事务 | 7299* 其他未列明商务服务业 |
| | 099 | 0990 | 其他未列明的养老服务 | 指为老年人提供的其他未列明的服务 | 8090* 其他居民服务业 |
| 10 | | | 老年用品及相关产品制造 | | |
| | 101 | 1010 | 老年食品制造 | 指适合老年人群营养健康需求的饮食产品的制造，包括营养食品和保健食品的制造 | 1491* 营养食品制造<br>1492* 保健食品制造 |
| | 102 | 1020 | 老年日用品及辅助产品制造 | 指老年服装、手套、袜子、围巾、帽子、鞋、眼镜、登山杖等日用品和辅助产品的制造；适合老人操作的电脑和移动电话的制造 | 1819* 其他机织服装制造<br>1829* 其他针织或钩针编织服装制造<br>1830* 服饰制造<br>195* 制鞋业<br>3587* 眼镜制造<br>3922* 通信终端设备制造<br>4119* 其他日用杂品制造 |
| | 103 | 1030 | 老年健身产品制造 | 指适合老年人运动的健身自行车、健身球、弹簧拉力器、各种球类用品、钓鱼器具、手腕活动器及户外健身器材等健身产品的制造 | 2441* 球类制造<br>2443* 健身器材制造<br>2449* 其他体育用品制造 |
| | 104 | 1040 | 老年休闲娱乐产品制造 | 指适合老年人娱乐的围棋、象棋、军棋、跳棋、九连环、拼图、小闷盒、扑克牌等益智玩具，体育游艺器材，保龄球、台球、沙狐球、桌式足球等供室内、桌上等游艺及娱乐场所使用的运动游乐设备等制造 | 2319* 包装装潢及其他印刷<br>2459* 其他玩具制造<br>2462* 游艺用品及室内游艺器材制造 |
| | 105 | 1050 | 老年保健用品制造 | 指适合老年人康复、按摩用的保健用品的制造，如艾灸枕、艾灸贴、艾灸帽、刮痧头梳、养生理疗枕以及竹制保健产品等制造 | 1830* 服饰制造<br>2041* 竹制品制造<br>3856* 家用美容、保健护理电器具制造 |
| | 106 | 1060 | 老年药品制造 | 指维护、调节、促进老年人生理、心理机能的原料药、化学药品制剂、天然或人工种植养殖的动植物矿物药材的生产加工活动 | 2710* 化学药品原料药制造<br>2720* 化学药品制剂制造<br>2730* 中药饮片加工<br>2740* 中成药生产 |
| | 107 | 1070 | 老年医疗器械和康复辅具制造 | 指用于病房护理、老年病的康复理疗等医疗设备的制造；适合老年人的成人护理垫、老年纸尿垫、隔 | 3585* 机械治疗及病房护理设备制造<br>3586* 康复辅具制造 |

续表

| | | | | | |
|---|---|---|---|---|---|
| | | | | 尿垫、纸尿片、纸尿裤、充气褥疮坐垫、轮椅、助行器、助听器、按摩垫、按摩球、足底按摩器、揉捏按摩器、如厕辅助器具、认知治疗辅助器具、防止大小便失禁的辅助器具、肠造口护理辅助器具、失禁训练辅助器具以及清洗、盆浴和淋浴辅助器具等产品和零部件的制造 | 3589* 其他医疗设备及器械制造 |
| | 108 | 1080 | **老年智能与可穿戴装备制造** | 指为老年人服务或养老院使用的智能机器人和智能家庭消费设备、康复机器人制造；适合老年人用的可穿戴智能设备制造 | 3961* 可穿戴智能设备制造<br>3964* 服务消费机器人制造<br>3969* 其他智能消费设备制造 |
| | 109 | 1090 | **老年代步车制造** | 指老年人出行所需的三轮、四轮的助动车以及轮椅车的制造 | 3762* 残疾人座车制造<br>3770* 助动车制造 |
| 11 | | | **老年用品及相关产品销售和租赁** | | |
| | 111 | | **老年用品及相关产品销售** | | |
| | | 1111 | 老年营养和保健品销售 | 指专门为老年人生产或专供老年人食用的营养食品，适宜老年人群的保健食品的销售活动，不包括专门为中青年、少年儿童等其他人员食用的营养食品和适宜中青年、少年儿童的保健食品的批发和零售 | 5126* 营养和保健品批发<br>5225* 营养和保健品零售 |
| | | 1112 | 老年日用品及辅助产品销售 | 指专门为老年人生产或专供老年人使用的老年服装、手套、袜子、围巾、帽子、鞋、眼镜、登山杖等日用品和辅助产品，以及适合老人操作的电脑和移动电话的批发和零售 | 5132* 服装批发<br>5133* 鞋帽批发<br>5139* 其他家庭用品批发<br>5177* 通信设备批发<br>5193* 互联网批发<br>5232* 服装零售<br>5233* 鞋帽零售<br>5236* 钟表、眼镜零售<br>5273* 计算机、软件及辅助设备零售<br>5274* 通信设备零售<br>5292* 互联网零售 |
| | | 1113 | 老年保健用品销售 | 指专门为老年人生产或专供老年人康复、按摩用的保健用品的批发和零售，如艾灸枕、艾灸贴、艾灸帽、刮痧头梳、养生理疗枕以及竹制保健产品等的批发与零售 | 5212* 超级市场零售 |

续表

| | | | | | |
|---|---|---|---|---|---|
| | | 1114 | 老年文体产品销售 | 指专门为老年人生产或适合老年人运动使用的健身自行车、健身球、弹簧拉力器、各种球类用品、钓鱼器具、手腕活动器等健身产品的批发和零售，以及适合老年人娱乐的围棋、象棋、军棋、跳棋、九连环、拼图、小闷盒、扑克牌等益智玩具，体育游艺器材，如保龄球、台球、沙狐球、桌式足球等供室内、桌上等游艺及娱乐场所使用的运动游乐设备的批发和零售，也包括养老类图书、报刊、音像制品、电子和数字出版物等文化用品的批发和零售 | 5143* 图书批发<br>5144* 报刊批发<br>5145* 音像制品、电子和数字出版物批发<br>5242* 体育用品及器材零售<br>5243* 图书、报刊零售<br>5244* 音像制品、电子和数字出版物零售<br>5247* 乐器零售<br>5249* 其他文化用品零售<br>5271* 家用视听设备零售 |
| | | 1115 | 老年药品销售 | 指用于老年病的化学药品、生物药品、中成药、中药材、中药饮片（含中药配方颗粒）的批发和零售 | 5151* 西药批发<br>5152* 中药批发<br>5251* 西药零售<br>5252* 中药零售 |
| | | 1116 | 老年医疗器械和康复辅具销售 | 指用于老年病的康复理疗等医疗设备的批发和零售；适合老年人的成人护理垫、老年纸尿垫、隔尿垫、纸尿片、纸尿裤、充气褥疮坐垫、轮椅、助行器、助听器、按摩垫、按摩球、足底按摩器、揉捏按摩器、如厕辅助器具、认知治疗辅助器具、防止大小便失禁的辅助器具、肠造口护理辅助器具、失禁训练辅助器具以及清洗、盆浴和淋浴辅助器具等产品和零部件的批发和零售 | 5154* 医疗用品及器材批发<br>5254* 医疗用品及器材零售<br>5255* 保健辅助治疗器材零售 |
| | | 1117 | 老年智能与可穿戴装备销售 | 指专门为老年人生产或专供老年人用的可穿戴智能设备的批发和零售；为老年人服务或养老院使用的智能机器人和智能家庭消费设备的批发和零售 | 5137* 家用视听设备批发<br>5138* 日用家电批发<br>5179* 其他机械设备及电子产品批发<br>5271* 家用视听设备零售<br>5272* 日用家电零售<br>5279* 其他电子产品零售 |
| | | 1118 | 老年代步车销售 | 指老年人出行所需的三轮、四轮的助动车以及轮椅车的销售 | 5238* 自行车等代步设备零售 |
| | 112 | 1120 | **老年相关产品租赁** | 指为满足老年人基本生活、休闲娱乐、文化体育等需求，而提供的各种产品出租服务，包括养老机构、城乡社区提供的康复辅助器具等老年相关产品的租赁、回收等服务 | 7115* 医疗设备经营租赁<br>7121* 休闲娱乐用品设备出租<br>7122* 体育用品设备出租<br>7123* 文化用品设备出租 |

续表

| | | | | | |
|---|---|---|---|---|---|
| | | | | | 7124* 图书出租<br>7125* 音像制品出租<br>7129* 其他文体设备和用品出租<br>7130* 日用品出租 |
| 12 | | | **养老设施建设** | | |
| | 121 | 1210 | **养老设施建设、改造及装修维修** | 指新建、改建和扩建的为老年人提供居住、生活照料、医疗保健等方面专项或综合服务的老年养护院、养老院和老年日间照料中心等各类养老设施及其服务用房、场地及附属设施的建设与改造活动和建筑装饰、装修、维修等活动，包括特困人员供养服务设施（敬老院）改造提升工程 | 4330* 专用设备修理<br>4790* 其他房屋建筑业<br>4920* 管道和设备安装<br>5011* 公共建筑装饰和装修<br>5013* 建筑幕墙装饰和装修 |
| | 122 | 1220 | **住宅适老化及无障碍改造** | 指适应老年人生活特点和安全需要的家庭住宅装修、家具设施、辅助设备等建设、配备和改造，包括对多层老旧住宅加装电梯；对老年人居住环境进行安全评估，通过方案设计、施工改造、辅具适配、设备配备等方式，改善老年人居住环境，以及无障碍设施的适老化改造 | 4999* 其他建筑安装<br>5012* 住宅装饰和装修 |
| | 123 | 1230 | **公共设施适老化及无障碍改造** | 指对公共设施进行适老化及无障碍改造，局部适老化和无障碍环境功能改善的活动，包括临水和临空的活动场所、踏步及坡道等设施设置安全护栏、扶手及照明设施，老年人自主安全地通行道路、出入相关建筑物、搭乘公共交通工具、交流信息、获得社区服务密切相关的公共设施的无障碍设计与改造，对坡道、楼梯、电梯、扶手等居住区公共设施无障碍改造，公共厕所或公共卫生间的适老化改造，以及老年人生活圈配套设施的建设和完善 | 4910* 电气安装<br>4999* 其他建筑安装 |

## （四）国务院及部门规范性文件

# 国务院关于在市场监管领域全面推行部门联合“双随机、一公开”监管的意见

（国发〔2019〕5号）

**各省、自治区、直辖市人民政府，国务院各部委、各直属机构：**

在市场监管领域全面推行“双随机、一公开”监管，是党中央、国务院作出的重大决策部署，是市场监管理念和方式的重大创新，是深化“放管服”改革、加快政府职能转变的内在要求，是减轻企业负担、优化营商环境的有力举措，是加快信用体系建设、创新事中事后监管的重要内容。为持续深化“放管服”改革，推行部门联合“双随机、一公开”监管，实现市场监管领域全覆盖，现提出如下意见。

### 一、总体要求

以习近平新时代中国特色社会主义思想为指导，全面贯彻党的十九大和十九届二中、三中全会精神，认真落实党中央、国务院决策部署，适应建设现代化经济体系、推动经济高质量发展、推进国家治理体系和治理能力现代化的需要，切实转变监管理念，创新监管方式。实行抽查事项清单管理，避免多头执法、重复检查，规范执法行为，提高监管效能，减轻企业负担，强化信用支撑。在市场监管领域健全以“双随机、一公开”监管为基本手段、以重点监管为补充、以信用监管为基础的新型监管机制，切实做到监管到位、执法必严，使守法守信者畅行天下、违法失信者寸步难行，进一步营造公平竞争的市场环境和法治化、便利化的营商环境。

坚持全面覆盖。将“双随机、一公开”作为市场监管的基本手段和方式，除特殊重点领域外，原则上所有行政检查都应通过双随机抽查的方式进行，取代日常监管原有的巡查制和随意检查，形成常态化管理机制。对抽查中发现的问题线索一查到底、依法处罚，并将处罚结果记于相应市场主体名下，形成对违法失信行为的长效制约。

坚持规范透明。严格依法依规落实市场监管责任，形成科学规范、公平公正、公开透明的“双随机、一公开”监管工作机制。除法律法规明确规定外，抽查事项、抽查计划、抽查结果都要及时、准确、规范向社会公开，实现阳光监管，杜绝任性执法。

坚持问题导向。实施信用风险分类监管，针对突出问题和风险开展双随机抽查，提高监管精准性。在按照抽查计划做好“双随机、一公开”监管的同时，对通过投诉举报、转办交办、数据监测等发现的具体问题要进行有针对性的检查，对发现的问题线索依法依规处理。

坚持协同推进。落实地方各级人民政府责任，建立健全工作机制，全面推行部门联合“双随机、一公开”监管。建立双随机抽查结果部门间共享交换和互认互用机制。

## 二、主要目标

通过在市场监管领域全面推行部门联合“双随机、一公开”监管，增强市场主体信用意识和自我约束力，对违法者“利剑高悬”；切实减少对市场主体正常生产经营活动的干预，对守法者“无事不扰”。强化企业主体责任，实现由政府监管向社会共治的转变，以监管方式创新提升事中事后监管效能。

到2019年底，市场监管部门完成双随机抽查全流程整合，实现“双随机、一公开”监管全覆盖、常态化。到2020年底，实现市场监管领域相关部门“双随机、一公开”监管全覆盖，地方各级人民政府相关部门在市场监管领域联合“双随机、一公开”监管常态化。力争三到五年时间内，市场监管领域新型监管机制更加完善，实现综合监管、智慧监管。

## 三、重点任务

（一）统筹建设监管工作平台。

各省（区、市）人民政府要以国家企业信用信息公示系统和全国信用信息共享平台等为依托，建设本辖区统一的“双随机、一公开”监管工作平台（以下称省级平台），为抽查检查、结果集中统一公示和综合运用提供技术支撑。各地已经建设并使用的工作平台要与省级平台整合融合，避免数据重复录入、多头报送。部门相关监管信息通过省级平台实现互联互通，满足部门联合双随机抽查需求。着力规范计划制订、名单抽取、结果公示、数据存档等各项抽查检查工作程序，做到全程留痕、责任可追溯。

（二）实行抽查事项清单管理。

各有关部门要依照法律、法规、规章规定，建立本部门随机抽查事项清单，明确抽查依据、主体、内容、方式等。市场监管总局要会同有关部门制定联合抽查事项清单、标准和实施办法。各省（区、市）人民政府要统筹建立本辖区统一的市场监管领域随机抽查事项清单。

随机抽查事项分为重点检查事项和一般检查事项。重点检查事项针对涉及安全、质量、公共利益等领域，抽查比例不设上限；抽查比例高的，可以通过随机抽取的方式确定检查批次顺序。一般检查事项针对一般监管领域，抽查比例应根据监管实际情况设置上限。要严格控制重点检查事项的数量和一般检查事项的抽查比例。随机抽查事项清单应根据法律、法规、规章立改废释和工作实际情况等进行动态调整，并及时通过相关网站和平台向社会公开。

（三）建立健全随机抽查“两库”。

各省（区、市）人民政府要统筹建立健全覆盖本辖区各层级、与抽查事项相对应的检查对象名录库和执法检查人员名录库（统称“两库”）。要根据法律法规和部门职责分工，按照“谁审批、谁监管，谁主管、谁监管”的原则，通过分类标注、批量导入等方式，在省级平台分别建立与部门职责相对应的检查对象名录库，避免出现监管真空。检查对象名录库既可以包括企业、个体工商户等市场主体，也可以包括产品、项目、行为等。

执法检查人员名录库应包括所有相关的行政执法类公务员、具有行政执法资格的工作人员和从事日常监管工作的人员，并按照执法资质、业务专长进行分类标注，提高抽查检查专业性。对特定领域的抽查，可在满足执法检查人数要求的基础上，吸收检测机构、科研院所和专家学者等参与，通过听取专家咨询意见等方式辅助抽查，满足专业性抽查需要。要根据检查对象和执法检查人员变动情况，对“两库”进行动态管理。

（四）统筹制订抽查计划。

县级以上地方人民政府结合本地实际及行业主管部门的抽查要求，统筹制订本辖区年度抽查工作计划，涵盖一般检查事项和重点检查事项，明确工作任务和参与部门。年度抽查工作计划可根据工作实际动态调整。要科学确定部门联合抽查的事项和发起、参与部门，实现“进一次门、查多项事”。要按照法律法规规定和当地经济社会发展及监管领域、执法队伍的实际情况，针对不同风险等级、信用水平的检查对象采取差异化分类监管措施，合理确定、动态调整抽查比例、频次和被抽查概率，既保证必要的抽查覆盖面和监管效果，又防止任意检查和执法扰民。

（五）科学实施抽查检查。

县级以上地方人民政府根据年度抽查工作计划，组织领导本辖区内的部门联合“双随机、一公开”监管工作。根据抽查涉及的对象范围和参与部门，通过公开、公正的方式从检查对象名录库中随机抽取检查对象，并根据实际情况随机匹配执法检查人员。抽查可以采取实地核查、书面检查、网络监测等方式；涉及专业领域的，可以委托有资质的机构开展检验检测、财务审计、调查咨询等工作，或依法采用相关机构作出的鉴定结论。鼓励运用信息化手段提高问题发现能力，实现全过程留痕。各有关部门可以根据实际情况，制定详细的随机抽查工作细则和工作指引，对抽查工作程序、项目、方法等作出明确规定，方便基层执法检查人员操作，提高抽查检查规范化水平。

（六）强化抽查检查结果公示运用。

按照“谁检查、谁录入、谁公开”的原则，将抽查检查结果通过国家企业信用信息公示系统和全国信用信息共享平台等进行公示，接受社会监督。对抽查发现的违法违规行为依法加大惩处力度，涉嫌犯罪的及时移送司法机关。实现抽查检查结果政府部门间互认，促进“双随机、一公开”监管与信用监管有效衔接，对抽查发现的违法失信行为依法实施联合惩戒，形成有力震慑，增强市场主体守法自觉性。

（七）做好个案处理和专项检查工作。

在做好“双随机、一公开”监管工作的同时，对通过投诉举报、转办交办、数据监测等发现的违法违规个案线索，要立即实施检查、处置；需要立案查处的，要按照行政处罚程序规定进行调查处理。要坚持问题导向，对通过上述渠道发现的普遍性问题和市场秩序存在的突出风险，要通过双随机抽查等方式，对所涉抽查事项开展有针对性的专项检查，并根据实际情况确定抽查比例，确保不发生系统性、区域性风险。要将抽查检查结果归集至国家企业信用信息公示系统和全国信用信息共享平台等，为开展协同监管和联合惩戒创造条件。对无证无照经营，有关部门应当按照《无证无照经营查处办法》等法律法规的规定予以查处。

## 四、保障措施

（一）加强组织领导。

市场监管、发展改革、教育、公安、人力资源社会保障、生态环境、住房城乡建设、交通运输、农业农村、商务、文化和旅游、卫生健康、应急、海关、税务、统计等市场监管领域有关部门要统一思想认识，优化顶层设计，加强对本系统“双随机、一公开”监管工作的指导、督促。市场监管总局要发挥牵头作用，加强统筹协调，会同各有关部门共同推进各项工作。

地方各级人民政府要切实加强对本辖区“双随机、一公开”监管工作的组织领导，出台具体实施办法，建立市场监管部门牵头的联席会议制度，根据实际情况确定参与部门。合理配置、统筹使用执法资源，提高装备水平，完善档案管理，确保有效监管。通过现有渠道统筹做好部门联合“双随机、一公开”监管经费保障，将各有关部门“双随机、一公开”监管工作情况纳入政府绩效考核体系，加强督查督导。

（二）严格责任落实。

各地区、各有关部门要进一步增强责任意识。对忠于职守、履职尽责的，要给予表扬和鼓励；对未履行、不当履行或违法履行“双随机、一公开”监管职责的，要依法依规严肃处理；涉嫌犯罪的，要移送有关机关依法处理。同时，按照“尽职照单免责、失职照单问责”原则，对严格依据抽查事项清单和相关工作要求开展“双随机、一公开”监管，市场主体出现问题的，应结合执法检查人员工作态度、工作程序方法、客观条件等进行综合分析，该免责的依法依规免予追究相关责任。各地区、各有关部门可以根据实际，细化追责免责相关办法，明确政策标准和评判界线，既严格问责追责，又有效保护基层执法检查人员担当作为、干事创业的积极性。

（三）营造良好环境。

各地区、各有关部门要做好相关法规规章和规范性文件的立改废释工作，推进“双随机、一公开”监管法治化进程。加强干部队伍建设，强化监管执法业务培训，提升市场监管领域“双随机、一公开”监管能力和水平。鼓励各地结合实际大胆探索部门联合“双随机、一公开”监管的新模式，及时总结推广先进经验。加大宣传力度，提升“双随机、一公开”监管的社会影响力和公众知晓度，加快形成政府公正监管、企业诚信自律、社会公众监督的良好氛围。

国务院

2019 年 1 月 27 日

# 国务院关于加强和规范事中事后监管的指导意见

（国发〔2019〕18号）

各省、自治区、直辖市人民政府，国务院各部委、各直属机构：

为深刻转变政府职能，深化简政放权、放管结合、优化服务改革，进一步加强和规范事中事后监管，以公正监管促进公平竞争，加快打造市场化法治化国际化营商环境，提出以下意见。

## 一、总体要求

（一）指导思想。以习近平新时代中国特色社会主义思想为指导，全面贯彻党的十九大和十九届二中、三中全会精神，牢固树立新发展理念，充分发挥市场在资源配置中的决定性作用，更好发挥政府作用，持续深化“放管服”改革，坚持放管结合、并重，把更多行政资源从事前审批转到加强事中事后监管上来，落实监管责任，健全监管规则，创新监管方式，加快构建权责明确、公平公正、公开透明、简约高效的事中事后监管体系，形成市场自律、政府监管、社会监督互为支撑的协同监管格局，切实管出公平、管出效率、管出活力，促进提高市场主体竞争力和市场效率，推动经济社会持续健康发展。

（二）基本原则。

依法监管。坚持权责法定、依法行政，法定职责必须为，法无授权不可为，严格按照法律法规规定履行监管责任，规范监管行为，推进事中事后监管法治化、制度化、规范化。

公平公正。对各类市场主体一视同仁，坚决破除妨碍公平竞争的体制机制障碍，依法保护各类市场主体合法权益，确保权利公平、机会公平、规则公平。

公开透明。坚持以公开为常态、不公开为例外，全面推进政府监管规则、标准、过程、结果等依法公开，让监管执法在阳光下运行，给市场主体以稳定预期。

分级分类。根据不同领域特点和风险程度，区分一般领域和可能造成严重不良后果、涉及安全的重要领域，分别确定监管内容、方式和频次，提升事中事后监管精准化水平。对新兴产业实施包容审慎监管，促进新动能发展壮大。

科学高效。充分发挥现代科技手段在事中事后监管中的作用，依托互联网、大数据、物联网、云计算、人工智能、区块链等新技术推动监管创新，努力做到监管效能最大化、监管成本最优化、对市场主体干扰最小化。

寓管于服。推进政府监管与服务相互结合、相互促进，坚持行“简约”之道，做到程序、要件等删繁就简、利企便民，营造良好发展环境，增强人民群众幸福感、获得感和安全感。

## 二、夯实监管责任

（三）明确监管对象和范围。要严格按照法律法规和“三定”规定明确的监管职责和监管事项，依法对市场主体进行监管，做到监管全覆盖，杜绝监管盲区和真空。除法律法规另有规定外，各部门对负责审批或指导实施的行政许可事项，负责事中事后监管；实行相对集中行政许可权改革的，要加强审管衔接，把监管责任落到实处，确保事有人管、责有人负；对已经取消审批但仍需政府监管的事项，主管部门负责事中事后监管；对下放审批权的事项，要同时调整监管层级，确保审批监管权责统一；对审批改为备案的事项，主管部门要加强核查，对未经备案从事相关经营活动的市场主体依法予以查处；对没有专门执法力量的行业和领域，审批或主管部门可通过委托执法、联合执法等方式，会同相关综合执法部门查处违法违规行为，相关综合执法部门要积极予以支持。

（四）厘清监管事权。各部门要充分发挥在规则和标准制定、风险研判、统筹协调等方面的作用，指导本系统开展事中事后监管。对涉及面广、较为重大复杂的监管领域和监管事项，主责部门要发挥牵头作用，相关部门要协同配合，建立健全工作协调机制。省级人民政府要统筹制定本行政区域内监管计划任务，指导和督促省级部门、市县级人民政府加强和规范监管执法；垂直管理部门要统筹制定本系统监管计划任务，并加强与属地政府的协同配合。市县级人民政府要把主要精力放在加强公正监管上，维护良好的市场秩序。

## 三、健全监管规则和标准

（五）健全制度化监管规则。各部门要围绕服务企业发展，分领域制订全国统一、简明易行的监管规则和标准，并向社会公开，以科学合理的规则标准提升监管有效性，降低遵从和执法成本。对边界模糊、执行弹性大的监管规则和标准，要抓紧清理规范和修订完善。要结合权责清单编制，在国家“互联网+监管”系统监管事项目录清单基础上，全面梳理各级政府和部门职责范围内的监管事项，明确监管主体、监管对象、监管措施、设定依据、处理方式等内容，纳入国家“互联网+监管”系统统一管理并动态更新，提升监管规范化、标准化水平。强化竞争政策的基础性地位，落实并完善公平竞争审查制度，加快清理妨碍全国统一市场和公平竞争的各种规定和做法。

（六）加强标准体系建设。加快建立完善各领域国家标准和行业标准，明确市场主体应当执行的管理标准、技术标准、安全标准、产品标准，严格依照标准开展监管。精简整合强制性标准，重点加强安全、卫生、节能、环保等领域的标准建设，优化强制性标准底线。鼓励企业、社会团体制定高于强制性标准的标准，开展标准自我声明公开并承诺执行落实，推动有关产品、技术、质量、服务等标准与国际接轨互认。适应新经济新技术发展趋势，及时修订调整已有标准，加快新产业新业态标准的研究制定。加强质量认证体系建设，对涉及安全、健康、环保等方面的产品依法实施强制性认证。

## 四、创新和完善监管方式

（七）深入推进“互联网+监管”。依托国家“互联网+监管”系统，连通汇聚全国信用信息共享平台、国家企业信用信息公示系统等重要监管平台数据，以及各级政府部门、社会投诉举报、第三方平台等数据，加强监管信息归集共享，将政府履职过程中形成的行政检查、行政处罚、行政强制等信息以及司法判决、违法失信、抽查抽检等信息进行关联整合，并归集到相关市场主体名下。充分运用大数据等技术，加强对风险的跟踪预警。探索推行以远程监管、移动监管、预警防控为特征的非现场监管，提升监管精准化、智能化水平。

（八）提升信用监管效能。以统一社会信用代码为标识，依法依规建立权威、统一、可查询的市场主体信用记录。大力推行信用承诺制度，将信用承诺履行情况纳入信用记录。推进信用分级分类监管，依据企业信用情况，在监管方式、抽查比例和频次等方面采取差异化措施。规范认定并设立市场主体信用“黑名单”，建立企业信用与自然人信用挂钩机制，强化跨行业、跨领域、跨部门失信联合惩戒，对失信主体在行业准入、项目审批、获得信贷、发票领用、出口退税、出入境、高消费等方面依法予以限制。建立健全信用修复、异议申诉等机制。在保护涉及公共安全、国家秘密、商业秘密和个人隐私等信息的前提下，依法公开在行政管理中掌握的信用信息，为社会公众提供便捷高效的信用查询服务。

（九）全面实施“双随机、一公开”监管。在市场监管领域全面实行随机抽取检查对象、随机选派执法检查人员、抽查情况及查处结果及时向社会公开，除特殊行业、重点领域外，原则上所有日常涉企行政检查都应通过“双随机、一公开”的方式进行。不断完善“双随机、一公开”监管相关配套制度和工作机制，健全跨部门随机抽查事项清单，将更多事项纳入跨部门联合抽查范围。将随机抽查的比例频次、被抽查概率与抽查对象的信用等级、风险程度挂钩，对有不良信用记录、风险高的要加大抽查力度，对信用较好、风险较低的可适当减少抽查。抽查结果要分别通过国家企业信用信息公示系统、“信用中国”网站、国家“互联网+监管”系统等全面进行公示。

（十）对重点领域实行重点监管。对直接涉及公共安全和人民群众生命健康等特殊重点领域，依法依规实行全覆盖的重点监管，强化全过程质量管理，加强安全生产监管执法，严格落实生产、经营、使用、检测、监管等各环节质量和安全责任，守住质量和安全底线。对食品、药品、医疗器械、特种设备等重点产品，建立健全以产品编码管理为手段的追溯体系，形成来源可查、去向可追、责任可究的信息链条。地方各级政府可根据区域和行业风险特点，探索建立重点监管清单制度，严格控制重点监管事项数量，规范重点监管程序，并筛选确定重点监管的生产经营单位，实行跟踪监管、直接指导。

（十一）落实和完善包容审慎监管。对新技术、新产业、新业态、新模式，要按照鼓励创新原则，留足发展空间，同时坚守质量和安全底线，严禁简单封杀或放任不管。加强对新生事物发展规律研究，分类量身定制监管规则和标准。对看得准、有发展前景的，要引导其健康规范发展；对一时看不准的，设置一定的“观察期”，对出现的问题及时引导或处置；对潜在风险大、可能造成严重不良后果的，严格监管；对非法经营的，坚决依法予以查处。推进线上线下一体化监管，统一执法标准和尺度。

（十二）依法开展案件查办。对监管中发现的违法违规问题，综合运用行政强制、行政处罚、联合惩戒、移送司法机关处理等手段，依法进行惩处。对情节轻微、负面影响较小的苗头性问题，在坚持依法行政的同时，主要采取约谈、警告、责令改正等措施，及时予以纠正。对情节和后果严重的，要依法责令下架召回、停工停产或撤销吊销相关证照，涉及犯罪的要及时移送司法机关处理。建立完善违法严惩制度、惩罚性赔偿和巨额罚款制度、终身禁入机制，让严重违法者付出高昂成本。

## 五、构建协同监管格局

（十三）加强政府协同监管。加快转变传统监管方式，打破条块分割，打通准入、生产、流通、消费等监管环节，建立健全跨部门、跨区域执法联动响应和协作机制，实现违法线索互联、监管标准互通、处理结果互认。深化市场监管、生态环境保护、交通运输、农业、文化市场综合行政执法改革，在其他具备条件的领域也要积极推进综合行政执法改革，统筹配置行政处罚职能和执法资源，相对集中行政处罚权，整合精简执法队伍，推进行政执法权限和力量向基层乡镇街道延伸下沉，逐步实现基层一支队伍管执法，解决多头多层重复执法问题。

（十四）强化市场主体责任。建立完善市场主体首负责任制，促使市场主体在安全生产、质量管理、营销宣传、售后服务、诚信纳税等方面加强自我监督、履行法定义务。督促涉及公众健康和安全等的企业建立完善内控和风险防范机制，落实专人负责，强化员工安全教育，加强内部安全检查。规范企业信息披露，进一步加强年报公示，推行“自我声明+信用管理”模式，推动企业开展标准自我声明和服务质量公开承诺。加快建立产品质量安全事故强制报告制度，切实保障公众知情权。

（十五）提升行业自治水平。推动行业协会商会建立健全行业经营自律规范、自律公约和职业道德准则，规范会员行为。鼓励行业协会商会参与制定国家标准、行业规划和政策法规，制定发布行业产品和服务标准。发挥行业协会商会在权益保护、纠纷处理、行业信用建设和信用监管等方面的作用，支持行业协会商会开展或参与公益诉讼、专业调解工作。规范行业协会商会收费、评奖、认证等行为。

（十六）发挥社会监督作用。建立“吹哨人”、内部举报人等制度，对举报严重违法违规行为和重大风险隐患的有功人员予以重奖和严格保护。畅通群众监督渠道，整合优化政府投诉举报平台功能，力争做到“一号响应”。依法规范牟利性“打假”和索赔行为。培育信用服务机构，鼓励开展信用评级和第三方评估。发挥会计、法律、资产评估、认证检验检测、公证、仲裁、税务等专业机构的监督作用，在监管执法中更多参考专业意见。强化舆论监督，持续曝光典型案件，震慑违法行为。

## 六、提升监管规范性和透明度

（十七）规范涉企行政检查和处罚。对涉企现场检查事项进行全面梳理论证，通过取消、整合、转为非现场检查等方式，压减重复或不必要的检查事项，着力解决涉企现场检查事项多、频次高、随意检查等问题。清理规范行政处罚事项，对重复处罚、标准不一、上位法已作调整的事项及时进行精简和规范。加强行政执法事项目录管理，从源头上减少不必要的执法事项。健全行政执法自由裁量基准制度，合理确定裁量范围、种类和幅度，严格限定裁量权的行使。禁止将罚没收入与行政执法机关利益挂钩。

（十八）全面推进监管执法公开。聚焦行政执法的源头、过程、结果等关键环节，严格落实行政执法公示、执法全过程记录、重大执法决定法制审核制度。建立统一的执法信息公示平台，按照“谁执法谁公示”原则，除涉及国家秘密、商业秘密、个人隐私等依法不予公开的信息外，行政执法职责、依据、程序、结果等都应对社会公开。对行政执法的启动、调查取证、审核决定、送达执行等全过程进行记录，做到全程留痕和可回溯管理。重大行政执法决定必须经过法制审核，未经法制审核或审核未通过的，不得作出决定。

（十九）健全尽职免责、失职问责办法。全面落实行政执法责任制和问责制，促进监管执法部门和工作人员履职尽责、廉洁自律、公平公正执法。对忠于职守、履职尽责的，要给予表扬和鼓励；对未履行、不当履行或违法履行监管职责的，严肃追责问责；涉嫌犯罪的，移送有关机关依法处理。加快完善各监管执法领域尽职免责办法，明确履职标准和评判界线，对严格依据法律法规履行监管职责、监管对象出现问题的，应结合动机态度、客观条件、程序方法、性质程度、后果影响以及挽回损失等情况进行综合分析，符合条件的要予以免责。

## 七、强化组织保障

（二十）认真抓好责任落实。各地区、各部门要认真贯彻落实党中央、国务院决策部署，按照本意见提出的各项措施和要求，落实和强化监管责任，科学配置监管资源，鼓励基层探索创新，细化实化监管措施，切实维护公平竞争秩序。将地方政府公正监管水平纳入中国营商环境评价指标体系。国务院办公厅负责对本意见落实工作的跟踪督促，确保各项任务和措施落实到位。

（二十一）加强法治保障。按照重大改革于法有据的要求，根据监管工作需要和经济社会发展变化，加快推进相关法律法规和规章立改废释工作，为事中事后监管提供健全的法治保障。加强监管执法与司法的衔接，建立监管部门、公安机关、检察机关间案情通报机制，完善案件移送标准和程序。

（二十二）加强监管能力建设。加快建设高素质、职业化、专业化的监管执法队伍，扎实做好技能提升工作，大力培养“一专多能”的监管执法人员。推进人财物等监管资源向基层下沉，保障基层经费和装备投入。推进执法装备标准化建设，提高现代科技手段在执法办案中的应用水平。

国务院

2019 年 9 月 6 日

# 国务院办公厅关于推广随机抽查规范事中事后监管的通知

（国办发〔2015〕58 号）

各省、自治区、直辖市人民政府，国务院各部委、各直属机构：

为贯彻落实党中央、国务院关于深化行政体制改革，加快转变政府职能，进一步推进简政放权、放管结合、优化服务的部署和要求，创新政府管理方式，规范市场执法行为，切实解决当前一些领域存在的检查任性和执法扰民、执法不公、执法不严等问题，营造公平竞争的发展环境，推动大众创业、万众创新，经国务院同意，现就推广随机抽查、规范事中事后监管通知如下：

## 一、总体要求

认真贯彻落实党的十八大和十八届二中、三中、四中全会精神，按照《国务院关于印发 2015 年推进简政放权放管结合转变政府职能工作方案的通知》（国发〔2015〕29 号）部署，大力推广随机抽查，规范监管行为，创新管理方式，强化市场主体自律和社会监督，着力解决群众反映强烈的突出问题，提高监管效能，激发市场活力。

——坚持依法监管。严格执行有关法律法规，规范事中事后监管，落实监管责任，确保事中事后监管依法有序进行，推进随机抽查制度化、规范化。

——坚持公正高效。规范行政权力运行，切实做到严格规范公正文明执法，提升监管效能，减轻市场主体负担，优化市场环境。

——坚持公开透明。实施随机抽查事项公开、程序公开、结果公开，实行“阳光执法”，保障市场主体权利平等、机会平等、规则平等。

——坚持协同推进。在事中事后监管领域建立健全随机抽查机制，形成统一的市场监管信息平台，探索推进跨部门跨行业联合随机抽查。

## 二、大力推广随机抽查监管

（一）制定随机抽查事项清单。法律法规规章没有规定的，一律不得擅自开展检查。对法律法规规章规定的检查事项，要大力推广随机抽查，不断提高随机抽查在检查工作中的比重。要制定随机抽查事项清单，明确抽查依据、抽查主体、抽查内容、抽查方式等。随机抽查事项清单根据法律法规规章修订情况和工作实际进行动态调整，及时向社会公布。

（二）建立“双随机”抽查机制。要建立随机抽取检查对象、随机选派执法检查人员的“双随机”抽查机制，严格限制监管部门自由裁量权。建立健全市场主体名录库和执法检查人员名录库，通过摇号等方式，从市场主体名录库中随机抽取检查对象，从执法检查人员名录库中随机选派执法检查人员。推广运用电子化手段，对“双随机”抽查做到全程留痕，实现责任可追溯。

（三）合理确定随机抽查的比例和频次。要根据当地经济社会发展和监管领域实际情况，合理确定随机抽查的比例和频次，既要保证必要的抽查覆盖面和工作力度，又要防止检查过多和执法扰民。对投诉举报多、列入经营异常名录或有严重违法违规记录等情况的市场主体，要加大随机抽查力度。

（四）加强抽查结果运用。对抽查发现的违法违规行为，要依法依规加大惩处力度，形成有效震慑，增强市场主体守法的自觉性。抽查情况及查处结果要及时向社会公布，接受社会监督。

## 三、加快配套制度机制建设

（一）抓紧建立统一的市场监管信息平台。加快政府部门之间、上下之间监管信息的互联互通，依托全国企业信用信息公示系统，整合形成统一的市场监管信息平台，及时公开监管信息，形成监管合力。

（二）推进随机抽查与社会信用体系相衔接。建立健全市场主体诚信档案、失信联合惩戒和黑名单制度。在随机抽查工作中，要根据市场主体的信用情况，采取针对性强的监督检查方式，将随机抽查结果纳入市场主体的社会信用记录，让失信者一处违规、处处受限。

（三）探索开展联合抽查。县级以上地方人民政府要结合本地实际，协调组织相关部门开展联合抽查。按照“双随机”要求，制订并实施联合抽查计划，对同一市场主体的多个检查事项，原则上应一次性完成，提高执法效能，降低市场主体成本。

## 四、工作要求

（一）加强组织领导。推广随机抽查是简政放权、放管结合、优化服务的重要举措。各有关部门要加强对随机抽查工作的指导和督促。县级以上地方人民政府要加强对本地区随机抽查监管的统筹协调，建立健全相应工作机制，充实并合理调配一线执法检查力量，加强跨部门协同配合，不断提高检查水平，切实把随机抽查监管落到实处。

（二）严格落实责任。各地区、各有关部门要进一步增强责任意识，大力推广随机抽查，公平、有效、透明地进行事中事后监管，切实履行法定监管职责。对监管工作中失职渎职的，依法依规严肃处理。

（三）加强宣传培训。随机抽查是事中事后监管方式的探索和创新，各地区、各有关部门要加大宣传力度，加强执法人员培训，转变执法理念，探索完善随机抽查监管办法，不断提高执法能力。

随机抽查不仅要在市场监管领域推广，也要在各部门的检查工作中广泛运用。各部门要根据本通知要求，抓紧制订实施方案，细化在本部门、本领域推广随机抽查的任务安排和时间进度要求，于 2015 年 9 月底前报国务院推进职能转变协调小组。国务院推进职能转变协调小组办公室要加强统筹协调，抓好督促落实，总结交流经验，务求推广随机抽查工作取得实效，把简政放权改革向纵深推进，为经济社会发展营造公平竞争的市场环境。

国务院办公厅

2015 年 7 月 29 日

# 国务院办公厅关于印发消防安全责任制实施办法的通知

（国办发〔2017〕87号）

各省、自治区、直辖市人民政府，国务院各部委、各直属机构：

《消防安全责任制实施办法》已经国务院同意，现印发给你们，请认真贯彻执行。

国务院办公厅

2017年10月29日

（此件公开发布）

## 消防安全责任制实施办法

### 第一章 总 则

**第一条** 为深入贯彻《中华人民共和国消防法》《中华人民共和国安全生产法》和党中央、国务院关于安全生产及消防安全的重要决策部署，按照政府统一领导、部门依法监管、单位全面负责、公民积极参与的原则，坚持党政同责、一岗双责、齐抓共管、失职追责，进一步健全消防安全责任制，提高公共消防安全水平，预防火灾和减少火灾危害，保障人民群众生命财产安全，制定本办法。

**第二条** 地方各级人民政府负责本行政区域内的消防工作，政府主要负责人为第一责任人，分管负责人为主要责任人，班子其他成员对分管范围内的消防工作负领导责任。

**第三条** 国务院公安部门对全国的消防工作实施监督管理。县级以上地方人民政府公安机关对本行政区域内的消防工作实施监督管理。县级以上人民政府其他有关部门按照管行业必须管安全、管业务必须管安全、管生产经营必须管安全的要求，在各自职责范围内依法依规做好本行业、本系统的消防安全工作。

**第四条** 坚持安全自查、隐患自除、责任自负。机关、团体、企业、事业等单位是消防安全的责任主体，法定代表人、主要负责人或实际控制人是本单位、本场所消防安全责任人，对本单位、本场所消防安全全面负责。

消防安全重点单位应当确定消防安全管理人，组织实施本单位的消防安全管理工作。

**第五条** 坚持权责一致、依法履职、失职追责。对不履行或不按规定履行消防安全职责的单位和个人，依法依规追究责任。

## 第二章　地方各级人民政府消防工作职责

**第六条**　县级以上地方各级人民政府应当落实消防工作责任制，履行下列职责：

（一）贯彻执行国家法律法规和方针政策，以及上级党委、政府关于消防工作的部署要求，全面负责本地区消防工作，每年召开消防工作会议，研究部署本地区消防工作重大事项。每年向上级人民政府专题报告本地区消防工作情况。健全由政府主要负责人或分管负责人牵头的消防工作协调机制，推动落实消防工作责任。

（二）将消防工作纳入经济社会发展总体规划，将包括消防安全布局、消防站、消防供水、消防通信、消防车通道、消防装备等内容的消防规划纳入城乡规划，并负责组织实施，确保消防工作与经济社会发展相适应。

（三）督促所属部门和下级人民政府落实消防安全责任制，在农业收获季节、森林和草原防火期间、重大节假日和重要活动期间以及火灾多发季节，组织开展消防安全检查。推动消防科学研究和技术创新，推广使用先进消防和应急救援技术、设备。组织开展经常性的消防宣传工作。大力发展消防公益事业。采取政府购买公共服务等方式，推进消防教育培训、技术服务和物防、技防等工作。

（四）建立常态化火灾隐患排查整治机制，组织实施重大火灾隐患和区域性火灾隐患整治工作。实行重大火灾隐患挂牌督办制度。对报请挂牌督办的重大火灾隐患和停产停业整改报告，在7个工作日内作出同意或不同意的决定，并组织有关部门督促隐患单位采取措施予以整改。

（五）依法建立公安消防队和政府专职消防队。明确政府专职消防队公益属性，采取招聘、购买服务等方式招录政府专职消防队员，建设营房，配齐装备；按规定落实其工资、保险和相关福利待遇。

（六）组织领导火灾扑救和应急救援工作。组织制定灭火救援应急预案，定期组织开展演练；建立灭火救援社会联动和应急反应处置机制，落实人员、装备、经费和灭火药剂等保障，根据需要调集灭火救援所需工程机械和特殊装备。

（七）法律、法规、规章规定的其他消防工作职责。

**第七条**　省、自治区、直辖市人民政府除履行第六条规定的职责外，还应当履行下列职责：

（一）定期召开政府常务会议、办公会议，研究部署消防工作。

（二）针对本地区消防安全特点和实际情况，及时提请同级人大及其常委会制定、修订地方性法规，组织制定、修订政府规章、规范性文件。

（三）将消防安全的总体要求纳入城市总体规划，并严格审核。

（四）加大消防投入，保障消防事业发展所需经费。

**第八条**　市、县级人民政府除履行第六条规定的职责外，还应当履行下列职责：

（一）定期召开政府常务会议、办公会议，研究部署消防工作。

（二）科学编制和严格落实城乡消防规划，预留消防队站、训练设施等建设用地。加强消防水源建设，按照规定建设市政消防供水设施，制定市政消防水源管理办法，明确建设、管理维护部门和单位。

（三）在本级政府预算中安排必要的资金，保障消防站、消防供水、消防通信等公共消防设施和消防装备建设，促进消防事业发展。

（四）将消防公共服务事项纳入政府民生工程或为民办实事工程；在社会福利机构、幼儿园、托儿所、居民家庭、小旅馆、群租房以及住宿与生产、储存、经营合用的场所推广安装简易喷淋装置、独立式感烟火灾探测报警器。

（五）定期分析评估本地区消防安全形势，组织开展火灾隐患排查整治工作；对重大火灾隐患，应当组织有关部门制定整改措施，督促限期消除。

（六）加强消防宣传教育培训，有计划地建设公益性消防科普教育基地，开展消防科普教育活动。

（七）按照立法权限，针对本地区消防安全特点和实际情况，及时提请同级人大及其常委会制定、修订地方性法规，组织制定、修订地方政府规章、规范性文件。

**第九条**　乡镇人民政府消防工作职责：

（一）建立消防安全组织，明确专人负责消防工作，制定消防安全制度，落实消防安全措施。

（二）安排必要的资金，用于公共消防设施建设和业务经费支出。

（三）将消防安全内容纳入镇总体规划、乡规划，并严格组织实施。

（四）根据当地经济发展和消防工作的需要建立专职消防队、志愿消防队，承担火灾扑救、应急救援等职能，并开展消防宣传、防火巡查、隐患查改。

（五）因地制宜落实消防安全“网格化”管理的措施和要求，加强消防宣传和应急疏散演练。

（六）部署消防安全整治，组织开展消防安全检查，督促整改火灾隐患。

（七）指导村（居）民委员会开展群众性的消防工作，确定消防安全管理人，制定防火安全公约，根据需要建立志愿消防队或微型消防站，开展防火安全检查、消防宣传教育和应急疏散演练，提高城乡消防安全水平。

街道办事处应当履行前款第（一）、（四）、（五）、（六）、（七）项职责，并保障消防工作经费。

**第十条**　开发区管理机构、工业园区管理机构等地方人民政府的派出机关，负责管理区域内的消防工作，按照本办法履行同级别人民政府的消防工作职责。

**第十一条**　地方各级人民政府主要负责人应当组织实施消防法律法规、方针政策和上级部署要求，定期研究部署消防工作，协调解决本行政区域内的重大消防安全问题。

地方各级人民政府分管消防安全的负责人应当协助主要负责人，综合协调本行政区域内的消防工作，督促检查各有关部门、下级政府落实消防工作的情况。班子其他成员要定期研究部署分管领域的消防工作，组织工作督查，推动分管领域火灾隐患排查整治。

## 第三章　县级以上人民政府工作部门消防安全职责

**第十二条**　县级以上人民政府工作部门应当按照谁主管、谁负责的原则，在各自职责范围内履行下列职责：

（一）根据本行业、本系统业务工作特点，在行业安全生产法规政策、规划计划和应急预案中纳入消防安全内容，提高消防安全管理水平。

（二）依法督促本行业、本系统相关单位落实消防安全责任制，建立消防安全管理制度，确定专（兼）职消防安全管理人员，落实消防工作经费；开展针对性消防安全检查治理，消除火灾隐患；加强消防宣传教育培训，每年组织应急演练，提高行业从业人员消防安全意识。

（三）法律、法规和规章规定的其他消防安全职责。

**第十三条** 具有行政审批职能的部门，对审批事项中涉及消防安全的法定条件要依法严格审批，凡不符合法定条件的，不得核发相关许可证照或批准开办。对已经依法取得批准的单位，不再具备消防安全条件的应当依法予以处理。

（一）公安机关负责对消防工作实施监督管理，指导、督促机关、团体、企业、事业等单位履行消防工作职责。依法实施建设工程消防设计审核、消防验收，开展消防监督检查，组织针对性消防安全专项治理，实施消防行政处罚。组织和指挥火灾现场扑救，承担或参加重大灾害事故和其他以抢救人员生命为主的应急救援工作。依法组织或参与火灾事故调查处理工作，办理失火罪和消防责任事故罪案件。组织开展消防宣传教育培训和应急疏散演练。

（二）教育部门负责学校、幼儿园管理中的行业消防安全。指导学校消防安全教育宣传工作，将消防安全教育纳入学校安全教育活动统筹安排。

**（三）民政部门负责社会福利、特困人员供养、救助管理、未成年人保护、婚姻、殡葬、救灾物资储备、烈士纪念、军休军供、优抚医院、光荣院、养老机构等民政服务机构审批或管理中的行业消防安全。**

（四）人力资源社会保障部门负责职业培训机构、技工院校审批或管理中的行业消防安全。做好政府专职消防队员、企业专职消防队员依法参加工伤保险工作。将消防法律法规和消防知识纳入公务员培训、职业培训内容。

（五）城乡规划管理部门依据城乡规划配合制定消防设施布局专项规划，依据规划预留消防站规划用地，并负责监督实施。

（六）住房城乡建设部门负责依法督促建设工程责任单位加强对房屋建筑和市政基础设施工程建设的安全管理，在组织制定工程建设规范以及推广新技术、新材料、新工艺时，应充分考虑消防安全因素，满足有关消防安全性能及要求。

（七）交通运输部门负责在客运车站、港口、码头及交通工具管理中依法督促有关单位落实消防安全主体责任和有关消防工作制度。

（八）文化部门负责文化娱乐场所审批或管理中的行业消防安全工作，指导、监督公共图书馆、文化馆（站）、剧院等文化单位履行消防安全职责。

（九）卫生计生部门负责医疗卫生机构、计划生育技术服务机构审批或管理中的行业消防安全。

（十）工商行政管理部门负责依法对流通领域消防产品质量实施监督管理，查处流通领域消防产品质量违法行为。

（十一）质量技术监督部门负责依法督促特种设备生产单位加强特种设备生产过程中

的消防安全管理，在组织制定特种设备产品及使用标准时，应充分考虑消防安全因素，满足有关消防安全性能及要求，积极推广消防新技术在特种设备产品中的应用。按照职责分工对消防产品质量实施监督管理，依法查处消防产品质量违法行为。做好消防安全相关标准制修订工作，负责消防相关产品质量认证监督管理工作。

（十二）新闻出版广电部门负责指导新闻出版广播影视机构消防安全管理，协助监督管理印刷业、网络视听节目服务机构消防安全。督促新闻媒体发布针对性消防安全提示，面向社会开展消防宣传教育。

（十三）安全生产监督管理部门要严格依法实施有关行政审批，凡不符合法定条件的，不得核发有关安全生产许可。

**第十四条** 具有行政管理或公共服务职能的部门，应当结合本部门职责为消防工作提供支持和保障。

（一）发展改革部门应当将消防工作纳入国民经济和社会发展中长期规划。地方发展改革部门应当将公共消防设施建设列入地方固定资产投资计划。

（二）科技部门负责将消防科技进步纳入科技发展规划和中央财政科技计划（专项、基金等）并组织实施。组织指导消防安全重大科技攻关、基础研究和应用研究，会同有关部门推动消防科研成果转化应用。将消防知识纳入科普教育内容。

（三）工业和信息化部门负责指导督促通信业、通信设施建设以及民用爆炸物品生产、销售的消防安全管理。依据职责负责危险化学品生产、储存的行业规划和布局。将消防产业纳入应急产业同规划、同部署、同发展。

（四）司法行政部门负责指导监督监狱系统、司法行政系统强制隔离戒毒场所的消防安全管理。将消防法律法规纳入普法教育内容。

（五）财政部门负责按规定对消防资金进行预算管理。

（六）商务部门负责指导、督促商贸行业的消防安全管理工作。

（七）房地产管理部门负责指导、督促物业服务企业按照合同约定做好住宅小区共用消防设施的维护管理工作，并指导业主依照有关规定使用住宅专项维修资金对住宅小区共用消防设施进行维修、更新、改造。

（八）电力管理部门依法对电力企业和用户执行电力法律、行政法规的情况进行监督检查，督促企业严格遵守国家消防技术标准，落实企业主体责任。推广采用先进的火灾防范技术设施，引导用户规范用电。

（九）燃气管理部门负责加强城镇燃气安全监督管理工作，督促燃气经营者指导用户安全用气并对燃气设施定期进行安全检查、排除隐患，会同有关部门制定燃气安全事故应急预案，依法查处燃气经营者和燃气用户等各方主体的燃气违法行为。

（十）人防部门负责对人民防空工程的维护管理进行监督检查。

（十一）文物部门负责文物保护单位、世界文化遗产和博物馆的行业消防安全管理。

（十二）体育、宗教事务、粮食等部门负责加强体育类场馆、宗教活动场所、储备粮储存环节等消防安全管理，指导开展消防安全标准化管理。

（十三）银行、证券、保险等金融监管机构负责督促银行业金融机构、证券业机构、保险机构及服务网点、派出机构落实消防安全管理。保险监管机构负责指导保险公司开展火灾公众责任保险业务，鼓励保险机构发挥火灾风险评估管控和火灾事故预防功能。

（十四）农业、水利、交通运输等部门应当将消防水源、消防车通道等公共消防设施纳入相关基础设施建设工程。

（十五）互联网信息、通信管理等部门应当指导网站、移动互联网媒体等开展公益性消防安全宣传。

（十六）气象、水利、地震部门应当及时将重大灾害事故预警信息通报公安消防部门。

（十七）负责公共消防设施维护管理的单位应当保持消防供水、消防通信、消防车通道等公共消防设施的完好有效。

## 第四章　单位消防安全职责

**第十五条**　机关、团体、企业、事业等单位应当落实消防安全主体责任，履行下列职责：

（一）明确各级、各岗位消防安全责任人及其职责，制定本单位的消防安全制度、消防安全操作规程、灭火和应急疏散预案。定期组织开展灭火和应急疏散演练，进行消防工作检查考核，保证各项规章制度落实。

（二）保证防火检查巡查、消防设施器材维护保养、建筑消防设施检测、火灾隐患整改、专职或志愿消防队和微型消防站建设等消防工作所需资金的投入。生产经营单位安全费用应当保证适当比例用于消防工作。

（三）按照相关标准配备消防设施、器材，设置消防安全标志，定期检验维修，对建筑消防设施每年至少进行一次全面检测，确保完好有效。设有消防控制室的，实行 24 小时值班制度，每班不少于 2 人，并持证上岗。

（四）保障疏散通道、安全出口、消防车通道畅通，保证防火防烟分区、防火间距符合消防技术标准。人员密集场所的门窗不得设置影响逃生和灭火救援的障碍物。保证建筑构件、建筑材料和室内装修装饰材料等符合消防技术标准。

（五）定期开展防火检查、巡查，及时消除火灾隐患。

（六）根据需要建立专职或志愿消防队、微型消防站，加强队伍建设，定期组织训练演练，加强消防装备配备和灭火药剂储备，建立与公安消防队联勤联动机制，提高扑救初起火灾能力。

（七）消防法律、法规、规章以及政策文件规定的其他职责。

**第十六条**　消防安全重点单位除履行第十五条规定的职责外，还应当履行下列职责：

（一）明确承担消防安全管理工作的机构和消防安全管理人并报知当地公安消防部门，组织实施本单位消防安全管理。消防安全管理人应当经过消防培训。

（二）建立消防档案，确定消防安全重点部位，设置防火标志，实行严格管理。

（三）安装、使用电器产品、燃气用具和敷设电气线路、管线必须符合相关标准和用电、用气安全管理规定，并定期维护保养、检测。

（四）组织员工进行岗前消防安全培训，定期组织消防安全培训和疏散演练。

（五）根据需要建立微型消防站，积极参与消防安全区域联防联控，提高自防自救能力。

（六）积极应用消防远程监控、电气火灾监测、物联网技术等技防物防措施。

**第十七条** 对容易造成群死群伤火灾的人员密集场所、易燃易爆单位和高层、地下公共建筑等火灾高危单位，除履行第十五条、第十六条规定的职责外，还应当履行下列职责：

（一）定期召开消防安全工作例会，研究本单位消防工作，处理涉及消防经费投入、消防设施设备购置、火灾隐患整改等重大问题。

（二）鼓励消防安全管理人取得注册消防工程师执业资格，消防安全责任人和特有工种人员须经消防安全培训；自动消防设施操作人员应取得建（构）筑物消防员资格证书。

（三）专职消防队或微型消防站应当根据本单位火灾危险特性配备相应的消防装备器材，储备足够的灭火救援药剂和物资，定期组织消防业务学习和灭火技能训练。

（四）按照国家标准配备应急逃生设施设备和疏散引导器材。

（五）建立消防安全评估制度，由具有资质的机构定期开展评估，评估结果向社会公开。

（六）参加火灾公众责任保险。

**第十八条** 同一建筑物由两个以上单位管理或使用的，应当明确各方的消防安全责任，并确定责任人对共用的疏散通道、安全出口、建筑消防设施和消防车通道进行统一管理。

物业服务企业应当按照合同约定提供消防安全防范服务，对管理区域内的共用消防设施和疏散通道、安全出口、消防车通道进行维护管理，及时劝阻和制止占用、堵塞、封闭疏散通道、安全出口、消防车通道等行为，劝阻和制止无效的，立即向公安机关等主管部门报告。定期开展防火检查巡查和消防宣传教育。

**第十九条** 石化、轻工等行业组织应当加强行业消防安全自律管理，推动本行业消防工作，引导行业单位落实消防安全主体责任。

**第二十条** 消防设施检测、维护保养和消防安全评估、咨询、监测等消防技术服务机构和执业人员应当依法获得相应的资质、资格，依法依规提供消防安全技术服务，并对服务质量负责。

**第二十一条** 建设工程的建设、设计、施工和监理等单位应当遵守消防法律、法规、规章和工程建设消防技术标准，在工程设计使用年限内对工程的消防设计、施工质量承担终身责任。

## 第五章 责任落实

**第二十二条** 国务院每年组织对省级人民政府消防工作完成情况进行考核，考核结果交由中央干部主管部门，作为对各省级人民政府主要负责人和领导班子综合考核评价的重要依据。

**第二十三条** 地方各级人民政府应当建立健全消防工作考核评价体系，明确消防工作目标责任，纳入日常检查、政务督查的重要内容，组织年度消防工作考核，确保消防安全责任落实。加强消防工作考核结果运用，建立与主要负责人、分管负责人和直接责任人履职评定、奖励惩处相挂钩的制度。

**第二十四条** 地方各级消防安全委员会、消防安全联席会议等消防工作协调机制应当定期召开成员单位会议，分析研判消防安全形势，协调指导消防工作开展，督促解决消防工作重大问题。

**第二十五条** 各有关部门应当建立单位消防安全信用记录，纳入全国信用信息共享平台，作为信用评价、项目核准、用地审批、金融扶持、财政奖补等方面的参考依据。

**第二十六条** 公安机关及其工作人员履行法定消防工作职责时，应当做到公正、严格、文明、高效。

公安机关及其工作人员进行消防设计审核、消防验收和消防安全检查等，不得收取费用，不得谋取利益，不得利用职务指定或者变相指定消防产品的品牌、销售单位或者消防技术服务机构、消防设施施工单位。

国务院公安部门要加强对各地公安机关及其工作人员进行消防设计审核、消防验收和消防安全检查等行为的监督管理。

**第二十七条** 地方各级人民政府和有关部门不依法履行职责，在涉及消防安全行政审批、公共消防设施建设、重大火灾隐患整改、消防力量发展等方面工作不力、失职渎职的，依法依规追究有关人员的责任，涉嫌犯罪的，移送司法机关处理。

**第二十八条** 因消防安全责任不落实发生一般及以上火灾事故的，依法依规追究单位直接责任人、法定代表人、主要负责人或实际控制人的责任，对履行职责不力、失职渎职的政府及有关部门负责人和工作人员实行问责，涉嫌犯罪的，移送司法机关处理。

发生造成人员死亡或产生社会影响的一般火灾事故的，由事故发生地县级人民政府负责组织调查处理；发生较大火灾事故的，由事故发生地设区的市级人民政府负责组织调查处理；发生重大火灾事故的，由事故发生地省级人民政府负责组织调查处理；发生特别重大火灾事故的，由国务院或国务院授权有关部门负责组织调查处理。

## 第六章　附　　则

**第二十九条** 具有固定生产经营场所的个体工商户，参照本办法履行单位消防安全职责。

**第三十条** 微型消防站是单位、社区组建的有人员、有装备，具备扑救初起火灾能力的志愿消防队。具体标准由公安消防部门确定。

**第三十一条** 本办法自印发之日起施行。地方各级人民政府、国务院有关部门等可结合实际制定具体实施办法。

# 国务院办公厅关于全面推行行政执法公示制度执法全过程记录制度重大执法决定法制审核制度的指导意见

（国办发〔2018〕118号）

各省、自治区、直辖市人民政府，国务院各部委、各直属机构：

行政执法是行政机关履行政府职能、管理经济社会事务的重要方式。近年来，各地区、各部门不断加强行政执法规范化建设，执法能力和水平有了较大提高，但执法中不严格、不规范、不文明、不透明等问题仍然较为突出，损害人民群众利益和政府公信力。《中共中央关于全面推进依法治国若干重大问题的决定》和《法治政府建设实施纲要（2015—2020年）》对全面推行行政执法公示制度、执法全过程记录制度、重大执法决定法制审核制度（以下统称“三项制度”）作出了具体部署、提出了明确要求。聚焦行政执法的源头、过程、结果等关键环节，全面推行“三项制度”，对促进严格规范公正文明执法具有基础性、整体性、突破性作用，对切实保障人民群众合法权益，维护政府公信力，营造更加公开透明、规范有序、公平高效的法治环境具有重要意义。为指导各地区、各部门全面推行“三项制度”，经党中央、国务院同意，现提出如下意见。

## 一、总体要求

（一）指导思想。

以习近平新时代中国特色社会主义思想为指导，全面贯彻党的十九大和十九届二中、三中全会精神，着力推进行政执法透明、规范、合法、公正，不断健全执法制度、完善执法程序、创新执法方式、加强执法监督，全面提高执法效能，推动形成权责统一、权威高效的行政执法体系和职责明确、依法行政的政府治理体系，确保行政机关依法履行法定职责，切实维护人民群众合法权益，为落实全面依法治国基本方略、推进法治政府建设奠定坚实基础。

（二）基本原则。

坚持依法规范。全面履行法定职责，规范办事流程，明确岗位责任，确保法律法规规章严格实施，保障公民、法人和其他组织依法行使权利，不得违法增加办事的条件、环节等负担，防止执法不作为、乱作为。

坚持执法为民。牢固树立以人民为中心的发展思想，贴近群众、服务群众，方便群众及时获取执法信息、便捷办理各种手续、有效监督执法活动，防止执法扰民、执法不公。

坚持务实高效。聚焦基层执法实践需要，着力解决实际问题，注重措施的有效性和针对性，便于执法人员操作，切实提高执法效率，防止程序烦琐、不切实际。

坚持改革创新。在确保统一、规范的基础上，鼓励、支持、指导各地区、各部门因地制宜、更新理念、大胆实践，不断探索创新工作机制，更好服务保障经济社会发展，防止因循守旧、照搬照抄。

坚持统筹协调。统筹推进行政执法各项制度建设，加强资源整合、信息共享，做到各项制度有机衔接、高度融合，防止各行其是、重复建设。

（三）工作目标。

“三项制度”在各级行政执法机关全面推行，行政处罚、行政强制、行政检查、行政征收征用、行政许可等行为得到有效规范，行政执法公示制度机制不断健全，做到执法行为过程信息全程记载、执法全过程可回溯管理、重大执法决定法制审核全覆盖，全面实现执法信息公开透明、执法全过程留痕、执法决定合法有效，行政执法能力和水平整体大幅提升，行政执法行为被纠错率明显下降，行政执法的社会满意度显著提高。

## 二、全面推行行政执法公示制度

行政执法公示是保障行政相对人和社会公众知情权、参与权、表达权、监督权的重要措施。行政执法机关要按照“谁执法谁公示”的原则，明确公示内容的采集、传递、审核、发布职责，规范信息公示内容的标准、格式。建立统一的执法信息公示平台，及时通过政府网站及政务新媒体、办事大厅公示栏、服务窗口等平台向社会公开行政执法基本信息、结果信息。涉及国家秘密、商业秘密、个人隐私等不宜公开的信息，依法确需公开的，要作适当处理后公开。发现公开的行政执法信息不准确的，要及时予以更正。

（四）强化事前公开。行政执法机关要统筹推进行政执法事前公开与政府信息公开、权责清单公布、“双随机、一公开”监管等工作。全面准确及时主动公开行政执法主体、人员、职责、权限、依据、程序、救济渠道和随机抽查事项清单等信息。根据有关法律法规，结合自身职权职责，编制并公开本机关的服务指南、执法流程图，明确执法事项名称、受理机构、审批机构、受理条件、办理时限等内容。公开的信息要简明扼要、通俗易懂，并及时根据法律法规及机构职能变化情况进行动态调整。

（五）规范事中公示。行政执法人员在进行监督检查、调查取证、采取强制措施和强制执行、送达执法文书等执法活动时，必须主动出示执法证件，向当事人和相关人员表明身份，鼓励采取佩戴执法证件的方式，执法全程公示执法身份；要出具行政执法文书，主动告知当事人执法事由、执法依据、权利义务等内容。国家规定统一着执法服装、佩戴执法标识的，执法时要按规定着装、佩戴标识。政务服务窗口要设置岗位信息公示牌，明示工作人员岗位职责、申请材料示范文本、办理进度查询、咨询服务、投诉举报等信息。

（六）加强事后公开。行政执法机关要在执法决定作出之日起 20 个工作日内，向社会公布执法机关、执法对象、执法类别、执法结论等信息，接受社会监督，行政许可、行政处罚的执法决定信息要在执法决定作出之日起 7 个工作日内公开，但法律、行政法规另有规定的除外。建立健全执法决定信息公开发布、撤销和更新机制。已公开的行政执法决定被依法撤销、确认违法或者要求重新作出的，应当及时从信息公示平台撤下原行政执法决定信息。建立行政执法统计年报制度，地方各级行政执法机关应当于每年 1 月 31 日前公开本机关上年度行政执法总体情况有关数据，并报本级人民政府和上级主管部门。

## 三、全面推行执法全过程记录制度

行政执法全过程记录是行政执法活动合法有效的重要保证。行政执法机关要通过文字、音像等记录形式，对行政执法的启动、调查取证、审核决定、送达执行等全部过程进行记录，并全面系统归档保存，做到执法全过程留痕和可回溯管理。

（七）完善文字记录。文字记录是以纸质文件或电子文件形式对行政执法活动进行全过程记录的方式。要研究制定执法规范用语和执法文书制作指引，规范行政执法的重要事项和关键环节，做到文字记录合法规范、客观全面、及时准确。司法部负责制定统一的行政执法文书基本格式标准，国务院有关部门可以参照该标准，结合本部门执法实际，制定本部门、本系统统一适用的行政执法文书格式文本。地方各级人民政府可以在行政执法文书基本格式标准基础上，参考国务院部门行政执法文书格式，结合本地实际，完善有关文书格式。

（八）规范音像记录。音像记录是通过照相机、录音机、摄像机、执法记录仪、视频监控等记录设备，实时对行政执法过程进行记录的方式。各级行政执法机关要根据行政执法行为的不同类别、阶段、环节，采用相应音像记录形式，充分发挥音像记录直观有力的证据作用、规范执法的监督作用、依法履职的保障作用。要做好音像记录与文字记录的衔接工作，充分考虑音像记录方式的必要性、适当性和实效性，对文字记录能够全面有效记录执法行为的，可以不进行音像记录；对查封扣押财产、强制拆除等直接涉及人身自由、生命健康、重大财产权益的现场执法活动和执法办案场所，要推行全程音像记录；对现场执法、调查取证、举行听证、留置送达和公告送达等容易引发争议的行政执法过程，要根据实际情况进行音像记录。要建立健全执法音像记录管理制度，明确执法音像记录的设备配备、使用规范、记录要素、存储应用、监督管理等要求。研究制定执法行为用语指引，指导执法人员规范文明开展音像记录。配备音像记录设备、建设询问室和听证室等音像记录场所，要按照工作必需、厉行节约、性能适度、安全稳定、适量够用的原则，结合本地区经济发展水平和本部门执法具体情况确定，不搞“一刀切”。

（九）严格记录归档。要完善执法案卷管理制度，加强对执法台账和法律文书的制作、使用、管理，按照有关法律法规和档案管理规定归档保存执法全过程记录资料，确保所有行政执法行为有据可查。对涉及国家秘密、商业秘密、个人隐私的记录资料，归档时要严格执行国家有关规定。积极探索成本低、效果好、易保存、防删改的信息化记录储存方式，通过技术手段对同一执法对象的文字记录、音像记录进行集中储存。建立健全基于互联网、电子认证、电子签章的行政执法全过程数据化记录工作机制，形成业务流程清晰、数据链条完整、数据安全有保障的数字化记录信息归档管理制度。

（十）发挥记录作用。要充分发挥全过程记录信息对案卷评查、执法监督、评议考核、舆情应对、行政决策和健全社会信用体系等工作的积极作用，善于通过统计分析记录资料信息，发现行政执法薄弱环节，改进行政执法工作，依法公正维护执法人员和行政相对人的合法权益。建立健全记录信息调阅监督制度，做到可实时调阅，切实加强监督，确保行政执法文字记录、音像记录规范、合法、有效。

## 四、全面推行重大执法决定法制审核制度

重大执法决定法制审核是确保行政执法机关作出的重大执法决定合法有效的关键环节。行政执法机关作出重大执法决定前，要严格进行法制审核，未经法制审核或者审核未通过的，不得作出决定。

（十一）明确审核机构。各级行政执法机关要明确具体负责本单位重大执法决定法制审核的工作机构，确保法制审核工作有机构承担、有专人负责。加强法制审核队伍的正规化、专业化、职业化建设，把政治素质高、业务能力强、具有法律专业背景的人员调整充实到法制审核岗位，配强工作力量，使法制审核人员的配置与形势任务相适应，原则上各级行政执法机关的法制审核人员不少于本单位执法人员总数的5%。要充分发挥法律顾问、公职律师在法制审核工作中的作用，特别是针对基层存在的法制审核专业人员数量不足、分布不均等问题，探索建立健全本系统内法律顾问、公职律师统筹调用机制，实现法律专业人才资源共享。

（十二）明确审核范围。凡涉及重大公共利益，可能造成重大社会影响或引发社会风险，直接关系行政相对人或第三人重大权益，经过听证程序作出行政执法决定，以及案件情况疑难复杂、涉及多个法律关系的，都要进行法制审核。各级行政执法机关要结合本机关行政执法行为的类别、执法层级、所属领域、涉案金额等因素，制定重大执法决定法制审核目录清单。上级行政执法机关要对下一级执法机关重大执法决定法制审核目录清单编制工作加强指导，明确重大执法决定事项的标准。

（十三）明确审核内容。要严格审核行政执法主体是否合法，行政执法人员是否具备执法资格；行政执法程序是否合法；案件事实是否清楚，证据是否合法充分；适用法律、法规、规章是否准确，裁量基准运用是否适当；执法是否超越执法机关法定权限；行政执法文书是否完备、规范；违法行为是否涉嫌犯罪、需要移送司法机关等。法制审核机构完成审核后，要根据不同情形，提出同意或者存在问题的书面审核意见。行政执法承办机构要对法制审核机构提出的存在问题的审核意见进行研究，作出相应处理后再次报送法制审核。

（十四）明确审核责任。行政执法机关主要负责人是推动落实本机关重大执法决定法制审核制度的第一责任人，对本机关作出的行政执法决定负责。要结合实际，确定法制审核流程，明确送审材料报送要求和审核的方式、时限、责任，建立健全法制审核机构与行政执法承办机构对审核意见不一致时的协调机制。行政执法承办机构对送审材料的真实性、准确性、完整性，以及执法的事实、证据、法律适用、程序的合法性负责。法制审核机构对重大执法决定的法制审核意见负责。因行政执法承办机构的承办人员、负责法制审核的人员和审批行政执法决定的负责人滥用职权、玩忽职守、徇私枉法等，导致行政执法决定错误，要依纪依法追究相关人员责任。

## 五、全面推进行政执法信息化建设

行政执法机关要加强执法信息管理，及时准确公示执法信息，实现行政执法全程留痕，法制审核流程规范有序。加快推进执法信息互联互通共享，有效整合执法数据资源，

为行政执法更规范、群众办事更便捷、政府治理更高效、营商环境更优化奠定基础。

（十五）加强信息化平台建设。依托大数据、云计算等信息技术手段，大力推进行政执法综合管理监督信息系统建设，充分利用已有信息系统和数据资源，逐步构建操作信息化、文书数据化、过程痕迹化、责任明晰化、监督严密化、分析可量化的行政执法信息化体系，做到执法信息网上录入、执法程序网上流转、执法活动网上监督、执法决定实时推送、执法信息统一公示、执法信息网上查询，实现对行政执法活动的即时性、过程性、系统性管理。认真落实国务院关于加快全国一体化在线政务服务平台建设的决策部署，推动政务服务“一网通办”，依托电子政务外网开展网上行政服务工作，全面推行网上受理、网上审批、网上办公，让数据多跑路、群众少跑腿。

（十六）推进信息共享。完善全国行政执法数据汇集和信息共享机制，制定全国统一规范的执法数据标准，明确执法信息共享的种类、范围、流程和使用方式，促进执法数据高效采集、有效整合。充分利用全国一体化在线政务服务平台，在确保信息安全的前提下，加快推进跨地区、跨部门执法信息系统互联互通，已建设并使用的有关执法信息系统要加强业务协同，打通信息壁垒，实现数据共享互通，解决“信息孤岛”等问题。认真梳理涉及各类行政执法的基础数据，建立以行政执法主体信息、权责清单信息、办案信息、监督信息和统计分析信息等为主要内容的全国行政执法信息资源库，逐步形成集数据储存、共享功能于一体的行政执法数据中心。

（十七）强化智能应用。要积极推进人工智能技术在行政执法实践中的运用，研究开发行政执法裁量智能辅助信息系统，利用语音识别、文本分析等技术对行政执法信息数据资源进行分析挖掘，发挥人工智能在证据收集、案例分析、法律文件阅读与分析中的作用，聚焦争议焦点，向执法人员精准推送办案规范、法律法规规定、相似案例等信息，提出处理意见建议，生成执法决定文书，有效约束规范行政自由裁量权，确保执法尺度统一。加强对行政执法大数据的关联分析、深化应用，通过提前预警、监测、研判，及时发现解决行政机关在履行政府职能、管理经济社会事务中遇到的新情况、新问题，提升行政立法、行政决策和风险防范水平，提高政府治理的精准性和有效性。

## 六、加大组织保障力度

（十八）加强组织领导。地方各级人民政府及其部门的主要负责同志作为本地区、本部门全面推行“三项制度”工作的第一责任人，要切实加强对本地区、本部门行政执法工作的领导，做好“三项制度”组织实施工作，定期听取有关工作情况汇报，及时研究解决工作中的重大问题，确保工作有方案、部署有进度、推进有标准、结果有考核。要建立健全工作机制，县级以上人民政府建立司法行政、编制管理、公务员管理、信息公开、电子政务、发展改革、财政、市场监管等单位参加的全面推行“三项制度”工作协调机制，指导协调、督促检查工作推进情况。国务院有关部门要加强对本系统全面推行“三项制度”工作的指导，强化行业规范和标准统一，及时研究解决本部门、本系统全面推行“三项制度”过程中遇到的问题。上级部门要切实做到率先推行、以上带下，充分发挥在行业系统中的带动引领作用，指导、督促下级部门严格规范实施“三项制度”。

（十九）健全制度体系。要根据本指导意见的要求和各地区、各部门实际情况，建立健全科学合理的“三项制度”体系。加强和完善行政执法案例指导、行政执法裁量基准、行政执法案卷管理和评查、行政执法投诉举报以及行政执法考核监督等制度建设，推进全国统一的行政执法资格和证件管理，积极做好相关制度衔接工作，形成统筹行政执法各个环节的制度体系。

（二十）开展培训宣传。要开展“三项制度”专题学习培训，加强业务交流。认真落实“谁执法谁普法”普法责任制的要求，加强对全面推行“三项制度”的宣传，通过政府网站、新闻发布会以及报刊、广播、电视、网络、新媒体等方式，全方位宣传全面推行“三项制度”的重要意义、主要做法、典型经验和实施效果，发挥示范带动作用，及时回应社会关切，合理引导社会预期，为全面推行“三项制度”营造良好的社会氛围。

（二十一）加强督促检查。要把“三项制度”推进情况纳入法治政府建设考评指标体系，纳入年底效能目标考核体系，建立督查情况通报制度，坚持鼓励先进与鞭策落后相结合，充分调动全面推行“三项制度”工作的积极性、主动性。对工作不力的要及时督促整改，对工作中出现问题造成不良后果的单位及人员要通报批评，依纪依法问责。

（二十二）保障经费投入。要建立责任明确、管理规范、投入稳定的执法经费保障机制，保障行政执法机关依法履职所需的执法装备、经费，严禁将收费、罚没收入同部门利益直接或者变相挂钩。省级人民政府要分类制定行政执法机关执法装备配备标准、装备配备规划、设施建设规划和年度实施计划。地方各级行政执法机关要结合执法实际，将执法装备需求报本级人民政府列入财政预算。

（二十三）加强队伍建设。高素质的执法人员是全面推行“三项制度”取得实效的关键。要重视执法人员能力素质建设，加强思想道德和素质教育，着力提升执法人员业务能力和执法素养，打造政治坚定、作风优良、纪律严明、廉洁务实的执法队伍。加强行政执法人员资格管理，统一行政执法证件样式，建立全国行政执法人员和法制审核人员数据库。健全行政执法人员和法制审核人员岗前培训和岗位培训制度。鼓励和支持行政执法人员参加国家统一法律职业资格考试，对取得法律职业资格的人员可以简化或免于执法资格考试。建立科学的考核评价体系和人员激励机制。保障执法人员待遇，完善基层执法人员工资政策，建立和实施执法人员人身意外伤害和工伤保险制度，落实国家抚恤政策，提高执法人员履职积极性，增强执法队伍稳定性。

各地区、各部门要于2019年3月底前制订本地区、本部门全面推行“三项制度”的实施方案，并报司法部备案。司法部要加强对全面推行“三项制度”的指导协调，会同有关部门进行监督检查和跟踪评估，重要情况及时报告国务院。

国务院办公厅

2018年12月5日

# 国务院办公厅关于推进养老服务发展的意见

（国办发〔2019〕5号）

**各省、自治区、直辖市人民政府，国务院各部委、各直属机构：**

党中央、国务院高度重视养老服务，党的十八大以来，出台了加快发展养老服务业、全面放开养老服务市场等政策措施，养老服务体系建设取得显著成效。但总的看，养老服务市场活力尚未充分激发，发展不平衡不充分、有效供给不足、服务质量不高等问题依然存在，人民群众养老服务需求尚未有效满足。按照2019年政府工作报告对养老服务工作的部署，为打通“堵点”，消除“痛点”，破除发展障碍，健全市场机制，持续完善居家为基础、社区为依托、机构为补充、医养相结合的养老服务体系，建立健全高龄、失能老年人长期照护服务体系，强化信用为核心、质量为保障、放权与监管并重的服务管理体系，大力推动养老服务供给结构不断优化、社会有效投资明显扩大、养老服务质量持续改善、养老服务消费潜力充分释放，确保到2022年在保障人人享有基本养老服务的基础上，有效满足老年人多样化、多层次养老服务需求，老年人及其子女获得感、幸福感、安全感显著提高，经国务院同意，现提出以下意见。

## 一、深化放管服改革

（一）建立养老服务综合监管制度。制定“履职照单免责、失职照单问责”的责任清单，制定加强养老服务综合监管的相关政策文件，建立各司其职、各尽其责的跨部门协同监管机制，完善事中事后监管制度。健全“双随机、一公开”工作机制，加大对违规行为的查处惩戒力度，坚持最严谨的标准、最严格的监管、最严厉的处罚、最严肃的问责。市场监管部门要将企业登记基本信息共享至省级共享平台或省级部门间数据接口；民政部门要及时下载养老机构相关信息，加强指导和事中事后监管。加快推进养老服务领域社会信用体系建设，2019年6月底前，建立健全失信联合惩戒机制，对存在严重失信行为的养老服务机构（含养老机构、居家社区养老服务机构，以及经营范围和组织章程中包含养老服务内容的其他企业、事业单位和社会组织）及人员实施联合惩戒。养老服务机构行政许可、行政处罚、抽查检查结果等信息按经营性质分别通过全国信用信息共享平台、国家企业信用信息公示系统记于其名下并依法公示。（民政部、发展改革委、人民银行、市场监管总局按职责分工负责，地方各级人民政府负责）

（二）继续深化公办养老机构改革。充分发挥公办养老机构及公建民营养老机构兜底保障作用，在满足当前和今后一个时期特困人员集中供养需求的前提下，重点为经济困难失能（含失智，下同）老年人、计划生育特殊家庭老年人提供无偿或低收费托养服务。坚持公办养老机构公益属性，确定保障范围，其余床位允许向社会开放，研究制定收费指导标准，收益用于支持兜底保障对象的养老服务。探索具备条件的公办养老机构改制为国有养老服务企业。制定公建民营养老机构管理办法，细化评审标准和遴选规则，加强合同执行情况监管。公建民营养老机构运营方应定期向委托部门报告机构资产情况、运营情况，及时报告突发重大情况。（民政部、发展改革委、财政部、中央编办、国资委、卫生健康委按职责分工负责，地方各级人民政府负责）

（三）解决养老机构消防审验问题。依照《建筑设计防火规范》，做好养老机构消防审批服务，提高审批效能。对依法申报消防设计审核、消防验收和消防备案的养老机构，主动提供消防技术咨询服务，依法尽快办理。各地要结合实际推行养老服务行业消防安全标准化管理，注重分类引导，明确养老机构建筑耐火等级、楼层设置和平面布置、防火分隔措施、安全疏散和避难设计、建筑消防设施、消防管理机构和人员、微型消防站建设等配置要求，推动养老机构落实消防安全主体责任，开展隐患自查自改，提升自我管理水平。农村敬老院及利用学校、厂房、商业场所等举办的符合消防安全要求的养老机构，因未办理不动产登记、土地规划等手续问题未能通过消防审验的，2019 年 12 月底前，由省级民政部门提请省级人民政府组织有关部门集中研究处置。具备消防安全技术条件的，由相关主管部门出具意见，享受相应扶持政策。（应急部、住房城乡建设部、自然资源部、民政部、市场监管总局按职责分工负责，地方各级人民政府负责）

（四）减轻养老服务税费负担。聚焦减税降费，养老服务机构符合现行政策规定条件的，可享受小微企业等财税优惠政策。研究非营利性养老服务机构企业所得税支持政策。对在社区提供日间照料、康复护理、助餐助行等服务的养老服务机构给予税费减免扶持政策。落实各项行政事业性收费减免政策，落实养老服务机构用电、用水、用气、用热享受居民价格政策，不得以土地、房屋性质等为理由拒绝执行相关价格政策。（财政部、税务总局、发展改革委、市场监管总局按职责分工负责，地方各级人民政府负责）

（五）提升政府投入精准化水平。民政部本级和地方各级政府用于社会福利事业的彩票公益金，要加大倾斜力度，到 2022 年要将不低于 55%的资金用于支持发展养老服务。接收经济困难的高龄失能老年人的养老机构，不区分经营性质按上述老年人数量同等享受运营补贴，入住的上述老年人按规定享受养老服务补贴。将养老服务纳入政府购买服务指导性目录，全面梳理现行由财政支出安排的各类养老服务项目，以省为单位制定政府购买养老服务标准，重点购买生活照料、康复护理、机构运营、社会工作和人员培养等服务。（财政部、民政部、卫生健康委按职责分工负责，地方各级人民政府负责）

（六）支持养老机构规模化、连锁化发展。支持在养老服务领域着力打造一批具有影响力和竞争力的养老服务商标品牌，对养老服务商标品牌依法加强保护。对已经在其他地方取得营业执照的企业，不得要求其在本地开展经营活动时必须设立子公司。开展城企协同推进养老服务发展行动计划。非营利性养老机构可在其登记管理机关管辖区域内设立多个不具备法人资格的服务网点。（市场监管总局、知识产权局、民政部、发展改革委按职责分工负责，地方各级人民政府负责）

（七）做好养老服务领域信息公开和政策指引。建立养老服务监测分析与发展评价机制，完善养老服务统计分类标准，加强统计监测工作。2019 年 6 月底前，各省级人民政府公布本行政区域现行养老服务扶持政策措施清单、养老服务供需信息或投资指南。制定养老服务机构服务质量信息公开规范，公开养老服务项目清单、服务指南、服务标准等信息。集中清理废除在养老服务机构公建民营、养老设施招投标、政府购买养老服务中涉及地方保护、排斥营利性养老服务机构参与竞争等妨碍统一市场和公平竞争的各种规定和做法。(统计局、发展改革委、民政部、财政部、市场监管总局按职责分工负责，各省级人民政府负责)

## 二、拓宽养老服务投融资渠道

(八) 推动解决养老服务机构融资问题。畅通货币信贷政策传导机制，综合运用多种工具，抓好支小再贷款等政策落实。对符合授信条件但暂时遇到经营困难的民办养老机构，要继续予以资金支持。切实解决养老服务机构融资过程中有关金融机构违规收取手续费、评估费、承诺费、资金管理费等问题，减少融资附加费用，降低融资成本。鼓励商业银行探索向产权明晰的民办养老机构发放资产（设施）抵押贷款和应收账款质押贷款。探索允许营利性养老机构以有偿取得的土地、设施等资产进行抵押融资。大力支持符合条件的市场化、规范化程度高的养老服务企业上市融资。支持商业保险机构举办养老服务机构或参与养老服务机构的建设和运营，适度拓宽保险资金投资建设养老项目资金来源。更好发挥创业担保贷款政策作用，对从事养老服务行业并符合条件的个人和小微企业给予贷款支持，鼓励金融机构参照贷款基础利率，结合风险分担情况，合理确定贷款利率水平。(人民银行、财政部、银保监会、证监会、自然资源部按职责分工负责)

(九) 扩大养老服务产业相关企业债券发行规模。根据企业资金回流情况科学设计发行方案，支持合理灵活设置债券期限、选择权及还本付息方式，用于为老年人提供生活照料、康复护理等服务设施设备，以及开发康复辅助器具产品用品项目。鼓励企业发行可续期债券，用于养老机构等投资回收期较长的项目建设。对于项目建成后有稳定现金流的养老服务项目，允许以项目未来收益权为债券发行提供质押担保。允许以建设用地使用权抵押担保方式为债券提供增信。探索发行项目收益票据、项目收益债券支持养老服务产业项目的建设和经营。(发展改革委、人民银行、银保监会、证监会按职责分工负责)

(十) 全面落实外资举办养老服务机构国民待遇。境外资本在内地通过公建民营、政府购买服务、政府和社会资本合作等方式参与发展养老服务，同等享受境内资本待遇。境外资本在内地设立的养老机构接收政府兜底保障对象的，同等享受运营补贴等优惠政策。将养老康复产品服务纳入中国国际进口博览会招展范围，探索设立养老、康复展区。(民政部、发展改革委、商务部按职责分工负责)

## 三、扩大养老服务就业创业

(十一) 建立完善养老护理员职业技能等级认定和教育培训制度。2019 年 9 月底前，制定实施养老护理员职业技能标准。加强对养老服务机构负责人、管理人员的岗前培训及定期培训，使其掌握养老服务法律法规、政策和标准。按规定落实养老服务从业人员培训费补贴、职业技能鉴定补贴等政策。鼓励各类院校特别是职业院校（含技工学校）设置养老服务相关专业或开设相关课程，在普通高校开设健康服务与管理、中医养生学、中医康复学等相关专业。推进职业院校（含技工学校）养老服务实训基地建设。按规定落实学生

资助政策。(人力资源社会保障部、教育部、财政部、民政部、市场监管总局按职责分工负责，地方各级人民政府负责)

(十二) 大力推进养老服务业吸纳就业。结合政府购买基层公共管理和社会服务，在基层特别是街道(乡镇)、社区(村)开发一批为老服务岗位，优先吸纳就业困难人员、建档立卡贫困人口和高校毕业生就业。对养老服务机构招用就业困难人员，签订劳动合同并缴纳社会保险费的，按规定给予社会保险补贴。加强从事养老服务的建档立卡贫困人口职业技能培训和就业指导服务，引导其在养老服务机构就业，吸纳建档立卡贫困人口就业的养老服务机构按规定享受创业就业税收优惠、职业培训补贴等支持政策。对符合小微企业标准的养老服务机构新招用毕业年度高校毕业生，签订1年以上劳动合同并缴纳社会保险费的，按规定给予社会保险补贴。落实就业见习补贴政策，对见习期满留用率达到50%以上的见习单位，适当提高就业见习补贴标准。(人力资源社会保障部、教育部、财政部、民政部、扶贫办按职责分工负责，地方各级人民政府负责)

(十三) 建立养老服务褒扬机制。研究设立全国养老服务工作先进集体和先进个人评比达标表彰项目。组织开展国家养老护理员技能大赛，对获奖选手按规定授予“全国技术能手”荣誉称号，并晋升相应职业技能等级。开展养老护理员关爱活动，加强对养老护理员先进事迹与奉献精神的社会宣传，让养老护理员的劳动创造和社会价值在全社会得到尊重。(人力资源社会保障部、民政部、卫生健康委、广电总局按职责分工负责)

## 四、扩大养老服务消费

(十四) 建立健全长期照护服务体系。研究建立长期照护服务项目、标准、质量评价等行业规范，完善居家、社区、机构相衔接的专业化长期照护服务体系。完善全国统一的老年人能力评估标准，通过政府购买服务等方式，统一开展老年人能力综合评估，考虑失能、失智、残疾等状况，评估结果作为领取老年人补贴、接受基本养老服务的依据。全面建立经济困难的高龄、失能老年人补贴制度，加强与残疾人两项补贴政策衔接。加快实施长期护理保险制度试点，推动形成符合国情的长期护理保险制度框架。鼓励发展商业性长期护理保险产品，为参保人提供个性化长期照护服务。(民政部、财政部、卫生健康委、市场监管总局、医保局、银保监会、中国残联按职责分工负责)

(十五) 发展养老普惠金融。支持商业保险机构在地级以上城市开展老年人住房反向抵押养老保险业务，在房地产交易、抵押登记、公证等机构设立绿色通道，简化办事程序，提升服务效率。支持老年人投保意外伤害保险，鼓励保险公司合理设计产品，科学厘定费率。鼓励商业养老保险机构发展满足长期养老需求的养老保障管理业务。支持银行、信托等金融机构开发养老型理财产品、信托产品等养老金融产品，依法适当放宽对符合信贷条件的老年人申请贷款的年龄限制，提升老年人金融服务的可得性和满意度。扩大养老目标基金管理规模，稳妥推进养老目标证券投资基金注册，可以设置优惠的基金费率，通过差异化费率安排，鼓励投资人长期持有养老目标基金。养老目标基金应当采用成熟稳健的资产配置策略，控制基金下行风险，追求基金资产长期稳健增值。(银保监会、证监会、人民银行、住房城乡建设部、自然资源部按职责分工负责)

(十六) 促进老年人消费增长。开展全国老年人产品用品创新设计大赛，制定老年人产品用品目录，建设产学研用协同的成果转化推广平台。出台老年人康复辅助器具配置、租赁、回收和融资租赁办法，推进在养老机构、城乡社区设立康复辅助器具配置服务（租赁）站点。开展系统的营养均衡配餐研究，开发适合老年人群营养健康需求的饮食产品，逐步改善老年人群饮食结构。（民政部、发展改革委、工业和信息化部、科技部、卫生健康委按职责分工负责）

（十七）加强老年人消费权益保护和养老服务领域非法集资整治工作。加大联合执法力度，组织开展对老年人产品和服务消费领域侵权行为的专项整治行动。严厉查处向老年人欺诈销售各类产品和服务的违法行为。广泛开展老年人识骗防骗宣传教育活动，提升老年人抵御欺诈销售的意识和能力。鼓励群众提供养老服务领域非法集资线索，对涉嫌非法集资行为及时调查核实、发布风险提示并依法稳妥处置。对养老机构为弥补设施建设资金不足，通过销售预付费性质“会员卡”等形式进行营销的，按照包容审慎监管原则，明确限制性条件，采取商业银行第三方存管方式确保资金管理使用安全。（市场监管总局、公安部、民政部、卫生健康委、人民银行、银保监会、广电总局按职责分工负责，地方各级人民政府负责）

## 五、促进养老服务高质量发展

（十八）提升医养结合服务能力。促进现有医疗卫生机构和养老机构合作，发挥互补优势，简化医养结合机构设立流程，实行“一个窗口”办理。对养老机构内设诊所、卫生所（室）、医务室、护理站，取消行政审批，实行备案管理。开展区域卫生规划时要为养老机构举办或内设医疗机构留出空间。医疗保障部门要根据养老机构举办和内设医疗机构特点，将符合条件的按规定纳入医保协议管理范围，完善协议管理规定，依法严格监管。具备法人资格的医疗机构可通过变更登记事项或经营范围开展养老服务。促进农村、社区的医养结合，推进基层医疗卫生机构和医务人员与老年人家庭建立签约服务关系，建立村医参与健康养老服务激励机制。有条件的地区可支持家庭医生出诊为老年人服务。鼓励医护人员到医养结合机构执业，并在职称评定等方面享受同等待遇。（卫生健康委、民政部、中央编办、医保局按职责分工负责）

（十九）推动居家、社区和机构养老融合发展。支持养老机构运营社区养老服务设施，上门为居家老年人提供服务。将失能老年人家庭成员照护培训纳入政府购买养老服务目录，组织养老机构、社会组织、社工机构、红十字会等开展养老照护、应急救护知识和技能培训。大力发展政府扶得起、村里办得起、农民用得上、服务可持续的农村幸福院等互助养老设施。探索“物业服务+养老服务”模式，支持物业服务企业开展老年供餐、定期巡访等形式多样的养老服务。打造“三社联动”机制，以社区为平台、养老服务类社会组织为载体、社会工作者为支撑，大力支持志愿养老服务，积极探索互助养老服务。大力培养养老志愿者队伍，加快建立志愿服务记录制度，积极探索“学生社区志愿服务计学分”“时间银行”等做法，保护志愿者合法权益。（民政部、发展改革委、财政部、卫生健康委、住房城乡建设部、教育部、共青团中央、中国红十字会总会按职责分工负责）

（二十）持续开展养老院服务质量建设专项行动。继续大力推动质量隐患整治工作，对照问题清单逐一挂号销账，确保养老院全部整治过关。加快明确养老机构安全等标准和规范，制定确保养老机构基本服务质量安全的强制性国家标准，推行全国统一的养老服务等级评定与认证制度。健全养老机构食品安全监管机制。扩大养老服务综合责任保险覆盖范围，鼓励居家社区养老服务机构投保雇主责任险和养老责任险。（民政部、卫生健康委、应急部、市场监管总局、银保监会按职责分工负责）

（二十一）实施“互联网+养老”行动。持续推动智慧健康养老产业发展，拓展信息技术在养老领域的应用，制定智慧健康养老产品及服务推广目录，开展智慧健康养老应用试点示范。促进人工智能、物联网、云计算、大数据等新一代信息技术和智能硬件等产品在养老服务领域深度应用。在全国建设一批“智慧养老院”，推广物联网和远程智能安防监控技术，实现24小时安全自动值守，降低老年人意外风险，改善服务体验。运用互联网和生物识别技术，探索建立老年人补贴远程申报审核机制。加快建设国家养老服务管理信息系统，推进与户籍、医疗、社会保险、社会救助等信息资源对接。加强老年人身份、生物识别等信息安全保护。（工业和信息化部、民政部、发展改革委、卫生健康委按职责分工负责）

（二十二）完善老年人关爱服务体系。建立健全定期巡访独居、空巢、留守老年人工作机制，积极防范和及时发现意外风险。推广“养老服务顾问”模式，发挥供需对接、服务引导等作用。探索通过公开招投标方式，支持有资质的社会组织接受计划生育特殊家庭、孤寡、残疾等特殊老年人委托，依法代为办理入住养老机构、就医等事务。积极组织老年人开展有益身心健康的活动。重视珍惜老年人的知识、技能、经验和优良品德，发挥老年人的专长和作用，鼓励其在自愿和量力的情况下，从事传播文化和科技知识、参与科技开发和应用、兴办社会公益事业等社会活动。（民政部、卫生健康委、人力资源社会保障部按职责分工负责，地方各级人民政府负责）

（二十三）大力发展老年教育。优先发展社区老年教育，建立健全“县（市、区）—乡镇（街道）—村（居委会）”三级社区老年教育办学网络，方便老年人就近学习。建立全国老年教育公共服务平台，鼓励各类教育机构通过多种形式举办或参与老年教育，推进老年教育资源、课程、师资共享，探索养教结合新模式，为社区、老年教育机构及养老服务机构等提供支持。积极探索部门、行业企业、高校所举办老年大学服务社会的途径和方法。（教育部、卫生健康委、中央组织部、民政部按职责分工负责）

## 六、促进养老服务基础设施建设

（二十四）实施特困人员供养服务设施（敬老院）改造提升工程。将补齐农村养老基础设施短板、提升特困人员供养服务设施（敬老院）建设标准纳入脱贫攻坚工作和乡村振兴战略。从2019年起实施特困人员供养服务设施（敬老院）改造提升工程，积极发挥政府投资引导作用，充分调动社会资源，利用政府和社会资本合作、公建民营等方式，支持特困人员供养服务设施（敬老院）建设、改造升级照护型床位，开辟失能老年人照护单元，确保有意愿入住的特困人员全部实现集中供养。逐步将特困人员供养服务设施（敬老院）转型为区域性养老服务中心。（民政部、发展改革委按职责分工负责，地方各级人民政府负责）

（二十五）实施民办养老机构消防安全达标工程。从2019年起，民政部本级和地方各级政府用于社会福利事业的彩票公益金，采取以奖代补等方式，引导和帮助存量民办养老机构按照国家工程建设消防技术标准配置消防设施、器材，针对重大火灾隐患进行整改。对因总建筑面积较小或受条件限制难以设置自动消防系统的建筑，加强物防、技防措施，在服务对象住宿、主要活动场所和康复医疗用房安装独立式感烟火灾探测报警器和局部应用自动喷水灭火系统，配备应急照明设备和灭火器。（财政部、民政部、应急部按职责分工负责）

（二十六）实施老年人居家适老化改造工程。2020 年底前，采取政府补贴等方式，对所有纳入特困供养、建档立卡范围的高龄、失能、残疾老年人家庭，按照《无障碍设计规范》实施适老化改造。有条件的地方可积极引导城乡老年人家庭进行适老化改造，根据老年人社会交往和日常生活需要，结合老旧小区改造等因地制宜实施。（民政部、住房城乡建设部、财政部、卫生健康委、扶贫办、中国残联按职责分工负责，地方各级人民政府负责）

（二十七）落实养老服务设施分区分级规划建设要求。2019 年在全国部署开展养老服务设施规划建设情况监督检查，重点清查整改规划未编制、新建住宅小区与配套养老服务设施“四同步”（同步规划、同步建设、同步验收、同步交付）未落实、社区养老服务设施未达标、已建成养老服务设施未移交或未有效利用等问题。完善“四同步”工作规则，明确民政部门在“四同步”中的职责，对已交付产权人的养老服务设施由民政部门履行监管职责，确保养老服务用途。对存在配套养老服务设施缓建、缩建、停建、不建和建而不交等问题的，在整改到位之前建设单位不得组织竣工验收。按照国家相关标准和规范，将社区居家养老服务设施建设纳入城乡社区配套用房建设范围。对于空置的公租房，可探索允许免费提供给社会力量，供其在社区为老年人开展日间照料、康复护理、助餐助行、老年教育等服务。市、县级政府要制定整合闲置设施改造为养老服务设施的政策措施；整合改造中需要办理不动产登记的，不动产登记机构要依法加快办理登记手续。推进国有企业所属培训中心和疗养机构改革，对具备条件的加快资源整合、集中运营，用于提供养老服务。凡利用建筑面积 1000 平方米以下的独栋建筑或者建筑物内的部分楼层改造为养老服务设施的，在符合国家相关标准的前提下，可不再要求出具近期动迁计划说明、临时改变建筑使用功能说明、环评审批文件或备案回执。对养老服务设施总量不足或规划滞后的，应在城市、镇总体规划编制或修改时予以完善，有条件的地级以上城市应当编制养老服务设施专项规划。（住房城乡建设部、自然资源部、生态环境部、民政部、国资委按职责分工负责，地方各级人民政府负责）

（二十八）完善养老服务设施供地政策。举办非营利性养老服务机构，可凭登记机关发给的社会服务机构登记证书和其他法定材料申请划拨供地，自然资源、民政部门要积极协调落实划拨用地政策。鼓励各地探索利用集体建设用地发展养老服务设施。存量商业服务用地等其他用地用于养老服务设施建设的，允许按照适老化设计要求调整户均面积、租赁期限、车位配比及消防审验等土地和规划要求。（自然资源部、住房城乡建设部、民政部按职责分工负责，地方各级人民政府负责）

国务院建立由民政部牵头的养老服务部际联席会议制度。各地、各有关部门要强化工作责任落实，健全党委领导、政府主导、部门负责、社会参与的养老服务工作机制，加强中央和地方工作衔接。主要负责同志要亲自过问，分管负责同志要抓好落实。将养老服务政策落实情况纳入政府年度绩效考核范围，对落实养老服务政策积极主动、养老服务体系建设成效明显的，在安排财政补助及有关基础设施建设资金、遴选相关试点项目方面给予倾斜支持，进行激励表彰。各地要充实、加强基层养老工作力量，强化区域养老服务资源统筹管理。

国务院办公厅

2019 年 3 月 29 日

# 国务院办公厅关于加快推进社会信用体系建设构建以信用为基础的新型监管机制的指导意见

（国办发〔2019〕35号）

各省、自治区、直辖市人民政府，国务院各部委、各直属机构：

为加强社会信用体系建设，深入推进“放管服”改革，进一步发挥信用在创新监管机制、提高监管能力和水平方面的基础性作用，更好激发市场主体活力，推动高质量发展，经国务院同意，现提出如下意见。

## 一、总体要求

以习近平新时代中国特色社会主义思想为指导，深入贯彻落实党的十九大和十九届二中、三中全会精神，按照依法依规、改革创新、协同共治的基本原则，以加强信用监管为着力点，创新监管理念、监管制度和监管方式，建立健全贯穿市场主体全生命周期，衔接事前、事中、事后全监管环节的新型监管机制，不断提升监管能力和水平，进一步规范市场秩序，优化营商环境，推动高质量发展。

## 二、创新事前环节信用监管

（一）建立健全信用承诺制度。在办理适用信用承诺制的行政许可事项时，申请人承诺符合审批条件并提交有关材料的，应予即时办理。申请人信用状况较好、部分申报材料不齐备但书面承诺在规定期限内提供的，应先行受理，加快办理进度。书面承诺履约情况记入信用记录，作为事中、事后监管的重要依据，对不履约的申请人，视情节实施惩戒。要加快梳理可开展信用承诺的行政许可事项，制定格式规范的信用承诺书，并依托各级信用门户网站向社会公开。鼓励市场主体主动向社会作出信用承诺。支持行业协会商会建立健全行业内信用承诺制度，加强行业自律。（各地区各部门按职责分别负责）

（二）探索开展经营者准入前诚信教育。充分利用各级各类政务服务窗口，广泛开展市场主体守法诚信教育。为市场主体办理注册、审批、备案等相关业务时，适时开展标准化、规范化、便捷化的法律知识和信用知识教育，提高经营者依法诚信经营意识。开展诚信教育不得收费，也不得作为市场准入的必要条件。（各地区各部门按职责分别负责）

（三）积极拓展信用报告应用。鼓励各类市场主体在生产经营活动中更广泛、主动地应用信用报告。在政府采购、招标投标、行政审批、市场准入、资质审核等事项中，充分发挥公共信用服务机构和第三方信用服务机构出具的信用报告作用。探索建立全国统一的信用报告标准，推动信用报告结果实现异地互认。（发展改革委、人民银行牵头，各地区各部门按职责分别负责）

## 三、加强事中环节信用监管

（四）全面建立市场主体信用记录。根据权责清单建立信用信息采集目录，在办理注册登记、资质审核、日常监管、公共服务等过程中，及时、准确、全面记录市场主体信用行为，特别是将失信记录建档留痕，做到可查可核可溯。（各地区各部门按职责分别负责）完善法人和非法人组织统一社会信用代码制度，以统一社会信用代码为标识，整合形成完整的市场主体信用记录，并通过“信用中国”网站、国家企业信用信息公示系统或中国政府网及相关部门门户网站等渠道依法依规向社会公开。完成 12315 市场监管投诉举报热线和信息化平台整合工作，大力开展消费投诉公示，促进经营者落实消费维权主体责任。（发展改革委、市场监管总局负责）

（五）建立健全信用信息自愿注册机制。鼓励市场主体在“信用中国”网站或其他渠道上自愿注册资质证照、市场经营、合同履约、社会公益等信用信息，并对信息真实性公开作出信用承诺，授权网站对相关信息进行整合、共享与应用。经验证的自愿注册信息可作为开展信用评价和生成信用报告的重要依据。（发展改革委牵头，各部门按职责分别负责）

（六）深入开展公共信用综合评价。全国信用信息共享平台要加强与相关部门的协同配合，依法依规整合各类信用信息，对市场主体开展全覆盖、标准化、公益性的公共信用综合评价，定期将评价结果推送至相关政府部门、金融机构、行业协会商会参考使用，并依照有关规定向社会公开。推动相关部门利用公共信用综合评价结果，结合部门行业管理数据，建立行业信用评价模型，为信用监管提供更精准的依据。（发展改革委牵头，各部门按职责分别负责）

（七）大力推进信用分级分类监管。在充分掌握信用信息、综合研判信用状况的基础上，以公共信用综合评价结果、行业信用评价结果等为依据，对监管对象进行分级分类，根据信用等级高低采取差异化的监管措施。“双随机、一公开”监管要与信用等级相结合，对信用较好、风险较低的市场主体，可合理降低抽查比例和频次，减少对正常生产经营的影响；对信用风险一般的市场主体，按常规比例和频次抽查；对违法失信、风险较高的市场主体，适当提高抽查比例和频次，依法依规实行严管和惩戒。（各地区各部门按职责分别负责）

## 四、完善事后环节信用监管

（八）健全失信联合惩戒对象认定机制。有关部门依据在事前、事中监管环节获取并认定的失信记录，依法依规建立健全失信联合惩戒对象名单制度。以相关司法裁判、行政处罚、行政强制等处理结果为依据，按程序将涉及性质恶劣、情节严重、社会危害较大的违法失信行为的市场主体纳入失信联合惩戒对象名单。加快完善相关管理办法，明确认定依据、标准、程序、异议申诉和退出机制。制定管理办法要充分征求社会公众意见，出台的标准及其具体认定程序以适当方式向社会公开。支持有关部门根据监管需要建立重点关注对象名单制度，对存在失信行为但严重程度尚未达到失信联合惩戒对象认定标准的市场主体，可实施与其失信程度相对应的严格监管措施。（各部门按职责分别负责）

（九）督促失信市场主体限期整改。失信市场主体应当在规定期限内认真整改，整改不到位的，按照“谁认定、谁约谈”的原则，由认定部门依法依规启动提示约谈或警示约谈程序，督促失信市场主体履行相关义务、消除不良影响。约谈记录记入失信市场主体信用记录，统一归集后纳入全国信用信息共享平台。大力推进重点领域失信问题专项治理，采取有力有效措施加快推进整改。（各部门按职责分别负责）

（十）深入开展失信联合惩戒。加快构建跨地区、跨行业、跨领域的失信联合惩戒机制，从根本上解决失信行为反复出现、易地出现的问题。依法依规建立联合惩戒措施清单，动态更新并向社会公开，形成行政性、市场性和行业性等惩戒措施多管齐下，社会力量广泛参与的失信联合惩戒大格局。重点实施惩戒力度大、监管效果好的失信惩戒措施，包括依法依规限制失信联合惩戒对象股票发行、招标投标、申请财政性资金项目、享受税收优惠等行政性惩戒措施，限制获得授信、乘坐飞机、乘坐高等级列车和席次等市场性惩戒措施，以及通报批评、公开谴责等行业性惩戒措施。（发展改革委牵头，各地区各部门按职责分别负责）

（十一）坚决依法依规实施市场和行业禁入措施。以食品药品、生态环境、工程质量、安全生产、养老托幼、城市运行安全等与人民群众生命财产安全直接相关的领域为重点，实施严格监管，加大惩戒力度。对拒不履行司法裁判或行政处罚决定、屡犯不改、造成重大损失的市场主体及其相关责任人，坚决依法依规在一定期限内实施市场和行业禁入措施，直至永远逐出市场。（发展改革委牵头，各地区各部门按职责分别负责）

（十二）依法追究违法失信责任。建立健全责任追究机制，对被列入失信联合惩戒对象名单的市场主体，依法依规对其法定代表人或主要负责人、实际控制人进行失信惩戒，并将相关失信行为记入其个人信用记录。机关事业单位、国有企业出现违法失信行为的，要通报上级主管单位和审计部门；工作人员出现违法失信行为的，要通报所在单位及相关纪检监察、组织人事部门。（各地区各部门按职责分别负责）

（十三）探索建立信用修复机制。失信市场主体在规定期限内纠正失信行为、消除不良影响的，可通过作出信用承诺、完成信用整改、通过信用核查、接受专题培训、提交信用报告、参加公益慈善活动等方式开展信用修复。修复完成后，各地区各部门要按程序及时停止公示其失信记录，终止实施联合惩戒措施。加快建立完善协同联动、一网通办机制，为失信市场主体提供高效便捷的信用修复服务。鼓励符合条件的第三方信用服务机构向失信市场主体提供信用报告、信用管理咨询等服务。（发展改革委牵头，各地区各部门按职责分别负责）

## 五、强化信用监管的支撑保障

（十四）着力提升信用监管信息化建设水平。充分发挥全国信用信息共享平台和国家“互联网+监管”系统信息归集共享作用，对政府部门信用信息做到“应归尽归”，推进地方信用信息平台、行业信用信息系统互联互通，畅通政企数据流通机制，形成全面覆盖各地区各部门、各类市场主体的信用信息“一张网”。依托全国信用信息共享平台和国家“互联网+监管”系统，将市场主体基础信息、执法监管和处置信息、失信联合惩戒信息等与相关部门业务系统按需共享，在信用监管等过程中加以应用，支撑形成数据同步、措施统一、标准一致的信用监管协同机制。（发展改革委、国务院办公厅牵头，各地区各部

门按职责分别负责)

(十五)大力推进信用监管信息公开公示。在行政许可、行政处罚信息集中公示基础上，依托“信用中国”网站、中国政府网或其他渠道，进一步研究推动行政强制、行政确认、行政征收、行政给付、行政裁决、行政补偿、行政奖励和行政监督检查等其他行政行为信息7个工作日内上网公开，推动在司法裁判和执行活动中应当公开的失信被执行人、虚假诉讼失信人相关信息通过适当渠道公开，做到“应公开、尽公开”。(各地区各部门按职责分别负责)

(十六)充分发挥“互联网+”、大数据对信用监管的支撑作用。依托国家“互联网+监管”等系统，有效整合公共信用信息、市场信用信息、投诉举报信息和互联网及第三方相关信息，充分运用大数据、人工智能等新一代信息技术，实现信用监管数据可比对、过程可追溯、问题可监测。鼓励各地区各部门结合实际，依法依规与大数据机构合作开发信用信息，及时动态掌握市场主体经营情况及其规律特征。充分利用国家“互联网+监管”等系统建立风险预判预警机制，及早发现防范苗头性和跨行业跨区域风险。运用大数据主动发现和识别违法违规线索，有效防范危害公共利益和群众生命财产安全的违法违规行为。鼓励通过物联网、视联网等非接触式监管方式提升执法监管效率，实现监管规范化、精准化、智能化，减少人为因素，实现公正监管，杜绝随意检查、多头监管等问题，实现“进一次门、查多项事”，减少对监管对象的扰动。(国务院办公厅、发展改革委、市场监管总局牵头，各部门按职责分别负责)

(十七)切实加大信用信息安全和市场主体权益保护力度。严肃查处违规泄露、篡改信用信息或利用信用信息谋私等行为。加强信用信息安全基础设施和安全防护能力建设。建立健全信用信息异议投诉制度，对市场主体提出异议的信息，信息提供和采集单位要尽快核实并反馈结果，经核实有误的信息要及时予以更正或撤销。因错误认定失信联合惩戒对象名单、错误采取失信联合惩戒措施损害市场主体合法权益的，有关部门和单位要积极采取措施消除不良影响。(各地区各部门按职责分别负责)

(十八)积极引导行业组织和信用服务机构协同监管。支持有关部门授权的行业协会商会协助开展行业信用建设和信用监管，鼓励行业协会商会建立会员信用记录，开展信用承诺、信用培训、诚信宣传、诚信倡议等，将诚信作为行规行约重要内容，引导本行业增强依法诚信经营意识。推动征信、信用评级、信用保险、信用担保、履约担保、信用管理咨询及培训等信用服务发展，切实发挥第三方信用服务机构在信用信息采集、加工、应用等方面的专业作用。鼓励相关部门与第三方信用服务机构在信用记录归集、信用信息共享、信用大数据分析、信用风险预警、失信案例核查、失信行为跟踪监测等方面开展合作。(发展改革委、民政部、人民银行按职责分别负责)

## 六、加强信用监管的组织实施

(十九)加强组织领导。各地区各部门要把构建以信用为基础的新型监管机制作为深入推进“放管服”改革的重要举措，摆在更加突出的位置，加强组织领导，细化责任分工，有力有序有效推动落实。完善信用监管的配套制度，并加强与其他“放管服”改革事项的衔接。负有市场监管、行业监管职责的部门要切实承担行业信用建设和信用监管的主体责任，充分发挥行业组织、第三方信用服务机构作用，为公众监督创造有利条件，整合形成全社会共同参与信用监管的强大合力。（发展改革委牵头，各地区各部门按职责分别负责）

（二十）开展试点示范。围绕信用承诺、信用修复、失信联合惩戒、信用大数据开发利用等重点工作，组织开展信用建设和信用监管试点示范。在各地区各部门探索创新的基础上，及时总结、提炼、交流开展信用建设和信用监管的好经验、好做法，在更大范围复制推广。（发展改革委牵头，各地区各部门按职责分别负责）

（二十一）加快建章立制。推动制定社会信用体系建设相关法律，加快研究出台公共信用信息管理条例、统一社会信用代码管理办法等法规。建立健全全国统一的信用监管规则和标准，及时出台相关地方性法规、政府规章或规范性文件，将信用监管中行之有效的做法上升为制度规范。抓紧制定开展信用监管急需的国家标准。（发展改革委、司法部牵头，各地区各部门按职责分别负责）

（二十二）做好宣传解读。各地区各部门要通过各种渠道和形式，深入细致向市场主体做好政策宣传解读工作，让经营者充分理解并积极配合以信用为基础的新型监管措施。加强对基层和一线监管人员的指导和培训。组织新闻媒体广泛报道，积极宣传信用监管措施及其成效，营造良好社会氛围。（发展改革委牵头，各地区各部门按职责分别负责）

国务院办公厅

2019年7月9日

# 国务院办公厅关于全面推进基层政务公开标准化规范化工作的指导意见

（国办发〔2019〕54号）

各省、自治区、直辖市人民政府，国务院各部委、各直属机构：

基层政府直接联系服务人民群众，是党中央、国务院决策部署的重要执行者。全面推进基层政务公开，对于坚持和完善基层民主制度，密切党和政府同人民群众联系，加强基层行政权力监督制约，提升基层政府治理能力具有重要意义。近年来，各地区、各部门不断深化基层政务公开，100个县（市、区）积极开展基层政务公开标准化规范化试点工作，着力解决基层政府存在的公开随意性大、公开内容质量不高、公开平台不统一、解读回应不到位、办事服务不透明等问题，形成了一批可复制可推广的经验做法。为转化推广试点成果，全面推进基层政务公开标准化规范化工作，经国务院同意，现提出如下意见。

## 一、总体要求

（一）指导思想。

以习近平新时代中国特色社会主义思想为指导，全面贯彻党的十九大和十九届二中、三中、四中全会精神，深入落实党中央、国务院有关决策部署和政府信息公开条例，坚持以人民为中心的发展思想，准确把握新时代政务公开工作的职责定位和面临的新形势新要求，着力加强基层政务公开标准化规范化建设，全面推进基层政务决策公开、执行公开、管理公开、服务公开、结果公开，推动基层政务公开全覆盖，让公开成为自觉、透明成为常态，依法保障人民群众知情权、参与权、表达权、监督权，为不断增强政府公信力执行力、深化“放管服”改革、优化营商环境、加快法治政府和服务型政府建设提供重要支撑。

（二）基本原则。

坚持标准引领。充分运用基层政务公开标准化规范化试点成果，以全国统一、系统完备的基层政务公开标准体系为引领，健全公开制度，规范公开行为，提升公开质量。

坚持需求导向。紧贴市场主体和人民群众实际需求，全方位回应公众关切，涉及群众切身利益的事项必须应公开尽公开，增强基层政务公开的针对性、实效性，真正让群众能看到、易获取、用得上。

坚持依法依规。运用法治思维和法治方式全面推进基层政务公开标准化规范化，严格执行政府信息公开条例和有关法律法规，履行政务公开法定职责。

坚持改革创新。积极推行“互联网+政务”，全链条加强政府信息管理，在集成发布、精准推送、智能查询、管理利用等方面探索创新。

（三）工作目标。

到 2023 年，基本建成全国统一的基层政务公开标准体系，覆盖基层政府行政权力运行全过程和政务服务全流程，基层政务公开标准化规范化水平大幅提高，基层政府政务公开工作机制、公开平台、专业队伍进一步健全完善，政务公开的能力和水平显著提升。

## 二、主要任务

（四）全面落实试点领域标准指引。基层政府（包括县、不设区的市、市辖区人民政府和乡镇人民政府、街道办事处）要对照国务院部门制定的国土空间规划、重大建设项目、公共资源交易、财政预决算、安全生产、税收管理、征地补偿、国有土地上房屋征收、保障性住房、农村危房改造、环境保护、公共文化服务、公共法律服务、扶贫、救灾、食品药品监管、城市综合执法、就业创业、社会保险、社会救助、养老服务、户籍管理、涉农补贴、义务教育、医疗卫生、市政服务等 26 个试点领域标准指引，结合本级政府权责清单和公共服务事项清单，全面梳理细化相关领域政务公开事项，于 2020 年底前编制完成本级政务公开事项标准目录，实行政务过程和结果全公开。目录至少应包括公开事项的名称、内容、依据、时限、主体、方式、渠道、公开对象等要素。编制目录要因地制宜、实事求是，体现地区和领域特点，避免公开事项及标准“一刀切”。

（五）编制完成其他领域标准指引。国务院部门要参照试点做法，结合本部门主要职责，确定涉及基层政务公开的其他领域，围绕公开什么、由谁公开、在哪儿公开、如何公开等内容，于 2021 年底前编制完成相关领域基层政务公开标准指引。同时，依据法律法规和本部门本系统职责变化情况，做好标准指引调整完善工作。国务院标准化主管部门要发挥专业优势，制定发布相关国家标准，指导基层政务公开标准指引的编制工作。省级政府要配合做好相关工作，督促指导基层政府抓好标准指引的落实。

（六）规范政务公开工作流程。基层政府要构建发布、解读、回应有序衔接的政务公开工作格局，优化政府信息管理、信息发布、解读回应、依申请公开、公众参与、监督考核等工作流程，并建立完善相关制度。探索将政务公开事项标准目录、标准规范嵌入部门业务系统，促进公开工作与其他业务工作融合发展。

（七）推进基层政务公开平台规范化。基层政府要加强政府信息资源的标准化、信息化管理，充分发挥政府门户网站、政务新媒体、政务公开栏等平台作用，更多运用信息化手段做好政务公开工作。县级政府门户网站作为政务公开第一平台，要集中发布本级政府及部门、乡镇（街道）应当主动公开的政府信息，开设统一的互动交流入口和在线办事入口，便利企业和群众。积极借助县级融媒体中心优势和渠道，扩大政府信息传播力和影响力。政务服务大厅、便民服务中心等场所要设立标识清楚、方便实用的政务公开专区，提供政府信息查询、信息公开申请、办事咨询答复等服务。

（八）完善基层行政决策公众参与机制。基层政府要结合职责权限和本地实际，明确公众参与行政决策的事项范围和方式，并向社会公开。对涉及人民群众切身利益、需要社会广泛知晓的公共政策措施、公共建设项目，要采取座谈会、听证会、实地走访、向社会公开征求意见、问卷调查、民意调查等多种方式，充分听取公众意见，扩大公众参与度，提高决策透明度。对社会普遍关心的问题要进行解释说明，政策实施、项目推进中要及时回应公众关切。完善利益相关方、群众代表、专家、媒体等列席政府有关会议制度，增进人民群众对政府工作的认同和支持。

（九）推进办事服务公开标准化。基层政府要立足直接服务人民群众的实际，通过线上线下全面准确公开政务服务事项、办事指南、办事流程、办事机构等信息。推行政务服务一次告知、信息主动推送等工作方式，让办事群众对事前准备清晰明了、事中进展实时掌握、事后结果及时获知。以为企业和群众"办好一件事"为标准，对办事服务信息加以集成、优化、简化，汇总编制办事一本通，并向社会公开，最大限度利企便民。

（十）健全解读回应工作机制。基层政府要及时传递党和国家相关政策，准确解读本地贯彻执行措施。认真落实政策解读方案、解读材料与政策文件同步组织、同步审签、同步部署工作机制，运用新闻发布会、吹风会、简明问答、图表图解、案例说明等多种方式，对涉及群众切身利益、影响市场预期等的重要政策进行解读，增进沟通，凝聚共识。针对政策实施和重大项目推进过程中出现的误解疑虑，要及时回应、解疑释惑。

（十一）推动基层政务公开标准化规范化向农村和社区延伸。基层政府要指导支持村（居）民委员会依法自治和公开属于自治范围内的事项。完善基层政务公开与村（居）务公开协同发展机制，使政务公开与村（居）务公开有效衔接、相同事项的公开内容对应一致。指导村（居）民委员会建立完善公开事项清单，通过村（居）民微信群、益农信息社、公众号、信息公示栏等，重点公开脱贫攻坚、乡村振兴、村级财务、惠农政策、养老服务、社会救助等方面的内容，方便群众及时知晓和监督。

## 三、保障措施

（十二）加强组织领导。各地区、各部门要高度重视基层政务公开标准化规范化工作，按照各自职责任务，加强督促指导，防止形式主义、官僚主义，切实抓好贯彻落实。鼓励选择政务公开标准化规范化工作基础好的基层政府和部门，设立创新示范区和示范点，发挥典型引领作用。基层政府要切实担负起主体责任，精心组织实施，强化经费保障。建立完善基层政务公开工作主管部门与宣传、网信、政务服务、大数据管理、融媒体中心等单位的协调联动机制，形成推进政务公开标准化规范化的工作合力。

（十三）加强队伍建设。强化基层政务公开工作主管部门职责，明确工作机构和人员，确保基层政务公开工作有机构承担、有专人负责。加大教育培训力度，把政务公开特别是政府信息公开条例纳入基层领导干部和公务员教育培训内容，切实增强依法依规公开意识。组织开展业务培训、经验交流，不断提高基层政务公开工作人员能力和水平。

（十四）加强监督评价。各地区、各部门要把推进基层政务公开标准化规范化情况作为评价政务公开工作成效的重要内容，列入基层政府绩效考核指标体系。国务院部门要对本领域基层政务公开标准指引落实工作进行督促指导和跟踪评估，省级政府要加强对本地区推进基层政务公开标准化规范化工作的指导协调和监督检查，确保有序推进、取得实效。

国务院办公厅

2019 年 12 月 26 日

# 国务院办公厅关于建立政务服务“好差评”制度 提高政务服务水平的意见

（国办发〔2019〕51号）

各省、自治区、直辖市人民政府，国务院各部委、各直属机构：

为全面及时准确了解企业和群众对政务服务的感受和诉求，接受社会监督，有针对性地改进政务服务，提升政府工作效能，优化营商环境，建设人民满意的服务型政府，经国务院同意，现就建立政务服务“好差评”制度提出以下意见。

## 一、总体要求

（一）指导思想。以习近平新时代中国特色社会主义思想为指导，全面贯彻落实党的十九大和十九届二中、三中、四中全会精神，按照党中央、国务院决策部署，坚持以人民为中心的发展思想，深入推进“放管服”改革、转变政府职能，创新行政方式，提高行政效能，对接群众需求实施服务供给侧改革，建立政务服务绩效由企业和群众评判的“好差评”制度，推动各级政府增强服务意识，转变工作作风，夯实服务责任，为企业和群众提供全面规范、公开公平、便捷高效的政务服务，提升企业和群众办事便利度和获得感。

（二）目标要求。2020年底前，全面建成政务服务“好差评”制度体系，建成全国一体化在线政务服务平台“好差评”管理体系，各级政务服务机构（含大厅、中心、站点、窗口等，下同）、各类政务服务平台（含业务系统、热线电话平台、移动服务端、自助服务端等，下同）全部开展“好差评”，线上线下全面融合，实现政务服务事项全覆盖、评价对象全覆盖、服务渠道全覆盖。确保每个政务服务事项均可评价，每个政务服务机构、政务服务平台和人员都接受评价，每个办事企业和群众都能自愿自主真实评价，每个差评都得到整改，形成评价、反馈、整改、监督全流程衔接，企业和群众积极参与、社会各界广泛评价、政府部门及时改进的良性互动局面，促进政务服务质量持续提升。

## 二、明确责任标准

（一）夯实政务服务责任。省级人民政府对本地区政务服务工作负主要责任，组织领导本地区政务服务工作，明确政务服务管理机构，统筹政务服务机构、平台建设，统一工作要求、服务程序和标准规范，完善配套政策，监督政务服务运行。市县级人民政府负责指导、监督本地区政务服务机构、平台依法依规履行职责，结合实际细化实化相关规定，推动落实各项工作，强化人员管理和考核，督促问题整改，受理复核申诉，查处违规违纪问题。各级政务服务机构、平台具体受理、办理政务服务事项，加强内部管理，明确经办人员职责，接受企业和群众监督评价，及时整改问题。国务院部门要加强对本系统、本领域政务服务工作的指导，发挥跨区域业务协调作用，加强与地方政府的协同配合；垂直管理部门要加强对本系统政务服务工作的组织领导；跨部门的政务服务工作由牵头部门组织，相关部门各司其职、积极配合、协同办理。

（二）厘清政务服务事项。政务服务事项全部实行清单管理。要根据法定职责和权责清单，基于国家政务服务事项基本目录，编制完整的政务服务事项清单，并纳入全国一体化在线政务服务平台管理，实现同一事项的名称、编码、依据、类型等基本要素统一。要逐项编制、完善办事指南，明确受理单位、办理渠道、申请条件、申请材料、办理程序、办理时限、收费依据及标准、评价渠道等要素，推进同一事项无差别受理、同标准办理。清单和办事指南要公开并及时更新完善。

（三）规范政务服务要求。要推进服务办理便捷化，优化办事流程，减少办理环节，加快政务信息系统资源整合共享。完善现场服务规范，政务服务大厅要合理设置服务标识和办事窗口，提升"一站式"服务功能，原则上实现集中办理、异地可办；文印、传真、邮寄等配套服务，需要收费的，要合理设定并公开收费标准。完善网上服务规范，落实"一网通办"要求，健全网上预约、申报、审批服务等流程，提供网上咨询服务，确保企业和群众网上办事流程清晰、操作便捷、沟通顺畅。压减政务服务办理时限，区分不同种类服务，推行当场办结、一次办结、限时办结，各地区可以在国家规定的办理时限内进一步压减时间，超过办理时间的，要公开说明理由。完善人员管理规范，做到业务熟练、服务周到、文明礼貌、仪容整洁。

（四）科学设置政务服务评价标准。在实践基础上，适时制定政务服务评价国家标准，围绕政务服务事项管理、办事流程、服务规范、服务质量、整改实效、监督管理等方面建立健全评价体系，按照统分结合、分级分类的方式，细化评价指标，完善评价方法，推动提升政务服务"好差评"制度的科学性、规范性和有效性。鼓励国务院各行业主管部门制定本领域各项政务服务的行业标准，各地区在国家标准和行业标准的基础上，结合地方实际，提出更高的政务服务评价标准要求。国务院办公厅及有关部门要加强对政务服务评价标准制定工作的指导协调。

## 三、畅通评价渠道

（一）现场服务"一次一评"。政务服务机构要在服务窗口醒目位置设置评价器或评价二维码，方便办事企业和群众自主评价。偏远地区和基层服务点等暂不具备条件的，应提供书面评价表格。没有在服务现场作出评价的企业和群众可在一定期限内补充评价。评价一般可设置"很好""好""一般""差""很差"或"非常满意""满意""基本满意""不满意""非常不满意"五个等级，后两个等级为差评。

（二）网上服务"一事一评"。政务服务平台要设置评价功能模块或环节，方便企业和群众即时评价。发挥信息技术优势，在五级评价的基础上，针对具体服务事项细化评价问询表单，可设置服务指引是否清晰、办事程序是否便利、材料手续是否精简、操作界面是否友好、有何改进意见等项目，由办事企业和群众自愿填写。

（三）社会各界"综合点评"。要通过意见箱、热线电话、监督平台、电子邮箱等多种渠道和方式，主动接受社会各界的综合性评价。引导社会组织、中介组织、研究机构等对政务服务状况进行专业、科学、客观的评估评价，提出意见建议。

（四）政府部门“监督查评”。要积极开展政务服务调查，尤其是对新出台的利企惠民政策、新提供的服务项目以及直接关系企业和群众切身利益的重点服务事项，及时了解政策知悉度、办事便利度、服务满意度等情况。按照一定比例随机抽取参与评价的企业和群众，开展回访调查。根据本地区、本部门实际，委托第三方独立开展政务服务评估，评估结果作为改进服务的重要依据。要进一步发挥中国政府网政务服务投诉与建议平台的作用。

## 四、用好评价结果

（一）强化服务差评整改。要建立差评和投诉问题调查核实、督促整改和反馈机制。收到差评和投诉后，按照“谁办理、谁负责”的原则，由业务办理单位第一时间启动程序，安排专人回访核实。对情况清楚、诉求合理的问题，立行立改；对情况复杂、一时难以解决的，建立台账，限期整改；对缺乏法定依据的，做好解释说明。核实为误评或恶意差评的，评价结果不予采纳，并通报同级政务服务管理机构。核实整改情况要通过适当方式，及时向企业和群众反馈，确保差评件件有整改、有反馈。做好差评回访整改情况记录，实名差评回访整改率要达到100%。强化对差评回访核实和整改情况的监督检查。

（二）加强评价数据的综合分析和应用。要运用大数据等技术，加强对评价数据的跟踪分析和综合挖掘，及时归纳发现政务服务的堵点难点，分析研判企业群众的诉求和期盼，找准服务企业群众的切入点和着力点，推进服务供给精细化，对企业和群众反映集中的问题，限期依法依规整改解决。

（三）健全政务服务奖惩机制。完善激励约束机制，有效激发政府部门和工作人员创新工作、改进服务的内生动力。国务院办公厅要通过全国一体化在线政务服务平台汇总、分析评价数据，定期形成各地区、各部门政务服务情况报告，并以适当形式反馈。各地区、各部门要将政务服务“好差评”情况纳入绩效评价。对企业和群众评价满意度高的单位和人员，按照国家有关规定进行表彰和奖励；对在政务服务中反复被差评、投诉，弄虚作假，故意刁难，甚至打击报复企业和群众的，依法依规严肃追责。

（四）公开政务服务评价信息。要坚持“以公开为常态、不公开为例外”，除依法不得公开的信息外，政务服务情况、评价结果及整改情况，均要通过政府门户网站、政务服务平台和新闻媒体向社会公开，并建立符合本地区、本部门实际的政务服务竞争机制。对造成不良影响的案例，要进行内部通报，必要时媒体曝光，推动形成愿评、敢评、评了管用的社会共识。

## 五、完善保障措施

（一）健全评价信息管理机制。基于全国一体化在线政务服务平台，建立“好差评”数据生成、归集、传输、分析、反馈机制，连通线上线下各类评价渠道，实现“好差评”内容同标准提供、评价结果同源发布、差评整改在线反馈、评价数据自动生成。各地区、各部门政务服务平台应当按照标准建设政务服务“好差评”系统，与国家政务服务平台互联互通。各地区统一提供“好差评”页面，完整采集、实时报送相关评价数据。各部门直属机构进驻地方政务服务大厅办理业务的，原则上应当通过所在地区“好差评”系统接受评价。建立评价数据安全保障机制，确保数据真实、安全、可靠。

（二）强化评价人和被评价人权益保护。要保障评价人自愿自主评价的权利，不得强迫或者干扰评价人的评价行为。鼓励办事企业和群众实名评价，建立健全评价人信息保护制度，规范信息查询权限，对泄露评价人信息的，依法依规严肃查处。保障被评价人举证解释和申诉申辩的权利，建立申诉复核机制，排除误评和恶意差评。

（三）加强组织领导。各地区、各部门要把建立政务服务“好差评”制度作为深化“放管服”改革的重要举措，层层压实责任，狠抓督促落实，确保工作扎实有序推进，目标任务按期完成；加强同其他投诉、评价制度的整合衔接，减少基层负担；根据企业和群众评价，及时总结推广创新做法、典型经验；注重政策宣传，引导企业和群众积极参与政务服务评价。国务院办公厅要加强对各地区、各部门政务服务工作的指导协调、跟踪督促。

有关行业主管部门要加强对本行业承担公共服务职能企事业单位的指导、监督，参照本意见的要求，组织开展公共服务评价。

国务院办公厅

2019 年 12 月 3 日

# 国务院办公厅关于全面推行证明事项和涉企经营许可事项告知承诺制的指导意见

（国办发〔2020〕42号）

各省、自治区、直辖市人民政府，国务院各部委、各直属机构：

持续开展“减证便民”行动，深化“证照分离”改革，是党中央、国务院重大决策部署，是深入推进简政放权、放管结合、优化服务改革的重点工作。2019年5月，国务院决定，在天津等13个省（直辖市）和公安部等5个国务院部门开展证明事项告知承诺制试点。2015年以来，国务院决定，在上海市浦东新区等地对部分涉企经营许可事项实行告知承诺制并逐步向全国复制推广。这些改革实践取得了积极成效，对减少证明事项、简化行政审批、方便企业和群众办事创业发挥了重要作用。为深化“放管服”改革、优化营商环境，激发市场主体发展活力和社会创造力，依法保障和服务疫情防控常态化条件下经济社会发展，扎实做好“六稳”工作、全面落实“六保”任务，经国务院同意，现就各地区、各部门全面推行证明事项和涉企经营许可事项告知承诺制提出以下意见。

## 一、总体要求

（一）指导思想。以习近平新时代中国特色社会主义思想为指导，全面贯彻党的十九大和十九届二中、三中、四中、五中全会精神，按照党中央、国务院决策部署，坚持以人民为中心的发展思想，深入推进“放管服”改革，加快转变政府职能，针对直接面向企业和群众、依申请办理的行政事项，全面推行证明事项和涉企经营许可事项告知承诺制，创新政府服务和管理的理念、方式，方便企业和群众办事创业，推进政府治理体系和治理能力现代化，努力建设人民满意的服务型政府。

（二）基本原则。

——坚持问题导向。以方便企业和群众办事创业为导向，聚焦企业和群众办事创业的“堵点”“痛点”，切实解决企业和群众办证多、办事难等问题。

——坚持高效便民。以社会普遍关注的领域和事项为重点，优化办事流程，完善便民服务措施，进一步提高工作的针对性、实效性，力戒形式主义、官僚主义。

——坚持协同推进。加强与政务信息资源共享、信用体系建设、“互联网+政务服务”等工作的衔接，充分发挥叠加效应，形成协同推进的体制机制。

——坚持风险可控。结合各地区经济社会发展实际和各部门行政管理工作实际，稳妥有序推进改革。坚持分级分类，精准确定实行告知承诺制的事项范围，因地制宜，因类施策，分步推进，动态调整。落实放管结合、并重的要求，创新和加强事中事后监管，有效监督承诺履行情况，实现过程可控、风险可控，维护企业和群众合法权益。

（三）工作目标。在各级行政机关或者法律法规授权的具有管理公共事务职能的组织（以下统称行政机关）办理行政许可、行政确认、行政给付等依申请的行政事项（以下简称行政事项）要求提供证明材料时实行证明事项告知承诺制，在行政机关办理涉企经营许可事项时实行告知承诺制，以行政机关清楚告知、企业和群众诚信守诺为重点，推动形成标准公开、规则公平、预期明确、各负其责、信用监管的治理模式，从制度层面进一步解决企业和群众办证多、办事难等问题。

## 二、主要任务

（四）明确实行告知承诺制的证明事项。本意见所称证明，是指公民、法人和其他组织在依法向行政机关申请办理行政事项时，提供的需要由行政机关或者其他机构出具、用以描述客观事实或者表明符合特定条件的材料。证明事项告知承诺制，是指公民、法人和其他组织在向行政机关申请办理行政事项时，行政机关以书面形式（含电子文本，下同）将证明义务、证明内容以及不实承诺的法律责任一次性告知申请人，申请人书面承诺已经符合告知的相关要求并愿意承担不实承诺的法律责任，行政机关不再索要有关证明并依据书面承诺办理相关行政事项的工作机制。

各省、自治区、直辖市人民政府，实行垂直管理的国务院部门和实行以部门为主的双重领导管理体制的系统要结合实际确定实行告知承诺制的证明事项范围，国务院其他部门要确定部门本级实行告知承诺制的证明事项范围。要按照最大限度利民便民原则，有针对性地选取与企业和群众生产生活密切相关、使用频次较高或者获取难度较大的证明事项实行告知承诺制，特别是在户籍管理、市场主体准营、资格考试、社会保险、社会救助、健康体检、法律服务等方面，要抓紧推行、尽快落实。直接涉及国家安全、国家秘密、公共安全、金融业审慎监管、生态环境保护，直接关系人身健康、生命财产安全，以及重要涉外等风险较大、纠错成本较高、损害难以挽回的证明事项不适用告知承诺制。

（五）明确实行告知承诺制的涉企经营许可事项范围。对涉企经营许可事项，申请人就其符合许可条件作出承诺，通过事中事后监管能够纠正不符合许可条件行为、有效防范风险的，实行告知承诺制。法律、行政法规、国务院决定设定的涉企经营许可事项实行告知承诺制的，由国务院审改办会同国务院有关部门研究提出建议，报国务院批准。地方性法规、地方政府规章设定的涉企经营许可事项实行告知承诺制的，由省、自治区、直辖市或者设区的市、自治州审改办会同有关部门研究提出建议，报本级人民政府批准。涉及法律法规规章调整的，要依法获得授权，推动相关法律法规规章立改废释。涉企经营许可事项以外的行政许可事项，可参照本意见实行告知承诺制。

（六）确定告知承诺制的适用对象。对于实行告知承诺制的证明事项和涉企经营许可事项，申请人可自主选择是否采用告知承诺制方式办理。申请人不愿承诺或者无法承诺的，应当提交法律法规或者国务院决定要求的证明，或者按照一般程序办理涉企经营许可事项。申请人有较严重的不良信用记录或者存在曾作出虚假承诺等情形的，在信用修复前不适用告知承诺制。

（七）规范告知承诺制工作流程。要公布实行告知承诺制的证明事项和涉企经营许可事项目录，按照全面准确、权责清晰、通俗易懂的要求，科学编制告知承诺制工作规程，修改完善办事指南，制作告知承诺书格式文本。告知承诺制办事指南、告知承诺书格式文本要通过相关服务场所、网站和全国一体化政务服务平台等渠道公布，方便申请人查阅、索取或者下载。书面告知的内容应当包括事项名称，设定依据，证明内容或者许可条件和材料要求，承诺方式，不实承诺可能承担的民事、行政、刑事责任，行政机关核查权力，承诺书是否公开、公开范围及时限等。要坚持实事求是，相关要求要可量化、易操作，不含模糊表述或兜底条款。书面承诺的内容应当包括申请人已知晓告知事项、已符合相关条件、愿意承担不实承诺的法律责任以及承诺的意思表示真实等。涉企经营许可事项实行告知承诺制的，如申请人自愿签署告知承诺书并按要求提交材料，行政机关应当当场作出行政许可决定。实行告知承诺制的涉企经营许可事项，其许可材料同时实行证明事项告知承诺制的，要一次性告知和承诺，按涉企经营许可事项告知承诺制程序办理。对有关告知承诺制的投诉举报要及时处理。

（八）加强事中事后核查。要针对事项特点等分类确定核查办法，将承诺人的信用状况作为确定核查办法的重要因素，明确核查时间、标准、方式以及是否免予核查。对免予核查的事项，行政机关要综合运用“双随机、一公开”监管、重点监管、“互联网+监管”、智慧监管等方式实施日常监管，不得对通过告知承诺制方式办理的企业和群众采取歧视性监管措施。对在核查或者日常监管中发现承诺不实的，行政机关要依法终止办理、责令限期整改、撤销行政决定或者予以行政处罚，并纳入信用记录。涉嫌犯罪的，依法移送司法机关。

各地区、各部门要认真贯彻落实《国务院关于在线政务服务的若干规定》。国务院各部门要及时解决部门与省、自治区、直辖市人民政府间政务信息资源共享不畅问题，各地区要扎实推进本地区政务信息共享工作，依托全国一体化政务服务平台等实现跨地区、跨部门、跨层级数据共享和业务协同，建立告知承诺制在线核查支撑体系。行政机关要利用政务信息共享平台、政务服务移动客户端、区块链技术等收集、比对相关数据，实施在线核查，也可以通过检查、勘验等方式开展现场核查。确需进行现场核查的，要依托“互联网+监管”平台和应用程序等，将承诺情况及时准确推送给有关监管人员，为一线监管执法提供信息支撑，同时要优化工作程序、加强业务协同，避免烦企扰民。相关数据尚未实现网络共享、难以通过上述方式核查的，可以请求其他行政机关协助核查，被请求协助的行政机关应当及时履行协助义务，不得推诿或者拒绝；确有原因不能提供协助的，应当书面告知请求协助的行政机关并说明理由。

（九）加强信用监管。要加强告知承诺信用管理制度建设，依法科学界定告知承诺失信行为。建立告知承诺信用信息记录、归集、推送工作机制，将承诺人履行承诺情况全面纳入信用记录，依托各级信用信息共享平台和行业信用信息系统，加强信用信息互联互通和共享。按照信用状况，实施分类精准监管。探索建立信用修复、异议处理机制。依法加大失信惩戒力度，根据虚假承诺造成的社会影响进行失信程度分级，区分不同失信情形实施相应惩戒措施。要根据有关法律规定，做好有关个人信息和商业秘密保护。

（十）强化风险防范措施。要梳理工作环节风险点，制定防控措施，切实提高风险防范能力。要加强行政指导，强化告知和指导义务。建立承诺退出机制，在行政事项办结前，申请人有合理理由的，可以撤回承诺申请，撤回后应当按原程序办理。对涉及社会公共利益、第三人利益或者核查难度较大的证明事项和涉企经营许可事项，行政机关要根据政府信息公开等规定，通过相关服务场所、网站和全国一体化政务服务平台等向社会公开告知承诺书，接受社会监督。具备条件的地区和部门可以探索建立事前信用预警系统，对申请人进行信用评估，加强事前风险防控。对涉及经济利益价值较高、事中事后核查难度较大的事项，可以探索引入责任保险制度，降低实行告知承诺制可能引发的行政赔偿风险。

## 三、保障措施

（十一）加强组织领导。各地区、各部门要切实加强对本地区、本部门全面推行告知承诺制工作的领导，抓好组织实施。地方各级人民政府及其部门的主要负责同志作为本地区、本部门全面推行告知承诺制工作的第一责任人，要及时了解掌握有关工作情况，研究解决工作中的重大问题，确保工作有方案、部署有进度、推进有举措、结果有考核。县级以上地方人民政府要建立审改、司法行政、政务服务、信息公开、电子政务、发展改革、公安、财政、税务、市场监管等单位参加的全面推行告知承诺制工作协调机制，明确牵头单位，指导协调、督促检查工作推进情况。国务院各部门要切实做到率先推行、以上带下，加强对本系统全面推行告知承诺制工作的督促指导，及时研究解决本部门、本系统推行告知承诺制过程中遇到的问题，在本系统内适时复制推广全面推行告知承诺制的典型经验做法。同时，及时建章立制，加强制度建设。

（十二）开展培训宣传。要组织开展告知承诺制学习培训，加强业务交流。要加强对全面推行告知承诺制的宣传，通过报刊、广播、电视、互联网等渠道，全方位宣传全面推行告知承诺制的重要意义、主要做法、典型经验和实施效果等，发挥示范带动作用，合理引导社会预期，及时回应社会关切，为全面推行告知承诺制营造良好社会氛围。

（十三）加强督促检查。要把全面推行告知承诺制工作推进情况纳入法治政府建设考评指标体系和年底效能目标考核体系，列为年度法治政府建设督察内容，充分调动各方面积极性、主动性。对工作中表现突出、企业和群众评价满意度高的单位及人员，要按照国家有关规定予以表彰和奖励。建立督察情况通报制度，对工作中违纪违法的单位及人员要依纪依法问责。按照“权责一致、尽职免责、失职追责”原则，建立健全改革容错机制，属于合理容错情形的，对相关单位及人员依纪依法免除相关责任或者减轻、从轻处理。

各地区、各部门要以全面推行证明事项和涉企经营许可事项告知承诺制为重要抓手，加快推进“放管服”改革，降低制度性交易成本，减轻企业和群众负担，激发市场主体发展活力。推进改革时，方向要明确，步骤要扎实稳妥。各省、自治区、直辖市人民政府和国务院各部门要于2020年12月31日前制订本地区、本部门全面推行证明事项告知承诺制的实施方案，并报司法部备案。各省、自治区、直辖市人民政府和国务院有关部门要制订本地区、本部门全面推行涉企经营许可事项告知承诺制的细化方案，并按要求备案。各地区、各部门在全面推行证明事项和涉企经营许可事项告知承诺制过程中发现的问题，要及时分别报司法部、国务院审改办。司法部、国务院审改办要分别加强对全面推行证明事项和涉企经营许可事项告知承诺制的指导协调，会同有关部门进行监督检查和跟踪评估，重要情况及时报告国务院。

国务院办公厅
2020年10月27日

# 国务院办公厅关于进一步完善失信约束制度构建诚信建设长效机制的指导意见

（国办发〔2020〕49号）

各省、自治区、直辖市人民政府，国务院各部委、各直属机构：

为深入贯彻落实党中央、国务院关于推进诚信建设的要求，认真落实《优化营商环境条例》等相关规定，进一步明确信用信息范围，依法依规实施失信惩戒，完善失信主体信用修复机制，提高社会信用体系建设法治化、规范化水平，经国务院同意，现提出如下意见。

## 一、总体要求

以习近平新时代中国特色社会主义思想为指导，全面贯彻落实党的十九大和十九届二中、三中、四中、五中全会精神，坚持稳中求进工作总基调，坚持遵循法治轨道，着力构建诚信建设长效机制，按照依法依规、保护权益、审慎适度、清单管理的总体思路，进一步规范和健全失信行为认定、记录、归集、共享、公开、惩戒和信用修复等机制，推动社会信用体系迈入高质量发展的新阶段，更好发挥社会信用体系在支撑“放管服”改革和政府职能转变、营造公平诚信的市场环境和社会环境等方面的积极作用。

在社会信用体系建设工作推进和实践探索中，要把握好以下重要原则：一是严格依法依规，失信行为记录、严重失信主体名单认定和失信惩戒等事关个人、企业等各类主体切身利益，必须严格在法治轨道内运行。二是准确界定范围，准确界定信用信息和严重失信主体名单认定范围，合理把握失信惩戒措施，坚决防止不当使用甚至滥用。三是确保过惩相当，按照失信行为发生的领域、情节轻重、影响程度等，严格依法分别实施不同类型、不同力度的惩戒措施，切实保护信用主体合法权益。四是借鉴国际经验，既立足我国国情，又充分参考国际惯例，在社会关注度高、认识尚不统一的领域慎重推进信用体系建设，推动相关措施与国际接轨。

## 二、科学界定公共信用信息纳入范围和程序

（一）明确界定公共信用信息范围。将行政机关及法律、法规授权的具有管理公共事务职能的组织等（以下统称行政机关）掌握的特定行为信息纳入公共信用信息，必须严格以法律、法规或者党中央、国务院政策文件为依据，并实行目录制管理。社会信用体系建设部际联席会议（以下简称部际联席会议）牵头单位会同有关部门依法依规编制并定期更新全国公共信用信息基础目录，部际联席会议成员单位和其他有关部门可依法依规提出拟纳入目录信息的建议，部际联席会议牵头单位梳理汇总目录，征求各地区、各有关部门和

相关市场主体、行业协会商会、法律服务机构、专家学者和社会公众意见，提请部际联席会议审定后向社会公布并组织实施。各地可依据地方性法规，参照全国公共信用信息基础目录的制定程序，制定适用于本地的公共信用信息补充目录。

（二）严格规范失信行为认定依据。行政机关认定失信行为必须以具有法律效力的文书为依据。可认定失信行为的依据包括：生效的司法裁判文书和仲裁文书、行政处罚和行政裁决等行政行为决定文书，以及法律、法规或者党中央、国务院政策文件规定可作为失信行为认定依据的其他文书。行政机关认定失信行为后应当如实记录失信信息。

## 三、规范公共信用信息共享公开范围和程序

（三）规范公共信用信息共享范围和程序。公共信用信息是否可共享及在何种范围内共享，应当根据合法、必要原则确定，并在编制公共信用信息目录时一并明确。完善信息共享机制，推动全国信用信息共享平台与国家企业信用信息公示系统以及相关部门信用信息系统实现互联互通、数据共享，对于可共享数据要明确采集部门，做到“一口采集、充分共享”。

（四）依法依规确定公共信用信息公开范围。公共信用信息是否可公开应当根据合法、必要原则确定，并在编制公共信用信息目录时一并明确。公共信用信息公开不得侵犯商业秘密和个人隐私，法律、法规另有规定的从其规定。公开个人相关信息的，必须有明确的法律、法规或者国务院决定、命令作为依据或经本人同意，并进行必要脱敏处理。

（五）加强对公共信用信息公开渠道的统筹管理。公共信用信息的认定部门应当按照政府信息公开或其他有关规定，在本部门门户网站、本级政府门户网站或其他指定的网站公开相关信息。“信用中国”网站、国家企业信用信息公示系统要按照有关规定，将所归集的应当公开的公共信用信息进行统一公开，并与公共信用信息认定部门公开的内容、期限保持一致。

## 四、规范严重失信主体名单认定标准和程序

（六）严格限定严重失信主体名单设列领域范围。设列严重失信主体名单的领域，必须以法律、法规或者党中央、国务院政策文件为依据，任何部门（单位）不得擅自增加或扩展。设列严重失信主体名单的范围，严格按照《国务院关于建立完善守信联合激励和失信联合惩戒制度　加快推进社会诚信建设的指导意见》（国发〔2016〕33号）规定，限制为严重危害人民群众身体健康和生命安全、严重破坏市场公平竞争秩序和社会正常秩序、拒不履行法定义务严重影响司法机关和行政机关公信力、拒不履行国防义务等严重违法失信行为的责任主体。

（七）严格规范严重失信主体名单认定标准。在全国范围内实施的严重失信主体名单制度，其名单认定标准应当以法律、行政法规或者党中央、国务院政策文件形式确定，暂不具备条件的可由该领域主管（监管）部门以部门规章形式确定，认定标准应当充分征求部际联席会议牵头单位及其他有关部门、相关市场主体、行业协会商会、法律服务机构、专家学者和社会公众意见，公开征求意见期限不少于30日。认定标准应当通过“信用中国”网站及该领域主管（监管）部门指定的网站公开。认定标准应当一并明确名单移出

条件、程序以及救济措施。认定标准制定部门应当定期组织对标准执行效果进行第三方评估并及时修订。仅在地方范围内实施的严重失信主体名单制度，其名单认定标准应当由地方性法规规定。

（八）严格履行严重失信主体名单认定程序。行政机关在作出认定严重失信主体名单决定前，应当告知当事人作出决定的事由、依据和当事人依法享有的权利；当事人提出异议的，应当予以核实并在规定时限内反馈结果。将市场主体列入严重失信主体名单，应当由认定部门依托相应的行政决定文书，载明事由、依据、失信惩戒措施提示、移出条件和程序以及救济措施等，必要时也可由认定部门单独制作认定严重失信主体名单的决定文书。严重失信主体名单原则上应当由县级以上（含县级）人民政府有关部门按照相关标准认定，法律、法规和部门规章另有规定的从其规定。

## 五、依法依规开展失信惩戒

（九）依法依规确定失信惩戒措施。对失信主体采取减损权益或增加义务的惩戒措施，必须基于具体的失信行为事实，直接援引法律、法规或者党中央、国务院政策文件为依据，并实行清单制管理。部际联席会议牵头单位会同有关部门依法依规编制并定期更新全国失信惩戒措施基础清单，部际联席会议成员单位和其他有关部门可依法依规提出拟纳入清单失信惩戒措施的建议，部际联席会议牵头单位梳理汇总清单，征求各地区、各有关部门和相关市场主体、行业协会商会、法律服务机构、专家学者和社会公众意见，提请部际联席会议审定后向社会公布并组织实施。各地可依据地方性法规，参照全国失信惩戒措施基础清单的制定程序，制定适用于本地的失信惩戒措施补充清单。任何部门（单位）不得强制要求金融机构、信用服务机构、行业协会商会、新闻媒体等惩戒失信主体。

（十）确保过惩相当。按照合法、关联、比例原则，依照失信惩戒措施清单，根据失信行为的性质和严重程度，采取轻重适度的惩戒措施，防止小过重惩。任何部门（单位）不得以现行规定对失信行为惩戒力度不足为由，在法律、法规或者党中央、国务院政策文件规定外增设惩戒措施或在法定惩戒标准上加重惩戒。

## 六、健全和完善信用修复机制

（十一）建立健全信用修复配套机制。相关行业主管（监管）部门应当建立有利于自我纠错、主动自新的信用修复机制。除法律、法规和党中央、国务院政策文件明确规定不可修复的失信信息外，失信主体按要求纠正失信行为、消除不良影响的，均可申请信用修复。相关部门（单位）应当制定信用修复的具体规定，明确修复方式和程序。符合修复条件的，要按照有关规定及时将其移出严重失信主体名单，终止共享公开相关失信信息，或者对相关失信信息进行标注、屏蔽或删除。

（十二）提高信用修复效率。加强信用修复信息共享，加快建立完善协同联动、“一网通办”机制，切实解决“信用修复难”问题。相关行业主管（监管）部门以及全国信用信息共享平台、“信用中国”网站应当明确专门人员负责信用修复工作，在规定时限内办结符合条件的信用修复申请，不得以任何形式向申请信用修复的主体收取费用。

## 七、加强信息安全和隐私保护

（十三）加强信用信息安全管理。各级公共信用信息系统要按照保护市场主体权益的要求，明确信息查询使用权限和程序，建立完善信息查询使用登记和审查制度，防止信息泄露，对故意或因工作失误泄露信息的，要依法依规严格追究相关单位和人员责任。严肃查处泄露、篡改、毁损、窃取信用信息或利用信用信息谋私等行为，严厉打击借社会信用体系建设名义非法收集、买卖信用信息的违法行为。

（十四）加大个人隐私保护力度。各地区、各有关部门应当遵循合法、正当、必要、最小化原则，严格按照公共信用信息目录收集使用个人信用信息，明示收集使用信息的目的、方式和范围并经本人同意，法律、法规另有规定的从其规定。禁止任何单位和个人未经授权、强制授权或一次授权终身收集使用个人信用信息。加大对非法获取、传播、利用以及泄露、篡改、毁损、窃取、出售个人信息等行为的查处力度。相关部门要对金融机构、征信机构、互联网企业、大数据企业、移动应用程序运营企业实施重点监管，严格规范其收集、存储、使用、加工、传输、提供和公开个人信息等行为。

## 八、着力加强信用法治建设

（十五）加快推动信用法律法规建设。坚持遵循法治轨道，加快研究推进社会信用方面法律法规的立法进程，理顺失信惩戒与行政管理措施的关系，夯实法治基础。现行法律、法规对失信行为惩戒力度不足、确有必要加大惩戒力度的，各地区、各有关部门应当及时提出修法建议，确保失信惩戒严格依法依规开展。

（十六）严格依法依规推动社会信用体系建设。依法依规严格规范信用信息采集、共享、公开范围，严格规范严重失信主体名单认定、失信惩戒和信用修复工作，确保社会信用体系建设各项工作在法治轨道运行。对未成年人失信行为、受自然灾害或疫情等不可抗力影响导致的失信行为以及非主观故意、轻微失信行为，应宽容审慎进行认定、记录和惩戒。坚决查处和打击各类侵权行为，依法依规保护信用信息安全、商业秘密和个人隐私，依法依规保护各类信用主体合法权益。

## 九、加强组织实施保障

落实主体责任。各行业主管（监管）部门要切实履行本行业信用监管主体责任，依法依规做好失信行为认定、记录、归集、共享、公开、惩戒和信用修复等工作，部际联席会议牵头单位要协调司法机关以及其他已获明确授权的责任单位做好相关工作。地方各级社会信用体系建设牵头单位要切实履行统筹协调职责，对本区域内社会信用体系建设工作加强规范指导。

强化追责问责。对在公共信用信息目录外违法违规记录、共享、公开信用信息，在失信惩戒措施清单外违法违规实施惩戒措施，以及不按标准和程序擅自认定严重失信主体名单、不按规定及时办理信用修复等行为，要依法依规追究相关单位和人员责任。

加强宣传解读。鼓励各类媒体积极开展诚信宣传教育，深入报道诚实守信的先进典型，对失信行为和事件开展建设性舆论监督，倡导诚实守信。充分发挥有关部门、行业协会商会、专家学者、新闻媒体等作用，及时阐释和解读信用政策，积极回应各界关切，强化正面引导，营造良好舆论环境。

把握时间节点。各地区、各有关部门要按照本意见要求，对已经出台的失信行为认定、记录、归集、共享、公开、惩戒和信用修复等措施进行梳理评估，对不符合本意见要求的要及时规范。对有明确依据可继续保留的严重失信主体名单制度设置过渡期，在2021年底前按本意见要求对需要调整的名单认定标准和程序进行更新，过渡期后与本意见要求不符的一律废止。

国务院办公厅

2020年12月7日

# 国务院办公厅关于促进养老托育服务健康发展的意见

（国办发〔2020〕52号）

各省、自治区、直辖市人民政府，国务院各部委、各直属机构：

促进养老托育服务健康发展，有利于改善民生福祉，有利于促进家庭和谐，有利于培育经济发展新动能。为贯彻落实党中央、国务院决策部署，更好发挥各级政府作用，更充分激发社会力量活力，更好实现社会效益和经济效益相统一，持续提高人民群众的获得感、幸福感、安全感，经国务院同意，现提出以下意见。

## 一、健全老有所养、幼有所育的政策体系

（一）分层次加强科学规划布局。根据“一老一小”人口分布和结构变化，科学谋划“十四五”养老托育服务体系，促进服务能力提质扩容和区域均衡布局。省级人民政府要将养老托育纳入国民经济和社会发展规划统筹推进，并制订“十四五”养老托育专项规划或实施方案。建立常态化督查机制，督促专项规划或实施方案的编制和实施，确保新建住宅小区与配套养老托育服务设施同步规划、同步建设、同步验收、同步交付。

（二）统筹推进城乡养老托育发展。强化政府保基本兜底线职能，健全基本养老服务体系。优化乡村养老设施布局，整合区域内服务资源，开展社会化管理运营，不断拓展乡镇敬老院服务能力和辐射范围。完善老年人助餐服务体系，加强农村老年餐桌建设。探索在脱贫地区和城镇流动人口集聚区设置活动培训场所，依托基层力量提供集中托育、育儿指导、养护培训等服务，加强婴幼儿身心健康、社会交往、认知水平等方面早期发展干预。

（三）积极支持普惠性服务发展。大力发展成本可负担、方便可及的普惠性养老托育服务。引导各类主体提供普惠性服务，支持非营利性机构发展，综合运用规划、土地、住房、财政、投资、融资、人才等支持政策，扩大服务供给，提高服务质量，提升可持续发展能力。优化养老托育营商环境，推进要素市场制度建设，实现要素价格市场决定、流动自主有序、配置高效公平，促进公平竞争。

（四）强化用地保障和存量资源利用。在年度建设用地供应计划中保障养老托育用地需求，并结合实际安排在合理区位。调整优化并适当放宽土地和规划要求，支持各类主体利用存量低效用地和商业服务用地等开展养老托育服务。在不违反国家强制性标准和规定前提下，各地可结合实际制定存量房屋和设施改造为养老托育场所设施的建设标准、指南和实施办法。建立健全“一事一议”机制，定期集中处置存量房屋和设施改造手续办理、邻避民扰等问题。在城市居住社区建设补短板和城镇老旧小区改造中统筹推进养老托育服

务设施建设，鼓励地方探索将老旧小区中的国企房屋和设施以适当方式转交政府集中改造利用。支持在社区综合服务设施开辟空间用于“一老一小”服务，探索允许空置公租房免费提供给社会力量供其在社区为老年人开展助餐助行、日间照料、康复护理、老年教育等服务。支持将各类房屋和设施用于发展养老托育，鼓励适当放宽最长租赁期限。非独立场所按照相关安全标准改造建设托育点并通过验收的，不需变更土地和房屋性质。

（五）推动财税支持政策落地。各地要建立工作协同机制，加强部门信息互通共享，确保税费优惠政策全面、及时惠及市场主体。同步考虑公建服务设施建设与后期运营保障，加强项目支出规划管理。完善运营补贴激励机制，引导养老服务机构优先接收经济困难的失能失智、高龄、计划生育特殊家庭老年人。对吸纳符合条件劳动者的养老托育机构按规定给予社保补贴。

（六）提高人才要素供给能力。加强老年医学、老年护理、社会工作、婴幼儿发展与健康管理、婴幼儿保育等学科专业建设，结合行业发展动态优化专业设置，完善教学标准，加大培养力度。按照国家职业技能标准和行业企业评价规范，加强养老托育从业人员岗前培训、岗位技能提升培训、转岗转业培训和创业培训。加大脱贫地区相关技能培训力度，推动大城市养老托育服务需求与脱贫地区劳动力供给有效对接。深化校企合作，培育产教融合型企业，支持实训基地建设，推行养老托育“职业培训包”和“工学一体化”培训模式。

## 二、扩大多方参与、多种方式的服务供给

（七）增强家庭照护能力。支持优质机构、行业协会开发公益课程，利用互联网平台等免费开放，依托居委会、村委会等基层力量提供养老育幼家庭指导服务，帮助家庭成员提高照护能力。建立常态化指导监督机制，加强政策宣传引导，强化家庭赡养老年人和监护婴幼儿的主体责任，落实监护人对孤寡老人、遗弃儿童的监护责任。

（八）优化居家社区服务。发展集中管理运营的社区养老和托育服务网络，支持具备综合功能的社区服务设施建设，引导专业化机构进社区、进家庭。建立家庭托育点登记备案制度，研究出台家庭托育点管理办法，明确登记管理、人员资质、服务规模、监督管理等制度规范，鼓励开展互助式服务。

（九）提升公办机构服务水平。加强公办和公建民营养老机构建设，坚持公益属性，切实满足特困人员集中供养需求。建立入住综合评估制度，结合服务能力适当拓展服务对象，重点为经济困难的失能失智、高龄、计划生育特殊家庭老年人提供托养服务。完善公建民营机制，打破以价格为主的筛选标准，综合从业信誉、服务水平、可持续性等质量指标，引进养老托育运营机构早期介入、全程参与项目工程建设，探索开展连锁化运营。

（十）推动培训疗养资源转型发展养老服务。按照“应改尽改、能转则转”的原则，将转型发展养老服务作为党政机关和国有企事业单位所属培训疗养机构改革的主要方向。各地要加大政策支持和协调推进力度，集中解决资产划转、改变土地用途、房屋报建、规划衔接等困难，确保转养老服务项目2022年底前基本投入运营。鼓励培训疗养资源丰富、养老需求较大的中东部地区先行突破，重点推进。

（十一）拓宽普惠性服务供给渠道。实施普惠养老托育专项行动，发挥中央预算内投

资引领作用，以投资换机制，引导地方政府制定支持性“政策包”，带动企业提供普惠性“服务包”，建设一批普惠性养老服务机构和托育服务机构。推动有条件的用人单位以单独或联合相关单位共同举办的方式，在工作场所为职工提供托育服务。支持大型园区建设服务区内员工的托育设施。

（十二）引导金融机构提升服务质效。鼓励政府出资产业投资基金及市场化的创业投资基金、私募股权基金等按照市场化、法治化原则，加大对养老托育领域的投资力度。创新信贷支持方式，在依法合规、风险可控、商业可持续前提下，推进应收账款质押贷款，探索收费权质押贷款，落实好信贷人员尽职免责政策。鼓励金融机构合理确定贷款期限，灵活提供循环贷款、年审制贷款、分期还本付息等多种贷款产品和服务。扩大实施养老产业专项企业债券和养老项目收益债券，支持合理灵活设置债券期限、选择权及还本付息方式，鼓励发行可续期债券。引导保险等金融机构探索开发有针对性的金融产品，向养老托育行业提供增信支持。支持保险机构开发相关责任险及养老托育机构运营相关保险。

## 三、打造创新融合、包容开放的发展环境

（十三）促进康养融合发展。支持面向老年人的健康管理、预防干预、养生保健、健身休闲、文化娱乐、旅居养老等业态深度融合。发挥中医药独特优势，促进中医药资源广泛服务老年人群体。支持各类机构举办老年大学、参与老年教育，推动举办“老年开放大学”“网上老年大学”，搭建全国老年教育资源共享和公共服务平台。

（十四）深化医养有机结合。发展养老服务联合体，支持根据老年人健康状况在居家、社区、机构间接续养老。为居家老年人提供上门医疗卫生服务，构建失能老年人长期照护服务体系。有效利用社区卫生服务机构、乡镇卫生院等基层医疗资源，开展社区医养结合能力提升行动。针对公共卫生突发事件，提升养老机构应急保障能力，增设隔离功能并配备必要的防控物资和设备，加强工作人员应急知识培训。

（十五）强化产品研发和创新设计。健全以企业为主体的创新体系，鼓励采用新技术、新工艺、新材料、新装备，增强以质量和信誉为核心的品牌意识，建立健全企业知识产权管理体系，推进高价值专利培育和商标品牌建设，培育养老托育服务、乳粉奶业、动画设计与制作等行业民族品牌。促进“一老一小”用品制造业设计能力提升，完善创新设计生态系统。

（十六）促进用品制造提质升级。逐步完善养老托育服务和相关用品标准体系，加强标准制修订，强化标准实施推广，探索建立老年用品认证制度。推进互联网、大数据、人工智能、5G等信息技术和智能硬件的深度应用，促进养老托育用品制造向智能制造、柔性生产等数字化方式转型。推进智能服务机器人后发赶超，启动康复辅助器具应用推广工程，实施智慧老龄化技术推广应用工程，构建安全便捷的智能化养老基础设施体系。鼓励国内外多方共建养老托育产业合作园区，加强市场、规则、标准方面的软连通，打造制造业创新示范高地。

（十七）培育智慧养老托育新业态。创新发展健康咨询、紧急救护、慢性病管理、生活照护、物品代购等智慧健康养老服务。发展“互联网+养老服务”，充分考虑老年群体使用感受，研究开发适老化智能产品，简化应用程序使用步骤及操作界面，引导帮助老年

人融入信息化社会，创新“子女网上下单、老人体验服务”等消费模式，鼓励大型互联网企业全面对接养老服务需求，支持优质养老机构平台化发展，培育区域性、行业性综合信息平台。发展互联网直播互动式家庭育儿服务，鼓励开发婴幼儿养育课程、父母课堂等。

（十八）加强宜居环境建设。普及公共基础设施无障碍建设，鼓励有条件的地区结合城镇老旧小区改造加装电梯。加强母婴设施配套，在具备条件的公共场所普遍设置专席及绿色通道。引导房地产项目开发充分考虑养老育幼需求。指导各地加快推进老年人居家适老化改造。以满足老年人生活需求和营造婴幼儿成长环境为导向，推动形成一批具有示范意义的活力发展城市和社区。

## 四、完善依法从严、便利高效的监管服务

（十九）完善养老托育服务综合监管体系。以养老托育机构质量安全、从业人员、运营秩序等方面为重点加强监管。落实政府在制度建设、行业规划、行政执法等方面的监管责任，实行监管清单式管理，明确监管事项、监管依据、监管措施、监管流程，监管结果及时向社会公布。养老托育机构对依法登记、备案承诺、履约服务、质量安全、应急管理、消防安全等承担主体责任。健全行业自律规约，加强正面宣传引导和社会舆论监督，加快构建以信用为基础的新型监管机制。

（二十）切实防范各类风险。加强突发事件应对，建立完善养老托育机构突发事件预防与应急准备、监测与预警、应急处置与救援、事后恢复与重建等工作机制。将养老托育纳入公共安全重点保障范围，支持服务机构安全平稳运转。完善退出机制，建立机构关停等特殊情况应急处置机制。严防“一老一小”领域以虚假投资、欺诈销售、高额返利等方式进行的非法集资，保护消费者合法权益。

（二十一）优化政务服务环境。完善机构设立办事指南，优化办事流程，实施并联服务，明确办理时限，推进“马上办、网上办、就近办”。制定养老托育政务服务事项清单，推进同一事项无差别受理、同标准办理，力争实现“最多跑一次”。推进养老托育政务服务的“好差评”工作，完善评价规则，加强评价结果运用，改进提升政务服务质量。

（二十二）积极发挥多方合力。支持公益慈善类社会组织参与，鼓励机构开发志愿服务项目，建立健全“一老一小”志愿服务项目库。引导互联网平台等社会力量建立养老托育机构用户评价体系。以普惠为导向建立多元主体参与的养老和托育产业合作平台，在要素配置、行业自律、质量安全、国际合作等方面积极作为。发挥行业协会商会等社会组织积极性，开展机构服务能力综合评价，引领行业规范发展，更好弘扬尊老爱幼社会风尚。

（二十三）强化数据资源支撑。依据养老产业统计分类，开展养老产业认定方法研究，推进重要指标年度统计。探索构建托育服务统计指标体系。利用智库和第三方力量加强研究，开展人口趋势预测和养老托育产业前景展望，通过发布年度报告、白皮书等形式，服务产业发展，引导社会预期。

坚持党委领导、政府主导，地方各级政府要建立健全“一老一小”工作推进机制，结合实际落实本意见要求，以健全政策体系、扩大服务供给、打造发展环境、完善监管服务为着力点，促进养老托育健康发展，定期向同级人民代表大会常务委员会报告服务能力提升成效。国务院各部门要根据职责分工，制定具体落实举措，推动各项任务落地。国家发

展改革委要建立“一老一小”服务能力评价机制，加强对本意见落实工作的跟踪督促，及时向国务院报告。

附件：促进养老托育服务健康发展重点任务分工表

国务院办公厅
2020 年 12 月 14 日

**附件**

## 促进养老托育服务健康发展重点任务分工表

| 序号 | 重点任务 | 责任单位 |
| --- | --- | --- |
| 1 | 根据“一老一小”人口分布和结构变化，科学谋划“十四五”养老托育服务体系，促进服务能力提质扩容和区域均衡布局 | 民政部、国家卫生健康委、国家发展改革委、财政部、住房城乡建设部、中国残联按职责分工负责，地方各级人民政府负责 |
| 2 | 统筹推进城乡养老托育发展 | 民政部、国家卫生健康委、国家发展改革委按职责分工负责，地方各级人民政府负责 |
| 3 | 积极支持普惠性服务发展 | 国家发展改革委、民政部、国家卫生健康委按职责分工负责，地方各级人民政府负责 |
| 4 | 在年度建设用地供应计划中保障养老托育用地需求，并结合实际安排在合理区位 | 自然资源部、民政部、国家卫生健康委、住房城乡建设部按职责分工负责，地方各级人民政府负责 |
| 5 | 在城市居住社区建设补短板和城镇老旧小区改造中统筹推进养老托育服务设施建设。探索允许空置公租房免费提供给社会力量供其在社区为老年人开展助餐助行、日间照料、康复护理、老年教育等服务 | 住房城乡建设部牵头，中直管理局、国家发展改革委、民政部、自然资源部、国家卫生健康委、应急部、国务院国资委、国管局参加 |
| 6 | 支持将各类房屋和设施用于发展养老托育，鼓励适当放宽最长租赁期限 | 民政部、国家卫生健康委、国家发展改革委、自然资源部、住房城乡建设部、应急部按职责分工负责，地方各级人民政府负责 |

续表

| 序号 | 重点任务 | 责任单位 |
| --- | --- | --- |
| 7 | 非独立场所按照相关安全标准改造建设托育点并通过验收的，不需变更土地和房屋性质 | 国家卫生健康委、自然资源部、住房城乡建设部、应急部按职责分工负责，地方各级人民政府负责 |
| 8 | 推动财税支持政策落地 | 财政部、税务总局、民政部、国家卫生健康委、人力资源社会保障部按职责分工负责，地方各级人民政府负责 |
| 9 | 提高人才要素供给能力 | 教育部、人力资源社会保障部、国家发展改革委、民政部、商务部、国家卫生健康委按职责分工负责 |
| 10 | 增强家庭照护能力 | 民政部、国家卫生健康委、全国妇联按职责分工负责 |
| 11 | 研究出台家庭托育点管理办法 | 国家卫生健康委牵头，国家发展改革委、民政部、住房城乡建设部、应急部、市场监管总局参加 |
| 12 | 加强公办和公建民营养老机构建设，建立入住综合评估制度 | 民政部、国家发展改革委、财政部、国家卫生健康委按职责分工负责 |
| 13 | 完善公建民营机制，引进养老托育运营机构早期介入、全程参与项目工程建设，探索开展连锁化运营 | 民政部、国家卫生健康委、国家发展改革委按职责分工负责 |
| 14 | 推动培训疗养资源转型发展养老服务 | 国家发展改革委牵头，中直管理局、民政部、财政部、人力资源社会保障部、自然资源部、住房城乡建设部、国家卫生健康委、应急部、人民银行、国务院国资委、国管局参加 |
| 15 | 实施普惠养老托育专项行动，建设一批普惠性养老服务机构和托育服务机构 | 国家发展改革委牵头，民政部、自然资源部、住房城乡建设部、国家卫生健康委、国务院国资委参加 |
| 16 | 引导金融机构提升服务质效 | 人民银行、银保监会、国家发展改革委、财政部、住房城乡建设部、证监会按职责分工负责 |

续表

| 序号 | 重点任务 | 责任单位 |
|---|---|---|
| 17 | 促进康养融合发展 | 国家发展改革委牵头，教育部、民政部、住房城乡建设部、文化和旅游部、国家卫生健康委、体育总局参加 |
| 18 | 开展社区医养结合能力提升行动 | 国家卫生健康委牵头，国家发展改革委、民政部、住房城乡建设部、国家医保局参加；地方各级人民政府负责 |
| 19 | 提升养老机构应急保障能力 | 民政部、国家发展改革委、应急部按职责分工负责，地方各级人民政府负责 |
| 20 | 促进用品制造提质升级，逐步完善养老托育服务和相关用品标准体系 | 工业和信息化部、科技部、国家发展改革委、民政部、国家卫生健康委、市场监管总局、中国残联按职责分工负责 |
| 21 | 培育托育服务、乳粉奶业、动画设计与制作等行业民族品牌 | 国家卫生健康委牵头，国家发展改革委、教育部、工业和信息化部、文化和旅游部、市场监管总局参加 |
| 22 | 推进智能服务机器人后发赶超，启动康复辅助器具应用推广工程，实施智慧老龄化技术推广应用工程 | 民政部、工业和信息化部、科技部、国家发展改革委、市场监管总局、中国残联按职责分工负责 |
| 23 | 鼓励国内外多方共建养老托育产业合作园区，加强市场、规则、标准方面的软连通，打造制造业创新示范高地 | 国家发展改革委牵头，工业和信息化部、民政部、人力资源社会保障部、自然资源部、国家卫生健康委、人民银行、市场监管总局参加 |
| 24 | 加强宜居环境建设 | 住房城乡建设部、国家卫生健康委、交通运输部、民政部、中国残联按职责分工负责 |
| 25 | 以满足老年人生活需求和营造婴幼儿成长环境为导向，推动形成一批具有示范意义的活力发展城市和社区 | 国家发展改革委、住房城乡建设部牵头，民政部、国家卫生健康委参加 |
| 26 | 完善养老托育服务综合监管体系 | 民政部、国家卫生健康委、市场监管总局、住房城乡建设部、应急部按职责分工负责 |
| 27 | 将养老托育纳入公共安全重点保障范围 | 民政部、国家卫生健康委、国家发展改革委、应急部、市场监管总局按职责分工负责，地方各级人民政府负责 |

续表

| 序号 | 重点任务 | 责任单位 |
| --- | --- | --- |
| 28 | 严防“一老一小”领域非法集资 | 民政部、国家卫生健康委、银保监会按职责分工负责，地方各级人民政府负责 |
| 29 | 制定养老托育政务服务事项清单，推进养老托育政务服务的“好差评”工作 | 民政部、国家卫生健康委、市场监管总局按职责分工负责，地方各级人民政府负责 |
| 30 | 支持公益慈善类社会组织参与，建立健全“一老一小”志愿服务项目库 | 全国总工会、共青团中央、中国残联、民政部、国家卫生健康委按职责分工负责 |
| 31 | 以普惠为导向建立多元主体参与的养老和托育产业合作平台 | 国家发展改革委牵头，工业和信息化部、民政部、自然资源部、住房城乡建设部、文化和旅游部、国家卫生健康委、国务院国资委、市场监管总局参加 |
| 32 | 依据养老产业统计分类，开展养老产业认定方法研究，推进重要指标年度统计，探索构建托育服务统计指标体系 | 国家统计局牵头，国家发展改革委、工业和信息化部、民政部、住房城乡建设部、国家卫生健康委、市场监管总局、中国残联参加 |
| 33 | 建立“一老一小”服务能力评价机制，加强对本意见执行情况的跟踪督促 | 国家发展改革委牵头，各相关部门参加 |

# 国务院安全生产委员会关于印发《国务院安全生产委员会成员单位安全生产工作任务分工》的通知

（安委〔2020〕10号）

国务院安委会各成员单位：

《国务院安全生产委员会成员单位安全生产工作任务分工》已经国务院安委会全体会议审议通过，并报国务院领导同志同意，现予印发，请认真遵照执行。

国务院安全生产委员会

2020年12月28日

## 国务院安全生产委员会成员单位安全生产工作任务分工

### 一、总则

以习近平新时代中国特色社会主义思想为指导，深入学习贯彻习近平总书记关于安全生产重要指示精神，坚持人民至上、生命至上，以做好“两个维护”的政治自觉、思想自觉和行动自觉，树牢安全发展理念，统筹发展和安全两件大事，坚持把安全作为发展的前提、把发展作为安全保障，切实把确保人民生命安全放在第一位落到实处；围绕从根本上消除事故隐患、从根本上解决问题，扎实推进安全生产治理体系和治理能力现代化；坚决扛起防范化解重大安全风险的政治责任，严格落实“党政同责、一岗双责、齐抓共管、失职追责”和“管行业必须管安全、管业务必须管安全、管生产经营必须管安全”的原则，紧密结合各自工作实际，强化各项安全防范责任措施落实，严防各类人身伤亡事故发生，确保人民群众生命财产安全和社会稳定。

国务院应急管理部门依法对全国安全生产工作实施综合监督管理，承担职责范围内行业领域安全生产监管执法工作；负有安全生产监督管理职责的有关部门在各自职责范围内，对有关行业领域的安全生产工作实施监督管理；负有行业领域管理职责的国务院有关部门要将安全生产工作作为行业领域管理工作的重要内容，切实承担起安全管理的职责，制定实施有利于安全生产的法规标准、政策措施，指导、检查和督促企事业单位加强安全防范；其他有关部门结合本部门工作职责，为安全生产工作提供支持保障。

## 二、安全生产工作任务分工

（一）国家发展改革委。

1. 把安全生产工作纳入国民经济和社会发展规划，将应急管理体系建设规划和安全生产规划纳入国家专项规划。与应急管理部联合发布实施应急管理部门和矿山安全监察机构监管监察能力建设规划，研究安排安全生产监管监察基础设施、执法装备、信息化建设、技术支撑体系、应急救援体系建设和隐患治理等所需中央预算内投资，并对投资计划执行情况进行监督检查。

2. 按照职责分工，参与对不符合有关矿山工业发展规划和总体规划、不符合产业政策、布局不合理等矿井关闭及关闭是否到位情况进行监督和指导。

（二）教育部。

1. 负责教育系统的安全监督管理。指导地方加强各类学校（含幼儿园）的安全监督管理工作，督促各类学校制定安全管理制度和突发事件应急预案，落实安全防范措施。负责直属院校安全监督管理。

2. 将安全教育纳入学校教育内容，指导学校开展安全教育活动，普及安全知识，加强实验室、实训实习期间和校外社会实践活动的安全管理。

3. 加强安全科学与工程及职业卫生相关学科建设，加快培养矿山、化工等安全生产和职业卫生相关专业人才。

4. 会同有关部门依法负责校车安全管理的有关工作。

5. 负责教育系统安全管理统计分析，依法参加有关事故的调查处理，按照职责分工对事故发生单位落实防范和整改措施的情况进行监督检查。

（三）科技部。

1. 将安全生产科技进步纳入科技发展规划和中央财政科技计划（专项、基金等）并组织实施。

2. 负责安全生产重大科技攻关、基础研究和应用研究的组织指导工作，会同有关部门推动安全生产科研成果的转化应用。

3. 加大对安全生产重大科研项目的投入，引导企业增加安全生产研发资金投入，促使企业逐步成为安全生产科技投入和技术保障的主体。

4. 在国家科学技术奖励工作中，加大对安全生产领域重大研究成果的支持，引导社会力量参与安全生产科技工作。

（四）工业和信息化部。

1. 指导工业、通信业加强安全生产管理。在行业发展规划、政策法规、标准规范等方面统筹考虑安全生产，严格行业规范和准入管理，实施传统产业技术改造，淘汰落后工艺和产能，指导重点行业排查治理隐患，促进产业结构升级和布局调整，促进工业化和信息化深度融合，从源头治理上指导相关行业提高企业本质安全水平。

2. 负责通信业及通信设施建设和民用飞机、民用船舶制造业安全生产监督管理，制定相关行业安全生产规章制度、标准规范并组织实施，指挥协调生产安全事故应急通信。

3. 负责民用爆炸物品生产、销售的安全监督管理，按照职责分工组织查处非法生产、销售（含储存）民用爆炸物品的行为。

4. 按照职责分工，依法负责危险化学品生产、储存的行业规划和布局。严格道路机动车辆生产企业及产品准入许可。会同有关部门推动安全（应急）产业发展。

5. 负责相关行业安全生产统计分析，依法参加有关事故的调查处理，按照职责分工对事故发生单位落实防范和整改措施的情况进行监督检查。

（五）公安部。

1. 负责全国道路交通安全管理工作，拟订道路交通安全管理的政策、规定，指导、监督地方公安机关预防和处理道路交通事故，维护道路交通安全、道路交通秩序，以及开展机动车辆（不含拖拉机）、驾驶人管理工作，组织指导道路交通安全宣传教育工作。

2. 指导、协调、监督地方公安机关对民用爆炸物品购买、运输、爆破作业及烟花爆竹道路运输、燃放环节实施安全监管，监控民用爆炸物品流向，按照职责分工组织查处非法购买、运输、使用（含储存）民用爆炸物品的行为和非法运输、燃放烟花爆竹的行为。

3. 指导、监督地方公安机关依法核发剧毒化学品购买许可证、剧毒化学品道路运输通行证，并负责危险化学品运输车辆的道路交通安全管理。

4. 指导、监督地方公安机关依法开展防火工作。

5. 指导、监督地方公安机关依法对相关大型群众性活动实施安全管理。

6. 负责公安部门有关安全生产统计分析，依法组织或参加有关事故的调查处理，按照职责分工对事故发生单位落实防范和整改措施的情况进行监督检查；指导地方公安机关查处相关刑事案件和治安案件。

（六）民政部。

1. 负责民政系统的安全监督管理。在拟订相关民政事业发展法律法规草案、政策、规划以及制定相关部门规章和标准时，将安全生产纳入其中，并负责组织实施。

2. 指导地方养老服务机构、儿童福利机构、未成年人救助保护机构、流浪乞讨人员救助管理机构、殡葬服务机构、精神卫生福利机构等安全管理工作，制定相关安全法规、行业标准并监督实施，督促其落实安全责任和防范措施。

3. 负责民政系统安全管理分析，依法组织或参加民政服务机构安全事故调查处理，按照职责分工对事故发生单位落实防范和整改措施的情况进行监督检查。指导协调各地民政部门参与安全事故处置工作。

………………

（十二）住房城乡建设部。

1. 依法对全国的建设工程安全生产实施监督管理（按照国务院规定职责分工的铁路、交通、水利、民航、电力、通信等专业建设工程除外）。负责拟订建筑安全生产政策、规章制度并监督执行，依法查处建筑安全生产违法违规行为。监督管理房屋建筑工地和市政工程工地用起重机械、专用机动车辆的安装、使用。

2. 指导农村住房建设、农村住房安全和危房改造。指导农村管道天然气工程质量和运行安全。

3. 指导城市市政公用设施建设、安全和应急管理，指导城市供水、燃气、热力、市政设施、园林、市容环境治理、城市规划区绿化、城镇污水处理设施和管网等安全运行监督管理。指导城市地铁、轨道交通规划和建设的安全监督管理。指导城市地下空间开发利用安全监督管理。

4. 负责建筑施工、建筑安装、建筑装饰装修、勘察设计、建设监理等建筑业和房地产开发、物业服务、房屋征收拆迁等房地产业安全生产监督管理工作。负责指导和监督省级建设主管部门负责的建筑施工企业安全生产准入管理，指导建筑施工企业从业人员安全生产教育培训工作。

5. 指导建设工程消防设计审查验收工作。

6. 负责建筑业、房地产业和住房城乡建设系统安全生产统计分析，依法组织或参加有关事故的调查处理，按照职责分工对事故发生单位落实防范和整改措施的情况进行监督检查。

………………

（十八）国家卫生健康委。

1. 按照职责分工，负责职业卫生、放射卫生的监督管理工作。负责起草职业卫生、放射卫生监管有关法规，制定用人单位职业卫生、放射卫生监管相关规章，组织拟订国家职业卫生标准。

2. 负责用人单位职业卫生监督检查工作，依法监督用人单位贯彻执行国家有关职业病防治法律法规和标准情况。

3. 负责职业卫生、放射卫生检测、评价技术服务机构的监督管理工作。组织查处职业病危害事故和违法违规行为。

4. 负责卫生系统安全管理工作。指导医疗卫生机构、计划生育技术服务机构等制定安全管理制度和突发事件应急预案，落实安全防范措施，做好医疗废物、放射性物品安全处置管理工作。负责直属医疗机构安全监督管理。

5. 协调指导生产安全事故的医疗卫生救援工作，对重特大生产安全事故组织实施紧急医学救援。

（十九）应急管理部。

1. 拟订安全生产方针政策，组织编制国家安全生产规划，起草安全生产法律法规草案，指导协调全国安全生产工作，综合管理全国安全生产统计工作，分析和预测全国安全生产形势，发布全国安全生产信息，协调解决安全生产中的重大问题。

2. 负责安全生产综合监督管理工作，依法行使国家安全生产综合监督管理职权，指导协调、监督检查国务院有关部门和各省（自治区、直辖市）政府安全生产工作，组织开展安全生产和消防工作考核、巡查。

3. 负责工贸行业安全生产监督管理工作，按照分级、属地原则，依法监督检查工贸生产经营单位贯彻执行安全生产法律法规情况及其安全生产条件和有关设备（特种设备除外）、材料、劳动防护用品的安全生产管理工作。负责监督管理工贸行业中央企业安全生产工作。承担海洋石油安全生产综合监督管理工作。

4. 依法组织并指导监督实施安全生产准入制度；负责危险化学品安全生产监管工作和危险化学品安全监管综合工作，负责烟花爆竹生产、经营的安全生产监督管理工作。

5. 负责对全国的消防工作实施监督管理，指导地方消防监督、火灾预防、火灾扑救等工作。

6. 组织制定相关行业安全生产规章、规程和标准并监督实施，指导监督相关行业企业安全生产标准化、安全预防控制体系建设工作。会同有关部门推进安全生产责任保险实施工作。

7. 组织协调全国性安全生产检查以及专项督查、专项整治等工作，依法组织指导生产安全事故调查处理，监督事故查处和责任追究落实情况。按照职责分工对工贸行业事故发生单位落实防范和整改措施的情况进行监督检查。

8. 指导应急预案体系建设，建立完善事故灾难分级应对制度，组织编制国家生产安全事故应急预案和安全生产类专项应急预案，综合协调应急预案衔接工作，组织开展预案演练。

9. 指导各地区各部门应对安全生产类突发事件，组织指导协调安全生产应急救援工作，负责生产安全事故救援等专业应急救援力量建设，健全完善全国安全生产应急救援体系。

10. 指导监督职责范围内建设项目安全设施“三同时”工作。

11. 负责安全生产宣传教育和培训工作（矿山〈含地质勘探〉除外，下同），组织指导并监督特种作业人员的操作资格考核工作和危险化学品、烟花爆竹、金属冶炼等生产经营单位主要负责人、安全生产管理人员的安全生产知识和管理能力考核工作，监督检查工贸生产经营单位安全生产培训工作。

12. 指导全国安全评价检测检验机构管理工作，拟订注册安全工程师制度并组织实施。

13. 指导协调和监督全国安全生产行政执法工作。

14. 组织拟订安全生产科技规划并组织实施，指导安全生产科学技术研究、推广应用和信息化建设工作。

15. 组织开展安全生产方面的国际交流与合作，组织参与安全生产类等突发事件的国际救援工作。

16. 承担国务院安全生产委员会的日常工作和国务院安全生产委员会办公室的主要职责。

………………

（二十二）市场监管总局。

1. 指导地方市场监管部门严格依法办理涉及安全生产前置审批事项的市场主体登记注册。

2. 配合有关部门加强对商品交易市场的安全检查和促进市场主办单位依法加强安全管理。

3. 负责特种设备安全监督管理，综合管理特种设备安全监察、监督工作。拟订特种设备目录和安全技术规范。监督检查特种设备的生产（包括设计、制造、安装、改造、修理）、经营、使用、检验检测和进出口。监督管理特种设备检验检测机构和检验检测人员、作业人员的资质资格。推动特种设备安全科技研究并推广应用。

4. 依法负责保障劳动安全的产品、影响生产安全的产品质量安全监督管理。负责危险化学品及其包装物、容器（不包括储存危险化学品的固定式大型储罐）生产企业的工业产品生产许可证的管理工作，并依法对其产品质量实施监督，对烟花爆竹实施质量监督。

5. 负责会同有关部门根据技术进步和产业升级需要，组织制修订安全生产国家标准。

6. 配合有关部门开展安全生产专项整治，按照职责依法查处无照经营等非法违法行为；对有关前置许可审批部门依法吊销、撤销许可证或者其他批准文件，或者许可证、其他批准文件有效期届满的生产经营单位，根据有关部门的通知，配合主管部门依法督促其办理变更登记或注销登记，对于擅自从事相关经营活动情节严重的，依法吊销营业执照；配合有关部门依法查处未经安全生产（经营）许可的生产经营单位。

7. 配合有关部门委托相关技术机构开展风险评估、检验检测等技术服务工作，为小型游乐设施安全管理提供指导和服务。

8. 负责特种设备安全生产统计分析，依法组织或参加有关事故的调查处理，按照职责分工对事故发生单位落实防范和整改措施的情况进行监督检查。

………………

（二十六）中国银保监会。

1. 按照职责分工，承担安全生产责任保险监督管理相关工作，配合有关部门推动安全生产责任保险健康发展。配合有关部门对保险机构承保安全生产责任保险、参与风险评估和事故预防等相关工作进行监督管理。

2. 指导保险业积极宣传推广安全生产责任保险，持续优化产品和服务，为安全生产提供保险保障。

# 民政部 中国保监会 全国老龄办关于推进养老机构责任保险工作的指导意见

（民发〔2014〕47号）

各省、自治区、直辖市民政厅（局）、老龄办，各计划单列市民政局、老龄办，新疆生产建设兵团民政局、老龄办，各保监局：

为贯彻落实《中华人民共和国老年人权益保障法》《国务院关于加快发展养老服务业的若干意见》（国发〔2013〕35号）等法律政策关于鼓励养老机构投保责任保险，鼓励保险公司承保责任保险的规定，现就推进养老机构责任保险工作提出以下意见：

## 一、充分认识推进养老机构责任保险工作的重要意义

推进养老机构责任保险工作，是构建养老服务业风险分担机制的重要内容，是提升养老机构责任意识和风险意识，强化养老机构内部管理，降低运营风险，维护老年人合法权益的重要手段，是加强服务环境建设，做好养老机构责任事故善后处理，维护社会和谐稳定大局的重要保障。各地各有关部门要从积极应对人口老龄化，加快养老服务业发展的高度，充分认识推进养老机构责任保险工作的重要意义，吸收借鉴先行地区的经验做法，广泛调动养老机构、保险公司、保险经纪公司等方面参与积极性，加快建立完善养老机构责任保险制度。

## 二、工作要求

（一）采取有效措施引导各方参与。积极争取通过补贴保险费等政策，鼓励和引导养老机构自愿参加责任保险，有效化解运营风险。吸引保险机构、社会组织等多方参与，充分整合现有资源，形成政府部门、养老机构、保险公司等合作共赢的发展格局。

（二）重视养老机构责任保险公益性。引导保险公司重视社会效益。发挥“大数法则”优势，形成保险价格、服务等多方面的竞争机制，努力使保障范围更加全面、保险费用更加合理。

（三）严格依照法定规程操作。保险方案设计、保险合同订立、承保与理赔等程序均应严格依照《中华人民共和国保险法》等法律法规和操作规范要求，恪守投保自愿和诚实守信原则。在险种设计上要明确保险范围，细化当事人权利义务。建立简便快捷的理赔服务通道，提高赔付效率。

（四）统筹谋划协调推进。各地要努力探索建立与当地经济社会发展、养老服务水平和保险经营水平相适应的养老机构责任保险工作格局。尚未开展养老机构责任保险的地区，可以选择部分地区或者部分养老机构先行试点，待取得一定经验后再逐步推广；已经

启动的地区，要依据实施效果，及时调整稳步实施。

## 三、主要任务

（一）制订完善工作方案。各级民政、保险监管和老龄部门要积极推动养老机构责任保险工作，制订完善工作方案，广泛征求养老机构、保险公司以及相关部门的意见，并报告当地政府，积极争取政策支持。鼓励以省级为单位，由民政、保险监管和老龄部门共同制定统一投保的指导意见，探索对符合条件的养老机构采取统一保险合同、统一基准费率、统一服务标准，引导和鼓励养老机构投保，保险公司承保。

（二）合理确定保险产品。各地保险监管部门要引导保险公司积极进行产品创新，充分考虑养老服务的特点，按照公平公正、保本微利原则，合理设计保险产品条款、科学厘定费率，满足多样化养老机构责任保险需求。养老机构责任保险应当覆盖老年人从入住养老机构开始接受服务的全过程。要明确保险责任免除情形和除外责任，参考相关法律规定和司法实践，合理确定保费标准、赔付方式、责任限额和争议解决方式。鼓励各地根据实际，制定补充条款或扩大保险范围。要建立费率浮动机制，实施等级费率和经验费率，促进养老机构提高经营管理水平，避免责任事故发生。

（三）公开招标保险机构。各地通过招标或者竞争性谈判方式选择承保的保险公司，应具备经营管理规范、有充足的偿付能力、服务网点分布较广、能够支持异地理赔服务等优势。可选择有经验和能力的保险经纪公司提供保险经纪服务，协助做好保险条款设计、保险项目推广、风险评估等工作。

（四）强化内部风险管理。各级民政和老龄工作部门要把建立养老责任保险制度作为加强养老机构风险管理的重要举措，进一步提高养老机构的设施及管理质量标准，借助保险公司和保险经纪公司的风险管理经验，聘请专业人员参与制订风险管理计划，及时发现服务过程中存在的安全隐患，协助改进风险管理措施，做好赔偿案件数据统计分析工作。要加大督促检查力度，指导养老机构健全各项规章制度，加强行业自律管理。要坚持源头治理，明确养老机构负责人是安全服务第一责任人，以落实机构责任为重点，完善风险管理机制，最大限度地杜绝重大责任事故发生，提高行业服务水平。

## 四、保障措施

（一）明确部门责任。各级民政、老龄部门要充分发挥政策导向作用，加强业务指导和执行监管。要积极争取财政资金给予保费补贴。养老机构运营补贴中，应当确定一定比例专项用于支付保险费用。积极引导养老机构筹资参加责任保险。各级民政、保险监管和老龄部门要定期对保险方案、理赔服务等进行评估。各地保险监管部门要指导保险公司推进服务创新，加强诚信建设，增强为老年人和养老机构服务的意识。要引导保险公司加强养老责任保险业务管理和风险管理，充分利用专业化风险管理手段防范和化解养老机构服务风险。

（二）健全协作机制。各级民政、保险监管和老龄部门要加强沟通与协调，积极探索促进养老服务业和保险业深层次合作的有效方式，逐步建立有效的养老服务纠纷信息通报制度和定期会商制度，协商解决养老机构责任保险开展过程中出现的问题。要定期通报保险行业理赔相关数据及风险管理方面的意见建议，提出养老机构风险管理和安全服务改进措施。

（三）规范资金管理。对于财政部门给予的保费补贴、公办养老机构的保险费用应当列入预算管理，严格专款专用。各养老机构应当严格遵守保险协议约定，按期支付保险费，不得向入住老年人另行收取责任保险费，严禁截留挪用保险赔偿金。入住老年人发生保险责任事故后，保险公司应当按照协议约定，及时办理赔付手续，协助做好善后处理工作。

（四）加强宣传引导。各级民政、保险监管和老龄部门要进一步加强养老机构责任保险的宣传工作，积极开展相关保险知识的普及和培训，提高养老服务行业保险意识。要根据实际情况，逐步建立和完善促进养老机构责任保险发展的长效机制，及时研究解决工作中存在的问题，不断总结经验。有关工作进展情况及时报告民政部、中国保监会和全国老龄办。

民政部 中国保监会 全国老龄办

2014 年 2 月 28 日

# 国家发展改革委 民政部关于规范养老机构服务收费管理 促进养老服务业健康发展的指导意见

（发改价格〔2015〕129号）

各省、自治区、直辖市发展改革委、物价局、民政厅（局）：

为建立科学合理的养老机构（指依照《养老机构设立许可办法》设立并依法办理登记的为老年人提供集中居住和照料服务的机构）服务收费管理体制，充分调动社会资本进入养老服务领域积极性，改善养老服务供求关系，促进养老服务业健康发展，根据《中华人民共和国老年人权益保障法》《国务院关于加快发展养老服务业的若干意见》（国发〔2013〕35号）、《国务院关于创新重点领域投融资机制鼓励社会投资的指导意见》（国发〔2014〕60号）等有关规定，现就养老机构服务收费管理等问题，提出如下指导意见：

## 一、建立市场形成价格为主的养老机构服务收费管理机制

（一）民办养老机构服务收费标准由市场形成。民办营利性养老机构服务收费项目和标准均由经营者自主确定，政府有关部门不得进行不当干预；民办非营利性养老机构服务收费标准由经营者合理确定，政府有关部门可结合对非营利机构监管需要，对财务收支状况、收费项目和调价频次进行必要监督。

（二）政府投资兴办养老机构区分服务对象实行不同收费政策。政府投资兴办的养老机构主要发挥保基本作用，着力保障特殊困难老年人的养老服务需求。其中，“三无”（无劳动能力、无生活来源、无赡养人和扶养人，或者其赡养人和扶养人确无赡养和扶养能力）老年人入住政府投资兴办的养老机构，根据《中华人民共和国老年人权益保障法》规定实行免费政策；对其他经济困难的孤寡、失独、高龄老年人及失能、半失能老年人等提供养老服务，其床位费、护理费实行政府定价或政府指导价，伙食费等服务收费项目按照非营利原则据实收取。

（三）积极探索公建民营等方式运营的养老机构收费管理模式。以公建民营方式运行的养老机构，应采用招投标、委托运营等竞争性方式确定运营方，具体服务收费标准由运营方依据委托协议等合理确定。鼓励政府通过向民办养老机构购买服务的方式承担保障对象养老服务，相关收费政策由各地根据本地实际情况确定。

## 二、科学合理制定政府投资兴办养老机构服务收费标准

（四）划清管理权限。制定、调整政府投资兴办的养老机构服务收费标准的权限，由各省、自治区、直辖市价格、民政部门按照事权、财权对等和属地化管理原则确定。各省、自治区、直辖市价格、民政部门要加强本地区养老机构服务收费管理工作的统筹协调和指导。

（五）明确定价原则。制定、调整政府投资兴办的养老机构服务收费标准，应以扣除政府投入、社会捐赠后的实际服务成本为依据，按照非营利原则，并考虑群众承受能力、市场供求状况等因素核定。在推进建立健全养老服务评估制度基础上，逐步实现按照护理服务等级分级定价。

各地价格、民政部门要按照以上要求，对本地区政府投资兴办的养老机构服务收费项目、标准进行统一梳理审核，并向社会公布。

## 三、进一步规范养老机构服务收费行为

（六）加强收费公示工作。养老机构应将收费项目、收费标准等内容在收费场所显著位置进行公示，建有门户网站的同时在网站进行公示，接受社会监督。公示内容包括养老机构基本设施与条件、服务内容与等级、收费项目与标准等事项。

（七）建立年度财务报表公开制度。政府投资兴办的养老机构和民办非营利养老机构要于每年 3 月底前，向实施许可的民政部门以及同级价格部门报送本单位上一年度财务收支情况，以及当地民政、价格部门要求的相关报表，由民政部门通过适当形式向社会公布，接受社会监督。各地省级人民政府民政部门要加强本地区财务报表公开工作的督导。

（八）规范养老机构服务收费行为。养老机构床位费、护理费、伙食费原则上按月度收取，伙食费等项目根据服务对象的实际消费情况，据实结算。实行市场定价的收费标准应保证相对稳定，并提前告知服务对象。养老机构事前应与接受服务的老年人或者其代理人签订书面服务合同，确保老年人知情权和选择权，并定期提供费用清单和相关费用结算账目。对合同期内退养的老年人，收费结算按照合同约定执行。养老机构不得违反老年人意愿强制服务，强制收费。

## 四、切实落实相关收费和价格减免政策

（九）认真落实国家规定的价格和收费优惠政策。所有养老机构用电、用水、用气、用热按居民生活类价格执行。政府及相关部门要严格按照国家统一规定，对非营利性养老机构建设免征有关行政事业性收费，对营利性养老机构建设要减半征收有关行政事业性收费，对养老机构提供养老服务也要适当减免行政事业性收费。鼓励各地根据本地区情况，减免本地区设立的相关行政事业性收费项目，降低养老机构有线电视收视维护费等相关服务收费标准。

## 五、加快推进完善相关配套政策措施

（十）强化行业规范化管理。各地民政部门要抓紧制定养老服务行业管理和服务规范，

规范护理服务内容和服务等级标准。各地民政部门要利用国家养老服务信息系统，对养老机构数量、收住老年人数量、收费标准等信息实行信息化管理。推动将养老机构服务质量、信誉状况等情况纳入信用体系建设。

国家发展改革委
民 政 部
2015 年 1 月 19 日

# 民政部 公安部关于印发《社会福利机构消防安全管理十项规定》的通知

（民函〔2015〕280号）

各省、自治区、直辖市民政厅（局）、公安厅（局），新疆生产建设兵团民政局、公安局：

为深刻汲取“5·25”河南省鲁山县康乐园老年公寓特别重大火灾事故教训，进一步做好社会福利机构消防安全管理工作，民政部、公安部联合制定了《社会福利机构消防安全管理十项规定》，现印发各地，请遵照执行。

民政部　公安部

2015年8月28日

## 社会福利机构消防安全管理十项规定

一、落实消防安全责任。社会福利机构应当依法建立并落实逐级消防安全责任制，明确各级、各岗位的消防安全职责。

社会福利机构的法定代表人或者主要负责人对本单位消防安全工作负总责。属于消防安全重点单位的社会福利机构应当确定一名消防安全工作专业人员为消防安全管理人，负责组织实施日常消防安全管理工作，主要履行制订落实年度消防工作计划和消防安全制度，组织开展防火巡查和检查、火灾隐患整改、消防安全宣传教育培训、灭火和应急疏散演练等职责。

社会福利机构应当明确消防工作管理部门，配备专（兼）职消防管理人员，建立志愿消防队，具体实施消防安全工作。

二、开展防火检查。社会福利机构应当每月至少组织各部门负责人开展一次防火检查，做好检查记录，重点检查以下内容：

（一）消防安全管理制度落实情况；

（二）每日防火巡查是否落实，是否发现并及时消除隐患；

（三）护理人员、保安、电工、厨师等员工是否掌握防火灭火常识和疏散逃生技能；

（四）起居室、疗养室、病房、活动室、厨房等重点部位防火工作落实情况；

（五）消防设施设备运行和维护保养情况；

（六）设有消防控制室的，值班和管理情况；

（七）电气线路、用电设备和燃气管道、液化气瓶、灶具定期检查情况，电气线路是否采取穿管等保护措施；

（八）厨房灶台、油烟罩和烟道清理情况；

（九）火灾隐患整改和防范措施落实情况。

对发现的消防安全问题，应当及时督促整改。

三、落实每日防火巡查。社会福利机构应当安排专人进行每日防火巡查，养老机构还应当组织夜间防火巡查，且不应少于两次，做好巡查记录，重点巡查以下内容：

（一）有无玩火、违规吸烟和违章动用明火现象，使用蚊香、蜡烛、煤炉时是否落实防护措施；

（二）有无违规用电，使用电热毯、电磁炉、热得快等大功率电热器具；

（三）消防设施设备是否正常工作，消火栓、灭火器等消防设施器材是否被遮挡、损坏；

（四）安全出口、疏散通道、消防车通道是否畅通，应急照明、安全疏散指示标志是否完好；

（五）消防安全重点部位值守人员是否在岗在位；

（六）常闭式防火门是否处于关闭状态，防火卷帘下是否堆放物品。

对巡查中发现的问题要当场处理，不能处理的要及时上报，落实整改和防范措施。

四、配备消防设施器材。社会福利机构应当按照国家、行业标准配置消防设施、器材。对不需要设置自动消防系统的建筑，应当加强物防、技防措施，在服务对象住宿和主要活动场所安装独立式感烟火灾探测报警器和简易喷淋装置，配备应急照明和灭火器。

五、加强消防设施管理。社会福利机构应当依照规定对建筑消防设施、器材进行维护保养和检测，确保完好有效。设有自动消防设施的，可以委托具有相应资质的消防技术服务机构进行维护保养，每月出具维保记录，每年至少全面检测一次。

六、严格消防控制室管理。设有消防控制室的，工作人员应当持有消防行业特有工种职业资格证书，实行每日 24 小时专人值班制度，每班不少于两人，在值班时间严禁脱岗、擅离职守。

自动消防设施的各种联动控制设备应当处于正常工作状态，火灾自动报警、自动喷水灭火、防排烟系统应当设在自动状态，消防水泵、防排烟风机、防火卷帘等消防用电设备的配电柜启动开关应当处于自动位置（通电状态）。

消防控制室应当在明显位置张贴消防控制室管理制度和值班应急处置程序。值班人员接到火灾警报后，应当立即以最快方式确认；确认火灾后，立即确认联动控制开关处于自动状态，同时拨打“119”报警，并立即启动单位应急疏散和灭火预案。

七、设置消防安全标识。社会福利机构应当针对特殊服务对象特点，在疏散通道、安全出口和重要场所、重点部位的显著位置设置消防安全警示、提示标识，在消防设施、器材上设置醒目的标识，并标明操作使用方法。

八、开展消防安全教育培训。社会福利机构应当对所有员工每半年至少开展一次消防安全培训。员工新上岗、转岗前应当经过岗前消防安全培训。所有员工应当了解本岗位火灾危险性和防火措施，会报火警、会扑救初起火灾，会组织疏散逃生。

社会福利机构应当结合服务对象的身体、心理健康状况，有针对性地开展防火常识和逃生自救教育。

九、制定预案并开展消防演练。社会福利机构应当制定本单位灭火和应急疏散预案，明确每班次、各岗位人员负责报警、疏散、扑救初起火灾的职责，并每半年至少演练一次。

社会福利机构应当结合单位实际，对特殊服务对象制定专门疏散预案，明确负责疏散的工作人员及其职责，并配备轮椅、担架等疏散工具，定期组织演练并及时修改完善预案。除组织有自理能力的服务对象有序疏散外，对无自理能力或者行动不便的服务对象，原则上应当安排在建筑较低层和便于疏散的地点，并逐一明确疏散救护人员。

十、禁止行为。

（一）严禁使用未经消防行政许可或者备案的建筑、场所；

（二）严禁采用夹芯材料燃烧性能低于 A 级的彩钢板搭建有人居住或者活动的建筑；

（三）严禁私拉乱接电线，超负荷用电；

（四）严禁在起居室、疗养室、病房内吸烟、使用明火；

（五）严禁在起居室内使用电热毯、电炉、热得快等大功率电器设备；

（六）严禁锁闭安全出口，占用、堵塞疏散通道、消防车通道；

（七）严禁在活动室、疗养室、病房的外窗设置影响疏散逃生和灭火救援的铁栅栏；

（八）严禁违规存放、使用易燃易爆危险品；

（九）严禁埋压、圈占消火栓，擅自停用、关闭消防设施设备。

本规定所称社会福利机构，主要是指床位数在 10 张以上的国家、社会组织和个人举办的养老机构、社会福利院、精神病人福利院、儿童福利院、敬老院、优抚医院、光荣院、救助管理站及其托养机构等社会福利和公益机构。民政部门管理的军休服务管理机构、军供站、救灾物资储备库、烈士陵园（纪念馆）等机构按照消防安全有关规定，参照本规定执行。

# 民政部 工商总局关于印发《养老机构服务合同》（示范文本）的通知

（民发〔2016〕208号）

各省、自治区、直辖市民政厅（局）、工商行政管理局：

随着我国养老服务业的不断发展，养老机构服务合同的签订对规范服务行为、保护老年人权益发挥了越来越重要的作用。为贯彻《中华人民共和国合同法》《中华人民共和国老年人权益保障法》《养老机构管理办法》，规范养老机构服务行为，保护合同当事人的合法权益，使养老机构服务合同能更全面、准确地反映养老机构服务全过程的内容，能更充分表述当事人的意愿，民政部、工商总局联合制定了《养老机构服务合同》（示范文本）（以下简称《服务合同（示范文本）》），现印发给你们。

各级部门要充分认识推行《服务合同（示范文本）》的重要性，加强工作宣传。《服务合同（示范文本）》是依据我国合同法和老年人权益保障、养老机构管理的有关法律、法规和政策规定制定的，其内容反映了在养老机构服务过程中，各环节必须明确的当事人双方责、权、利关系。推行和执行《服务合同（示范文本）》，有利于当事人了解、掌握有关法律、法规，避免因合同缺款少项和当事人意思表示不真实、不确切，而出现显失公平和违法的条款；有利于保护当事人的合法权益；有利于加强对养老机构服务行为的监督检查；有利于减少合同纠纷，促进合同纠纷的解决。各地应当积极推行《服务合同（示范文本）》，把它作为加强养老机构管理、规范养老服务行为的一项重要工作来抓。加强工作宣传，使当事人了解和掌握养老机构服务中的有关法律知识，以及签订养老机构服务合同的基本原则和要求。结合《服务合同（示范文本）》使用情况检查，规范养老机构服务合同，保护当事人合法权益。各地在执行过程中如有问题或建议，请及时与民政部和工商总局联系。

民政部　工商总局

2016年11月7日

附件：《养老机构服务合同》（示范文本）

GF-2016-2001

# 《养老机构服务合同》

（示范文本）

中华人民共和国民政部

制定

国家工商行政管理总局

2016 年 11 月

# 说明

1. 本合同文本为示范文本，由中华人民共和国民政部、中华人民共和国国家工商行政管理总局共同制定。各地可在有关法律法规、规定的范围内，结合实际情况调整合同相应内容。

2. 养老机构应当就合同重大事项对老年人及其家属或其他付款人、保证人、联系人等尽到提示义务。老年人及其家属或其他付款人、保证人、联系人等应当审慎签订合同，在签订本合同前，要仔细阅读合同条款，特别是审阅其中具有选择性、补充性、修改性的内容，注意防范潜在的风险。

3. 本合同文本“□”中选择内容、空格部位填写内容及其他需要删除或添加的内容，双方当事人应当协商确定。“□”中选择内容，以划√方式选定；对于实际情况未发生或双方当事人不作约定时，应当在空格部位打×，以示删除。

4. 在签订本合同时，当事人应根据老年人的民事行为能力、付款义务人、保证人、联系人的不同情况，将“专用条款”增加或替用至“通用条款”中。

5. 养老机构、老年人及其家属或其他付款人、保证人、联系人等可以针对本合同文本中没有约定或者约定不明确的内容，根据养老服务的具体情况在相关条款后的空白行中进行补充约定，也可以另行签订补充协议。

6. 当事人可以根据实际情况决定本合同原件的份数，并在签订合同时认真核对，以确保各份合同内容一致；在任何情况下，当事人都应当至少持有一份合同原件。

# 目　录

## 甲方（养老机构）

法定代表人：　　　　　　　　　　职务：
住所：　　　　　　　　　　　　　邮政编码：
联系电话：　　　　　　　　　　　电子邮箱：

## 乙方（入住老年人）

姓名：　　　　　性别：　　　　　年龄：
居民身份证号：
家庭住址：
联系电话：　　　　　　　　　　　电子邮箱：

## 乙方监护人

（属于限制行为能力或者无民事行为能力的入住老年人，须由监护人签字确认）
姓名：　　　　　　　　　　　　　与乙方关系：
居民身份证号码：
家庭住址：
联系电话：　　　　　　　　　　　电子邮箱：

## 丙方

丙方作为入住老人的：
□付款义务人　□连带责任保证人　□联系人　□代理人　□其他
丙方为个人的：
姓名：　　　　　　　　　　　　　与乙方关系：
居民身份证号码：　　　　　　　　联系电话：
经常居住地地址：
通讯地址：　　　　　　　　　　　邮政编码：
工作单位：　　　　　　　　　　　电子邮箱：
丙方为单位的：
单位名称：
法定代表人（或负责人）：
通讯地址：　　　　　　　　　　　邮政编码：
联系人：　　　　　　　　　　　　联系电话：
传真号码：　　　　　　　　　　　电子邮箱：

# 通用条款

鉴于：

1. 甲方是依法成立的养老机构，能够提供个人生活照料、康复护理、精神慰藉、文化娱乐等养老服务；

2. 乙方或乙方监护人经实地考察甲方，自愿入住甲方（养老机构名称）__________，接受甲方提供的专业养老服务，并向甲方支付相应费用；

3. 乙方或乙方监护人授权丙方作为乙方在紧急情况下的代理人、联系人，代为处理乙方或乙方监护人在本合同项下的相关事务，丙方同意接受乙方或乙方监护人授权。

为了营造温馨、舒适、安全的生活环境，满足老年人“老有所养、老有所乐”的需要，切实保障老年人的合法权益，同时明确各自的权利义务，甲、乙、丙三方依据《中华人民共和国合同法》《中华人民共和国老年人权益保障法》《养老机构管理办法》等法律规范，本着诚实信用的原则，经过友好协商，就甲方向乙方提供养老服务事宜，自愿达成以下合同条款，供各方遵照履行。

## 第一条　服务地点及服务设施

1.1 甲方提供养老服务的地点为：______________（写明养老机构的具体门牌号）。

1.2 乙方或乙方监护人选择入住的房间类型为（在以下几种情况中选择一种）：

①单间 ②双人间 ③三人间 ④多人间（四人以上，含四人）⑤其他______________。

1.3 乙方或乙方监护人选择的具体房间为：______________。

乙方或乙方监护人基于正当理由要求调整房间的，甲方在条件许可的范围内应尽量满足。涉及房间变化，需要相应调整费用的，还应由各方协商一致书面确认后同时调整，如各方不能达成一致书面确认，则仍依本合同约定房间履行。

1.4 甲方提供的服务设施除了住宿的房屋，还包括房间内设施及公共设施，具体明细见本合同附件《设施设备清单》。

## 第二条　服务内容

2.1 根据乙方提供的《体检报告》（见本合同附件）及甲方对乙方进行护理等级的评价，经甲方与乙方或乙方监护人、丙方商定，甲方向乙方提供的护理等级和服务项目详见本合同附件《护理等级与服务项目》。

2.2 在本合同履行过程中，乙方或乙方监护人如果选择《护理等级与服务项目》以外的其他服务项目，经甲、乙（乙方监护人）、丙三方协商一致后另行签署书面补充协议确定。

2.3 甲方向乙方提供的服务应当符合国家、行业或地方强制性标准。

## 第三条　收费标准及费用的支付

3.1 养老服务费用

3.1.1 甲方提供的各种服务项目的收费标准和收费依据应以________方式进行公示，

并作为本合同附件。

3.1.2 根据本合同第一条、第二条乙方所选择的房间及服务项目，乙方入住甲方的养老服务费为每月______元，其中包括______________________。

3.1.3 乙方接受甲方除本合同约定外的其他项目服务的，应根据甲方公示的收费标准或者补充合同的约定交纳费用。甲方每月向乙方或乙方监护人、丙方提供《个人费用明细表》，乙方或乙方监护人、丙方应签字确认。乙方或乙方监护人、丙方如有异议，可在收到《个人费用明细表》后7日内书面提出，甲方应做出书面说明。对于双方无争议费用金额应按照本合同约定时间支付，乙方或乙方监护人、丙方不得以异议费用拒绝支付其他费用，否则按本合同第9.2.2条约定处理。

3.1.4 乙方或乙方监护人支付养老服务费的时间为____________________，支付方式为____________________。

3.1.5 甲方在收到款项后应向付款人开具等额收费凭证。

3.2 押金（合同中有押金约定的适用本条，无押金约定的不适用本条）

3.2.1 本合同签署生效后______日内，乙方或乙方监护人应向甲方支付押金，押金金额为：________。该押金可用于抵扣欠付的养老服务费用、违约金、赔偿金以及出现突发情况救治时需支付给医院的押金及相关费用等。

3.2.2 合同期限内因3.2.1情形出现押金不足时，乙方或乙方监护人应在接到甲方通知之日起______日内补足。

3.2.3 押金不计利息 □　　　　　　押金计利息 □ 计息标准为：______________。

3.2.4 甲方不得将押金挪作他用，在合同到期或合同提前终止、解除时，扣除应结清的相关费用后应于______返还乙方或乙方监护人。

## 第四条　合同期限及合同期满的处理

4.1 经协商，确定本合同期限为________年（月），自________年____月____日起，至________年____月____日（该日为合同到期日）止。

4.2 合同期满前30日，乙方或乙方监护人可申请续签合同，也可由丙方代为申请续签。

4.3 续签的养老服务合同内容应当由甲方、乙方或乙方监护人、丙方协商确定。

4.4 如果乙方或乙方监护人未在合同期限届满前30日提出续签合同，或者乙方或乙方监护人虽在合同期限届满前30日提出续签合同申请，但各方未就合同续签达成一致，乙方应于合同到期日搬离甲方，办理离院手续并结清所有费用。

## 第五条　甲方的权利、义务

5.1 甲方的权利

5.1.1 按照本合同约定收取相关费用。

5.1.2 制订、修改养老机构的管理制度并按照公示的管理制度对乙方进行管理。

5.1.3 为了乙方的健康和安全，在乙方出现紧急情况时，有权在通知乙方监护人或丙方的同时，采取必要的处置措施，包括但不限于转送医疗机构，由此产生的费用由乙方或乙方监护人或丙方承担。

5.1.4 有权依照本合同约定及法律规定解除合同。

5.2 甲方的义务

5.2.1 按合同约定向乙方提供符合服务质量标准的养老服务。

5.2.2 按合同约定提供各项服务设施，确保服务场所、设施符合国家、行业或地方强制性标准。

5.2.3 保证从事医疗、康复、社会工作等服务的专业技术人员持有关部门颁发的专业技术等级证书上岗，保证养老护理人员接受专业技能培训，能够满足岗位职责要求。

5.2.4 在提供服务过程中，尊重乙方，尽力合理地保障乙方的人格尊严和人身、财产安全。

5.2.5 当乙方发生紧急情况时及时通知乙方监护人、丙方或者其他紧急情况联系人；在乙方突发危重疾病时，及时通知乙方监护人、丙方或者其他紧急情况联系人并转送医疗机构救治；发现老年人为疑似传染病病人或者精神障碍患者时，依照传染病防治、精神卫生等相关法律法规的规定处理。

5.2.6 为乙方组织定期体检，建立个人档案。保存乙方的入住登记表、体检报告等健康资料以及日常经费开支情况等个人信息，建立各类信息资料档案的保管和使用制度，除向乙方、乙方监护人、丙方和其他有权部门（公安局、检察院、法院、养老服务行业主管机关因办案、监督、检查需要）提供查阅、允许复制外，不得对外透露。

5.2.7 允许乙方监护人、丙方及经乙方许可的亲属和其他人员探视乙方并提供方便，但不得影响甲方对于乙方正常服务或管理，否则甲方有权拒绝。

5.2.8 在解散清算前，依法妥善安置乙方。

5.2.9 接受乙方、乙方监护人、丙方的合理建议和监督。

## 第六条　乙方及乙方监护人的权利、义务

6.1 乙方的权利

6.1.1 按照约定的服务项目获得甲方提供的符合服务标准的养老服务。

6.1.2 对甲方的服务有批评建议的权利。

6.1.3 对自身的健康状况、费用支出、入院记录等有知情权，有权查阅、复印甲方为其建立的个人档案。

6.1.4 有权了解提供服务的人员是否经过专业培训，是否具备相应资质，有权要求甲方更换未经专业培训或不具备相应资质或提供服务不合格的人员。

6.1.5 享有隐私权，人格尊严和人身、财产安全不受非法侵害。

6.1.6 在突发急病的情况下有权获得及时、必要的医疗帮助。

6.2 乙方监护人的权利

6.2.1 对甲方的服务有批评建议的权利。

6.2.2 对乙方的健康状况、费用支出、入院记录等有知情权，有权查阅、复印甲方为乙方建立的个人档案。

6.2.3 有权了解提供服务的人员是否经过专业培训，是否具备相应资质，有权要求甲

方更换未经专业培训或不具备相应资质或提供服务不合格的人员。

6.2.4 对乙方有探视权，但不得影响甲方对于乙方正常服务或管理。

6.2.5 遇紧急情况，包括但不限于乙方走失、身体健康状况出现紧急情况时，有权及时从甲方得到相关信息。

6.3 乙方的义务

6.3.1 如实告知甲方本人的健康状况、药品使用情况等信息，并如实填写《健康状况自我陈述书》。

6.3.2 配合甲方做好持续评估，确认照护等级；配合甲方定期参加体检。

6.3.3 配合甲方管理，并遵守甲方的管理制度，爱护甲方提供的各项服务设施。

6.3.4 与其他入住老年人和谐相处。

6.3.5 在接受甲方提供的养老服务期间，因疾病出现诊疗情形，应在治疗期间遵守医嘱，配合治疗。

6.3.6 按照约定自行或与丙方共同支付养老服务费及相关费用。

6.3.7 入住期间损坏甲方设施设备的，应当按照《设施设备清单》上标明的价格赔偿甲方损失。

6.3.8 配合甲方提供的符合合同约定、法律规定的养老服务。

6.4 乙方监护人的义务

6.4.1 入住前要如实向甲方反映乙方的情况，如脾气秉性、家庭成员、既往病史、健康状况和药品使用情况等，协助乙方如实填写《健康状况自我陈述书》。

6.4.2 劝导乙方入住后要自觉遵守养老机构的规章制度，接受管理，爱护甲方提供的各项服务设施。

6.4.3 劝导乙方与其他入住老年人和谐相处。

6.4.4 劝导乙方在接受甲方提供的养老服务期间，因疾病出现诊疗情形，应在治疗期间遵守医嘱，配合治疗。

6.4.5 按照约定自行或与丙方共同支付养老服务费及相关费用。

6.4.6 经常与乙方沟通，保持联络，满足乙方的精神需求。

6.4.7 及时协助甲方处理乙方出现的紧急情况。

6.4.8 家庭及单位地址、联系方式变更时，应及时通知甲方。

6.4.9 对乙方造成甲方或第三方人身和财产损失承担赔偿责任。

6.4.10 乙方在养老机构去世的，应及时进行善后处理并支付相关费用。

## 第七条　丙方的权利、义务

7.1 丙方的权利

7.1.1 对乙方的身体健康状况、享受服务情况等有知情权。

7.1.2 有权查阅、复制乙方在甲方的档案资料。

7.1.3 遇本合同约定的紧急情况，有权及时从甲方得到相关信息。

7.1.4 对乙方有探视权，但不得影响甲方对于乙方正常服务或管理。

7.1.5 在本合同约定的紧急情况下有权代理乙方处理相关事宜。

7.2 丙方的义务

7.2.1 经常与乙方沟通，保持联络，满足乙方的精神需求。

7.2.2 家庭或者单位地址、联系方式变更时，应及时通知甲方。

7.2.3 及时协助甲方处理乙方出现的紧急情况。

## 第八条　陈述与保证

8.1 甲方保证为依照法律、行政法规设立并依法登记的养老机构，具有提供本合同约定的养老服务的资格和能力。

8.2 乙方或乙方监护人保证乙方不属于精神病、甲类或乙类传染性疾病等不符合入住养老机构疾病的老年人。

8.3 乙方或乙方监护人、丙方保证向甲方提供乙方在本协议签署前一个月内在甲方所在地二级甲等以上医院进行体检的《体检报告》（体检项目包括：精神健康状况、传染性疾病及养老机构要求的其他体检项目等）（作为本合同附件）。

8.4 乙方或乙方监护人、丙方保证向甲方提供的乙、丙方共同签字的《健康状况自我陈述书》（作为本协议附件）是真实的，没有任何虚假或隐瞒。

## 第九条　合同的变更和解除

9.1 合同的变更

9.1.1 根据乙方健康状况的变化，甲方可以提出变更服务方案，并以书面形式通知乙方或乙方监护人及丙方，经甲、乙或乙方监护人、丙三方协商一致，签署补充协议。

乙方或乙方监护人、丙方收到甲方变更服务方案的书面通知后____日内既不确认又不提出异议，但乙方实际接受甲方提供的相应服务的，视为甲、乙或乙方监护人、丙三方就合同约定的服务项目的变更达成了一致，乙方或乙方监护人有义务按照新的服务项目支付相应的服务费用。

如果根据乙方健康状况的变化，不调整服务项目将导致乙方的健康安全无法保障的，甲方提出变更的服务方案后，乙方或乙方监护人既不同意，也不接受实际服务，甲方和乙方或乙方监护人均有权解除本合同。

9.1.2 当与甲方日常管理、服务直接相关的物价指数变动幅度超过10%时，甲方有权适当调整收费标准，并将价格调整的通知在调价前30日内以书面形式通知乙方或乙方监护人及丙方。

乙方或乙方监护人对价格调整有异议的，可在收到通知后15日内以书面形式提出解除合同；乙方或乙方监护人虽有异议但要求继续按照原收费标准履行合同的，甲方有权提出解除合同。

乙方或乙方监护人收到通知后15日内不以书面形式提出异议，但拒绝根据调整后的价格支付相关费用的，甲方有权解除合同并按照原收费标准收取已提供服务的费用。

9.2 合同的解除

9.2.1 除本合同另有约定外，下列情况下，乙方或乙方监护人可以单方解除本合同，并无须承担违约责任：

(1) 甲方提供的服务不符合合同约定，经乙方或乙方监护人提出，____日内不改正的；

(2) 因甲方或甲方工作人员的严重过错造成乙方人身或重大财产损害的；

(3) 乙方因疾病或其他个人原因离院的，但乙方或乙方监护人不提出解除本合同而要求保留床位或房间的除外；

(4) 乙方首次入住____日内不适应居住环境或管理方式的；

(5) 本合同履行过程中，乙方或乙方监护人提前30日书面通知甲方并结清服务费用的。

9.2.2 除本合同另有约定外，下列情况下，甲方可以单方解除本合同，并无须承担违约责任：

(1) 付款人无故拖欠各项费用超过____日，经甲方催告后____日内仍不交纳的，甲方有权解除合同，书面通知乙方搬出养老机构。乙方或乙方监护人在甲方发出书面解除合同通知后____日内仍不搬出的，甲方有权提起诉讼，请求法院确认合同解除。付款人除应支付拖欠的服务费用、诉讼期间的养老服务费用以外，还应每逾期一天按逾期支付费用金额万分之______向甲方支付违约金。

(2) 乙方严重违反甲方的规章制度，造成甲方难以履行对乙方的养老服务，或造成其他入住老人伤害或现实性伤害危险的。

(3) 乙方或乙方监护人隐瞒重要乙方健康状况、患有须隔离治疗的传染性疾病或者患有精神疾病等其他不适宜在机构内集中生活的。

(4) 发生不可抗力致甲方不能履行合同的。

(5) 甲方因丧失养老机构执业资格等原因暂停、终止服务的。甲方应当于暂停或者终止服务60日前向实施许可的民政部门提交老年人安置方案，经批准后方可解除养老机构服务合同。

(6) 乙方连续请假外出超过____天（不得少于30天）。

## 第十条　特别约定

10.1 突发疾病或出现事故等紧急情况的处理

10.1.1 乙方在入住期间突发疾病或身体伤害事故，甲方应及时通知乙方监护人、丙方，及时联系120等医疗急救机构；如需到医疗机构急救，甲方应派人陪送至医疗机构。甲方不能及时联系上乙方监护人、丙方的，应尽早与本合同附件确定的其他联系人取得联系，通报情况。

甲方具有医疗资质的，在乙方生命垂危等紧急情况下应尽到合理诊疗义务，费用由乙方或乙方监护人、丙方承担。

10.1.2 因乙方发生紧急情况产生的急救费用、治疗费用、住院押金等均由乙方或乙方监护人负担。甲方因此垫付费用的，乙方或乙方监护人应及时清偿。

10.2 乙方去世的善后服务及相关费用

乙方在甲方服务期间去世的，甲方应及时与乙方监护人或丙方取得联系，乙方监护人或丙方负责善后处理并承担相关费用。无法与乙方监护人或丙方取得联系的，应及时联系殡仪馆，妥善保存遗体，发生的费用由乙方监护人或丙方承担。

10.3 甲方与乙方监护人或丙方联系中断

因乙方监护人或丙方提供的联系地址、方式不准确或不详细或变更后未及时通知甲方，或其他客观原因致使甲方无法与乙方监护人或丙方及时联系，连续达一个月则视为联系中断。甲方与乙方或乙方监护人协商后，可以重新确定联系人。

10.4 非因甲方原因造成乙方人身、财产损害的，甲方不承担责任。

10.5 乙方具有完全民事行为能力，但拒绝接受甲方提供服务，造成其自身人身、财产损害的，由乙方自行承担后果。

10.6 本合同关于乙方、乙方监护人或丙方权利义务的约定，并不免除对乙方有法定赡养义务的其他人的法定责任。

10.7 因不可抗力导致本合同无法继续履行的，受到不可抗力影响的一方应在不可抗力情形发生后及时通知合同其他相关方，本合同可依法解除，合同各方不承担解除合同的责任。乙方监护人或丙方应及时接回并妥善安置乙方。

甲方应提示乙方、乙方监护人或丙方重点注意上述特别约定内容，按照乙方、乙方监护人或丙方的要求，对上述特别约定内容进行说明，并请乙方、乙方监护人或丙方签字确认：

以上特别约定内容，在甲方提示下，乙方、乙方监护人或丙方均已认真阅读，充分知晓与了解。特此签名确认：______________

## 第十一条　违约责任

11.1 因甲方及其工作人员的过错，损害乙方人身或财产权利的，由甲方承担赔偿责任。

11.2 甲方服务人员资质不合格、没有按约定提供服务或者提供的服务不合格，甲方应承担的违约责任为：______________。由此造成乙方人身或财产损失的，甲方还应承担赔偿责任。

11.3 甲方或其工作人员侵犯乙方、乙方监护人及丙方对甲方提供的养老服务的知情权的，乙方、乙方监护人和丙方有权要求甲方改正，造成损失的甲方应承担赔偿责任。

11.4 本合同因______项解除的，甲方应向乙方或乙方监护人支付违约金______元。

11.5 本合同因______项解除的，乙方或乙方监护人应向甲方支付违约金______元。

11.6 因乙方原因造成甲方或第三人人身或财产损失的，乙方、乙方监护人应承担赔偿责任。

11.7 因乙方原因造成其自身损害的，由乙方、乙方监护人自行承担全部后果和责任。

## 第十二条　纠纷的解决方式及管辖

与本合同有关的或者因本合同引发的纠纷应尽量协商解决，协商解决不成的，应向甲方住所地人民法院提起诉讼解决。

## 第十三条　通知与送达

13.1 在本合同首页中所标明的甲方、乙方、乙方监护人和丙方的地址和联系方式为各方各自有效的通讯地址和联系方式。一方变更通讯地址和联络方式应及时通知其他各方。

13.2 以下情形，视为送达，但受送达人有证据证明其因客观原因未实际接收到通知的除外：

13.2.1 以特快专递形式发送的，已经签收的，以签收日为送达日；未签收的，同城自发送之日起 2 日视为文件已经送达，异地 5 日视为送达，境外 15 日视为送达。

13.2.2 手机短信发送的，发出之时即视为送达。

13.2.3 电子邮件自发出进入收件方邮箱服务器视为送达。

13.2.4 传真发送自发出对方传真机接收视为送达。

13.3 因受送达人通讯地址或其他相关信息错误、不详或发生变更未及时通知其他各方造成无法送达的，由受送达人自行承担相关后果。

13.4 乙方入住甲方期间，有关本合同的履行事宜甲方应以书面或数据电文形式通知乙方或乙方监护人、丙方，由乙方或乙方监护人、丙方确认签收；乙方或乙方监护人、丙方拒签的，书面通知在第三方见证下送至收件人地址的视为已通知或已送达，数据电文进入收件人接收系统的视为已通知或已送达。

## 第十四条　当事人协商一致的其他内容

________________________________________

________________________________________

________________________________________

________________________________________

（约定内容可以另行附页）

## 第十五条　合同生效及附件

15.1 本合同一式______份，甲、乙或乙方监护人、丙方各执一份，自各方签字或盖章之日生效。

15.2 下列文件为本合同附件：

（1）加盖甲方公章的甲方合法注册登记文件复印件

（2）乙方、乙方监护人、丙方（个人）身份证及户口本复印件，丙方（单位）加盖公章的丙方合法注册登记文件复印件及联系人信息

（3）二级甲等以上医院出具的《体检报告》（体检时间在一个月以内）

（4）乙方、乙方监护人及丙方签章的乙方《健康状况自我陈述书》及《入住登记表》

（5）甲方出具的、经乙方、乙方监护人、丙方签章认可的《老年人能力评估报告》

（6）房间、设备物品表

（7）公共设施、设备表

（8）甲方服务范围表

（9）乙方、乙方监护人、丙方选择的《护理等级与服务项目》

（10）甲方提供养老服务的各种服务项目的收费标准表

(11) 经签署的《____________养老机构入住须知》
(12) 甲方制定并公示的规章制度：________________________________
(13) 其他联系人表
(14) 其他附件：________________________________
15.3 本合同附件系本合同组成部分，与合同具有同等法律效力。
(本文以下无正文)

甲方：(公章)
法定代表人或授权代表（签字)：
日期：

乙方（签字、盖章、按手印)：
日期：

乙方监护人（签字、盖章、按手印)：
日期：

丙方（签字、盖章)：

签署日期：
签署地点：

# 专用条款

**丙方为付款义务人的，应增加或替用以下专用条款：**

3.1.4 乙方（乙方监护人）和丙方支付养老服务费的时间为____________，支付方式为________________________________。

3.2.1 本合同签署生效后______日内，乙方（乙方监护人）和丙方应向甲方支付押金，押金金额为：__________。该押金可用于抵扣欠付的养老服务费用、违约金、赔偿金以及出现突发情况救治时需支付给医院的押金及相关费用等。

3.2.2 合同期限内因3.2.1情形出现押金不足时，乙方（乙方监护人）和丙方应在接到甲方通知之日起______日内补足。

3.2.4 甲方不得将押金挪作他用，在合同到期或合同提前终止时，扣除应结清的相关费用后应于合同终止时返还乙方（乙方监护人）和丙方。

7.2.4 及时向甲方支付本合同项下的款项。

7.2.5 本合同有效期内乙方去世的，及时进行善后处理并支付全部费用。

8.5 丙方保证对本合同项下款项承担支付责任。

9.1 合同的变更

9.1.1 根据乙方健康状况的变化，甲方可以提出变更服务方案，并以书面形式通知乙方（乙方监护人）和丙方，经甲、乙方（乙方监护人）和丙方三方协商一致，签署补充协议。

乙方（乙方监护人）和丙方收到甲方变更服务方案的书面通知后______日内既不确认又不提出异议，但乙方实际接受甲方提供的相应服务的，视为甲、乙方（乙方监护人）和丙方三方就合同约定的服务项目的变更达成了一致，乙方（乙方监护人）和丙方有义务按照新的服务项目支付相应的服务费用。

如果根据乙方健康状况的变化，不调整服务项目将导致乙方的健康安全无法保障的，甲方提出变更的服务方案后，乙方（乙方监护人）和丙方既不同意，也不接受实际服务，甲方与乙方（乙方监护人）和丙方均有权解除本合同。

9.1.2 当与甲方日常管理、服务直接相关的物价指数变动幅度超过10%时，甲方有权适当调整收费标准，并将价格调整的通知在调价前30日以书面形式通知乙方（乙方监护人）和丙方。

乙方（乙方监护人）和丙方对价格调整有异议的，可在收到通知后15日内以书面形式提出解除合同；乙方（乙方监护人）和丙方虽有异议但要求继续按照原收费标准履行合同的，甲方有权提出解除合同。

乙方（乙方监护人）和丙方收到通知后15日内不以书面形式提出异议，但拒绝根据调整后的价格支付相关费用的，甲方有权解除合同并按照原收费标准收取已提供服务的费用。

9.2.1 除本合同另有约定外，下列情况下，乙方（乙方监护人）和丙方可以单方解除本合同，并无须承担违约责任：

（1）甲方提供的服务不符合合同约定，经乙方（乙方监护人）和丙方提出，______日内不改正的；

（2）因甲方或甲方工作人员的严重过错造成乙方人身、财产损害的；

（3）乙方因疾病或其他个人原因离院的，但乙方（乙方监护人）和丙方不提出解除本合同而要求保留床位或房间的除外；

（4）乙方首次入住______日内不适应居住环境或管理方式的。

（5）本合同履行过程中，乙方（乙方监护人）和丙方提前30日书面通知甲方并结清服务费用的。

10.1.2 因乙方发生紧急情况产生的费用（急救费用、治疗费用、住院押金等）均由乙方（乙方监护人）和丙方负担。甲方因此垫付费用的，乙方（乙方监护人）和丙方应及时清偿。

11.5 本合同因______项解除的，乙方（乙方监护人）和丙方应支付违约金______元。

11.6 因乙方原因造成甲方或第三人人身或财产损失的，乙方（乙方监护人）和丙方应承担赔偿责任。

11.7 因乙方原因造成自身损害的，由乙方（乙方监护人）和丙方自行承担全部后果和责任。

**丙方为连带责任保证人的，应增加或替用以下专用条款：**

7.2.4 乙方或乙方监护人未按照本合同及时支付款项的，自应付而未付之日起______日内代乙方或乙方监护人向甲方支付。

7.2.5 本合同有效期内乙方去世的，及时进行善后处理并支付相关费用。

8.5 丙方保证系具有提供保证担保的民事行为能力之人，自愿就乙方或乙方监护人履行本合同发生的全部债务承担连带保证责任。

8.6 丙方为乙方或乙方监护人提供保证的期限为__________。

9.2.3 甲方、乙方或乙方监护人单独解除合同或者甲方、乙方或乙方监护人双方协商解除合同的，甲乙双方均应当及时通知丙方。

10.1.2 因乙方发生紧急情况产生的费用（急救费用、治疗费用、住院押金等）均由乙方（乙方监护人）和丙方负担。甲方因此垫付费用的，乙方（乙方监护人）和丙方应及时清偿。11.8 甲方有权选择起诉乙方（乙方监护人）和丙方各方或任意一方。

10.3 甲方与乙方监护人或丙方联系中断

因乙方监护人或丙方提供的联系地址、方式不准确或不详细或变更后未及时通知甲方，或其他客观原因致使甲方无法与乙方监护人或丙方及时联系，此种情况连续达一个月则视为联系中断。甲方与乙方或乙方监护人协商后，可以重新确定联系人。联系中断不免除丙方的保证责任。

**丙方为合同履行联系人的，应增加或替用以下专用条款：**

8.5 丙方保证担任本合同履行过程的联系人，接收甲方的通知。

9.2.3 甲方、乙方或乙方监护人单独解除合同或者甲乙或乙方监护人双方协商解除合同的，甲方均应当及时通知丙方。

10.3 甲方与乙方监护人或丙方联系中断

因乙方监护人或丙方提供的联系地址、方式不准确或不详细或变更后未及时通知甲方，或其他客观原因致使甲方无法与乙方监护人或丙方及时联系，此种情况连续达一个月则视为联系中断。甲方与乙方或乙方监护人协商后，可以重新确定新的联系人担任丙方。

# 民政部 发展改革委 公安部 财政部 国土资源部 环境保护部 住房城乡建设部 卫生计生委 中国人民银行 工商总局 食品药品监管总局 银监会 全国老龄办《关于加快推进养老服务业放管服改革》的通知

（民发〔2017〕25号）

各省、自治区、直辖市民政厅（局）、发展改革委、公安厅（局）、财政厅（局）、国土资源主管部门、环境保护厅（局）、住房城乡建设厅（建委、建交委、规划委、市政管委）、卫生计生委、工商局、食品药品监督管理局、银监局、老龄办；中国人民银行上海总部，各分行、营业管理部，各省会（首府）城市中心支行，各副省级城市中心支行；新疆生产建设兵团民政局、发展改革委、公安局、财务局、国土资源局、建设局（环保局）、卫生局、人口计生委、工商局、食品药品监督管理局、老龄办：

为尽快破除养老服务业发展瓶颈，激发市场活力和民间资本潜力，促进社会力量逐步成为发展养老服务业的主体，现就在社会领域推进养老服务业简政放权、放管结合、优化服务改革有关事项通知如下：

## 一、总体要求

全面贯彻落实党的十八大和十八届三中、四中、五中、六中全会精神，按照国务院关于深化简政放权、放管结合、优化服务改革的部署要求，坚持问题导向，创新工作思路，进一步调动社会力量参与养老服务业发展的积极性，降低创业准入的制度性成本，营造公平规范的发展环境，培育和打造一批品牌化、连锁化、规模化的养老服务企业和社会组织。

推进养老服务业放管服改革的指导原则是：

——流程简化优化。整合养老投资项目报建手续，优化养老机构相关审批条件，精简办事环节，加快业务流程再造，明确标准和时限。没有法律法规或规章依据以及能够通过与其他部门信息共享获取相关申请信息的，原则上不再要求提交申请材料。

——管理依法合规。严格遵循法律法规，坚持运用法治思维和法治方式，规范养老服务行业管理，确保养老服务和产品质量，营造安全、便利、诚信的服务环境。

——服务便捷高效。拓展服务渠道，创新服务方式，建立健全首问负责、一次性告知、并联办理、限时办结等制度。促进办事部门审批和服务相互衔接，让群众办事更方便、创业更顺畅。

——政策衔接有效。强化服务意识，推动各项扶持政策相互衔接、落地管用，增强政策针对性操作性，切实解决重点难点问题，提高服务创新能力。

## 二、加大简政放权力度

（一）规范养老服务投资项目审批报建手续。

1. 整合审批流程。将投资建设养老服务设施工程项目审批流程整合为项目审批（或项目核准、备案）、用地审批、规划报建、施工许可 4 个阶段。

2. 明确牵头部门。发展改革部门负责牵头项目审批（或项目核准、备案）阶段工作。国土资源部门负责牵头用地审批阶段工作。城乡规划部门负责牵头规划报建阶段工作。住房城乡建设部门负责牵头施工许可阶段工作。

3. 实行并联审批。打破部门界限，压减和理顺审批事项的前置条件，每个审批阶段由牵头部门统一受理申请材料、统一组织其他审批部门开展并联审批、督促协调审批进度、在流程限定的时间内完成审批并统一告知项目建设单位审批结果。

4. 探索实行养老服务建设工程项目区域评估。凡是符合已经批复的控制性详细规划的区域，不再对区域内具体养老投资项目进行交通影响、水影响、地震安全性等方面的评估审查。

（二）简化优化养老机构相关审批手续。

5. 简化设立养老机构的申请材料。申请人设立养老机构许可时，能够提供服务设施产权证明的，不再要求提供建设单位的竣工验收合格证明。

6. 食品经营实行“先照后证”。养老机构从事餐饮服务活动，应当依法先行取得营业执照等合法主体资格后，申请食品经营许可证。

7. 简化环境影响评价。对养老机构环境影响评价实施分类管理，对环境影响很小需填报环境影响登记表的养老机构实施备案管理。

8. 取消部分机构的消防审验手续。1998 年 9 月以前建设使用，且未发生改、扩建（含室内外装修、建筑保温、用途变更）的，不需要办理消防设计审核、消防验收或备案手续；建筑面积在 300 平方米以下或者投资 30 万元以下的养老机构、设施，不需要办理消防设计、竣工验收备案手续。其他养老机构依法办理消防审验或备案手续。

9. 支持加快完善服务场所的产权登记手续。对于新建养老机构或者利用已有建筑申请设立养老机构涉及办理不动产登记的，不动产登记机构要通过“首问负责”“一站式服务”等举措，依法加快办理不动产登记手续，提供高效便捷的不动产登记服务，支持申请设立和建设养老机构。对于相关手续不完善，暂时无法办理不动产登记的，支持其依法加快完善相关手续后办理。

## 三、强化监督管理能力

10. 提升行政监管能力。各级民政部门加强对养老服务的指导、监督和管理，其他有关部门依照职责分工对养老服务实施监管。加强监管能力建设，整合充实工作力量，加强业务培训，确保事有人管、责有人负。

11. 规范行政执法行为。推行“双随机、一公开”监管模式，制定养老机构管理行政执法工作指南，对养老机构行政违法案件严格按照法定权限和程序办理，主动公开违法案件办理流程、明确告知当事人做出行政处罚决定的事实、理由、依据和依法享有的权利。对养老服务企业做出的行政处罚信息，通过国家企业信用信息公示系统和“信用中国”网站依法予以公示。

12. 建立社会评估机制。发挥行业自律、群众举报、媒体监督等方面的作用。鼓励通过政府购买服务方式，委托第三方机构定期对养老服务机构的人员、设施、服务、管理、信誉等情况进行综合评价，评估结果应当向社会公布。

13. 畅通投诉渠道。各有关部门应当建立养老服务举报和投诉制度，接到举报、投诉后应当及时核实、处理。

## 四、提升政府服务水平

（一）加强政府信息公开力度。

14. 及时发布供需信息。各地应当及时、主动公布当地养老服务相关的供需信息，便于社会力量和公众了解、查询和利用。

15. 加强许可信息公开。创新政务公开方式方法，各地应普遍将法律法规、规章规定的设立养老机构有关行政许可的事项、依据、条件、数量、程序、期限以及需要提交的材料目录和申请书示范文本等，在办事服务窗口及政务网站公开。对养老服务企业做出的行政许可信息，通过国家企业信用信息公示系统和“信用中国”网站依法予以公示。

16. 强化政策宣传引导。对有意设立养老机构和发展社区居家养老服务的自然人、法人或其他社会组织，各地要做好相关法律法规和政策措施的宣传解释。各地可制定统一的筹建指导书，方便申请人到相关部门办理相关行政许可手续。

17. 实现登记信息共享。按照统一归集、及时准确、共享共用的原则，积极做好经营性养老机构信息统一归集公示工作，明确归集的具体内容，建立数据比对工作机制，促进协同监管和信用约束。

（二）提高政府精准推动养老服务发展能力。

18. 转变运营补贴发放方式。各地养老服务机构运营补贴发放方式应逐步由“补砖头”“补床头”向“补人头”转变，依据实际服务老年人数量发放补贴。对服务失能老年人的补贴标准应予以适当倾斜，对提供相同服务的经营性养老机构应享受与公益性养老机构同等补贴政策。

19. 创新服务设施供给方式。多渠道筹集资金，加强社区综合为老服务设施建设。现有居住（小）区未配套建有养老服务设施的，各地应通过置换、租赁、购置等方式提供。鼓励各地采取公建民营等方式，将产权归政府所有的养老服务设施委托企业或社会组织运营。

20. 加大优惠扶持力度。梳理政府购买社区居家养老服务内容，并列入政府购买服务指导性目录，培育和扶持合格供应商进入。

21. 推进连锁化经营。进一步完善制度、规范流程，鼓励养老机构和服务企业依法设立分支机构，实现连锁化、规模化、品牌化发展。

22. 鼓励发起设立采取股权投资等市场化方式独立运作的养老投资基金，吸引社会力量进入养老服务基础设施和服务领域。

## 五、工作措施

（一）加强组织领导。各地区、各有关部门要高度重视养老服务业放管服改革，主要领导要亲自抓，及时协调解决改革中遇到的重大问题。发展改革、民政、公安、住房城乡建设、工商行政管理等部门要各负其责、协同配合，确保改革顺利推进。发挥好老龄工作机构的组织、协调、指导、督促职能。对于与改革精神不相适应的部门规章和政策措施，要及时修订和完善。

（二）加强督促检查。各地区、各有关部门要适时对养老服务业放管服改革进展情况进行督促检查，畅通社会监督渠道。对工作积极主动、成效明显的地区，要予以表扬和激励；对落实不力、延误改革进程的，要严肃问责。

（三）加强宣传引导。各地区、各有关部门要充分认识推进养老服务业放管服改革的重要意义，积极推广行之有效的经验做法，及时解答和回应公众关切，在全社会营造理解和支持改革的良好氛围。

民政部　国家发展改革委　公安部
财政部　国土资源部　环境保护部
住房城乡建设部　卫生计生委　中国人民银行
工商总局　食品药品监管总局　银监会　全国老龄办
2017 年 1 月 23 日

# 民政部 国家标准委关于印发《养老服务标准体系建设指南》的通知

（民发〔2017〕145号）

各省、自治区、直辖市民政厅（局）、质量技术监督局（市场监督管理部门）、新疆生产建设兵团民政局、质量技术监督局：

为全面贯彻落实2016年12月中央经济工作会议关于“开展质量提升行动”和第14次中央财经领导小组会议关于提高养老院服务质量的部署要求，加快建立全国统一的养老院服务质量标准和评价体系，民政部、国家标准委共同组织制定了《养老服务标准体系建设指南》，现予发布。

民政部　国家标准委

2017年8月24日

## 养老服务标准体系建设指南

构建科学合理的养老服务标准体系，是维护老年人合法权益、推动建立全国统一的养老服务质量标准和评价体系的重要基础。为解决标准缺失、滞后以及交叉重复等问题，推进全国养老服务标准化工作，加强统筹指导，民政部、国家标准委共同组织制定了《养老服务标准体系建设指南》。

### 一、总体要求

（一）指导思想。

全面贯彻党的十八大和十八届三中、四中、五中、六中全会精神，深入学习贯彻习近平总书记系列重要讲话精神和治国理政新理念新思想新战略，认真落实党中央、国务院关于养老服务的一系列决策部署和深化标准化工作改革要求，以规范服务行为、提高服务质量、提升行业管理水平、保障老年人权益为导向，立足养老服务行业需求，准确把握标准要素内在联系，遵循标准化工作规律，构建养老服务标准的总体框架，为标准化工作提供重要指引，推进养老服务质量明显提升。

（二）基本原则。

全面系统、协调统一。科学梳理养老服务各领域、各要素，构建内容全面、结构完整、层次清晰的标准体系。

开放兼容、动态优化。保持体系的开放性和可扩充性，结合养老服务发展变化，适时调整完善。

突出重点、适度超前。优先制定基础通用、行业急需、支撑保障类标准，标准体系建构和标准制定要结合行业发展需要适度超前，不断提高标准体系的引导性与适用性。

## 二、构建依据

（一）法律法规及规章。

1. 中华人民共和国标准化法（中华人民共和国主席令第11号）；

2. 中华人民共和国老年人权益保障法（中华人民共和国主席令第72号）；

3. 中华人民共和国残疾人权益保障法（中华人民共和国主席令第3号）；

4. 养老机构管理办法（民政部令第49号）。

（二）国家、部门政策文件。

1. 国务院关于加快发展养老服务业的若干意见（国发〔2013〕35号）；

2. 民政部、国家标准委、商务部、质检总局、全国老龄办关于加强养老服务标准化工作的指导意见（民发〔2014〕17号）；

3. 国务院关于印发深化标准化工作改革方案的通知（国发〔2015〕13号）；

4. 民政部、国家标准委关于加快推进民政标准化工作的意见（民发〔2015〕238号）；

5. 民政部、公安部、国家卫生计生委、质检总局、国家标准委、全国老龄办关于开展养老院服务质量建设专项行动的通知（民发〔2017〕51号）。

（三）相关规划及标准。

1. 国民经济和社会发展第十三个五年规划纲要；

2. “十三五”国家老龄事业发展和养老体系建设规划（国发〔2017〕13号）；

3. “十三五”推进基本公共服务均等化规划（国发〔2017〕9号）；

4. 国家标准化体系建设发展规划（2016—2020年）（国办发〔2015〕89号）；

5. 民政事业发展第十三个五年规划（民发〔2016〕107号）；

6. 全国民政标准化“十三五”发展规划（民发〔2016〕142号）；

7. 国民经济行业分类（GB/T4754-2017）；

8. 标准体系表编制原则和要求（GB/T13016-2009）；

9. 服务业组织标准化工作指南（GB/T24421-2009）；

10. 服务标准制定导则　考虑消费者需求（GB/T24620-2009）；

11. 标准中特定内容的起草第2部分：老年人和残疾人的需求（GB/T20002.2-2008）。

## 三、建设思路

结合我国养老服务发展现状与趋势，从老年人自理能力、养老服务形式、服务、管理四个维度，确定养老服务标准体系因素，并制成养老服务标准体系构成因素图（见图1）。

第一个维度：老年人自理能力。养老服务以需求为导向，不同自理能力的老年人需要不同的养老服务，将老年人按照自理程度分为自理老年人、部分自理老年人、完全不能自理老年人三类。

第二个维度：养老服务形式。按照我国养老服务体系构成，养老服务形式分为居家养老、社区养老、机构养老三类。

第三个维度：服务。养老服务中涉及的各类服务项目、领域、类型。

第四个维度：管理。养老服务中涉及的人员、场所、设施、安全等各类管理要素。

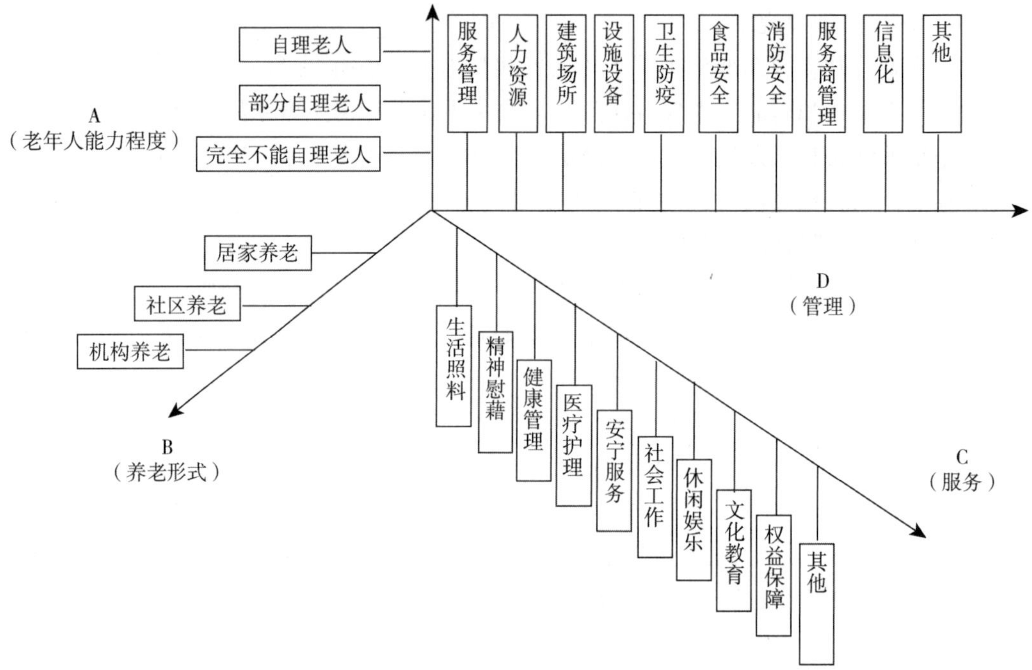


**图1：养老服务标准体系构成因素图**

## 四、养老服务标准体系框架

按照《服务业组织标准化工作指南》（GB/T24421—2009）关于标准体系总体结构的规定，养老服务标准体系包括通用基础、服务提供、支撑保障三个子体系。结合养老服务标准体系构成因素，搭建养老服务标准体系框架（见附件1）。

子体系一：通用基础标准，是指养老服务范围内，其他标准普遍使用、具有广泛指导意义的标准，包括标准化导则、术语与缩略语、符号与标志、分类、评估、数据、质量管理等。

子体系二：服务提供标准，是指涉及养老服务的具体内容及事项。根据老年人的不同服务需求，服务提供标准包括生活照料服务标准、精神慰藉服务标准、健康管理服务标准、医疗护理服务标准、安宁服务标准、社会工作服务标准、休闲娱乐服务标准、文化教育服务标准、权益保障标准等。

子体系三：支撑保障标准，是指养老服务业组织为支撑养老服务有效提供而制定的规范性文件，包括服务提供者标准、管理标准、信息化标准、建筑标准、设施设备与用品标准、环境标准、安全与卫生标准等。

## 五、组织实施

（一）推动建立协同工作机制。民政部联合国家标准委组建养老服务标准化体系建设工作组，建立养老服务标准绿色通道，协同推进养老服务标准的制定、宣贯与实施。实施动态更新完善机制，适时修订养老服务标准体系建设指南。

（二）加快急需标准研制与实施。围绕养老服务业的发展需求，对养老服务标准体系中行业急需、空缺的标准，优选文本质量高、实施效果好的地方标准上升为行业标准、国家标准，通过动员社会力量等多种方式加快标准研制，尽快填补行业空白。民政部、国家标准委联合开展养老服务标准化试点示范创建工作，引导推动有条件的地方率先建立养老服务标准体系。

（三）加强标准宣贯工作。推动建立省级社会福利（养老）服务标准技术委员会，健全部省两级养老服务标准化工作组织。充分发挥各级民政部门、科研机构以及行业协会等力量，通过培训、咨询等手段推进标准的宣贯和实施。

（四）强化政府与市场标准协调推进。根据不同层次养老服务需求，在大力开展政府主导制定标准的同时，强化市场主导的团体标准和企业标准的制定和实施。鼓励养老服务机构和组织制定高于国家标准、具有竞争力的企业标准，推进养老服务机构和组织制定的企业标准建立自我声明公开制度，用标准赢得更多的服务市场，通过标准规范和质量提升，更有效地支撑养老服务领域持续发展。

**附件：**

1. 养老服务标准体系框架
2. 养老服务领域已发布、制定中及待制定标准目录

**附件 1**

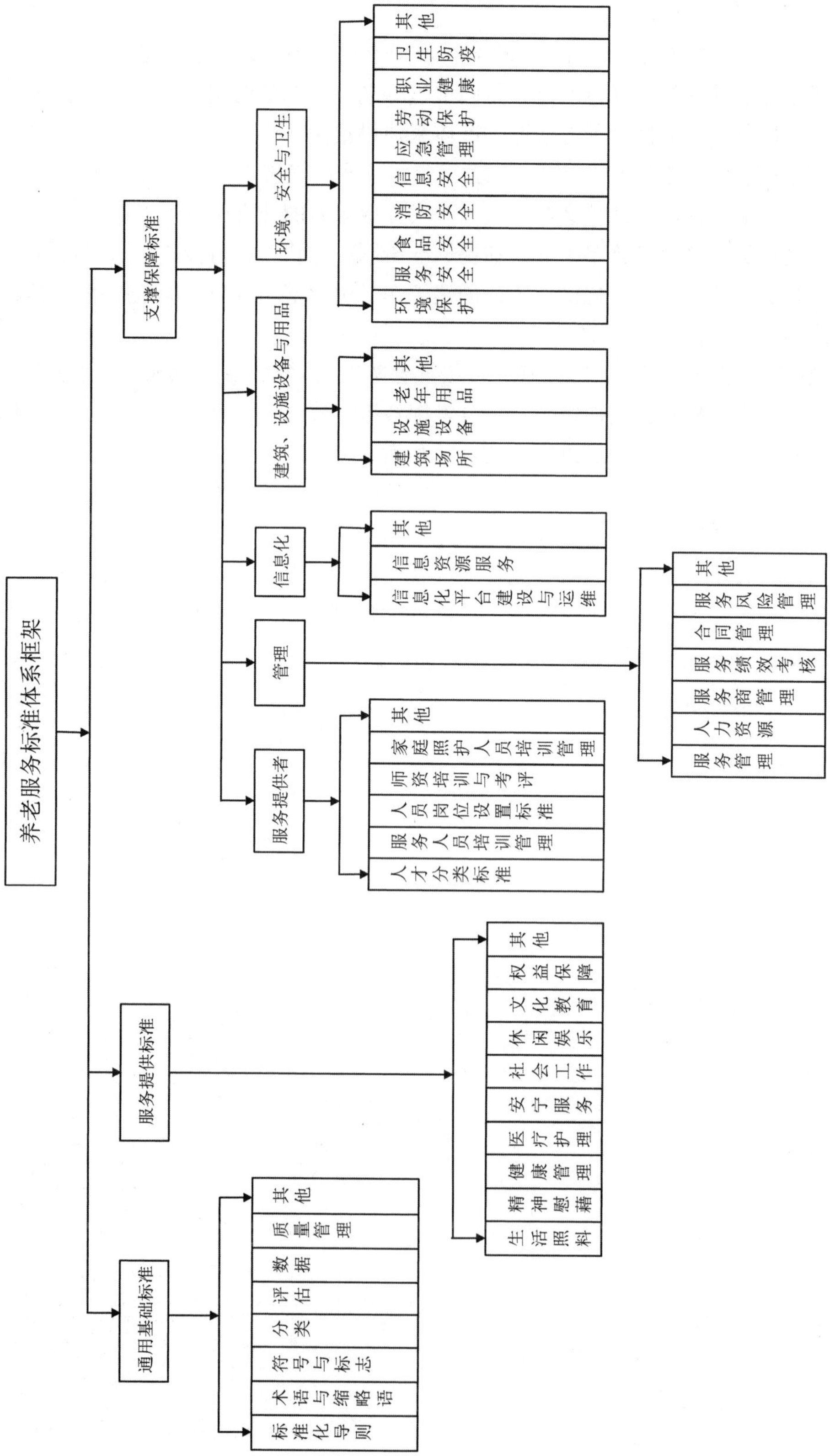
养老服务标准体系框架
通用基础标准
标准化导则
术语与缩略语
符号与标志
分类
评估
数据
质量管理
其他
服务提供标准
生活照料
精神慰藉
健康管理
医疗护理
安宁服务
社会工作
休闲娱乐
文化教育
权益保障
其他
支撑保障标准
服务提供者
人才分类标准
服务人员培训管理
人员岗位设置标准
师资培训与考评
家庭照护人员培训管理
其他
管理
服务管理
人力资源
服务商管理
服务绩效考核
合同管理
服务风险管理
其他
信息化
信息化平台建设与运维
信息资源服务
其他
建筑、设施设备与用品
建筑场所
设施设备
老年用品
其他
环境、安全与卫生
环境保护
服务安全
食品安全
消防安全
信息安全
应急管理
劳动保护
职业健康
卫生防疫
其他

**附件 2**

## 养老服务领域已发布、制定中及待制定标准目录

在养老服务标准体系框架的指导下，根据我国养老服务发展趋势和需求，将已发布、制定中和待制定的国家标准、行业标准集合成养老服务体系目录。

| 分布领域 | 序号 | 标准名称 | 标准号（计划号） | 标准级别 | 标准性质 | 标准类别 | 标准状态 |
|---|---|---|---|---|---|---|---|
| 通用基础标准 | 1 | 老年人能力评估 | MZ/T 001-2013 | 行标 | 推荐 | 管理 | 已发布 |
| | 2 | 养老机构分类与编码 | 20120699-T-314 | 国标 | 推荐 | 管理 | 制定中 |
| | 3 | 养老服务图形符号标识 | MZ2016-T-041 | 行标 | 推荐 | 管理 | 制定中 |
| | 4 | 养老机构照护等级划分 | MZ2016-T-042 | 行标 | 推荐 | 管理 | 制定中 |
| | 5 | 养老机构标准体系建设指南 | MZ2017-T-012 | 行标 | 推荐 | 管理 | 制定中 |
| | 6 | 养老服务基本术语 | MZ2017-T-013 | 行标 | 推荐 | 管理 | 制定中 |
| | 7 | 养老机构服务风险评估通则 | MZ2017-T-016 | 行标 | 推荐 | 管理 | 制定中 |
| | 8 | 养老机构服务质量基本规范 | …… | 行标 | 推荐 | 管理 | 制定中 |
| | 9 | 养老机构标准化工作导则 | …… | 行标 | 推荐 | 管理 | 待制定 |
| | 10 | 养老机构标识使用规范 | …… | 行标 | 推荐 | 管理 | 待制定 |
| | 11 | 社区居家养老服务质量评估 | …… | 行标 | 推荐 | 管理 | 待制定 |
| | 12 | 其他 | …… | …… | …… | …… | …… |

| 分布领域 | 序号 | 标准名称 | 标准号（计划号） | 标准级别 | 标准性质 | 标准类别 | 标准状态 |
|---|---|---|---|---|---|---|---|
| 服务提供标准 | 1 | 老年社会工作服务指南 | MZ/T 064-2016 | 行标 | 推荐 | 服务 | 已发布 |
| | 2 | 养老机构康复服务规范 | MZ2014-T-012 | 行标 | 推荐 | 服务 | 制定中 |
| | 3 | 养老机构预防压疮服务技术规范 | MZ2016-T-045 | 行标 | 推荐 | 服务 | 制定中 |
| | 4 | 养老机构社会工作服务规范 | MZ2016-T-047 | 行标 | 推荐 | 服务 | 制定中 |
| | 5 | 老年人助浴服务规范 | MZ2017-T-014 | 行标 | 推荐 | 服务 | 制定中 |
| | 6 | 居家老年人康复服务规范 | MZ2017-T-015 | 行标 | 推荐 | 服务 | 制定中 |
| | 7 | 养老机构生活照料服务规范 | MZ2017-T-018 | 行标 | 推荐 | 服务 | 制定中 |
| | 8 | 养老机构精神慰藉服务规范 | …… | 行标 | 推荐 | 服务 | 待制定 |
| | 9 | 养老机构健康管理服务规范 | …… | 行标 | 推荐 | 服务 | 待制定 |
| | 10 | 养老机构护理服务规范 | …… | 行标 | 推荐 | 服务 | 待制定 |
| | 11 | 养老机构保健养生服务规范 | …… | 行标 | 推荐 | 服务 | 待制定 |
| | 12 | 养老机构休闲娱乐服务规范 | …… | 行标 | 推荐 | 服务 | 待制定 |

续表

| 分布领域 | 序号 | 标准名称 | 标准号（计划号） | 标准级别 | 标准性质 | 标准类别 | 标准状态 |
|---|---|---|---|---|---|---|---|
| 服务提供标准 | 13 | 养老机构文化教育服务规范 | …… | 行标 | 推荐 | 服务 | 待制定 |
| | 14 | 养老机构安宁服务规范 | …… | 行标 | 推荐 | 服务 | 待制定 |
| | 15 | 社区/居家养老生活照料服务规范 | …… | 行标 | 推荐 | 服务 | 待制定 |
| | 16 | 社区/居家养老精神慰藉服务规范 | …… | 行标 | 推荐 | 服务 | 待制定 |
| | 17 | 社区/居家养老健康管理服务规范 | …… | 行标 | 推荐 | 服务 | 待制定 |
| | 18 | 社区/居家养老护理服务规范 | …… | 行标 | 推荐 | 服务 | 待制定 |
| | 19 | 社区/居家养老保健养生服务规范 | …… | 行标 | 推荐 | 服务 | 待制定 |
| | 20 | 社区/居家养老社会工作服务规范 | …… | 行标 | 推荐 | 服务 | 待制定 |
| | 21 | 社区/居家养老休闲娱乐服务规范 | …… | 行标 | 推荐 | 服务 | 待制定 |
| | 22 | 社区/居家养老文化教育服务规范 | …… | 行标 | 推荐 | 服务 | 待制定 |
| | 23 | 其他 | …… | …… | …… | …… | …… |

| 分布领域 | 序号 | 标准名称 | 标准号（计划号） | 标准级别 | 标准性质 | 标准类别 | 标准状态 |
|---|---|---|---|---|---|---|---|
| 支撑保障标准 | 1 | 老年人居住建筑设计规范 | GB 50340-2016 | 国标 | 强制 | 技术 | 已发布 |
| | 2 | 养老机构基本规范 | GB/T 29353-2012 | 国标 | 推荐 | 管理 | 已发布 |
| | 3 | 养老设施建筑设计规范 | GB 50867-2013 | 国标 | 强制 | 技术 | 已发布 |
| | 4 | 社区老年人日间照料中心服务基本要求 | GB/T 33168-2016 | 国标 | 推荐 | 管理 | 已发布 |
| | 5 | 社区老年人日间照料中心设施设备配置 | GB/T 33169-2016 | 国标 | 推荐 | 管理 | 已发布 |
| | 6 | 老年人社会福利机构基本规范 | MZ 008-2001 | 行标 | 强制 | 管理 | 已发布 |
| | 7 | 老年养护院建设标准 | 建标 144-2010 | 行标 | 强制 | 技术 | 已发布 |
| | 8 | 社区老年人日间照料中心建设标准 | 建标 143-2010 | 行标 | 推荐 | 技术 | 已发布 |
| | 9 | 养老机构安全管理 | MZ/T 032-2012 | 行标 | 推荐 | 管理 | 已发布 |
| | 10 | 社区居家养老服务基本规范 | 20090119-T-314 | 国标 | 推荐 | 管理 | 制定中 |
| | 11 | 养老机构设施设备配置 | MZ2012-T-011 | 行标 | 推荐 | 管理 | 制定中 |
| | 12 | 养老机构服务满意度测评 | MZ2014-T-002 | 行标 | 推荐 | 管理 | 制定中 |
| | 13 | 养老机构信息数据交换规范 | MZ2016-T-046 | 行标 | 推荐 | 管理 | 制定中 |

续表

| 分布领域 | 序号 | 标准名称 | 标准号（计划号） | 标准级别 | 标准性质 | 标准类别 | 标准状态 |
|---|---|---|---|---|---|---|---|
| 支撑保障标准 | 14 | 养老机构老年人健康档案技术规范 | MZ2016-T-048 | 行标 | 推荐 | 管理 | 制定中 |
| | 15 | 社区老年人日间照料中心风险防控要求 | MZ2017-T-017 | 行标 | 推荐 | 管理 | 制定中 |
| | 16 | 养老服务信息数据集分类与编码规则 | …… | 行标 | 推荐 | 技术 | 待制定 |
| | 17 | 养老服务信息数据集元数据规范 | …… | 行标 | 推荐 | 技术 | 待制定 |
| | 18 | 养老服务信息数据模式描述指南 | …… | 行标 | 推荐 | 技术 | 待制定 |
| | 19 | 养老服务信息处理操作规程 | …… | 行标 | 推荐 | 管理 | 待制定 |
| | 20 | 养老机构信息化服务指南 | …… | 行标 | 推荐 | 管理 | 待制定 |
| | 21 | 老年人健康档案架构与数据标准 | …… | 行标 | 推荐 | 管理 | 待制定 |
| | 22 | 养老信息服务：隐私保护要求 | …… | 行标 | 推荐 | 管理 | 待制定 |
| | 23 | 养老机构信息化管理平台建设规范 | …… | 行标 | 推荐 | 技术 | 待制定 |
| | 24 | 居家养老服务与管理信息平台建设规范 | …… | 行标 | 推荐 | 技术 | 待制定 |
| | 25 | 养老服务人才分类 | …… | 国标 | 推荐 | 管理 | 待制定 |
| | 26 | 养老机构岗位设置及人员配备标准 | …… | 行标 | 推荐 | 管理 | 待制定 |
| | 27 | 养老服务从业人员基本要求 | …… | 行标 | 推荐 | 管理 | 待制定 |
| | 28 | 养老服务从业人员培训指南 | …… | 行标 | 推荐 | 管理 | 待制定 |
| | 29 | 养老服务从业人员师资培训与考评 | …… | 行标 | 推荐 | 管理 | 待制定 |
| | 30 | 居家养老设施设备配置 | …… | 国标 | 推荐 | 管理 | 待制定 |
| | 31 | 养老机构服务质量等级划分与评定 | …… | 行标 | 推荐 | 管理 | 待制定 |
| | 32 | 居家养老服务风险评估 | …… | 行标 | 推荐 | 管理 | 待制定 |
| | 33 | 其他 | | | | | |

# 民政部关于贯彻落实新修改的《中华人民共和国老年人权益保障法》的通知

（民函〔2019〕1号）

各省、自治区、直辖市民政厅（局），各计划单列市民政局，新疆生产建设兵团民政局：

新修改的《中华人民共和国老年人权益保障法》（以下简称《老年人权益保障法》）已由中华人民共和国第十三届全国人民代表大会常务委员会第七次会议于2018年12月29日审议通过，由中华人民共和国主席习近平签署第二十四号主席令公布，自公布之日起施行。此次修改《老年人权益保障法》，是深化养老服务“放管服”改革，推进养老服务发展的关键举措。为做好贯彻落实工作，现就有关事项通知如下：

一、不再实施养老机构设立许可。自新修改的《老年人权益保障法》发布之日起，各级民政部门不再受理养老机构设立许可申请。发布之日前已经受理，尚未完成审批的，应当终止审批，将申请材料退还申请人并作出说明。各级民政部门不得再实施许可或者以其他名目变相审批。已经取得养老机构设立许可证且在有效期的仍然有效，设立许可证有效期届满后，不再换发许可证。

二、依法做好登记和备案管理。县级以上地方人民政府民政部门应当明确内部职责分工，加强与相关部门工作协同和信息共享，不断提高服务便利化水平，逐步实现申请登记养老机构线上“一网通办”、线下“只进一扇门”、现场办理“最多跑一次”，最大限度方便申请人办事。取消养老机构设立许可后，设立民办公益性养老机构，依照《民办非企业单位登记管理暂行条例》规定，依法向县级以上地方人民政府民政部门申请社会服务机构登记。按照“一门、一网、一次”的办理原则，落实首问负责制，县级以上地方人民政府民政部门负责行政审批的窗口统一对外，受理举办者提交的申请材料，并征求养老服务部门的意见。民政部门批准成立登记的民办公益性养老机构，由民政部门承担业务主管单位职责，内部可明确由社会组织登记部门履行养老机构登记管理机关具体职责，养老服务部门履行业务主管单位具体职责。非民政部门（如行政审批局）批准成立登记的民办公益性养老机构、经营性养老机构，民政部门要及时与省级共享平台或者省级部门间数据接口对接，掌握相关信息。

养老机构登记后即可开展服务活动，并应当向民政部门备案，真实、准确、完整地提供备案信息，填写备案书和承诺书，民政部门应当提供备案回执，书面告知养老机构运营基本条件，以及本区域现行养老服务扶持政策措施清单。对于由民政部门承担业务主管单位职责的养老机构，可以相应简化备案手续。养老机构登记事项变更的，应当及时办理备案变更手续。

三、加强养老机构事中事后监管。各地要按照国务院推进简政放权、放管结合、优化服务改革的要求，创新养老机构管理方式，推动建立养老机构综合监管制度。县级以上人民政府民政部门负责养老机构的指导、监督和管理，发现养老机构存在可能危及人身健康和生命财产安全风险的，应当责令限期改正；逾期不改正的，责令停业整顿。属于建筑、消防、食品卫生、医疗服务、特种设备安全风险的，应当及时抄告住房城乡建设、应急管理、市场监管、卫生健康等部门，并积极配合做好后续相关查处工作。情节严重的，应当及时告知登记管理机关，由登记管理机关依法予以行政处罚乃至吊销登记证书。民办公益性养老机构属于捐助性法人，民政部门还应当依据《民办非企业单位登记管理暂行条例》等法规政策规定，认真履行管理职责，防止变更性质。各地要积极探索建立健全养老服务信用评价、守信激励、失信惩戒等信用管理制度。

四、做好法规政策修改和宣传引导。各地民政部门要依照新修改的《老年人权益保障法》规定，推动将修改涉及养老机构许可和管理内容的地方性法规、政府规章纳入立法工作计划，开展相关规范性文件清理工作，及时修订完善建设运营补贴等与许可管理直接相关的配套政策，确保不因行政审批制度改革造成政策断档。各地民政部门要按照“谁执法、谁普法”的要求，及时将法律修改的主要内容、改革措施等，通过政府网站、新闻媒体公布或者在公共场所陈列，方便社会公众特别是养老服务从业人员和广大老年人理解掌握。

民政部将在修改《养老机构管理办法》工作中，进一步明确对养老机构指导、监督和管理的相关规定。各地民政部门在贯彻执行过程中遇到重大问题和情况，请及时报告，以便尽快提出改进措施。文后提供的《设置养老机构备案书》等文书式样，供各地工作中参考使用。

附件：1. 设置养老机构备案书

2. 设置养老机构备案回执

3. 养老机构基本条件告知书

4. 备案承诺书

民政部

2019 年 1 月 2 日

附件 1

## 设置养老机构备案书

__________民政局：

经我单位研究决定，设置一所养老机构，该养老机构备案信息如下：

名称：

地址：

法人登记机关：

法人登记号码：

法定代表人（主要负责人）：

公民身份证号码：

服务范围：

服务场所性质：自有/租赁

养老床位数量：

服务设施面积：建筑面积：　　　　　　占地面积：

联系人：　　　　　　　　　　　　　　联系方式：

请予以备案。

备案单位：　　　　　　　　　　　　　　　　　　（章）

年　　月　　日

附件 2

## 设置养老机构备案回执

编号：

____________________：

______年____月____日报我局的《设置养老机构备案书》收到并已备案。

备案项目如下：

名称：

地址：

民政局（章）

年　　月　　日

附件 3

## 养老机构基本条件告知书

养老机构应当依照《中华人民共和国老年人权益保障法》等法律法规和标准规范的规定开展服务活动，并符合下列基本条件：

1. 应当符合《中华人民共和国建筑法》《中华人民共和国消防法》《无障碍环境建设条例》等法律法规，以及《老年人照料设施建筑设计标准》《建筑设计防火规范》等国家标准或者行业标准规定的安全生产条件，并符合环境影响评价分类管理要求。依照《中华人民共和国安全生产法》第 17 条规定，不具备安全生产条件的，不得从事经营服务活动。

2. 应当符合《养老机构管理办法》规章。

3. 开展医疗卫生服务的，应当符合《医疗机构管理条例》《医疗机构管理条例实施细则》等法规规章，以及养老机构内设医务室、护理站等设置标准。

4. 开展餐饮服务的，应当符合《中华人民共和国食品安全法》等法律法规，以及相应食品安全标准。

5. 法律法规规定的其他条件。

附件 4

## 备案承诺书

本单位承诺如实填报____________的备案信息，并将按照相关法律法规的要求，及时、准确报送后续重大事项变更信息。

承诺已了解养老机构管理相关法律法规和标准规范，承诺开展的养老服务符合《养老机构基本条件告知书》载明的要求。

承诺按照诚实信用、安全规范、以人为本的原则和相关国家和行业标准开展养老服务，不以养老机构名义从事欺老虐老、不正当关联交易、非法集资等损害老年人合法权益和公平竞争市场秩序的行为。

承诺主动接受并配合民政部门和其他有关部门的指导、监督和管理。

承诺不属实，或者违反上述承诺的，依法承担相应法律责任。

备案单位：（章）

法定代表人（主要负责人）签字：

年　　月　　日

# 民政部关于印发《养老服务市场失信联合惩戒对象名单管理办法（试行）》的通知

（民发〔2019〕103号）

各省、自治区、直辖市民政厅（局），各计划单列市民政局，新疆生产建设兵团民政局：

为规范养老服务市场秩序，加快养老服务领域信用体系建设，促进养老服务业持续健康发展，依据《中华人民共和国老年人权益保障法》和《国务院关于建立完善守信联合激励和失信联合惩戒制度　加快推进社会诚信建设的指导意见》（国发〔2016〕33号）、《国务院办公厅关于推进养老服务发展的意见》（国办发〔2019〕5号）、《国务院办公厅关于加快推进社会信用体系建设　构建以信用为基础的新型监管机制的指导意见》（国办发〔2019〕35号）等有关规定，我部制定了《养老服务市场失信联合惩戒对象名单管理办法（试行）》，现印发给你们，请结合实际贯彻落实。

民政部

2019年10月25日

## 养老服务市场失信联合惩戒对象名单管理办法（试行）

**第一条**　为规范养老服务市场秩序，推进养老服务领域信用体系建设，促进养老服务业持续健康发展，依据有关法律法规和国家有关规定，制定本办法。

**第二条**　本办法所称养老服务市场失信联合惩戒对象名单（以下简称“联合惩戒对象名单”）管理，是指民政部门将严重违法失信的养老服务机构和从业人员列入联合惩戒对象名单，在一定期限内向社会公布，实施信用约束、联合惩戒等措施的统称。

联合惩戒对象名单的认定、发布、使用、移出等活动，适用本办法。法律、法规、规章另有规定的，从其规定。

本办法所称的养老服务机构包括养老机构、居家社区养老服务机构；从业人员包括上述养老服务机构的法定代表人、主要负责人、高级管理人员以及养老护理员等相关人员。

**第三条**　联合惩戒对象名单管理应当遵循依法监管、客观公正、公开透明、及时准确的原则。

**第四条**　国务院民政部门负责指导地方民政部门开展惩戒对象名单管理工作，依托“金民工程”建立全国统一的联合惩戒对象名单管理系统。

地方民政部门按照“谁监管、谁列入”的原则，负责本辖区惩戒对象名单管理工作，向社会公布本辖区惩戒对象名单。

**第五条** 具有下列情形之一的养老服务机构和从业人员，被有关部门依法依规惩处的同时，地方民政部门应当将其列入本辖区联合惩戒对象名单，并书面抄报相关主管部门：

（一）超出章程规定的宗旨和业务范围进行活动的；

（二）因养老服务行为侵害老年人合法权益的；

（三）以非法集资或者欺骗手段销售“保健”产品等方式诈骗老年人财物的；

（四）存在重大火灾隐患，无故拖延，逾期不改的；

（五）对发生的安全事故负有主要或者直接责任的；

（六）存在采取虚报冒领等方式骗取政府补贴资金等涉及财政资金违法行为的；

（七）拒不接受或者不按照规定接受监督检查，或者在接受监督检查时隐瞒真实情况、弄虚作假的；

（八）不按照规定报送年度工作报告、履行信息公开义务的；

（九）其他违反养老服务管理有关规定的严重违法失信情形。

养老服务机构和从业人员被人民法院认定为失信被执行人的，应当列入联合惩戒对象名单。

**第六条** 地方民政部门应当及时通过人民法院网站、政府信息共享机制等多种渠道获取人民法院、公安、财政、自然资源、生态环境、住房城乡建设、卫生健康、应急管理、金融、税务、市场监管、医疗保障和消防救援机构等对养老服务机构和从业人员的相关司法裁决、行政处罚、行政强制等处理结果的信息。

**第七条** 养老服务机构和从业人员具有下列情形之一，地方民政部门应当将其列入本辖区重点关注对象名单，并将有关情况书面抄报相关主管部门。

（一）在办理备案时承诺不属实，或者违反承诺的；

（二）违反强制性国家标准，但尚未被行政处罚或者刑事处罚的；

（三）其他存在失信行为，但严重程度尚未达到本办法第五条规定的情形。

重点关注对象名单有效期为 6 个月。重点关注期内，民政部门应当对重点关注名单对象加大监督检查力度，增加抽查检查频次。

**第八条** 将养老服务机构和从业人员列入联合惩戒对象名单前，民政部门应当书面告知当事人列入的事实、理由、依据、约束措施以及当事人享有的陈述权、申辩权；无法取得联系书面告知的，应当公告告知。

当事人对被列入联合惩戒对象名单有异议的，有权在收到告知书之日起 10 个工作日内向民政部门提交书面陈述、申辩及相关证明材料；通过公告方式告知的，当事人自公告告知之日起 30 日内未提出陈述、申辩意见的，视为无异议。

民政部门应当自收到陈述、申辩意见之日起 15 个工作日内进行复核并书面答复当事人。陈述、申辩理由被采纳的，不列入联合惩戒对象名单；陈述、申辩理由不予以采纳的，列入联合惩戒对象名单。

**第九条** 联合惩戒对象名单包括以下信息：

（一）养老服务机构的名称（法人和其他组织还包括统一社会信用代码）、主要负责人（法定代表人）的姓名及其身份证件类型和号码；

（二）从业人员的姓名、公民身份号码（港澳台居民的公民社会信用代码、外国籍人身份号码）；

（三）严重违法失信行为的事实、认定部门、认定依据、认定日期、有效期；

（四）联合惩戒、退出信息等其他信息。

**第十条** 联合惩戒对象名单实行动态管理。

联合惩戒对象在被列入联合惩戒对象名单期间，再次出现应当列入联合惩戒对象名单情形的，列入时限重新计算。

**第十一条** 联合惩戒对象自被列入联合惩戒对象名单之日起满2年，符合下列条件之一的，可以申请移出：

（一）未再发生严重违法失信行为的；

（二）按照要求履行相应义务、完成整改的。

**第十二条** 民政部门收到移出申请后，应当进行核查，经核查，联合惩戒对象未再发生严重违法失信行为或者已经履行相应义务、整改到位的，自查实之日起10个工作日内将养老服务机构和从业人员移出联合惩戒对象名单，并书面告知。

经核查，发现有效期届满前再次发生了严重违法失信行为，或者未履行相应义务、整改不到位的，民政部门自查实之日起10个工作日内书面告知联合惩戒对象不允许移出，并依法对养老服务机构主要负责人和从业人员进行约谈，督促其履行相关义务、消除不良影响。约谈记录记入养老服务机构信用记录，统一归集后纳入全国信用信息共享平台。

**第十三条** 因被人民法院认定为失信被执行人而列入惩戒对象名单的，在人民法院将其失信信息删除后，列入的民政部门应当及时将其移出联合惩戒对象名单。

列入惩戒对象名单所依据的行政处罚决定被撤销的，列入的民政部门应当及时将相关养老服务机构和从业人员信息移出联合惩戒对象名单。

**第十四条** 地方民政部门应当通过门户网站、地方政府信用网站、全国养老服务信息系统、国家企业信用信息公示系统、“信用中国”网站等渠道发布本辖区联合惩戒对象名单，实现信息共享。

信息发布前，对公民身份号码（港澳台居民的公民社会信用代码、外国籍人身份号码）应当进行必要的技术处理，隐去部分字段。

**第十五条** 地方民政部门应当依法对列入联合惩戒对象名单的养老服务机构和从业人员采取下列惩戒措施：

（一）对参与评比表彰、等级评定、政府采购、财政资金扶持、政策试点等予以限制；

（二）作为重点监管对象，增加检查频次，加大监管力度，发现再次违法违规经营行为的，依法从重处罚；

（三）法定代表人或者主要负责人列入联合惩戒对象名单期间，不得被提名担任其他养老服务机构的法定代表人或者主要负责人；已担任相关职务的，要求养老服务机构按照规定程序向登记管理机关申请变更；

（四）对拒不履行司法裁判或者行政处罚决定、屡犯不改、造成重大损失的养老服务机构及其相关责任人，坚决依法依规在一定期限内实施市场和行业禁入措施，直至永远逐出养老服务市场；

（五）将其严重违法失信信息通报相关部门，实施联合惩戒。

**第十六条** 社会公众发现联合惩戒对象名单公布的信息存在错误的可以向列入的民政部门举报反映，列入的民政部门应当于接报之日起5个工作日内核实并在公告平台发布更正信息。

**第十七条** 支持行业协会对列入联合惩戒对象名单的会员采取警告、通报批评等行业自律措施。鼓励社会组织和个人对列入联合惩戒对象名单的主体进行监督。

**第十八条** 民政部门及其工作人员在联合惩戒对象名单管理工作中滥用职权、玩忽职守、徇私舞弊的，应当依法依规追究责任。

**第十九条** 民政部门应当建立联合惩戒对象名单记录档案，将与列入、移出联合惩戒对象名单有关的证据、文书等资料整理归档、妥善保存。

**第二十条** 省级、设区的市级人民政府民政部门可以根据需要，制定本行政区域联合惩戒对象名单管理办法。

**第二十一条** 本办法自2020年6月1日起施行。

# 民政部　财政部　住房和城乡建设部 应急管理部关于印发《民办养老机构消防安全达标提升工程实施方案》的通知

（民发〔2019〕126号）

各省、自治区、直辖市民政厅（局）、财政厅（局）、住房和城乡建设厅（委、管委）、应急管理厅（局），新疆生产建设兵团民政局、财政局、住房和城乡建设局、应急管理局、公安局，各省级消防救援总队：

为深入学习贯彻党的十九届四中全会精神，完善和落实养老机构安全生产责任和管理制度，严格安全监管，切实提升养老机构消防安全管理水平，确保老年人生命财产安全，根据《国务院办公厅关于推进养老服务发展的意见》（国办发〔2019〕5号）要求，民政部、财政部、住房和城乡建设部、应急管理部联合制定了《民办养老机构消防安全达标提升工程实施方案》，现予印发，请结合本地实际认真贯彻执行。

附件：

民办养老机构消防安全达标提升工程实施方案

民政部　财政部

住房和城乡建设部　应急管理部

2019年12月18日

附件

## 民办养老机构消防安全达标提升工程实施方案

为实现民办养老机构消防设施设备配备符合标准、日常消防安全管理落实到位、切实提高民办养老机构消防安全水平，防范重大安全风险，根据《国务院办公厅关于推进养老服务发展的意见》（国办发〔2019〕5号）要求，制订本实施方案。

### 一、总体要求

从2020年起，在全国范围内引导和帮助存量民办养老机构按照国家工程建设消防技术标准配置消防设施、器材，落实日常消防安全管理要求，针对经判定为重大火灾隐患的养老机构进行有效整改，力争在两年时间内，使全国存量民办养老机构消防设施设备配备符合国家工程建设消防技术标准，消防安全管理满足需要，达到安全服务要求。

### 二、改造范围

已开展服务，但不符合国家工程建设消防技术标准、不满足消防安全管理要求，消防安全未达标的民办养老机构，优先改造贫困地区和农村民办养老机构，具体改造范围由各省级民政部门会同有关部门结合实际审核确定。

### 三、改造标准及要求

（一）建筑环境及消防设施设备。

建筑环境及消防设施配置要严格执行《建筑设计防火规范》（GB50016）、《建筑灭火器配置设计规范》（GB50140）、《火灾自动报警系统设计规范》（GB50116）、《建筑防烟排烟系统技术标准》（GB51251）等相关标准规范要求。改造项目所涉及的房屋建筑，须有功能变更批准文件、不动产登记或使用权证明（含所在街道、乡镇对养老服务设施现状的书面认可证明）。租赁房屋开办的养老机构，需事先取得产权所有方书面认可。

（二）消防安全管理。

应严格落实《中华人民共和国消防法》等法律法规规定，严格执行《社会福利机构消防安全管理十项规定》（民函〔2015〕280号）、《消防安全标志》（GB13495）、《消防控制室通用技术要求》（GB25506）、《养老机构安全管理》（MZ/T032）、《养老机构服务质量基本规范》（GB/T35796）。

### 四、申报程序及主要任务措施

（一）摸底调查。县级民政部门要在全国养老院服务质量建设专项行动安全隐患排查整治基础上，全面摸清辖区内的民办养老机构消防安全状况，建立底数台账，列出操作性强的整治措施，建立隐患、整改、责任“三个清单”，依照消防安全状况分清轻重缓急，合理确定改造范围和顺序。住房和城乡建设部门、消防救援机构应当积极配合，提供技术支持。

（二）项目申报。县级民政部门要做好动员和政策宣传工作，引导消防安全不达标的民办养老机构制订消防安全改造方案并主动申报。省级民政部门要会同有关部门组织对申报养老机构的情况进行归集分类，分析研判，合理确定改造对象、认定标准、审定权限、激励机制等。住房和城乡建设部门、消防救援机构提供技术支持。

（三）工程实施。消防安全改造工程应严格执行国家工程建设消防技术标准和消防安全法律法规。改造项目应按照规定程序招标，由具有相应资质的单位施工。设区的市级民政部门通过公开招标、竞争性谈判等方式选定一批具备相关资质的施工方和设施设备供应商供纳入工程项目的民办养老机构自主选择使用。有条件的地区也可由省级民政部门按上述要求统一选定施工方和设备供应商。已开展此项工作的地区也可结合落实本通知要求，按既定工作机制实施。

（四）实效评估。项目竣工后，应严格执行建设工程消防验收的有关规定。对养老机构依法申请建设工程消防验收和消防验收备案的，住房和城乡建设部门应当依法办理。相关改造工程应当在立项次年底前完成。验收通过或验收备案完成后，由批准的民政部门形成项目改造报告并存档。

## 五、保障措施

（一）加强组织领导。各级民政、财政、住房和城乡建设、应急管理部门要高度重视民办养老机构消防安全达标工作，建立省级统筹部署、市县级组织实施的工作机制。民政部门要充分发挥牵头协调作用，联合有关部门共同开展摸底排查、项目审核、实效评估等工作。要坚持人防、物防、技防相结合，经常性组织开展防火检查、巡查、火灾隐患整改、消防安全宣传教育培训、灭火和应急疏散演练等活动。要以推广应用“智慧消防”“智慧预警”等为抓手，实行联防联治、群防群治。要注重发挥专业社会组织、责任保险等作用，扩大社会参与，提高安全防范水平。

（二）加强经费保障。民政部本级和地方政府用于社会福利事业的彩票公益金，可按规定用于民办养老机构消防安全改造，并做好与民办养老机构相关扶持政策的衔接。

（三）加强监督管理。省级民政部门要会同有关部门加强工作督查指导，制定相关配套措施，严格审核，规范程序，加强监管，保证质量。要通过随机抽查、第三方审计等多种方式对改造项目进行全过程跟踪检查。通过福利彩票公益金安排奖补资金的，要严格执行彩票公益金使用管理有关规定，提高资金使用效益，并依照规定设置资助标识，确保资金使用公开透明。

# 民政部关于加快建立全国统一养老机构等级评定体系的指导意见

（民发〔2019〕137号）

各省、自治区、直辖市民政厅（局），各计划单列市民政局，新疆生产建设兵团民政局：

为深入贯彻落实习近平总书记关于养老服务和民政工作的重要指示精神，加快建立全国统一养老服务质量标准和评价体系，坚持标准引领，激发市场活力，强化监督管理，健全养老机构质量和安全保障长效机制，加快建设居家社区机构相协调、医养康养相结合的养老服务体系，现就实施《养老机构等级划分与评定》国家标准（GB/T37276-2018，以下简称“评定标准”），推动建立全国统一养老机构等级评定体系提出以下指导意见。

## 一、总体要求

（一）指导思想。

以习近平新时代中国特色社会主义思想为指导，全面贯彻党的十九大和十九届二中、三中、四中全会精神，坚持和加强党的全面领导，坚持以人民为中心的发展思想，坚持新发展理念，加快构建养老机构自愿参与、评定程序规范、标准尺度一致、评定结果互认的全国统一养老机构等级评定体系，不断提升养老机构服务水平，让老年人生活得安心、静心、舒心。

（二）基本原则。

依据国标、分级实施。民政部统筹推进全国养老机构等级评定工作，推动制（修）订国家标准，规范评定程序，对省级民政部门的评定工作进行指导和监督，促进评定结果互认。省级民政部门根据本指导意见精神及要求建立或者确定评定组织及工作机制，统筹实施本行政区域养老机构等级评定工作。

自愿申请、公开透明。等级评定机会均等，养老机构可自愿申请，并对申请材料的真实性、准确性负责。向社会全面公开评定标准、规则、过程、结果等信息，主动接受社会监督。评定过程中不得向养老机构收取费用。

综合施策，统筹推进。发挥社会力量专业优势，引导其参与养老机构等级评定工作。深化养老服务市场化改革，加强养老机构等级评定与政策扶持、综合监管工作的协调衔接，促进养老机构多元化发展。政府投资兴办的养老机构要坚持公益性，不片面追求高等级。

（三）工作目标。

到2022年，全国统一的养老机构等级评定体系基本建立，养老机构服务质量有新提升，公众对养老服务的安全感、满意度进一步提高。

## 二、主要任务

（四）确定评定组织，加强业务培训。省级民政部门负责统筹确定本行政区域养老机构等级评定组织，或者面向社会公开选定第三方评定组织，合理设定各级评定组织职责权限。地方养老机构等级评定组织接受本级民政部门的指导和监督。要明确参与评定的相关组织和人员的遴选条件、任职回避情形，重点考察评定组织的资质、信用，以及评定人员的政治素质和业务能力，确保政治可靠、诚实守信、业务熟悉的专业组织和人员参与评定。要加强对评定组织和人员的培训，使其熟练掌握养老机构等级评定相关法律法规、政策标准和操作要求。

（五）规范评定程序，细化评定标准。省级民政部门要制定完善养老机构等级评定程序，细化具体标准和评定方法，设定首次评定等级限制和晋级年限要求，明确各评定环节的具体工作时限，全面推进全流程公开。等级评定的程序一般包括养老机构自愿提出申请、审查并公示符合参评条件的养老机构名单、组织评定确定等级并向社会公示、送达评定结果通知书、发布公告，颁发等级证书（牌匾）等环节。要明确申请条件，凡依法办理登记，符合评定标准规定基本要求的养老机构均可申请。省级民政部门应当将受到行政处罚、刑事处罚的养老机构列为限制参与评定的范围。评定组织对养老机构的评定一般分为书面评价、现场评价，要科学确定评价的参与范围，将入住老年人及其家属满意度调查等作为重要社会评价内容。养老机构对评定结果有异议的，可以书面提出复查申请，评定组织在复查中应当充分听取养老机构的陈述，必要时可以重新进行评价。地方各级民政部门要根据《养老服务领域基层政务公开标准指引》要求，及时向社会公开本行政区域养老机构等级评定信息。

（六）加强评定监督，实行动态监管。各级民政部门要将养老机构等级评定工作纳入日常监管范围，强化程序和实体监督，做到可回溯管理，推动形成民政部门行业监管、评定组织内部约束、社会广泛监督的监管格局，畅通监督举报渠道，确保评定工作的公信力和权威性。各级民政部门和养老机构等级评定组织要加强对评定人员履职行为的监督监管，有效防控廉政风险。凡参与评定人员不得以评定名义和身份开展与评定无关的活动，不得以评定为名插手养老机构运营牟取非法利益。对评定人员违反规定，干预正常评定工作，影响评定结论公信力的，民政部门应当及时纠正；涉嫌违纪违法的，移交相关部门依纪依法处理。养老机构在评定过程中存在提供虚假材料等违反法律法规规定情形的，应当终止评定。在等级有效期内，评定组织应当按照一定比例进行抽查，抽查达不到评定级别的养老机构，应当根据情节轻重给予降低或者取消等级的处理；对发生重大安全责任事故或者存在可能危及人身健康和生命财产安全重大风险隐患被责令停业整顿的，应当取消评定等级。

## 三、保障措施

（七）强化组织实施。省级民政部门要根据本指导意见，结合具体实际制订实施方案，在2020年启动实施养老机构等级评定工作，确保2022年底前建立全国统一的养老机构等级评定体系。各地在实施中不得将养老机构等级评定作为评比表彰项目。民政部将加强业务指导和沟通协调，指导全国社会福利服务标准化技术委员会发布养老机构等级评定实施细则，依托“金民工程”研发养老机构等级评定信息系统。

（八）做好衔接互认。地方已实施养老机构等级评定制度的，要做好与国家标准及全国等级评定体系的衔接，遵循“内容只增不减、标准只升不降”的原则适当调整，已经评定的三级及以下养老机构，可与国家标准的三级及以下养老机构进行转换或平移；四级及以上养老机构，有效期满后应当按照国家标准重新评定。尚未开展养老机构等级评定的地区，一律采用国家标准进行评定。

各地要认真研究解决建立全国统一养老机构等级评定体系过程中遇到的新情况新问题，创新工作方法，及时总结经验，有关问题建议和经验做法及时上报民政部。

民政部

2019 年 12 月 31 日

# 国家卫生健康委办公厅 民政部办公厅 市场监管总局办公厅 国家中医药局办公室关于印发做好医养结合机构审批登记工作的通知

（国卫办老龄发〔2019〕17号）

各省、自治区、直辖市及新疆生产建设兵团卫生健康委、民政厅（局）、市场监督管理局、中医药局：

为贯彻落实新修订的《中华人民共和国老年人权益保障法》，深化医疗和养老服务“放管服”改革，优化医养结合机构审批流程和环境，进一步促进医养结合发展，现就做好医养结合机构审批登记工作通知如下：

## 一、做好医养结合机构审批登记政策宣讲及指导工作

医养结合机构是指同时具备医疗卫生资质和养老服务能力的医疗卫生机构或养老机构。各地卫生健康行政部门（含中医药主管部门，下同）和民政部门应当及时将医疗机构审批备案、养老机构登记的相关法律法规和政策措施通过政务网站、办事服务窗口、新闻媒体等向社会公布。各地卫生健康、民政部门应当根据医养结合机构申办人的需要和条件，在审批备案事项及流程、受理条件、材料清单、办理时限等方面，为其提供准确、详细的政策解释和业务指导。

## 二、支持养老机构设立医疗机构

养老机构申请内部设置诊所、卫生所（室）、医务室、护理站的，根据原国家卫生计生委办公厅《关于养老机构内部设置医疗机构取消行政审批实行备案管理的通知》（国卫办医发〔2017〕38号）要求，取消行政审批，实行备案管理。申办人应当向所在地的县级卫生健康行政部门备案。

养老机构申请举办二级及以下医疗机构（不含急救中心、急救站、临床检验中心、中外合资合作医疗机构、港澳台独资医疗机构），依据国家卫生健康委、国家中医药局《关于进一步改革完善医疗机构、医师审批工作的通知》（国卫医发〔2018〕19号）规定，设置审批与执业登记“两证合一”，卫生健康行政部门不再核发《设置医疗机构批准书》，在受理医疗机构执业登记申请后，经公示、审核合格后发放《医疗机构执业许可证》。

养老机构申请设立三级医疗机构的，应当向所在省级或地市级卫生健康行政部门提交申请，卫生健康行政部门依法核发《设置医疗机构批准书》。申办人收到《设置医疗机构批准书》后，申请医疗机构执业登记并提交相关材料。卫生健康行政部门审核合格后，发放《医疗机构执业许可证》。

养老机构设置医疗机构，属于社会办医范畴的，可按规定享受相关扶持政策，卫生健康及相关部门应当及时足额拨付补助，兑现有关政策。按照有关法律法规，营利性医疗机构应当到市场监管部门进行登记注册，社会力量举办非营利性医疗机构应当到民政部门进行社会服务机构登记。

## 三、支持医疗机构设立养老机构

各级民政部门不再实施养老机构设立许可。具备法人资格的医疗机构申请设立养老机构的，不需另行设立新的法人，不需另行法人登记。

社会力量举办的非营利性医疗机构申请设立养老机构的，应当依法向县级以上民政部门备案，应当依法向其登记的县级以上民政部门办理章程核准、修改业务范围，并根据修改后的章程在登记证书的业务范围内增加“养老服务”等职能表述。

社会力量举办的营利性医疗机构申请内部设置养老机构的，应当依法向县级以上民政部门备案，应当依法向其登记的县级以上市场监管部门申请变更登记，在经营范围内增加“养老服务”等表述。

公立医疗机构申请设立养老机构的，应当依法向县级以上民政部门备案，应当依法向各级编办提出主要职责调整和变更登记申请，在事业单位主要职责及法人证书“宗旨和业务范围”中增加“养老服务、培训”等职能。

医疗机构设立养老机构符合条件的，享受养老机构相关建设补贴、运营补贴和其他养老服务扶持政策措施，民政及相关部门应当及时足额拨付补助，兑现有关政策。

## 四、支持新建医养结合机构

对于申办人提出申请新举办医养结合机构的，即同时提出申请举办医疗机构和养老机构，需根据医疗卫生机构和养老机构的类型、性质、规模向卫生健康、民政或市场监督管理部门提交申请。涉及同层级相关行政部门的，当地政务服务机构应当实行“一个窗口”办理，实现“前台综合受理、后台分类审批、综合窗口出件”。未设立政务服务机构的，由当地卫生健康行政部门会同有关部门建立联合办理工作机制和操作流程，优化医养结合机构市场准入环境。各省（区、市）卫生健康行政部门应当商有关部门制订统一的筹建指导书，为医养结合机构申办人提供咨询和指导，方便申办人到相关部门办理行政许可或登记备案手续。各相关部门要加强工作配合，提高信息共享水平，让申办人只进一扇门，最多跑一次。

## 五、加强事中事后监管

各级卫生健康、民政和市场监管部门要按照国务院“放管服”改革要求，加强沟通协调，密切协作配合，形成工作合力。卫生健康、民政部门要分别负责对医养结合机构中医疗机构和养老机构的指导、监督和管理，养老机构设立许可取消及内设医疗机构实行备案制后，要加强事中事后监管。卫生健康行政部门要将医养结合机构的医疗卫生服务作为医政管理工作的重要内容之一，加强指导、监管和考核，民政部门要创新养老机构管理方式，建立养老机构综合监管制度，共同推动提升医养结合机构的服务能力和水平。

国家卫生健康委办公厅　民政部办公厅
市场监管总局办公厅　国家中医药局办公室
2019 年 5 月 27 日

# 最高人民法院 最高人民检察院 公安部 印发《关于办理非法集资刑事案件若干问题的意见》的通知

（高检会〔2019〕2号）

各省、自治区、直辖市高级人民法院、人民检察院、公安厅（局），解放军军事法院、解放军军事检察院，新疆维吾尔自治区高级人民法院生产建设兵团分院、新疆生产建设兵团人民检察院、公安局：

为依法惩治非法吸收公众存款、集资诈骗等非法集资犯罪活动，维护国家金融管理秩序，保护公民、法人和其他组织合法权益，最高人民法院、最高人民检察院、公安部现联合印发《关于办理非法集资刑事案件若干问题的意见》，请认真贯彻执行。

最高人民法院　最高人民检察院　公安部

2019年1月30日

## 关于办理非法集资刑事案件若干问题的意见

为依法惩治非法吸收公众存款、集资诈骗等非法集资犯罪活动，维护国家金融管理秩序，保护公民、法人和其他组织合法权益，根据刑法、刑事诉讼法等法律规定，结合司法实践，现就办理非法吸收公众存款、集资诈骗等非法集资刑事案件有关问题提出以下意见：

### 一、关于非法集资的“非法性”认定依据问题

人民法院、人民检察院、公安机关认定非法集资的“非法性”，应当以国家金融管理法律法规作为依据。对于国家金融管理法律法规仅作原则性规定的，可以根据法律规定的精神并参考中国人民银行、中国银行保险监督管理委员会、中国证券监督管理委员会等行政主管部门依照国家金融管理法律法规制定的部门规章或者国家有关金融管理的规定、办法、实施细则等规范性文件的规定予以认定。

### 二、关于单位犯罪的认定问题

单位实施非法集资犯罪活动，全部或者大部分违法所得归单位所有的，应当认定为单

位犯罪。

个人为进行非法集资犯罪活动而设立的单位实施犯罪的，或者单位设立后，以实施非法集资犯罪活动为主要活动的，不以单位犯罪论处，对单位中组织、策划、实施非法集资犯罪活动的人员应当以自然人犯罪依法追究刑事责任。

判断单位是否以实施非法集资犯罪活动为主要活动，应当根据单位实施非法集资的次数、频度、持续时间、资金规模、资金流向、投入人力物力情况、单位进行正当经营的状况以及犯罪活动的影响、后果等因素综合考虑认定。

## 三、关于涉案下属单位的处理问题

办理非法集资刑事案件中，人民法院、人民检察院、公安机关应当全面查清涉案单位，包括上级单位（总公司、母公司）和下属单位（分公司、子公司）的主体资格、层级、关系、地位、作用、资金流向等，区分情况依法作出处理。

上级单位已被认定为单位犯罪，下属单位实施非法集资犯罪活动，且全部或者大部分违法所得归下属单位所有的，对该下属单位也应当认定为单位犯罪。上级单位和下属单位构成共同犯罪的，应当根据犯罪单位的地位、作用，确定犯罪单位的刑事责任。

上级单位已被认定为单位犯罪，下属单位实施非法集资犯罪活动，但全部或者大部分违法所得归上级单位所有的，对下属单位不单独认定为单位犯罪。下属单位中涉嫌犯罪的人员，可以作为上级单位的其他直接责任人员依法追究刑事责任。

上级单位未被认定为单位犯罪，下属单位被认定为单位犯罪的，对上级单位中组织、策划、实施非法集资犯罪的人员，一般可以与下属单位按照自然人与单位共同犯罪处理。

上级单位与下属单位均未被认定为单位犯罪的，一般以上级单位与下属单位中承担组织、领导、管理、协调职责的主管人员和发挥主要作用的人员作为主犯，以其他积极参加非法集资犯罪的人员作为从犯，按照自然人共同犯罪处理。

## 四、关于主观故意的认定问题

认定犯罪嫌疑人、被告人是否具有非法吸收公众存款的犯罪故意，应当依据犯罪嫌疑人、被告人的任职情况、职业经历、专业背景、培训经历、本人因同类行为受到行政处罚或者刑事追究情况以及吸收资金方式、宣传推广、合同资料、业务流程等证据，结合其供述，进行综合分析判断。

犯罪嫌疑人、被告人使用诈骗方法非法集资，符合《最高人民法院关于审理非法集资刑事案件具体应用法律若干问题的解释》第四条规定的，可以认定为集资诈骗罪中“以非法占有为目的”。

办案机关在办理非法集资刑事案件中，应当根据案件具体情况注意收集运用涉及犯罪嫌疑人、被告人的以下证据：是否使用虚假身份信息对外开展业务；是否虚假订立合同、协议；是否虚假宣传，明显超出经营范围或者夸大经营、投资、服务项目及盈利能力；是否吸收资金后隐匿、销毁合同、协议、账目；是否传授或者接受规避法律、逃避监管的方法，等等。

## 五、关于犯罪数额的认定问题

非法吸收或者变相吸收公众存款构成犯罪，具有下列情形之一的，向亲友或者单位内部人员吸收的资金应当与向不特定对象吸收的资金一并计入犯罪数额：

（一）在向亲友或者单位内部人员吸收资金的过程中，明知亲友或者单位内部人员向不特定对象吸收资金而予以放任的；

（二）以吸收资金为目的，将社会人员吸收为单位内部人员，并向其吸收资金的；

（三）向社会公开宣传，同时向不特定对象、亲友或者单位内部人员吸收资金的。

非法吸收或者变相吸收公众存款的数额，以行为人所吸收的资金全额计算。集资参与人收回本金或者获得回报后又重复投资的数额不予扣除，但可以作为量刑情节酌情考虑。

## 六、关于宽严相济刑事政策把握问题

办理非法集资刑事案件，应当贯彻宽严相济刑事政策，依法合理把握追究刑事责任的范围，综合运用刑事手段和行政手段处置和化解风险，做到惩处少数、教育挽救大多数。要根据行为人的客观行为、主观恶性、犯罪情节及其地位、作用、层级、职务等情况，综合判断行为人的责任轻重和刑事追究的必要性，按照区别对待原则分类处理涉案人员，做到罚当其罪、罪责刑相适应。

重点惩处非法集资犯罪活动的组织者、领导者和管理人员，包括单位犯罪中的上级单位（总公司、母公司）的核心层、管理层和骨干人员，下属单位（分公司、子公司）的管理层和骨干人员，以及其他发挥主要作用的人员。

对于涉案人员积极配合调查、主动退赃退赔、真诚认罪悔罪的，可以依法从轻处罚；其中情节轻微的，可以免除处罚；情节显著轻微、危害不大的，不作为犯罪处理。

## 七、关于管辖问题

跨区域非法集资刑事案件按照《国务院关于进一步做好防范和处置非法集资工作的意见》（国发〔2015〕59 号）确定的工作原则办理。如果合并侦查、诉讼更为适宜的，可以合并办理。

办理跨区域非法集资刑事案件，如果多个公安机关都有权立案侦查的，一般由主要犯罪地公安机关作为案件主办地，对主要犯罪嫌疑人立案侦查和移送审查起诉；由其他犯罪地公安机关作为案件分办地根据案件具体情况，对本地区犯罪嫌疑人立案侦查和移送审查起诉。

管辖不明或者有争议的，按照有利于查清犯罪事实、有利于诉讼的原则，由其共同的上级公安机关协调确定或者指定有关公安机关作为案件主办地立案侦查。需要提请批准逮捕、移送审查起诉、提起公诉的，由分别立案侦查的公安机关所在地的人民检察院、人民法院受理。

对于重大、疑难、复杂的跨区域非法集资刑事案件，公安机关应当在协调确定或者指定案件主办地立案侦查的同时，通报同级人民检察院、人民法院。人民检察院、人民法院参照前款规定，确定主要犯罪地作为案件主办地，其他犯罪地作为案件分办地，由所在地的人民检察院、人民法院负责起诉、审判。

本条规定的“主要犯罪地”，包括非法集资活动的主要组织、策划、实施地，集资行为人的注册地、主要营业地、主要办事机构所在地，集资参与人的主要所在地等。

## 八、关于办案工作机制问题

案件主办地和其他涉案地办案机关应当密切沟通协调，协同推进侦查、起诉、审判、资产处置工作，配合有关部门最大限度追赃挽损。

案件主办地办案机关应当统一负责主要犯罪嫌疑人、被告人涉嫌非法集资全部犯罪事实的立案侦查、起诉、审判，防止遗漏犯罪事实；并应就全案处理政策、追诉主要犯罪嫌疑人、被告人的证据要求及诉讼时限、追赃挽损、资产处置等工作要求，向其他涉案地办案机关进行通报。其他涉案地办案机关应当对本地区犯罪嫌疑人、被告人涉嫌非法集资的犯罪事实及时立案侦查、起诉、审判，积极协助主办地处置涉案资产。

案件主办地和其他涉案地办案机关应当建立和完善证据交换共享机制。对涉及主要犯罪嫌疑人、被告人的证据，一般由案件主办地办案机关负责收集，其他涉案地提供协助。案件主办地办案机关应当及时通报接收涉及主要犯罪嫌疑人、被告人的证据材料的程序及要求。其他涉案地办案机关需要案件主办地提供证据材料的，应当向案件主办地办案机关提出证据需求，由案件主办地收集并依法移送。无法移送证据原件的，应当在移送复制件的同时，按照相关规定作出说明。

## 九、关于涉案财物追缴处置问题

办理跨区域非法集资刑事案件，案件主办地办案机关应当及时归集涉案财物，为统一资产处置做好基础性工作。其他涉案地办案机关应当及时查明涉案财物，明确其来源、去向、用途、流转情况，依法办理查封、扣押、冻结手续，并制作详细清单，对扣押款项应当设立明细账，在扣押后立即存入办案机关唯一合规账户，并将有关情况提供案件主办地办案机关。

人民法院、人民检察院、公安机关应当严格依照刑事诉讼法和相关司法解释的规定，依法移送、审查、处理查封、扣押、冻结的涉案财物。对审判时尚未追缴到案或者尚未足额退赔的违法所得，人民法院应当判决继续追缴或者责令退赔，并由人民法院负责执行，处置非法集资职能部门、人民检察院、公安机关等应当予以配合。

人民法院对涉案财物依法作出判决后，有关地方和部门应当在处置非法集资职能部门统筹协调下，切实履行协作义务，综合运用多种手段，做好涉案财物清运、财产变现、资金归集、资金清退等工作，确保最大限度减少实际损失。

根据有关规定，查封、扣押、冻结的涉案财物，一般应在诉讼终结后返还集资参与人。涉案财物不足全部返还的，按照集资参与人的集资额比例返还。退赔集资参与人的损失一般优先于其他民事债务以及罚金、没收财产的执行。

## 十、关于集资参与人权利保障问题

集资参与人，是指向非法集资活动投入资金的单位和个人，为非法集资活动提供帮助并获取经济利益的单位和个人除外。

人民法院、人民检察院、公安机关应当通过及时公布案件进展、涉案资产处置情况等方式，依法保障集资参与人的合法权利。集资参与人可以推选代表人向人民法院提出相关意见和建议；推选不出代表人的，人民法院可以指定代表人。人民法院可以视案件情况决定集资参与人代表人参加或者旁听庭审，对集资参与人提起附带民事诉讼等请求不予受理。

## 十一、关于行政执法与刑事司法衔接问题

处置非法集资职能部门或者有关行政主管部门，在调查非法集资行为或者行政执法过程中，认为案情重大、疑难、复杂的，可以商请公安机关就追诉标准、证据固定等问题提出咨询或者参考意见；发现非法集资行为涉嫌犯罪的，应当按照《行政执法机关移送涉嫌犯罪案件的规定》等规定，履行相关手续，在规定的期限内将案件移送公安机关。

人民法院、人民检察院、公安机关在办理非法集资刑事案件过程中，可商请处置非法集资职能部门或者有关行政主管部门指派专业人员配合开展工作，协助查阅、复制有关专业资料，就案件涉及的专业问题出具认定意见。涉及需要行政处理的事项，应当及时移交处置非法集资职能部门或者有关行政主管部门依法处理。

## 十二、关于国家工作人员相关法律责任问题

国家工作人员具有下列行为之一，构成犯罪的，应当依法追究刑事责任：

（一）明知单位和个人所申请机构或者业务涉嫌非法集资，仍为其办理行政许可或者注册手续的；

（二）明知所主管、监管的单位有涉嫌非法集资行为，未依法及时处理或者移送处置非法集资职能部门的；

（三）查处非法集资过程中滥用职权、玩忽职守、徇私舞弊的；

（四）徇私舞弊不向司法机关移交非法集资刑事案件的；

（五）其他通过职务行为或者利用职务影响，支持、帮助、纵容非法集资的。

# 民政部 银保监会 市场监管总局关于以养老服务名义非法集资、欺诈销售“保健品”的风险提示

近期，一些养老服务机构、企业打着养老服务、健康养老名义，承诺高额回报，以向老年人收取会员费、床位费，欺诈销售“保健品”等手段，实施侵害老年人合法权益的非法集资、传销等犯罪，给老年人造成严重财产损失。此类活动不同于正常养老服务，存在较大风险隐患：

一、高额返利无法实现。返利资金主要来源于老年人缴纳的费用，属于拆东墙补西墙。多数养老服务机构、企业不存在与其承诺回报相匹配的正当服务实体和收益，资金运转难以持续维系，高额返利仅为欺诈噱头。

二、资金安全无法保障。一些养老服务机构明显超过床位供给能力承诺服务，或超出可持续盈利水平承诺还本付息，并以办理“贵宾卡”“会员卡”“预付卡”等名义，向会员收取高额会员费、保证金或者为会员卡充值，吸收公众资金。大量来自公众的资金未实施有效监管，由发起机构控制，存在转移资金、卷款跑路的风险。

三、健康需求无法满足。一些企业通过会议营销、健康讲座、专家义诊、免费检查、免费体验、赠送礼品或者不合理低价旅游，以及电话推销、上门推销、网络销售等形式，向老年人进行虚假或者引人误解的商业宣传，推销所谓“保健品”，因“保健品”概念无法律定位，经常被采用偷梁换柱、偷换概念的手法，与合法注册批准的药品、医疗器械、保健食品等进行混同，骗取消费者信任，但所声称的保健功能未经科学评价和审批，往往不具备保健功能，甚至贻误病情。

四、运营模式存在违法风险。一些养老服务机构销售虚构的养老公寓、养老山庄，或者以投资、加盟、入股养生养老基地、老年公寓等项目名义，承诺返本销售、售后包租、约定回购、销售房产份额等方式吸收资金。部分企业不具有销售商品的真实内容或者不以销售商品为主要目的，而是以免费旅游、赠送实物、养生讲座等欺骗、诱导方式，采取商品回购、寄存代售、消费返利等方式非法吸收公众资金。相关机构及参与人员的上述行为存在非法集资等风险。

按照有关规定，组织实施非法集资应承担相应责任，参与非法集资风险自担。请广大老年人和家属提高警惕，增强风险防范意识和识别能力，自觉远离非法集资和传销，防止利益受损。如发现涉嫌违法犯罪线索，可积极向有关部门举报。

民政部　中国银行保险监督管理委员会
国家市场监督管理总局
2019 年 12 月 3 日

# 民政部办公厅关于印发《社会救助和养老服务领域基层政务公开标准指引》的通知

（民办函〔2019〕52号）

各省、自治区、直辖市民政厅（局），新疆生产建设兵团民政局：

按照《国务院办公厅关于印发开展基层政务公开标准化规范化试点工作方案的通知》（国办发〔2017〕42号）和国务院办公厅政府信息与政务公开办公室有关要求，民政部制定了《社会救助领域基层政务公开标准指引》和《养老服务领域基层政务公开标准指引》（以下简称“两项《指引》”），现印发你们，请结合实际认真贯彻落实。

各省级民政部门要加强对本行政区域两项《指引》落实工作的组织领导，发挥好指导、监督、评估作用，因地制宜细化完善公开事项和有关要求。要以两项《指引》为参照，全面推进社会救助和养老服务领域政务公开，2019年6月底前统一公布本行政区域现行养老服务扶持政策措施清单、养老机构投资指南，出台或修订完善养老服务领域基层政务公开指导文件，2019年底前全面实行基层社会救助和养老服务领域政务公开标准化、规范化。要及时跟进两项《指引》贯彻落实工作，全面总结有关政策出台情况、工作落实情况、存在问题与困难、典型经验及做法等，于2019年12月底前报民政部。

附件：1. 社会救助领域基层政务公开标准指引

2. 养老服务领域基层政务公开标准指引

民政部办公厅

2019年4月30日

附件 2

## 养老服务领域基层政务公开标准指引

为贯彻落实《中共中央办公厅 国务院办公厅关于全面推进政务公开工作的意见》《国务院办公厅印发〈关于全面推进政务公开工作的意见〉实施细则的通知》（国办发〔2016〕80 号）、《国务院办公厅关于印发开展基层政务公开标准化规范化试点工作方案的通知》（国办发〔2017〕42 号）要求，提升养老服务工作规范化、标准化水平，民政部制定养老服务领域基层政务公开标准指引如下。

一、总体要求

开展养老服务领域基层政务公开工作，是民政领域贯彻落实党中央、国务院全面推进政务公开决策部署，强化决策、执行、管理、服务、结果公开（以下统称“五公开”）的重要举措，是做好养老服务领域信息公开和政策指引，推进养老服务持续健康发展的重要保障。各地民政部门要高度重视，参照本指引，因地制宜加快推进本地区养老服务领域政务公开。要坚持以公开为常态、不公开为例外，以群众易获取、易看懂、易参与的方式及时公开信息，不断完善养老服务领域政务公开程序、标准、要求。

二、适用范围

本指引适用于县级人民政府民政部门以及乡镇人民政府（街道办事处）。

三、公开事项与标准目录

养老服务领域基层政务公开事项主要包括通用政策、业务办理、行业管理信息三类，各地可根据实际增加其他公开事项。

（一）通用政策。包括国家和地方层面推进养老服务发展的法律、法规、政策与标准文件，其中要专门归纳整理出现行养老服务扶持政策措施清单及养老机构投资指南。现行养老服务扶持政策措施清单应明确扶持政策内容、扶持对象、主管部门等信息，养老机构投资指南应明确养老机构投资要求、流程、主管部门等信息，方便社会了解和申办。

（二）业务办理。民政部门负责办理的养老服务业务信息，包括养老机构备案、养老服务扶持补贴（建设补贴、运营补贴等）、老年人补贴（高龄津贴、服务补贴、护理补贴等）等事项，应明确办理流程、办理要求、办理部门、办理时限等信息。

（三）行业管理信息。包括民政部门负责办理养老服务业务信息办理结果、养老机构评估（综合评估、标准评定等）、行政处罚结果等行业管理事项信息，应明确事项名称、公开依据、有效期限等信息。

四、工作流程

县级人民政府民政部门要按照地方党委和政府统一部署，积极协调配合有关部门及乡镇人民政府（街道办事处），推进实现养老服务领域政务信息在集中统一平台公开。要梳理养老服务领域公开事项并及时补充更新，总结经验做法，创新机制方法，探索长效机制，落实“五公开”要求，推进养老服务领域政务公开标准化、规范化。

附：养老服务领域基层政务公开标准目录

附件：

## 养老服务领域基层政务公开标准目录

| 序号 | 公开事项 | | 公开内容（要素） | 公开依据 | 公开时限 | 公开主体 | 公开渠道和载体 | 公开对象 | | 公开方式 | | 公开层级 | |
|---|---|---|---|---|---|---|---|---|---|---|---|---|---|
| | 一级事项 | 二级事项 | | | | | | 全社会 | 特定群体 | 主动 | 依申请 | 县级 | 乡级 |
| 1 | 养老服务通用政策 | 国家和地方层面养老服务相关法律、法规、政策文件 | ●文件名称<br>●文号<br>●发文部门 | 信息公开规定 | 制定或获取文件之日起10个工作日内 | 县级人民政府民政部门 | ■政府网站 □政府公报<br>■两微一端 □发布会/听证会<br>□广播电视 □纸质媒体<br>□公开查阅点 ■政府服务中心<br>□便民服务站 □入户/现场<br>□社区/企事业单位/村公示栏（电子屏）<br>□精准推送 □其他 | √ | | √ | | √ | |
| 2 | | 养老服务扶持政策措施清单 | ●扶持政策措施名称<br>●扶持对象<br>●实施部门<br>●扶持政策措施内容和标准 | 信息公开规定 | 制定或获取扶持政策措施之日起10个工作日内 | 县级人民政府民政部门 | ■政府网站 □政府公报<br>■两微一端 □发布会/听证会<br>□广播电视 □纸质媒体<br>□公开查阅点 ■政府服务中心<br>□便民服务站 □入户/现场<br>□社区/企事业单位/村公示栏（电子屏）<br>□精准推送 □其他 | √ | | √ | | √ | |

续表

| 序号 | 公开事项 | | 公开内容（要素） | 公开依据 | 公开时限 | 公开主体 | 公开渠道和载体 | 公开对象 | | 公开方式 | | 公开层级 | |
|---|---|---|---|---|---|---|---|---|---|---|---|---|---|
| | 一级事项 | 二级事项 | | | | | | 全社会 | 特定群体 | 主动 | 依申请 | 县级 | 乡级 |
| 3 | 养老服务通用政策 | 养老机构投资指南 | ●本区域养老机构投资环境简介<br>●养老机构投资审批条件及依据<br>●养老机构投资审批流程<br>●养老机构投资审批涉及部门和联系方式 | 信息公开规定 | 制定或获取指南之日起10个工作日内 | 县级人民政府民政部门 | ■政府网站 □政府公报<br>■两微一端 □发布会/听证会<br>□广播电视 □纸质媒体<br>□公开查阅点 ■政府服务中心<br>□便民服务站 □入户/现场<br>□社区/企事业单位/村公示栏（电子屏）<br>□精准推送 □其他 | √ | | √ | | √ | |
| 4 | 养老服务业务办理 | 养老机构备案 | ●备案申请材料清单及样式<br>●备案流程<br>●办理部门<br>●办理时限<br>●办理时间、地点<br>●咨询电话 | 信息公开规定 | 制定或获取备案政策之日起10个工作日内 | 县级人民政府民政部门 | ■政府网站 □政府公报<br>■两微一端 □发布会/听证会<br>□广播电视 □纸质媒体<br>□公开查阅点 ■政府服务中心<br>□便民服务站 □入户/现场<br>□社区/企事业单位/村公示栏（电子屏）<br>□精准推送 □其他 | √ | | √ | | √ | |

**续表**

| 序号 | 公开事项 | | 公开内容（要素） | 公开依据 | 公开时限 | 公开主体 | 公开渠道和载体 | 公开对象 | | 公开方式 | | 公开层级 | |
|---|---|---|---|---|---|---|---|---|---|---|---|---|---|
| | 一级事项 | 二级事项 | | | | | | 全社会 | 特定群体 | 主动 | 依申请 | 县级 | 乡级 |
| 5 | 养老服务业务办理 | 养老服务扶持补贴 | 养老服务扶持补贴名称（建设补贴、运营补贴等）<br>●各项养老服务扶持补贴依据<br>●各项养老服务扶持补贴对象<br>●各项养老服务扶持补贴申请条件<br>●各项养老服务扶持补贴内容和标准<br>●各项养老服务扶持补贴方式<br>●补贴申请材料清单及样式<br>●办理流程<br>●办理部门<br>●办理时限<br>●办理时间、地点<br>●咨询电话 | 信息公开规定 | 制定或获取补贴政策之日起10个工作日内 | 县级人民政府民政部门 | ■政府网站 □政府公报<br>■两微一端 □发布会/听证会<br>□广播电视 □纸质媒体<br>□公开查阅点 ■政府服务中心<br>□便民服务站 □入户/现场<br>□社区/企事业单位/村公示栏（电子屏）<br>□精准推送 □其他 | √ | | √ | | √ | |

续表

| 序号 | 公开事项 | | 公开内容（要素） | 公开依据 | 公开时限 | 公开主体 | 公开渠道和载体 | 公开对象 | | 公开方式 | | 公开层级 | |
|---|---|---|---|---|---|---|---|---|---|---|---|---|---|
| | 一级事项 | 二级事项 | | | | | | 全社会 | 特定群体 | 主动 | 依申请 | 县级 | 乡级 |
| 6 | 养老服务业务办理 | 老年人补贴 | ●老年人补贴名称（高龄津贴、养老服务补贴、护理补贴等）<br>●各项老年人补贴依据<br>●各项老年人补贴对象<br>●各项老年人补贴内容和标准<br>●各项老年人补贴方式<br>●补贴申请材料清单及格式<br>●办理流程<br>●办理部门<br>●办理时限<br>●办理时间、地点<br>●咨询电话 | 信息公开规定 | 制定或获取补贴政策之日起10个工作日内 | 县级人民政府民政部门、乡镇人民政府（街道办事处） | ■政府网站 □政府公报<br>■两微一端 □发布会/听证会<br>□广播电视 □纸质媒体<br>□公开查阅点 ■政府服务中心<br>■便民服务站 □入户/现场<br>■社区/企事业单位/村公示栏（电子屏）<br>□精准推送 □其他 | √ | | √ | | √ | √ |

续表

| 序号 | 公开事项 | | 公开内容（要素） | 公开依据 | 公开时限 | 公开主体 | 公开渠道和载体 | 公开对象 | | 公开方式 | | 公开层级 | |
|---|---|---|---|---|---|---|---|---|---|---|---|---|---|
| | 一级事项 | 二级事项 | | | | | | 全社会 | 特定群体 | 主动 | 依申请 | 县级 | 乡级 |
| 7 | 养老服务行业管理信息 | 养老机构备案信息 | ●本行政区域已备案养老机构案数量<br>●本行政区域已备案养老机构名称、机构地址、床位数量等基本信息 | ●《中华人民共和国老年人权益保障法》<br>●《养老机构管理办法》<br>●信息公开规定 | 每20个工作日更新 | 县级人民政府民政部门 | ■政府网站 □政府公报<br>■两微一端 □发布会/听证会<br>□广播电视 □纸质媒体<br>□公开查阅点 ■政府服务中心<br>□便民服务站 □入户/现场<br>□社区/企事业单位/村公示栏（电子屏）<br>□精准推送 □其他 | √ | | √ | | √ | |
| 8 | | 养老服务扶持补贴信息 | ●本行政区域各项养老服务扶持补贴申请数量<br>●本行政区域各项养老服务扶持补贴申请审核通过数量<br>●本行政区域各项养老服务扶持补贴申请审核通过名单及补贴金额<br>●本行政区域各项养老服务扶持补贴发放总金额 | ●养老服务扶持补贴政策<br>●信息公开规定 | 每20个工作日更新 | 县级人民政府民政部门 | ■政府网站 □政府公报<br>■两微一端 □发布会/听证会<br>□广播电视 □纸质媒体<br>□公开查阅点 ■政府服务中心<br>□便民服务站 □入户/现场<br>□社区/企事业单位/村公示栏（电子屏）<br>□精准推送 □其他 | √ | | √ | | √ | |

续表

| 序号 | 公开事项 | | 公开内容（要素） | 公开依据 | 公开时限 | 公开主体 | 公开渠道和载体 | 公开对象 | | 公开方式 | | 公开层级 | |
|---|---|---|---|---|---|---|---|---|---|---|---|---|---|
| | 一级事项 | 二级事项 | | | | | | 全社会 | 特定群体 | 主动 | 依申请 | 县级 | 乡级 |
| 9 | 养老服务行业管理信息 | 老年人补贴申领和发放信息 | ●本行政区域各项老年人补贴申领数量<br>●本行政区域各项老年人补贴申领审核通过数量<br>●本行政区域各项老年人补贴申领审核通过名单<br>●本行政区域各项老年人补贴发放总金额 | ●《财政部 民政部 全国老龄办关于建立健全经济困难的高龄 失能等老年人补贴制度的通知》（财社〔2014〕113号）<br>●各地相关政策法规文件<br>●信息公开规定 | 每20个工作日更新 | 县级人民政府民政部门 | ■政府网站 □政府公报<br>■两微一端 □发布会/听证会<br>□广播电视 □纸质媒体<br>□公开查阅点 ■政府服务中心<br>□便民服务站 □入户/现场<br>□社区/企事业单位/村公示栏（电子屏）<br>□精准推送 □其他 | √ | | √ | | √ | |
| 10 | | 养老机构评估信息 | ●本行政区域养老机构评估事项（综合评估、标准评定等）申请数量<br>●本行政区域养老机构评估总体结果（综合评估、标准评估等）<br>●本行政区域养老机构评估机构清单（综合评估、标准评估等） | ●《养老机构管理办法》<br>●《养老机构等级划分与评定》（GB/T37276-2018）<br>●各地相关评估政策<br>●信息公开规定 | 制定或获取评估结果之日起10个工作日内 | 县级人民政府民政部门 | ■政府网站 □政府公报<br>■两微一端 □发布会/听证会<br>□广播电视 □纸质媒体<br>□公开查阅点 ■政府服务中心<br>□便民服务站 □入户/现场<br>□社区/企事业单位/村公示栏（电子屏）<br>□精准推送 □其他 | √ | | √ | | √ | |

**续表**

| 序号 | 公开事项 | | 公开内容（要素） | 公开依据 | 公开时限 | 公开主体 | 公开渠道和载体 | 公开对象 | | 公开方式 | | 公开层级 | |
|---|---|---|---|---|---|---|---|---|---|---|---|---|---|
| | 一级事项 | 二级事项 | | | | | | 全社会 | 特定群体 | 主动 | 依申请 | 县级 | 乡级 |
| 11 | 养老服务行业管理信息 | 民政部门负责的养老机构行政处罚信息 | ●行政处罚事项及标准<br>●行政处罚结果<br>●行政复议、行政诉讼、监督方式及电话 | ●《中华人民共和国老年人权益保障法》<br>●《中华人民共和国行政强制法》《中华人民共和国行政处罚法》及其他有关法律、行政法规<br>●《养老机构管理办法》<br>●各地相关法规<br>●信息公开规定 | 行政处罚决定作出之日起5个工作日内 | 县级人民政府民政部门 | ■政府网站 □政府公报<br>■两微一端 □发布会/听证会<br>□广播电视 □纸质媒体<br>□公开查阅点 ■政府服务中心<br>□便民服务站 □入户/现场<br>□社区/企事业单位/村公示栏（电子屏）<br>□精准推送 □其他 | √ | | √ | | √ | |

# 民政部办公厅关于印发《养老服务质量信息公开标准指引》的通知

（民办函〔2019〕137号）

各省、自治区、直辖市民政厅（局），新疆生产建设兵团民政局：

为贯彻习近平总书记关于提升养老院服务质量的重要指示精神，落实《国务院办公厅关于推进养老服务发展的意见》（国办发〔2019〕5号）关于做好养老服务领域信息公开和政策指引工作要求，探索建立养老服务质量信息公开清单制度，民政部制定了《养老服务质量信息公开标准指引》（自愿性规范，以下简称《指引》），现印发你们。

各级民政部门要认真学习、积极推广运用《指引》，结合开展养老院服务质量建设专项行动，因地制宜细化完善公开事项和工作要求，指导推动养老服务机构主动公开服务质量信息，自觉接受社会监督，促进机构阳光服务，老年人自由选择，市场公平竞争，全面提升养老服务工作规范化、标准化水平。

附件：养老服务质量信息公开标准指引

民政部办公厅

2019年11月26日

**附件**

## 养老服务质量信息公开标准指引

一、适用范围

本规范适用于养老服务机构（包含养老机构、居家社区养老服务机构）开展服务质量信息公开行为。

二、公开内容

养老服务质量信息公开事项主要包括服务机构基本信息、服务过程信息、服务质量管理信息等三类，各机构可根据实际增加其他公开事项。

（一）服务机构基本信息。

养老服务机构应当公开法人登记情况、备案信息、相关资质情况和法律法规要求公开的其他信息。

（二）服务资源信息。

养老服务机构应当公开可提供服务的老年人类型及床位数、服务内容和服务方式、收费标准和支付方式、遵循的服务质量规范标准、相关从业人员数量、设施设备情况、接受捐赠或志愿信息等。

（三）服务质量管理信息。

养老服务机构应当公开相关规章制度、意见反馈途径、相关服务质量检查记录等情况。

三、公开方式

养老服务机构应当对所公开信息的真实性、准确性、完整性负责，不得有虚假记载、误导性陈述或者重大遗漏，并及时更新。

1. 养老服务机构可以通过书面告知、在机构显要位置设置公示栏公布等方式公开信息，并告知公众获得信息的渠道。有条件的地方民政部门可以建立统一信息平台，为养老服务机构公开发布信息提供便利。

2. 服务质量信息中使用格式条款的事项，应当在经营场所醒目位置予以公示，涉及服务费用、履行期限和方式、安全注意事项和风险警示、纠纷处理、法律责任等与老年人有重大利害关系的事项，应当按要求向老年人作出重点提示和说明。

3. 养老服务机构信息公开前应履行内部程序，经主要负责人审批同意后对外公开，并做好审批记录存档备查。

附：养老服务质量信息公开标准目录

附件：

## 养老服务质量信息公开标准目录

| 序号 | 公开事项 | | 公开内容（要素） | 公开依据 | 公开时限 | 公开主体 | 公开渠道和方式（择其一） | 公开对象 | |
|---|---|---|---|---|---|---|---|---|---|
| | 一级事项 | 二级事项 | | | | | | 全社会 | 特定群体 |
| 1 | 养老服务机构基本信息 | 法人登记情况 | ●法人登记类型：工商企业法人、社会团体（民办非企业）法人、事业单位法人、未经法人登记<br>●中文名称<br>●地址<br>●法定代表人姓名（或主要负责人）<br>●统一社会信用代码证<br>●成立时间<br>●注册资金 | 信息公开规定 | 自登记或变更之日起30日内 | 养老服务机构 | □书面或口头告知 ■内部公示栏<br>■统一信息平台 | √ | |
| 2 | | 备案信息 | ●是否备案<br>●备案机关 | 信息公开规定 | 自备案之日起30日内 | 养老机构 | □书面或口头告知 ■内部公示栏<br>■统一信息平台 | √ | |
| 3 | | 相关资质情况 | ●养老机构等级评定结果：一级、二级、三级、四级、五级<br>●养老服务机构应具备的有效执业证明：消防安全合格证明、食品经营许可证等<br>●独立设置或者内设医疗机构：<br>医疗机构执业许可证 | 信息公开规定 | 自登记之日起30日内 | 养老服务机构 | □书面或口头告知 ■内部公示栏<br>■统一信息平台 | √ | |

续表

| 序号 | 公开事项 | | 公开内容（要素） | 公开依据 | 公开时限 | 公开主体 | 公开渠道和方式（择其一） | 公开对象 | |
|---|---|---|---|---|---|---|---|---|---|
| | 一级事项 | 二级事项 | | | | | | 全社会 | 特定群体 |
| 4 | 服务资源信息 | 可服务老年人类型及床位数 | ●身体自理情况：自理老年人、失能老年人<br>●普通床位数<br>●护理型床位数 | 信息公开规定 | 自登记之日起 30 日内 | 养老服务机构 | □书面或口头告知 ■内部公示栏<br>■统一信息平台 | √ | |
| 5 | 服务资源信息 | 服务内容和服务方式 | ●服务内容：《养老机构服务质量基本规范》、《社区老年人日间照料中心服务基本要求》等规范的生活照料服务、膳食服务、清洁卫生服务等服务内容。<br>●服务方式：居家服务、社区服务、机构服务等。 | 信息公开规定 | 自登记之日起 30 日内 | 养老服务机构 | □书面或口头告知 ■内部公示栏<br>■统一信息平台 | √ | |
| 6 | | 收费标准和支付方式 | ●收费标准<br>●支付方式：预付型、周期性支付（月付、年付等） | 信息公开规定 | 自登记之日起 30 日内 | 养老服务机构 | ■书面或口头告知 ■内部公示栏<br>■统一信息平台 | √ | |
| 7 | | 服务质量规范标准 | ●国家标准：<br>《社区老年人日间照料中心服务基本要求》、《养老机构服务质量基本规范》等<br>●行业标准<br>●地方标准<br>●企业标准 | 信息公开规定 | 自登记之日起 30 日内 | 养老服务机构 | □书面或口头告知 ■内部公示栏<br>■统一信息平台 | √ | |
| 8 | | 相关从业人员数量 | ●服务人员总数<br>●持有相应资格证书的从业人员情况：护理员、医生、护士、社会工作者等人数 | 信息公开规定 | 自登记之日起 30 日内 | 养老服务机构 | □书面或口头告知 ■内部公示栏<br>■统一信息平台 | √ | |

续表

| 序号 | 公开事项 | | 公开内容（要素） | 公开依据 | 公开时限 | 公开主体 | 公开渠道和方式（择其一） | 公开对象 | |
|---|---|---|---|---|---|---|---|---|---|
| | 一级事项 | 二级事项 | | | | | | 全社会 | 特定群体 |
| 9 | 服务资源信息 | 设施设备情况 | ●居室类型及数量：单人间、双人间等<br>●康复设备情况：康复室等 | 信息公开规定 | 自登记之日起30日内 | 养老服务机构 | □书面或口头告知 ■内部公示栏<br>■统一信息平台 | √ | |
| 10 | | 接收捐赠或志愿信息 | ●接收捐赠金额或具体物资 | 信息公开规定 | 自获取之日起30日内 | 养老服务机构 | □书面或口头告知 ■内部公示栏<br>■统一信息平台 | √ | |
| 11 | 服务质量管理信息 | 相关规章制度 | ●基本管理制度：服务管理制度、安全管理制度等 | 信息公开规定 | 制定之日起10个工作日内 | 养老服务机构 | □书面或口头告知 ■内部公示栏<br>□统一信息平台 | | √ |
| 12 | | 意见反馈途径 | ●投诉电话、邮箱、意见箱等 | 信息公开规定 | 自登记之日起30日内 | 养老服务机构 | □书面或口头告知 ■内部公示栏<br>□统一信息平台 | √ | |
| 13 | | 相关服务质量检查记录 | ●政府开展相关检查结果：消防安全检查、食品卫生检查等。 | 信息公开规定 | 自获取结果之日起10日内 | 养老服务机构 | □书面或口头告知 ■内部公示栏<br>■统一信息平台 | √ | |

# 民政部办公厅关于进一步加强养老服务行业管理有关事项的通知

（民办发〔2020〕25 号）

各省、自治区、直辖市民政厅（局），新疆生产建设兵团民政局：

近期，有媒体先后报道政府购买居家养老服务项目弄虚作假走过场、公建民营养老机构因护理不当引发特困供养对象服务事故、养老机构内发生刑事案件等事件，暴露出个别地方在政府购买养老服务、公建民营养老机构管理以及养老机构安全管理方面还存在薄弱环节。民政部党组对此高度重视，责成有关地方民政部门认真调查核实，切实抓好问题整治。为指导各地民政部门举一反三，坚决避免类似问题再次发生，现将有关要求通知如下：

一、提高政治站位，深刻吸取教训。老年人特别是经济困难、高龄、失能等老年人是党中央高度关心、社会广泛关注的特殊群体。养老服务的安全和质量保障，是关系老年人群体晚年幸福生活、落实“以人民为中心”发展思想的要事大事。媒体报道的一些事件，侵害了老年人切身利益乃至生命健康，教训深刻。各地民政部门要提高政治站位，从中吸取教训，做到举一反三、引以为戒，在所辖范围内开展政府购买养老服务、养老机构公建民营管理工作排查，对发现的问题与隐患抓紧整治，并进一步完善政策制度，堵塞管理风险漏洞，切实防止类似问题再次发生，切实保障老年人尤其是特殊困难老年人生命安全和身体健康。养老机构要在做好日常消防、食品安全、意外事故防范等安全管理工作的基础上，进一步加强入住老年人之间矛盾纠纷防范化解工作，防止矛盾激化，切实保障老年人生命安全。

二、完善政府购买服务措施。各级民政部门要商同级财政部门按照《政府购买服务管理办法》（财政部令第 102 号）和财政部、发展改革委、民政部、全国老龄办《关于做好政府购买养老服务工作的通知》（财社〔2014〕105 号）有关要求，坚持问题导向，进一步完善政策购买服务制度，确保购买服务规范有序开展。在界定承接主体方面，要按照政府采购法律制度规定，根据服务项目的采购需求特点、市场主体服务能力和信用状况等因素，通过公平竞争择优确定承接主体。在完善购买内容方面，要根据养老服务的项目范围，进一步完善政府购买服务的指导性目录，明确服务种类、性质和内容，细化目录清单，重点保障特殊困难老年人最迫切、最急需的养老服务需求。在组织实施方面，要健全由购买主体、服务对象和第三方共同参与的购买养老服务绩效评价机制，对购买服务项目的经济性、规范性、效率性、公平性开展评价，突出对服务对象满意度和获得感的评价。特别要畅通服务对象反馈渠道，加强舆论监督和社会监督，主动听取各方面意见建议，及时彻底解决合理诉求。在合同履行监管方面，要对购买服务项目实施全过程监管，加强履约管理和执行监控，及时掌握项目实施进度和预定目标实现情况，督促承接主体严格履行合同，并按照合同约定按期向承接主体支付款项。

三、加强公建民营养老机构管理。各地要完善公建民营养老机构实施办法，在常态化疫情防控的形势下，指导支持公建民营机构健康发展。要树牢底线思维，加强日常监管，增强风险防控和快速应对能力，及时处置公建民营养老机构出现的突出问题，确保国有资产不流失、服务用途不改变、服务水平明显提高等改革目标不走样。要督促运营方严格按照服务合同履行相关责任，将保障特困人员等民政服务对象的基本养老服务放在最突出的位置，切实发挥好兜底线保基本作用。要做好对机构运营管理情况的监督管理和绩效评价，将绩效评价结果作为机构等级评定和奖惩、中止或续约的重要依据。要积极培育优质市场主体，引导运营方依靠优质服务和良好信誉开拓市场，实现可持续发展。对于发现运营方违背服务主旨、弄虚作假、冒领财政资金等违法违规行为的，依照相关法律法规处理。

四、压实养老服务安全管理责任。老年人长期共同生活容易产生纠纷矛盾，由于老年人自我防卫能力差，养老机构内发生伤害案件的伤亡风险较高。各地要督促养老机构按照2020年养老院服务质量建设专项行动部署要求，切实提升服务意识，加强安全防范。要加强情绪疏导和心理干预，了解受疫情影响的老年人和工作人员的心理健康状况，及时识别高危人群，避免自杀、冲动行为等极端事件的发生；发现可能出现的群体心理危机苗头，及时向疫情联防联控工作机制报告。安排专人管理易燃易爆、有毒有害、尖锐物品等危险物品，确保不因封闭管理、限制探视等临时性管控措施，以及老年人矛盾引发服务纠纷和安全责任事故。要结合本地工作实际，推动建立以“双随机、一公开”监管为基本手段、以重点监管为补充、以标准规范为支撑、以信用监管为基础的监管机制，健全跨部门、跨区域执法联动响应和协作机制。县级以上地方民政部门要落实养老服务基层政务公开和服务质量信息公开工作要求，主动公开本行政区域内经过登记、备案的机构名单，及时公布未经登记、备案，但实际开展服务的机构名单，畅通投诉举报渠道，自觉接受社会监督。遭受洪涝灾害省份民政部门要积极争取将养老机构防汛救灾工作纳入当地抗洪救援和灾后重建工作部署，在预案准备、队伍准备、物资准备和安置保障准备等方面给予有力支持，及时帮助解决汛期中面临的困难和问题。

五、做好新闻媒体反映事项处理工作。各地民政部门要高度重视媒体反映的养老服务工作中存在的问题，积极做好热点敏感问题以及带有倾向性、普遍性问题的应对工作，及时掌握情况并妥善处置，切实维护社会稳定和正常养老服务秩序。对通过新闻报道、论坛交流、在线留言等方式反映的涉及本地区老年人的生活困难、意见建议、投诉举报，群众广泛关注的热点敏感事件要安排专人研究处理，及时将处理情况及结果以媒体公开报道、反馈当事人等途径进行答复，并做好后续关注和解释工作，切实为群众答疑解惑，为养老服务发展创造良好舆论环境。

民政部办公厅

2020年8月6日

# 民政部办公厅关于部署应用全国养老服务信息系统的通知

（民办函〔2020〕73号）

各省、自治区、直辖市民政厅（局），新疆生产建设兵团民政局：

为部署应用“金民工程”的全国养老服务信息系统（以下简称“全国养老系统”），推进养老服务工作信息化建设，现就有关事宜通知如下：

## 一、系统主要功能

民政部“金民工程”一期项目的1个应用支撑平台和4大系统已完成开发建设。其中，全国养老系统可基本涵盖民政部统一推进的各项养老服务业务，支撑业务办理、数据统计、综合查询、动态监管工作，并与统计、社会组织、婚姻、殡葬、残疾人两项补贴等系统实现对接，与相关部委数据共享，与国家企业信用信息公示系统和“信用中国”网站关联，有助于提升工作效率，推动实现管理服务信息化、精准化。

## 二、系统部署方式

各地区可根据实际情况选择不同部署方式。

（一）民政部大集中部署。依托新建的民政政务云平台集中部署，由民政部信息中心统一运维管理，实现一级部署、多级应用。所生成的养老业务数据存储在民政部全国养老服务信息数据库，并及时回流至省级民政部门。建议各地优先选择民政部大集中部署。

（二）部省两级部署。本地软硬件环境和运维保障能力达到要求的地区，可选择在本地部署，实现两级部署、分级应用，并按照“谁使用、谁负责，谁管理、谁负责”的原则由本地区专业技术团队承担日常运维工作。部信息中心将组织线上培训和微信群答疑。

## 三、时间安排

（一）拟采用民政部大集中部署方式的地区于6月30日前向民政部养老服务司和信息中心报送部署工作方案（见附件1）；8月底前，配备必要的计算机、高拍仪等终端设备，组织相关人员参加部信息中心举办的系统应用培训，开展系统试运行；9月底前，协助民政部信息中心和第三方测评机构完成信息安全等级保护测评；10月，完成已有系统（全国养老机构业务管理信息系统）的历史数据迁移，全国养老系统正式上线运行。

（二）拟采用部省两级部署模式的地区于6月30日前向民政部养老服务司和信息中心报送部署工作方案（见附件1）；8月底前，按照民政部信息中心的指导，完成必要的软硬件基础设施和终端设备采购及部署工作，协助民政部信息中心进行系统部署和试运行工作；9月底前，组织相关人员参加部信息中心举办的系统应用培训，并根据本地区信息系统安全有关要求，开展信息安全等级保护测评；10月，完成已有系统的历史数据迁移，全国养老系统正式上线运行。

（三）继续使用自建系统的地区于6月30日前向民政部养老服务司和信息中心报送本地区数据交换工作方案；8月底前，配备数据交换运维技术团队，完成数据交换前置系统部署和网络联通工作；9月底前，按照“金民工程”数据交换规范（电子版另发）要求开展部省间养老数据交换工作，实现“网络通、数据通”。

## 四、工作要求

（一）加强组织领导。根据民政部网信工作总体部署，民政部信息中心负责系统部署落地过程中的技术支撑、使用培训和后续服务保障，民政部养老服务司负责系统推广应用。各地要成立以民政厅（局）负责同志牵头，信息化部门和业务部门共同组成的工作专班，切实做好系统部署推广工作。“金民工程”第一批试点地区可在原有试点框架下推进部署推广工作。

（二）加强业务与系统协同推进。系统正式上线运行后，该系统将作为承载全国养老服务业务办理、数据统计分析、信息查询、监督管理等工作的主要平台。各地要结合2020年养老服务工作任务部署，推进全国养老系统在本地区尽早应用，使之成为必备工具，形成常态机制。一是强化养老服务质量监管。正在开展的养老机构等级评定先行先试、养老院服务质量建设专项行动、《养老机构服务质量基本规范》指标达标及《养老机构服务安全基本规范》贯标等工作数据通过该系统进行采集、分析和监管。《养老机构管理办法》修订完成后，养老机构备案、行政检查、处罚和失信惩戒等监管工作以及表彰激励管理等业务也将逐步实现线上办理。二是加强养老服务数据统计分析。实现特困人员供养（敬老院）机构法人、社区养老服务机构及设施（含街道层面和社区层面两类）、老年用品、养老服务从业人员、老年人福利补贴、老年人能力评估、老年人居家适老化改造、农村留守老年人等信息数据统计。三是促进政务数据协同。依托“金民工程”应用推广，打通养老服务、社会救助、殡葬服务、残疾人服务以及老年人口数据等联通共享。实现特困供养人员机构（敬老院）护理床位与特困供养人员中失能老年人数据，机构设施补贴申领（政府购买服务）与机构基本信息、员工培训经历、奖励信息、处罚信息，突发事件应对信息与养老机构日常管理信息，老年人福利补贴与老年人社保信息、人口信息等数据有机关联，增强数据的完整性、准确性，提高决策分析的可靠性。四是加强养老服务人才信息信用体系建设。大力开展康养人员技能提升行动，统计养老护理员培训职业技能、从业等信息；统计养老院院长、养老机构社会工作者培训从业等信息。建立健全养老护理员档案制度，采集汇总养老护理员基本情况、从业经历、培训认定、奖励处罚等信息，并逐步建立养老护理员信息归集和部门互通机制，为提供培训、认定从业和管理一体化服务提供支撑。

（三）做好系统间有效衔接。各地应于6月30日前将部署工作方案报送民政部养老服务司和信息中心。未建设养老相关系统的地方要直接使用该系统，已有自建系统的地方要确保与本系统无缝对接、互联互通，平稳过渡。

（四）加强系统使用培训。民政部信息中心将针对“金民工程”所有系统的使用培训建设统一的互联网在线培训平台，并于6月起分批次组织开展全国养老系统在线培训工作。同时，为加强沟通、交流和反馈，请各地明确日常工作联系人并及时加入全国养老系统部署推广工作微信群（见附件2）。

附件：1. 全国养老系统部署工作方案提纲（略）
2. 全国养老系统部署推广工作群（略）

民政部办公厅
2020年6月8日

部养老服务司联系人：唐潇鹤、董少龙
电话：（010）58123155/3153 传真：（010）58123150
电子邮件：yanglaojianguan@ 163. com
部信息中心联系人：陶亮、文长军
电话：（010）58123722、58123757 传真：（010）58123751
电子邮件：wchj@ mca. gov. cn

## 新冠肺炎疫情防控工作

# 国务院应对新型冠状病毒感染肺炎疫情联防联控机制关于进一步做好民政服务机构疫情防控工作的通知

（国发明电〔2020〕6号）

各省、自治区、直辖市人民政府，国务院各部委、各直属机构：

为进一步做好养老机构（含公办、民办）、儿童福利机构、未成年人救助保护机构、精神卫生福利机构、流浪乞讨人员救助管理机构（含托养机构）和殡葬服务机构等民政服务机构新冠肺炎疫情防控和服务保障工作，根据中央应对疫情工作领导小组部署，现提出以下要求：

### 一、严防民政服务机构发生聚集性感染

各地民政部门要切实履行主管职责，督促指导各类民政服务机构严格按照《关于依法科学精准做好新冠肺炎疫情防控工作的通知》要求，重点防控输入性疫情和内部疾病传播，坚决切断传染源，阻断传播途径。

强化出入管理。湖北省和武汉市及其他地区发生了疫情感染的养老机构要坚决执行民政部印发的《新冠肺炎疫情高风险地区及被感染养老机构防控指南》，落实当地防控工作部署，按照封闭管理要求，严格管控服务对象和工作人员进出；其他地区未发生疫情感染的养老机构，要继续落实好《养老机构新型冠状病毒感染的肺炎疫情防控指南（第二版）》要求。儿童福利机构、未成年人救助保护机构要按照防控工作要求，妥善安排收住人员生活，切实履行监护职责，待疫情结束后，再有序开展安置等相关工作。精神卫生福利机构要严格落实各项防控措施，继续做好特困人员、流浪乞讨人员中的精神障碍患者及公安部门移交的肇事肇祸精神障碍患者的精神康复服务，按照当地疫情防控统一部署，有序开展精神障碍社区康复等服务。流浪乞讨人员救助管理机构要按照“应救尽救”要求，对于有临时住宿需求的求助人员，及时收住并安排在独立区域隔离观察不少于14天；对于观察期未满要求离站的受助人员，要及时安排核酸检测，确定其未感染后按规定办理离站。各地对于救助管理机构收住能力已饱和、不能满足求助人员临时住宿需求的，要开辟临时庇护场所，提供临时救助。殡葬服务机构在保障遗体接运、火化和骨灰暂存等基本殡葬服务外，可暂停开展守灵、告别、祭奠等人员聚集活动；对于新冠肺炎患者遗体，要按照《中华人民共和国传染病防治法》规定，及时进行卫生处理，就近安排火化。取消民政服务机构内人员集中用餐和其他各类人员聚集活动。加强机构内服务对象心理疏导，开展

协助拨打亲情电话等精神慰藉活动。

强化人员配置。各地要尽快增派医疗和护理力量，统筹解决民政服务机构防疫力量薄弱、人手不足等问题。民政服务机构受疫情影响工作人员严重紧缺的，民政、人力资源社会保障部门要加大招录力度，确保民政服务机构正常运转。返岗和新招录的工作人员应当隔离观察至少 14 天，身体状况无异常的方可安排上岗。民政服务机构要保护关心爱护工作人员，做好防护保障，合理安排轮休，保障他们的身心健康。

强化物资保障。湖北省和武汉市以及疫情严重地区，要按照三级防护标准配备、下发防控物资，确保民政服务机构每日防护需要；其他地区要在保障日常防护需要的同时，按照不少于三天需求量做好储备，确保应急使用。各地要采取统一配送方式，保障民政服务机构所需米面油、肉蛋菜等生活物资供应，将民政服务机构纳入社会捐赠物资调配范围。要区分民政服务机构性质，根据防控工作需要，通过财政资金、社会捐赠资金或机构自筹等方式，按现行经费渠道统筹解决疫情防控所需资金。

强化防护能力。民政服务机构要通过手机信息、宣传栏、板报、广播等多种形式，深入宣传疫情防护知识。按照科学预防、积极防治的要求，组织工作人员和服务对象勤洗手、戴口罩，做好个人卫生防护，做好定期监测体温和消毒、通风等工作，提高防护能力。

各地不得将收住有服务对象的民政服务机构征用为疑似病例隔离点。各地医养结合机构在疫情期间不得擅自对外开展发热病人诊疗排查活动。

## 二、坚决落实“四早”要求　及时收治感染患者

坚决落实“早发现、早报告、早隔离、早治疗”要求，做到应检尽检、应收尽收、应治尽治，切实保障老年人、儿童、精神障碍患者、流浪乞讨人员等特殊人群的生命安全和身体健康。

早发现。湖北省和武汉市以及疫情严重地区，要及时对民政服务机构收住的服务对象和工作人员进行全员核酸检测排查，确保不漏一人。卫生健康部门要派出流动医疗小组到民政服务机构上门开展医学排查和治疗指导。疾控机构要指导民政服务机构做好消毒和密切接触者追踪管理等工作。

早报告。各地要落实疫情监测报告责任，安排专人负责，加强应急值守，确保民政服务机构疫情监测报告及时、准确、到位，做好疫情应急响应和处置。

早隔离。对于民政服务机构内出现的疑似病例，各地要及时转运到隔离点进行医学观察，最大限度缩短疑似病例收治时间。对于已发现确诊或疑似病例且密切接触服务对象较多的民政服务机构，各地要根据实际需要，按照集中隔离点的防控标准，配备必要的医务人员和设备，纳入辖区集中隔离点范围进行规范管理。

早治疗。各地对于民政服务机构内出现的确诊患者和疑似病例，要及时转运到定点收治医院、隔离点或轻症治疗点接受治疗或观察。要组织医疗卫生机构到民政服务机构开展上门巡诊，避免收住的服务对象因外出就医造成感染。

## 三、做好特殊群体兜底保障

各地对于受疫情影响在家隔离的孤寡老人、因家人被隔离收治而无人照料的老年人和

未成年人，以及社会散居孤儿、留守儿童、留守老年人等特殊群体，要组织开展走访探视，及时提供帮助，防止发生冲击社会道德底线的事件。各地要建立社区干部联系帮扶一线医务人员家庭制度，帮助解决老幼照护等实际困难，解除一线医务人员后顾之忧。

各地要强化落实属地责任，按照本通知要求，加强统一领导和督促指导，将民政服务机构的疫情排查、转移隔离、集中救治、物资保障等作为防控工作重点，确保各项政策措施落实到位，保障好民政服务对象的生活和健康。

国务院应对新型冠状病毒感染
肺炎疫情联防联控机制
2020 年 2 月 28 日

# 民政部办公厅关于加强养老机构新冠肺炎疫情常态化精准防控及应急处置工作的通知

（民办函〔2020〕120号）

各省、自治区、直辖市民政厅（局），各计划单列市民政局，新疆生产建设兵团民政局：

当前，新冠肺炎疫情仍在全球蔓延，国内零星散发风险仍然存在，疫情防控容不得丝毫麻痹松懈。各地民政部门要深入学习贯彻习近平总书记在全国抗击新冠肺炎疫情表彰大会上的重要讲话要求，在当地党委和政府领导下，继续做好外防输入、内防反弹工作，坚持常态化精准防控和局部应急处置有机结合，不断巩固养老服务领域取得的疫情防控成果。特别是要严格执行“四早”措施，督促指导养老机构落实相关防控要求，有效开展疫情防控督导检查。要指导养老机构完善常态化监测预警工作措施，加强老年人健康监测。要积极争取将提升养老服务领域应急救援能力纳入“十四五”规划，指导和帮助养老服务机构改善防控设施和条件。省级民政部门根据需要建立省内援助工作机制，对疫情防控压力大、能力相对薄弱的地区及时开展支援。

为统筹做好新冠肺炎疫情防控和养老服务发展工作，在总结前期疫情防控经验基础上，民政部根据养老机构面临的疫情防控不同情形，制（修）订了三个指南供各地民政部门结合实际使用。一是制定了《养老机构新冠肺炎疫情常态化防控指南》（附件1），将其作为养老机构所在设区的市级行政区域内无本土确诊病例发生时的常态化防控措施；二是修订《养老机构新型冠状病毒感染的肺炎疫情防控指南（第二版）》，形成了《零星散发区域养老机构新冠肺炎疫情防控指南》（附件2），作为养老机构所在设区的市级行政区域内出现零星散发本土确诊病例但机构内无感染情况下的防控措施；三是修订《新冠肺炎疫情高风险地区及被感染养老机构防控指南》，形成了《新冠肺炎疫情高风险地区及被感染养老机构防控指南（第二版）》（附件3），作为高风险区域和出现院内感染养老机构的防控措施。养老机构所在设区的市级行政区域，出现本土确诊病例但养老机构内无感染，可以按照当地联防联控机制统一部署，本着老年人生命健康安全优先的原则就严适用《新冠肺炎疫情高风险地区及被感染养老机构防控指南（第二版）》。各地要结合当地实际，分级分类贯彻落实，切实保障老年人身体健康和生命安全。

附件：1. 养老机构新冠肺炎疫情常态化防控指南

2. 零星散发区域养老机构新冠肺炎疫情防控指南

3. 新冠肺炎疫情高风险地区及被感染养老机构防控指南（第二版）

民政部办公厅

2020 年 11 月 9 日

**附件 1**

## 养老机构新冠肺炎疫情常态化防控指南

| 项目 | 序号 | 防控要点 |
| --- | --- | --- |
| 一、组织领导 | 1 | 建立疫情防控工作机制。养老机构负责人全面负责防控工作，制定并实施防控方案和应急预案，划片分区，责任到人。建立院内感染控制与隔离制度、流程并组织实施 |
| | 2 | 积极落实党委和政府及相关部门疫情防控指导要求 |
| | 3 | 建立 24 小时应急值守制度，确保通信畅通 |
| 二、出入管理 | 4 | 通过公告、电话、短信（微信、邮件）等多种方式向老年人及其家属发布养老机构疫情防控安排和相关服务通知，在养老机构主要出入口张贴防控告示 |
| | 5 | 来访咨询接待业务、志愿服务和社会实践等活动实行预约管理，控制流量，在指定区域和路线活动，并遵守相关防控要求 |
| | 6 | 加强门卫值班，对允许进入机构人员安排专人实名登记并测量体温，观察询问健康状况、旅行史等并做好记录。有以下任意一种情况者禁止入内：（1）15 日内到过中高风险地区或接触疫区人员；（2）与已确诊或疑似病例密切接触人员；（3）体表温度（腋温、耳郭、额等体表温度≥37.0℃）；（4）有咳嗽、流涕等呼吸道症状；（5）有呕吐、腹泻等消化道症状；（6）有其他疑似症状。允许进入人员应当采取戴口罩、手消毒等卫生防护措施，遵守相关防控要求 |
| | 7 | 有条件的养老机构尽量安排工作人员在养老机构内居住，且尽量安排分散居住在不同房间；在外居住的工作人员上下班途中必须戴口罩，非必要不出入人员密集场所。除外出采购或办事人员，尽量减少工作人员外出。外出采购或办事工作人员，在外出前必须做好个人防护，返回机构时须进行手消毒，更换工作服、鞋帽、手套、口罩等。安排好工作人员轮换休息。工作人员请休假结束返回时，未去过中高风险地区且无第 6 条所列禁止进入情形的，可正常返岗。中高风险地区返回的工作人员需经核酸检测无异常后返岗 |
| | 8 | 老年人当日外出返回、未去中高风险地区、采取有效防护措施且无异常的老年人，返回时无第 6 条所列禁止进入情形的，可正常返回生活区。中高风险地区返回的老年人需经核酸检测无异常后返回生活区 |
| | 9 | 养老机构内应设置隔离观察室，配置相应防护用品（防护服、医用口罩、手套等），配备必要生活和护理服务条件；有条件的设置隔离区和消毒室。隔离室（区）应设置在相对独立、通风良好、有独立厕所的单人房间，并处于养老机构下风向。尽量使用独立空调，如需使用中央空调，应按规定采取防控措施。隔离室（区）生活垃圾应统一处理。工作人员和老年人等待核酸检测结果期间应在隔离室（区）进行隔离观察 |
| | 10 | 禁止快递、外卖、送药人员进入，安排专人接收家属送来的老年人生活必需品或者订购物品，消毒外包装（75%医用酒精或含氯消毒剂）后负责转交老年人 |

续表

| 项目 | 序号 | 防控要点 |
| --- | --- | --- |
| 三、心理慰藉 | 11 | 加强老年人心理调节，做好正面宣传引导，普及心理健康知识；为居室内老年人提供电视、广播、阅读等文化娱乐服务，引导老年人发展有益的兴趣爱好，丰富精神文化生活；利用电话、网络等为老年人提供与亲属间的亲情化沟通服务，纾解焦虑恐惧情绪，引导其保持正常作息、规律生活 |
| | 12 | 每日对老年人及工作人员健康状况进行监测，每天早晚各为老年人测量 1 次体温（接触式体温计要做到个人专用，若不能做到个人专用，则需彻底消毒后再用。非接触式体温枪应当按照使用要求定期消毒），随时询问老年人身体情况。身体不适时应及时就医 |
| 四、老年人防护 | 13 | 对患有慢性病的老年人，做好血压、血糖等指标监测。提醒慢性病长期服药老年人规律服药，有身体不适要及时告知护理人员。有条件的养老机构应当通过检测血压、血糖、呼吸状况、体重等方式，观察慢性病老年人身体状况，注意有无用药不足或过量的表现，以及药物不良反应（特别是体位性低血压、低血糖），预防跌倒 |
| | 14 | 每半日老年人居室通风（不宜少于 30 分钟）；不宜开窗通风的，应配备机械换气通风设备，必要时采用循环风空气消毒机等进行空气消毒。开窗通风时，应注意避免因室内外温差过大引起感冒 |
| | 15 | 每日提醒或协助老年人做好洗漱、沐浴等个人清洁卫生，提供洗手液、抹手纸或干手机，倡导老年人勤洗手。保持老年人口腔、身体、衣物、床单元及居室清洁卫生，经常晾晒老年人被褥衣服；老年人居室地面、窗台、床头柜、床围栏等，每天清水擦拭 1 次，每周擦拭消毒 1—2 次；做好失能老年人排泄物和呕吐物的消毒清洗工作 |
| | 16 | 有条件的养老机构，鼓励老年人开展适宜的户外活动，加强身体锻炼，增强抵抗力 |
| | 17 | 鼓励送餐服务，采取堂食的养老机构要分时段就餐或保持 1.5 米用餐距离。保证老年人充足饮水量与营养摄入 |

续表

| 项目 | 序号 | 防控要点 |
|---|---|---|
| 五、内部管控 | 18 | 开展疫情及相关防控基础知识宣传教育，向老年人宣传在机构内公共活动空间应佩戴口罩，确保工作人员掌握预防新型冠状病毒感染肺炎的个人防护、卫生健康习惯、相关传染病法律法规及疫情应急处置要求，避免共用个人物品，积极倡导讲卫生、除陋习，摒弃乱扔、乱吐等不文明行为 |
| | 19 | 工作人员上岗前做好戴口罩、手消毒等防护准备，加强七步洗手法督导培训，正确佩戴口罩，及时更换；必要时使用医用橡胶手套等防护措施；在接触每位老年人前、后，均应当洗手或手消毒，避免交叉传染 |
| | 20 | 合理调整安排工作人员的作息时间，加强工作人员心理调节 |
| | 21 | 确保养老机构生活用品、耗材、食品、基本药品的保障供应；有条件的地方可采取集中配送方式保障供应。一次性手套、围裙、口罩、纸巾等作为应急套件，放在醒目处。养老机构要提前做好口罩、防护服、消毒液等防护物资及成人纸尿裤等重要护理用品的储备工作，确保至少有 1 个月的应急物资储备，更好满足常态化防控和日常服务需要 |
| | 22 | 规范处理垃圾、污水、污物，消除鼠蟑蚊蝇等病媒生物滋生环境，做好机构内消毒工作。及时清理超过有效期的各类物品。垃圾做到“日产日清”，清运过程中应采用密闭化运输 |
| | 23 | 确保环境清洁卫生。办公区域、服务场所的桌椅、物体表面、门把手、水龙头、各种开关按钮、扶手等每天清水擦拭 1 次，每周擦拭消毒 1—2 次；厨房、洗衣房、垃圾处理场所（存放点）及后勤保障设施设备和物品每天擦拭消毒不少于 2 次 |
| | 24 | 废弃口罩等一次性用品，应当用医用酒精喷雾消毒（或 84 消毒液浸泡消毒 30 分钟）后密封，丢弃至专用的“有害垃圾”或“医疗垃圾”桶内 |
| | 25 | 加强农村敬老院等养老机构自养禽类、牲畜圈舍的每日清洁消毒 |
| | 26 | 严格执行食品安全管理规定，严把食品采购关，严禁购买活禽野味、来源不明的海鲜等冷冻食品，彻底煮熟食物。负责食品采购、烹饪、配（送）餐的工作人员，应严格佩戴口罩、手套。做好餐（饮）具消毒，使用过的餐（饮）具应当煮、蒸 30 分钟以上。严格遵守原料控制、餐具饮具清洁消毒、食品留样等规定 |
| 六、疫情处置 | 27 | 疫情防控期间，入住老年人外出就诊应根据不同情况，与家属和老年人商议一致后分类处置：（1）非突发性重大疾病的，可采取上门诊视等方式保守治疗，暂不外出就医。（2）患普通疾病急需送医的，由老年人家属或养老机构工作人员，在有效防护情况下陪同送医。返院后，老年人和陪同工作人员无第 6 条所列禁止进入情形的，可返回生活区和复岗，并加强防护和医学观察 |
| | 28 | 养老机构所在设区的市级行政区域出现确诊病例的，立即按照《零星散发区域养老机构新冠肺炎疫情防控指南》采取相应防控措施，要在第一时间争取当地疫情防控指挥部优先对入住老年人和工作人员进行全员优先核酸检测，应检尽检、全面排查。高风险区域和发生疫情的养老机构，立即按照《新冠肺炎疫情高风险地区及被感染养老机构防控指南（第二版）》落实防控措施 |

附件 2

## 零星散发区域养老机构新冠肺炎疫情防控指南

| 项目 | 序号 | 防控要点 |
| --- | --- | --- |
| 一、组织领导 | 1 | 建立疫情防控工作机制。养老机构负责人全面负责防控工作，制订并实施防控方案和应急预案，划片分区，责任到人。建立院内感染控制与隔离制度、流程并组织实施 |
| | 2 | 必须认真落实党委和政府及相关部门疫情防控指导要求 |
| | 3 | 建立 24 小时应急值守制度，确保通信畅通，按要求及时上报信息，不得迟报、瞒报、漏报 |
| 二、出入管理 | 4 | 通过公告、电话、短信（微信、邮件）等多种方式向老年人及其家属发布养老机构疫情防控安排和相关服务通知，在养老机构主要出入口张贴防控告示 |
| | 5 | 暂停来访咨询接待业务、志愿服务和社会实践等活动 |
| | 6 | 加强门卫值班，暂停接待外来人员探视和不必要人员进入。特殊原因需进入的人员应提供有效期内的核酸检测证明，并在规定区域内按规定路线活动，遵守相关防控要求。养老机构应安排专人对其实名登记、测量体温、查验核酸检测证明、询问并记录旅行史和健康状况等。有以下任意一种情况者禁止入内：（1）15 日内在高风险区域逗留经历或接触疫区人员；（2）与已确诊或疑似病例密切接触人员；（3）体表温度（腋温、耳郭、额等体表温度≥37.0℃）；（4）有咳嗽、流涕等呼吸道症状；（5）有呕吐、腹泻等消化道症状；（6）有其他疑似症状 |
| | 7 | 养老机构工作人员在养老机构内居住，且尽量安排分散居住在不同房间。除外出采购或办事人员，尽量减少工作人员外出。外出采购或办事工作人员，不得前往高风险区域或与到过高风险区域的人员接触，在外出前必须做好个人防护，返回机构时须进行体温检测、手消毒，更换工作服、鞋帽、手套、口罩等 |
| | 8 | 从外地返回岗位的工作人员，无第 6 条所列禁止进入情形的，经核酸检测无异常后才能返回岗位 |
| | 9 | 老年人原则上不外出。确因特殊情况请假外出的，返回时无第 6 条所列禁止进入情形的，经核酸检测无异常后返回生活区 |
| | 10 | 因失能（失智）且子女、近亲属无法照料等特殊情况急需入院的老年人，无第 6 条所列禁止进入情形的，经核酸检测无异常后方可入住 |
| | 11 | 养老机构内应设置隔离观察室，配置相应防护用品（防护服、医用口罩、手套等），配备必要生活和护理服务条件；有条件的设置隔离区和消毒室。隔离室（区）应设置在相对独立、通风良好、有独立厕所的单人房间，并处于养老机构下风向。尽量使用独立空调，如需使用中央空调，应按规定采取防控措施。隔离室（区）生活垃圾应统一处理。工作人员和老年人等待核酸检测结果期间应在隔离室（区）进行隔离观察 |
| | 12 | 暂停家属为老年人送餐。禁止快递、外卖、送药人员进入，安排专人接收家属送来的老年人生活必需品或者订购物品，消毒外包装（75%医用酒精或含氯消毒剂）后负责转交老年人 |

**续表**

| 项目 | 序号 | 防控要点 |
|---|---|---|
| 三、心理慰藉 | 13 | 加强老年人心理调节，做好正面宣传教育，为居室内老年人提供电视、广播、阅读等文化娱乐服务，利用电话、网络等为老年人提供与亲属间的亲情化沟通服务，纾解焦虑恐惧情绪，引导其保持正常作息、规律生活。对在隔离区观察的老年人要给予重点关怀，必要时及时提供心理支持服务。关注老年人的情绪变化、睡眠情况及行为表现，及时发现需要接受心理疏导者和心理危机高危人员，必要时及时提供心理支持服务。鼓励有需要的工作人员和老年人拨打当地心理援助热线，寻求帮助。有条件的养老机构可对入住老年人和工作人员心理状态进行评估，发现心理问题风险较高的，协调专业人员提供心理干预 |
| 四、老年人防护 | 14 | 每日居室巡查，早晚测量入住老年人和工作人员体温（接触式体温计要做到个人专用，若不能做到个人专用，则需彻底消毒后再用。非接触式体温枪应当按照使用要求定期消毒），并做好健康记录。对患有慢性病的老年人，做好血压、血糖等指标监测，规律用药，做好慢性病防控 |
| | 15 | 每半日老年人居室通风（不宜少于 30 分钟）；不宜开窗通风的，应配备机械换气通风设备，必要时采用循环风空气消毒机等进行空气消毒。开窗通风时，应注意避免因室内外温差过大引起感冒 |
| | 16 | 每日提醒或协助老年人做好洗漱、沐浴等个人清洁卫生，提供洗手液、抹手纸或干手机，倡导老年人勤洗手。保持老年人口腔、身体、衣物、床单元及居室清洁卫生，经常晾晒老年人被褥衣服；老年人居室地面、窗台、床头柜、床围栏等，每天清水擦拭 1 次，每周擦拭消毒 1—2 次；做好失能、半失能老年人排泄物和呕吐物的消毒清洗工作 |
| | 17 | 有条件的养老机构，鼓励老年人开展适宜的户外活动，加强身体锻炼，增强抵抗力。暂停室内集体活动；要求老年人不串门、不聚集 |
| | 18 | 有条件的暂停集体用餐，改为送餐至老年人居室。没有条件的，要分时段就餐或保持 1.5 米用餐距离。保证老年人充足饮水量与营养摄入 |

续表

| 项目 | 序号 | 防控要点 |
| --- | --- | --- |
| 五、内部管控 | 19 | 开展疫情及相关防控基础知识宣传教育，向老年人宣传在机构内公共活动空间应佩戴口罩，确保工作人员掌握预防新型冠状病毒感染肺炎的个人防护、卫生健康习惯、相关传染病法律法规及疫情应急处置要求，避免共用个人物品，积极倡导讲卫生、除陋习，摒弃乱扔、乱吐等不文明行为 |
| | 20 | 有条件的养老机构可以实行分区管理，各区域之间工作人员和入住老年人避免发生接触，以便划定防控区域范围至最小单元，做到精准防控。工作人员上岗前做好戴口罩、手消毒等防护准备，加强七步洗手法督导培训，正确佩戴口罩，及时更换；必要时使用医用橡胶手套等防护措施；在接触每位老年人前、后，均应当洗手或手消毒，避免交叉传染。暂停面对面的集中交接班 |
| | 21 | 合理调整安排工作人员的作息时间，加强工作人员心理调节 |
| | 22 | 确保养老机构生活用品、耗材、食品、基本药品的保障供应；有条件的地方可采取集中配送方式保障供应。一次性手套、围裙、口罩、纸巾等作为应急套件，放在醒目处 |
| | 23 | 规范处理垃圾、污水、污物，消除鼠蟑蚊蝇等病媒生物滋生环境，做好机构内消毒工作。及时清理超过有效期的各类物品。垃圾做到“日产日清”，清运过程中应采用密闭化运输 |
| | 24 | 确保环境清洁卫生。办公区域、服务场所的桌椅、物体表面、门把手、水龙头、各种开关按钮、扶手等每天清水擦拭 1 次，每周擦拭消毒 1—2 次；厨房、洗衣房、垃圾处理场所（存放点）及后勤保障设施设备和物品每天擦拭消毒不少于 2 次 |
| | 25 | 废弃口罩等一次性用品，应当用医用酒精喷雾消毒（或 84 消毒液浸泡消毒 30 分钟）后密封，丢弃至专用的“有害垃圾”或“医疗垃圾”桶内 |
| | 26 | 加强浴室消毒，有条件的养老机构暂停老年人集中使用公共浴室。使用公共浴室的要做到分时段使用，每次只允许一名老年人使用，且用后即消毒 |
| | 27 | 加强农村敬老院等养老机构自养禽类、牲畜圈舍的每日清洁消毒 |
| | 28 | 严格执行食品安全管理规定，严把食品采购关，严禁购买活禽野味、来源不明的海鲜等冷冻食品，彻底煮熟食物，停止提供生食品，生熟食品分开。负责食品采购、烹饪、配（送）餐的工作人员，应严格佩戴口罩、手套。做好餐（饮）具消毒，使用过的餐（饮）具应当煮、蒸 30 分钟以上。严格遵守原料控制、餐具饮具清洁消毒、食品留样等规定 |

续表

| 项目 | 序号 | 防控要点 |
|---|---|---|
| 六、疫情处置 | 29 | 疫情防控期间，入住老年人外出就诊应根据不同情况，与家属和老年人商议一致后分类处置：(1) 非突发性重大疾病的，可采取上门诊视等方式保守治疗，暂不外出就医。(2) 患普通疾病急需送医的，由老年人家属或养老机构工作人员，在有效防护情况下陪同送医。返院后，老年人和陪同工作人员无第 6 条所列禁止进入情形的，经核酸检测无异常可返回生活区和复岗，并加强防护和医学观察。等待核酸检测结果期间应在机构内隔离室（区）进行隔离 |
| | 30 | 高风险区域和发生疫情的养老机构，立即按照《新冠肺炎疫情高风险地区及被感染养老机构防控指南（第二版）》落实防控措施 |

附件 3

## 新冠肺炎疫情高风险地区及被感染养老机构防控指南（第二版）

| 项目 | 序号 | 防控要点 |
|---|---|---|
| 一、组织领导 | 1 | 按照疫情防控一级响应机制，依法建立机构防控工作机制。机构负责人全面负责防控工作，建立管理工作小组和培训考核制度，制亲并严格实施防控方案、应急预案、机构内感染控制与隔离制度，划片分区，责任到人 |
| | 2 | 严格落实党委和政府及相关部门疫情防控指导要求。督促工作人员和老年人落实自我管理责任，严格执行各项防控措施 |
| | 3 | 建立 24 小时应急值守制度，确保通信畅通，按要求及时上报信息，不得迟报、瞒报、漏报 |
| 二、出入管理 | 4 | 通过公告、电话、短信（微信、邮件）等多种方式向老年人及其家属发布养老机构疫情防控安排和相关服务通知，在养老机构主要出入口张贴防控告示 |
| | 5 | 非特需车辆一律不得进入养老机构。允许进入养老机构的车辆，必须经过门岗消毒并在指定位置停车 |
| | 6 | 在养老机构门外设立物资交接区，送货人须做好体温检测、手消毒、鞋底消毒、戴口罩等防护措施。机构内工作人员在做好个人防护前提下，对拟进入养老机构的物资采取含氯消毒液喷洒消毒，小面积的可以用 75% 医用乙醇和 84 消毒液表面喷洒、擦拭消毒 |
| | 7 | 加强门卫值班，暂停外来人员入院的一切服务行为或活动。因疫情防控需要及特殊原因需进入的，应当提供核酸检测证明，安排专人实名登记并测量体温，询问并记录旅行史、健康状况等。允许进入人员应当按三级防护要求采取卫生防护措施，在指定区域和路线活动，并遵守相关防控要求 |
| | 8 | 工作人员应在养老机构内居住或安排在集中独立场所居住，且尽量安排分散居住在不同房间，出现疑似症状者立即送指定机构就诊。安排在集中独立场所居住的，上下班应保障专门用车，不能乘坐公共交通 |
| | 9 | 严格执行养老机构老年人和工作人员只出不进制度。因特殊原因需返院和新入住的老年人、返岗和新招聘的工作人员，应经 14 天隔离观察并核酸检测正常后才能进入养老机构 |
| | 10 | 养老机构根据现有条件和人员行动路线安排，严格实行区域化通道的封层管理模式，设置污染区、缓冲区、清洁区，制定实施规范严谨的分区管理流程、操作规程，严格做好隔离区域的出入防护工作 |
| | 11 | 有条件的养老机构要设置医疗隔离观察（室）区，隔离（室）区应设置在相对独立、通风良好、有独立厕所的单人房间，并处于养老机构下风向；医疗隔离观察（室）区的防疫物资按二级、三级防护配置 |
| | 12 | 暂停家属给老年人送餐，老年人饮食统一由养老机构食堂供应。禁止快递、外卖、送药人员进入，安排专人在机构外物资接收区内接收家属送来的老年人生活必需品或者订购物品，接收要求参照第 6 条规定 |

续表

| 项目 | 序号 | 防控要点 |
| --- | --- | --- |
| 三、心理慰藉 | 13 | 加强老年人心理调节，做好正面宣传教育，为居室内老年人提供电视、广播、阅读等文化娱乐服务，利用电话、网络等为老年人提供与亲属间的亲情化沟通服务，纾解焦虑恐惧情绪，引导其保持正常作息、规律生活。对在隔离区观察的老年人要给予重点关怀，必要时及时提供心理支持服务 |
| 四、老年人防护 | 14 | 每日居室巡查，早晚测量入住老年人和工作人员体温（接触式体温计要做到个人专用。非接触式体温枪应当按照使用要求定期消毒），并做好健康记录，对出现发热等疑似症状人员立即送指定医疗机构诊断或请指定医疗机构上门诊断。对密切接触者实行隔离观察。对患有慢性病的老年人，做好血压、血糖等指标监测，规律用药，做好慢性病防控 |
|  | 15 | 每半日老年人居室通风，每次不少于 30 分钟。不宜开窗通风的，室内有人状态下，采用循环风紫外线空气消毒器；室内无人状态下，可采用紫外线消毒，紫外线照射时间 30 分钟，紫外线灯管有效照射时间不超过 1000 小时。开窗通风时，老年人应注意保暖，应注意避免因室内外温差过大引起感冒 |
|  | 16 | 每日提醒或协助老年人做好洗漱、沐浴等个人清洁卫生，提供洗手液、抹手纸或干手机，提醒老年人饭前、便后、咳嗽、擤鼻涕后立即洗手。保持老年人口腔、鼻腔等身体部位的清洁，及时更换老年人的衣裤鞋帽 |
|  | 17 | 暂停室内集体活动，有条件的可安排老年人在居室内康复活动；要求老年人不串门、不聚集 |
|  | 18 | 停止集体用餐，改为送餐至老年人居室。保证老年人充足饮水量与营养摄入 |
| 五、内部管控 | 19 | 开展疫情及相关防控基础知识宣传教育，工作人员及离开个人居室的老年人应佩戴口罩，确保所有人掌握预防新型冠状病毒肺炎的个人防护知识，确保工作人员知晓相关传染病法律法规及疫情应急处置要求 |
|  | 20 | 养老机构内设医疗机构的在疫情期间不得擅自对外开展发热病人的诊疗排查活动，切实消除机构内交叉感染风险隐患 |
|  | 21 | 养老机构发生新型冠状病毒感染的，特别是密切接触照护老年人（接触老人血液、体液、分泌物）的工作人员上岗时，应执行二至三级防护，穿戴工作服、一次性工作帽、一次性手套、隔离衣、防护服、KN95/N95 及以上颗粒物防护口罩或医用防护口罩、防护面屏或护目镜、工作鞋或胶靴、防水靴套等。在接触每位老年人前、后，均应当洗手或手消毒，防止交叉传染 |
|  | 22 | 合理调整安排工作人员的作息时间，加强工作人员心理调节 |
|  | 23 | 停止面对面的集中交接班，改用视频或其他方式开展 |
|  | 24 | 规范处理垃圾、污水、污物，消除鼠蟑蚊蝇等病媒生物滋生环境，做好机构内消毒工作。及时清理超过有效期的各类物品 |

续表

| 项目 | 序号 | 防控要点 |
|---|---|---|
| 五、内部管控 | 25 | 确保环境清洁卫生。办公区域、服务场所（包括不限于）的地面、桌椅、物体表面、门把手、水龙头、各种开关按钮、扶手等每日擦拭消毒 2—3 次；厨房、洗衣房、垃圾处理场所（存放点）及后勤保障设施设备和物品每天擦拭消毒不少于 2 次。每周晾晒老年人被褥衣服；做好失能、半失能老年人排泄物和呕吐物的消毒清洗工作；老年人打喷嚏、咳嗽、吐痰后，应第一时间对相关区域喷消毒剂杀菌 |
| | 26 | 废弃口罩、手套、鞋套、防护衣等一次性用品，应当用医用酒精喷雾消毒（或 84 消毒液浸泡消毒 30 分钟）后密封，丢弃至专用的“有害垃圾”或“医疗垃圾”桶内 |
| | 27 | 加强卫生间、浴室消毒，暂停老年人集中使用公共浴室 |
| | 28 | 严格执行食品安全管理规定，严把食品采购关，严禁购买活禽野味、来源不明的海鲜等冷冻食品，彻底煮熟食物，停止提供生食品，生熟食品分开。负责食品采购、烹饪、配（送）餐的工作人员，应严格佩戴口罩、手套、帽子。做好餐（饮）具消毒，使用过的餐（饮）具应当煮、蒸 30 分钟以上。严格执行食品留样制度，在冷藏条件下存放 48 小时以上 |
| 六、疫情处置 | 29 | 疫情防控期间，入住老年人外出就诊应根据不同情况，与家属和老年人商议一致后分类处置：（1）非突发性重大疾病的，可采取上门诊视等方式保守治疗，暂不外出就医。（2）患普通疾病急需送医的，由老年人家属或养老机构工作人员，在有效防护情况下，按照当地卫生健康和疾控部门有关规定陪同送医，或由医疗机构上门接诊。就医的老年人和陪同工作人员应经 14 天隔离观察并核酸检测正常后才能重新进入养老机构。协调疫情防控部门主动到养老机构开展核酸检测，避免外出检测就医时的交叉感染 |
| | 30 | 老年人出现新型冠状病毒肺炎可疑症状立即送指定机构就诊并在隔离点治疗观察 |
| | 31 | 老年人被确诊为疑似病例或感染病例的，应送定点医疗机构就诊，立即根据疫情监测要求报告相关部门，由专业机构开展全面消毒；在当地卫生健康或疾控机构、民政部门指导下对全体老年人及工作人员开展核酸检测排查和 14 天隔离观察。对密切接触者按规定隔离观察。老年人治愈后需返院的，应经 14 天隔离观察并核酸检测正常后才能重新进入养老机构 |
| | 32 | 工作人员若出现新型冠状病毒感染的可疑症状，应立即停止工作并到医疗机构就诊排查，确诊不属于疑似病例的，应经 14 天隔离观察并核酸检测正常后才能重新进入养老机构。属于疑似病例或感染确诊病例的，应送定点医疗机构就诊，立即根据疫情监测要求报告相关部门，在当地卫生健康或疾控机构、民政部门指导下对密切接触者（接触的其他老年人及工作人员等）开展排查，实施集中医学观察，协助开展全面消杀。治愈后需返岗的，应经 14 天隔离观察并核酸检测正常后才能重新进入养老机构 |

## （五）地方规范性文件

# 北京市养老服务机构监管办法（试行）

（京民福发〔2018〕412号）

各区民政局、发展改革委、公安分局、财政局、人力社保局、规划国土分局、环保局、住房城乡建设委、农委、卫生计生委、工商分局、质监局、食品药品监管分局、金融办：

为深化“放管服”改革，大力优化营商环境，进一步规范本市养老服务机构监管，强化属地监管责任，加大正向激励，推进养老服务业健康有序发展，现将《北京市养老服务机构监管办法（试行）》印发给你们，请结合实际，认真学习，抓好落实。

各区、各部门在落实中遇到的困难和问题，请及时向市民政局及归口上级部门反馈。

北京市民政局　北京市发展和改革委员会
北京市公安局　北京市财政局
北京市人力资源和社会保障局　北京市规划和国土资源管理委员会
北京市环境保护局　北京市住房和城乡建设委员会
北京市农村工作委员会　北京市卫生和计划生育委员会
北京市工商行政管理局　北京市质量技术监督局
北京市食品药品监督管理局　北京市金融工作局
2018年11月3日

## 北京市养老服务机构监管办法（试行）

### 第一章　总　则

**第一条**　为加强养老服务监管体系建设，促进养老服务质量提升，根据《中华人民共和国老年人权益保障法》《养老机构管理办法》《北京市居家养老服务条例》和市政府《关于加快推进养老服务业发展的意见》，制订本办法。

**第二条**　本办法所称养老服务机构是指本市行政辖区内从事养老照料服务的养老机构、社区养老服务驿站（农村幸福晚年驿站）。

**第三条**　养老服务机构监管坚持依法实施、分级负责、属地为主、公平公正、公开高效原则。

**第四条**　养老服务机构依法接受各级行政监管，主动接受社会监督、媒体监督、公众监督。

## 第二章　监管主体

**第五条**　建立健全政府部门行政监管、行业协会自律管理、服务对象及家属主动监督、社会舆论公开监督的养老服务机构监管体系。

**第六条**　市民政部门牵头制定本市养老服务机构监管政策，协调相关部门和各区政府规划、监督、指导全市养老服务机构监管工作。

市发展改革、公安、财政、人力社保、规划国土、环保、住房城乡建设、农业、卫生计生、市场监督管理、消防、金融等部门按照各自职责落实监管责任，发挥多部门联合监管职能，突出养老服务机构事中事后监管和服务质量标准宣贯落实。

**第七条**　各区民政部门负责牵头协调本区各业务部门组织实施本行政区域内的养老服务机构的监管工作，并依法做好养老服务机构市场监管、日常检查监督、服务质量监管、老年人权益维护、处理投诉举报以及违法行为行政处罚等工作，促进行业自律。

各区相关业务部门配合区民政部门建立多部门协同监管机制，依职责落实养老服务机构监督检查工作，提升养老服务质量。

**第八条**　各街道（乡镇）统筹落实行政辖区内的养老服务机构监管，加强法律法规宣传，支持并督促有关部门依法履行部门监管职能，对所发现的机构日常运行重大问题及时协调、督促解决。

**第九条**　各级老龄委充分发挥议事协调机构职能，统筹、协调、督促、指导各成员单位落实养老服务机构监管责任。

**第十条**　支持本市与养老服务业务有关的行业组织发挥行业监督作用，加强行业自律建设，强化行业管理。

**第十一条**　支持专业社会组织或机构、养老服务从业人员积极参与养老服务机构监管工作，鼓励养老服务对象及家属、新闻媒体和社会各界主动监督养老服务质量改进提升。

## 第三章　监管内容

**第十二条**　加强对养老服务政策标准实施、安全运营、财政资金使用、人才培训、市场行为、规划建设、建筑设施、医疗卫生、食品药品、环境卫生、价格收费等情况和老年人权益维护等方面的管理和监督。

**第十三条**　政策标准实施情况。各级政府及主管部门制定出台的养老服务领域重要政策措施、重要改革事项、重要标准宣传贯彻和落实等。

**第十四条**　安全管理情况。养老服务机构的设施设备安全、消防安全、食品安全、照护安全、人身安全、财产安全、金融风险防范等。

**第十五条**　财政资金使用情况。养老服务机构收到的政府部门财政性补助资金纳入监管范畴，自觉配合并接受审计、财政和相关业务部门的监督检查。

**第十六条**　人才培训情况。养老服务机构中专职从事养老服务工作的养老护理人员、专业技术人员和养老管理人员接受的初次入职培训、职业技能提升培训、专业技术提升培训、管理人员继续教育培训等。

**第十七条**　机构运营情况。养老服务机构的运营状况、服务设施用途变更、服务质量和服务人员状况、服务价格收费等情况。

**第十八条** 老年人权益维护情况。落实老年人社会保障、社会服务、社会优待、宜居环境等方面的合法权益，督促养老服务机构规范签订服务合同，及时查处受理举报的欺老虐老行为。

## 第四章 监管方式

**第十九条** 专项督查。相关部门组织对养老服务领域涉及面较广的重点工作、重点项目实施的专项督查。

**第二十条** 联合检查。相关部门采取联动实施、专项检查、现场核验等方式，深入基层、深入现场监管养老服务政策落实、财政资金管理使用、安全管理、社会举报投诉等。

**第二十一条** 随机抽查。相关部门采用随机抽取被检查对象、随机选派检查人员的“双随机”抽查方式，监管养老服务政策标准落实、财政资金管理使用、养老服务质量、突发事故等。

**第二十二条** 执法检查。相关部门依据法律法规和各自职权，通过书面检查或者实地查验等方式开展监督检查，依法处理养老服务机构违法或不规范服务行为。

**第二十三条** 绩效评估。相关部门委托第三方专业机构对养老服务机构非常规运行保障类财政资金的管理使用状况及使用效益、政策标准执行进行综合评估或满意度评价。

**第二十四条** 跟踪审计。相关部门组织跟踪监督涉及财政资金投入或使用福利彩票公益金的养老服务领域重点建设项目、重大资金实施过程的合法性、真实性、规范性。

**第二十五条** 服务质量等级评价。相关部门依据政策标准，综合评价机构的运营状况、服务能力、服务质量、群众投诉、社会信誉、安全条件等，通过各种渠道、各种方式发布机构服务质量排行榜，组织开展服务质量星级评定。

**第二十六条** 大数据监测。机构及时安装、对接市社会福利综合管理平台等信息化管理系统，及时更新和公开基本公众服务信息。相关部门通过完善信息系统、建立数据统筹平台等方式，加强服务开展、数据开发和利用等实时监测，相关数据由市、区民政部门和其他部门共享使用。

## 第五章 监管机制

**第二十七条** 完善社会监督机制。相关部门主动公布监督热线，听取服务对象及其家属、社会公众等监督主体的意见和建议。

**第二十八条** 健全购买第三方服务机制。相关部门委托行业协会、专业机构组织实施绩效评估、跟踪审计、联合检查、服务质量评定等，评估、审计、检查、评定结果是实施养老服务机构监管和奖惩措施的依据。

**第二十九条** 建立安全工作持续改进机制。建立健全消防、传染病预防、感染控制、安全值守、设施设备检验、食品药品等安全管理制度，专人负责、全员参与。制定突发事件应急预案，落实突发事件报告制度。

**第三十条** 健全价格收费机制。政府办养老机构执行《北京市公办养老机构收费管理暂行办法》。社会办养老服务机构按照市场机制自行定价，收费项目及标准向社会公示，收取押金时出具风险提示书。

除利用自建或自有设施举办的养老服务机构外，严禁实施会员制。会员制收费额度原则上不能超过经营者可抵押物估值。会员费不得投资风险行业。

**第三十一条** 规范年度财务状况报送机制。每年3月底前，养老服务机构向辖区民政部门以及同级价格部门报送本单位上一年度财务收支情况，以及民政、发展改革、市场监督管理等部门要求报送的情况。

**第三十二条** 建立诚信监管机制。完善养老服务重大事故投诉举报、报告、通报机制，将欺老虐老行为、安全责任事故、违法违规开展金融活动、弄虚作假套取骗取财政资金等录入养老服务机构诚信档案以及黑名单，视情取消承接政府购买服务和享受补贴资金等资格。

**第三十三条** 建立养老服务机构退出机制。对发生严重违法违规行为且拒不整改以及因违法违规行为导致事故的养老服务机构，依规由相关部门实行责令改正、终止“公办民营”合作、运营商禁入养老服务行业等措施，妥善安置老年人，向社会公告并通报市级相应监管部门。因经营不善主动退出的，对财政资助资金进行清算后，存余部分应予以收回。

## 第六章 监管职责

**第三十四条** 养老服务机构在为老服务过程中，有违反法律法规行为的依法追究养老服务机构法人及其法定代表人的法律责任；构成犯罪的，依法追究刑事责任。

**第三十五条** 养老服务机构在服务过程中，有违反相关规章制度或合同约定，未构成行政处罚以上情节的，由属地行业主管部门视情节、依职权采取以下措施进行处理：

（1）约谈提醒。

（2）列入重点关注、出具警示函。

（3）责令限期整改。

（4）要求提交专项报告，说明情况，提出整改措施。

（5）记入不良诚信档案，并对社会公布。

（6）由当地民政部门妥善安顿老年人。

（7）提请相关部门注销养老服务机构法人资格。

**第三十六条** 相关部门及其工作人员违反有关规定的，由上级行政机关责令改正；情节严重的，对直接负责的主管人员和其他责任人员依法给予行政处分；构成犯罪的，依法追究刑事责任。

**第三十七条** 建立市、区两级政府部门履职考核责任制，各部门、各区对养老服务机构监管履职情况纳入市、区两级老龄委对成员单位的年度考核范围，定期通报；涉及法律法规另有规定的，按相关规定执行。

## 第七章　附　则

**第三十八条**　各级民政部门会同财政部门加强监管经费保障，开展养老服务监管所需经费纳入同级财政预算。

**第三十九条**　本办法自印发之日起实施。

**第四十条**　本办法由市民政局会同相关部门进行解释。

# 北京市民政局关于进一步加强养老服务机构突发事件报告工作的通知

（京民福发〔2018〕168号）

各区民政局，市社会福利事务管理中心：

为增强养老服务机构处置突发事件的能力，最大限度地预防和减少重大突发事件给人民生命财产造成的损害，保障本市养老服务事业健康有序发展，根据《养老机构管理办法》相关规定，现就进一步加强养老服务机构突发事件报告工作的有关事项通知如下：

## 一、报告主体

（一）养老服务机构。指本市辖区内依法依规取得民政部门许可或进行备案公告，为老年人提供集中居住、照料服务、辐射居家等服务的养老机构、社区养老服务驿站（农村幸福晚年驿站），以及享受各类养老服务财政补贴的从事养老服务的企业和社会组织。在突发事件发生后，养老服务机构主要责任人对本单位发生的突发事件信息报告工作负责。

（二）各级民政部门。指本市负责养老服务机构设立许可、备案管理、日常监管的区级、乡镇（街道）级民政工作行政管理部门。各级民政部门在接到养老服务机构突发事件信息报告后，应主动向上级民政部门报告。

## 二、报告范围

本市养老服务机构内发生自然灾害、事故灾难、公共卫生事件、社会安全事件等关系人民群众生命财产安全、影响社会和谐稳定的突发事件时，养老服务机构应在第一时间内根据突发事件对应职责分工向有关部门进行报告，同时将应急处理情况及时报实施许可（或备案管理）的民政部门。养老服务机构突发事件包括：

（一）自然灾害事件：洪涝、雨雪、旱灾、冰雹、雷电、地震、滑坡、泥石流、飓风等自然灾害，使养老服务机构造成人员、财产重大伤害。

（二）事故灾难：在养老服务机构运营中未按操作规程操作而发生的消防安全事故、压力容器爆炸事故、重大交通事故、环境污染和生态破坏事件等。

（三）公共卫生事件：养老服务机构发生重大传染病疫情、群体性不明原因疾病、集体食物中毒以及其他严重影响服务对象、内部工作人员健康的事件。

（四）社会安全事件：因纠纷引起的群体性围攻集会和上访；老年人走失或非正常死亡；因供暖系统问题造成多名老年人冻伤病；发生他杀、自杀、伤人案件，入室盗窃、抢劫案件等。

（五）区民政局认为应该报告的其他重大事件。

## 三、报告程序及内容

要遵循逐级报告的原则，注重信息报告的时效性，简化突发事件信息报送流程，减少审签环节，提高工作效率。信息报告可分为初次报告、阶段报告和总结报告三个阶段。

（一）初次报告。养老服务机构发生突发事件后，应当在30分钟内向突发事件的安全主管责任部门和属地人民政府（街道办事处）报告。同时，应迅即向实施许可（或备案管理）的民政部门进行电话报告。

区民政局接到报告后，应做到“接报即报”，在第一时间核实情况后，立即向市民政局值班室通过电话进行简要情况报告（值班电话：65868811）。报告内容应包括：

1. 紧急突发事件发生的时间、地点、类别和简要情况；

2. 信息来源和接报时间；

3. 已采取的措施及事故造成的人员伤亡情况（包括下落不明的人数）和初步估计的直接经济损失；

4. 报告人姓名及联系电话。

先期处置结束后2小时内，区民政局应当将突发事件基本情况、先期处置情况、初步对策建议、社会舆情判断等形成文字材料报送市民政局。24小时之内，上报跟踪事态发展、善后处理意见、社会舆情引导、事件原因分析和经验教训、对策建议等详细情况。

（二）阶段报告。本着“及时续报”的原则，随着重大紧急突发事件应急处置工作的开展，由区民政局负责及时将突发事件的最新情况、应急处置的阶段性进展、事件发展趋势、即将开展的工作等信息报市民政局。阶段报告原则上要随时续报事件进展情况；当天不能处置完毕的实行“日报”制度。

（三）总结报告。在突发事件处置结束后10个工作日内，区民政局应将事件发生及处置情况进行总结，报市民政局。总结报告的主要内容包括：

1. 重大紧急突发事件情况。包括突发事件发生时间、地点、原因、性质、涉及人员、财产和事件分类、分级等情况。

2. 重大紧急突发事件的报告情况。包括接报时间、初报时间及阶段报告等情况。

3. 重大紧急突发事件的处置情况。包括应急预案启动的时间、数量、名称等情况；开展应急处置的领导、部门、人员；领导的指示、采取的主要措施；人员伤亡和财产损失情况；事态影响的范围、控制和发展情况。

4. 善后处理情况。死者抚恤、伤者救治、受灾人员安置等情况，受损财物的赔偿补偿、恢复重建等情况，相关责任单位、责任人的处理和采取的相应措施等情况。

## 四、相关要求

（一）突发事件信息不得迟报、漏报、瞒报、误报，否则，对造成严重后果的直接责任人和相关负责人追究相应责任。

（二）向区政府和市民政局报告的信息，应确保内容一致。

（三）突发事件书面报告应由区民政局主要负责同志签发。主要负责同志因故暂时无法签发的，可将报告材料经主要负责同志审阅同意后上报，后期再行补签。在特殊情况下，可由主要负责同志授权其他负责同志签发。

北京市民政局

2018 年 5 月 2 日

# 北京市社区养老服务驿站管理办法（试行）

（京民养老发〔2020〕171号）

## 第一章 总 则

**第一条** 为进一步规范社区养老服务驿站（以下简称驿站）建设运营管理，根据《北京市居家养老服务条例》《北京市人民政府办公厅关于加快推进养老服务发展的实施方案》等有关法规和文件要求，制定本办法。

**第二条** 驿站在完成呼叫服务、助餐服务、日间照料、健康指导、文化娱乐、心理慰藉等六大基本服务功能基础上，可拓展开展市场化的养老服务，满足社会上普通老年群体个性化、市场化的养老服务需求。

鼓励各区通过政府购买服务方式委托驿站为基本养老服务对象提供日间照料、康复护理、应急援助、巡视探访等服务。

**第三条** 驿站建设应坚持政府无偿提供设施原则，所提供养老服务设施应符合相关标准和要求。

对于无驿站的城乡社区，街道（乡镇）应通过租赁、置换等方式获取土地或设施建设驿站，或通过给予租金补贴的方式吸引和鼓励社会力量建设运营驿站。租金补贴标准参照当地市场行情，等于或者超过300平方米的，按照300平方米建筑面积给予补贴，小于300平方米的按实际建筑面积给予补贴，所需经费由涉及区自定政策及资金渠道给予保障。

政府无偿提供设施建设的驿站，严禁街道（乡镇）向驿站运营方收取或者变相收取各类保证金、租金、赞助费等费用。

**第四条** 区民政局应指导街道（乡镇）与驿站签订委托运营协议，明确双方的权利义务、委托运营年限和违约责任，细化驿站的服务职责和考核办法。

驿站委托运营年限原则上不少于三年。

## 第二章 驿站运营主体

**第五条** 驿站的运营主体应为具有法人资质的专业团队，并具备以下基本条件：

（一）具有三年及以上养老服务机构运营管理经验；

（二）应为连锁运营的养老服务机构；

（三）没有严重失信记录，且一年内没有一般失信信息记录。

本办法实施之后新承接驿站运营的运营主体，应严格依照本条规定执行。

不符合本条第（一）、（二）款条件的运营主体，区民政局认定其运营能力突出的，可通过“一事一议”方式解决。现承接驿站运营的运营主体，如续签可不受本条第

(一)、(二)款限制。

农村幸福晚年驿站不受本条第(一)、(二)款限制。提倡连锁品牌机构承接农村幸福晚年驿站建设运营。

**第六条** 驿站应在建成运营1个月内向所在地的区民政局备案，填写备案书和承诺书，确保提供的备案信息及相关材料真实、准确、完整。

**第七条** 区民政局应将驿站运营主体法人备案信息及时归集至北京市社会福利服务管理平台，并加强日常信息的管理维护，作为后续运营扶持、监督管理等的依据。

## 第三章 驿站责任片区

**第八条** 区民政局应按照养老服务区域无缝衔接、服务人群全覆盖的原则，督促指导街道（乡镇）统筹考虑区域内老年人分布密度、驿站及养老照料中心的分布、驿站规模等因素，科学划分每所驿站服务的责任片区。

驿站未能覆盖的社区，区民政局应督促街道（乡镇）统筹协调附近的养老机构和驿站，就近拓展服务范围，延伸服务半径，并尽快提供设施建设驿站。

市场化养老服务不受驿站服务责任片区的限制。

**第九条** 驿站应在醒目位置公示责任片区范围以及所提供养老服务的内容、收费标准、营业时间、监督电话等信息。

**第十条** 区民政局要指导各街道（乡镇）将驿站地址、联系方式及所提供的为老服务内容、收费明细、监督电话等信息在责任片区的社区（村）进行公示。

**第十一条** 驿站应主动与责任片区对应的居（村）委会对接，建立责任区域内老年人服务电子档案并与服务对象签订服务协议，做到“一人一档”。

档案内容包括但不限于老年人基础信息、健康信息、评估信息、服务需求信息、每次提供服务信息等内容。

## 第四章 驿站运营管理

**第十二条** 驿站应按照国家有关标准规定，建立并完善内部管理制度，明确服务提供规范、服务质量控制规范、运行管理规范。

**第十三条** 收住临时托养老年人的驿站，应参照执行养老机构管理相关标准，并配备必要的专业技术人员、养老护理员。

鼓励符合条件的驿站升级成为养老照料中心，升级后不得叠加享受养老照料中心建设补贴。

**第十四条** 驿站应当向责任片区内老年人公开承诺营业时间，采取电话、服务预订App等基于互联网多种预约方式合理安排上门服务时间，鼓励为责任片区内老年人提供24小时应急援助服务。

**第十五条** 驿站按照国家和本市相关政策规定享受运营补贴、税费减免、购买综合责任保险等政策优惠。

巡视探访、精准帮扶等政府购买养老服务的项目，在同等条件下优先由驿站承担。政府购买服务的项目，不再享受运营补贴。

**第十六条** 区民政局要参照品牌连锁便利店发展模式，发挥街道（乡镇）对居家养老服务统筹作用，支持驿站连锁品牌运营。

**第十七条** 鼓励现有驿站增设护理站或者现有护理站增设驿站，为长期卧床或有其他护理服务需求的老年人，提供慢病管理、基础护理、康复护理等医疗服务。

不具备医疗条件的驿站，应与邻近的基层医疗卫生机构建立密切协作机制，明确服务项目、服务频次等医疗服务内容。

**第十八条** 全面推行驿站星级评定制度，将消防安全、食品安全等安全管理情况纳入驿站星级评定指标体系，建立驿站星级评定结果与运营补贴挂钩机制。

## 第五章 驿站安全管理

**第十九条** 驿站应认真履行法人主体责任，严格执行消防安全、食品安全、医疗卫生、特种设备等相关法律法规及政策规定，建立健全安全管理及感染防控制度，制定突发事件应急预案，定期开展安全隐患自查评估，及时消除安全隐患，确保安全运营。

驿站建设应符合消防安全技术标准要求。

**第二十条** 驿站的日常安全监管应落实属地责任，纳入街道（乡镇）社区治理体系进行统筹监管，发现问题及时向专业主管部门报告，并督促抓好整改落实，同时报行业主管部门。

**第二十一条** 驿站要自觉接受、积极配合属地各专业主管部门的检查，按照相关部门的整改建议抓好整改落实。

**第二十二条** 区民政局作为行业主管部门，应落实“管行业必须管安全”的要求，定期组织或委托第三方专业机构开展安全检查，持续提升驿站安全防范意识和能力。

## 第六章 驿站管理负面清单

**第二十三条** 实行驿站运营管理的负面清单制度，明确驿站在运营管理及为老服务过程中的禁止性行为。

**第二十四条** 驿站运营方在运营管理过程中，严禁有以下十类行为：

（一）发生殴打、辱骂老年人等欺老骗老虐老行为、泄露老年人隐私信息以及其他违背公序良俗、违背孝老敬老的行为。

（二）以任何形式开展赌博、宗教迷信、色情等违法违规活动。

（三）发布虚假违法保健食品广告的行为，以及对保健食品保健功能的虚假宣传行为；以各种方式欺诈销售保健食品，或为其他经营主体推销活动提供支持。

（四）假借介绍保险产品名义，向老年人推销基金、信托、第三方理财、P2P 网络借贷、股权投资、债权投资等非保险金融产品，以“保本高收益”引诱老年人出资购买等行为。

（五）承诺还本付息，以办理“贵宾卡”“会员卡”“预付卡”等名义，向老年人收取高额会员费、保证金或者为会员卡充值，非法吸收公众资金。

（六）违规倒卖、出租、出售、转让驿站经营权。

（七）擅自改变设施用途。

（八）提供虚假服务流量信息、冒领运营补贴。

（九）无正当理由连续 1 个月以上不开展服务。

（十）从事与老年人、残疾人服务无关的行为。

## 第七章　驿站的监督检查及退出

**第二十五条**　驿站运营方存在以下情形之一的，各区民政局应予以通报批评并责令其在接到通知 1 个月内完成整改；拒不整改的，暂停其享受补贴资格一年：

（一）一年内 3 次及以上服务对象通过 12345 或监督电话投诉驿站服务质量问题且核实后情况属实的；

（二）违规使用政府扶持补贴资金的；

（三）驿站服务质量星级评定或政府部门各类检查中发现其他需要整改情形。

**第二十六条**　驿站运营委托协议应将下列情形纳入违约事项：

（一）违反驿站负面清单及相关禁止性规定的；

（二）存在严重消防安全隐患问题经责令改正拒不改正的；

（三）在民政部门备案后，连续 3 个月以上未开展服务，或者在北京市社会福利服务管理平台上连续 3 个月以上没有服务流量数据的；

（四）出现特别严重失信情形，被纳入养老服务机构信用黑名单的。

**第二十七条**　驿站运营方申请退出或按照运营委托协议约定终止委托运营的，应按以下程序变更运营法人：

（一）驿站运营方将政府无偿提供设施移交设施提供方，于 5 个工作日内向区民政局报备退出情况；

（二）按照本办法第五条的规定遴选接续运营方，在明确退出后 3 个月内完成运营交接工作，及时通知银行办理 POS 机变更法人账号信息；

（三）接续运营方应于完成运营交接工作之日起 1 个月内完成备案手续；

（四）区民政局应在完成运营管理权交接后及时向市民政局报备，并在北京市社会福利服务管理平台变更驿站运营方法人信息。

**第二十八条**　区民政局要建立驿站运营方退出后建设补贴资金追回机制，领取建设补贴资金的驿站从备案之日运营服务未满三年的，退出时根据运营服务年限按比例追回建设补贴资金。运营服务未满一年的，追回全部建设补贴资金；已满一年但未满两年的，追回建设补贴资金的 70%；已满两年但未满三年的，追回建设补贴资金的 40%；已满三年的不再追回建设补贴资金。

各区民政局要适时调整完善驿站建设补贴资金发放机制，逐步实现驿站建设补贴资金分年按比例发放。

## 第八章　附　则

**第二十九条**　本办法自 2021 年 1 月 1 日起实施。

**第三十条**　本办法由北京市民政局负责解释。

# 天津市民政局关于进一步加强养老机构监管工作的通知

（津民规〔2020〕7号）

各区民政局，市社会福利事业管理处：

为深入贯彻落实《民政部办公厅关于进一步加强养老服务行业管理有关事项的通知》（民办发〔2020〕25号）要求，深化2020年养老院服务质量建设专项行动，进一步加强对养老机构的指导、监督和管理，树牢安全发展理念，消除安全风险隐患，维护老年人合法权益，提升养老服务水平，确保住养老人生命安全和身体健康，现就加强我市养老机构事中事后监管工作通知如下：

## 一、加强养老机构备案管理

（一）完善养老机构备案审查。对申请备案的养老机构，各区民政局指导机构认真填写备案书和承诺书。对材料齐全的，应当及时出具备案回执。材料不齐全的要主动指导养老机构及时补正。对已经登记备案的，按照法规规定组织人员进行现场检查，严格核实备案信息。

（二）严格养老机构备案管理。对已登记未备案的养老机构，一经发现立即约谈主要负责人，进行现场检查，督促其备案。对未登记、未备案收养老年人的机构，一经发现立即约谈主要负责人，宣讲政策，引导和督促其登记备案。当事人拒绝登记备案的，应制订处置方案，及时抄告相关部门依法依规处置。

## 二、加强养老机构信息公开

（一）主动公开养老机构信息。各区民政局要严格落实养老服务领域基层政务公开和服务质量信息公开工作要求，通过政府网站、政务新媒体、办事大厅公示栏、服务窗口等途径，公开养老机构运营基本条件、扶持、备案、评估和监管方面的政策措施和落实情况，主动公开本行政区域内经过登记、备案的养老机构名单，及时公布已掌握的未经登记、备案，但实际开展养老服务的机构名单。要建立健全养老机构信用信息记录和披露机制，落实“双随机、一公开”监管，向社会公布养老机构抽查情况及查处结果、行政处罚等信息。

（二）推动养老机构服务信息公开。各区民政局要推动养老机构按照国家有关规定建立健全安全、消防、食品、卫生、财务、档案管理等规章制度，制定服务标准和工作流程，并予以公开。要督促养老机构每年至少1次主动向社会公开服务项目、收费标准、收费依据、服务人员等信息，及时公开养老机构接受捐赠、受赠财产的使用、管理情况，通过信息公开的方式加强监管，促进养老机构自觉接受社会监督。

## 三、加强养老机构违规线索处置

（一）及时查处养老机构违规问题。各区民政局要加强养老领域执法队伍建设，完善行政执法机制，对通过信访、举报投诉、媒体报道、监督检查中发现的养老机构违规问题，应当认真分析研判，及时提出处置意见或方案，依法及时立案查处。对在执法中发现养老机构存在应当由其他部门查处的违法违规行为的，要及时通报有关部门处理，并跟进有关处理情况。要牵头建立养老机构风险分级管控机制，形成统一的养老服务质量、安全和费用风险监测评估网络，对投诉举报多、安全隐患大、有失信行为和严重违法违规记录的养老机构，由相关部门增加抽查频次，加大查处力度。

（二）拓宽养老机构监督渠道。各区民政局要将社区养老服务工作情况纳入城乡社区网格化服务管理，一经发现未登记备案的机构线索，及时向有关部门“吹哨”，并积极协助妥善处置。同时，要完善社会监督机制，主动公开民政部门养老机构举报投诉热线，畅通对养老机构的举报投诉渠道，并积极协调相关部门公布行业监督热线，听取服务对象及其家属、社会公众等监督主体的意见和建议。要推动养老机构内部建立“开通一条热线、设置一个信箱、指定一个专员（设立一个部门）”的投诉建议受理机制，促进问题、矛盾和纠纷即发现、即解决。

（三）妥善应对舆论监督。各区民政局要高度重视媒体反映的养老机构服务工作中存在的问题，积极做好热点敏感问题以及带有倾向性、普遍性问题的应对工作，及时掌握情况并妥善处置，重大情况要及时上报区委、区政府和市民政局，切实维护社会稳定和正常养老服务秩序。

## 四、完善养老机构综合监管体系

（一）建立区域性养老机构综合监管制度。各区民政局要结合市级养老服务联席会议制度，积极牵头建立本区养老服务联席会议制度，主动加强与联席会议各成员单位的沟通协调，充分发挥联席会议制度作用，加强部门间共商共议。要在具体举措上争取上下衔接、左右呼应，共同推动养老机构信用监管，跨区域、跨部门、跨层级执法联动，完善养老机构服务纠纷预防和处置机制，推动建立养老机构事中、事后综合监管制度。

（二）建立养老机构联合巡查制度。各区民政局要依法落实监管责任，牵头联席会议成员单位建立联合巡查制度，健全常态化联合监管机制，按照部门各自监管职责，制定详细的日常联合巡查办法，强化上下联动、部门协同，形成监管合力。每年对辖区内养老机构服务安全和质量进行不少于一次的现场联合检查，对发现的各类风险和问题实时查办、督促整改。

（三）加强结果运用，提升综合监管效果。各区民政局要依据民政部《养老服务市场失信联合惩戒对象名单管理办法（试行）》（民发〔2019〕103 号），构建信用联合奖惩联动机制，将严重违法失信的养老服务机构和从业人员列入联合惩戒对象名单，实施信用约束、联合惩戒等措施。要建立健全综合监管结果与养老服务机构等级评审、政府补助、优惠政策等挂钩的机制，确保综合监管效果。

附件：通报函（样式）

2020 年 10 月 29 日

附件

# 通报函

编号：

__________（单位）：

经检查，我局发现位于<u>  地址  </u>的<u>  （养老机构名称）  </u>，其养老机构备案号（或原许可证号）为：________，机构性质：<u>（民办公益性/民办经营性/公办/公建民营）</u>，存在以下问题：

1. （问题描述）

2. ……

现根据《养老机构管理办法》《市民政局关于进一步加强养老机构监管工作的通知》的规定，将上述情况通报你单位。请你单位按照部门职责，及时依法进行处理，相关处理情况可以函告我局。

特此函告。

民政局（章）

年　　月　　日

（联系人：　　　　　区民政局　　　科　　　　联系电话：　　　　　）

# 河北省人民政府办公厅印发《关于建立健全养老服务综合监管制度促进养老服务高质量发展若干措施》的通知

（冀政办字〔2021〕25号）

各市（含定州、辛集市）人民政府，雄安新区管委会，省政府各部门：

《关于建立健全养老服务综合监管制度促进养老服务高质量发展的若干措施》已经省政府同意，现印发给你们，请认真贯彻落实。

河北省人民政府办公厅

2021年2月27日

## 关于建立健全养老服务综合监管制度促进养老服务高质量发展的若干措施

为深入贯彻党的十九大和十九届二中、三中、四中、五中全会精神，落实积极应对人口老龄化国家战略，推进形成高效规范、公平竞争的养老服务统一市场，持续优化营商环境，引导激励养老服务机构（包括养老机构、居家社区养老服务机构）诚信守法经营、积极转型升级，促进养老服务高质量发展，根据《国务院办公厅关于建立健全养老服务综合监管制度促进养老服务高质量发展的意见》（国办发〔2020〕48号）精神，结合我省实际，制定如下措施。

### 一、突出监管重点，强化全程监管

（一）加强备案监管。2021年底前，建立养老服务机构备案信用承诺制度，备案申请人提交按建筑、消防、食品、医疗卫生、环境保护、特种设备等法律法规及国家有关标准开展服务活动的书面承诺并向社会公开，书面承诺履约情况记入信用记录，对违反承诺的依法依规实施惩戒。加强备案信息核实，对完成备案的，民政部门会同相关部门自备案之日起20个工作日内进行现场检查；对未备案的，自发现其收住老年人之日起20个工作日内，由民政部门会同相关部门进行现场检查，并督促及时备案。

（二）加强质量安全监管。持续推进养老服务机构风险隐患排查整治，引导其主动防范消除建筑、消防、食品、医疗卫生、特种设备等方面的风险隐患。民政部门会同住房城乡建设部门加强建筑使用安全检查，督促其采取修缮、更换等措施整改消除安全隐患；会同消防救援机构、住房城乡建设等部门抓好消防安全整治，摸清消防安全状况，建立隐患、整改、责任清单，对重大火灾隐患提请政府挂牌督办；会同市场监管部门加强食品和特种设备安全日常监管，开展风险监测；会同卫生健康、医保、药监等部门强化养老机构内设医疗机构依法执业、服务安全、采购使用医疗相关产品的监督管理。

（三）加强从业人员监管。加强养老服务机构从业人员（包括养老服务机构的法定代表人、主要负责人、管理人员以及养老护理员等相关人员）职业道德教育培训，引导其自觉养成良好品行，提升职业道德水平。强化执业行为监管，养老服务机构中从事医疗护理、康复治疗、消防管理等服务的专业技术人员应当具备相关资格。加强养老护理员岗前培训和岗位职业技能提升培训，2022 年底前，培养培训养老护理员 6 万人次以上。积极开展养老护理员职业技能等级认定工作。加强院校内老年服务与管理人才培养，实施职业技能水平评价。严格末端监督执法，依法依规加强培训评价组织和职业技能等级证书监管，防止出现乱培训、滥发证现象；依法依规从严惩处欺老、虐老等侵害老年人合法权益的行为，对相关责任人实施行业禁入措施。

（四）加强涉及资金监管。养老服务机构要以合法合规方式筹集和使用养老服务涉及资金。加强申领使用政府奖补资金监督管理，定期进行抽查核查，依法打击以虚报冒领等方式骗取资金的行为。对涉及使用财政资金的重点建设项目，加大跟踪审计问效力度。加强对政府购买服务的监督管理，依法查处弄虚作假、挤占挪用等违法违规行为。加大对养老机构医保基金使用情况的监督管理力度，保障医保基金安全。加强对金融机构开展养老服务领域金融产品、服务方式创新的监管。加强养老服务机构收费行为规范管理，加大以养老服务名义非法集资风险排查力度，做好政策宣传和风险提示，依法打击养老服务机构以养老服务为名的非法集资活动。

（五）加强运营秩序监管。养老服务机构应当按照国家有关规定和当事方协议约定规范提供服务，2021 年底前建立健全异常事件报告、紧急呼叫记录、值班记录、交接班记录、门卫记录等内部管理档案，并妥善保管；2022 年底前视频监控覆盖各出入口、接待大厅、值班室、楼道、食堂等公共场所和部位，视频监控记录保存时间不少于 15 天，合理规避风险；建立纠纷协商调解机制，规范服务纠纷处理程序，引导老年人及其代理人依法维权。严禁利用养老服务机构设施和场地开展与养老服务无关的活动，依法查处向老年人欺诈销售各类产品和服务的违法行为。依法查处养老服务设施用地单位未经批准改变规划确定的土地用途，以及非营利性养老服务机构擅自转让、出租、抵押划拨土地使用权的行为。依法打击无证无照从事养老服务的行为，对未依法取得营业执照以市场主体名义从事养老服务经营活动的，按照《无证无照经营查处办法》的有关规定查处；未经登记擅自以社会服务机构名义开展养老服务活动的，由民政部门依法查处；未经登记管理机关核准登记，擅自以事业单位法人名义开展养老服务活动的，由事业单位登记管理机关依法采取措施予以制止，并给予行政处罚；构成犯罪的，依法追究刑事责任。

（六）加强应急处置监管。养老服务机构应当建立完善突发事件的预防与应急准备、监测与预警、应急处置与救援、事后恢复与重建等工作机制，2021 年底前制定自然灾害、事故灾难、公共卫生事件等突发事件应急预案，配备报警装置和必要的应急救援设备、设施；每半年至少开展1次应急知识宣传，每年至少开展1次应急演练，提高处置能力。指导养老服务机构全面落实传染病疫情防控要求，做好老年人和工作人员个人防护。指导发生或者可能发生传染病暴发或流行、不明原因群体性疾病、重大食物中毒事件的养老服务机构，依法依规采取卫生处理、隔离等预防控制措施。

（七）加强服务退出监管。完善养老服务市场主体退出机制，民政部门明确养老服务机构暂停、终止服务过渡期，指导其妥善做好服务协议解除、老年人安置等工作，切实保障老年人合法权益。加强民办非营利性养老服务机构退出财产处置监管，2021年底前制定相关管理办法，防止因关联关系、利益输送、内部人控制等造成财产流失或转移。

## 二、明确监管主体，汇聚监管合力

（八）强化政府主导责任。深化养老服务领域“放管服”改革，充分发挥政府在法治建设、政策规划、制度标准、行业管理、行政执法等方面的主导作用。深化行政执法体制改革，最大限度减少不必要的行政执法事项。各相关部门要按照职责分工依法履行业务指导和监管职责，实行清单式监管，明确监管的事项、措施、依据、流程，及时、规范公开监管结果，建立各司其职、各尽其责的协同监管机制。

（九）压实机构主体责任。养老服务机构要坚持党的领导，2023年底前符合条件的按照应建尽建原则及时建立党组织；承担依法登记、备案承诺、履约服务、质量安全、应急管理、消防安全等主体责任，主要负责人是第一责任人；应制定员工守则，建立健全内部管理机制，提高养老服务、安全管理、风险防控、纠纷解决水平。养老服务机构发生公共卫生事件的，依法依规向所在地县级卫生健康主管部门、疾病预防控制机构和民政部门报告；发生生产安全事故的，按规定向事故发生地县级以上应急管理部门和民政部门报告。

（十）发挥行业自律作用。养老服务领域行业组织要积极推行行业信用承诺制度，健全行业自律规约，加强会员信用管理，建立诚信档案，制定服务准则，实施信誉评价，引领规范会员生产经营行为，推动行业自律体系建设；制定行业职业道德准则，规范从业人员职业行为，协调解决养老服务纠纷。

（十一）营造社会监督环境。推进普法教育，提高养老服务机构和从业人员依法从业意识，增强老年人及其家庭权益意识。定期举办“开放日”活动，鼓励支持人大代表、政协委员、新闻媒体和社会公众监督。畅通投诉举报渠道，优化投诉举报受理流程，实现“民政牵头、归口负责”。完善舆情监测和处置机制，对捏造事实、制造谣言、造成严重社会影响的宣传报道，依法追究有关人员责任。

## 三、创新监管方式，提高监管效能

（十二）强化部门协同配合。2021年9月底前，制定养老服务监管责任清单，规范养老服务机构现场检查流程和问题移交处置程序，实现违法线索互联、监管标准互通、处理结果互认，避免多头多层重复执法。民政部门发现养老服务机构存在建筑、消防、食品、医疗卫生、环境保护、特种设备等方面风险隐患，应当督促其及时采取措施予以消除，并书面告知相关部门；对安全隐患突出或情况紧急的，应当依法责令养老服务机构停业整顿或采取紧急措施处置，并通知相关部门到场处理；对应当采取行政强制措施或行政强制执行的，应当通知具备相应执法权限的部门或申请人民法院依法处理。

（十三）深化“双随机、一公开”。依托河北省双随机抽查监管工作系统，规范抽查计划编制、名单抽取匹配、结果公示归集等工作程序，实现监管信息互联互通。2021 年 9 月底前，制定养老服务随机抽查事项清单和部门联合抽查事项清单，逐项完善抽查标准和实施细则，明确抽查比例、频次、方式、流程等事项。统筹建立检查对象名录库和执法检查人员名录库，必要时可吸纳检测机构、科研院所等力量参与。对投诉举报多、安全隐患大、有失信行为或严重违法违规记录的，增加抽查频次，加大查处力度。

（十四）强化信息公开。推进养老服务领域政务信息公开，相关部门按照经营性质分别在中国社会组织公共服务平台、国家企业信用信息公示系统（河北）、河北事业单位在线网，公开养老服务机构登记、备案、抽查检查结果、行政处罚、奖惩情况等信息。建立养老服务质量信息公开清单，督促养老服务机构通过书面告知、在显要位置设置公示栏等方式，主动公开基本信息、规章制度、服务项目、收费标准等事项。

（十五）建立信用评价机制。依法依规实施守信联合激励和失信联合惩戒，引导养老服务机构诚信守法经营。以统一社会信用代码为标识，2022 年底前整合形成完整的养老服务市场主体信用记录，并通过“信用河北”网站、国家企业信用信息公示系统（河北）及相关部门门户网站等渠道依法依规向社会公开，实现对违法失信行为信息的在线披露和信息共享。探索开展养老服务机构公共信用综合评价，根据信用等级高低采取差异化监管措施。

（十六）推行“互联网+监管”。运用大数据手段实现规范化、精准化、智能化监管，减少对监管对象的扰动。推进养老服务领域政务数据资源和社会数据资源统一开放共享，民政部门依托“金民工程”，及时采集养老服务机构和从业人员数据信息，分别形成基本数据集；卫生健康部门依托基本公共卫生服务老年人健康管理项目，及时采集老年人健康管理信息，形成健康档案基本数据集；公安部门依托国家人口基础信息库，建立我省老年人基本信息数据集；人力资源社会保障部门会同相关部门，推广社会保障卡在养老服务领域应用，加强老年人社会保障公共服务信息共享。依托河北省一体化政务服务平台和“互联网+监管”系统推进有关基本数据集共享，推动技术对接、数据汇聚和多场景使用。2022 年底前，实现跨地区互通互认、信息一站式查询和综合监管“一张网”。

（十七）建立健全标准体系。落实《养老机构服务安全基本规范》《养老机构服务质量基本规范》等国家标准和工程建设、医疗卫生等行业相关标准。建立健全养老服务标准和评价体系，开展养老机构等级评定，培育星级机构，规范养老服务行为，2021 年底前实现与国家等级评定体系衔接互认。发挥河北省养老服务标准化技术委员会作用，2022 年底前研究制定养老服务质量、安全基本规范和居家上门服务规范等方面的地方标准。支持行业组织等社会团体制定发布养老服务和产品的团体标准，鼓励养老服务机构制定具有竞争力的企业标准。2025 年底前，初步建立政府主导制定标准与市场主体制定标准协同发展、协调配套的新型标准体系，提高养老设施设备配置和服务标准化水平。

（十八）规范行政执法行为。建立健全行政执法公示、执法全过程记录、重大执法决定法制审核等制度，强化对行政权力的制约和监督。加强行政执法人员业务培训，规范执法检查、立案、调查、审查、决定等程序和行为。落实行政执法责任制和错案追究制，探索建立容错纠错和免责机制，完善行政执法和刑事司法衔接程序。制定养老服务下放乡镇（街道）管理执法事项清单，支持乡镇（街道）做好养老服务机构日常巡查、投诉举报受理、协助调查取证等工作，建立健全乡镇（街道）与县级执法部门协调协作机制。

## 四、加强组织领导，确保落实见效

（十九）强化组织实施。坚持党对养老服务工作的全面领导，把党的领导贯穿到综合监管全过程。各地各部门要抓紧研究制定配套措施，统筹部署抓好落实。将养老服务安全生产监督管理工作纳入年度安全生产考核范围，对监管工作成效明显的市县，加大政策倾斜支持力度。民政部门要会同有关部门跟踪了解、督促检查各项措施落实情况，确保落实落地。

（二十）加强队伍建设。2021年底前，县级建设社会服务机构性质的养老服务指导中心，或者加强县级特困人员供养服务机构（敬老院）服务功能，发挥行业管理、技术指导等作用。推动人财物等监管资源向基层下沉，加强技术、设备、经费保障，提高现代科技手段在综合监管中的应用水平。加强养老服务行业执法监督作风纪律建设，打造公正廉洁、执法为民、敢于担当的执法监督队伍。

（二十一）加大宣传力度。各地各部门要把加强养老服务综合监管与提升服务质量、保障老年人合法权益结合起来，通过多种途径、采取多种形式，广泛深入宣传，鼓励引导全社会参与，推动形成关心支持养老服务综合监管、促进养老服务高质量发展的良好氛围。

· 附件 ·

# 养老服务综合监管相关部门职责分工

发展改革部门依法负责对中央及地方预算内投资支持的养老服务项目建设资金实施管理，对普惠性养老项目实施评估。

教育部门依照权限负责管理监督考核院校内（技工院校除外）职业技能等级证书的实施。

公安部门依法负责查处扰乱养老服务机构工作秩序，故意伤害、虐待老年人等侵犯老年人人身权利，以及以养老服务为名实施非法集资和诈骗等侵犯老年人财产权利的违法犯罪行为。加强人口管理信息的共享应用，提升服务管理效率。

民政部门依法负责对养老服务机构服务质量、安全、运营的监督管理，推进养老服务标准化体系建设，开展养老服务机构信用监管，对养老服务机构进行备案管理。

财政部门负责会同发展改革、民政部门依法对养老服务机构奖补资金使用情况、政府购买养老服务进行监督管理。

人力资源社会保障部门依照职责权限做好院校外和技工院校的职业技能等级证书的监督管理。推动社会保障卡在养老服务领域应用，加强老年人社会保障公共服务的信息共享。

自然资源部门依法负责对养老服务机构规划用地等进行监督检查。

生态环境部门依法负责对养老服务机构环境影响评价的审批或者备案，对养老服务机构污染物排放情况进行监督检查。

住房城乡建设部门依法负责对养老服务设施工程建设质量安全的监督管理，依法负责养老服务设施工程建设标准规范的执行监督。

卫生健康部门依法负责对医疗机构的执业活动和医疗卫生服务质量进行监督管理。依法负责指导养老服务机构聚集性传染病处置、突发公共卫生事件的医疗卫生救援和应急工作。依法负责采集、汇聚、存储、应用、共享老年人基本健康医疗数据。

应急管理部门负责按程序提请本级安全生产委员会将养老服务安全生产监督管理工作纳入对本级政府有关部门和下级人民政府年度安全生产考核。消防救援机构依法负责对养老服务机构实施消防监督检查。

审计部门依法负责对财政资金的使用情况、政府购买养老服务进行监督检查。

市场监管部门依法负责查处养老服务机构不执行政府定价、政府指导价和不按规定明码标价等价格违法行为，推动养老服务标准化工作，对养老服务机构的特种设备安全、食品安全进行监督检查。

地方金融监管部门依法负责对监管领域内地方金融组织参与养老服务市场相关行为进行监督管理，协调有关部门依法做好防范和处置非法集资工作。

政务服务管理部门依照权限负责加强养老服务信用信息的共享应用。

医疗保障部门依法负责对纳入医保定点的养老机构内设医疗机构医保基金的使用进行

监督管理。

银保监部门依法负责对银行业、保险业金融机构参与养老服务市场相关行为进行监督管理。

行政审批机关依照权限负责对社会力量设立的公益性、经营性养老服务机构以及养老服务领域行业组织进行登记管理，对养老机构设立医疗机构进行审批或者备案。

事业单位登记管理机关依法负责对符合登记条件的养老机构进行登记管理。

# 上海市民政局关于印发《养老机构失信信息归集和使用管理办法（试行）》的通知

（沪民规〔2018〕20号）

各区民政局、区发展和改革委员会：

根据《上海市养老机构条例》《上海市社会信用条例》《上海市公共信用信息归集和使用管理办法》等规定，为规范养老机构失信信息归集和使用管理，促进养老机构诚信健康发展，市民政局、市发展改革委联合制定了《上海市养老机构失信信息归集和使用管理办法（试行）》。现印发给你们，请遵照执行。

上海市民政局
上海市发展和改革委员会
2018年7月9日

## 上海市养老机构失信信息归集和使用管理办法（试行）

**第一条（目的与依据）**

为规范养老机构失信信息归集和使用管理，促进养老机构诚信健康发展，根据《上海市养老机构条例》《上海市社会信用条例》《上海市公共信用信息归集和使用管理办法》等规定，结合本市实际，制定本办法。

**第二条（适用范围）**

本市民政部门在履行职责、提供服务过程中，对产生或者获取的养老机构的失信信息进行归集、使用等管理活动，适用本办法。

本办法所称的养老机构，是指在本市取得养老机构设立许可的公益性和经营性养老机构。

**第三条（原则）**

养老机构失信信息的归集和使用应当遵循“合法、安全、及时、准确”的原则，不得泄露国家秘密，不得侵犯养老机构商业秘密和个人隐私。

**第四条（市、区民政部门职责）**

市民政局负责统筹本市养老机构失信信息的归集、使用和管理；依托本市养老机构日常管理系统，建设、完善本市养老机构失信信息归集平台，并与市公共信用信息服务平台对接，实现信息互联互通。

区民政局负责本辖区养老机构失信信息的归集、录入、更新和移出等管理工作。

**第五条（信息内容）**

养老机构的失信信息包括以下事项：

（一）在申办养老机构许可、申请建设和运营扶持补贴、申请相关荣誉表彰项目、参加养老机构等级评定、接受行业部门检查或专项审计过程中，提供虚假材料、隐瞒真实情况，或拒绝提供反映其活动的真实材料，侵害行业管理秩序和社会公共利益的信息；

（二）拒不执行生效法律文书的信息；

（三）民政部门适用一般程序作出的行政处罚信息，但违法行为轻微或者主动消除、减轻违法行为危害后果的除外；

（四）登记管理部门开展的年度检查中连续两年不合格的信息；

（五）业务主管部门开展的综合评估中连续两次不达标的信息；

（六）通过市公共信用信息服务平台交换获取的其他行政机关作出的行政处罚信息，养老机构欠缴依法应当缴纳的税款、社会保险费等信息；

（七）其他与养老机构相关的失信信息。

**第六条（信息要素）**

录入养老机构失信信息归集平台的信息，包括信息种类、失信事实、信息来源、信息录入时间、信息保留期限等。

**第七条（信息录入）**

民政部门在养老机构失信信息产生后 7 个工作日内，将有关信息录入到养老机构失信信息归集平台，并同步归集到市公共信用信息服务平台。

市民政局通过市公共信用信息服务平台交换获取的养老机构失信信息，应当及时导入养老机构失信信息归集平台。

**第八条（信息公开与查询）**

养老机构失信信息通过市养老机构失信信息归集平台和市公共信用信息服务平台向社会主动公开。

养老机构失信信息可以通过登录上海诚信网、上海民政网、上海综合为老服务平台及诚信上海 app 等方式查询。

**第九条（惩戒措施）**

对失信的养老机构，民政部门可以依照相关规定采取以下惩戒措施：

（一）在日常监管中列为重点监管对象，增加检查频次，加强现场核查等；

（二）在年度检查、综合评估等工作中，列为重点核查对象；

（三）取消已经享受的行政便利化措施；

（四）限制享受财政资金补助等政策扶持；

（五）限制参加政府采购、政府购买服务、政府投资项目招标等活动；

（六）限制参加民政部门组织的各类表彰奖励活动；

（七）国家和本市规定可以采取的其他措施。

**第十条（严重失信主体名单）**

市民政局根据履行职责需要，制定养老机构严重失信主体名单的认定标准向社会公布，并依照规定就相关联事项，采取惩戒措施。

市民政局公布严重失信主体名单的，应当同时公开名单的列入、移出条件和救济途径。

**第十一条（法人和自然人失信信息联动）**

列入严重失信主体名单的养老机构，在记录该单位失信信息时，应当标明对该单位严重失信行为负有责任的法定代表人、主要负责人和其他直接责任人的信息。

民政部门可以会同相关部门，依法对该单位的法定代表人、主要负责人和其他直接责任人作出相应的联合惩戒措施。

**第十二条（信息期限）**

失信信息的查询期限为5年，自失信行为或者事件终止之日起计算，查询期限届满，民政部门应当将该信息从查询界面删除。

**第十三条（异议提出）**

对民政部门履行职责、提供服务过程中产生的养老机构失信信息，养老机构认为存在下列情形的，可以向民政部门书面提出异议，并提供相关证明材料：

（一）本人公共信用信息记载存在错误或者遗漏的；

（二）侵犯其商业秘密、个人隐私等合法权益的；

（三）失信信息超过查询期限仍未删除的。

**第十四条（异议处理）**

民政部门应当在收到异议材料之日起5个工作日内，进行信息比对，作出是否更正的决定，并及时将处理结果书面告知异议提出人；作出不予更正决定的，应当说明理由。

**第十五条（信用修复）**

对民政部门履行职责、提供服务过程中产生的养老机构失信信息，在查询期限内，失信养老机构通过主动履行义务、申请延期、自主解释等方式减少失信损失，消除不利影响的，民政部门可以根据申请，经核实后，在查询界面上删除该失信信息。

**第十六条（社会监督）**

鼓励社会组织和个人对养老机构失信行为进行监督，发现养老机构有违法违规行为的，可以向民政等部门举报。

**第十七条（行业自律）**

支持社会福利行业协会加强行业信用管理建设，鼓励其建立行业诚信档案，建立养老行业信用管理平台，完善养老机构行业信用管理体系；鼓励其与信用服务机构合作，开展信用等级分类和信用评价，依据协会章程对失信会员采取业内警告、通报批评、降低会员级别、取消会员资格等惩戒措施。

**第十八条（行政责任）**

民政部门工作人员在开展养老机构失信信息管理工作中滥用职权、徇私舞弊、玩忽职守的，视其情节轻重给予批评教育或者行政处分；构成犯罪的，依法追究刑事责任。

**第十九条（参照范围）**

本市长者照护之家的失信信息管理参照本办法执行。

**第二十条（有效期限）**

本办法自2018年8月15日起试行，有效期2年。

# 上海市民政局关于印发《全面开展养老机构服务质量日常监测工作的实施方案》的通知

（民养老发〔2019〕18号）

各区民政局，各相关单位：

为进一步提升养老机构服务质量，加强服务过程监管，促进本市养老机构服务质量建设规范化、长效化、制度化，决定在全市养老机构中全面开展服务质量日常监测工作。现将《上海市民政局关于全面开展养老机构服务质量日常监测工作的实施方案》印发给你们，请认真贯彻落实。

2019年6月12日

## 上海市民政局关于全面开展养老机构服务质量日常监测工作的实施方案

为贯彻《上海市深化养老服务实施方案（2019—2022年）》（沪府规〔2019〕26号），进一步提升养老机构服务质量，加强服务过程监管，促进本市养老机构服务质量建设规范化、长效化、制度化，现决定在全市养老机构中全面开展服务质量日常监测工作。实施方案如下：

**一、目的意义**

通过全面开展养老机构服务质量日常监测，建立养老机构服务质量的监测指标体系，建立健全动态监测机制、持续改进机制、认证评价机制，努力提升上海养老机构“安全、优质、诚信”的服务品质。

**二、监测范围**

面向本市民政部门或市场监督部门、编制管理部门登记并在民政部门取得设立许可或备案的养老机构（不含“长者照护之家”）开展，实现养老机构服务质量日常监测全覆盖。未正常执业及执业不足1年的不在年度监测范围。

**三、监测原则**

（一）统一监测指标。由市民政局组织专家开发《上海市养老机构服务质量日常监测评价指标》，作为监测的统一指标使用。

（二）统一监测项目。每年根据实际情况，由市民政局统一布置，确定全部监测指标或从中选出若干监测项目，供当年或当次监测使用。

（三）统一监测人员库。监测人员接受社会报名，经一定培训后，纳入全市监测人员库，每次监测时从监测人员库中抽取。

（四）统一派遣监测人员。统筹和合理搭配每组监测人员，保证监测人员水平一致、能力互补。

（五）统一监测质量跟踪。市民政局每年委托第三方，对监测工作进行跟踪检查，保证全市养老机构服务质量日常监测工作的质量。

（六）统一发布监测结果。监测结束以后，对监测情况进行汇总分析，由市民政局统一发布。

**四、监测内容**

养老机构服务质量日常监测指标反映养老机构日常运行状况，分服务提供类、服务保障类、服务安全类等三大类，共 90 项评价指标（详见附件 1）。

（一）服务提供类。评价指标包括确定服务内容、日常照护、清洁卫生、预防保健、社交娱乐、精神支持等项目，共 35 项。

（二）服务保障类。评价指标包括人员管理、入出院管理、收费管理、信息管理、感染管理、服务质量监督与评价等项目，共 30 项。

（三）服务安全类。评价指标包括护理安全、膳食安全、设施安全、电气安全、燃气（气瓶）安全、特种设备安全、消防安全等项目，共 25 项。

**五、评价方法**

（一）监测指标权重分布。服务质量日常监测主要是对服务品质的评价，服务提供类指标占总分之 50%，服务保障类指标占总分之 30%，服务安全类指标占总分之 20%。

（二）项目分值。每项设置 A、B、C、D 四档，对应不同的分值。

（三）评价结果。根据该机构实际评价总得分，将服务质量日常监测分为四个等级，其对应关系如下：

1. 评价得分高于（等于）85 分，对应等级为“优秀”，以“大笑脸”表示；
2. 评价得分 84—70 分（含 70 分），对应等级为“良好”，以“微笑脸”表示；
3. 评价得分 69—50 分（含 50 分），对应等级为“一般”，以“平脸”表示；
4. 评价得分 50 分以下，对应等级为“较差”，以“哭脸”表示。

**六、监测方式**

养老机构服务质量日常监测由市民政局统一组织，采用实地查看、现场询问、现场访谈、查阅资料等形式进行。

**七、工作安排**

（一）确定项目。每年 1—2 月，市民政局确定养老机构服务质量日常监测的项目。

（二）组织培训。每年 3—6 月，由市民政局组织对养老机构进行集中培训，机构组织人员开展院内培训。

（三）安排人员。由市民政局委托的第三方机构从“上海市养老机构服务质量日常监测人员库”中随机抽取，监测人员应遵守和符合相关要求（详见附件 2）。

（四）开展监测。每年 4—10 月，由市民政局委托第三方机构并组织监测人员实施监测。

（五）质量跟踪。每年8—10月，市民政局组织专人，对监测人员的工作质量进行跟踪检查。

（六）分析汇总。每年10—11月，被委托的第三方完成对监测情况分析汇总，形成监测报告，并报市民政局。

（七）结果发布。每年12月底前，市民政局对全年监测情况进行分析汇总，形成《上海市养老机构服务质量日常监测报告》，通过官网、上海市养老服务平台、上海民政微信公众号等向社会发布。

**八、监测频次**

评定等级为“优秀”的养老机构，可在两年内免于监测；评定等级为“良好”的养老机构，可一年内免于监测；评定等级为“一般”的养老机构，半年内不少于一次监测；评定为“较差”的，半年内不少于两次监测；对出现被投诉举报、曝光、列入失信名单等情形的养老机构可随时进行监测。

**九、监测管理**

（一）日常监测结果公示牌管理。在养老机构经营场所醒目位置张贴“养老机构服务质量日常监测结果公示牌”。公示牌采用统一规格、统一标准，由市民政局统一设计、统一制作，区民政局监督指导养老机构张贴（样式详见附件3）。公示牌在下次服务质量监测评价后根据监测结果予以更新。

（二）现场管理。被监测养老机构无理拒绝、阻挠监测的，经监测小组组长报市民政局同意后，有权中止现场监测，监测结果为最低等级，并纳入养老机构信用管理。

（三）监测人员管理。监测人员应实行回避制度，确保与被监测养老机构无利益关系。如发现监测人员失职失德、弄虚作假、索取财物等问题，将终止该监测人员资格，并从监测人员库除名，记入个人诚信档案。

**十、工作要求**

各区民政局要把服务质量日常监测工作作为提升服务质量的重要抓手，动员、指导所辖区区域的养老机构对照监测指标做好各项服务工作，对监测中发现的问题督促整改。

各养老机构应将服务质量日常监测作为提升自身服务能级的重要推动力，对照监测指标，对自身服务质量状况进行全面的梳理和分析、随时改进。按照新修订的《中华人民共和国老年人权益保障法》的要求，主动配合政府部门的监督检查。

第三方监测机构要按照市民政局的要求，做好监测人员的管理和服务，及时发现监测过程中问题，及时向市民政局反映情况，保证监测过程和结果客观公正。

附件：1. 上海市养老机构服务质量日常监测评价指标

2. 上海市养老机构服务质量日常监测人员守则

3. 养老机构服务质量日常监测结果公示牌（样式）

**附件 1**

## 上海市养老机构服务质量日常监测评价指标

被评估机构：　　　　　　　　　　　　　　　　　　　　　　　　　　　　　　评估时间：

<table>
<tr><th rowspan="2">类目</th><th rowspan="2">项目内容</th><th rowspan="2">项次</th><th rowspan="2">评价内容及要点</th><th rowspan="2">评价依据</th><th colspan="4">项目分值</th><th rowspan="2">评价方法</th></tr>
<tr><th>A</th><th>B</th><th>C</th><th>D</th></tr>
<tr><td rowspan="5">服务提供</td><td>确定服务内容</td><td>1</td><td>掌握入住老年人的照护情况<br>（①照护等级②照护风险点③照护内容）</td><td>A. 完全符合<br>B. 符合第①②点，部分符合第③点<br>C. 部分符合第②③点</td><td></td><td></td><td></td><td></td><td>现场询问</td></tr>
<tr><td rowspan="4">日常照护</td><td>2</td><td>掌握进食过程中的主要管控要点<br>（①进食姿势②进食量、进食速度③关注咀嚼和吞咽功能状态④食物或水温度）</td><td>A. 完全符合<br>B. 符合第①②③点，部分符合第④点<br>C. 符合第①②点，部分符合③④点<br>D. 不符合第①点</td><td></td><td></td><td></td><td></td><td>现场查看<br>现场询问</td></tr>
<tr><td>3</td><td>掌握晨晚间护理内容<br>（①晨间护理内容②晚间护理内容③注意事项）</td><td>A. 完全符合<br>B. 符合第①②点，部分符合第③点<br>C. 部分符合第①-③点<br>D. 完全不符合</td><td></td><td></td><td></td><td></td><td>现场询问</td></tr>
<tr><td>4</td><td>掌握口腔清洁过程中的主要操作要点<br>（①清洁姿势②清洁流程③义齿清洁方法④注意事项）</td><td>A. 完全符合<br>B. 符合第①②③点，部分符合第④点<br>C. 部分符合第①-④点<br>D. 不符合第①点</td><td></td><td></td><td></td><td></td><td>现场询问</td></tr>
<tr><td>5</td><td>掌握洗浴过程中的主要管控要点<br>（①洗浴禁忌②洗浴时长③室温及水温要求④注意事项）</td><td></td><td></td><td></td><td></td><td></td><td>现场询问</td></tr>
<tr><td colspan="5">小计</td><td></td><td></td><td></td><td></td><td></td></tr>
</table>

**续表**

| 类目 | 项目内容 | 项次 | 评价内容及要点 | 评价依据 | 项目分值 A | B | C | D | 评价方法 |
|---|---|---|---|---|---|---|---|---|---|
| 服务提供 | 日常照护 | 6 | 入住老年人容貌清洁状况<br>（①头面部清洁和梳理②指（趾）甲护理③手足部清洁④着装整洁无异味） | A. 完全符合<br>B. 部分符合第①–④点<br>C. 不符合第④点 | | | | | 现场查看<br>现场询问 |
| | | 7 | 掌握穿、脱衣裤的主要操作要点<br>（①偏瘫者穿脱衣裤方法②卧床者穿脱衣裤方法③熟知注意事项） | A. 完全符合<br>B. 符合第①②点，部分符合第③点<br>C. 部分符合第①–③点<br>D. 完全不符合 | | | | | 现场查看<br>现场询问 |
| | | 8 | 掌握排泄照护要点<br>（①照护方式②照护要求③便器使用及管理） | A 完全符合<br>B. 符合第①②点，部分符合第③点<br>C. 部分符合第①–③点<br>D. 完全不符合 | | | | | 现场询问 |
| | | 9 | 掌握体位转移过程中的主要操作要点<br>（①体位转移方式②各体位转移流程③安全要点） | | | | | | 现场查看<br>现场询问 |
| | | 10 | 掌握压疮照护要点<br>（①压疮预防要点②院内压疮发生率）<br><br>＊院内压疮发生率需视情况分析，特殊情况除外 | A. 完全符合<br>B. 符合第②点，部分符合第①点<br>C. 部分符合第①②点<br>D. 完全不符合 | | | | | 现场查看<br>现场询问<br>现场查阅 |
| | | 11 | 床单位清洁及寝具适宜状况<br>（①床单位清洁②寝具适宜） | A. 完全符合<br>B. 符合第①点，部分符合第②点<br>C. 部分符合第①②点<br>D. 完全不符合 | | | | | 现场查看 |
| | | 12 | 居室内物品整理状况<br>（①物品分类放置②整齐有序） | | | | | | |
| | | 13 | 照护区域内食品储存状况<br>（①食品无过期、变质、霉变现象②食品按要求储存） | A. 完全符合<br>B. 符合第①点，部分符合第②点<br>C. 不符合第①点 | | | | | |
| 小计 | | | | | | | | | |

续表

| 类目 | 项目内容 | 项次 | 评价内容及要点 | 评价依据 | 项目分值 A | B | C | D | 评价方法 |
|---|---|---|---|---|---|---|---|---|---|
| 服务提供 | 日常照护 | 14 | 24小时巡视状况<br>（①巡视时间符合要求②状况变化处置有记录） | A. 完全符合<br>B. 任何1点不符合 | | | | | 现场询问<br>现场查阅 |
| | | 15 | 用药管理状况<br>（①药柜放置②按医嘱接受外配药品并登记③药物保管④药物发放⑤特殊服药） | A. 完全符合<br>B. 符合第①②③点，部分符合第④⑤点<br>C. 部分符合第①-⑤点 | | | | | 现场查看<br>现场询问<br>现场查阅 |
| | | 16 | 膳食服务能按需求提供餐次及特殊饮食状况<br>（①餐次满足要求②特殊饮食实时提供有据可查③特殊饮食种类符合） | A. 完全符合<br>B. 符合第①②点，部分符合第③点<br>C. 部分符合第①-③点 | | | | | 现场询问<br>现场查阅 |
| | | 17 | 食谱执行状况<br>（①食谱符合要求②餐食与食谱相符率90%③食谱公示醒目） | A. 完全符合<br>B. 符合第①②点，部分符合第③点<br>C. 部分符合第①-③点 | | | | | 现场查看<br>现场询问<br>现场查阅 |
| | | 18 | 食物提供符合老年人生理状况<br>（①块小、细碎②酥软③食材丰富） | A. 完全符合<br>B. 符合第①②点，部分符合第③点<br>C. 不符合第①点或第②点 | | | | | 现场查看<br>现场询问 |
| | | 19 | 衣物洗涤规范状况<br>（①衣物分类收集②衣物分类清洗③疑似传染衣物处置④衣物盛器处置⑤盛器、洗衣机、水池标识清晰） | A. 完全符合<br>B. 符合第①②③④点，部分符合第⑤点<br>C. 部分符合第①-⑤点<br>D. 完全不符合 | | | | | 现场查看<br>现场询问 |
| | | 20 | 24小时生活护理交接班记录规范情况<br>（①按照护单元建立交班本②交接内容齐全③书写规范）* 照护单元以楼层为原则，如跨楼层床位数不大于50床 | A. 完全符合<br>B. 符合第①②点，部分符合第③点<br>C. 符合第①点，部分符合②-③点<br>D. 不符合第①点 | | | | | 现场查阅 |
| | | 21 | 各区域按铃呼叫时护理员应答及时状况<br>（①呼叫应答及时） | A. 完全符合<br>B. 不符合第①点 | | | | | 现场查看<br>现场询问 |
| 小计 | | | | | | | | | |

续表

| 类目 | 项目内容 | 项次 | 评价内容及要点 | 评价依据 | 项目分值 A | B | C | D | 评价方法 |
|---|---|---|---|---|---|---|---|---|---|
| 服务提供 | 清洁卫生 | 22 | 室内外环境清洁状况<br>(①空气清新无异味②地面洁净③门、窗、柜、桌及扶手洁净④室外环境整洁) | A. 完全符合<br>B. 符合第①②③点，部分符合第④点<br>C. 符合第①点，部分符合第②③④点<br>D. 不符合第①点 | | | | | 现场查看 |
| | | 23 | 定期对照护区域内各类设备清洁、消毒状况<br>(①无异味②清洁③按规范消毒) | A. 完全符合<br>B. 符合第①②点，部分符合第③点<br>C. 符合第①点，部分符合第②③点<br>D. 不符合第①点 | | | | | 现场查看<br>现场询问 |
| | | 24 | 掌握日常用品清洁、消毒要点<br>(①用品清洁②用品消毒③用品消毒频次④消毒剂管理) | A. 完全符合<br>B. 符合第①②③点，部分符合第④点<br>C. 符合第①②点，部分符合第③④点<br>D. 不符合第①点 | | | | | |
| | | 25 | 掌握终末消毒要点<br>(①消毒范围符合②各类物品消毒方法③消毒剂管理) | A. 完全符合<br>B. 符合第①②点，部分符合第③点<br>C. 符合第①点，部分符合第②③点<br>D. 不符合第①点 | | | | | |
| | 预防保健 | 26 | 健康档案的建立及记载情况<br>(①建立健康档案②有动态变化记录③书写基本规范) | A. 完全符合<br>B. 符合第①②点，部分符合第③点<br>C. 符合第①点，部分符合第②③点<br>D. 不符合第①点 | | | | | 现场询问<br>现场查阅 |
| | | 27 | 慢性病管理状况（内设医疗机构）<br>(①有监测措施②有健康指导措施③有危症救治措施) | A. 完全符合<br>B. 部分符合第①-③点<br>C. 完全不符合 | | | | | 现场询问<br>现场查阅 |
| 小计 | | | | | | | | | |

**续表**

| 类目 | 项目内容 | 项次 | 评价内容及要点 | 评价依据 | 项目分值 | | | | 评价方法 |
|---|---|---|---|---|---|---|---|---|---|
| | | | | | A | B | C | D | |
| 服务提供 | 预防保健 | 28 | 掌握常用临床护理规范操作要点（内设医疗机构）<br>（①项目齐全②操作规范）<br>＊临床护理 10 个项目包括开塞露通便、导尿、吸痰、给氧、鼻饲、生命体征检测、血糖监测、压疮伤口换药、肌肉皮下注射、静脉血标本采集 | A. 完全符合<br>B. 其中 6 项及以上符合第①②点<br>C. 其中 5 项以下符合第①②点<br>D. 完全不符合 | | | | | 现场询问 |
| | | 29 | 失能老年人日常训练状况<br>（①有计划②有措施并落实③有安全措施） | A. 完全符合<br>B. 符合第①②点，部分符合第③点<br>C. 部分符合①-③点<br>D. 完全不符合 | | | | | 现场询问<br>现场查阅 |
| | | 30 | 认知障碍老年人进行益智康复训练状况<br>（①有计划②有措施并落实③有安全措施） | | | | | | |
| | | 31 | 预防保健宣教实施情况<br>（①频次 1 次/季②内容贴切③有宣教记录） | A. 完全符合<br>B. 符合第①②点，部分符合第③点<br>C. 符合第①点，部分符合第②③点<br>D. 不符合第①点 | | | | | 现场询问<br>现场查阅 |
| | | 32 | 入住老年人体检状况<br>（①频次 1 次/年②有体检报告③主要体检项目齐全） | | | | | | |
| | 社交娱乐 | 33 | 兴趣活动及大型活动开展情况<br>（①有年度计划②符合体能特点③大型活动 2 次/年④大型活动有总结评价） | A. 完全符合<br>B. 符合第①②③点，部分符合第④点<br>C. 部分符合第①-④点<br>D. 完全不符合 | | | | | 现场询问<br>现场查阅 |
| | 精神支持 | 34 | 对新入住老年人环境适应关怀情况<br>（①熟知关注点②新环境介绍③查看新入住老年人 3 天生活护理交接班记录） | A. 完全符合<br>B. 符合第①②点，部分符合第③点<br>C. 部分符合第①-③点<br>D. 完全不符合 | | | | | 现场询问<br>现场查阅 |
| 小计 | | | | | | | | | |

续表

| 类目 | 项目内容 | 项次 | 评价内容及要点 | 评价依据 | 项目分值 A | B | C | D | 评价方法 |
|---|---|---|---|---|---|---|---|---|---|
| 服务提供 | 精神支持 | 35 | 对老年人出现的情绪和心理问题提供相应服务情况<br>(①熟知风险点②及时干预③处置有记录) | | | | | | |
| 小计 | | | | | | | | | |
| 合计 | | | 本大类未检测项目数 | ( ) 项 | | | | | |
| | | | 本大类监测项目总数 | ( ) 项 | | | | | |
| | | | 本大类应得总分 | ( ) 分 | | | | | |
| | | | 本大类现场评价得分 | ( ) 分 | | | | | |
| | | | 本大类实际评价得分 | ( ) 分 | | | | | |
| 服务保障 | 人员管理 | 1 | 主要岗位人员配置及人员资质与标准相符情况<br>(①主要岗位配置齐全②资质符合要求) | A. 完全符合<br>B. 符合第①点，部分符合第②点<br>C. 部分符合第①②点 | | | | | 现场询问<br>现场查阅 |
| | | 2 | 护理员配置及各时段当班状态与标准相符状况<br>(①护理员总数及各时段人员配置②护理员夜间当班状态) | A. 完全符合<br>B. 符合第②点，部分符合第①点<br>C. 不符合第②点 | | | | | 现场查看<br>现场询问 |
| | | 3 | 各部门主要岗位职责制定齐全情况<br>(①岗位职责齐全②职责内容与实际相符③本岗位职责知晓度) | A. 完全符合<br>B. 符合第①②点，部分符合第③点<br>C. 部分符合第①-③点<br>D. 完全不符合 | | | | | 现场询问<br>现场查阅 |
| | | 4 | 员工教育培训情况<br>(①制订计划②培训对象全覆盖及培训频次③培训内容齐全④培训效果⑤记录完整) | A. 完全符合<br>B. 符合第①-④点，部分符合第⑤点<br>C. 符合第①②③点，部分符合第④⑤点<br>D. 不符合第①点或第②点 | | | | | 现场询问<br>现场查阅 |
| 小计 | | | | | | | | | |

续表

| 类目 | 项目内容 | 项次 | 评价内容及要点 | 评价依据 | 项目分值 | | | | 评价方法 |
|---|---|---|---|---|---|---|---|---|---|
| | | | | | A | B | C | D | |
| 服务保障 | 入出院管理 | 5 | 入住老年人入院评估及持续评估情况<br>(①照护等级评估符合相关要求②照护等级确定与老年人实际状况相符③持续评估至少1次/年且有评估记录) | A. 完全符合<br>B. 符合第①②点，部分符合第③点<br>C. 部分符合第①-③点<br>D. 完全不符合 | | | | | 现场查看<br>现场询问<br>现场查阅 |
| | | 6 | 入出院管理的相关事宜知晓情况<br>(①服务合同内容②出入院流程③各项收费项目、收费标准、收费办法) | A. 完全符合<br>B. 符合第①②点，部分符合第③点<br>C. 部分符合第①-③点<br>D. 不符合第①点 | | | | | 现场询问 |
| | | 7 | 服务合同有效性及合同条款内容情况<br>(①合同有效性情况②合同条款内容符合标准要求) | A. 完全符合<br>B. 符合第①点，部分符合第②点<br>C. 部分符合第①②点 | | | | | 现场询问<br>现场查阅 |
| | | 8 | 服务内容变更、服务终止及服务合同终止记载情况<br>(①有相应变更记载②变更后有双方确认记载) | A. 完全符合<br>B. 部分符合第①②点<br>C. 完全不符合 | | | | | |
| | | 9 | 老年人档案建立情况<br>(①建立入住档案及出院档案②材料齐全③归档有序④装订整齐) | A. 完全符合<br>B. 符合第①②③点，部分符合第④点<br>C. 符合第①②点，部分符合第③④点 | | | | | 现场查阅 |
| | 收费管理 | 10 | 养老服务收费符合情况<br>(①收费项目、办法符合②各项收费、价格、结算方式在合同中有记载③实际收费执行与合同约定及公示相一致④价格调整符合要求⑤收费公示符合要求) | A. 完全符合<br>B. 符合第①②③④点，部分符合第⑤点<br>C. 符合第①②③点，部分符合④⑤点<br>D. 不符合第①或②或③点 | | | | | 现场查看<br>现场询问<br>现场查阅 |
| | | 11 | 保证金收取、使用情况<br>(①收取额度符合②使用规范) | A. 完全符合<br>B. 任何1点不符合 | | | | | 现场询问 |
| 小计 | | | | | | | | | |

**续表**

| 类目 | 项目内容 | 项次 | 评价内容及要点 | 评价依据 | 项目分值 | | | | 评价方法 |
|---|---|---|---|---|---|---|---|---|---|
| | | | | | A | B | C | D | |
| 服务保障 | 信息管理 | 12 | 各类服务信息公示情况<br>(①公示的各类信息内容完整、真实②信息有变化及时在相关平台等处予以更新③公示醒目、布局合理) | A. 完全符合<br>B. 符合第①②点，部分符合第③点<br>C. 部分符合第①-③点 | | | | | 现场查看<br>现场询问 |
| | 感染管理 | 13 | 感染管理工作落实情况<br>(①成立管理小组，各层面职责分工明确②有控制感染措施并组织落实有记录③熟知疑似传染病处置规定) | A. 完全符合<br>B. 符合第①②点，部分符合第③点<br>C. 部分符合第①-③点<br>D. 完全不符合 | | | | | 现场询问 |
| | | 14 | 工作人员（护理、医护及食堂工作人员）手部卫生状况<br>(①正确洗手②指甲符合要求③不佩戴外露饰物④有洗手设施及清洁剂) | A. 完全符合<br>B. 符合第①②③点，部分符合第④点<br>C. 符合第①②点，部分符合第③④点<br>D. 不符合第①或第②点 | | | | | 现场查看<br>现场询问 |
| | | 15 | 食品管理符合监督管理规定情况<br>(①食品采购、查验、储存②食品加工③备餐间卫生状况④就餐用具清洗、消毒、保洁⑤就餐区域备餐、分餐卫生状况⑥废弃物处置) | A. 完全符合<br>B. 符合②③④⑤⑥点，部分符合第①点<br>C. 部分符合第①-⑥点<br>D. 完全不符合 | | | | | 现场查看<br>现场询问<br>现场查阅 |
| | | 16 | 一次性医疗用品及医疗废弃物的管理情况<br>(①采购符合②使用符合③医疗废弃物处置符合) | A. 完全符合<br>B. 符合第①②点，部分符合第③点<br>C. 部分符合第①-③点 | | | | | 现场查看<br>现场询问<br>现场查阅 |
| | | 17 | 各类保洁工具分类使用、放置及清洁状况<br>(①分类使用②分类放置③清洁且按规定消毒④标识清晰) | A. 完全符合<br>B. 符合第①②③点，部分符合第④点<br>C. 部分符合第①-④点<br>D. 不符合第①点 | | | | | 现场查看<br>现场询问 |
| | | 18 | 重点区域环境卫生状况<br>(①无异味②洁净③消毒方法符合相关要求)<br>(重点区域包括卫生间、浴室、污物间、洗衣房、厨房、电梯) | A. 完全符合<br>B. 符合第①②点，部分符合第③点<br>C. 符合第①点，部分符合第②③点<br>D. 不符合第①点 | | | | | |
| 小计 | | | | | | | | | |

续表

| 类目 | 项目内容 | 项次 | 评价内容及要点 | 评价依据 | 项目分值 | | | | 评价方法 |
|---|---|---|---|---|---|---|---|---|---|
| | | | | | A | B | C | D | |
| 服务保障 | 服务质量监督 | 19 | 相关服务制度和流程制定情况（①制度齐全②流程齐全③内容有针对性） | A. 完全符合<br>B. 符合第①②点，部分符合第③点<br>C. 部分符合第①-③点 | | | | | 现场询问<br>现场查阅 |
| | | 20 | 院长实施行政查房及部门负责人现场实施考核情况（①能发现问题②会分析原因③有应对措施） | A. 完全符合<br>B. 符合第①②点，部分符合第③点<br>C. 部分符合第①-③点<br>D. 完全不符合 | | | | | 现场查看<br>现场询问<br>现场查阅 |
| | | 21 | 服务质量考核情况（①制定考核制度②制定各岗位考核细则③有实施考核记录且有汇总分析记录④院部有1次/半年质量评价且有记录） | A. 完全符合<br>B. 符合第①②③点，部分符合第④点<br>C. 部分符合第①-④点<br>D. 完全不符合 | | | | | 现场询问<br>现场查阅 |
| | 服务质量评价改进 | 22 | 投诉处置情况（①专人负责②渠道畅通③公示醒目④及时处置有记录⑤投诉汇总分析1次/半年且有记录） | A. 完全符合<br>B. 符合第①②③④点，部分符合第⑤点<br>C. 部分符合第①-⑤点<br>D. 完全不符合 | | | | | 现场查看<br>现场询问<br>现场查阅 |
| | | 23 | 每年对现有相关服务制度、流程梳理情况（①梳理1次/年②梳理情况有书面报告） | A. 完全符合<br>B. 部分符合第①-②点<br>C. 完全不符合 | | | | | 现场询问<br>现场查阅 |
| | | 24 | 满意度测评情况（①频次不少于2次/年②有汇总、分析③有改进措施）<br>*测评对象：占入住老人与家属10% | A. 完全符合<br>B. 符合第①②点，部分符合第③点<br>C. 符合第①点，部分符合第②-③点<br>D. 不符合第①点 | | | | | 现场询问<br>现场查阅 |
| | 设施设备完好 | 25 | 室内外无障碍设施完好使用状况（①设施无缺②设施无损③设施设计符合相关规定） | A. 完全符合<br>B. 符合第①②点，部分符合第③点<br>C. 部分符合第①-③点 | | | | | 现场查看 |

**续表**

| 类目 | 项目内容 | 项次 | 评价内容及要点 | 评价依据 | 项目分值 A | B | C | D | 评价方法 |
|---|---|---|---|---|---|---|---|---|---|
| 服务保障 | 设施设备完好 | 26 | 主要场所设备配置完好使用状况<br>（①配置无缺②设备无损）<br>＊主要场所指居室、单元起居厅、居室卫生间、公共卫生间、公共浴室、污物处理间、照护站、医务用房、康复用房、活动用房、厨房、洗衣房、设备用房等 | A. 完全符合<br>B. 部分符合第①②点<br>C. 完全不符合 | | | | | 现场查看 |
| | | 27 | 各区域照明设施完好使用状况<br>（①设施齐全②设施安全③设施无损）<br>＊各区域指居室、卫生间、浴室（含取暖设备）、主要出入口、通道、楼梯、阳台平台 | A. 完全符合<br>B. 部分符合第①-③点<br>C. 完全不符合 | | | | | |
| | | 28 | 紧急呼叫系统完好使用状况<br>（①安装无缺②信号传输方式能满足需求③安装位置适宜） | A. 完全符合<br>B. 符合第①②点，部分符合第③点<br>C. 部分符合第①-③点<br>D. 不符合第①点 | | | | | 现场查看<br>现场询问 |
| | | 29 | 电梯无障碍设施设备完好状况<br>（①按规定设置电梯②配置对讲机或电话、呼叫③按钮、扶手、镜面按规定设置且无损④有电梯运行显示装置及报层音响⑤有无障碍标志） | A. 完全符合<br>B. 符合①②点，部分符合第③④⑤点<br>C. 符合第①点，部分符合②-⑤点<br>D. 不符合第①点 | | | | | |
| | 标志完好 | 30 | 各类标志处于完好使用状况<br>（①标志齐全设置符合要求②完好③醒目）<br>＊标志包括通用符号、无障碍设施符号、安全标志、消防标识 | A. 完全符合<br>B. 部分符合第①-③点<br>C. 完全不符合 | | | | | 现场查看 |
| 小计 | | | | | | | | | |
| 合计 | | | 本大类未监测项目数 | （　　）项 | | | | | |
| | | | 本大类监测项目总数 | （　　）项 | | | | | |
| | | | 本大类应得总分 | （　　）分 | | | | | |
| | | | 本大类现场评价得分 | （　　）分 | | | | | |
| | | | 本大类实际评价得分 | （　　）分 | | | | | |

续表

| 类目 | 项目内容 | 目次 | 评价内容及要点 | 评价依据 | 项目分值 A | 项目分值 B | 项目分值 C | 项目分值 D | 评价方法 |
|---|---|---|---|---|---|---|---|---|---|
| 服务安全 | 护理安全 | 1 | 建立突发事件的应急处置流程<br>(①各类应急处置流程齐全②各类处置流程符合要求③熟知应急处置流程)<br>*应急处置流程至少包括噎食、烫伤、坠床、跌倒、走失、疾病等 | A. 完全符合<br>B. 符合第①②点，部分符合第③点<br>C. 符合第①点，部分符合②③点<br>D. 不符合第①点 | | | | | 现场询问<br>现场查阅 |
| | | 2 | 安全保护用具的使用情况<br>(①使用程序符合②使用过程规范③知晓观察要点) | A. 完全符合<br>B. 符合第①②点，部分符合第③点<br>C. 部分符合第①-③点 | | | | | 现场查看<br>现场询问<br>现场查阅 |
| | | 3 | 易造成伤害的器物处于完全管控状态<br>(①受控物品符合②物品管控符合) | A. 完全符合<br>B. 任何1点不符合 | | | | | 现场查看<br>现场询问 |
| | | 4 | 人员出入具体措施落实情况<br>(①入住老年人出、入有规定②外来人员来访有登记③措施落实情况) | A. 完全符合<br>B. 符合第①②点，部分符合第③点<br>C. 部分符合第①-③点<br>D. 完全不符合 | | | | | 现场查看<br>现场询问 |
| | 膳食安全 | 5 | 食品留样状况<br>(①餐次符合②存放符合③数量符合④标识符合) | A. 完全符合<br>B. 符合第①-③点，部分符合第④点<br>C. 部分符合①-④点<br>D. 完全不符合 | | | | | 现场查看<br>现场询问<br>现场查阅 |
| | | 6 | 制定食物中毒的应急预案<br>(①制定预案②预案符合相关要求) | A. 完全符合<br>B. 符合第①点，部分符合第②点<br>C. 不符合第①点 | | | | | 现场询问<br>现场查阅 |
| | 设备安全 | 7 | 室外健身区域及器具完好使用状况<br>(①健身器具无损②地面有防护措施) | A. 完全符合<br>B. 符合第①点，不符合第②点<br>C. 不符合第①点 | | | | | 现场查看 |
| | 用电安全 | 8 | 电器产品使用规范情况<br>(①未使用禁用电器产品②使用中有管控措施③使用中无存在隐患) | A. 完全符合<br>B. 任何1点不符合 | | | | | 现场查看 |
| 小计 | | | | | | | | | |

续表

| 类目 | 项目内容 | 目次 | 评价内容及要点 | 评价依据 | 项目分值 A | 项目分值 B | 项目分值 C | 项目分值 D | 评价方法 |
|---|---|---|---|---|---|---|---|---|---|
| 服务安全 | 用电安全 | 9 | 电器线路、管路安全使用情况（①每年对线路进行安全性检查②有安全漏电保护装置③无裸露电线） | | | | | | |
| | 燃气气瓶等安全 | 10 | 使用燃气的设备及场所设置可燃气体报警装置情况（①规格及安装点符合规定②能完好使用） | A. 完全符合<br>B. 任何 1 点不符合 | | | | | 现场查看 |
| | | 11 | 燃气、油炉设施周围清洁状况（①无油污②周围无可燃物和杂物堆放） | | | | | | |
| | | 12 | 燃气设施使用正确且定期维护保养情况<br>①无私自拆、移、改②管道无损）③维护保养有记录） | | | | | | 现场查看<br>现场查阅 |
| | | 13 | 医用氧气瓶安全使用管理情况（①存放符合②使用规范③标识符合） | A. 完全符合<br>B. 任何 1 点不符合 | | | | | 现场查看<br>现场询问 |
| | | 14 | 50kg 液化气钢瓶安全使用管理情况（①存放符合②使用规范③标识符合） | | | | | | |
| | 特种设备安全 | 15 | 高压灭菌锅安全使用管理情况（①有使用登记证②操作人员有资质③及时检测） | A. 完全符合<br>B. 任何 1 点不符合 | | | | | 现场查阅 |
| | | 16 | 锅炉安全使用管理情况（①有使用登记②操作人员有资质③有年度定期检测记录） | A. 完全符合<br>B. 任何 1 点不符合 | | | | | 现场查阅 |
| | | 17 | 电梯安全使用管理情况（①组织落实维保、定期检测事项②日常巡检有记录③标志齐全、清晰④妥善保管钥匙） | A. 完全符合<br>B. 符合第①②③点，部分符合第④点<br>C. 符合第①②点，部分符合第③④点<br>D. 不符合第①点 | | | | | 现场查看<br>现场询问<br>现场查阅 |
| 小计 | | | | | | | | | |

**续表**

| 类目 | 项目内容 | 目次 | 评价内容及要点 | 评价依据 | 项目分值 A | B | C | D | 评价方法 |
|---|---|---|---|---|---|---|---|---|---|
| 服务安全 | 消防安全 | 18 | 消防安全教育培训活动开展情况（①教育培训频次 1 次/半年②消防知识掌握情况） | A. 完全符合<br>B. 符合第①点，部分符合第②点<br>C. 不符合第①点 | | | | | 现场询问<br>现场查阅 |
| | | 19 | 消防演练情况（①频次 1 次/半年②有演练预案③记录齐全） | A. 完全符合<br>B. 符合第①点，部分符合第②③点<br>C. 不符合第①点 | | | | | 现场查阅 |
| | | 20 | 消防设施设备配置和保养情况（①配置符合要求②消防设施检查 1 次/年） | A. 完全符合<br>B. 任何 1 点不符合 | | | | | 现场查看<br>现场查阅 |
| | | 21 | 门窗、安全出口、疏散通道、消防车道保持畅通情况（①门窗禁止设置救援障碍②通道口无堆积物③常闭式防火门处于完好状态）<br>＊通道口指安全出口、疏散通道、消防车道 | | | | | | |
| | | 22 | 应急照明灯、应急疏散指示标志、疏散逃生图完好状况（①应急照明设置符合要求②应急疏散指示灯设置符合要求③疏散逃生图设置符合要求④均完好无损） | | | | | | 现场查看 |
| | | 23 | 室内严禁使用明火状况（①室内无使用明火现象②室内无吸烟且有禁烟标识③室外有固定烟蒂丢弃处） | A. 完全符合<br>B. 符合第①②点，部分符合第③点<br>C. 符合第①点，部分符合第②③点<br>D. 不符合第①点 | | | | | 现场查看 |
| | | 24 | 防火巡查、检查情况（①日巡查内容及频次符合要求②月检查符合要求③记录符合要求） | A. 完全符合<br>B. 符合第①②点，部分符合第③点<br>C. 部分符合第①-③点<br>D. 完全不符合 | | | | | 现场询问<br>现场查阅 |
| | | 25 | 消防部门检查整改情况（①检查中存在的问题已整改） | A. 完全符合<br>B. 不符合第①点 | | | | | |
| 小计 | | | | | | | | | |

续表

| 类目 | 项目内容 | 目次 | 评价内容及要点 | 评价依据 | 项目分值 | | | | 评价方法 |
| --- | --- | --- | --- | --- | --- | --- | --- | --- | --- |
| | | | | | A | B | C | D | |
| 小计 | | | | | | | | | |
| 合计 | | | 本大类未监测项目数 | （　　　）项 | | | | | |
| | | | 本大类监测项目总数 | （　　　）项 | | | | | |
| | | | 本大类应得总分 | （　　　）分 | | | | | |
| | | | 本大类现场评价得分 | （　　　）分 | | | | | |
| | | | 本大类实际评价得分 | （　　　）分 | | | | | |
| 总计 | | | 三大类未监测项目数 | （　　　）项 | | | | | |
| | | | 三大类监测项目总数 | （　　　）项 | | | | | |
| | | | 三大类应得总分 | （　　　）分 | | | | | |
| | | | 三大类现场评价总得分 | （　　　）分 | | | | | |
| | | | 三大类实际评价总得分 | （　　　）分 | | | | | |

附件2

## 上海市养老机构服务质量日常监测人员守则

**第一条**　为规范养老机构服务质量监测工作，保证监测过程和结果客观公正，特制定本守则。

**第二条**　由养老机构服务质量日常监测人员（以下简称“监测人员”）组成养老机构服务质量日常监测人员库（以下简称“监测人员库”）。

上海质量技术咨询事务所（以下简称“事务所”）受上海市民政局委托，负责运维监测人员库，监测人员由事务所聘用并颁发聘书，聘期三年。

**第三条**　事务所负责监测人员库的日常运维，其主要职责：

（一）负责监测人员的招募、培训、考评等具体工作。

（二）协助监测人员的抽取、分派。

（三）负责监测人员库的更新和维护。

（四）负责其他监测人员库日常事务运作与处置。

**第四条**　监测人员应符合下列条件：

（一）组长

1. 年龄在70周岁（含70周岁）以下；

2. 具有大专以上学历从事养老服务行业工作6年，或具有中专以上学历从事养老服务行业工作8年；

3. 具有养老护理、护士、医生、社工等相关专业背景，中级及以上职业资格（职称）或相同的技能水平评价；

4. 担任过养老院院长及副院长岗位或相关管理岗位；

5. 熟悉养老服务行业的法律法规、政策、管理制度、服务管理流程；

6. 能够认真、公正、诚实、廉洁地履行职责；

7. 有时间参加日常监测工作；

8. 身体健康，能胜任监测工作。

（二）组员

1. 年龄在70周岁（含70周岁）以下；

2. 具有大专以上学历从事养老服务行业工作4年，或具有中专以上学历从事养老服务行业工作6年；

3. 具有养老护理、护士、医生、社工等相关专业背景，中级及以上职业资格（职称）或相同的技能水平评价；

4. 担任过养老机构相关管理岗位；

5. 熟悉养老服务行业的法律法规、政策、管理制度、服务管理流程；

6. 能够认真、公正、诚实、廉洁地履行职责；

7. 有时间参加日常监测工作；

8. 身体健康，能胜任监测工作。

**第五条** 具有下列情形之一的，不能聘为监测人员：

1. 有违法违纪或受过行政处罚记录的；

2. 有不良信用记录的；

3. 有投诉举报记录并被查实的；

4. 其他具有不适合作为监测人员的情形的。

**第六条** 监测人员的招募程序，采用以下公开方式：

1. 根据养老机构服务质量日常监测的需要确定监测人员数量，通过网站、公众号、通告等形式，向社会公开发布监测人员的招遴选信息。

2. 行业主管部门、行业协会、养老机构可推荐符合条件的人选报名（个人也可直接报名），填写《上海市养老服务质量日常监测人员报名表》（见下表1）。

3. 报名结束后，第三方机构组织实施监测人员资格初审，经初审符合条件的，组织面谈，了解其对养老服务行业法规政策及管理运行的熟悉情况。

**第七条** 事务所将基本确定人选名单报市民政局审核后，纳入上海市养老机构服务质量日常监测人员库，并向监测人员颁发相应证书。

**第八条** 监测人员享有以下权利：

1. 在接到监测人员选用通知时，可以在陈述原因后，协商或拒绝接受本次监测任务。

2. 在接受监测任务后，因特殊情况不能继续履约时，可以向监测小组提出申请，退出监测小组。

3. 独立发表监测意见，不受被监测的养老机构和任何个人的干涉。

4. 可以要求调阅与被监测养老机构相关的资料。

5. 根据监测任务需要，可向委托机构提出监测建议。

**第九条** 监测人员应当遵守以下规定：

1. 执行相关的法律、法规，遵循公平、公正的原则，客观公正地进行监测，对自己的监测行为承担责任。

2. 不得利用监测过程所获得的非公开信息为本人或者他人直接或者间接谋取利益。保守工作中获得的机密和被监测人的商业秘密。

3. 不得以监测人员身份与被监测机构或利益关系人直接或者间接进行私下接触。不得收受被监测机构或其他利益相关人的财物或其他好处。

4. 按规定参加监测人员库日常运维机构的继续教育活动。

5. 未经监测人员小组组长同意或授权，不得向被监测养老机构透露监测议程、评价组内部会议内容、评价意见等有关情况。

6. 应回避曾工作过的养老机构或与该养老机构有其他社会关系或者经济利益关系。监测人员需主动提出回避，未主动提出回避被发现应回避的，立即终止监测工作并给予警告，情节严重的取消监测人员资格。

**第十条** 监测人员的抽选

1. 事务所根据监测任务从监测人员库中随机抽取相应的监测人员（包括组长），并将监测人员名单及联系方式告知监测的组织单位，监测组织单位负责对监测人员信息保密。

2. 组织单位与被抽选的监测人员（包括组长）联系，告知监测区域、时间，经商议确定后编制实施监测人员名单，并存档备案。

3. 因特殊情况必须补选时，按本条上述的规定程序进行补选。

**第十一条** 监测人员的管理

事务所对在库监测人员实行年度考核，依据资格审查、日常工作考核和业务培训等记录资料实施。根据考核结果，对监测人员库进行动态更新。

**第十二条** 有下列行为或原因之一的，终止其监测人员资格，不再录用：

1. 继续教育不合格或两次无故不参加继续教育。

2. 两次无正当理由无故不参加监测工作。

3. 因个人健康原因不能胜任监测工作。

4. 因工作调动，不再适宜担任监测人员。

5. 因个人申请不再担任监测人员。

6. 有违反本办法第九条监测人员履职时应当遵守规定的行为。

7. 监测活动中未能公正履行职责，徇私舞弊，被投诉。

8. 监测活动中，个人评审意见严重偏离监测原则、标准和方法，且不能接受其他监测人员或组长意见、不予以纠正。

**表 1　上海市养老服务质量日常监测人员报名表**

<table>
<tr><td>姓 名</td><td></td><td>性别</td><td colspan="2"></td><td colspan="4">申报：组长□ 组员□</td><td rowspan="4">1 寸免冠照片</td></tr>
<tr><td>现工作单位</td><td colspan="2"></td><td colspan="3">部门</td><td colspan="3"></td></tr>
<tr><td>现任职务</td><td colspan="2"></td><td colspan="3">身份证号</td><td colspan="3"></td></tr>
<tr><td>文化程度</td><td></td><td>专业</td><td colspan="4"></td><td colspan="2">专业工作年限：</td></tr>
<tr><td>电 话</td><td></td><td>手机</td><td colspan="4"></td><td colspan="2">传真</td><td></td></tr>
<tr><td>通讯地址</td><td colspan="3"></td><td colspan="4">电子邮箱</td><td colspan="2"></td></tr>
<tr><td colspan="10">主要教育背景</td></tr>
<tr><td>学历</td><td colspan="3">毕业院校</td><td colspan="6">专业</td></tr>
<tr><td></td><td colspan="3"></td><td colspan="6"></td></tr>
<tr><td colspan="10">主要工作经历</td></tr>
<tr><td>时间</td><td colspan="3">工作单位</td><td colspan="6">职务及主要工作任务</td></tr>
<tr><td></td><td colspan="3"></td><td colspan="6"></td></tr>
<tr><td colspan="10">从事养老工作的主要成绩（包括著作、论文、奖项等）：</td></tr>
<tr><td colspan="10">需要回避的机构：</td></tr>
</table>

<table>
<tr><td>

**申请者个人申明**

本人保证申请书填写内容及所附材料属实，已充分了解并自愿遵守《上海市养老机构服务质量日常监测人员库管理要求》，认可养老服务监测人员库日常运维机构为保证真实性而进行的有关核查及验证。

申请人（签字）：<br>日期：　　年　　月　　日
</td></tr>
<tr><td>
推荐单位意见：

单位名称（盖章）：
</td></tr>
<tr><td>
运维单位意见：

运维单位（盖章）：
</td></tr>
</table>

**表2 上海市养老服务质量日常监测人员需求表**

<table>
<tr><td>需求单位</td><td colspan="2"></td></tr>
<tr><td>监测机构/地域</td><td colspan="2"></td></tr>
<tr><td>监测时间</td><td colspan="2"></td></tr>
<tr><td>监测人员数量</td><td colspan="2">组长：<br>组员：</td></tr>
<tr><td colspan="2">联系人姓名：</td><td>联系方式：</td></tr>
<tr><td colspan="3">单位意见：<br><br>单位名称（盖章）：</td></tr>
</table>

附件 3

## 养老机构服务质量日常监测结果公示牌（样式）

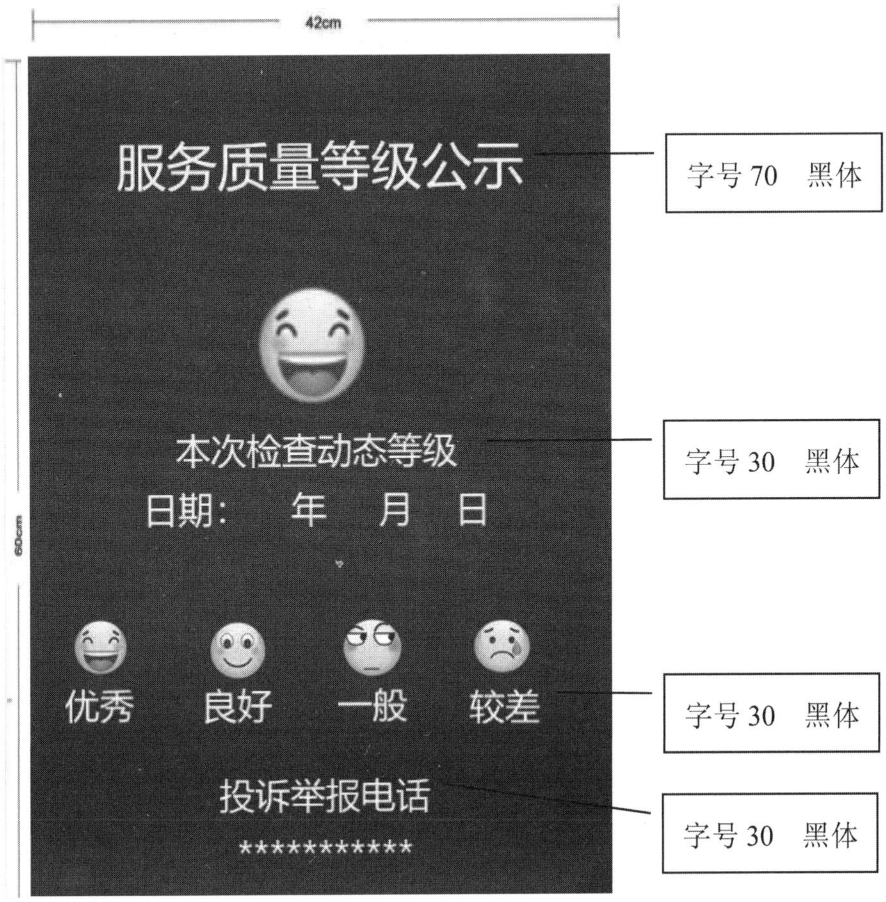

# 湖南省民政厅　湖南省住房和城乡建设厅　湖南省自然资源厅　湖南省消防救援总队关于做好养老服务机构消防设计审查、消防验收及备案有关事项的通知

（湘民发〔2020〕36号）

各市州、县市区民政局、住房和城乡建设局、自然资源主管部门、消防救援支（大）队：

根据《国务院办公厅关于推进养老服务发展的意见》（国办发〔2019〕5号）文件精神，为进一步做好养老服务机构消防设计审查、消防验收及备案，现就有关事项通知如下：

一、适应范围。本通知所称养老服务机构是为老年人提供全日集中住宿和照料护理服务，床位数在10张以上的机构。本通知适应范围为已建成并投入使用，因土地规划手续不齐、改变土地用途、未提前报建等原因，未通过竣工验收、规划核实、长期无法办理不动产登记，导致无法通过消防设计审查、消防验收及备案的养老服务机构。

二、解决未通过规划许可或规划核实的问题。坚持严格管控和切合实际相结合，根据实际情况和项目建设时的政策标准，分类完善有关规划手续。项目实施后因编制规划变更，造成已建成房屋与现行规划不符的，可由自然资源部门进行复核并处理后，按现状出具规划意见。未取得规划许可或取得规划许可后未严格按规划条件实施，但与控制性规划要求和条件基本一致的，可由自然资源部门复核后，按现状出具规划意见。需要补缴有关税费的，按照规定的标准缴纳。违反建设工程规划许可规定，存在擅自改变用途、超出建设工程规划许可范围、超容积率和未按要求建设配套设施等情形的，可由自然资源部门按项目建设时的有关政策标准，对项目责任主体形成整改意见，限期整改到位。整改到位后，项目整改意见书可作为规划许可依据。

三、解决未通过竣工验收的问题。根据《建筑法》等有关规定，在确保工程质量和消防安全前提下，简化程序，完善有关竣工验收手续。对于项目工程质量和消防验收合格，因工程未结算、档案未移交等其他因素未办理竣工验收备案手续，可直接申请办理登记。对于项目建设因施工手续不全、施工技术资料缺失、相关参建主体缺失或不配合等原因难以实现竣工验收的，可由开发建设单位或申请主体委托房屋安全检测鉴定机构对房屋基础、主体等建筑物质量安全进行检测、鉴定，出具房屋安全检测鉴定报告书并经住建部门备案后，凭鉴定报告书办理不动产登记。

四、解决房屋土地信息不一致的问题。按照尊重历史、实事求是的原则，由自然资源部门查核有关资料后，分类处理因原分散登记时形成的房屋、土地信息不一致、项目跨宗

地建设或界址不清的问题。对于房屋已办理登记而无土地信息，或土地已登记而无房屋信息，或房屋与土地分开登记，但权利主体不一致的，按照《关于进一步做好不动产登记工作的通知》（湘政办发〔2017〕39号）的规定，核实房屋土地权属后办理登记。对于房屋与土地用途不一致的，按原证书记载用途分别注明，未经批准不得改变已登记的用途。经政府批准，按照现状用途申请登记的，由自然资源等相关部门督促涉及单位补缴税费后办理不动产登记。

五、免除部分养老服务机构消防审验手续。1998年9月以前建设使用且未发生改、扩建（含室内外装修、建筑保温、用途变更）的，符合相关技术规范标准的，可无须办理消防设计审查、消防验收或备案手续。

六、解决自建住宅改建申请消防审验备案的问题。自建住宅改建养老服务机构的，提供不动产权属证书或不动产权属来源材料，并提供规划部门出具的同意用途变更证明材料后应按照《建设工程消防设计审查验收管理暂行规定》（住房和城乡建设令第51号）的规定，申请消防审验或备案。

七、加强整改措施落实。已经用于养老服务，因存在消防安全隐患未取得消防安全合格证明的，按要求整改到位后，依法依规尽快办理消防审验或备案手续。养老服务机构达到消防安全技术条件的，由相关主管部门出具意见，支持养老服务机构享受相应扶持政策。

八、加强消防监督检查。对存在消防安全隐患的，消防救援机构依法开展消防监督检查，出具责令改正通知书，明确整改内容、整改时限等。单位按要求整到位后，消防救援机构及时组织复查并出具消防监督检查记录。

湖南省民政厅
湖南省住房和城乡建设厅
湖南省自然资源厅
湖南省消防救援总队
2020年12月2日

# 广东省民政厅关于进一步做好养老机构登记备案和监管工作的通知

（粤民规字〔2019〕8号）

各地级以上市、县（市、区）民政局、公安局、财政局、自然资源局、住房城乡建设局、卫生健康局（委）、应急管理局、审计局、市场监管局、金融局、消防救援支队：

根据新修改的《中华人民共和国老年人权益保障法》和《民政部关于贯彻落实新修改的〈中华人民共和国老年人权益保障法〉的通知》（民函〔2019〕1号）精神，为进一步做好取消养老机构设立许可后有关工作衔接，深化养老服务“放管服”改革，推进我省养老服务业健康有序发展，现就有关事项通知如下：

## 一、依法做好养老机构登记工作

（一）规范养老机构登记相关内容

养老机构是指依法办理登记，为老年人提供集中居住和照料护理服务的机构。设立养老机构，其经营（业务）范围应当包含“老年人养护服务”或者“为老年人提供集中居住和照料护理服务”等的规范表述。养老机构应当符合建筑、消防、环境、食品安全等有关国家标准或者行业标准和规范。

（二）民办公益性养老机构登记

取消养老机构设立许可后，设立民办公益性（即非营利性，下同）养老机构，由举办者依法向县级以上民政部门（社会组织登记管理机关）申请社会服务机构法人登记。县级以上民政部门应当明确内部职责分工，由社会组织登记管理部门履行民办公益性养老机构登记管理机关具体职责，养老服务业务部门履行业务主管单位具体职责。民办公益性养老机构登记流程如下：

设立民办公益性养老机构，举办者应向县级以上民政部门社会组织登记管理机关提交名称预先核准申请，社会组织登记管理机关按要求予以受理，在批准养老机构名称前须征求本级养老服务业务部门意见。民办公益性养老机构通过名称预先核准后，县级以上民政部门社会组织登记管理机关依法受理举办者提交的成立登记申请材料，并将申请材料内部流转至本级养老服务业务部门，本级养老服务业务部门负责出具是否同意作为业务主管单位意见。符合登记条件的，经登记管理机关审批同意后发给社会服务机构登记证书；登记管理机关不予登记的，应向举办者说明理由。

（三）民办经营性养老机构登记

设立民办经营性（即营利性，下同）养老机构，由举办者依法向县级以上市场监督管理部门申请注册登记。具体登记流程按现行政策办理。

（四）政府兴建的养老机构登记

设立公建公营（公办）的养老机构，应当按照规定向事业单位登记管理机关办理登记。采取公建民营形式设立的养老机构，应当按照机构经营性质依法向相关登记管理机关申请登记。具体登记流程按现行政策办理。

港澳台、外国投资者举办养老机构，应当按照机构经营性质依法向相关登记管理机关申请登记。

## 二、切实做好养老机构备案管理

（一）做好养老机构备案工作

1. 新设立养老机构登记后备案。养老机构登记后即可开展服务活动，并应当主动向民政部门备案。备案流程如下：

养老机构举办者应当在完成登记手续后 7 个工作日内到养老机构所在市或县（市、区）民政部门对外窗口或养老服务业务部门办理备案，真实、准确、完整地填写《设置养老机构备案书》（附件 1）、《养老机构备案承诺书》（附件 4），领取《养老机构基本条件告知书》（附件 3）。对于提交的材料信息不全的，市或县（市、区）民政部门对外窗口或养老服务业务部门应当当场一次性告知举办者补全材料后备案；经核对材料信息齐全的，应当自收到备案材料之日起 7 个工作日内提供《设置养老机构备案回执》（附件 2），并书面告知本区域现行养老服务扶持政策。各地要加快信息化建设，积极推行网上办理备案手续。

登记后未在规定时限内备案的养老机构，所在地民政部门应加强联络提醒，特别是对已开展服务但未及时备案的养老机构，应会同同级市场监管等部门加强现场检查和督促指导。经提醒和检查督促仍然不备案的，列入黑名单并按规定予以惩戒。

2. 具备法人资格的医疗机构设立养老机构备案。具备法人资格的医疗机构设立养老机构的，可以不另行设立新的法人，不另行进行法人登记，可按照相应的登记管理有关规定向登记管理机关申请变更登记事项或经营（业务）范围等开展养老服务，并应当在变更登记事项或经营（业务）范围后 7 个工作日内到医疗机构所在市或县（市、区）民政部门办理备案。

3. 原许可的养老机构备案。养老机构设立许可取消前已经取得养老机构设立许可证且在有效期的仍然有效养老机构设立许可证（含原省级登记许可的）有效期满自动作废，需到该机构所在市或县（市、区）民政部门办理备案；有效期满前，养老机构备案事项发生变化的，养老机构（含原省级登记许可的）应当及时向所在市或县（市、区）民政部门申请备案，并交回设立许可证，设立许可证自交回之日起作废。

4. 养老机构变更备案。养老机构登记事项变更的，举办者应当向登记管理机关申请变更登记，自变更登记完成后 7 个工作日内向原备案的民政部门对外窗口或养老服务业务部门办理变更备案；涉及其他备案事项变更的，养老机构举办者应当自变更之日起 7 个工作日内向原备案的民政部门对外窗口或养老服务业务部门办理变更备案。养老机构举办者应当真实、准确、完整地提供变更备案信息，填写《养老机构变更备案书》（附件 5）。对于提交的材料信息不全的，民政部门对外窗口或养老服务业务部门应当当场一次性告知举办者补全材料后办理变更备案；经核对材料信息齐全的，应当自收到变更备案材料之日起7个工作日内提供《养老机构变更备案回执》（附件6）。

（二）做好养老机构备案事项公开工作

市、县（市、区）民政部门应当在门户网站、办事服务窗口等公开养老机构备案申请材料清单及样式、备案流程、办理部门、办理时限、办理结果等信息，切实保障社会公众的知情权、参与权和监督权。

## 三、加强养老机构事中事后监管

各地各级民政部门要会同相关部门，按照国家、省全面放开养老服务市场、提升养老服务质量、推进养老服务“放管服”改革的要求，根据《中华人民共和国老年人权益保障法》《广东省养老服务条例》《广东省人民政府办公厅关于全面放开养老服务市场 提升养老服务质量的实施意见》等法律法规和文件精神，加强养老机构事中事后监管。

（一）明确并落实监管职责

1. 落实属地管理责任。养老机构监管坚持依法实施、属地为主、公平公正、公开高效原则。各地民政等相关部门要落实属地监管责任，加强对养老机构的指导、监督和管理。

2. 明确养老机构自我管理主体责任。养老机构对本机构服务质量和安全等承担主体责任，其法定代表人（主要负责人）是第一责任人。养老机构应当按照国家有关规定建立健全安全、消防、卫生、财务、人力资源等内部管理制度。

3. 建立综合监管制度。各级各地要加强养老机构监管工作，创新管理方式，建立各司其职、各尽其责的跨部门协同监管机制。民政部门负责牵头协调相关部门对养老机构进行指导、监督和管理工作。自然资源、住房城乡建设部门负责对养老服务设施（含养老机构）的规划和建设情况实施监督管理。生态环境部门负责养老机构生态环境准入和监督执法等工作。卫生健康部门负责养老机构内部设置医疗机构的备案管理、医疗质量、医务人员执业行为规范等的监督管理。应急管理部门依法监督指导养老机构安全生产监管工作。消防救援机构依法对养老机构消防安全实施监督管理。市场监督管理部门依法对养老服务广告、产品用品、食品药品、价格等实施监督管理。地方金融监管部门负责防范和处置非法集资工作的统筹指导、协调。公安部门依法对养老机构涉嫌借养老服务名义实施非法集资、诈骗以及其他违法犯罪等行为予以查处。审计机关、财政部门按照国家和省的有关规定，对政府设立或者接受政府补贴、补助的养老机构的财务状况、政府补贴资金使用等情况进行监督。其他有关部门按照各自职责对养老机构实施监督管理。

民政部门发现养老机构存在可能危及人身健康和生命财产安全风险的，应当责令限期改正；逾期不改正的，责令停业整顿。各相关部门应当按照各自职责切实加强养老机构监管，发现养老机构存在环境、建筑、消防、食品安全、医疗服务、特种设备安全等风险的，应当依法依规及时予以查处。发现养老机构存在上述风险，民政部门应当及时向相关部门发送抄告函（见附件7），并积极配合做好相关后续查处工作。情节严重的，有关管理机关应当依法吊销相关证书或撤销登记。

（二）建立信息共享机制

建立政务信息资源共享机制，各级民政、市场监管等部门应当定期将养老机构登记和备案信息共享给相关部门。

1. 对于民政部门批准成立登记的民办公益性养老机构，各级民政部门社会组织登记管理机关应当将养老机构登记、变更以及年报等相关信息及时共享给同级自然资源、生态环境、住房城乡建设、卫生健康、应急管理、市场监管、消防救援机构等相关单位。

2. 对于市场监管部门批准成立登记的民办经营性养老机构，市场监管部门已实现全省涉企信息归集共享，各级民政、自然资源、生态环境、住房城乡建设、卫生健康、应急管理、消防救援机构等相关单位可以通过省政务信息资源共享平台获取养老机构的登记、变更以及企业年报等涉企信息。

3. 对于民政部门办理备案的养老机构，市、县（市、区）民政部门应当将备案及变更备案信息定期共享给同级自然资源、生态环境、住房城乡建设、卫生健康、应急管理、市场监管、消防救援机构等相关单位。

（三）完善监管手段

1. 推行部门联合“双随机、一公开”。各级民政部门要积极推进联合相关部门开展“双随机、一公开”监管工作，按照相关部门职责充实完善随机抽查事项清单和执法检查人员名录库，提高“双随机、一公开”的监管效果。

2. 推行“互联网+监管”。按照国家、省“互联网+监管”系统建设试点工作部署，积极推进养老机构监管工作信息化建设，将养老机构监管纳入国家、省“互联网+监管”系统，依托国家、省的统一监管系统，实现养老机构监管工作由运动式、单兵式、粗放式、分段式向常态化、协同化、精准化、全程化转变。

3. 建立完善信用监管。积极探索建立健全养老服务信用评价、守信激励、失信惩戒等信用管理制度。完善养老服务重大事故投诉举报、报告、通报机制。将不按规定时限且经提醒和检查督促仍然不备案、具有欺老虐老行为、安全责任事故、消防安全严重失信行为、违法违规开展金融活动、弄虚作假套取骗取财政资金等的养老机构及其法定代表人（主要负责人）列入黑名单，视情取消承接政府购买服务和享受补贴资金等资格。建立健全依法联合惩戒体系，实现“一处违法，处处受限”。

4. 发挥社会监督作用。发挥行业协会、社会公众和新闻舆论的监督作用，营造守规则、讲信用的养老服务投资环境。鼓励通过政府购买服务方式，委托第三方机构实施绩效评估、跟踪审计、星级评定等，将评估、审计、检查、评定结果作为实施养老机构监管和奖惩措施的依据。

## 四、营造良好环境

各地各部门要及时完善养老机构取消许可后衔接政策，并及时向社会公告，方便社会公众特别是养老服务从业人员和广大老年人理解掌握，确保不因行政审批制度改革造成政策断档。要坚持以社会主义核心价值观为引领，大力弘扬中华民族尊老、敬老的社会风尚和传统美德，营造敬老、助老的良好社会氛围。

各地在贯彻执行过程中如遇到重大问题和情况，请及时向职能对应的省级部门报告。

本通知由广东省民政厅负责解释，自 2019 年 10 月 17 日起实施，有效期 5 年。

附件：1. 设置养老机构备案书
2. 设置养老机构备案回执
3. 养老机构基本条件告知书
4. 养老机构备案承诺书
5. 养老机构变更备案书
6. 养老机构变更备案回执
7. 抄告函

**附件 1**

# 设置养老机构备案书

________民政局：

经我单位研究决定，设置一所养老机构，该养老机构备案信息如下：

名称：

地址：

登记机关：

统一社会信用代码：

法定代表人（主要负责人）：

公民身份号码：

服务范围：

服务场所性质：自有/租赁

养老床位数量：

服务设施建筑面积：

服务设施占地面积（适用于独立设施）：

联系人：　　　　　　　联系方式（座机和手机）：

请予以备案。

备案单位：　　　　　　　（章）

年　　月　　日

附件 2

# 设置养老机构备案回执

________：备案编号：________

____年___月___日报我局的《设置养老机构备案书》收到并已备案。

备案项目如下：

名称：

地址：

服务范围或经营范围：

民政局（章）

年　　月　　日

附件 3

# 养老机构基本条件告知书

养老机构应当依照《中华人民共和国老年人权益保障法》等法律法规和标准规范的规定开展服务活动，并符合下列基本条件：

1. 应当符合《中华人民共和国建筑法》《中华人民共和国消防法》《无障碍环境建设条例》《社会福利机构消防安全管理十项规定》《广东省民办社会福利机构管理规定》等法律法规，以及《老年人照料设施建筑设计标准》（住房城乡建设部公告 2018 年第 35 号）、《建筑设计防火规范》（住房城乡建设部公告 2018 年第 36 号）等国家标准或者行业标准规定的安全生产和消防安全条件，并符合环境影响评价分类管理要求依照《中华人民共和国安全生产法》第 17 条规定，不具备安全生产条件的，不得从事经营服务活动。

2. 应当符合《养老机构管理办法》规章。

3. 开展医疗卫生服务的，应当符合《医疗机构管理条例》《医疗机构管理条例实施细则》等法规规章，以及养老机构内设医务室、护理站等设置标准。

4. 开展餐饮服务的，应当符合《中华人民共和国食品安全法》等法律法规，以及相应食品安全标准。

5. 法律法规规定的其他条件。

附件 4

# 养老机构备案承诺书

本单位承诺如实填报______________的备案信息，并将按照相关法律法规的要求，及时、准确报送后续重大事项变更信息。

承诺已了解养老机构管理相关法律法规和标准规范，承诺开展的养老服务符合《养老机构基本条件告知书》载明的要求。

承诺按照诚实信用、安全规范、以人为本的原则和相关国家和行业标准开展养老服务，不以养老机构名义从事欺老虐老、不正当关联交易、非法集资等损害老年人合法权益和公平竞争市场秩序的行为；及时整改消除各类安全隐患，不断提升养老服务质量。

承诺主动接受并配合民政部门和其他有关部门的指导、监督和管理。

承诺不属实，或者违反上述承诺的，依法承担相应法律责任。

备案单位：　　　　　　　（章）

法定代表人（主要负责人）签字：

年　　月　　日

附件 5

# 养老机构变更备案书

______________民政局：

我单位有关事项发生变更，该养老机构变更备案信息如下：

变更事项：

变更前：

变更后：

请予以备案。

联系人：　　　　　　　　　　　　联系方式：

备案单位：　　　　　　　　（章）

年　　月　　日

附件 6

# 养老机构变更备案回执

______________：　　　　变更备案编号：________________年____月____日报我局的《养老机构变更备案书》收到并已备案。

变更事项如下：

民政局（章）

年　　月　　日

附件 7

# 抄告函

______________（单位）：　　　　　　　　　　　　抄告编号：______________

经检查，我局发现位于______________（地址）的（机构名称）______________，其养老机构备案号（或原许可证号）为：______________，机构性质：______________（民办公益性/民办经营性/公办/公建民营），存在以下问题：

（问题描述）

现根据《广东省养老服务条例》第八章“监督管理”有关规定，将上述情况抄告你单位，请你单位按照部门职责分工及时依法进行处理。

特此函告。

民政局（章）

年　　月　　日

（联系人：　　　　　　联系电话：　　　　　　）

公开方式：主动公开

广东省民政厅办公室

2019 年 9 月 16 日印发

# 江西省民政厅等部门印发《关于加强养老机构预付费管理的指导意见（试行）》的通知

（赣民字〔2021〕19号）

各设区市民政局、金融办、公安局、银保监分局、人民银行省内各市中心支行、南昌辖内各县支行，赣江新区社会发展局、财政金融局：

现将《关于加强养老机构预付费管理的指导意见（试行）》印发给你们，请结合实际，抓好贯彻落实。

江西省民政厅　江西省地方金融监督管理局
江西省公安厅　中国人民银行南昌中心支行
江西银保监局
2021年4月23日

## 关于加强养老机构预付费管理的指导意见（试行）

**第一条**　为加强养老机构预付费管理，保护老年人合法权益，防范化解养老服务领域非法集资风险，促进养老服务业健康发展，根据《防范和处置非法集资条例》和国务院办公厅《关于推进养老服务发展的意见》（国办发〔2019〕5号）、《关于建立健全养老服务综合监管制度促进养老服务高质量发展的意见》（国办发〔2020〕48号）等文件精神，提出本指导意见。

**第二条**　本意见所指养老机构预付费，是指养老机构（含医养结合机构）通过向未入住人员销售预付费性质“会员卡”“贵宾卡”“预付卡”（以下统称“会员卡”）收取的会员费以及向已入住老年人提前收取的养老服务费。

**第三条**　社会力量举办的养老机构为弥补设施建设资金不足，通过销售预付费性质“会员卡”等形式进行营销的，应当同时符合以下条件：

（一）以出让方式获得土地并利用自建或自有设施举办；

（二）床位规模在300张以上；

（三）依法办理企业法人登记并在民政部门备案；

（四）已投入运营。

符合上述条件的养老机构实行会员制，还应当遵守以下规定：

（一）不得以许诺还本付息或者给予其他投资回报、承诺明显低于市场价入住或折扣返利等优惠条件等形式诱导老年人及家属交纳会员费；

（二）预收的单个会员费金额不得超过本机构最高养老服务月收费标准的 12 倍；

（三）“会员卡”客户总数不得超过该机构实际可用床位总数；

（四）收取的会员费总额不得超过本机构扣除银行贷款后的可抵押物估值；

（五）收取的会员费仅限用于弥补本机构设施建设资金不足及主营业务，不得用于不动产、股权、证券、债券、期货等投资及其他借贷用途；实行连锁化、集团化运营的养老机构，不得将本机构收取的会员费用于其他关联养老机构；

（六）“会员卡”应当实行实名制，且仅限本人使用；

（七）应当向“会员卡”客户出具风险提示函、收费凭据，并签订合同，明确收费标准、权利义务、退费处理、争议解决等事项。

**第四条** 公建公营、公建民营、政府与社会资本方合作建设的养老机构以及不符合第三条规定条件的社会力量举办的养老服务机构，不得实行会员制、收取会员费。

**第五条** 符合规定条件的养老机构实行会员制应当事先向属地民政部门备案。备案内容包括：机构名称、社会信用代码、银行账户、法定代表人（负责人）和其他股东（合伙人）姓名及身份证号码、拟发行“会员卡”的种类、数量、数额、用途等。

属地民政部门应当将备案信息向当地处置非法集资牵头部门通报，并在门户网站向社会公开养老机构名单及有关备案信息。

**第六条** 实行会员制的养老机构应当在指定商业银行设立存管账户，并与属地民政部门、开户银行签订存管账户资金监管协议，明确监管范围、资金管理使用、监管账户开立、违约责任、协议终止等事项。

养老机构应当将收取的会员费全部缴入存管账户，不得转入机构其他账户或其他机构、企业账户、私人账户或第三方支付平台。

**第七条** 实行会员制的养老机构应于每季度首月 10 日前向民政部门报送上一季度会员费收取、使用等情况；每年 3 月底前，向民政部门报送会计师事务所出具的本机构上年度财务审计报告。养老机构应对有关情况和报告的真实性负责。

存管银行应于每季度首月 10 日前向民政部门、养老机构提供存管账户资金对账单。存管银行要加强对存管资金的监测预警，对监测发现的资金异动情况，要第一时间向民政部门和处置非法集资牵头部门报告。

属地民政部门应及时将监管协议副本、会员费收取及资金使用情况、存管账户对账单等向当地处置非法集资牵头部门通报。

**第八条** 本指导意见施行前已收取了会员费的养老机构，应当主动向民政部门报告，符合收取条件的，应在三十日内按规定进行备案并设立存管账户，并将所收取会员费全部转入存管账户；不符合收取条件的，应制定退款计划并在有关部门监督下严格履行。

**第九条** 养老机构向已入住老年人收取床位费、护理费、伙食费、水电费等养老服务费，原则上按月收取。经双方协商同意预交一定期限养老服务费的，养老机构应与老年人或家属在养老服务合同中予以明确，但最长期限一般不得超过 12 个月。医疗备用金等应急费用根据老年人身体健康状况在合理范围内协商确定，但一般不超过 1 万元。

预收的养老服务费和医疗备用金应当专款专用。

**第十条** 养老机构应当在接待大厅等醒目位置公示本机构床位费、护理费、伙食费、水电费、医疗备用金等收费标准、收费依据、服务内容和基本银行账户、存管账户等信息，接受有关部门和老年人及家属监督，不得在公示项目、标准或合同外收取费用。

**第十一条** 养老机构预收的会员费和养老服务费均不得支付利息或者给予“福利费”等其他投资回报。

**第十二条** 任何机构、企业、社会组织和个人不得打着销售虚构的老年公寓、养老山庄等旗号或者以投资、加盟、入股养生养老基地、老年公寓等名义非法吸收公众资金。

**第十三条** 民政部门要会同有关部门加强对养老机构收取会员费和养老服务费、存管账户资金管理使用情况进行监督检查。发现禁止实行会员制的养老机构违规收取会员费和实行会员制的养老机构违反限制性规定以及不按规定将会员费缴入存管账户的，应当责令改正；对拒不改正的，按照有关规定依法查处。

**第十四条** 处置非法集资牵头部门要会同公安机关、人民银行省内分支机构、辖内银保监会派出机构等按照非法集资可疑资金监测机制，组织各银行业金融机构加强对养老机构涉嫌非法集资可疑资金的监测工作。人民银行省内分支机构、辖内银保监会派出机构要督促、指导银行业金融机构做好会员费存管账户资金监测。发现涉嫌非法集资的，按规定启动会商和处置机制；涉嫌犯罪的，由公安机关依法处置。

**第十五条** 对养老机构违规收取会员费和养老服务费、以养老服务名义非法集资、严重损害老年人权益、拒不接受监督检查、不按照规定报送年度工作报告等行为，依据养老服务失信联合惩戒名单管理制度有关规定，将其列入联合惩戒对象名单，归集纳入公共信用信息平台，实施联合惩戒。

**第十六条** 民政部门要加强对养老机构经营者的守法教育，引导其合法经营、规范服务。要常态化开展养老服务领域防范非法集资风险宣传，向社会公众宣传预付费注意事项，提示相关风险。

老年人及其家属要提高风险防范意识，谨慎缴纳预付费等，不为高额回报所诱惑，不参与非法集资。

**第十七条** 对养老机构违规收取会员费和养老服务费等行为，老年人、家属及社会公众可向民政部门举报；对涉嫌非法集资行为的，可通过 961555 举报热线或者向当地处置非法集资牵头部门、民政部门、公安机关进行举报。

**第十八条** 本意见自 2021 年 5 月 23 日起施行，有效期 2 年。

# 深圳市民政局等11部门关于公布深圳市养老服务投资扶持政策措施清单的公告

为贯彻落实《国务院办公厅关于推进养老服务发展的意见》（国办发〔2019〕5号）精神和《广东省人民政府办公室关于印发广东省加快推进养老服务发展若干措施的通知》（粤府办〔2019〕23号）有关要求，经梳理汇总，编制了《深圳市养老服务投资扶持政策措施清单》，现予以公告。

附件：1. 深圳市养老服务投资扶持政策措施清单

2. 政策文件目录

深圳市民政局　深圳市发展和改革委员会
深圳市财政局　深圳市人力资源和社会保障局
深圳市规划和自然资源局　深圳市生态环境局
深圳市住房和建设局　深圳市卫生健康委员会
深圳市市场监督管理局　国家税务总局深圳市税务局
深圳市消防救援支队
2020年6月18日

**附件 1**

# 深圳市养老服务投资扶持政策措施清单

## 一、用地、规划和建设政策

1. 社会资本举办的非营利性养老机构和政府举办的养老机构享有相同的土地使用政策，可以依法使用产权归政府、以划拨方式供应的国有建设用地。对营利性养老机构建设用地，按照国家对经营性用地依法办理有偿用地手续的规定，优先保障供应。

2. 利用社会闲置资源兴办养老服务机构，经有关部门批准临时改变建筑使用功能从事非营利性养老服务且连续经营 1 年以上的，5 年内土地使用性质可暂不作变更。

3. 营利性养老服务机构利用存量建设用地建设养老设施，涉及划拨建设用地使用权出让（租赁）或转让的，在原土地用途符合规划的前提下，可不改变土地用途，允许补缴土地出让金（租金），办理协议出让或租赁手续。在符合规划的前提下，在已建成的住宅小区内增加非营利性养老服务设施建筑面积的，可不增收土地价款。

4. 城市经济型酒店等非民用房转型成养老服务设施的，报民政、规划和自然资源等部门备案。五年内可暂不办理土地和房产功能变更手续，满五年后继续用于养老服务设施的，可由产权人按有关规定办理使用功能变更手续。

5. 对在养老服务领域采取政府和社会资本合作（PPP）方式的项目，可以利用国有建设用地使用权作价出资或者入股建设。

6. 对配建社区老年人日间照料中心的城市更新项目，按社区老年人日间照料中心建筑面积的 2 倍计入奖励容积。

7. 凡是符合已经批复的控制性详细规划的区域，不再对区域内具体养老投资项目进行交通影响、水影响、地震安全性等方面的评估审查。

8. 简化养老机构环评手续。不涉及自然保护区、风景名胜区、世界文化和自然遗产地、海洋特别保护区、饮用水水源保护区等环境敏感区的养老机构无需办理环评手续。

9. 取消部分养老机构的消防审验手续。有产权等合法文件证明，在 1998 年 9 月以前建设使用，且未发生改、扩建（含室内外装修、建筑保温、用途变更）的养老机构，不需要办理消防设计审核、消防验收或备案手续。

10. 对符合消防、食品等安全标准要求但因不动产登记、土地规划等行政手续问题不能通过消防审验、食品安全许可的养老机构，由县级以上民政部门会同有关部门报同级人民政府集中研究处置措施，采取一事一议的方式，在确保安全的前提下优化审验手续。

## 二、税费优惠政策

11. 养老机构提供的养老服务免征增值税。依法办理登记，并向民政部门备案的为老年人提供集中居住和照料服务的各类养老机构，按照民政部《养老机构管理办法》（民政部令第 49 号），为收住的老年人提供的生活照料、康复护理、精神慰藉、文化娱乐等服务免征增值税。

12. 为社区提供养老服务的机构可以享受以下税收优惠政策：(1) 提供社区养老服务取得的收入，免征增值税。(2) 提供社区养老服务取得的收入，在计算应纳税所得额时，减按 90%计入收入总额。(3) 承受房屋、土地用于提供社区养老服务的，免征契税。(4) 为社区提供养老服务的机构自有或其通过承租、无偿使用等方式取得并用于提供社区养老服务的房产、土地，免征房产税、城镇土地使用税。

13. 对非营利性养老服务机构自用房产、土地免征房产税、城镇土地使用税；对符合税法规定条件并经认定为非营利组织的养老服务机构，其取得的符合条件的收入按规定免征企业所得税。

14. 属于小微企业的养老服务机构可以享受相应减免优惠。2019 年 1 月 1 日至 2021 年 12 月 31 日，对月销售额 10 万元以下（含本数）的增值税小规模纳税人，免征增值税；对小型微利企业年应纳税所得额不超过 100 万元的部分，减按 25%计入应纳税所得额，按 20%的税率缴纳企业所得税；对年应纳税所得额超过 100 万元但不超过 300 万元的部分，减按 50%计入应纳税所得额，按 20%的税率缴纳企业所得税；对增值税小规模纳税人减征 50%的资源税、城市维护建设税、房产税、城镇土地使用税、印花税（不含证券交易印花税）、耕地占用税、教育费附加、地方教育附加。

15. 对依法在中国境内成立的企事业单位、社会组织通过公益性社会组织或者县级以上人民政府及其部门向非营利性养老机构的捐赠，符合相关规定的，准予在计算应纳税所得额时按税法规定比例扣除；对个人将其所得通过中国境内的公益性社会组织、国家机关向公益慈善事业的捐赠，符合相关规定的，准予在计算应纳税所得额时按税法规定比例扣除。

16. 对非营利性养老机构建设免征有关行政事业性收费，对营利性养老机构建设减半征收有关行政事业性收费。上述行政事业性收费项目包括：(1) 国土资源部门收取的土地复垦费、土地闲置费、耕地开垦费、土地登记费；(2) 住房城乡建设部门收取的房屋登记费、白蚁防治费；(3) 人防部门收取的防空地下室易地建设费；(4) 各省、自治区、直辖市人民政府及其财政、价格主管部门上按照管理权限批准设立的涉及养老和医疗机构建设的行政事业性收费。养老机构用电、用水、用气按居民生活类价格执行。

17. 对退役士兵、毕业不超过两年的大中专院校和技工院校毕业生从事家庭服务业中养老服务个体经营的，自登记注册之日起 3 年内免交登记类、证照类和管理类等行政事业性收费。

18. 失业人员、残疾人从事养老服务业的，自登记注册之日起免交登记类、证照类和管理类等行政事业性收费。

19. 对租用闲置公房改建养老服务设施的，应给予优先承租且租金不超过国土房管部门公布的参考价。

## 三、医养结合政策

20. 养老机构内部设置诊所、卫生所（室）、医务室、护理站，取消医疗机构设置审批和公示环节，直接按照《深圳市医疗机构执业登记办法》规定进行执业登记。具备法人资格的医疗机构申请设立养老机构的，不需另行设立新的法人，不需另行法人登记。

21. 鼓励符合条件的执业医师到养老机构、社区老年照料机构内设的医疗卫生机构多点执业。

22. 对养老机构中就业的专业技术人员，执行与医疗机构相同的执业资格、注册考试政策。

23. 深圳市养老机构医养结合资助。民办非企业型养老机构，实现医养结合，已实际收住服务对象，并具备医保定点资格的，由民政部门按照30万元的标准给予一次性资助；未具备医保定点资格的，按照20万元的标准给予一次性资助，取得医保定点资格后，按照10万元的补差标准给予一次性资助。

## 四、运营资助政策

（一）养老机构运营资助政策

24. 深圳市新增养老床位资助。民办非企业型养老机构，除政府投资兴建并委托社会力量运营管理的养老机构、由社区老年人日间照料中心转型升级的养老机构外，因新建、改建和扩建养老机构而新增加的养老服务床位的，每新增一张床位的资助额度为4万元，分4年资助，每年1万元。

25. 深圳市养老机构护理服务资助。民办非企业型养老机构收住本市户籍60周岁以及以上老年人，按照入住满30天的实际使用的床位数，给予护理服务资助。收住重度失能老年人（一级护理）的，每人每月资助600元；收住中度、轻度失能老年人（二级护理）的，每人每月资助450元；收住能力完好老年人（三级护理）的，每人每月资助300元。

26. 深圳市养老机构等级评定奖励。民办非企业型养老机构被广东省民政厅评定为三星级以上等级（含三星级）的，可享受等级评定奖励。五星级养老机构按照30万元的标准给予一次性奖励，四星级养老机构按照20万元的标准给予一次性奖励，三星级养老机构按照10万元的标准给予一次性奖励。

27. 深圳市养老机构责任保险资助。民办非企业型养老机构参加广东省养老机构责任保险统保示范项目，购买包含从业人员责任保障的养老机构责任保险，按实际投保床位每年每床资助120元。

28. 福田区：可按照《福田区“老年人托养中心”建设运营管理办法》，享受保额不低于10万元/人的养老机构综合责任险资助、最高200万元的建设经费资助、最高50万元的年度运营资助、最高70%的场地租金资助、150元/人/月的特殊群体服务资助、每床每月150元的床位资助。市、区同类型资助只能择一享受。

（二）日间照料中心运营资助政策

29. 福田区：可按照《福田区“老年人托养中心”建设运营管理办法》，享受保额不低于10万元/人的养老机构综合责任险资助、最高200万元的建设经费资助、最高50万元的年度运营资助、最高70%的场地租金资助、150元/人/月的特殊群体服务资助。

30. 罗湖区：可按照《深圳市罗湖区社区老年人日间照料中心建设运营管理办法》，享受资助总额不超过60万元的年度项目经费资助、最高100万元的建设经费资助、保额不低于10万元/人的场地综合责任险资助。

31. 盐田区：可按照《盐田区老年人日间照料中心项目建设实施方案》，享受最高40

万元的运营补贴资助。

32. 南山区：可按照《南山区社区养老设施建设运营管理办法》，享受最高200万元的建设经费资助、最高50万元的年度场地租金资助、最高40万元的年度运营经费资助、150元/人/月的特殊群体服务资助。

33. 宝安区：可按照《宝安区社区养老服务扶持办法（试行）》，享受最高150万元的建设经费资助、最高40万元的年度运营经费资助、最高50万元的年度场地租金资助。

34. 龙岗区：社区“夕阳红”项目可按照《深圳市龙岗区社区民生微实事“夕阳红”项目建设与运营管理办法（试行）》《深圳市龙岗区社区民生微实事“夕阳红”项目资助申报清单指引》，按场地面积享受最高50万元的项目运营补贴资助，按服务数量享受每人每月150元的服务补贴资助，按项目功能区服务情况享受最高3万元的补贴资助，其他杂费如场地租金、设施设备日常维修维护费用按实际支出，从“民生微实事・大盆菜”项目中列支。

35. 光明区：可按照《光明新区社区老年人日间照料服务机构运营管理暂行办法》，享受最高100万元的建设资助，试运营期享受最高50万元的运营启动经费资助，规范运营期享受最高20万元的运营资助、最高20万元的考核奖励资助。

36. 大鹏新区：可按照《深圳市大鹏新区社区老年人日间照料中心建设和运营管理暂行办法》，享受最高100万元的建设经费资助、最高20万元的年度场地租金资助、保额不低于10万元/人的综合责任险资助，试运行期享受最高80万元的运营启动经费资助，规范运营期享受最高20万元的运营资助、最高20万元的考核奖励资助。

（三）长者饭堂运营资助政策

37. 就餐补贴。按照《关于加快推进长者助餐服务的工作方案》及各区相关文件，我市长者助餐企业为特定人员提供服务的，可按实际就餐人数，享受每餐最高15元的就餐补贴。

38. 送餐补贴。我市为户籍百岁老人，及经市、区指定医疗机构评估为中度程度以上失能的70周岁以上户籍老人提供送餐上门服务的长者饭堂，可按2元/人次的标准享受送餐补贴。

39. 运营补贴。我市为长者助餐补贴对象服务的长者饭堂，可按2元/人次的标准享受运营补贴。

40. 福田区：可按照《福田区长者食堂建设运营管理暂行办法》，享受最高30万元的建设补贴。

41. 盐田区：可按照《盐田区推进长者助餐服务实施方案》，享受最高10万元的建设补贴。社区智能餐柜运营产生的电费、物业管理费、租金等费用，可由所在社区纳入民生微实事项目统筹解决，或由所属街道办事处统筹解决。

42. 南山区：可按照《南山区长者助餐服务办法》，享受4万元的运作资助。

43. 宝安区：可按照《宝安区推进长者助餐服务实施方案》，享受最高5万元的建设补贴。

44. 坪山区：可按照《关于加快落实长者助餐服务的实施方案》，享受最高20万元的建设补贴。

45. 光明区：可按照《光明区长者饭堂运营管理工作指引》，享受最高 20 万元的建设补贴。

## 五、培训补贴政策

46. 在我市依法登记注册的独立法人养老服务企业根据《深圳市推行企业新型学徒制实施办法》开展员工学徒制培训的，可按每人每年最高 8500 元标准申请新型学徒培训补贴。

47. 在我市依法登记注册的独立法人养老服务企业根据《关于做好新型冠状病毒肺炎疫情防控期企业职工适岗培训有关工作的通知》开展员工适岗培训的，可按每人每年最高 1500 元标准申请企业职工适岗培训补贴。

48. 在我市依法登记注册的独立法人养老服务企业根据《深圳市职业技能培训补贴办法》规定开展新招录员工岗前培训的，可按每人 200 元的标准申请企业职工岗前培训补贴。

## 六、其他政策

49. 在民政部门登记的非营利性养老机构，可以依法在其登记管理机关管辖范围内设立多个不具备法人资格的服务网点。

50. 非本地投资者举办养老服务项目与当地投资者享受同等政策待遇，境外投资者设立的非营利性养老机构与境内投资者享受同等优惠政策。

51. 设立养老服务类的社会组织，符合直接登记条件的可以直接向民政部门依法申请登记，由登记机关征求本级养老服务业务部门意见。

附件 2

# 政策文件目录

中华人民共和国企业所得税法

中华人民共和国企业所得税法实施条例

中华人民共和国个人所得税法

中华人民共和国个人所得税法实施条例

消防法

国务院办公厅关于全面放开养老服务市场提升养老服务质量的若干意见（国办发〔2016〕91 号）

财政部 税务总局 发展改革委 民政部 商务部 卫生健康委关于养老、托育、家政等社区家庭服务业税费优惠政策的公告（财政部 税务总局 发展改革委 民政部 商务部 卫生健康委公告 2019 年第 76 号）

财政部 税务总局 民政部关于公益性捐赠税前扣除有关事项的公告（财政部公告 2020 年第 27 号）

民政部等 10 部委关于鼓励民间资本参与养老服务业发展的实施意见（民发〔2015〕33 号）

财政部 国家税务总局关于对老年服务机构有关税收政策问题的通知（财税〔2000〕97 号）

财政部 国家发展改革委关于减免养老和医疗机构行政事业性收费有关问题的通知（财税〔2014〕77 号）

财政部 国家税务总局关于全面推开营业税改征增值税试点的通知（财税〔2016〕36 号）

财政部 税务总局关于实施小微企业普惠性税收减免政策的通知（财税〔2019〕13 号）

财政部 税务总局关于明确养老机构免征增值税等政策的通知（财税〔2019〕20 号）

国家卫生健康委等 4 部委关于做好医养结合机构审批登记工作的通知（国卫办老龄发〔2019〕17 号）

国家卫生计生委办公厅关于养老机构内部设置医疗机构取消行政审批实行备案管理的通知（国卫办医发〔2017〕38 号）

广东省人民政府关于加快发展养老服务业的实施意见（粤府〔2015〕25 号）

广东省人民政府办公厅关于全面放开养老服务市场提升养老服务质量的实施意见（粤府办〔2018〕3 号）

广东省民政厅等 11 部门关于进一步做好养老机构登记备案和监管工作的通知（粤民规字〔2019〕8 号）

广东省民政厅等 12 部门转发民政部等 11 部委关于支持整合改造闲置社会资源发展养

老服务的通知（粤民发〔2017〕44号）

广东省民政厅等13部门转发民政部等13部委关于加快推进养老服务业放管服改革的通知（粤民发〔2017〕88号）

广东省发展改革委 民政厅关于进一步落实广东省人民政府加快社会养老服务事业发展意见价格优惠政策的通知（粤发改价格函〔2014〕3475号）

深圳市人民政府关于完善国有土地供应管理的若干意见（深府规〔2018〕11号）

深圳市民政局 深圳市财政委员会关于印发《深圳市民办养老机构资助办法》的通知（深民规〔2018〕2号）

深圳市民政局 深圳市市场监督管理局 深圳市财政局关于印发《关于加快推进长者助餐服务的工作方案》的通知（深民〔2019〕23号）

深圳市人力资源和社会保障局 深圳市财政委员会关于印发《深圳市职业技能培训补贴办法》的通知（深人社规〔2016〕14号）

深圳市人力资源和社会保障局 深圳市财政局关于印发《深圳市推行企业新型学徒制实施办法》的通知（深人社规〔2019〕11号）

深圳市人力资源和社会保障局 深圳市财政局关于做好新型冠状病毒肺炎疫情防控期企业职工适岗培训有关工作的通知（深人社发〔2020〕6号）

市规划和自然资源局关于印发《深圳市拆除重建类城市更新单元规划容积率审查规定》的通知（深规划资源规〔2019〕1号）

深圳市人居环境委员会关于印发《深圳市建设项目环境影响评价审批和备案管理名录》的通知（深人环规〔2018〕1号）

深圳市卫生健康委员会关于印发深圳市医疗机构执业登记办法的通知（深卫健规〔2020〕2号）

福田区人民政府办公室关于印发《福田区“老年人托养中心”建设运营管理办法》的通知（福府办规〔2016〕3号）

福田区民政局 深圳市市场和质量监管委福田局 福田区财政局关于印发《福田区长者食堂建设运营管理暂行办法》的通知（福民规〔2019〕1号）

深圳市罗湖区人民政府办公室关于印发《深圳市罗湖区社区老年人日间照料中心建设运营管理办法》的通知（罗府办规〔2016〕3号）

罗湖区民政局 深圳市市场监督管理局罗湖监管局 罗湖区财政局关于印发《关于开展罗湖区长者助餐服务的工作方案》的通知（罗民〔2019〕22号）

深圳市盐田区民政局关于印发《盐田区老年人日间照料中心项目建设实施方案》的通知（深盐民〔2015〕29号）

深圳市盐田区民政局 深圳市市场和质量监督管理委员会盐田市场监督管理局关于印发《盐田区长者食堂设置运营工作指引》的通知（深盐民〔2019〕19号）

深圳市南山区人民政府办公室关于印发《南山区社区养老设施建设运营管理办法》的通知（深南府办规〔2017〕3号）

深圳市南山区人民政府办公室关于印发《南山区养老服务业发展三年行动计划》等文件的通知（深南府办规〔2018〕8号）

深圳市宝安区人民政府办公室关于印发《宝安区社区养老服务扶持办法（试行）》的通知（深宝规〔2019〕2 号）

宝安区民政局 市市场监督管理局宝安监管局 宝安区财政局关于印发宝安区推进长者助餐服务实施方案的通知（深宝民〔2019〕144 号）

深圳市龙岗区“大盆菜”专责领导小组办公室关于印发《深圳市龙岗区社区民生微实事“夕阳红”项目建设与运营管理办法（试行）》的通知（深龙民〔2018〕182 号）

龙岗区民政局关于印发《深圳市龙岗区社区民生微实事“夕阳红·长者食堂”清单管理指引》等五个清单指引的通知（深龙民〔2019〕64 号）

龙华区民政局（人力资源局）关于印发《2019 年龙华区长者助餐服务工作方案》的通知（深龙华民（人）字〔2019〕53 号）

坪山区民政局 坪山区财政局 市市场监督管理局坪山监管局关于印发《关于加快落实长者助餐服务的实施方案》的通知（深坪民发〔2019〕6 号）

深圳市光明新区管理委员会关于印发光明新区社区老年人日间照料服务机构运营管理暂行办法的通知（深光规〔2015〕4 号）

光明区民政局关于印发《光明区长者饭堂运营管理工作指引》的通知（深光民〔2020〕3 号）

深圳市大鹏新区综合办公室关于印发深圳市大鹏新区社区老年人日间照料中心建设和运营管理暂行办法的通知（深鹏办规〔2018〕1 号）

# 广州市养老服务工作联席会议关于印发《关于全面加强养老机构综合监管的实施方案》的通知

（穗养老联席〔2020〕2号）

各区人民政府，市养老服务工作联席会议成员单位：

《关于全面加强养老机构综合监管的实施方案》业经市领导同意，现印发给你们，请认真贯彻执行。

广州市养老服务工作联席会议

（代章）

2020年6月8日

## 关于全面加强养老机构综合监管的实施方案

为全面规范我市养老服务市场秩序，助推养老机构高质量发展，打造全国养老服务先行示范区，根据《中华人民共和国老年人权益保障法》《国务院办公厅关于推进养老服务发展的意见》《国务院办公厅关于全面放开养老服务市场提升养老服务质量的若干意见》及广东省民政厅等11部门《关于进一步加强养老机构登记备案和监管工作的通知》等有关规定，制订本方案。

### 一、总体目标

深入贯彻落实习近平总书记关于提高养老服务质量的重要指示批示精神，贯彻最新精神、执行最高标准、实施最全举措，构建养老机构事前、事中、事后全过程综合监管体系和高质量发展长效机制，全面化解养老机构重大风险隐患。到2022年，推动实现全市养老机构100%符合《养老机构服务安全基本规范》《养老机构服务质量基本规范》，新建养老机构100%符合《老年人照料设施建筑设计标准》，“双随机一公开”联合执法队伍充分建立，联合监管形成常态，信用管理和“互联网+监管”成熟运作，切实提升老年人及其家属获得感、幸福感、安全感。

### 二、基本原则

（一）全覆盖。统筹开展公办养老机构、民办养老机构、农村敬老院、社区嵌入式养老机构和开展老年人集中照料服务、具备综合功能的社区养老服务机构一体化监督管理，同步将未备案但已实际开展老年人集中照料服务的企业或社会服务机构纳入常态化监管范围。

（二）全方位。构建全方位、立体式监管网络，推动形成政府部门依法监管、行业充分自律、第三方专业机构共同督导、社会公众广泛参与、新闻媒体跟进监督的崭新局面。

（三）全过程。健全登记备案管理和退出处置机制，以养老服务社会诚信体系建设为主线，以深入开展日常服务质量监测和社会督导为手段，构建贯穿全过程、全周期的事前、事中、事后监管制度。

## 三、工作措施

（一）完善统筹协调机制，形成综合监管合力

1. 强化会商协调机制。设立以市政府主要领导为总召集人的养老服务工作联席会议，统筹协调全市养老服务工作，研究推进养老服务改革发展的各项政策措施，制订《广州市养老服务专项考核工作方案》，抓好监管责任落实。建立职能部门会商共议制度，由民政部门牵头，定期与相关职能部门共同研究解决养老机构监督管理工作中的重点难点问题以及养老服务市场主体反映的关键症结。

2. 强化横向职能部门分工协作。民政部门负责养老机构的指导、监督和管理，发现问题及时抄告有关部门；规划和自然资源、住房城乡建设部门负责对养老服务设施（含养老机构）的规划和建设情况实施监督管理；生态环境部门负责养老机构生态环境准入和监督执法等工作；卫生健康部门牵头负责医养结合及养老机构内设医疗机构的备案管理、医疗质量、医务人员执业行为规范等的监督管理，协调、推动老龄维权工作；市场监管部门负责养老机构食品安全、特种设备、违法广告、产品用品、价格监管及养老机构内设医疗机构的药品使用质量安全监管工作；住建、消防救援部门负责养老机构消防审验、消防安全管理，养老机构负责本单位消防安全管理工作，民政部门负责指导养老机构行业消防安全管理，消防救援机构依法对单位遵守消防法律、法规的情况进行监督检查；应急管理部门负责组织指导协调安全生产类、自然灾害类等突发事件应急救援，指导协调、监督检查养老机构主管部门安全生产工作，其中有关部门、单位按照职责分工做好应急救援工作；金融监管部门、公安部门负责处理养老机构非法集资、诈骗等金融行为及其他违法犯罪行为；人力资源和社会保障、教育部门负责养老机构人才队伍规划、教育培训等工作。财政部门负责做好养老机构综合监管资金保障，并会同审计机关按照国家和省的有关规定，对政府设立或者接受政府补贴、补助的养老机构的财务状况、政府补贴资金使用等情况进行监督。其他有关部门按照各自职责对养老机构实施监督管理。

3. 强化纵向部门监管职能。市民政部门负责全市养老机构的业务指导、监督，牵头会同有关职能部门成立综合执法队伍，将养老机构综合监管纳入民政领域综合执法范围；区民政部门负属地管理责任，负责本行政区域养老机构的具体指导、监督和管理，根据工作实际，参照市的做法，牵头会同有关职能部门成立区级综合执法队伍，加强执法队伍建设，不断提升执法工作水平；镇街负属地管理责任，负责本区域养老机构的日常监管。

4. 强化养老机构主体责任和养老行业自律。落实养老机构主体责任，养老机构法定代表人、主要负责人（实际负责人）是安全生产、运营管理第一责任人；养老服务行业组织依照法律、法规和章程，制定行业规范、引领行业发展，加强行业自律和行业诚信建

设，全面履行行业自律公约。

5. 强化社会监督。全面建立社会监督机制，全市养老机构统一开通监督电话热线、设置投诉信箱，建立5个工作日反馈处理制度。由民政部门打造电脑端和移动互联网手机端投诉渠道，打通自下而上的问题反馈关节。推行机构间互相监督，由行业协会牵头定期组织三星级及以上养老机构赴各区开展监督指导活动，发挥星级养老机构示范引领作用。聘请养老机构服务管理、建筑设计、消防安全、医疗卫生、食品药品等各领域专家学者，建立“养老服务专家人才库”，为理论研究、政策制定、举措施行和综合监管提供人才支撑。

（二）规范事前登记备案，推动监管关口前移

6. 强化登记管理。由市民政部门会同市场监督管理部门、社会组织管理部门规范养老机构登记管理，规范名称管理及业务范围，精准衔接养老机构备案管理。养老机构申请商事登记的，“主营项目类别”归类为“社会工作”，将“经营范围”细化为“养老机构业务”或“综合养老服务业务”项目。养老机构经营范围应当包含“老年人养护服务”“机构养老业务”或“为老年人提供集中居住和照料护理服务”等规范表述。养老机构申请社会服务机构（民办非企业）登记的，民办公益性养老机构业务范围应有“机构养老业务”或“为老年人提供集中居住和照料服务”的内容。综合服务类养老机构，业务范围统一表述为“养老机构业务，为老年人提供社区托养、居家照护等社区居家养老服务”。

7. 强化备案管理。明确对已完成登记但确实不具备运营条件、存在重大风险隐患或不符合《老年人照料设施建筑设计标准》的项目，在备案过程中予以标注，指导其完善有关条件并抄告相关职能部门和属地镇街。对登记后已开展服务但未在规定时限内备案的养老机构，由所在区民政部门加强联络提醒，会同市场监督管理、社会组织管理部门加强现场检查和督促指导。经提醒、督促仍不备案的，通过民政部门官方网站、广州市为老服务综合信息管理平台向社会公告，并依法依规予以处理。

（三）狠抓事中监管，形成联动督查机制

8. 强化联合督查常态化机制。巩固养老院服务质量建设专项行动联合督查机制，进一步梳理督查事项，制定《广州市养老机构督查事项清单》，建立“联合执法数据库”，实现执法信息同步公开发布。市民政部门牵头联合市卫生健康、市场监督管理、消防救援等有关部门按照10%的比例每半年开展1次“双随机一公开”抽查，区级民政部门联合有关部门每季度开展1次“双随机一公开”抽查，镇街对所辖养老机构每月开展1次全面检查，养老机构每周开展1次全面自查。对标国家强制性标准及基本规范，重点排查消防安全、食品安全、卫生防疫、运营管理、应急处置等问题，严厉打击养老机构非法集资、保健品营销行为。

9. 强化闭环反馈跟踪机制。自上而下实施联合督查、分别验收、立行立改。检查中发现问题，及时下发整改通知，明确整改期限，督促属地管理部门和养老机构采取有效措施落实整改，存在问题和整改结果及时向社会公布。对落实不到位、不达标的，按照“一地一策”“一院一案”要求，联合采取专门措施，加大整治力度。涉及安全底线的重大风险隐患，严格执行“一问题一整改，一整改一验收，一验收一签名”。对存在重大风险隐患、逾期不改正的养老机构，责令停业整顿；情节特别严重的，依法取缔、关停、撤并。

10. 强化院内投诉建议处置。推动养老机构内部全面完善接待和处理老年人投诉建议的专门部门、人员和渠道，通过“开通一条热线，设置一个信箱，指定一个专员或设立一个部门”，有效解决内部纠纷、改进诉求，将信访、诉讼转化率（因养老机构内部诉求建议得不到妥善解决，转化为信访或诉讼事件的比例）降低到1‰以下。严格执行每百张床位配备 1 名社工要求，充分发挥社工“润滑剂”作用，提前介入老年人及员工心理、情绪疏导。推动全市老机构开展服务质量开放日，大力宣传养老院质量建设专项行动成效。

11. 强化失信信息共享。多渠道汇集民政、发展改革、公安、财政、自然资源、生态环境、住房城乡建设、卫生健康、应急管理、金融监督管理、税务、市场监督管理、医疗保障、消防等部门的行政处罚、行政强制、失信信息披露等处理结果信息。规范养老服务主体信用信息管理，理顺各级信息平台的主次关系、层级关系和递进关系，形成统一有序的信用信息发布使用管理机制。

12. 强化失信联合惩戒。制定《广州市养老服务机构失信信息管理办法》，全面规范养老机构及其有关人员失信信息的归集、使用管理，将严重违法失信的养老机构和从业人员列入联合惩戒对象名单并向社会公布。依据国家养老服务市场失信联合惩戒对象认定标准，探索构建多部门联合惩戒机制。

13. 强化守信激励。对于信誉度优良、诚信水平和评估等级较高的养老机构，予以列入养老机构“红名单”，开辟绿色通道，创造有利条件，鼓励其连锁化、品牌化、规模化发展，并与各项资助、融资、政府购买服务等扶持、优惠政策相挂钩。

（四）完善事后处置，确保良性运营

14. 强化解决历史遗留问题。全面推进解决养老机构历史遗留问题，对符合消防、食品等相关安全标准要求，但因不动产登记、土地规划等行政手续问题不能通过消防审验、食品安全许可的养老机构，由区民政部门会同有关部门报同级人民政府集中研究处置措施。

15. 强化违规运营养老机构查处。将违规为老年人提供集中居住和照料服务的养老机构列为重点监管对象，根据存在问题类型，由区民政部门会同公安、规划和自然资源、住房城乡建设、卫生健康、应急管理、市场监督管理、地方金融监督管理、消防救援等有关部门开展现场检查和督促指导。检查中发现养老机构存在可能危及人身健康和生命财产安全风险的，责令限期整改；逾期不整改的，责令停业整顿；未按照要求停业整顿，情节严重的，依照公司登记管理条例、民办非企业单位登记管理暂行条例等有关规定予以吊销营业执照、取消登记证书。发现存在环境、建筑、消防、食品安全、医疗服务、特种设备安全等风险的，及时向相关部门发送抄告函，协调各相关职能部门进行查处。

16. 强化完善养老机构退出机制。出台《广州市养老服务条例》，强化违法经营养老机构的退出程序及有关措施。对于暂停、终止养老服务或被责令关停的，进一步明确程序、细化措施，压实养老机构安置老人主体责任，依法落实资产清算；养老机构不再具备运营资质与合法性的，由民政部门抄告市场监管部门，并向社会公布。

（五）推动养老机构高质量发展

17. 强化精准扶持。加大民办养老机构扶持力度，推动医养结合、等级评定及护理补贴标准结构更加合理；新增床位补贴项目向社区嵌入式养老机构倾斜；采取旅居式、会员制运营模式或直接售卖养老床位使用权的，限制享受有关补贴。在资助条件设置方面，将符合国家强制性标准《养老机构服务安全基本规范》、守信经营设定为基本要求。扶持普惠性民办养老机构，床位费、护理费、伙食费以及其他各项收费总额高于约束标准的，不予资助护理补贴。

18. 强化养老服务人才培养。强化养老机构从业人员职业规范，结合“南粤家政”羊城行动工程打造一批技能培训示范基地，编制培训教材，开展定期轮训，不断提升从业人员专业水平。推动高等院校、中职学校、技工院校开展养老服务专业人才培养培训，加大政策扶持力度，吸引更多年轻人投身养老服务行业，储备养老服务高端人才。

19. 强化标准化服务管理政策体系。全面实施安全基本规范、服务质量基本规范、照料设施设计规范、等级划分与评定等国家标准，深入推进落实广州地方标准老年人照顾需求等级评定规范、养老服务机构管理规范。落实养老服务基础通用标准、服务技能标准、养老机构内部管理标准等养老机构标准体系。规范养老机构分类与命名，制定统一养老服务标识。

20. 强化养老机构用地场地供给。出台《广州市养老服务机构设施布局规划修编》《关于支持利用国有企业物业开展养老服务的通知》《广州市加强社区养老服务设施规划建设十条措施》等系列文件，保障养老服务机构设施用地场地供应、落实政府公有房产优先优惠用于养老服务、严格养老服务设施公建配套要求，有效突破养老机构用地瓶颈。

## 四、保障措施

（一）加强组织领导。坚持党对养老服务工作的全面领导，把党的领导贯穿到养老服务综合监管全过程。充分发挥联席会议、会商共议机制的统筹协调作用，加强各区、各部门信息沟通和相互协作，推动形成民政部门牵头，发展改革、教育、人力资源社会保障、自然资源、住房城乡建设、商务、卫生健康、国资、税务、市场监督管理、统计、医疗保障等部门协同推进的共建共治共享管理格局。强化部门履职监督，对综合监管工作推进执行不力，造成重大损失或社会影响的，由民政部门提请纪检监察部门予以处理。

（二）强化信息支撑。构建自上而下的全市养老机构业务管理数据信息平台，实现养老机构业务线上全流程办理，服务环节线上全流程查阅。推动市为老服务信息综合管理平台与公办养老机构入住评估轮候网上办事平台、居家养老服务综合信息平台以及市内其他养老服务行业管理系统的有效衔接与融合发展，逐步实现大数据管理，并根据养老服务机构信用信息记录情况对养老服务机构进行分类监管。

（三）广泛宣传引导。坚持正确舆论导向，充分发挥新闻媒体和自有媒体作用，加大养老机构监督管理工作宣传，提升舆情研判能力，对于养老服务机构提供服务过程中可能出现的各类问题，进行及时研判、主动引导、精准化解，营造全社会关心、支持和监督养老服务机构的良好氛围。

# 广州市社区居家养老服务管理办法

（穗府办规〔2020〕24号）

各区人民政府，市政府各部门、各直属机构：

《广州市社区居家养老服务管理办法》已经市人民政府同意，现印发给你们，请遵照执行。执行中遇到的问题，请径向市民政局反映。

广州市人民政府办公厅
2020年8月28日

## 广州市社区居家养老服务管理办法

### 第一章　总　　则

**第一条**　为规范本市社区居家养老服务工作，根据国家、省、市关于加快发展养老服务业的规定和要求，结合我市实际，制定本办法。

**第二条**　本办法所称社区居家养老服务，是以家庭为核心，以社区为依托，以专业化服务为主要形式，充分利用各类社区资源，为居家老年人提供的社会化服务。

**第三条**　在本市行政区域范围内开展的社区居家养老服务和管理活动，适用本办法。

**第四条**　社区居家养老服务应遵循以下原则：

（一）全覆盖，适度普惠与保障基本相统一；

（二）多层次，普遍性与个性化服务相并重；

（三）多支撑，服务供给与服务需求相匹配；

（四）多主体，政府主导与社会参与相结合。

**第五条**　市民政部门负责统筹规划实施本市社区居家养老服务工作，建立全市统一的居家养老综合信息服务平台，对全市居家养老服务进行监督管理，受理对居家养老服务的投诉、建议，将社区居家养老服务工作所需资金按程序纳入年度部门预算，负责对相关评估结果进行复核，负责引导居家养老服务机构与医疗卫生机构就近建立长期合作机制，促进养老事业和产业的对接与融合。市居家养老服务指导中心负责本市社区居家养老服务的业务指导、区域统筹，以及居家养老综合信息服务平台日常运营维护、资助资金清算、政策宣传、人员培训等工作。

市、区财政部门负责社区居家养老服务资金保障工作。

市、区人力资源和社会保障部门负责落实社区居家养老服务从业人员技能培训补贴政策，统筹协调社会化管理退休人员的社区居家养老服务等工作。

市、区卫生健康部门负责指导医疗卫生机构提供便捷医疗服务，做好老年慢性病防治和康复护理，开放绿色诊疗通道，建立家庭医生签约服务优先覆盖老年人的工作机制等工作。

市医疗保障部门负责探索建立长期护理保险制度工作。

区民政部门负责本区社区居家养老服务的统筹规划、组织实施、监督管理，指导区居家养老服务指导中心开展相关工作，将社区居家养老服务工作所需资金按程序纳入年度部门预算。受区民政部门委托，区居家养老服务指导中心负责指导本区社区居家养老服务业务，开展老年人照顾需求等级评估和服务项目评估；负责制订设施建设、运营经费和服务补助标准及资金审核、拨付与结算；负责服务资助核实、政策宣传、人员培训、投诉处理等工作。

街道办事处（镇政府）负责本辖区社区居家养老服务的组织实施和监督管理；负责设立养老管理员（养老管理员应具备初级社会工作师及以上资质，与资助对象的配备比例不低于1∶50），依托街道（镇）社区居家养老服务部承接服务申请，为本辖区享受服务资助的老年人制订服务方案，跟踪服务情况等具体事务工作；负责设施建设、运营资金申请和服务资助核实。

市和区机构编制、发展改革、工业和信息化、规划和自然资源、住房城乡建设、市场监管、税务、残联等单位按各自职责协同实施本办法。

**第六条** 市、区民政部门和街道办事处（镇政府）应建立社区居家养老服务工作机制，落实区居家养老服务指导中心工作人员和街道（镇）养老管理员（区居家养老服务指导中心工作人员和养老管理员薪酬参照社区专职工作人员标准执行），会同本级财政部门将社区居家养老服务调研、评估、培训、宣传、聘用人员等工作经费列入年度预算。

## 第二章　服务设施

**第七条** 区和街道（镇）应设置以下社区居家养老公共服务设施（以下简称服务设施）：

（一）区级服务设施。各区应设立1个区居家养老综合服务平台，设置居家养老服务人员实训、照顾需求等级评估、服务项目评估、老年用品展示、居家养老服务示范等功能设施。

（二）街道（镇）级服务设施。街道（镇）应设立1个街道（镇）居家养老综合服务平台，设置日间托管、临时托养、生活照料、助餐配餐、医疗保健、康复护理、辅具租赁、照顾需求等级评估等功能设施。可依托社区星光老年之家、日间托老机构、社工站综合设置或根据服务功能分散设置，总建筑面积不少于500平方米。街道（镇）居家养老综合服务平台应与基层医疗卫生服务机构或其他医疗机构合作设立医务室或医疗服务点。

（三）社区级服务设施。根据老年人口数量和居住范围合理布设社区老年人活动站点（含社区星光老年之家、农村老年人活动站点）、农村五保安居点，建筑面积不少于100平方米，设置助餐配餐、文化娱乐等功能，有条件的应增设日间托管功能。

（四）其他服务设施。政府部门和社会力量根据本区域实际设置的社区养老综合体、社区养老院、日间照料中心、助餐配餐中心等设施，设置单项或综合为老服务功能。

**第八条** 服务设施应符合养老设施建筑设计规范，符合环境保护、消防安全、卫生和食品药品安全等相应技术标准。其中，提供餐饮、医疗服务的服务设施应取得相应行政许可，社区养老院应依法登记备案。

同一区范围内的服务设施应统一名称和标识。

**第九条** 各区应根据《广州市财政局关于印发〈广州市市属行政单位常用公用设施配置标准〉的通知》（穗财资〔2012〕300号）及有关规定，综合考虑服务需求、建设装修、设备购置等因素，结合本地实际，安排服务设施的建设经费。

各区应根据场地租金、设备维护、水、电、燃气、人力成本等因素安排服务设施必需的运营经费，场地租金参考广州市房地产租赁管理所每年公布的房屋租金参考价格或实际租金计算。区居家养老综合服务平台运营经费每年不少于100万元，直接面向周边社区居民提供生活照料、康复护理等服务的每年不少于200万元。街道（镇）居家养老综合服务平台运营经费每年每个不少于60万元，其中辖区老年人数不足3000人的可适当减少，具体由各区民政部门、财政部门共同确定。社区老年人活动站点、农村五保安居点运营经费每年每个不少于3万元，其中设立助餐配餐功能的社区星光老年之家每年每个不少于5万元。

建设经费和运营经费由区财政负担，由各区民政部门列入年度部门预算，并按照财务管理规定和合同要求拨付给服务设施的建设单位和服务机构。

**第十条** 街道（镇）和社区服务设施可由街道（镇）自主管理，也可采取政府购买服务方式整体或分项目委托给具有相应资质的服务机构运营，街道（镇）应向服务机构无偿提供服务设施并依据合同拨付运营经费。

各区、街道（镇）应积极盘活辖区闲置物业和场地设施，以无偿、低偿方式提供给社会力量在辖区开展社区居家养老服务。

经区民政部门确定的社区居家养老服务设施，其使用的水、电、燃气，按照居民生活类价格标准收费，有线（数字）电视的基本收视维护费和固定电话的月租费减半收取。

**第十一条** 区、街道（镇）应优化本区域服务设施布局，对不符合设置要求、不适宜开展为老服务的，应改建或重新选址；确需撤销、关闭或改变用途的非社会力量自主举办的设施，须经区人民政府审核同意向社会公布，并报市民政部门备查。

## 第三章 服务供给

**第十二条** 在本市行政区域内居住的60周岁及以上的居家老年人可申请社区居家养老服务。

**第十三条** 社区居家养老基本服务包括康复护理、生活照料、助餐配餐、医疗保健、日间托管、临时托养、文化娱乐、精神慰藉、临终关怀、“平安通”等服务项目。

支持服务机构根据老年人服务需求拓展科技助老、金融助老等服务项目。

**第十四条** 区、街道（镇）举办的服务项目采取政府购买服务方式提供或由各区、街道（镇）自主供给。采取购买服务方式的，应根据政府购买服务有关规定，以区、片区或街道（镇）为单位选定服务机构，并签订服务合同，合同有效期一般不超过3年。其中，“平安通”服务由市民政部门依据政府采购规定选定服务机构统一提供；医疗保健服务由卫生健康部门采取家庭医生签约服务、医疗点服务、设立家庭病床等方式提供。

**第十五条** 承接社区居家养老服务的机构应符合《政府购买服务管理办法》（财政部令102号）规定，并具备以下条件：

（一）能严格按照协议使用服务设施，自觉接受民政部门管理和指导；认真落实消防、环保、卫生、安全管理等相关法律法规要求。

（二）能有效管理社区居家养老服务相关文件和档案，真实完整记录并及时更新服务对象信息，保护个人信息安全。

（三）建立防范服务风险制度。

提供康复护理服务的机构，护理人员与服务对象的配备比例不低于1∶10，护理人员应具有专业技术教育背景或从业资格。

**第十六条** 居家老年人可向居住地街道（镇）社区居家养老服务部提出服务申请，选择服务项目和服务机构，并与服务机构签订服务协议。服务机构按协议提供相关服务，服务协议应明确服务内容、时间、形式、收费标准和双方权利、义务等。

本市户籍服务对象接受服务时，使用广州市社会保障（市民）卡确认身份信息和服务项目；非本市户籍服务对象接受服务时，服务机构应将其身份信息、服务项目等信息录入市居家养老综合信息服务平台。

**第十七条** 服务过程中如发现以下情况之一的，可以终止服务协议或提供转介服务：

（一）服务对象患有严重的传染性疾病的；

（二）服务对象患有精神疾病且病情不稳定的；

（三）服务对象违反服务约定的；

（四）由于客观原因导致双方不能履行协议的；

（五）双方协商同意终止协议的。

符合第（一）、（二）项情形的，由街道（镇）社区居家养老服务部通知服务对象委托人或近亲属送院治疗；无委托人或近亲属的，按相关政策规定办理。

**第十八条** 市、区民政部门应通过社会组织公益创投、购买专项服务等方式丰富和创新社区居家养老服务供给，鼓励具备相应资质的养老机构、企业、社会组织承接所在区域的社区居家养老服务项目，扶持慈善组织与志愿组织重点为特殊困难老年人提供志愿服务。搭建互助养老平台，鼓励低龄、健康老年人为高龄、失能老年人提供服务。

**第十九条** 开展社区居家养老服务，应参照国家、省、市有关服务标准，结合实际制定社区居家养老服务目录清单，并按照有关规定合理确定收费标准，在服务场所和社区公示栏张贴公布，接受服务对象、政府和社会的监督。

## 第四章　服务评估

**第二十条** 区民政部门应通过政府购买服务的方式，委托具有资质的第三方评估机构，依据相关规定进行老年人照顾需求等级评估，评估结果作为社区居家养老服务资助和申请其他养老服务的依据。

照顾需求状况发生变化，可由本人、家属或委托人向户籍所在地街道（镇）社区居家养老服务部提出申请，经区居家养老服务指导中心核实后组织动态评估。

第三方评估机构的评估员应由执业（助理）医师、执业护士、初（中）级社会工作师、中（高）级养老护理员组成。评估方式包括定点评估和上门评估，其中上门评估的不得少于2名评估员。

评估员开展评估工作应按照本市老年人照顾需求评估工作相关规定执行。

**第二十一条** 符合本办法第二十六条规定的服务对象参加户籍所在区的照顾需求等级评估，评估费用（含动态评估）由区财政全额负担。鼓励其他老年人自愿参加户籍所在区照顾需求等级评估，评估费用（含动态评估）由个人和区财政各负担一半。

**第二十二条** 服务项目评估由区民政部门采取政府购买服务的方式委托第三方评估机构组织实施，评估工作经费按不高于本区年度服务费用总金额的5%确定，所需资金由区财政安排。

**第二十三条** 由市居家养老服务指导中心统一制定服务项目评估细则，各区应在服务机构自评的基础上，依据社区居家养老服务规范对上年度服务项目开展服务评估，评估结果应在每年5月前上报市居家养老服务指导中心。

评估结果按服务项目类别确定优秀、良好、合格、不合格4个等级。评估结果由市、区居家养老服务指导中心公示10天。

对评估结果有异议的，应在公示期结束后7个工作日内向市居家养老服务指导中心提出复评申请，由市居家养老服务指导中心组织复评，复评结果为最终结果。

**第二十四条** 各区民政部门、财政部门应根据服务项目评估结果定级，综合考虑服务项目专业化程度、服务人次数、服务质量、服务成本等因素，确定差别化服务项目补助标准，评估定级为不合格的不予补助。其中，对服务机构提供的日间托管、康复护理服务（每次不少于30分钟）、上门生活照料（每次不少于1小时）、上门医疗服务，合格的每人次补助不少于2元，良好的补助不少于3元，优秀的补助不少于4元。

服务补助资金由区财政负担，由各区民政部门列入年度部门预算，并按照财务管理规定拨付给服务机构或自主供给服务的街道（镇）。服务补助资金可用于场地租金、人员工资、设备购置和维护、水、电、燃气等开支。

**第二十五条** 对评估定级不合格的服务机构或自主供给服务的街道（镇），由各区居家养老服务指导中心督促整改。整改后仍不合格的街道（镇），由市民政部门在全市范围予以通报；整改后仍不合格的服务机构，由服务购买方终止其政府购买服务合同。

## 第五章　服务资助

**第二十六条** 具有本市户籍且在本市行政区域内居住，符合以下情形之一的服务对象可申请政府服务资助：

（一）第一类资助对象。

1. 散居特困供养人员；

2. 最低生活保障家庭、低收入困难家庭、享受抚恤补助的优抚对象等3类人员中失能的；

3. 最低生活保障家庭、低收入困难家庭、享受抚恤补助的优抚对象、80周岁及以上的老年人等4类人员中独居或者仅与持证重度残疾子女共同居住的；

4. 曾获市级及以上劳动模范荣誉称号中失能的；

5. 100周岁及以上的；

6. 计划生育特别扶助人员。

（二）第二类资助对象。

本人月养老金低于本市最低工资标准，且自愿负担一半费用的下列失能老年人：

1. 80周岁及以上的；

2. 纯老家庭（含孤寡、独居）人员。

**第二十七条** 资助对象可申请以下资助标准的服务，当月使用，不能滚存。同时符合两项及以上标准的，按照较高的资助标准执行。

（一）第一类资助对象每月400元。经评估属于重度失能的，每月增加护理资助200元。

（二）第二类资助对象每月最高资助200元。

服务资助不得用于发放现金、购置实物和支付医疗费用。

市民政部门会同市财政部门根据本市经济社会发展情况，适时调整资助范围和资助标准，报市政府同意后实施。

**第二十八条** 申请资助的老年人（或其委托人）应向户籍所在地街道（镇）社区居家养老服务部提交资助申请。街道（镇）应在5个工作日内完成初核并提交区居家养老服务指导中心核实。

区居家养老服务指导中心应在10个工作日内完成资助资格核实和照顾需求等级评估，并将核实意见和评估结果发送至街道（镇）社区居家养老服务部。核实同意的，由养老管理员为资助对象制订服务方案，协商资助对象选定服务机构，跟踪服务机构服务情况。核实不同意的，由街道（镇）社区居家养老服务部通知申请对象并说明理由。

申请人对核实结果有异议的，可向区居家养老服务指导中心申请复核。由区居家养老服务指导中心会同街道（镇）自收到复核申请之日起15个工作日采取入户调查、邻里访问、信函索证等方式组织复核。

**第二十九条** 服务机构按照街道（镇）社区居家养老服务部确定的服务方案与资助对象签订服务协议并提供服务，采取记账形式收取服务费用，超出服务方案和资助标准的费用由资助对象自行支付。服务资助费用由区民政部门按照财务管理规定，定期支付给服务机构。

**第三十条** 户籍所在地与居住地同区不同街道（镇）的资助对象，向居住地所在街道（镇）社区居家养老服务部提交申请，经户籍所在地街道（镇）社区居家养老服务部和区居家养老服务指导中心核实后，由居住地街道办事处（镇政府）选定服务机构提供服务，由区民政部门支付符合规定的服务费用。

户籍所在地与居住地不同区的资助对象，向户籍所在地街道（镇）社区居家养老服务部提出申请，户籍所在区居家养老服务指导中心核实同意后，由户籍所在地街道办事处（镇政府）选定居住地服务机构提供服务，签订委托协议，并按协议由户籍所在区民政部门支付符合规定的服务费用。

**第三十一条** 在社区居家养老服务网络难以覆盖的区域，经区居家养老服务指导中心核实同意，资助对象可选择委托亲友、邻居按照养老管理员制订的服务方案提供服务，由街道办事处（镇政府）、老年人（或其委托人）和服务提供者三方签订协议，服务完成并经街道办事处（镇政府）评定合格的，按照协议将资助费用支付给服务提供者。

**第三十二条** 区居家养老服务指导中心应在资助对象身份变化的次月调整资助标准或终止资助。

**第三十三条** 服务资助所需资金纳入市、区年度部门预算，由市、区两级财政按照现行财政体制分担。市分担的资金按规定和程序纳入年度部门预算，经市人大审议通过后及时下达各区。每年 4 月底前，市民政部门负责对上年资助资金进行清算。

## 第六章　监督管理

**第三十四条** 严禁擅自改变服务设施功能和用途。擅自改变的，由区民政部门责令限期改正，逾期不改的，属委托运营的应收回使用权；自主供给的，按规定追究相关人员责任，并由区民政部门报市民政部门在全市范围通报。

**第三十五条** 社区居家养老服务工作人员应当遵纪守法、恪守职业道德并强化服务意识。对服务态度恶劣、不按协议提供服务的，服务机构应依据劳动合同予以处理。

**第三十六条** 发现服务资助申请人有弄虚作假、骗取资助行为的，应当取消其资助资格，追回资助经费；构成犯罪的，依法追究刑事责任。

**第三十七条** 社区居家养老服务资金必须全部用于社区居家养老服务，任何单位和个人不得骗取、套取或截留、挤占、挪用；构成犯罪的，依法追究刑事责任。

区民政部门应定期向社会公布社区居家养老服务资金的筹集、管理和使用等情况，接受社会监督。

## 第七章　附　则

**第三十八条** 本办法所称失能老人是指老年人照顾需求等级评估为轻度失能、中度失能和重度失能的老人；孤寡老人是指无配偶、无子女的老人；纯老家庭是指家庭成员均为老年人的家庭；独居老人是指无配偶、无子女或配偶、子女一年及以上不在本市居住的老人。

**第三十九条** 市居家养老服务指导中心根据实际情况拟定服务机构运营合同、服务协议、居住地服务委托协议等合同（协议）范本。

各区、街（镇）在本办法施行前已按规定选定服务机构且服务合同在有效期内的，继续履行合同，合同期满后按本办法规定实施。原有资助对象在服务协议有效期内的，无须重新核实资格，并按本办法规定的资助标准接受服务，协议期满后按本办法规定重新提出服务申请。

各区可根据本办法制定实施细则，做好政策衔接工作。

**第四十条** 本办法自印发之日起施行，有效期至 2021 年 12 月 31 日。《广州市人民政府办公厅关于印发广州市社区居家养老服务管理办法的通知》（穗府办规〔2016〕16 号）同时废止。

（六）养老服务行业标准/地方性标准

# 养老机构服务安全基本规范
# GB38600—2019

ICS 03.080.99
A 20

中华人民共和国国家标准

GB 38600—2019

## 养老机构服务安全基本规范

Basic specification of service safety for senior care organization

2019-12-27 发布　　2022-01-01 实施

国家市场监督管理总局
国家标准化管理委员会　发布

## 前 言

本标准的全部技术内容为强制性。

本标准按照 GB/T 1.1—2009 给出的规则起草。

本标准由中华人民共和国民政部提出并归口。

## 1 范围

本标准规定了养老机构服务安全的基本要求、安全风险评估、服务防护、管理要求。

本标准适用于养老机构的服务安全管理。

## 2 规范性引用文件

下列文件对于本文件的应用是必不可少的。凡是注日期的引用文件，仅注日期的版本适用于本文件。凡是不注日期的引用文件，其最新版本（包括所有的修改单）适用于本文件。

GB 2893 安全色

GB 2894 安全标志及其使用导则

## 3 术语和定义

下列术语和定义适用于本文件。

3.1

相关第三方 relevant third party

老年人配偶、监护人以及为老年人提供资金担保或委托代理的个人或组织。

注：改写 GB/T 35796—2017，定义 3.4。

3.2

床单元 bed unit

养老机构老年人床位所包含的设备和物品。

## 4 基本要求

4.1 养老机构应符合消防、卫生与健康、环境保护、食品药品、建筑、设施设备标准中的强制性规定及要求。

4.2 使用安全标志应按照 GB 2893、GB 2894 的要求。

4.3 养老护理员应经培训合格后上岗。

4.4 应制定昼夜巡查、交接班制度，并对检查、服务开展情况进行记录。

4.5 应制定老年人个人信息和监控内容保密制度。

4.6 应防止在养老机构内兜售保健食品、药品。

4.7 污染织物应单独清洗、消毒、处置。

4.8 老年人生活、活动区域应禁止吸烟。

## 5 安全风险评估

5.1 老年人入住养老机构前应结合老年人日常生活活动、精神状态、感知觉与沟通、社会参与进行服务安全风险评估。

5.2 服务安全风险评估应包括噎食、食品药品误食、压疮、烫伤、坠床、跌倒、他伤和自伤、走失、文娱活动意外方面的风险。

5.3 每年应至少进行1次阶段性评估，并保存评估记录。

5.4 评估结果应告知相关第三方。

5.5 应根据评估结果划分风险等级。

## 6 服务防护

6.1 防噎食

6.1.1 应为有噎食风险的老年人提供适合其身体状况的食物。

示例：流质、软食。

6.1.2 有噎食风险的老年人进食时应在工作人员视线范围内，或由工作人员帮助其进食。

6.2 防食品药品误食

6.2.1 应定期检查，防止老年人误食过期或变质的食品。

6.2.2 发现老年人或相关第三方带入不适合老年人食用的食品，应与老年人或相关第三方沟通后处理。

6.2.3 提供服药管理服务的机构，应与老年人或相关第三方签订服药管理协议，准确核对发放药品。

6.2.4 发生误食情况时应及时通知专业人员。

6.3 防压疮

6.3.1 应对有压疮风险的老年人进行检查：皮肤是否干燥、颜色有无改变、有无破损，尿布、衣被等是否干燥平整。

6.3.2 预防压疮措施应包括：变换体位、清洁皮肤、器具保护、整理床铺并清除碎屑。

6.3.3 应对检查情况予以记录。

6.4 防烫伤

6.4.1 倾倒热水时应避开老年人。

6.4.2 洗漱、沐浴前应调节好水温，盆浴时先放冷水再放热水。

6.4.3 应避免老年人饮用、进食高温饮食。

6.4.4 应避免老年人接触高温设施设备与物品。

示例：开水炉、高温消毒餐具、加热后的器皿。

6.4.5 使用取暖物时，应观察老年人的皮肤。

6.4.6 应有安全警示标识。

6.5 防坠床

6.5.1 应对有坠床风险的老年人重点观察与巡视。

6.5.2 应帮助有坠床风险的老年人上下床。

6.5.3 睡眠时应拉好床护栏。

6.5.4 应检查床单元安全。

6.6 防跌倒

6.6.1 老年人居室、厕所、走廊、楼梯、电梯、室内活动场所应保持地面干燥，无障碍物。

6.6.2 应观察老年人服用药物后的反应。

6.6.3 有跌倒风险的老年人起床、行走、如厕等应配备助行器具或由工作人员协助。

6.6.4 地面保洁等清洁服务实施前及过程中应放置安全标志。

6.7 防他伤和自伤

6.7.1 发现老年人有他伤和自伤风险时应进行干预疏导，并告知相关第三方。

6.7.2 应专人管理易燃易爆、有毒有害、尖锐物品以及吸烟火种。

6.7.3 发生他伤和自伤情况时，应及时制止并视情况报警、呼叫医疗急救，同时及时告知相关第三方。

6.8 防走失

6.8.1 有走失风险的老年人应重点观察、巡查，交接班核查。

6.8.2 有走失风险的老年人外出应办理手续。

6.9 防文娱活动意外

6.9.1 应观察文娱活动中老年人的身体和精神状态。

6.9.2 应对活动场所进行地面防滑、墙壁边角和家具防护处理。

## 7 管理要求

7.1 应急预案

7.1.1 应制定噎食、压疮、坠床、烫伤、跌倒、走失、他伤和自伤、食品药品误食、文娱活动意外突发事件应急预案，并每年至少演练1次。

7.1.2 应制定突发事件报告程序。

7.2 评价与改进

7.2.1 应每半年至少对本标准涉及的服务安全风险防范工作评价1次。

7.2.2 服务及评价中发现安全隐患应整改、排除。

7.3 安全教育

7.3.1 应制订安全教育年度计划。

7.3.2 养老机构从业人员上岗、转岗前应接受安全教育。

7.3.3 养老机构从业人员每半年应至少接受1次岗位安全、职业安全教育，考核合格率不低于80%。

7.3.4 相关第三方、志愿者和从事维修、保养、装修等短期工作人员应接受养老机构用电、禁烟、火种使用、门禁使用、尖锐物品管理安全教育。

7.3.5 应对老年人开展安全宣传教育。

## 参考文献

[1] GB/T 35796—2017 养老机构服务质量基本规范

[2] 中华人民共和国老年人权益保障法．全国人民代表大会常务委员会．2018年12月29日

[3] 国务院办公厅关于推进养老服务发展的意见．国办发（2019）5号．2019年3月29日

# 老年人能力评估
# MZ/T 039—2013

Ability assessment for older adults
（MZ/T 039—2013）

中华人民共和国民政部发布

2013 - 08 - 29 发布
2013 - 10 - 01 实施

## 引　言

随着我国人口老龄化程度日趋严重，为了满足老年人养老服务的需求，在参考美国、日本、澳大利亚、英国等国家及我国香港和台湾地区老年人能力评估工具的基础上编制了本标准。标准的制订为老年人能力评估提供统一、规范和可操作的评估工具，科学划分老年人能力等级，作为政府制定养老政策，以及为老年人提供适宜养老服务的依据。

### 1 范围

本标准规定了老年人能力评估的主要指标、实施要求以及评估结果。

本标准适用于需要接受养老服务的老年人。

### 2 术语和定义

下列术语和定义适用于本文件。

2.1

能力 ability

个体顺利完成某一活动所必需的主观条件。

2.2

日常生活活动 activity of daily living

个体为独立生活而每天必须反复进行的、最基本的、具有共同性的身体动作群，即完成进食、洗澡、修饰、穿衣、大小便控制、如厕、床椅转移、行走、上下楼梯等日常活动的能力。

2.3

精神状态 mental status

个体在认知功能、行为、情绪等方面的表现。

2.4

感知觉与沟通 sensory and communication

个体在意识水平、视力、听力、沟通交流等方面的能力。

2.5

社会参与 social involvement

个体与周围人群和环境的联系与交流的能力，包括生活能力、工作能力、时间/空间定向、人物定向、社会交往能力。

### 3 评估指标

3.1 一级指标共4个，包括日常生活活动、精神状态、感知觉与沟通、社会参与。

3.2 二级指标共22个，见表1。日常生活活动包括10个二级指标，精神状态包括3个二级指标，感知觉与沟通包括4个二级指标，社会参与包括5个二级指标。各项指标的评分标准参见附录B“老年人能力评估表”。

表 1　老年人能力评估指标

| 一级指标 | 二级指标 |
| --- | --- |
| 日常生活活动 | 进食、洗澡、修饰、穿衣、大便控制、小便控制、如厕、床椅转移、平地行走、上下楼梯 |
| 精神状态 | 认知功能、攻击行为、抑郁症状 |
| 感知觉与沟通 | 意识水平、视力、听力、沟通交流 |
| 社会参与 | 生活能力、工作能力、时间/空间定向、人物定向、社会交往能力 |

## 4 评估实施

4.1 评估环境

4.1.1 评估环境应安静、整洁、光线明亮、空气清新、温度适宜。

4.1.2 至少有 3 把椅子和 1 张诊桌、4—5 个台阶，以供评估使用。台阶的踏步宽度不小于 0.30m，踏步高度 0.13—0.15m，台阶有效宽度不应小于 0.9m（GB/T50340-2003）。

4.2 评估提供方

4.2.1 评估机构应获得民政部门的资格认证或委托，至少应有 5 名评估员。

4.2.2 评估员应具有医学或护理学学历背景，或获得社会工作者资格证书，或获得高级养老护理员资格证书，并经过专门培训获得评估员资格认证。

4.3 评估方法

4.3.1 每次评估由 2 名评估员同时进行。

4.3.2 评估员通过询问被评估者或照顾者，填写附录 A“老年人能力评估基本信息表”。

4.3.3 评估员按照附录 B“老年人能力评估表”进行逐项评估，填写每个项目的评分，并确定各一级指标的分级，填写在“老年人能力评估表”中。

4.3.4 评估员根据 4 个一级指标的分级，使用附录 D“老年人能力评估结果判定卡”，最终确定老年人能力等级，填写在附录 C“老年人能力评估报告”中，经 2 名评估员进行确认，并签名。同时，请信息提供者签名。

4.3.5 老年人能力评估应为动态评估，在接受养老服务前进行初始评估；接受养老服务后，若无特殊变化，每 6 个月定期评估一次；出现特殊情况导致能力发生变化时，应进行即时评估。

## 5 评估结果

5.1 一级指标的分级

5.1.1 日常生活活动通过对 10 个二级指标的评定，将其得分相加得到总分，等级划分见表 2。

表 2　日常生活活动等级划分

| 分级 | 分级名称 | 分级标准 |
| --- | --- | --- |
| 0 | 能力完好 | 总分为 100 分 |
| 1 | 轻度受损 | 总分为 65~95 分 |
| 2 | 中度受损 | 总分为 45~60 分 |
| 3 | 重度受损 | 总分为≤40 分 |

5. 1. 2 精神状态通过对 3 个二级指标的评定，将其得分相加得到总分，等级划分见表 3。

表 3　精神状态等级划分

| 分级 | 分级名称 | 分级标准 |
| --- | --- | --- |
| 0 | 能力完好 | 总分为 0 分 |
| 1 | 轻度受损 | 总分为 1 分 |
| 2 | 中度受损 | 总分为 2~3 分 |
| 3 | 重度受损 | 总分为 4~6 分 |

5. 1. 3 感知觉与沟通通过对 4 个二级指标的评定，等级划分见表 4。

表 4　感知觉与沟通等级划分

| 分级 | 分级名称 | 分级标准 |
| --- | --- | --- |
| 0 | 能力完好 | 意识为清醒，视力和听力评定为 0 或 1，沟通评定为 0 |
| 1 | 轻度受损 | 意识为清醒，但视力或听力中至少一项评定为 2，或沟通评定为 1 |
| 2 | 中度受损 | 意识为清醒，但视力或听力中至少一项评定为 3，或沟通评定为 2；或意识为嗜睡，视力或听力评定为 3 及以下，沟通评定为 2 及以下 |
| 3 | 重度受损 | 意识为清醒或嗜睡，视力或听力中至少一项评定为 4，或沟通评定为 3；或意识为昏睡或昏迷 |

5. 1. 4 社会参与通过对 5 个二级指标的评定，将其得分相加得到总分，等级划分见表 5。

表 5　社会参与等级划分

| 分级 | 分级名称 | 分级标准 |
| --- | --- | --- |
| 0 | 能力完好 | 总分为 0~2 分 |
| 1 | 轻度受损 | 总分为 3~7 分 |
| 2 | 中度受损 | 总分为 8~13 分 |
| 3 | 重度受损 | 总分为 14~20 分 |

5.2 老年人能力等级划分

5.2.1 综合日常生活活动、精神状态、感知觉与沟通、社会参与这4个一级指标的分级，将老年人能力划分为4个等级，能力等级划分标准见表6。评估员可参照附录D提供的“老年人能力评估结果判定卡”对老年人能力等级作出判定。

**表6 老年人能力等级划分**

| 能力等级 | 等级名称 | 等级标准 |
| --- | --- | --- |
| 0 | 能力完好 | 日常生活活动、精神状态、感知觉与沟通的分级均为0，社会参与的分级为0或1 |
| 1 | 轻度失能 | 日常生活活动的分级为0，但精神状态、感知觉与沟通中至少一项的分级为1及以上，或社会参与的分级为2；<br>或日常生活活动的分级为1，精神状态、感知觉与沟通、社会参与中至少有一项的分级为0或1 |
| 2 | 中度失能 | 日常生活活动的分级为1，但精神状态、感知觉与沟通、社会参与的分级均为2，或有一项的分级为3；<br>或日常生活活动的分级为2，且精神状态、感知觉与沟通、社会参与中有1~2项的分级为1或2 |
| 3 | 重度失能 | 日常生活活动的分级为3；<br>或日常生活活动、精神状态、感知觉与沟通、社会参与的分级均为2；<br>或日常生活活动的分级为2，且精神状态、感知觉与沟通、社会参与中至少有一项的分级为3 |

注1：处于昏迷状态者，直接评定为重度失能。若意识转为清醒，需重新进行评估；

注2：有以下情况之一者，在原有能力级别上提高一个级别：①确诊为认知障碍/痴呆；②确诊为精神疾病；③近30天内发生过2次及以上意外事件（如跌倒、噎食、自杀、走失）

5.2.2 老年人能力评估是基础性评估，只提供能力分级。当“精神状态”中的认知功能评定为受损时，宜请相关专业人员对精神状态进行进一步的专科评估。

# 附录A（规范性附录）老年人能力评估基本信息表

A.1　评估基本信息表

| | |
|---|---|
| A.1.1 评估编号 | |
| A.1.2 评估基准日期 | 年　月　日 |
| A.1.3 评估原因 | 1. 接受服务前初评　2. 接受服务后的常规评估<br>3. 状况发生变化后的即时评估　4. 因评估结果有疑问进行的复评 |

A.2　被评估者的基本信息表

| | | |
|---|---|---|
| A.2.1 姓名 | | |
| A.2.2 性别 | 1男　2女 | |
| A.2.3 出生日期 | 年　月　日 | |
| A.2.4 身份证号 | | |
| A.2.5 社保卡号 | | |
| A.2.6 民族 | 1. 汉族　2. 少数民族________ | |
| A.2.7 文化程度 | 1. 文盲　2. 小学　3. 初中　4. 高中/技校/中专　5. 大学专科及以上　6. 不详 | |
| A.2.8 宗教信仰 | 0. 无　1. 有________ | |
| A.2.9 婚姻状况 | 1. 未婚　2. 已婚　3. 丧偶　4. 离婚　5. 未说明的婚姻状况 | |
| A.2.10 居住情况 | 1. 独居　2. 与配偶/伴侣居住　3. 与子女居住　4. 与父母居住　5. 与兄弟姐妹居住　6. 与其他亲属居住　7. 与非亲属关系的人居住　8. 养老机构 | |
| A.2.11 医疗费用支付方式 | 1. 城镇职工基本医疗保险　2. 城镇居民基本医疗保险　3. 新型农村合作医疗　4. 贫困救助　5. 商业医疗保险　6. 全公费　7. 全自费　8. 其他　□/□/□/□ | |
| A.2.12 经济来源 | 1. 退休金/养老金　2. 子女补贴　3. 亲友资助　4. 其他补贴________□/□/□/□ | |
| A.2.13 疾病诊断 | A.2.13.1 痴呆 | 0无　1轻度　2中度　3重度 |

续表

| | | |
|---|---|---|
| A. 2. 13 疾病诊断 | A. 2. 13. 2 精神疾病 | 0 无　1 精神分裂症　2 双相情感障碍　3 偏执性精神障碍　4 分裂情感性障碍　5 癫痫所致精神障碍　6 精神发育迟滞伴发精神障碍 |
| | A. 2. 13. 3 慢性疾病 | |
| A. 2. 14 近 30 天内意外事件 | A. 2. 14. 1 跌倒 | 0 无　1 发生过 1 次　2 发生过 2 次　3 发生过 3 次及以上 |
| | A. 2. 14. 2 走失 | 0 无　1 发生过 1 次　2 发生过 2 次　3 发生过 3 次及以上 |
| | A. 2. 14. 3 噎食 | 0 无　1 发生过 1 次　2 发生过 2 次　3 发生过 3 次及以上 |
| | A. 2. 14. 4 自杀 | 0 无　1 发生过 1 次　2 发生过 2 次　3 发生过 3 次及以上 |
| | A. 2. 14. 5 其他 | |

A. 3　信息提供者及联系人信息表

| | |
|---|---|
| A. 3. 1 信息提供者的姓名 | |
| A. 3. 2 信息提供者与老人的关系 | 1. 配偶　2. 子女　3. 其他亲属　4. 雇佣照顾者　5. 其他__________ |
| A. 3. 3 联系人姓名 | |
| A. 3. 4 联系人电话 | |

# 附录 B　（规范性附录）老年人能力评估表

B. 1　日常生活活动评估表

| | | |
|---|---|---|
| B. 1. 1 进食：<br>指用餐具将食物由容器送到口中、咀嚼、吞咽等过程 | □分 | 10 分，可独立进食（在合理的时间内独立进食准备好的食物） |
| | | 5 分，需部分帮助（进食过程中需要一定帮助，如协助把持餐具） |
| | | 0 分，需极大帮助或完全依赖他人，或有留置营养管 |

续表

| | | |
|---|---|---|
| B. 1. 2 洗澡 | □分 | 5 分，准备好洗澡水后，可自己独立完成洗澡过程 |
| | | 0 分，在洗澡过程中需他人帮助 |
| B. 1. 3 修饰：<br>指洗脸、刷牙、梳头、刮脸等 | □分 | 5 分，可自己独立完成 |
| | | 0 分，需他人帮助 |
| B. 1. 4 穿衣：<br>指穿脱衣服、系扣、拉拉链、穿脱鞋袜、系鞋带 | □分 | 10 分，可独立完成 |
| | | 5 分，需部分帮助（能自己穿脱，但需他人帮助整理衣物、系扣/鞋带、拉拉链） |
| | | 0 分，需极大帮助或完全依赖他人 |
| B. 1. 5<br>大便控制 | □分 | 10 分，可控制大便 |
| | | 5 分，偶尔失控（每周<1 次），或需要他人提示 |
| | | 0 分，完全失控 |
| B. 1. 6<br>小便控制 | □分 | 10 分，可控制小便 |
| | | 5 分，偶尔失控（每天<1 次，但每周>1 次），或需要他人提示 |
| | | 0 分，完全失控，或留置导尿管 |
| B. 1. 7 如厕：<br>包括去厕所、解开衣裤、擦净、整理衣裤、冲水 | □分 | 10 分，可独立完成 |
| | | 5 分，需部分帮助（需他人搀扶去厕所、需他人帮忙冲水或整理衣裤等） |
| | | 0 分，需极大帮助或完全依赖他人 |
| B. 1. 8<br>床椅转移 | □分 | 15 分，可独立完成 |
| | | 10 分，需部分帮助（需他人搀扶或使用拐杖） |
| | | 5 分，需极大帮助（较大程度上依赖他人搀扶和帮助） |
| | | 0 分，完全依赖他人 |

续表

| | | |
|---|---|---|
| B. 1. 9<br>平地行走 | □分 | 15 分，可独立在平地上行走 45m |
| | | 10 分，需部分帮助（因肢体残疾、平衡能力差、过度衰弱、视力等问题，在一定程度上需他人搀扶或使用拐杖、助行器等辅助用具） |
| | | 5 分，需极大帮助（因肢体残疾、平衡能力差、过度衰弱、视力等问题，在较大程度上依赖他人搀扶，或坐在轮椅上自行移动） |
| | | 0 分，完全依赖他人 |
| B. 1. 10<br>上下楼梯 | □分 | 10 分，可独立上下楼梯（连续上下 10~15 个台阶） |
| | | 5 分，需部分帮助（需他人搀扶，或扶着楼梯、使用拐杖等） |
| | | 0 分，需极大帮助或完全依赖他人 |
| B. 1. 11 日常生活活动总分 | □分 | 上述 10 个项目得分之和 |
| B. 1 日常生活活动分级 | □级 | 0 能力完好：总分 100 分<br>1 轻度受损：总分 65~95 分<br>2 中度受损：总分 45~60 分<br>3 重度受损：总分≤40 分 |

B. 2 精神状态评估表

| | | |
|---|---|---|
| B. 2. 1<br>认知功能 | 测验 | “我说三样东西，请重复一遍，并记住，一会儿会问您”：苹果、手表、国旗 |
| | | （1）画钟测验：“请您在这儿画一个圆形的时钟，在时钟上标出 10 点 45 分” |
| | | （2）回忆词语：“现在请您告诉我，刚才我要您记住的三样东西是什么？”<br>答：________、________、________（不必按顺序） |

续表

| | | |
|---|---|---|
| B.2.1<br>认知功能 | 评分<br>□分 | 0分，画钟正确（画出一个闭锁圆，指针位置准确），且能回忆出2~3个词 |
| | | 1分，画钟错误（画的圆不闭锁，或指针位置不准确），或只回忆出0-1个词 |
| | | 2分，已确诊为认知障碍，如老年痴呆 |
| B.2.2<br>攻击行为 | □分 | 0分，无身体攻击行为（如打/踢/推/咬/抓/摔东西）和语言攻击行为（如骂人、语言威胁、尖叫） |
| | | 1分，每月有几次身体攻击行为，或每周有几次语言攻击行为 |
| | | 2分，每周有几次身体攻击行为，或每日有语言攻击行为 |
| B.2.3<br>抑郁症状 | □分 | 0分，无 |
| | | 1分，情绪低落、不爱说话、不爱梳洗、不爱活动 |
| | | 2分，有自杀念头或自杀行为 |
| B.2.4 精神状态总分 | □分 | 上述3个项目得分之和 |
| B.2 精神状态分级 | □级 | 0 能力完好：总分为0分<br>1 轻度受损：总分为1分<br>2 中度受损：总分2~3分<br>3 重度受损：总分4~6分 |

## B.3 感知觉与沟通评估表

| | | |
|---|---|---|
| B.3.1<br>意识水平 | □分 | 0分，神志清醒，对周围环境警觉 |
| | | 1分，嗜睡，表现为睡眠状态过度延长。当呼唤或推动其肢体时可唤醒，并能进行正确的交谈或执行指令，停止刺激后又继续入睡 |
| | | 2分，昏睡，一般的外界刺激不能使其觉醒，给予较强烈的刺激时可有短时的意识清醒，醒后可简短回答提问，当刺激减弱后又很快进入睡眠状态 |
| | | 3分，昏迷，处于浅昏迷时对疼痛刺激有回避和痛苦表情；处于深昏迷时对刺激无反应（若评定为昏迷，直接评定为重度失能，可不进行以下项目的评估） |

续表

| | | |
|---|---|---|
| B. 3. 2 视力：若平日戴老花镜或近视镜，应在佩戴眼镜的情况下评估 | □分 | 0 分，能看清书报上的标准字体 |
| | | 1 分，能看清楚大字体，但看不清书报上的标准字体 |
| | | 2 分，视力有限，看不清报纸大标题，但能辨认物体 |
| | | 3 分，辨认物体有困难，但眼睛能跟随物体移动，只能看到光、颜色和形状 |
| | | 4 分，没有视力，眼睛不能跟随物体移动 |
| B. 3. 3 听力：若平时佩戴助听器，应在佩戴助听器的情况下评估 | □分 | 0 分，可正常交谈，能听到电视、电话、门铃的声音 |
| | | 1 分，在轻声说话或说话距离超过 2 米时听不清 |
| | | 2 分，正常交流有些困难，需在安静的环境或大声说话才能听到 |
| | | 3 分，讲话者大声说话或说话很慢，才能部分听见 |
| | | 4 分，完全听不见 |
| B. 3. 4 沟通交流：包括非语言沟通 | □分 | 0 分，无困难，能与他人正常沟通和交流 |
| | | 1 分，能够表达自己的需要及理解别人的话，但需要增加时间或给予帮助 |
| | | 2 分，表达需要或理解有困难，需频繁重复或简化口头表达 |
| | | 3 分，不能表达需要或理解他人的话 |
| B. 3 感知觉与沟通分级 | □级 | 0 能力完好：意识清醒，且视力和听力评为 0 或 1，沟通评为 0<br>1 轻度受损：意识清醒，但视力或听力中至少一项评为 2，或沟通评为 1<br>2 中度受损：意识清醒，但视力或听力中至少一项评为 3，或沟通评为 2；或嗜睡，视力或听力评定为 3 及以下，沟通评定为 2 及以下<br>3 重度受损：意识清醒或嗜睡，但视力或听力中至少一项评为 4，或沟通评为 3；或昏睡/昏迷 |

## B. 4　社会参与评估表

| | | |
|---|---|---|
| B. 4. 1 生活能力 | □分 | 0 分，除个人生活自理外（如饮食、洗漱、穿戴、二便），能料理家务（如做饭、洗衣）或当家管理事务 |
| | | 1 分，除个人生活自理外，能做家务，但欠好，家庭事务安排欠条理 |
| | | 2 分，个人生活能自理；只有在他人帮助下才能做些家务，但质量不好 |
| | | 3 分，个人基本生活事务能自理（如饮食、二便），在督促下可洗漱 |
| | | 4 分，个人基本生活事务（如饮食、二便）需要部分帮助或完全依赖他人帮助 |

续表

| | | |
|---|---|---|
| B.4.2<br>工作能力 | □分 | 0分，原来熟练的脑力工作或体力技巧性工作可照常进行 |
| | | 1分，原来熟练的脑力工作或体力技巧性工作能力有所下降 |
| | | 2分，原来熟练的脑力工作或体力技巧性工作明显不如以往，部分遗忘 |
| | | 3分，对熟练工作只有一些片段保留，技能全部遗忘 |
| | | 4分，对以往的知识或技能全部磨灭 |
| B.4.3<br>时间/空间定向 | □分 | 0分，时间观念（年、月、日、时）清楚；可单独出远门，能很快掌握新环境的方位 |
| | | 1分，时间观念有些下降，年、月、日清楚，但有时相差几天；可单独来往于近街，知道现住地的名称和方位，但不知回家路线 |
| | | 2分，时间观念较差，年、月、日不清楚，可知上半年或下半年；只能单独在家附近行动，对现住地只知名称，不知道方位 |
| | | 3分，时间观念很差，年、月、日不清楚，可知上午或下午；只能在左邻右舍间串门，对现住地不知名称和方位 |
| | | 4分，无时间观念；不能单独外出 |
| B.4.4<br>人物定向 | □分 | 0分，知道周围人们的关系，知道祖孙、叔伯、姑姨、侄子侄女等称谓的意义；可分辨陌生人的大致年龄和身份，可用适当称呼 |
| | | 1分，只知家中亲密近亲的关系，不会分辨陌生人的大致年龄，不能称呼陌生人 |
| | | 2分，只能称呼家中人，或只能照样称呼，不知其关系，不辨辈分 |
| | | 3分，只认识常同住的亲人，可称呼子女或孙子女，可辨熟人和生人 |
| | | 4分，只认识保护人，不辨熟人和生人 |
| B.4.5<br>社会交往能力 | □分 | 0分，参与社会，在社会环境有一定的适应能力，待人接物恰当 |
| | | 1分，能适应单纯环境，主动接触人，初见面时难让人发现智力问题，不能理解隐喻语 |
| | | 2分，脱离社会，可被动接触，不会主动待人，谈话中很多不适词句，容易上当受骗 |
| | | 3分，勉强可与人交往，谈吐内容不清楚，表情不恰当 |
| | | 4分，难以与人接触 |
| B.4.6<br>社会参与总分 | □分 | 上述5个项目得分之和 |

续表

| | | |
|---|---|---|
| B. 4 社会参与分级 | □级 | 0 能力完好：总分 0~2 分<br>1 轻度受损：总分 3~7 分<br>2 中度受损：总分 8~13 分<br>3 重度受损：总分 14~20 分 |

# 附录 C （规范性附录）老年人能力评估报告

<table>
<tr><td>C. 1 一级指标分级</td><td>C. 1. 1 日常生活活动：□级</td><td>C. 1. 2 精神状态：□级</td></tr>
<tr><td></td><td>C. 1. 3 感知觉与沟通：□级</td><td>C. 1. 4 社会参与：□级</td></tr>
<tr><td>C. 2 老年人能力初步等级</td><td colspan="2">0 能力完好　1 轻度失能　2 中度失能　3 重度失能　□</td></tr>
<tr><td>C. 3 等级变更条款</td><td colspan="2">1. 有认知障碍/痴呆、精神疾病者，在原有能力级别上提高一个等级；<br>2. 近 30 天内发生过 2 次及以上跌倒、噎食、自杀、走失者，在原有能力级别上提高一个等级；<br>3. 处于昏迷状态者，直接评定为重度失能；<br>4. 若初步等级确定为“3 重度失能”，则不考虑上述 1~3 中各情况对最终等级的影响，等级不再提高　□</td></tr>
<tr><td>C. 4 老年人能力最终等级</td><td colspan="2">0 能力完好　1 轻度失能　2 中度失能　3 重度失能　□</td></tr>
<tr><td colspan="3">评估员签名______、______<br>日期_____年_____月_____日<br>信息提供者签名__________<br>日期_____年_____月_____日</td></tr>
</table>

注：老年人能力初步等级划分标准

0 能力完好：

日常生活活动、精神状态、感知觉与沟通分级均为 0，社会参与分级为 0 或 1

1 轻度失能：

日常生活活动分级为 0，但精神状态、感知觉与沟通中至少一项分级为 1 及以上，或社会参与的分级为 2；

或日常生活活动分级为 1，精神状态、感知觉与沟通、社会参与中至少有一项的分级为 0 或 1

2 中度失能：

日常生活活动分级为 1，但精神状态、感知觉与沟通、社会参与均为 2，或有一项为 3；

或日常生活活动分级为 2，且精神状态、感知觉与沟通、社会参与中有 1~2 项的分级为 1 或 2

3 重度失能：

日常生活活动的分级为 3；

或日常生活活动、精神状态、感知觉与沟通、社会参与分级均为 2；

或日常生活活动分级为 2，且精神状态、感知觉与沟通、社会参与中至少有一项分级为 3

# 附录 D （资料性附录）老年人能力评估结果判定卡

| 能力等级 | 日常生活活动 | 精神状态 | | | | 感知觉与沟通 | | | | 社会参与 | | | |
|---|---|---|---|---|---|---|---|---|---|---|---|---|---|
| | | 0 | 1 | 2 | 3 | 0 | 1 | 2 | 3 | 0 | 1 | 2 | 3 |
| 0<br>能力完好 | 0 | | | | | | | | | | | | |
| | 1 | | | | | | | | | | | | |
| | 2 | | | | | | | | | | | | |
| | 3 | | | | | | | | | | | | |
| 1<br>轻度失能 | 0 | | | | | | | | | | | | |
| | 1 | | | | | | | | | | | | |
| | 2 | | | | | | | | | | | | |
| | 3 | | | | | | | | | | | | |
| 2<br>中度失能 | 0 | | | | | | | | | | | | |
| | 1 | | | | | | | | | | | | |
| | 2 | | | | | | | | | | | | |
| | 3 | | | | | | | | | | | | |
| 3<br>重度失能 | 0 | | | | | | | | | | | | |
| | 1 | | | | | | | | | | | | |
| | 2 | | | | | | | | | | | | |
| | 3 | | | | | | | | | | | | |

注：使用结果判定卡时，一般根据日常生活活动进行初步定位，锁定目标区域，然后根据其他三项能力，在判定卡上同一颜色区域定位查找相应的能力等级。以下为几种特殊情况：

1.当日常生活活动为0，精神状态、感知觉与沟通有一项为1及以上，或社会参与为2，判定为轻度失能

2.当日常生活活动为1，后三项有一项为0或1，判定为轻度失能；后三项均为2或某一项为3，则判定为中度失能

3.当日常生活活动为2，后三项全部为2或某一项为3，判定为重度失能，否则为中度失能

# 养老服务常用图形符号及标志
# MZ/T 131—2019

ICS 03.080.99
A 20

MZ

中华人民共和国民政行业标准

MZ/T 131—2019

## 养老服务常用图形符号及标志

Common graphical symbol and signboard for senior service

2019-12-12 发布　　2019-12-12 实施

中华人民共和国民政部　发布

## 前　言

本标准按照 GB/T 1. 1-2009 给出的规则起草。

本标准由中华人民共和国民政部提出。

本标准由全国社会福利服务标准化技术委员会（SAC/TC 315）归口。

本标准起草单位：苏州市社会福利总院、民政部社会福利中心、北京市第一社会福利院、天津市老人院、南京市建邺区社会福利院、山东省潍坊市社会福利院、宁夏老年人服务中心、广西社会福利院。

本标准主要起草人：孙惠忠、甄炳亮、张陆、雷洋、高文钗、祝恺、诸维嘉、马雅欣、常华、王习宇、李星震、方嘉珂、易婕、孙兆元。

## 1 范围

本标准规定了养老服务常用图形符号及标志的基本要求、设计要求、设置与安装、管理与维护。

本标准适用于提供养老服务的场所。

## 2 规范性引用文件

下列文件对于本文件的应用是必不可少的。凡是注日期的引用文件，仅注日期的版本适用于本文件。

凡是不注日期的引用文件，其最新版本（包括所有的修改单）适用于本文件。

GB/T 2893. 1 图形符号安全色和安全标志第 1 部分：安全标志和安全标记的设计原则

GB 2894 安全标志及其使用导则

GB 5768. 2 道路交通标志和标线第 2 部分：道路交通标志

GB/T 10001. 1 公共信息图形符号第 1 部分：通用符号

GB/T 10001. 2 标志用公共信息图形符号第 2 部分：旅游休闲符号

GB/T 10001. 4 标志用公共信息图形符号第 4 部分：运动健身符号

GB/T 10001. 6 标志用公共信息图形符号第 6 部分：医疗保健符号

GB/T 10001. 9 标志用公共信息图形符号第 9 部分：无障碍设施符号

GB 13495. 1 消防安全标志第 1 部分：标志

GB/T 15566. 1 公共信息导向系统设置原则与要求第 1 部分：总则

GB/T 16903. 1 标志用图形符号表示规则第 1 部分：公共信息图形符号的设计原则

GB/T 20501. 1 公共信息导向系统导向要素的设计原则与要求第 1 部分：总则

GB/T 20501. 2（-2013）公共信息导向系统导向要素的设计原则与要求第 2 部分：位置标志

GB/T 20501. 3 公共信息导向系统导向要素的设计原则与要求第 3 部分：平面示意图

GB/T 20501. 6 公共信息导向系统导向要素的设计原则与要求第 6 部分：导向标志

GB/T 20501. 7 公共信息导向系统导向要素的设计原则与要求第 7 部分：信息索引标志

GB/T 31521 公共信息标志、材料、构造和电气装置的一般要求

## 3 术语与定义

下列术语和定义适用于本文件。

3.1

符号 symbol

表达一定事物或概念，具有简化特征的视觉形象。

［GB/T 15565.1-2008，定义 2.3］

3.2

图形符号 graphical symbol

以图形为主要特征，信息传递不依赖于语言的符号。

［GB/T 15565.1-2008，定义 2.5］

3.3

公共信息图形符号 public information graphical symbol

向公众传递信息，无须专业培训或训练即可理解的标志用图形符号。

［GB/T 15565.1-2008，定义 2.5.14.1］

3.4

标志 sign

由符号、文字、颜色和几何形状（或边框）等组合形成的传递特定信息的视觉形象。

［GB/T 15565.2-2008，定义 2.1.1］

3.5

图形标志 graphical sign

由标志用图形符号、颜色、几何形状（或边框）等组合形成的标志。

［GB/T 15565.2-2008，定义 2.1.2］

3.6

公共信息图形标志 public information graphical sign

传递公共场所、公共设施及服务功能等信息的图形标志。

［GB/T 15565.2-2008，定义 2.1.10］

3.7

文字标志 letter sign

由文字、颜色或边框等组合形成的矩形标志。

［GB/T 15565.2-2008，定义 2.1.3］

3.8

安全色 safety colour

传递安全信息含义的颜色，包括红、蓝、黄、绿四种颜色。

［GB 2893-2008，定义 3.1］

3.9

安全标志 safety sign

由安全符号与安全色、安全形状等组合形成，传递特定安全信息的标志。

［GB/T 15565.2-2008，定义 2.1.12］

3.10

位置标志 location sign

由图形标志和文字标志形成，用于标明服务设施或服务功能所在位置的公共信息图形标志。

[GB/T 15565.2-2008，定义 3.2.1]

3.11

导向标志 direction sign

由图形标志和（或）文字标志与箭头符号组合形成，用于指示通往预期目的地路线的公共信息图形标志。

[GB/T 15565.2-2008，定义 3.2.2]

## 4 基本要求

4.1 养老服务使用的公共信息图形符号应符合 GB/T 10001.1、GB/T 10001.2、GB/T 10001.4、GB/T10001.6、GB/T 10001.9 的要求。养老服务常用公共信息图形符号参见附录 A 中表 A.1。

4.2 养老服务使用的安全标志，应符合 GB 2894 和 GB 13495.1 的要求。养老服务常用安全标志参见附录 A 中表 A.2。

4.3 行车导向使用的道路交通标志应符合 GB 5768.2 的要求。养老服务常用道路交通标志参见附录 A 中表 A.3。

4.4 文字标志应符合 GB/T 20501.2-2013 第 6 章的要求，养老服务常用文字标志参见附录 A 中表 A.4。

4.5 其他涉及养老服务的楼层号、门牌号、平面示意图、导向标志等可自行设计，应符合 GB/T 20501.1、GB/T 20501.2、GB/T 20501.3 和 GB/T 20501.6 的要求。

## 5 设计要求

5.1 尺寸

5.1.1 公共信息图形符号的尺寸应符合 GB/T 16903.1 的要求。

5.1.2 安全标志中禁止、警告、指令等标志的尺寸应符合 GB 2894 的要求，消防安全标志的尺寸应符合 GB 13495.1 的要求。

5.1.3 由公共信息图形符号和文字形成的位置标志、平面示意图、导向标志和信息索引标志，其设计应分别符合 GB/T 20501.1、GB/T 20501.2、GB/T 20501.3、GB/T 20501.6 和 GB/T 20501.7 的要求。

5.2 颜色

5.2.1 公共信息图形标志及文字标志（楼层号、内部门牌号等）的颜色应具有足够的对比度，图形符号和文字清晰可辨，应避免使用安全标志中规定的红、蓝、黄、绿安全色。

5.2.2 安全标志的颜色应符合 GB/T 2893.1 和 GB 2894 的要求。

5.2.3 道路交通标志的颜色应符合 GB 5768.2 的要求。

5.3 文字

5.3.1 图形符号或标志需配文字解释说明或传递附加信息的，文字应在其下方或侧方。

5.3.2 文字应使用简体汉字。

5.3.3 文字的大小应充分考虑老年人辨识的需要。

5.4 材质

5.4.1 应按 GB/T 31521 的要求，根据不同安装场所的要求，公共信息标志应选择坚固、防水、防潮、防腐蚀、防火、耐磨、抗风压的环保材质。

5.4.2 标志牌材质应在使用期限内外观良好，结构不损坏。

5.4.3 受风压影响的区域，标志牌应选用防风压的材质。

5.4.4 户外使用的标志牌，应选用耐受紫外线照射及防锈蚀的材质。

## 6 设置与安装

6.1 设置

6.1.1 公共信息标志应设置在包括但不限于公共区域、办公区域、医疗区域、老年人居住区域、老年人活动区域、仓储和操作区域，并应符合 GB/T 15566.1 的要求。

6.1.2 安全标志应设置在包括但不限于公共区域、办公区域、医疗区域、老年人居住区域、老年人活动区域、仓储和操作区域。

6.2 安装

6.2.1 安全标志的安装应符合 GB 2894 的要求。

6.2.2 悬挂式和附着式标志的安装高度应符合 GB/T 15566.1 的要求。

6.2.3 标志安装应坚固、结实、安全。

## 7 管理与维护

7.1 应建立标志管理规范，明确管理维护人员。

7.2 应定期对标志进行清洁，保持图形符号和文字的清晰和完整。

7.3 应定期检查标志，发现破损或内容不清，及时修整或更换。

# 附 录 A
## （资料性附录）
## 养老服务常用图形符号及标志

表 A.1 给出了养老服务常用公共信息图形符号
表 A.2 给出了养老服务常用安全标志
表 A.3 给出了养老服务常用道路交通标志
表 A.4 给出了养老服务常用文字标志

**表 A.1 养老服务常用公共信息图形符号(以下简称图形符号)**

| 序号 | 图形符号 | 含义 | 说明及引用来源 |
|---|---|---|---|
| 1 |  | 入口 | 表示入口位置或指明进去的通道<br>GB/T 10001.1-2012（002） |
| 2 | 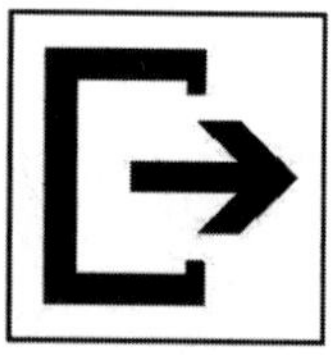 | 出口 | 表示出口位置或指明出去的通道<br>GB/T 10001.1-2012（003） |
| 3 |  | 楼梯 | 表示上下共用的楼梯或其位置<br>GB/T 10001.1-2012（007） |
| 4 |  | 电梯 | 表示公用电梯或其位置<br>GB/T 10001.1-2012（013） |

表 A.1（续）

| 序号 | 图形符号 | 含义 | 说明及引用来源 |
|---|---|---|---|
| 5 |  | 男 | 表示男性专用设施的位置，如男厕所、男浴室等<br>GB/T 10001.1-2012（015） |
| 6 |  | 女 | 表示女性专用设施的位置，如女厕所、女浴室等<br>GB/T 10001.1-2012（016） |
| 7 |  | 超级市场 | 表示购物的场所<br>GB/T 10001.1-2012（033） |
| 8 |  | 医院 | 表示治疗和护理病人的常设医疗服务场所或位置<br>GB/T 10001.1-2012（035） |

表 A.1（续）

| 序号 | 图形符号 | 含义 | 说明及引用来源 |
|---|---|---|---|
| 9 |  | 结账 | 表示结算的场所<br>GB/T 10001.1-2012（047） |
| 10 |  | 手续办理<br>接待 | 表示办理手续或提供接待服务的场所<br>GB/T 10001.1-2012（060） |
| 11 |  | 会议室 | 表示召开会议的场所或位置<br>GB/T 10001.1-2012（061） |
| 12 |  | 餐饮 | 表示餐饮或提供餐饮服务的场所<br>GB/T 10001.1-2012（063） |

表 A.1（续）

| 序号 | 图形符号 | 含义 | 说明及引用来源 |
|---|---|---|---|
| 13 |  | 茶饮 | 表示喝茶及其他饮料的场所<br>GB/T 10001.1-2012（068） |
| 14 |  | 理发；美容 | 表示提供理发、美容服务的场所<br>GB/T 10001.1-2012（071） |
| 15 |  | 洗浴 | 表示洗浴设施的场所、位置或服务，如洗浴中心等<br>GB/T 10001.1-2012（072） |
| 16 |  | 信息服务 | 表示提供各种信息的场所<br>GB/T 10001.1-2012（074） |

表 A.1（续）

| 序号 | 图形符号 | 含义 | 说明及引用来源 |
|---|---|---|---|
| 17 |  | 问询 | 表示提供咨询服务的场所<br>GB/T 10001.1-2012（075） |
| 18 | 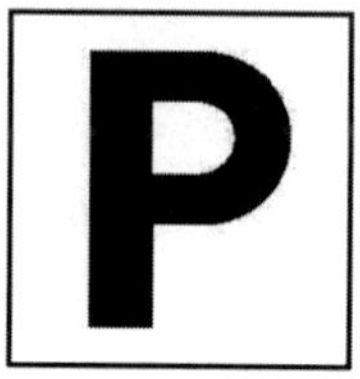 | 停车场 | 表示停放机动车的场所或位置，如停车场<br>GB/T 10001.1-2012（078） |
| 19 |  | 网络服务 | 表示网络服务或提供网络服务的场所或位置<br>GB/T 10001.1-2012（083） |
| 20 |  | 图像采集区域 | 表示图像采集区域或位置<br>GB/T 10001.1-2012（085） |

表 A.1（续）

| 序号 | 图形符号 | 含义 | 说明及引用来源 |
|---|---|---|---|
| 21 |  | 废物箱 | 表示该处供人们扔废弃物<br>GB/T 10001.1-2012（095） |
| 22 |  | 保持安静 | 指示公众保持安静<br>GB/T 10001.1-2012（099） |
| 23 |  | 请勿丢弃废弃物 | 表示该处不允许丢弃废弃物<br>GB/T 10001.1-2012（113） |
| 24 |  | 洗衣 | 表示提供洗涤服务或场所<br>GB/T 10001.2-2006（08） |

表 A.1（续）

| 序号 | 图形符号 | 含义 | 说明及引用来源 |
|---|---|---|---|
| 25 |  | 淋浴 | 表示仅提供淋浴设施的场所<br>GB/T 10001.2-2006（10） |
| 26 |  | 棋牌 | 表示提供棋牌娱乐或比赛的服务或场所<br>GB/T 10001.2-2006（18） |
| 27 |  | 健身 | 表示健身比赛、娱乐或训练的运动场所<br>GB/T 10001.4-2009（61） |
| 28 |  | 门诊 | 表示门诊就医的场所<br>GB/T 10001.6-2006（02） |

表 A.1（续）

| 序号 | 图形符号 | 含义 | 说明及引用来源 |
| --- | --- | --- | --- |
| 29 | 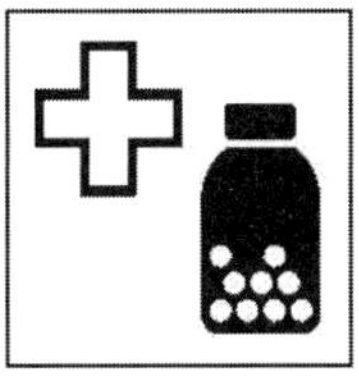 | 药房 | 表示购买或领取药品的场所<br>GB/T 10001.6-2006（04） |
| 30 | 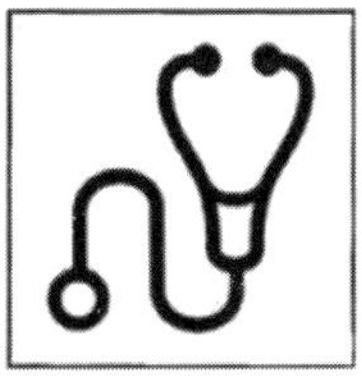 | 内科 | 表示内科疾病就诊的场所<br>GB/T 10001.6-2006（06） |
| 31 |  | 中医科 | 表示中医科疾病就诊的场所<br>GB/T 10001.6-2006（26） |
| 32 |  | 康复医学科 | 表示进行康复治疗的场所<br>GB/T 10001.6-2006（29） |

**表 A.1（续）**

| 序号 | 图形符号 | 含义 | 说明及引用来源 |
|---|---|---|---|
| 33 |  | 放射科 | 表示进行放射线检查的场所<br>GB/T 10001.6-2006（32） |
| 34 |  | 超声诊断科 | 表示进行超声波检查的场所<br>GB/T 10001.6-2006（33） |
| 35 | 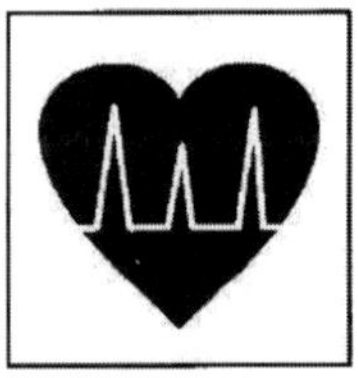 | 心电图室 | 表示进行心电图检查的场所<br>GB/T 10001.6-2006（34） |
| 36 |  | 检验科 | 表示进行化验检查的场所<br>GB/T 10001.6-2006（37） |

**表 A.1（续）**

| 序号 | 图形符号 | 含义 | 说明及引用来源 |
|---|---|---|---|
| 37 |  | 病案室 | 表示进行病案保存、查询的场所<br>GB/T 10001.6-2006（42） |
| 38 |  | 护士站 | 表示护士办公的场所<br>GB/T 10001.6-2006（43） |
| 39 |  | 无障碍设施 | 表示供残障人使用的设施，如轮椅坡道等<br>GB/T 10001.9-2008（01） |
| 40 |  | 无障碍停车位 | 表示供残疾人使用的停车位<br>GB/T 10001.9-2008（06） |

表 A.1（续）

| 序号 | 图形符号 | 含义 | 说明及引用来源 |
|---|---|---|---|
| 41 |  | 无障碍坡道 | 表示供残疾人、老年人、伤病人等行动不便者使用的坡道<br>GB/T 10001.9-2008（07） |
| 42 |  | 无障碍通道 | 表示供残疾人、老年人、伤病人等行动不便者使用的水平通道<br>GB/T 10001.9-2008（08） |
| 43 |  | 抹布 | 表示用于擦洗用的毛巾抹布，不同场合应予以颜色、文字或图形的区分 |
| 44 |  | 拖把 | 表示用于擦洗用的拖把，不同区域应予以颜色、文字或图形的区分 |

表 A.1（续）

| 序号 | 图形符号 | 含义 | 说明及引用来源 |
|---|---|---|---|
| 45 |  | 无线网络 | 表示覆盖并提供无线网络服务的场所或位置 |

**表 A.2　养老服务常用安全标志**

| 序号 | 安全标志 | 含义 | 说明及引用来源 |
|---|---|---|---|
| 1 |  | 禁止靠近 | 表示禁止靠近的位置<br>GB 2894-2008（1-12） |
| 2 |  | 禁止入内 | 表示禁止入内的地点<br>GB 2894-2008（1-13） |
| 3 |  | 禁止停留 | 表示禁止停留的地点<br>GB 2894-2008（1-15） |
| 4 |  | 禁止通行 | 表示禁止通行的地点<br>GB 2894-2008（1-16） |

表 A.2（续）

| 序号 | 安全标志 | 含义 | 说明及引用来源 |
|---|---|---|---|
| 5 |  | 禁止跨越 | 表示禁止跨越的位置<br>GB 2894-2008（1-17） |
| 6 |  | 禁止攀登 | 表示禁止攀登的位置<br>GB 2894-2008（1-18） |
| 7 |  | 禁止伸出窗外 | 表示禁止身体任何部位伸出窗外的位置<br>GB 2894-2008（1-20） |
| 8 |  | 禁止倚靠 | 表示禁止用身体倚靠的位置<br>GB 2894-2008（1-21） |

**表 A.2（续）**

| 序号 | 安全标志 | 含义 | 说明及引用来源 |
|---|---|---|---|
| 9 |  | 禁止坐卧 | 表示禁止坐卧的设施设备表面<br>GB 2894-2008（1-22） |
| 10 |  | 禁止触摸 | 表示禁止触摸的设备或物体<br>GB 2894-2008（1-24） |
| 11 |  | 禁止吸烟 | 表示禁止吸烟<br>GB 13495.1-2015（3-19） |
| 12 |  | 禁止烟火 | 表示禁止烟火<br>GB 13495.1-2015（3-20） |

**表 A.2（续）**

| 序号 | 安全标志 | 含义 | 说明及引用来源 |
|---|---|---|---|
| 13 |  | 禁止阻塞 | 表示禁止阻塞的指定区域<br>GB 13495.1-2015（3-24） |
| 14 |  | 禁止锁闭 | 表示禁止锁闭的指定部位<br>GB 13495.1-2015（3-25） |
| 15 |  | 禁止燃放鞭炮 | 表示禁止燃放鞭炮或焰火<br>GB 13495.1-2015（3-22） |
| 16 |  | 注意安全 | 表示注意安全的区域<br>GB 2894-2008（2-1） |

表 A.2（续）

| 序号 | 安全标志 | 含义 | 说明及引用来源 |
| --- | --- | --- | --- |
| 17 |  | 当心触电 | 表示当心触电的区域<br>GB 2894-2008（2-7） |
| 18 |  | 当心感染 | 表示当心感染的区域<br>GB 2894-2008（2-6） |
| 19 |  | 当心碰头 | 表示当心碰头<br>GB 2894-2008（2-16） |
| 20 |  | 当心烫伤 | 表示当心烫伤<br>GB 2894-2008（2-18） |

**表 A.2（续）**

| 序号 | 安全标志 | 含义 | 说明及引用来源 |
| --- | --- | --- | --- |
| 21 |  | 当心夹手 | 表示当心夹手<br>GB 2894-2008（2-20） |
| 22 |  | 当心高温表面 | 表示当心高温表面<br>GB 2894-2008（2-24） |
| 23 |  | 当心电离辐射 | 表示当心电离辐射的区域<br>GB 2894-2008（2-27） |
| 24 |  | 当心车辆 | 表示当心车辆<br>GB 2894-2008（2-32） |

表 A. 2（续）

| 序号 | 安全标志 | 含义 | 说明及引用来源 |
|---|---|---|---|
| 25 |  | 当心障碍物 | 表示当心障碍物的位置<br>GB 2894-2008（2-35） |
| 26 |  | 当心跌落 | 表示当心跌落的位置<br>GB 2894-2008（2-36） |
| 27 |  | 当心滑倒 | 表示当心滑倒的位置<br>GB 2894-2008（2-37） |
| 28 |  | 当心落水 | 表示当心落水的位置<br>GB 2894-2008（2-38） |

表 A.2（续）

| 序号 | 安全标志 | 含义 | 说明及引用来源 |
|---|---|---|---|
| 29 |  | 注意行人 | 表示警告车辆驾驶人减速慢行，注意行人<br>GB 5768.2-2009（图26） |
| 30 |  | 慢行 | 表示提醒车辆驾驶人减速慢行<br>GB 5768.2-2009（图54） |
| 31 |  | 防噎食 | 表示该老年人易发生噎食，应有防护措施 |
| 32 |  | 防走失 | 表示该老年人易发生走失，应有防护措施 |

表 A.2（续）

| 序号 | 安全标志 | 含义 | 说明及引用来源 |
| --- | --- | --- | --- |
| 33 |  | 防压疮 | 表示该老年人易发生压疮，应有防护措施 |
| 34 |  | 防跌倒 | 表示该老年人易发生跌倒，应有防护措施 |
| 35 |  | 防坠床 | 表示该老年人易发生坠床，应有防护措施 |
| 36 |  | 必须洗手 | 表示必须洗手<br>GB 2894-2008（3-13） |

表 A.2（续）

| 序号 | 安全标志 | 含义 | 说明及引用来源 |
| --- | --- | --- | --- |
| 37 |  | 必须加锁 | 表示必须加锁的位置<br>GB 2894-2008（3-14） |
| 38 |  | 必须拔出插头 | 表示使用后必须拔出插头的设施设备<br>GB 2894-2008（3-16） |
| 39 |  | 应急避难场所位置 | 表示应急避难场所位置<br>GB 2894-2008（4-3） |
| 40 |  | 应急电话位置 | 表示应急电话位置<br>GB 2894-2008（4-7） |

**表 A.2（续）**

| 序号 | 安全标志 | 含义 | 说明及引用来源 |
|---|---|---|---|
| 41 |  | 安全出口 | 表示通往安全场所的疏散出口<br>GB 13495.1-2015（3-05） |
| 42 |  | 疏散方向 | 表示安全出口的方向<br>GB 13495.1-2015（3-29） |
| 43 |  | 医疗点<br>急救 | 表示提供简单医疗服务的场所或位置，如急救站、医疗点、医务室等<br>GB/T 10001.1-2012（116） |
| 44 |  | 消防按钮 | 表示火灾报警按钮和消防设备启动按钮<br>GB 13495.1-2015（3-01） |

表 A.2（续）

| 序号 | 安全标志 | 含义 | 说明及引用来源 |
|---|---|---|---|
| 45 |  | 火警电话 | 表示火警电话的位置和号码<br>GB 13495.1-2015（3-03） |
| 46 |  | 灭火设备 | 表示灭火设备集中摆放的位置<br>GB 13495.1-2015（3-11） |
| 47 |  | 火灾报警装置<br>或<br>灭火设备的方向 | 表示火灾报警装置或灭火设备的方位<br>GB 13495.1-2015（3-30） |

**表 A. 3　养老服务常用道路交通标志**

| 序号 | 道路交通标志 | 含义 | 说明及引用来源 |
|---|---|---|---|
| 1 |  | 直行 | 表示一切车辆只准直行<br>GB 5768.2-2009（图131） |
| 2 |  | 向左转弯 | 表示一切车辆只准向左转弯<br>GB 5768.2-2009（图133） |
| 3 |  | 向右转弯 | 表示一切车辆只准向右转弯<br>GB 5768.2-2009（图134） |
| 4 |  | 单行路直行 | 表示该道路为单向行驶，已进入车辆应依标志指示方向行车<br>GB 5768.2-2009（图145） |

**表 A.3（续）**

| 序号 | 道路交通标志 | 含义 | 说明及引用来源 |
| --- | --- | --- | --- |
| 5 |  | 禁止机动车驶入 | 表示禁止各类机动车驶入<br>GB 5768.2-2009（图79） |
| 6 |  | 禁止非机动车进入 | 表示禁止各类非机动车进入<br>GB 5768.2-2009（图91） |
| 7 |  | 禁止鸣喇叭 | 表示禁止车辆鸣喇叭<br>GB 5768.2-2009（图113） |
| 8 |  | 限制速度 | 表示限制速度路段，根据实际要求值可以改变<br>GB 5768.2-2009（图119） |

**表 A.4　养老服务常用文字标志**

| 序号 | 文字标志 | 含义 | 说明及引用来源 |
|---|---|---|---|
| 1 | 一级护理 | 护理等级 | 表示正在实施的照料护理等级，框内可填数字（“一级、二级、三级”等）、文字（“重度、中度、轻度”等）或不同颜色区别 |
| 2 | 普通饮食 | 饮食类型 | 表示应提供的饮食类型，如“普通饮食、半流质饮食、流质饮食”等 |
| 3 | 低钠饮食 | 饮食限制 | 表示应限制摄入的饮食，如低“钠、脂、嘌呤”等 |

# 养老机构预防压疮服务规范 MZ/T 132—2019

ICS 03.080.99
A 20

MZ

中华人民共和国民政行业标准

MZ/T 132—2019

## 养老机构预防压疮服务规范

Pressure ulcer prevention for senior care organization

2019－12－12 发布　　2019－12－12 实施

中华人民共和国民政部　发布

## 前　言

本标准按照 GB/T 1.1-2009 给出的规则起草。

本标准由中华人民共和国民政部提出。

本标准由全国社会福利服务标准化技术委员会（SAC/TC 315）归口。

本标准起草单位：苏州市社会福利总院、民政部社会福利中心、北京市第一社会福利院、北京市朝阳区寸草春晖养老院、天津市老人院、广州市老人院。

本标准主要起草人：张陆、甄炳亮、雷洋、马雅欣、高文钣、祝恺、常华、王小龙、贾金凤、孙兆元、王习宇、李星震。

# 养老机构预防压疮服务规范

## 1 范围

本标准规定了养老机构预防压疮服务的评估、预防方法和管理要求。

本标准适用于养老机构服务对象发生压疮的预防。

## 2 术语和定义

下列术语和定义适用于本文件。

2.1

压疮 pressure ulcer

由于人体局部组织长期受压，发生持续缺血、缺氧等而致的组织破损、溃烂、坏死。

## 3 评估

3.1 评估对象及部位

3.1.1 入住养老机构的服务对象，只要符合下列任何 1 项应列入评估对象：

——卧床，不能自主翻身或不能自主动作者；

——疾病晚期者；

——消瘦或水肿，重度营养不良者；

——意识障碍，自主动作受限者；

——手术后或医疗措施固定，体位或活动受限者；

——慢性疾病导致感知觉障碍或功能障碍者；

——大小便失禁，局部潮湿者；

——高龄老年人，反应迟缓，自主动作困难者；

——发热者。

3.1.2 易发部位包括受压、缺乏脂肪组织保护、骨骼隆突，应重点评估下列部位：

——骶尾部；

——髂前上棘；

——肋缘突出部；

——髋部；

——脊椎体隆突处；

——肩胛部；
——枕骨粗隆；
——耳郭；
——肘部；
——膝关节的内外侧；
——内外踝；
——足跟部；
——脚趾；
——大脚趾骨关节突出处。

3.2 评估要求

3.2.1 应在服务对象入住养老机构的当天进行评估，7 日内跟进观察。

3.2.2 出现 3.1.1 中任何 1 项情形，应进行压疮风险等级评估，参见附录 A。

3.2.3 发热期间，应在评估分值基础上提高 1 个风险等级。

3.2.4 出现压疮风险时宜书面告知相关第三方。

**4 预防方法**

4.1 变换体位

当压疮风险评估为有低度高危及以上风险时，应变换体位，要求如下：

——自主变换，督促、提醒、鼓励卧床服务对象经常变换体位，减轻骨骼隆突部位压迫；

——被动变换，帮助无自主翻身能力的服务对象翻身，应至少 2h 翻身 1 次；

——使用轮椅的服务对象应 0.5h 变换姿势 1 次；

——翻身和移动时，应避免拖、拉、推等动作，防止擦破皮肤。

4.2 辅具保护

当压疮风险评估为中度高危及以上风险时，宜使用辅具，要求如下：

——卧姿时，可选用防压疮床垫、翻身辅助垫等辅具，在身体空隙处放置软垫（枕），降低骨骼隆突部位压力；

——坐姿时，可配备辅助坐垫，身体空隙处放置软垫；

——可按医嘱要求使用护架，用护架抬高被、毯，避免局部受压；

——应按辅具使用规定变换体位，浸湿后即时更换。

4.3 清洁

在服务过程中：

——床铺应保持干燥、平整、无碎屑；

——身体各部位皮肤应保持干燥；

——洗浴与擦浴，浴后应擦拭干净皮肤；

——手术、创伤、意识障碍等不适合洗浴的服务对象，应安排擦浴；

——擦拭时应用力均匀，避免揉搓皮肤；

——被服等被伤口分泌物浸湿时，应即时更换；

——便溺秽物、大小便失禁、呕吐及出汗等，应即时轻拭清洁，尿布、被服随湿随换；宜用温清水清洗会阴部，并擦干；

——应使用无破损的便器，避免硬塞硬拉；宜在便盆边缘上垫软纸或布垫；

——应避免服务对象直接卧于橡胶单或塑料布上。

4.4 营养摄入

应向服务对象提供增强抵抗力和组织修复能力的膳食，鼓励、帮助其进食。

4.5 原发病处置

应安排服务对象就医，治疗原发疾病，按时复诊、按时给药、帮助完成康复疗程。

4.6 心理支持

应向服务对象提供心理辅导。

4.7 健康教育

应向服务对象和家属宣传预防压疮的相关知识。

## 5 管理要求

5.1 检查

5.1.1 检查宜在生活照料过程中同步进行。

5.1.2 检查内容应包括皮肤是否干燥、完好，有无破损，颜色有无改变，尿布衣被等是否干燥平整。

5.1.3 交接班时，应一同检查压疮高危风险各等级的服务对象，确认有无压疮发生。

5.2 记录

5.2.1 记录内容宜包括：

——入住养老机构服务对象的压疮筛查记录；

——压疮风险评估记录；

——压疮高危风险者转归情况书面记录；

——交接班检查及翻身记录；

——对压疮高危风险者采取的预防措施记录；

——使用辅具、药物的书面记录。

5.2.2 宜将记录列入服务对象健康档案。

5.3 培训

5.3.1 应将预防压疮知识纳入养老护理员岗前培训内容中。

5.3.2 养老机构应每年开展不低于1次预防压疮专题知识培训。

# 附　录　A

（资料性附录）

## 表 A.1 压疮风险评估表

居住区域　　　　　　　　　床号　　　　　　姓名　　　　　　性别　　　　　　年龄

| 评估内容 | | | 分值 | 得分 |
|---|---|---|---|---|
| 感知能力 | 完全受限 | 对疼痛刺激无反应。 | 1 | |
| | 非常受限 | 对疼痛刺激有反应，但不能用语言表达，只能用呻吟、烦躁不安表示。 | 2 | |
| | 轻微受限 | 对指令性语言有反应，但不能总是用语言表达不适，或部分肢体感受疼痛能力或不适能力受损。 | 3 | |
| | 无损害 | 对指令性语言有反应，无感觉受损。 | 4 | |
| 潮湿度 | 持续潮湿 | 每次移动或翻动时总是看到皮肤被分泌物、尿液渍湿。 | 1 | |
| | 非常潮湿 | 床单由于频繁受潮至少每班更换一次。 | 2 | |
| | 偶尔潮湿 | 皮肤偶尔潮湿，床单约每日更换一次。 | 3 | |
| | 罕见潮湿 | 皮肤通常是干的，床单按常规时间更换。 | 4 | |
| 活动能力 | 卧床不起 | 被限制在床上。 | 1 | |
| | 能坐轮椅 | 不能步行活动，必须借助椅子或轮椅活动。 | 2 | |
| | 扶助行走 | 白天偶尔步行，但距离非常短。 | 3 | |
| | 活动自如 | 能自主活动，经常步行。 | 4 | |
| 移动能力 | 完全受限 | 在他人帮助下方能改变体位。 | 1 | |
| | 重度受限 | 偶尔能轻微改变身体或四肢的位置，但不能独立改变体位。 | 2 | |
| | 轻度受限 | 只是轻微改变身体或四肢位置，可经常移动且独立进行。 | 3 | |
| | 不受限 | 可独立进行随意体位的改变。 | 4 | |
| 营养摄取能力 | 非常差 | 从未吃过完整一餐，或禁食和（或）进无渣流质饮食。 | 1 | |
| | 可能不足 | 每餐很少吃完，偶尔加餐或少量流质饮食或管饲饮食。 | 2 | |
| | 充足 | 每餐大部分能吃完，但会常常加餐；不能经口进食，能通过鼻饲或静脉营养补充大部分营养需求。 | 3 | |
| | 良好 | 三餐基本正常。 | 4 | |
| 摩擦力剪切力 | 存在问题 | 需要协助才能移动，移动时皮肤与床单表面没有完全托起，坐床上或椅子上经常会向下滑动。 | 1 | |
| | 潜在问题 | 很费力地移动，大部分时间能保持良好的体位，偶尔有向下滑动。 | 2 | |
| | 不存在问题 | 在床上或椅子里能够独立移动，并保持良好的体位。 | 3 | |
| 评估分值 | | | | |

评估者签名：　　　　　　　　　　　　　　　　　　评估日期：

表注：评估分值最高 23 分，最低 6 分。评估分值越低压疮风险越高。评估分值≤9 分为极高危风险，10－12 分为高危风险，13－14 分为中度高危风险，15－18 分为低度高危风险。低度高危风险，宜每周评估 1 次；风险越高，评估周期越短。

## 参考文献

[1] 世界卫生组织，董景五主译，疾病和有关健康问题的国际统计分类第十次修订本（ICD-10）第二版中文本，人民卫生出版社，2015.

# 养老机构顾客满意度测评 MZ/T 133—2019

ICS 03.080.01
A 12

MZ

中 华 人 民 共 和 国 民 政 行 业 标 准

MZ/T 133—2019

## 养老机构顾客满意度测评

Measurement of customer satisfaction for senior care organization

2019-12-12 发布　　2019-12-12 实施

中华人民共和国民政部　发布

## 前　言

本标准按照 GB/T 1.1-2009 给出的规则起草。

本标准由中华人民共和国民政部提出。

本标准由全国社会福利服务标准化技术委员会（SAC/TC 315）归口。

本标准起草单位：厦门市社会福利中心、民政部社会福利中心、武汉市社会福利中心、福建省金泰康乐养老服务有限公司、宁德市社会福利中心、苏州市社会福利总院、厦门开目管理咨询有限公司。

本标准主要起草人：王全弟、甄炳亮、雷洋、黄瑞春、杨冠颖、陈育红、冯云、王志平、杨玲花、曾秀莲、苏杨、伍严军、徐小杏、孙惠忠、张陆、王习宇、李星震、高文钗、曾卫鹏。

# 养老机构顾客满意度测评

## 1 范围

本标准规定了养老机构顾客满意度测评的基本要求、指标体系与权重、测评方法、数据处理、分析和改进的要求。

本标准适用于养老机构开展顾客满意度测评，第三方开展顾客满意度测评可参照执行。

## 2 规范性引用文件

下列文件对于本文件的应用是必不可少的。凡是注日期的引用文件，仅所注日期的版本适用于本文件。凡是不注日期的引用文件，其最新版本（包括所有的修改单）适用于本文件。

SB/T 10409-2007 商业服务业顾客满意度测评规范

## 3 术语和定义

SB/T 10409-2007 界定的以及下列术语和定义适用于本文件。

3.1

顾客 customer

接受养老机构提供服务的组织或个人。

3.2

顾客满意/顾客满意度 customer satisfaction

顾客在消费产品或接受服务的过程中（以及之后的一段时期内）所形成愉悦或失望的感觉状态。顾客满意水平的量化就是顾客满意度。

[SB/T 10409-2007，定义 3.2]

## 4 基本要求

4.1 养老机构应根据测评的目的确定测评范围，并对过程进行策划。

4.2 养老机构应配备充足的资源（包括人力资源）用于顾客满意度测评，并进行有效的管理。

4.3 养老机构应每年开展不少于1次顾客满意度测评。

4.4 养老机构应建立持续测评制度，以利于不断提高顾客满意度。

## 5 指标体系与权重

顾客满意度测评指标体系及权重见表1。

**表1 顾客满意度测评指标体系及权重**

| 一级指标 | 二级指标 | 权重 | 三级指标 | 权重 |
|---|---|---|---|---|
| 顾客满意度 | 资源提供 | 20% | 服务人员 | 10% |
| | | | 设施设备 | 10% |
| | 服务感知 | 70% | 出入院服务 | 5.8% |
| | | | 生活照料服务 | 14% |
| | | | 膳食服务 | 8.2% |
| | | | 清洁卫生服务 | 4.7% |
| | | | 洗涤服务 | 2.9% |
| | | | 医疗护理服务 | 7% |
| | | | 康复服务 | 5.8% |
| | | | 文化娱乐服务 | 5.8% |
| | | | 心理/精神支持服务 | 4.1% |
| | | | 安宁服务 | 3.5% |
| | | | 安全照护服务 | 4.7% |
| | | | 其他服务 | 3.5% |
| | 价值感知 | 5% | 既定服务下对价格的评价 | 5% |
| | 顾客抱怨 | 2% | 对机构的投诉情况 | 2% |
| | 顾客忠诚 | 3% | 对机构的支持程度 | 3% |

## 6 测评方法

6.1 调查问卷

养老机构按照测评指标体系设计顾客满意度调查问卷，参见附录A。

6.2 评价指标分值

采用十级量表，即顾客用1—10分来显示自己的满意度水平。

6.3 调查方式

养老机构根据实际，可采用但不限于下列调查方式：

——面访调查；

——电话调查；

——邮寄/传真调查；

——网络调查等。

6.4 抽样方法

抽样方法具体如下：

——当顾客数量在200位（含）以内时，应对每一位顾客进行调查；

——当顾客数量大于200位时，可进行抽样调查，抽样样本数量不低于200+5%N，N为顾客数量。

注：当抽样样本数大于总体时则对每一位顾客进行调查。

## 7 数据处理

7.1 数据准备

对获得的数据进行检验，剔除不可用数据，并根据需要进行数据分类。

7.2 数据统计

各项指标满意度计算公式见式（1）：

$$CSI_i = \frac{\sum_{j=1}^{m} q_{i,j}}{10 \times m} \times 100\% \quad (1)$$

式中：

$CSI_i$——调查问卷中第 $i$ 项指标的满意度；

$m$——回收的有效调查问卷的总份数为 $m$；

$q_i$，$j$，——第 $j$ 份调查问卷中，第 $i$ 项指标测评得分，取值区间为1—10。

顾客满意度计算公式见式（2）：

$$CSI = \sum_{i=1}^{n} CSI_i \times W_i \quad (2)$$

式中：

$CSI$——顾客满意度测评得分；

$n$——调查问卷中指标的总项数；

$CSI_i$——调查问卷中第 $i$ 项指标的满意度；

$W_i$——调查问卷中第 $i$ 项指标的权重。

## 8 分析和改进

8.1 养老机构按第7章内容进行统计，并对综合测评结果或单项测评结果进行分析。

8.2 养老机构应对测评工作进行总结，并形成测评报告，报告内容应包括测评范围、测评过程、测评结论以及改进建议等。

8.3 养老机构对改进建议采取相应纠正措施，并填写《纠正预防措施报告表》（参见附录B），建立持续改进机制。

# 附 录 A
## （资料性附录）
## 顾客满意度调查问卷

**表A.1 顾客满意度调查问卷**

<table>
<tr><th rowspan="3">序号</th><th rowspan="3">三级指标</th><th rowspan="3">评价指标</th><th rowspan="3">评价内容</th><th colspan="10">评价结果</th></tr>
<tr><th colspan="2">非常满意</th><th colspan="2">比较满意</th><th colspan="2">一般</th><th colspan="2">不太满意</th><th colspan="2">非常不满意</th></tr>
<tr><th>10</th><th>9</th><th>8</th><th>7</th><th>6</th><th>5</th><th>4</th><th>3</th><th>2</th><th>1</th></tr>
<tr><td>1</td><td rowspan="3">服务人员</td><td>服务态度</td><td>您对本机构服务人员服务态度的综合评价</td><td></td><td></td><td></td><td></td><td></td><td></td><td></td><td></td><td></td><td></td></tr>
<tr><td>2</td><td>技能水平</td><td>您对本机构服务人员专业技能掌握程度的综合评价</td><td></td><td></td><td></td><td></td><td></td><td></td><td></td><td></td><td></td><td></td></tr>
<tr><td>3</td><td>人员配备</td><td>您对本机构服务人员配备比例的综合评价</td><td></td><td></td><td></td><td></td><td></td><td></td><td></td><td></td><td></td><td></td></tr>
<tr><td>4</td><td rowspan="4">设施设备</td><td>生活场所设施</td><td>您对本机构提供生活居住场所、环境及无障碍设施的综合评价</td><td></td><td></td><td></td><td></td><td></td><td></td><td></td><td></td><td></td><td></td></tr>
<tr><td>5</td><td>健身文娱设施</td><td>您对本机构提供健身文娱设施设备的综合评价</td><td></td><td></td><td></td><td></td><td></td><td></td><td></td><td></td><td></td><td></td></tr>
<tr><td>6</td><td>医疗康复设施</td><td>您对本机构提供医疗、康复器械及用具的综合评价</td><td></td><td></td><td></td><td></td><td></td><td></td><td></td><td></td><td></td><td></td></tr>
<tr><td>7</td><td>安全救护设施</td><td>您对本机构的安全标识、急救设施及紧急呼叫系统设置的综合评价</td><td></td><td></td><td></td><td></td><td></td><td></td><td></td><td></td><td></td><td></td></tr>
<tr><td>8</td><td rowspan="2">出入院服务</td><td>接待咨询服务</td><td>您对本机构提供接待、咨询服务的综合评价</td><td></td><td></td><td></td><td></td><td></td><td></td><td></td><td></td><td></td><td></td></tr>
<tr><td>9</td><td>出入院服务</td><td>您对本机构提供入院评估、入院手续办理、出院手续办理的综合评价</td><td></td><td></td><td></td><td></td><td></td><td></td><td></td><td></td><td></td><td></td></tr>
<tr><td>10</td><td rowspan="5">生活照料服务</td><td>饮食照料服务</td><td>您对本机构提供引导或帮助老年人进食、进水等饮食照料服务的综合评价</td><td></td><td></td><td></td><td></td><td></td><td></td><td></td><td></td><td></td><td></td></tr>
<tr><td>11</td><td>睡眠照料服务</td><td>您对本机构提供布置睡眠环境、睡眠状况观察等睡眠照料服务的综合评价</td><td></td><td></td><td></td><td></td><td></td><td></td><td></td><td></td><td></td><td></td></tr>
<tr><td>12</td><td>清洁照料服务</td><td>您对本机构提供晨晚护理、清洁卫生护理、更换被服等清洁照料服务的综合评价</td><td></td><td></td><td></td><td></td><td></td><td></td><td></td><td></td><td></td><td></td></tr>
<tr><td>13</td><td>排泄照料服务</td><td>您对本机构提供帮助老年人如厕、排便等排泄照料服务的综合评价</td><td></td><td></td><td></td><td></td><td></td><td></td><td></td><td></td><td></td><td></td></tr>
<tr><td>14</td><td>体位转移服务</td><td>您对本机构提供床上体位转换、轮椅转移及器具使用服务的综合评价</td><td></td><td></td><td></td><td></td><td></td><td></td><td></td><td></td><td></td><td></td></tr>
<tr><td>15</td><td>膳食服务</td><td>膳食服务</td><td>您对本机构提供营养餐、个性化膳食服务的综合评价</td><td></td><td></td><td></td><td></td><td></td><td></td><td></td><td></td><td></td><td></td></tr>
<tr><td>16</td><td>清洁卫生</td><td>清洁卫生服务</td><td>您对本机构提供环境、居室及设施清洁消毒的综合评价</td><td></td><td></td><td></td><td></td><td></td><td></td><td></td><td></td><td></td><td></td></tr>
<tr><td>17</td><td>洗涤服务</td><td>洗涤服务</td><td>您对本机构提供衣物、被褥等织物收集、清洗、消毒及整理服务的综合评价</td><td></td><td></td><td></td><td></td><td></td><td></td><td></td><td></td><td></td><td></td></tr>
<tr><td>18</td><td rowspan="2">医疗护理服务</td><td>医疗护理服务</td><td>您对本机构提供常见病诊疗、用药管理、护理常规、协助就医等服务的综合评价</td><td></td><td></td><td></td><td></td><td></td><td></td><td></td><td></td><td></td><td></td></tr>
<tr><td>19</td><td>健康管理服务</td><td>您对本机构提供慢病监测、健康指导、老年保健及感染控制服务的综合评价</td><td></td><td></td><td></td><td></td><td></td><td></td><td></td><td></td><td></td><td></td></tr>
<tr><td>20</td><td>康复服务</td><td>康复服务</td><td>您对本机构提供康复咨询、康复教育指导、康复训练、康复护理等服务的综合评价</td><td></td><td></td><td></td><td></td><td></td><td></td><td></td><td></td><td></td><td></td></tr>
<tr><td>21</td><td>文化娱乐</td><td>文体娱乐活动</td><td>您对本机构组织老年人参加文化、体育、娱乐等活动服务的综合评价</td><td></td><td></td><td></td><td></td><td></td><td></td><td></td><td></td><td></td><td></td></tr>
</table>

**续表**

| 序号 | 三级指标 | 评价指标 | 评价内容 | 评价结果 | | | | | | | | | |
|---|---|---|---|---|---|---|---|---|---|---|---|---|---|
| | | | | 非常满意 | | 比较满意 | | 一般 | | 不太满意 | | 非常不满意 | |
| | | | | 10 | 9 | 8 | 7 | 6 | 5 | 4 | 3 | 2 | 1 |
| 22 | 心理/精神支持服务 | 情绪疏导服务 | 您对本机构提供入住环境适应、情绪疏导服务的综合评价 | | | | | | | | | | |
| 23 | | 心理支持服务 | 您对本机构提供心理宣教、辅导及危机干预等服务的综合评价 | | | | | | | | | | |
| 24 | 安宁服务 | 安宁服务 | 您对本机构提供临终关怀、哀伤辅导等服务的综合评价 | | | | | | | | | | |
| 25 | 安全照护 | 安全照护服务 | 您对本机构为老年人提供安全防护措施及服务的综合评价 | | | | | | | | | | |
| 26 | 其他服务 | 教育服务 | 您对本机构向老年人提供的课程、培训及讲座等教育服务评价 | | | | | | | | | | |
| 27 | | 委托代办服务 | 您对本机构为老年人提供代购物品、代收邮物品信函等委托代办服务的综合评价 | | | | | | | | | | |
| 28 | 价格评价 | 收费价格 | 您对本机构入住收费价格的总体评价 | | | | | | | | | | |
| 29 | 投诉处理 | 投诉处理 | 您对本机构对服务投诉的处理，是否及时、合理等的综合评价 | | | | | | | | | | |
| 30 | 对机构支持程度 | 保持在本机构入住的可能性 | 合同到期后，您是否会续约继续选择本机构入住？ | □ 会 | | | | | □ 不会 | | | | |
| 31 | | 向他人推荐本机构的可能性 | 您是否会向亲朋好友推荐入住本机构？ | □ 会 | | | | | □ 不会 | | | | |
| 其他意见或建议： | | | | | | | | | | | | | |

注：评价结果勾选“会”为10分，“不会”为1分。

## 附 录 B
## （资料性附录）
## 纠正预防措施报告表

**表B.1 纠正预防措施报告表**

责任部门： 出具人（验证人）： 日期： 年 月 日

<table>
<tr><td colspan="3">事实描述：<br><br>责任部门认可（签字）： 日期： 年 月 日</td></tr>
<tr><td rowspan="2">责任部门</td><td>原因分析：</td><td rowspan="2">责任部门签字/日期：<br><br>要求完成日期：<br><br>验证人/日期：</td></tr>
<tr><td>制定纠正（预防）措施：</td></tr>
<tr><td colspan="3">纠正（预防）措施完成情况：<br><br>责任部门负责人： 日期： 年 月 日</td></tr>
<tr><td colspan="2">验证情况：</td><td>验证人/日期：</td></tr>
<tr><td colspan="2">效果评价：</td><td>评价日期：</td></tr>
</table>

## 参 考 文 献

［1］SB/T 10409-2007 商业服务业顾客满意度测评规范

［2］GB/T 37276-2017 养老机构等级划分与评定

［3］郭红艳，王黎，彭嘉琳，谢红．养老机构服务质量评价指标体系的构建［J］．中华护理杂志，2014（4）：394-398.

［4］《关于推进服务标准化试点工作的意见》国标委农联［2007］7 号

# MZ

中华人民共和国民政行业标准

MZ/T 168—2021

# 养老机构老年人健康档案管理规范

Management specification for senior health record of senior care organization

2021-03-11 发布　　2021-03-11 实施

中华人民共和国民政部　发布

# 目　次

# 前　言

本文件按照GB/T 1.1—2020《标准化工作导则　第1部分：标准化文件的结构和起草规则》的规定起草。

本文件由中华人民共和国民政部提出。

本文件由全国社会福利服务标准化技术委员会（SAC/TC 315）归口。

本文件起草单位：民政部养老服务司、民政部社会福利中心、北京标准化协会、北京市第一社会福利院、广州市老人院、苏州市社会福利总院、海南省托老院。

本文件主要起草人：王晗、王焕杰、雷洋、权京华、常华、路玉英、邓永萍、祝恺、高淑红、李星震。

# 养老机构老年人健康档案管理规范

## 1 范围

本文件规定了养老机构老年人健康档案基本要求、档案内容、记录要求及档案管理。

本文件适用于养老机构记录和管理老年人健康档案。

## 2 规范性引用文件

本文件没有规范性引用文件。

## 3 术语和定义

下列术语和定义适用于本文件。

### 3.1 健康档案 health record

对入住养老机构的老年人在日常就医等活动中形成的文字、符号、图表及影像等资料的总和。

## 4 基本要求

4.1 机构应建立老年人健康档案管理制度。

4.2 机构应保护老年人隐私，不得泄露老年人健康档案信息。

4.3 健康档案中需要医务人员、老年人或担保人签名时，应由本人亲笔签署。

4.4 电子健康档案应打印归档。

4.5 老年人健康档案建档率应为100%。

## 5 档案内容

5.1 老年人健康档案宜包括老年人的基本信息、健康评估、健康体检、机构内外就医情况、知情同意书、辅助检查报告单等。

5.2 基本信息内容宜包括姓名、性别、年龄、籍贯、身份证号、民族、婚姻、户口住址、原工作单位、原职业、联系人等基本信息及入住机构时间、离开机构时间、入住机构天数、入住机构时身体状况、离开机构时身体状况及原因等内容。参见资料性附录A。

5.3 健康评估内容宜包括姓名、性别、年龄、身份证号、生活方式、健康状况、老年人日常生活能力及简易智力等内容。参见资料性附录B、C、D。

5.4 健康体检内容宜包括姓名、性别、年龄、体检日期、既往病史、用药史、体格检查、血常规、胸片等检查项目、现存健康主要问题、健康评价、健康指导等。参见资料性附录E。

5.5 机构内外就医内容宜包括姓名、日期、一般情况、疾病情况、检查结果、用药情况、治疗效果、慢病管理、健康指导、紧急救治情况、向老年人或担保人告知的重要事项、会诊、转诊、转院、离开机构时情况等内容。

5.6 知情同意书内容宜包括档案号、姓名、性别、年龄、入住机构日期、入住机构时情况、目前情况、采取措施、可能出现的情况、担保人意见及签名等。参见资料性附录F。

5.7 辅助检查报告单内容宜包括姓名、年龄、检查结果、日期等。

## 6 记录要求

6.1 机构应在入院评估、例行评估、即时评估完成后，完成评估记录。

6.2 机构应查验入院前体检报告和年度体检报告，并归档。

6.3 机构应于老年人入住机构时完成老年人基本信息填写。

6.4 老年人就诊后，机构应记录就诊情况,将院内或院外检查报告单按时间顺序分类、归档。
6.5 老年人健康状况发生变化时，机构应告知担保人，并签署知情同意书。
6.6 老年人健康档案记录应真实、准确、及时、完整、规范，字迹工整、清晰。应使用蓝黑墨水、碳素墨水。
6.7 健康档案书写过程中出现错字时，应用双线画在错字上，保留原记录清楚、可辨，并注明修改时间，修改人签名。
6.8 老年人健康档案的日期和时间应使用阿拉伯数字，时间应采用 24 小时制。

## 7 档案管理

### 7.1 建档

7.1.1 老年人健康档案应编号，同一老年人在同一养老机构多次入住应使用同一档案号。
7.1.2 老年人健康档案应由医务人员建立，无医务人员的，可委托其他医疗机构专业人员完成。
7.1.3 老年人健康档案应按照健康档案封面、基本信息、机构内外就医情况、知情同意书、检查报告单、健康体检表、健康评估表及其他相关内容排序。

### 7.2 保管

7.2.1 老年人入住机构期间，老年人健康档案应定点集中存放，并指定专人负责保管。
7.2.2 老年人离开机构后，机构应对老年人健康档案进行整理保存。老年人健康档案应装订并按档案号顺序有序归档。
7.2.3 老年人健康档案保管期限应自老年人离开养老机构之日起不少于 30 年。

# 附 录 A
## （资料性）
## 基本信息

养老机构名称：　　　　　　　　　　　　　　　　　　　　　　档案号：

| | |
|---|---|
| 基本信息 | 姓名________ 性别：1.男 2.女 □ 出生日期____ 年___ 月___ 日 年龄____ 国籍_____ |
| | 出生地_____ 省（区、市）_____ 市 _____区 籍贯 ____ 省（区、市）____ 市 民族______ |
| | 身份证号_______________ 婚姻：1.未婚 2.已婚 3.丧偶 4.离婚 5.其他 □ |
| | 现住址 _____ 省（区、市）________市 _______区 _________ 电话_______ 邮编_______ |
| | 户口地址 ______ 省（区、市）______市 _______区_________ 邮编_________ |
| | 原工作单位____________________________ 职业________________________ |
| | 担保人姓名_________ 关系________ 电话____________ 单位___________________ |
| 付费方式 | 1.城镇职工基本医疗保险 2.城乡居民基本医疗保险 3.贫困救助 4.商业医疗保险 5.全公费 6.全自费 7.其他社会保险 8.其他 □ |
| 入住机构时间 ____年____月____日____时 离开机构时间 ____年___月___日___时 入住机构 ______天 | |
| 入住机构时身体状况 | |
| 离开机构时身体状况 | |
| 药物过敏：1.无 2.有，过敏药物___________ □ | |
| 离开机构原因：1.回家 2.转其他养老机构 3.转院就医 4.死亡 5.其他 □ | |
| 签名：　　　　年　　月　　日 | |

# 附 录 B
（资料性）
## 健康评估

档案号

| 姓名 | 性别 | 年龄 | 身份证号 |
|---|---|---|---|
| 评估类别 □入院评估 □例行评估 □即时评估 | | | |
| 健康状况 | | | |
| 评估结果 | | | |

评估人：　　　　　　　　　　　　评估日期：

附 录 C

（资料性）

日常生活能力（ADL）评定量表

| 项目 | 评分 | 分值 | 评估内容 |
|---|---|---|---|
| 进食 | | 10 分 | 可独立进食，自己在合理的时间（约 1 小时内完成一餐饭），自行或用辅具进食，不需要协助 |
| | | 5 分 | 需部分帮助，前述某个步骤需要一定帮助，如切好食物或穿脱进食辅具 |
| | | 0 分 | 完全依赖他人，无法自行取食 |
| 洗澡 | | 5 分 | 可自行完成盆浴、淋浴或擦澡，不需他人协助、监督或持续敦促 |
| | | 0 分 | 需要别人协助监督或持续敦促才能完成；可自行完成，但执行过程困难或清洁度不佳 |
| 修饰 | | 5 分 | 可自行刷牙、洗脸、洗手、梳头发和刮胡子 |
| | | 0 分 | 需别人协助才能完成上述盥洗项目 |
| 穿脱衣裤鞋袜 | | 10 分 | 可自行穿脱衣裤鞋袜，必要时使用辅具 |
| | | 5 分 | 在别人帮忙下，可自行完成一半以上动作 |
| | | 0 分 | 需要别人完全帮忙 |
| 如厕 | | 10 分 | 可自行上下马桶、坐便器，便后清洁，不会弄脏衣裤且没有安全上的顾虑；若使用便盆，可自行拿取并清洗干净 |
| | | 5 分 | 在上述如厕过程中需要协助保持平衡、整理衣物或使用卫生纸 |
| | | 0 分 | 无法完成如厕过程 |
| 大便控制 | | 10 分 | 可控制大便，必要时会自行使用塞剂 |
| | | 5 分 | 偶尔失控（每周不超过一次），使用塞剂需要别人帮忙 |
| | | 0 分 | 完全失控或需要灌肠 |
| 小便控制 | | 10 分 | 可控制小便，日夜皆不会尿失禁，必要时会自行使用并清理尿布、尿裤 |
| | | 5 分 | 偶尔失控（每周不超过一次），使用尿布、尿裤需要别人帮忙 |
| | | 0 分 | 完全失控或需要导尿 |
| 移位转移 | | 15 分 | 可独立完成 |
| | | 10 分 | 需他人搀扶或使用拐杖 |
| | | 5 分 | 需要较大程度上依赖他人搀扶和帮助 |
| | | 0 分 | 完全依赖他人 |
| 平地行走 | | 15 分 | 可独立在平地上行走 50 米 |
| | | 10 分 | 需他人搀扶或使用拐杖、助行器等辅助器具 |
| | | 5 分 | 需要极大帮助或坐在轮椅上自行在平地上移动 |
| | | 0 分 | 完全依赖他人 |
| 上下楼梯 | | 10 分 | 可独立连续上下 10—15 个台阶 |
| | | 5 分 | 需要他人搀扶或口头指导 |
| | | 0 分 | 需要极大帮助或完全依赖他人搀扶 |

# 附 录 D
（资料性）
简易智力状态检查量表（MMSE）

| 项目 | 评分（ 1 正确 0 错误） |
|---|---|
| **时间定向** | |
| 1. 现在是 | |
| 哪一年？ | 1 0 |
| 哪一季节？ | 1 0 |
| 几月份？ | 1 0 |
| 几号？ | 1 0 |
| 星期几？ | 1 0 |
| **地点定向** | |
| 2. 我们在： | |
| 哪个国家？ | 1 0 |
| 哪个城市？ | 1 0 |
| 什么地址？ | 1 0 |
| 哪个医院？ | 1 0 |
| 第几层楼？ | 1 0 |
| **表达** | |
| 3. 复述以下 3 个物体的名称 | |
| 手表 | 1 0 |
| 钢笔 | 1 0 |
| 眼镜 | 1 0 |
| **注意力与计算力** | |
| 4. 计算： | |
| 93-7=？ | 1 0 |
| 86-7=？ | 1 0 |
| 79-7=？ | 1 0 |
| 72-7=？ | 1 0 |
| 记忆力 | |
| 5. 回忆刚才复述过的 3 个物体名称 | |

续表

| | |
|---|---|
| 手表 | 1　　0 |
| 钢笔 | 1　　0 |
| 眼镜 | 1　　0 |
| **语言** | |
| 6. 说出所示物体名称 | |
| 帽子 | 1　　0 |
| 毛巾 | 1　　0 |
| 7. 复述 | |
| “如果、并且、但是” | 1　　0 |
| 8. 朗读卡片上的句子 | |
| “闭上眼睛” | 1　　0 |
| 9. 按卡片上写的做： | |
| 用右手拿一张纸 | 1　　0 |
| 两手将它对折 | 1　　0 |
| 然后放在左腿上 | 1　　0 |
| 10. 写一个完整的句子 | |
| （要有主语、谓语，且有一定意义） | 1　　0 |
| 11. 模仿画出下图 | |
| （两个五边形交叉形成一个四边形） | 1　　0 |

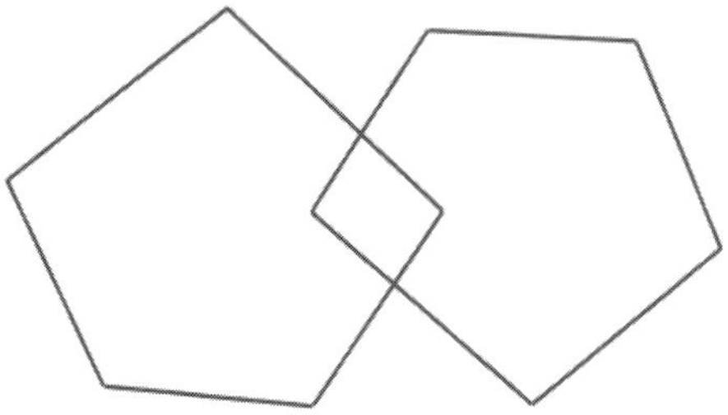

# 附 录 E
（资料性）
## 健康体检表

<table>
<tr><td>姓名</td><td>性别</td><td>年龄</td><td>体检日期</td></tr>
</table>

<table>
<tr><td>内容</td><td colspan="3">检查项目</td></tr>
<tr><td>症状</td><td colspan="3">1 无症状 2 头痛 3 头晕 4 心悸 5 胸闷 6 胸痛 7 慢性咳嗽 8 咳痰 9 呼吸困难 10 多饮 11 多尿 12 体重下降 13 乏力 14 关节肿痛 15 视力模糊 16 手脚麻木 17 尿急 18 尿痛 19 便秘 20 腹泻 21 恶心呕吐 22 眼花 23 耳鸣 24 乳房胀痛 25 其他______ □□□□□□□</td></tr>
<tr><td>病史</td><td colspan="3">1 无 2 高血压 3 冠心病 4 慢性阻塞性肺疾病 5 糖尿病 6 高脂血症 7 脑卒中 8 溃疡病 9 肾病 10 骨质疏松 11 恶性肿瘤 12 老年痴呆 13 重性精神疾病 14 结核病 15 肝炎 16 职业病 17 其他______ □□□□□□□</td></tr>
<tr><td rowspan="3">一般状况</td><td>老年人生活自理能力</td><td colspan="2">1 可自理 2 轻度依赖 3 中度依赖 4 不能自理 □</td></tr>
<tr><td>老年人认知功能</td><td colspan="2">1 粗筛阴性 2 粗筛阳性 □</td></tr>
<tr><td>老年人情感状态</td><td colspan="2">1 粗筛阴性 2 粗筛阳性 □</td></tr>
<tr><td rowspan="3">生活方式</td><td>饮食</td><td colspan="2">1 普食 2 软食 3 吞咽困难 4 饮水呛咳 5 鼻饲 6 其他 □/□/□</td></tr>
<tr><td>二便</td><td colspan="2">1 正常 2 便秘 3 排尿困难 4 留置尿管 5 其他______ □/□</td></tr>
<tr><td>睡眠</td><td colspan="2">1 正常 2 睡眠困难 3 早醒 4 夜间吵闹 5 其他______ □/□</td></tr>
<tr><td rowspan="20">体格检查</td><td colspan="3">T____ P____ R____ BP____ 意识 1 清楚 2 模糊 3 嗜睡 4 昏睡 5 昏迷 □</td></tr>
<tr><td>皮肤</td><td colspan="2">1 正常 2 潮红 3 苍白 4 发绀 5 色素沉着 6 其他______ □</td></tr>
<tr><td>巩膜</td><td colspan="2">1 正常 2 黄染 3 充血 4 其他______ □</td></tr>
<tr><td>淋巴结</td><td colspan="2">1 未触及 2 锁骨上 3 腋窝 4 其他______ □</td></tr>
<tr><td>眼部</td><td colspan="2">1 正常 2 异常 ______ □</td></tr>
<tr><td>耳部</td><td colspan="2">1 正常 2 异常______ □</td></tr>
<tr><td rowspan="3">口咽</td><td colspan="2">口唇 1 红润 2 苍白 3 发干 4 皲裂 5 疱疹 □</td></tr>
<tr><td colspan="2">齿列 1 正常 2 缺齿 3 龋齿 4 义齿 □</td></tr>
<tr><td colspan="2">咽部 1 无充血 2 充血 3 淋巴滤泡增生 □</td></tr>
<tr><td>胸廓</td><td colspan="2">桶状胸 1 否 2 是 □</td></tr>
<tr><td>乳房</td><td colspan="2">1 未见异常 2 切除 3 包块 4 其他______ □</td></tr>
<tr><td rowspan="2">肺脏</td><td colspan="2">呼吸音 1 正常 2 异常______ □</td></tr>
<tr><td colspan="2">罗音 1 无 2 干罗音 3 湿罗音 4 其他______ □</td></tr>
<tr><td rowspan="2">心脏</td><td colspan="2">心率 ____ 次/分钟 心律 1 齐 2 不齐 3 绝对不齐 □</td></tr>
<tr><td colspan="2">杂音 1 无 2 有______ □</td></tr>
<tr><td rowspan="3">腹部</td><td colspan="2">压痛 1 无 2 有______ □</td></tr>
<tr><td colspan="2">包块 1 无 2 有______ □</td></tr>
<tr><td colspan="2">肝大 1 无 2 有______ □</td></tr>
</table>

续表

<table>
<tr><td rowspan="6"></td><td rowspan="2">腹部</td><td colspan="3">脾大　1无　2有________ □</td></tr>
<tr><td colspan="3">移动性浊音　1无　2有________ □</td></tr>
<tr><td>脊柱</td><td colspan="3">畸形　1无　2有________ □</td></tr>
<tr><td>四肢</td><td colspan="3">畸形　1无　2有________ □</td></tr>
<tr><td rowspan="2">神经系统</td><td colspan="3">生理反射　1存在　2无 □</td></tr>
<tr><td colspan="3">病理反射　1无　2有________ □</td></tr>
<tr><td rowspan="11">辅助检查</td><td>血常规</td><td colspan="3">1正常　2异常________ □</td></tr>
<tr><td>尿常规</td><td colspan="3">1正常　2异常________ □</td></tr>
<tr><td>肝功</td><td colspan="3">1正常　2异常________ □</td></tr>
<tr><td>肾功</td><td colspan="3">1正常　2异常________ □</td></tr>
<tr><td>血脂</td><td colspan="3">1正常　2异常________ □</td></tr>
<tr><td>空腹血糖</td><td colspan="3">1正常　2异常________ □</td></tr>
<tr><td>乙型肝炎表面抗原</td><td colspan="3">1正常　2异常________ □</td></tr>
<tr><td>心电图</td><td colspan="3">1正常　2异常 ________ □</td></tr>
<tr><td>胸部X线片</td><td colspan="3">1正常　2异常 ________ □</td></tr>
<tr><td>腹部B超</td><td colspan="3">1正常　2异常 ________ □</td></tr>
<tr><td colspan="4">其他________</td></tr>
<tr><td rowspan="6">用药情况</td><td colspan="2">药物名称</td><td>用法用量</td><td>其他需说明的情况</td></tr>
<tr><td colspan="2"></td><td></td><td></td></tr>
<tr><td colspan="2"></td><td></td><td></td></tr>
<tr><td colspan="2"></td><td></td><td></td></tr>
<tr><td colspan="2"></td><td></td><td></td></tr>
<tr><td colspan="2"></td><td></td><td></td></tr>
<tr><td>健康评价</td><td colspan="4">1体检无异常　2 有异常 ________ □</td></tr>
<tr><td>健康指导</td><td colspan="4">1建议复查　2建议转诊　3 其他________ □/□/□</td></tr>
</table>

签名：　　　　　　　　　　　　　　　　年　　月　　日

注：未检查的项目可在相应栏中画“—”。

# 附 录 F
## （资料性）
## 知情同意书

档案号

<table>
<tr><td>姓名</td><td>性别</td><td>年龄</td><td>入住机构日期</td></tr>
<tr><td colspan="4">告知目的</td></tr>
<tr><td colspan="4">入住机构时主要情况</td></tr>
<tr><td colspan="4">目前情况（健康状况、诊疗情况及需要的进一步检查、治疗项目）</td></tr>
<tr><td colspan="4">可能出现的情况</td></tr>
<tr><td colspan="4">担保人意见（包括治疗意见以及是否了解所交代病情）</td></tr>
<tr><td colspan="2">老年人签名：<br>担保人签名（注明与老年人的关系）：<br><br>年 月 日 时 分</td><td colspan="2">签名：<br><br><br>年 月 日 时 分</td></tr>
</table>

ICS 03.080.99
CCS A 16

MZ

# 中华人民共和国民政行业标准

MZ/T 169—2021

# 养老机构社会工作服务规范

Specification for social work services in senior care organization

2021-03-11 发布 2021-03-11 实施

中华人民共和国民政部 发布

# 目　次

表 A.4　个案工作过程记录表
表 A.5　个案工作评估表
表 A.6　个案工作结案表
表 A.7　小组工作计划书
表 A.8　小组工作单元（小节）计划书
表 A.9　小组工作过程记录表
表 A.10　小组工作评估总结报告

# 前　言

本文件按照GB/T 1.1—2020《标准化工作导则　第1部分：标准化文件的结构和起草规则》的规定起草。

本文件由中华人民共和国民政部提出。

本文件由全国社会福利服务标准化技术委员会（SAC/TC 315）归口。

本文件起草单位：民政部养老服务司、民政部社会福利中心、北京标准化协会、北京市第一社会福利院、北京青年政治学院、郑州市金水区豫鑫社会工作服务中心、江西省上饶市信州区福海老年公寓。

本文件起草人：王晗、王焕杰、雷洋、权京华、倪浩、王春晖、李正芳、郭安海、李星震。

# 养老机构社会工作服务规范

## 1 范围

本文件规定了养老机构社会工作服务的基本要求、服务内容、服务流程、服务提供方法和质量控制。
本文件适用于养老机构开展社会工作服务。

## 2 规范性引用文件

下列文件中的内容通过文中的规范性引用而构成本文件必不可少的条款。其中，注日期的引用文件，仅该日期对应的版本适用于本文件；不注日期的引用文件，其最新版本（包括所有的修改单）适用于本文件。

GB/T 35796 养老机构服务质量基本规范

## 3 术语和定义

本文件没有需要界定的术语和定义。

## 4 基本要求

### 4.1 组织管理

组织管理应符合下列要求：

a) 养老机构应制定相应的社会工作服务规章制度，并根据需要进行修订；
b) 养老机构在制定年度服务规划时，社会工作者应参与讨论并提供服务的思路、计划和具体方案。

### 4.2 人员要求

人员应符合下列要求：

a) 养老机构中，宜根据收养老年人数、岗位设置等情况配备专、兼职社会工作者；
b) 配备的专、兼职社会工作者应培训上岗，掌握老年社会工作的相关知识，具备独立开展个案工作和小组工作的能力，了解社会学、心理学、老年学、医学等方面的基本知识。

### 4.3 工作原则

工作原则应符合下列要求：

a) 维护老年人利益优先；
b) 尊重老年人的个性与人格，不批判、不强迫他们接受其他价值观；
c) 帮助老年人去除环境的压制和无力感，实现自我提升；
d) 帮助老年人在事关自身利益的决策中起到主导作用；
e) 遵守社会工作专业伦理，保护老年人隐私。

### 4.4 服务场所与设施设备要求

服务场所与设施设备应符合下列要求：

a) 服务场所布置色彩宜以暖色调为主；宜设计相对固定的活动场所；应保持通风，卫生清洁，无异味，光线明亮，无噪音，物品摆放整齐；
b) 服务场所地面应防滑、防水，墙壁边角处应作钝化处理；
c) 服务场所的家具应选用硬面的沙发、稳固不易碰倒的座椅及不易碰碎的物品，确保活动空间足够老年人通过，避免绊倒或碰撞；

d）开展个案工作的场所宜布置为相对私密、舒适的环境，避免被干扰和打断；开展小组工作的场所，可根据小组设计的内容配备座椅、坐垫、小组道具等相关设备。

### 4.5 安全管理

安全管理应符合下列要求：

a）服务过程中社会工作者应时刻关注老年人身体状况，在出现突发病情时应立即中止服务并联系医护人员；

b）服务场所的安全通道应保持畅通，遇突发灾难时社会工作者应立即协助安全人员组织老年人从安全通道疏散到安全地带，并立即上报主管领导。

### 4.6 档案管理

档案管理应符合下列要求：

a）养老机构应建立社会工作服务档案，包括基本服务记录档案、服务管理记录档案、志愿者服务记录档案；

b）基本服务记录档案，主要包括老年人的基本信息表、社会工作服务记录表格和其他工作表格；

c）服务管理记录档案，主要包括考核情况、服务质量目标完成情况和服务计划调整情况；

d）志愿者服务记录档案，主要包括志愿者的基本信息表、志愿服务记录表格和其他志愿工作表格。

## 5 服务内容

### 5.1 环境适应

5.1.1 社会工作者帮助新入住的老年人，认识和熟悉机构的居室设置、活动场所设置、医疗场所设置、膳食场所设置；了解组织架构、人员配备、服务反馈方式。

5.1.2 社会工作者帮助老年人协调机构内的人际关系，处理好与同住老年人的关系，与邻里良好沟通。

5.1.3 社会工作者与医生、护士、养老护理员等专业人员，共同为老年人建立照顾档案；在具备条件的养老机构，为老年人提供适应不同身体状况的分区照顾，为提供照顾的其他专业人员，提升语言、肢体动作等沟通技巧，减轻心理压力。

### 5.2 休闲娱乐

5.2.1 社会工作者开展适合老年人生理、心理特点的文艺、棋牌、手工、健身、参观游览、节日和特殊纪念等活动。

5.2.2 社会工作者宜为失能、失智老年人提供有助于改善、恢复感知觉的文化娱乐活动。

5.2.3 社会工作者宜为卧床老人提供书报、广播、电视、电子设备等文化娱乐项目。

### 5.3 老年教育

5.3.1 社会工作者开展适合老年人的文化、知识、技能、兴趣等教育活动，发挥老年人的潜能，增强个人能力；鼓励和支持老年人开展各种学习交流活动。

5.3.2 活动的形式主要包括老年大学、老年学习社、各类学习培训课程、各种学习研讨组织。

### 5.4 精神慰藉

5.4.1 社会工作者应识别老年人的认知和情绪问题，必要时协调养老机构中的其他专业人士，或者其他机构的专业人士，进行认知和情绪问题的评估或诊断。

5.4.2 社会工作者为有需要的老年人提供心理辅导、情绪疏解、认知调节，帮助老年人缓解或减轻抑郁、焦虑、偏执、强迫症状、人际关系敏感等心理问题的困扰。

5.4.3 社会工作者协助老年人获得家属及亲友的尊重、关怀和理解。

### 5.5 危机干预

5.5.1 社会工作者应识别并评估老年人所面临的危机，包括危机的缓急程度、危机来源、可处理危机的资源、以往危机介入的服务记录等。

5.5.2 社会工作者对处在危机情境中的老年人，应首先保障其安全；对自杀、伤人等可能危及生命安全的行为问题，应立即进行限制，根据情况进行身体约束。
5.5.3 社会工作者进行危机干预的善后工作，协助老年人发挥潜在的能力，利用人际支持网络以及社会资源，培养克服危机的自主能力。

### 5.6 临终关怀

5.6.1 社会工作者为生命活动即将终结的老年人及其家属提供缓解性、支持性的服务，帮助老年人尽可能享有生命质量，使家属顺利度过哀伤期。
5.6.2 社会工作者安抚临终老年人的情绪，为老年人提供心理精神支持；联系志愿者为其提供陪伴。
5.6.3 社会工作者联系家属探望和陪伴临终老年人，教授与临终老年人的交流技巧，为其探视陪伴创造便利条件；帮助丧亲家属宣泄并安抚悲伤情绪。
5.6.4 社会工作者询问家属后事的安排，为家属提供殡仪馆联络方式，或协助家属联系殡仪馆的车辆等。

### 5.7 社区参与

5.7.1 社会工作者组织老年人参与机构外的文艺演出、展览、兴趣交流等活动，促进老年人群体的社会融合。
5.7.2 社会工作者组织老年人参与机构内外的各种志愿服务，培育老年志愿服务队伍。
5.7.3 社会工作者组织老年人参与机构服务的沟通会，成立老年人参与机构的共管组织，为老年人提供表达服务建议的渠道。

### 5.8 社会资源链接

5.8.1 社会工作者帮助老年人了解机构周边、机构引入的社会资源，并充分利用以解决生理、心理、经济、社会交往方面的问题。
5.8.2 社会资源主要包括老年人的亲戚、朋友、邻里、政府部门、企事业单位、社会组织、志愿者等所提供的人力、物力、财力和信息资源。
5.8.3 社会工作者对链接的资源应进行服务方案审核，对发现的问题及时改进；定期对链接资源进行质量监督，提出建议并反馈。

## 6 服务流程

### 6.1 服务流程

主要包括接案、预估、制订服务计划、介入、评估、结案和转介。

### 6.2 接案

与老年人或家属、护理人员面谈，初步判断老年人的问题，建立专业关系，做好接案会谈记录。

### 6.3 预估

收集老年人的资料，分析和界定老年人的问题与需要，确定介入的策略。

### 6.4 制订服务计划

与老年人或家属、护理人员一起制定具体的服务目标、服务阶段和服务方法，可采取的服务方法包括个案工作、小组工作。

### 6.5 介入

社会工作者根据服务计划，运用个案工作或者小组工作的方法为老年人提供服务。

### 6.6 评估

服务结束后，对接受服务的老年人或家属、护理人员以问卷或访谈的形式，系统地评价社会工作服务的介入效果与目标达成情况。

### 6.7 结案

对整个介入过程进行回顾和总结，帮助老年人巩固已经取得的成果，解除工作关系，做好记录并存档。

### 6.8 转介

6.8.1 接案、介入和评估流程均涉及转介。接案时，社会工作者对老年人的问题进行界定，对不属于职责范围的老年人应转介至其他专业人员或者机构。介入过程中，老年人出现新的需求或问题而社会工作者无法解决的，则应转介至其他专业人员或者机构。
6.8.2 经评估，对于还需要其他服务的老年人，应转介至其他专业人员或者机构。
6.8.3 转介前，社会工作者应在征询老年人意见并解释原因后，由老年人自主决定是否进行转介；转介时，社会工作者应向老年人提供其他专业人员或者机构的信息供老年人选择，并协助其联系其他专业人员或者机构。转介后，应不定期回访老年人，询问转介的效果。

## 7 服务提供方法

### 7.1 基础方法

社会工作者可以根据机构中老年人的实际情况，综合运用个案工作、小组工作、社区工作等社会工作直接服务方法及社会工作行政、社会工作研究等间接服务方法。

### 7.2 常用服务方法

#### 7.2.1 个案工作

7.2.1.1 个案工作方法可用于环境适应、精神慰藉、危机干预、临终关怀、社会资源链接方面的内容。
7.2.1.2 接案时，社会工作者应与老年人或家属、护理人员面谈，初步了解并界定老年人的问题，与老年人建立专业关系，填写个案转介/接案记录表，参见附录 A 表 A.1。
7.2.1.3 收集资料时应详细了解老年人生理、心理状况、家庭结构、人际关系、过往经历，以及老年人自己的需求，填写个案工作预估表，参见附录 A 表 A.2。
7.2.1.4 制订服务计划时，社会工作者应与老年人共同商讨并明确服务工作的目标、阶段、方法、时间进度以及机构能够提供的具体服务，应与老年人口头达成或者签订书面的服务协议，填写个案工作计划表，参见附录 A 表 A.3。
7.2.1.5 开展服务前，社会工作者应提前至少 1 天与老年人约定见面的时间和地点；开展服务时，应根据服务计划提供服务；每次面谈后，填写个案工作过程记录表，参见附录 A 表 A.4。
7.2.1.6 结案前，应预先告知老年人做好结案准备，关注老年人的情绪变化。
7.2.1.7 结案时，评估老年人的改善情况、工作目标的实现程度和资源投入情况，填写个案工作评估表、个案工作结案表，参见附录 A 表 A.5、表 A.6。
7.2.1.8 个案工作结束后，应不定期探访老年人，给予老年人持续的支持。
7.2.1.9 当服务提供涉及多种专业的工作人员时，主要包括社会工作者、医生、护士、护理员、家庭成员、志愿者，宜由社会工作者主导，建立跨专业的服务团队，协助老年人链接资源，提供长期照顾服务。

#### 7.2.2 小组工作

7.2.2.1 小组工作方法可用于环境适应、休闲娱乐、老年教育、精神慰藉、社区参与、社会资源链接方面的内容。
7.2.2.2 制订服务计划时，小组的每节活动时长不宜超过 60 分钟，老年人人数不超过 20 人；社会工作者应负责带领小组，并安排 1 — 2 名护士或养老护理员协助，填写小组工作计划书、小组工作单元（小节）计划书，参见附录 A 表 A.7、表 A.8。
7.2.2.3 开展服务前，应提前与每位老年人交流，邀请其参加小组，告知活动的具体时间、地点和注意事项。应提前准备好活动场地和设施设备。
7.2.2.4 小组工作初期，应开展符合老年人身体情况的热身游戏，与老年人一起讨论并建立小组契约和小组规范；每节小组活动结束后，填写小组工作过程记录表，参见附录 A 表 A.9。

7.2.2.5 小组工作中期，应引导老年人实现小组目标，正确处理组员之间的冲突，工作进程和节奏应相对缓慢，安排一些易于操作的活动内容，填写小组工作过程记录表，参见附录A表A.9。

7.2.2.6 小组工作后期，应继续围绕小组目标开展活动，协助老年人从活动中获得新的认知，并将认知转变为行动，建立老年人之间的支持网络，解决有关问题，填写小组工作过程记录表，参见附录A表A.9。

7.2.2.7 小组工作进程中，出现身体不适或情绪失控的老年人时，应暂停小组活动，再进行个案关注。

7.2.2.8 小组工作结束期，应处理好离别情绪，做好小组工作的评估，填写小组工作过程记录表、小组工作评估总结报告，参见附录A表A.9、表A.10。

## 8 质量控制

8.1 养老机构应建立社会工作服务质量的检查机制，制订服务质量的检查方案和要求。

8.2 养老机构的负责人对社会工作服务现场定期进行检查或抽查，定期向老年人进行服务满意度调查，对发现的问题提出整改措施，并持续检查。

# 附 录 A
（资料性）
# 社会工作服务记录表格

## 表A.1 个案转介/接案记录表

| | | |
|---|---|---|
| 个案姓名： | 性别： | 年龄： |
| 社会工作者姓名： | 接案日期： | 转介日期： |

个案来源： □本人申请 □家属/亲朋申请 □其他（请注明）：

转介/接案原因说明

**案主基本资料**

| | | |
|---|---|---|
| 曾从事职业： | 籍贯： | 宗教信仰： |
| 爱好/习惯： | | 与家人关系： |

**主要照顾者资料**

| 姓名 | 关系 | 年龄 | 性别 | 职业 | 是否同住 | 联系方式 | 备注 |
|---|---|---|---|---|---|---|---|
| | | | | | | | |
| | | | | | | | |

疾病：□健康状况良好 □血压高/低 □眼疾，如白内障 □帕金森症 □气管病 □心脏病 □关节炎 □糖尿病 □中风 □肾病 □老年痴呆 □癌症 □失明/部分失明 □失聪/部分失聪 □肢体残疾

□精神病，请注明： □疼痛症状，请注明：

□其他，请注明：

自理能力：□完全自理，能行走 □半自理，能行走 □半自理，不能行走 □完全不自理

近期身体状况：□转好 □与往常比无改变 □有下降

有没有特殊状况（请注明）：

最近六个月有没有以下事件发生：

□自己健康有转变 □家人健康有转变 □自己及家人经济状况转变 □亲人去世

□婚姻状况转变 □同住的室友有变化 □搬家 □其他：

**社工评估**

个案性质：□危机介入 □一般事件

介入范畴：□情绪困扰 □经济困难 □健康问题 □生活适应 □跌倒危机 □长者被虐

□护老者支援服务 □人际关系及支援 □善别/善终服务 □行为及精神问题 □自我照顾问题

□记忆及认知问题 □居住环境危机 □服务申请及支援 □其他：

介入计划：（详见附件）

督导意见：

表A.2 个案工作预估表

| 服务对象姓名 | | 个案编号 | | 社会工作者姓名 | |
|---|---|---|---|---|---|
| **一、背景资料** | | | | | |
| （一）服务对象个人的生理、心理及社会等方面的资料 | | | | | |
| （二）服务对象社会环境的微观、中观、宏观系统等资料 | | | | | |
| （三）服务对象对自己及处境的感受、观念和看法 | | | | | |
| **二、服务对象问题及需要分析** | | | | | |
| （一）以需求为导向，与服务对象讨论其需要、困境或问题 | | | | | |
| （二）以资源为导向，识别服务对象及其所处环境中的资源、优势与障碍 | | | | | |
| **三、服务目标** | | | | | |
| | | | | | |
| **四、服务内容** | | | | | |
| | | | | | |
| 社会工作者（签名） | | 日期 | | | |
| 督导者（签名） | | 日期 | | | |
| 注：此表格请在个案工作首次接触后5个工作日内完成。 | | | | | |

表A.3　个案工作计划表

| 服务对象姓名 | | 个案编号 | | 社会工作者姓名 | |
|---|---|---|---|---|---|
| 概述问题呈现及原因分析 | | | | | |
| | | | | | |
| 目的（与服务对象商议后制定） | | | | | |
| | | | | | |
| 服务模式 | | | | | |
| | | | | | |
| 目标、介入策略、工作进度 | | | | | |
| | | | | | |
| 评估方法 | | | | | |
| | | | | | |
| 社会工作者（签名） | | 日期 | | | |
| 督导者（签名） | | 日期 | | | |

表A.4　个案工作过程记录表

| | | | |
|---|---|---|---|
| 服务对象姓名 | | 社会工作者姓名 | |
| 日 期 | | 地　点 | |
| 次数 | 第_____次 | 时段 | |
| 服务形式 | | | |
| 介入目标 | | | |
| | | | |
| 介入过程（概述） | | | |
| | | | |
| 介入小结 | | | |
| | | | |
| 下次介入计划与建议 | | | |
| | | | |
| 督导者意见 | | | |
| | | | |
| 社会工作者（签名） | | 日期 | |
| 督导者（签名） | | 日期 | |

**表A.5　个案工作评估表**

| | | | | | |
|---|---|---|---|---|---|
| 服务对象姓名 | | 个案编码 | | 社会工作者姓名 | |
| 接案日期 | | | 结案日期 | | |
| **以下内容由服务对象填写** | | | | | |
| 一、您接受了社会工作者的哪些服务？ | | | | | |
| | | | | | |
| 二、接受了社会工作者的服务后，您应对困难、解决问题的能力是否获得提升？ | | | | | |
| □是　　　说明：<br>□否 | | | | | |
| 三、您对社会工作者的表现满意吗？（请在答案处打钩） | | | | | |
| □ 非常满意　□ 满意　□ 一般　□ 不满意　□ 非常不满意 | | | | | |
| 四、自接受本机构服务后，您的情况有否改善？（请在答案处打钩） | | | | | |
| 完全没有改善　1　2　3　4　5　6　7　8　9　10　完全解决 | | | | | |
| 五、本服务结束之时，您与社会工作者商定的目标达成情况如何？（请在答案处打钩） | | | | | |
| 完全达成（　　）原因说明：<br>部分达成（　　）原因说明：<br>未能达成（　　）原因说明： | | | | | |
| 六、其他评价及建议 | | | | | |
| | | | | | |
| 服务对象（签名） | | | 日期 | | |
| **以下内容由社会工作者填写** | | | | | |
| **一、目标达成情况**（重点描述服务对象转变，如情绪改善、行为改变以及能力提升等） | | | | | |

<table>
<tr><td colspan="4"></td></tr>
<tr><td colspan="4">二、总结与反思</td></tr>
<tr><td colspan="4"></td></tr>
<tr><td>社会工作者（签名）</td><td></td><td>日期</td><td></td></tr>
<tr><td colspan="4">以下内容由督导者填写</td></tr>
<tr><td colspan="4">对服务评价</td></tr>
<tr><td colspan="4"></td></tr>
<tr><td colspan="4">社会工作者表现评价</td></tr>
<tr><td colspan="4"></td></tr>
<tr><td colspan="4">督导者建议</td></tr>
<tr><td colspan="4"></td></tr>
<tr><td>督导者（签名）</td><td></td><td>日期</td><td></td></tr>
</table>

表A.6　个案工作结案表

<table>
<tr><td>服务对象姓名</td><td></td><td>个案编码</td><td></td><td>社会工作者姓名</td><td></td></tr>
<tr><td>接案日期</td><td colspan="2"></td><td>结案日期</td><td colspan="2"></td></tr>
<tr><td colspan="6">介入过程及现状总结</td></tr>
<tr><td colspan="6">1.　服务时间跨度、服务次数、服务方式<br>2.　服务对象的情况变化，问题解决程度<br>3.　目前服务对象的意愿、情绪、期望等<br>4.　社会工作者观察、总结</td></tr>
<tr><td colspan="6">目标达成情况</td></tr>
<tr><td colspan="6"></td></tr>
<tr><td colspan="6">结案原因</td></tr>
<tr><td colspan="6">□目标达到　　　　　　　　　　□超出服务范围<br>□社会工作者认为不适合继续跟进　说明：<br>□服务对象不愿意继续接受服务　　说明：<br>□其他情况　说明：</td></tr>
<tr><td colspan="6">服务对象知道个案已结束并知道在有需要时如何得到服务　　　□是　　　□否</td></tr>
<tr><td colspan="6">结案后回访跟进计划</td></tr>
<tr><td colspan="6"></td></tr>
<tr><td>社会工作者（签名）</td><td colspan="2"></td><td>日期</td><td colspan="2"></td></tr>
<tr><td>服务对象（签名）</td><td colspan="2"></td><td>日期</td><td colspan="2"></td></tr>
<tr><td>督导者（签名）</td><td colspan="2"></td><td>日期</td><td colspan="2"></td></tr>
</table>

## 表A.7　小组工作计划书

<table>
<tr><td rowspan="5">基本信息</td><td colspan="2">小组名称</td><td colspan="2"></td><td>编号</td><td></td></tr>
<tr><td colspan="2">服务对象</td><td colspan="2"></td><td>服务人数</td><td></td></tr>
<tr><td colspan="2">日期/时间</td><td colspan="2"></td><td>地点</td><td></td></tr>
<tr><td colspan="2">小组性质</td><td colspan="4"></td></tr>
<tr><td colspan="2">人员安排</td><td colspan="2">（分工与职责）</td><td>单元（节）数</td><td>共____单元（节）</td></tr>
<tr><td>背景</td><td colspan="6">1. 需求调查<br>2. 问题分析<br>3. 政策依据<br>4. 服务方向</td></tr>
<tr><td>理论依据</td><td colspan="6">（阐述在小组服务中，运用了什么理论，以及理论在小组服务中是如何发挥作用的。）</td></tr>
<tr><td>小组目标</td><td colspan="6"></td></tr>
<tr><td>招募方法</td><td colspan="6"></td></tr>
<tr><td rowspan="2">各单元（节）小组设</td><td>单元（节）次</td><td>单元（节）名称</td><td>单元（节）目标</td><td>主要活动内容</td><td>时间配置</td><td>人力</td></tr>
<tr><td>1</td><td></td><td></td><td></td><td></td><td></td></tr>
</table>

<table>
<tr><td rowspan="3">计大纲</td><td>2</td><td></td><td></td><td></td><td></td><td></td></tr>
<tr><td>3</td><td></td><td></td><td></td><td></td><td></td></tr>
<tr><td>…</td><td></td><td></td><td></td><td></td><td></td></tr>
<tr><td>预计困难与解决方法</td><td colspan="6"></td></tr>
<tr><td>小组评估</td><td colspan="6">（评估主体、评估对象、评估内容、评估方式等）</td></tr>
<tr><td rowspan="6">财务预算（元）</td><td>序号</td><td>项目</td><td>单价</td><td>数量</td><td>小计</td><td>经费来源</td></tr>
<tr><td>1</td><td></td><td></td><td></td><td></td><td></td></tr>
<tr><td>2</td><td></td><td></td><td></td><td></td><td></td></tr>
<tr><td>3</td><td></td><td></td><td></td><td></td><td></td></tr>
<tr><td>⋮</td><td></td><td></td><td></td><td></td><td></td></tr>
<tr><td colspan="2">申请经费总计</td><td></td><td colspan="3">备注：在“经费来源”一栏请填写相应代码：A.机构；B.用人单位；C.其他（请说明）</td></tr>
<tr><td rowspan="3">审批签署</td><td colspan="2">社会工作者（签名）</td><td colspan="2"></td><td>日期</td><td></td></tr>
<tr><td colspan="2">督导者（签名）</td><td colspan="2"></td><td>日期</td><td></td></tr>
<tr><td colspan="2">中心/项目负责人（签名）</td><td colspan="2"></td><td>日期</td><td></td></tr>
</table>

## 表A.8　小组工作单元（小节）计划书

<table>
<tr><td rowspan="3">基本信息</td><td colspan="2">小组名称</td><td colspan="1"></td><td>编号</td><td colspan="2"></td></tr>
<tr><td colspan="2">单元（节）数</td><td colspan="1">第　　单元（节）</td><td>本单元（节）主题</td><td colspan="2"></td></tr>
<tr><td colspan="2">日期/时间</td><td colspan="1"></td><td>地点</td><td colspan="2"></td></tr>
<tr><td>目标</td><td colspan="6"></td></tr>
<tr><td rowspan="6">流程</td><td>时长</td><td>名称</td><td>目标</td><td>内容及具体操作方式</td><td>所需物资</td><td>工作人员</td></tr>
<tr><td></td><td></td><td></td><td></td><td></td><td></td></tr>
<tr><td></td><td></td><td></td><td></td><td></td><td></td></tr>
<tr><td></td><td></td><td></td><td></td><td></td><td></td></tr>
<tr><td></td><td></td><td></td><td></td><td></td><td></td></tr>
<tr><td></td><td></td><td></td><td></td><td></td><td></td></tr>
<tr><td>预计困难与解决办法</td><td colspan="6"></td></tr>
<tr><td>督导意见</td><td colspan="6"></td></tr>
<tr><td rowspan="2">签名</td><td colspan="2">社会工作者（签名）</td><td colspan="1"></td><td>日期</td><td colspan="2"></td></tr>
<tr><td colspan="2">督导者（签名）</td><td colspan="1"></td><td>日期</td><td colspan="2"></td></tr>
</table>

表A.9　小组工作过程记录表

<table>
<tr><td rowspan="5">基本信息</td><td>小组名称</td><td></td><td>编号</td><td></td></tr>
<tr><td>日期/时间</td><td></td><td>地点</td><td></td></tr>
<tr><td>社会工作者姓名</td><td></td><td>协助人员</td><td></td></tr>
<tr><td>出席人数</td><td></td><td>单元（节）数</td><td>第____单元（节）</td></tr>
<tr><td>小组性质</td><td colspan="3"></td></tr>
<tr><td rowspan="3">过程记录</td><td>时间段及环节</td><td>目的</td><td colspan="2">过程分析</td></tr>
<tr><td></td><td></td><td colspan="2"></td></tr>
<tr><td></td><td></td><td colspan="2"></td></tr>
<tr><td>小组成员反馈</td><td colspan="4">（可采用问卷等多种方法）</td></tr>
<tr><td>小组分析</td><td colspan="4">（包括小组沟通模式、气氛、规范、凝聚力、组员领导模式、决策、冲突等；小组活动内容、方式等；小组组员的参与、投入和其他表现等；工作人员态度、投入和专业性等各种表现等）</td></tr>
<tr><td>目标达成情况</td><td colspan="4"></td></tr>
<tr><td>工作反思</td><td colspan="4">（可从价值观、理论及技巧等方面进行专业反思）</td></tr>
<tr><td>下单元（节）跟进</td><td colspan="4">（在下一单元（节）中需要发扬或利用哪些优势，注意解决或跟进哪些问题，以及在专业价值观、理论、方法技巧、工作内容等方面作出哪些调整，在此处应予以简短说明；如果是最后一单元（节），此部分可省略）</td></tr>
<tr><td>督导意见</td><td colspan="4"></td></tr>
<tr><td rowspan="2">签名</td><td>社会工作者（签名）</td><td></td><td>日期</td><td></td></tr>
<tr><td>督导者（签名）</td><td></td><td>日期</td><td></td></tr>
</table>

## 表A.10　小组工作评估总结报告

<table>
<tr><td rowspan="5">基本信息</td><td>小组名称</td><td colspan="4"></td><td colspan="2">编号</td><td colspan="5"></td></tr>
<tr><td>服务对象</td><td colspan="4"></td><td colspan="2">服务人数</td><td colspan="5"></td></tr>
<tr><td>聚会地点</td><td colspan="4"></td><td colspan="2">社会工作者姓名</td><td colspan="5"></td></tr>
<tr><td>时间</td><td colspan="4"></td><td colspan="2">单元（节）数</td><td colspan="5">共____单元（节）</td></tr>
<tr><td>小组性质</td><td colspan="11"></td></tr>
<tr><td rowspan="3">出席情况</td><td>单元（节）数</td><td>1</td><td>2</td><td>3</td><td>4</td><td>5</td><td>6</td><td>7</td><td>8</td><td>9</td><td>…</td><td>平均值</td></tr>
<tr><td>出席人数</td><td></td><td></td><td></td><td></td><td></td><td></td><td></td><td></td><td></td><td></td><td></td></tr>
<tr><td>出席率</td><td></td><td></td><td></td><td></td><td></td><td></td><td></td><td></td><td></td><td></td><td></td></tr>
<tr><td>目标达成情况</td><td colspan="12"></td></tr>
<tr><td>参加者满意度分析</td><td colspan="12">（请根据小组满意度调查表总结此栏内容，需包含对活动内容/形式、时间、频次、地点、工作员态度/能力、自我参与程度等的满意程度）</td></tr>
<tr><td>小组分析</td><td colspan="12">（包括小组沟通模式、气氛、规范、凝聚力、组员领导模式、决策、冲突等；小组活动内容、方式等；小组组员的参与、投入和其他表现等；工作人员态度、投入和专业性等各种表现等；工作员（或者说小组所在）的机构的人、财、物的投入等各种表现）</td></tr>
</table>

<table>
<tr><td>其他建议</td><td colspan="4">（如筹备策划、人员分工、资源动员与科学合理使用、专业性、本土化、知识建构、内容设计或其他方面的情况及建议等，请在此栏填写）</td></tr>
<tr><td>工作反思</td><td colspan="4">（可从价值观、知识及技巧等方面进行专业反思）</td></tr>
<tr><td>跟进计划</td><td colspan="4">（追踪评估计划）</td></tr>
<tr><td>财务报告</td><td colspan="4">预算经费总计：　　元<br>使用经费总计：　　元<br>盈余/超支总计：　　元<br>（附经费决算明细表）</td></tr>
<tr><td>督导意见</td><td colspan="4"></td></tr>
<tr><td rowspan="3">结束签署</td><td>社会工作者（签名）</td><td></td><td>日期</td><td></td></tr>
<tr><td>督导者（签名）</td><td></td><td>日期</td><td></td></tr>
<tr><td>中心/项目负责人（签名）</td><td></td><td>日期</td><td></td></tr>
<tr><td colspan="5">注：请将评估工具（如评估问卷、评估量表、访谈提纲等）附后。</td></tr>
</table>

# 参考文献

[1]MZ/T 032-2012养老机构安全管理规定
[2]MZ/T 039-2013老年人能力评估
[3]《联合国老年人原则》1991-12-16 联合国大会
[4]《中华人民共和国老年人权益保障法》中华人民共和国主席令第72号
[5]《养老机构管理办法》中华人民共和国民政部令第66号
[6]《社会工作者职业水平评价暂行规定》2006-07-20 人事部 民政部
[7]《关于政府购买社会工作服务的指导意见》2012-11-14 民政部 财政部
[8]《社会工作者职业道德指引》2012-12-28 民政部
[9]《社会工作实务（中级）》中国社会出版社 2010年第1版
[10]《社会工作综合能力（中级）》中国社会出版社 2010年第1版

ICS 01.040.01
CCS A 00

MZ

# 中华人民共和国民政行业标准

MZ/T 170—2021

# 养老机构服务标准体系建设指南

Guidelines for service standard system construction of senior care organization

2021-03-11 发布　　2021-03-11 实施

中华人民共和国民政部　发布

# 目　次

# 前　　言

本文件按照GB/T 1.1-2020《标准化工作导则 第1部分：标准化文件的结构和起草规则》的规定起草。

本文件由中华人民共和国民政部提出。

本文件由全国社会福利服务标准化技术委员会（SAC/TC 315）归口。

本文件起草单位：民政部养老服务司、民政部社会福利中心、北京标准化协会、北京市第一社会福利院、江西省上饶市信州区福海老年公寓、海南省托老院。

本文件主要起草人：王晗、权京华、雷洋、常华、王焕杰、孙文平、强鹏、郭安海、李星震、高淑红。

# 养老机构服务标准体系建设指南

## 1 范围

本文件规定了养老机构服务标准体系建设的基本要求、构建原则、标准体系结构、标注明细表、标准号编制规则、标准体系统计表、标准体系构建及编制说明。

本文件适用于养老机构服务标准体系的建设。

## 2 规范性引用文件

下列文件中的内容通过文中的规范性引用而构成本文件必不可少的条款。其中,注日期的引用文件,仅该日期对应的版本适用于本文件;不注日期的引用文件,其最新版本(包括所有的修改单)适用于本文件。

GB/T 13016 标准体系构建原则和要求

GB/T 13017 企业标准体系表编制指南

## 3 术语和定义

本文件没有需要界定的术语和定义。

## 4 基本要求

4.1 养老机构开展标准体系编制工作应符合国家相关法律法规、政策要求,应着重考虑安全、环境和卫生等服务要素的要求,维护老年人和员工权益,满足老年人需求。

4.2 标准体系应根据本机构和相关方的需求和期望、本机构标准化现状形成标准体系构建规划,确定标准化对象,设计标准体系结构。

4.3 标准体系应主题突出、目标明确,结构合理,层次清晰,满足养老机构需求。

4.4 养老机构应根据需求和内外部环境变化及时调整标准体系,视实际情况作删减和扩充。

4.5 养老机构应建立健全以本机构标准为主体的标准体系。

4.6 标准体系表编制可参考 GB/T 13016 和 GB/T 13017。

4.7 服务业组织应定期开展标准体系评价工作,确保体系持续有效。

## 5 构建原则

养老机构标准体系的构建应符合以下原则:

a) 目的性;

b) 系统性;

c) 完整性;

d) 层次性;

e) 同一性;

f) 开放性。

## 6 标准体系结构

6.1 结构图,见图 1。

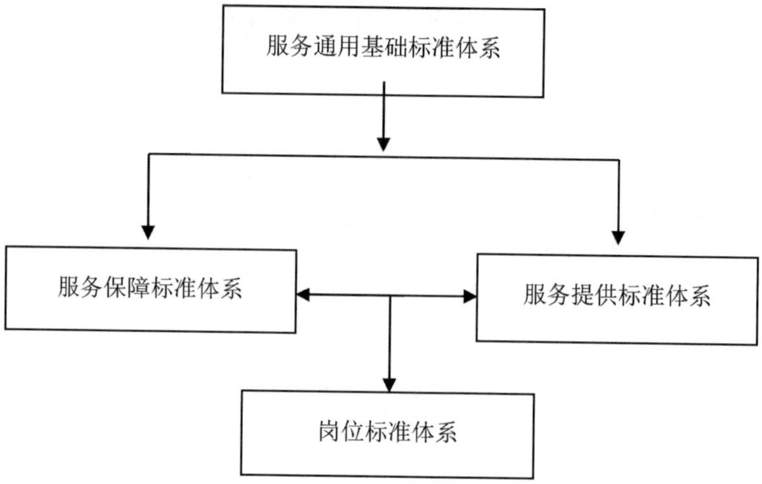


图1

6.2 结构图说明

6.2.1 服务通用基础标准体系是服务保障标准体系、服务提供标准体系的基础。
6.2.2 服务保障标准体系是服务提供标准体系的直接支撑，服务提供标准体系促使服务保障标准体系的完善。
6.2.3 岗位标准体系是实现服务通用基础标准体系、服务保障标准体系、服务提供标准体系在服务业组织基层的落实。

7 标准明细表

7.1 标准明细表宜包括标准的基本信息、关联信息和使用信息等。
7.2 本机构应根据标准体系结构，对服务通用基础标准体系、服务保障标准体系、服务提供标准体系和岗位标准体系编制对应的标准明细表。
7.3 标准明细表格式应满足本机构对标准管理和运用的需要，标准明细表格式可参考 GB/T 13016。

| 序号 | 标准号 | 标准名称 | 引用标准 | 归口部门 | 实施日期 | 备注 |
|---|---|---|---|---|---|---|
| | | | | | | |
| | | | | | | |
| | | | | | | |

示例：标准明细表

8 标准号编制规则

标准号宜包括企业标准代号、企业名称、标准体系代号、标准编号，年代号。
**示例1：**Q/HF BZ 101.1-2017

## 9 标准统计表

标准统计表包括标准类别、标准数量，对养老机构制定的养老机构标准总数、服务通用基础标准数量、服务保障标准数量、服务提供标准数量、岗位标准数量及使用的国家标准、行业标准和地方标准的数量进行统计，见表1。

表1 标准统计表

| 标准类别 | 标准数量 | 服务通用基础标准 | 服务保障标准 | 服务提供标准 | 岗位标准 | 合计 |
|---|---|---|---|---|---|---|
| 国家标准 | | | | | | |
| 行业标准 | | | | | | |
| 地方标准 | | | | | | |
| 养老机构标准 | | | | | | |
| 合 计 | | | | | | |

## 10 标准体系构建

### 10.1 服务通用基础标准体系

#### 10.1.1 结构图

养老机构编制服务通用基础标准体系时，应采用层次结构图表示，见图2。

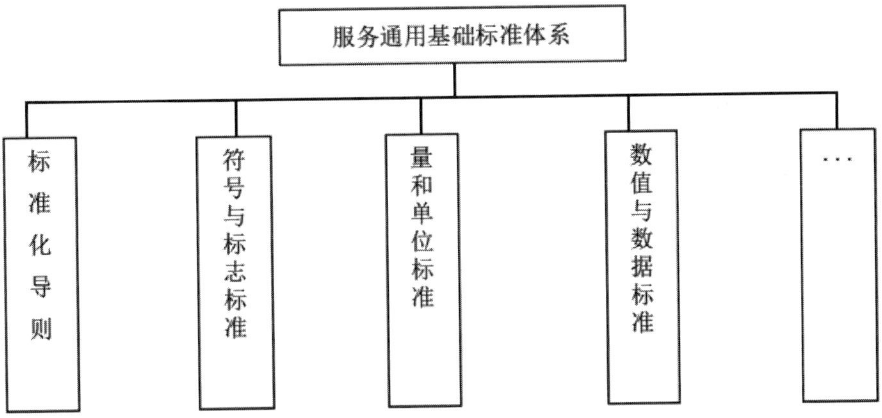


图2 服务通用基础标准体系结构图

#### 10.1.2 标准化导则

10.1.2.1 规定养老机构内标准化管理的职责、内容、工作范围、要求等。

10.1.2.2 规定养老机构内标准体系文件的编写、审查、管理规则，修订、实施、监督和检查规则等。

10.1.2.3 梳理支撑养老机构标准化管理工作及标准编制工作相关的基础性国家标准，可直接采用或进行转化。

#### 10.1.3 符号与标志标准

10.1.3.1 适用于养老机构的符号与标志应符合相关的国家标准、行业标准、地方标准。

10.1.3.2 养老机构制定的对符号与标志的样式、颜色、字体、结构及其含义和使用管理的规范性文件，适用于形象设计专用和养老机构管理使用的特殊意义的符号。

### 10.1.4 量和单位标准

10.1.4.1 量和单位标准包括养老机构运行和管理活动中采用的量和单位。
10.1.4.2 养老机构对量和单位的选用和确定的标准等。

### 10.1.5 数值与数据标准

10.1.5.1 养老机构运行和管理活动涉及的数值和数据相关国家标准、行业标准和地方标准。
10.1.5.2 养老机构对各种数值和数据的判定与表示制定的标准等。

## 10.2 服务保障标准体系

### 10.2.1 结构图

养老机构编制服务保障标准体系时，应采用层次结构图表示，见图3。

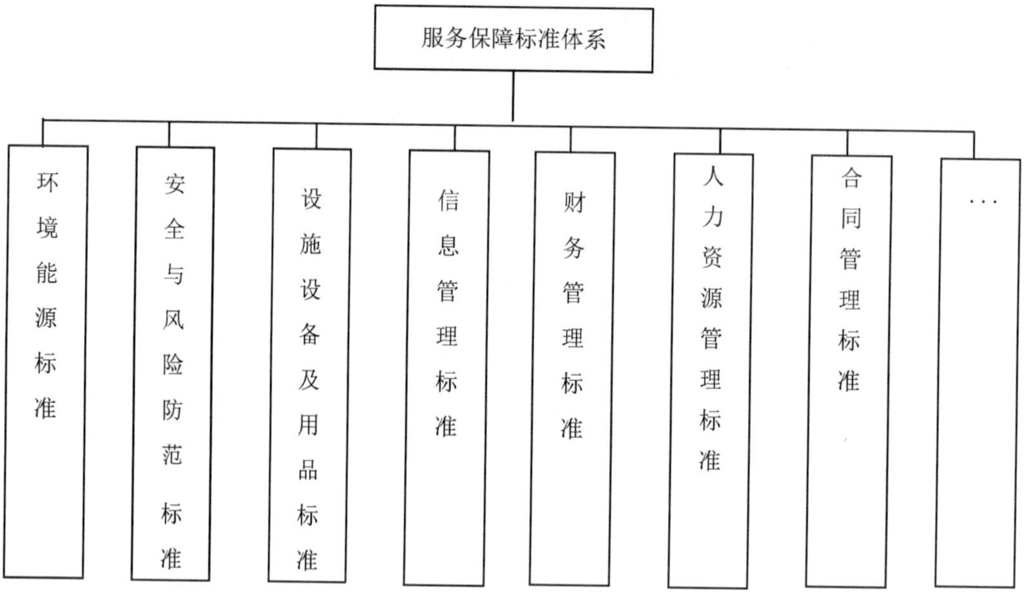


图3 服务保障标准体系结构图

### 10.2.2 环境能源标准

养老机构应制定环境条件和环境保护标准，节能降耗管理标准，内容包括，但不限于：

a) 老年人居室、公共活动区域、医疗区域、康复区域、食堂区域等温度、湿度、光线、照度、绿化、空气质量、卫生、清洁度、噪声、场地面积等基本条件的要求；
b) 经营和管理活动中废弃物处置与管理标准；
c) 日常环境卫生维护管理标准；
d) 水、电、气、油等节能降耗管理标准。

### 10.2.3 安全与风险防范标准

10.2.3.1 养老机构风险包括设施设备、食品、消防、医疗护理、信息、突发事件、职业防护、公共安全、法律、服务安全等风险。
10.2.3.2 养老机构以保护服务对象、员工的生命和财产安全为目的，收集、制定各项安全标准，标准内容包括，但不限于：

a) 安全责任制度；
b) 安全教育制度；
c) 安全操作规范或规程；

d) 安全检查制度；
e) 事故处理与报特制度；
f) 突发事件应急预案；
g) 考核与奖惩制度。

10.2.3.3 突发事件应急管理应明确应急管理部门及其责任，制定应急预案。应急预案内容包括但不限于：突发事件类型；组织机构；职责分工；处置原则；处理流程；工作要求。

10.2.3.4 养老机构针对员工职业活动中存在的健康损害、安全危险及其有害因素收集、制订的标准包括，但不限于：

a) 工作场所的空气、噪声、温湿度、辐射等要求；
b) 劳动防护标准，应包括配备劳动防护服装和用品，定期体检和职业健康教育，随时监测和维护作业场所的环境及设施，如：放射专业人员防护等；
c) 职业暴露防范与应急处置，如养老护理员腰背肌的损伤、老年人心理异常造成的伤害、传染病的防护等；
d) 职业健康管理要求。

### 10.2.4 设施设备及用品标准

养老机构设施设备及用品包括办公设备、医疗设备、康复器材、餐饮设备、适老化用品等，标准内容包括，但不限于：

a) 用品、食品、药品采购标准；
b) 储运标准；
c) 安装调试标准；
d) 使用与维护保养标准；
e) 停用改造与报废标准；
f) 设施设备操作标准；
g) 设施设备安全管理标准。

### 10.2.5 信息管理标准

10.2.5.1 信息是对养老机构运营管理具有参考价值的数据资料，包括但不限于：电子数据信息、网络信息、文件、档案、服务记录。

10.2.5.2 信息管理标准包括，但不限于：

a) 信息分类、采集、发布、保存及处理；
b) 信息发放、回收、借阅、销毁的要求；
c) 信息的安全管理。

### 10.2.6 财务管理标准

养老机构按法律法规和标准的要求，对财务活动中的成本核算和收支等方面进行管理，收集、制定标准包括，但不限于：

a) 预决算；
b) 收费标准；
c) 营运资金管理标准；
d) 资产管理标准；
e) 票据与凭证管理标准；
f) 会计核算标准；
g) 会计电算化管理标准。

### 10.2.7 人力资源管理标准

养老机构对人员配备与管理的相关标准包括，但不限于：

a) 人员聘用、教育和培训标准；
b) 薪酬与福利标准；
c) 人员工作绩效考核标准；

d） 人事合同、档案标准。

#### 10.2.8 合同管理标准

养老机构在服务管理过程中，对形成的合同进行管理的相关标准包括，但不限于：

a） 合同的分类、起草、订立；
b） 合同的审查、签订、授权或委托的权限和程序要求；
c） 合同的履行、变更和解除；
d） 合同的纠纷处理；
e） 合同的备案及保存。

### 10.3 服务提供标准体系

#### 10.3.1 结构图

养老机构编制服务提供标准体系时，应采用层次结构图表示，见图4。

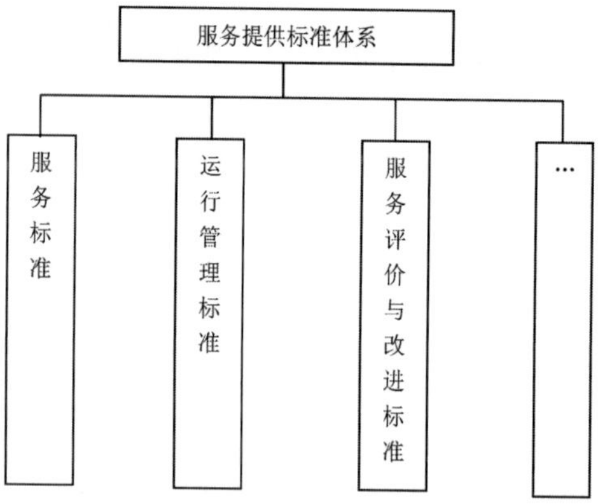


**图4 服务提供标准体系结构图**

#### 10.3.2 服务标准

10.3.2.1 服务标准子体系的构建有以下主要方法：

a） 服务流程法，适用于服务流程相对固定单一、不因服务对象或服务项目的不同发生变化的服务项目；
b） 服务要素法，适用于主要依托各类要素集成而提供服务的活动，如：养、食、乐、医、护、康；
c） 服务对象法，适用于因服务对象不同而需提供不同服务项目的服务活动，如自理、半自理、不能自理；
d） 服务项目法，适用于通常提供不同组合、不同种类服务项目的服务活动。服务项目较多时，宜先将服务项目适当地分类，如出入院服务、生活照料服务、膳食服务、清洁卫生服务、洗涤服务、医疗护理服务、文化娱乐服务、心理/精神支持服务、安宁服务。

10.3.2.2 服务标准子体系的设计可选用一种方法或多种方法并用。

#### 10.3.3 运行管理规范

应根据养老机构所提供的服务类别和项目，对服务提供过程中涉及的人员配备、资金投入、设施与设备配置、环境与能源、安全管理、信息传递等提出的要求。

#### 10.3.4 服务评价与改进标准

通过对养老服务的有效性、适宜性和满意度进行评价，并对达不到预期效果的服务进行改进而收集、制定的标准，包括但不限于：

a） 评价的基本条件、原则和依据；

b） 评价的组织机构和人员；
c） 评价的程序和方法；
d） 评价内容和要求；
e） 检验和验证；
f） 数据分析、处理和评价；
g） 改进的原则与方法；
h） 服务产品的开发与设计。

### 10.4 岗位标准体系

#### 10.4.1 结构图

养老机构编制岗位标准体系时，宜按照机构实际情况采用层次结构图表示，见图5。

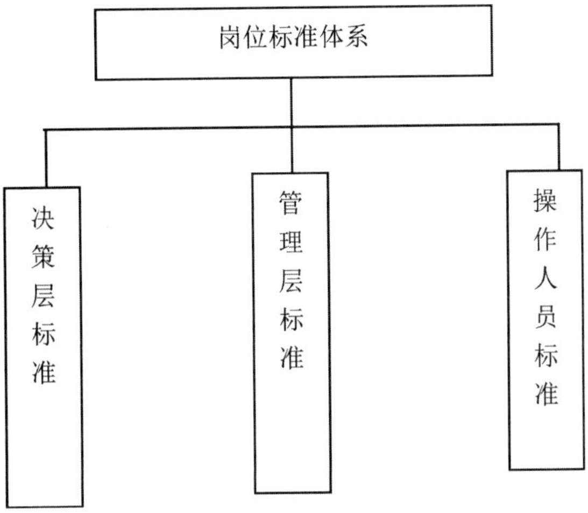


**图5 岗位标准体系结构图**

#### 10.4.2 内容与要求

10.4.2.1 岗位标准体系一般包括决策层标准、管理层标准、操作人员标准。
10.4.2.2 岗位标准体系应覆盖养老机构的各个岗位，岗位标准体系应层次合理，完整、齐全，每个岗位应有标准岗位。
10.4.2.3 岗位标准应以服务保障标准和服务提供标准为依据，标准内容宜包括职责与权限、工作范围、服务流程和要求、周期工作事项、特殊条件触发的工作事项、考核评价等内容。

### 11 编制说明

体系编制说明是养老机构开展标准体系活动的必要说明，内容包括但不限于：
a） 标准体系建设背景；
b） 标准体系建设目标、构建依据及实施原则；
c） 标准体系与养老机构的服务理念、经营方针、目标、标准化规划相符合的情况；
d） 成立标准化组织、标准体系编写过程、主要内容等；
e） 服务基础标准体系、服务保障标准体系、服务提供标准体系、岗位标准体系内层次的划分依据和划分情况，标准主要内容、适用范围；
f） 分析现有标准与国际、国外的差距和薄弱环节，明确今后的主攻方向。

# 参 考 文 献

[1]GB/T 24421.2-2009 服务业组织标准化工作指南第2部分:标准体系
[2]GB/T 30226-2013 服务业标准体系编写指南

MZ

# 中华人民共和国民政行业标准

MZ/T 171—2021

# 养老机构生活照料服务规范

Specification for daily living care service in senior care organization

2021－03－11 发布　　2021－03－11 实施

中华人民共和国民政部　发布

# 目　　次

# 前　言

本文件按照GB/T 1.1-2020《标准化工作导则 第1部分：标准化文件的结构和起草规则》的规定起草。

本文件由中华人民共和国民政部提出。

本文件由全国社会福利服务标准化技术委员会（SAC/TC 315）归口。

本文件起草单位：民政部社会福利中心、湖北省民政厅、武汉市标准化研究院、武汉市江汉区社会福利院、北京市民政局、宜昌市社会福利院、天津市养老院、宁波市宁波颐乐园。

本文件主要起草人：赵显富、雷洋、曾伟、熊承刚、周春芳、黄青、孙兆元、熊长英、彭嘉琳、谢红、赵良羚、权京华、常华、黄献明、刘辉、王习宇、程良波、梁高芳、景丽、柯武恩、蔡永辉、王飞舟。

# 养老机构生活照料服务规范

## 1 范围

本文件规定了养老机构老年人生活照料的服务项目、基本要求和服务操作规范。
本文件适用于养老机构老年人的日常生活照料服务。

## 2 规范性引用文件

下列文件中的内容通过文中的规范性引用而构成本文件必不可少的条款。其中，注日期的引用文件，仅该日期对应的版本适用于本文件；不注日期的引用文件，其最新版本（包括所有的修改单）适用于本文件。

GB/T 35796 养老机构服务质量基本规范
GB 38600 养老机构服务安全基本规范

## 3 术语和定义

GB/T 35796界定的以及下列术语和定义适用于本文件。

### 3.1

**生活照料服务 daily living care service**
协助或照顾老年人饮食、起居、清洁卫生、排泄及体位转移等日常生活的活动。

## 4 服务项目

养老机构生活照料服务项目分为饮食照料、起居照料、清洁卫生照料、排泄照料、体位转移照料五大类服务项目，每一大类服务项目包含相关小类服务项目：

——饮食照料，包括喂水、喂饭、鼻饲；
——起居照料，包括协助穿（脱）衣、睡眠照顾、更换床上用品；
——清洁卫生照料，包括洗头、洗脸、洗手、刷牙、漱口、口腔擦拭、梳头、剃须、床上洗足、洗澡、床上擦浴、修剪指（趾）甲；
——排泄照料，包括协助排便、人工取便、更换一次性纸尿裤、更换尿袋；
——体位转移照料，包括床上体位转换、床与轮椅转移、平车搬运。

## 5 基本要求

5.1 养老机构应建立评估及服务风险防控制度，服务安全应符合 GB 38600 的相关要求，服务质量应符合 GB/T 35796 的相关要求。
5.2 养老护理员应培训合格后上岗，具备基本的服务能力，掌握与老年人沟通的技巧、安全保护及应急处置方法，尊重老年人的民族、文化及信仰，保护老年人隐私。
5.3 养老机构应配备满足生活照料服务需求的设施设备和用品。
5.4 老年人需要使用保护性约束用具时，养老机构应提前告知家属，并签署知情同意书。
示例：约束带、约束手套、约束椅。
5.5 提供生活照料服务前，养老护理员应准备服务用品，检查一次性卫生护理用品包装的完整性及有效期限，并按七步洗手法清洁双手。
5.6 服务过程中，养老护理员应与老年人保持有效沟通，了解老年人身体及精神状况，选择适宜的操作方法，动作应规范，不应有拖、拉、拽等现象。接触被老年人血液、体液、分泌物、排泄物等污染的物品前，应戴手套。服务完成后清洁双手，对服务用具进行清洗或消毒。

5.7 应密切关注老年人的状况，发现异常立即停止操作，及时报告并采取相应的措施。
5.8 养老机构生活照料服务记录应定期归档，保存时间不应少于3年。

## 6 饮食照料

### 6.1 喂水

#### 6.1.1 服务前准备

应了解老年人日常饮水状况，根据老年人身体状况采取半坐位或坐位等适宜体位，有吸吮能力的可借助吸管饮水。准备水杯、温开水（38—40℃）、吸管、汤匙及毛巾等物品。

#### 6.1.2 服务步骤

喂水应按照以下步骤操作：

a) 将少量水滴在掌侧腕部，测试水温，以感觉温热为宜。每次喂水宜取1/2—2/3汤匙，确定咽下后，再喂下一汤匙；
b) 用毛巾擦干老年人口角水痕，饮水后应保持原体位20—30min；
c) 移除饮水用具，清洗并放回原处备用；
d) 记录饮水量。

#### 6.1.3 服务要求

白天喂水不应少于每2小时1次。检查水温，动作应轻柔。老年人饮水后不应立即平卧，以免发生呛咳、误吸。如果进水时发生呛咳，应暂停操作，待平静后再喂水，发现异常及时通知医护人员。

### 6.2 喂饭

#### 6.2.1 服务前准备

充分了解老年人日常进食情况。协助老年人餐前排便、洗手，必要时口服餐前药，戴上义齿。准备软枕、餐具、食物、毛巾、杯子等物品。

#### 6.2.2 服务步骤

喂饭应按照以下步骤操作：

a) 根据老年人身体状况选择进食体位：
——选择轮椅坐位：协助老年人坐在轮椅上，必要时采取在腰部扣上安全带等安全措施，固定轮椅，偏瘫老年人在患侧手臂下垫软枕支撑，支起轮椅上的餐板或将轮椅推至餐桌前；
——选择半卧位：协助老年人呈半卧位坐稳（抬高床头30°—45°），在其膝下垫软枕支撑，在床上放置餐桌。
b) 在老年人颌下及胸前围垫上毛巾；
c) 确认食物温度，以温热为宜。每次喂饭取1/3汤匙，缓慢喂食。确定咽下后，再喂食下一汤匙；
d) 协助老年人洗手、漱口，适时取下义齿，清洗后清水浸泡备用。保持进食体位20—30min。整理床单位，清理餐具；
e) 根据老年人病情需要记录饮食量。

#### 6.2.3 服务要求

每天喂饭不应少于3次（特殊情况除外）。喂饭时，动作应轻缓，避免呛咳、噎食。应剔除食物中的骨头、鱼刺。固体、流质食物应交替喂食。不宜喂食圆形、过于光滑或带黏性的食物。对吞咽有障碍的老年人，应将食物打成糊状。喂饭过程中出现呛咳、噎食等异常情况，应立即停止操作，及时通知医护人员。

### 6.3 鼻饲

#### 6.3.1 服务前准备

应了解老年人日常鼻饲饮食状况。准备灌注器、温开水（38—40℃）、水杯、鼻饲饮食、毛巾等物品。

#### 6.3.2 服务步骤

鼻饲应按照以下步骤操作：

a) 协助老年人呈半卧位，在老年人颌下垫毛巾，检查胃管插入长度、胃管固定周围的皮肤情况和胃管在口腔中无盘旋。打开胃管前端盖帽，用灌注器回抽至见胃液，确定胃管在胃内；
b) 固定好胃管，用灌注器抽取 20ml 温开水缓慢注入；
c) 将少量鼻饲饮食滴在掌侧腕部，以感觉温热、不烫为宜。鼻饲时缓慢匀速，注入速度为 10ml—13ml/min；
d) 鼻饲后，用 50ml 温开水冲洗管腔。关闭胃管末端盖帽，固定胃管；
e) 取下胸前毛巾擦净面颊部，保持进食体位 20—30min；
f) 清理用物，整理床单位。灌注器洗净放入碗内，纱布覆盖备用；
g) 记录老年人进食时间、鼻饲量及进食反应。

#### 6.3.3 服务要求

6.3.3.1 鼻饲饮食应现用现配，未用完的鼻饲饮食放冰箱保存，24 小时内用完，鼻饲不得使用变质或疑似变质食物。

6.3.3.2 每天鼻饲不应少于 5 次（或遵医嘱）。鼻饲过程中，动作应轻缓。

6.3.3.3 每次鼻饲量不应超过 200ml，鼻饲间隔时间不少于 2h。

6.3.3.4 注食过程中，如果发现异常，应停止操作，通知医护人员。

6.3.3.5 对长期鼻饲的老年人应每日进行早晚 2 次口腔清洁。

6.3.3.6 鼻饲器具每次使用后应清洁消毒。

## 7 起居照料

### 7.1 协助穿（脱）衣

#### 7.1.1 服务前准备

协助穿（脱）衣应根据老年人身体状况采取坐位或卧位。准备衣服等物品。

#### 7.1.2 服务步骤

##### 7.1.2.1 穿（脱）套头上衣

7.1.2.1.1 穿衣应按照以下步骤操作：

a) 分清上衣的前后面；
b) 养老护理员一只手从衣服袖口处伸至衣服下端开口处，轻拉老年人手腕，将手臂套入衣袖，以此方式穿好对侧；
c) 将老年人头部套入衣领，拉平衣身部分。

7.1.2.1.2 脱衣应按照以下步骤操作：

a) 将老年人上衣的下端向上轻拉至其胸部，由背后向前脱下衣身部分；
b) 一只手扶住老年人肩部，另一只手轻拉近侧的袖口，脱下身体一侧衣袖，以此方式脱下身体对侧衣袖。

##### 7.1.2.2 穿（脱）开襟上衣

7.1.2.2.1 帮助老年人穿好身体患侧衣袖，协助老年人翻身，其余部分平整地塞进老年人身下。协助老年人平卧，再从老年人对侧身下拉出，穿好身体健侧衣袖，扣好纽扣。

7.1.2.2.2 脱衣时，解开上衣纽扣，脱去老年人身体健侧衣袖，塞进老年人身下，协助老年人翻身，再脱去患侧衣袖，移除上衣，协助老年人平卧。

##### 7.1.2.3 穿（脱）裤子

7.1.2.3.1 穿裤子应按照以下步骤操作：

a） 分清裤子前后面。养老护理员一只手从裤管口套入至裤腰开口，轻握住老年人脚踝，套上一侧裤管，以此方式套上另一条裤管；

b） 双手将裤腰向大腿方向提拉至老年人臀部；

c） 帮助老年人身体左倾躺好，将身体右侧裤腰部分向上拉至其腰部，再帮助老年人身体右倾躺好，将裤子左侧裤腰部分向上拉至腰部；

d） 系好裤扣、裤带。

7.1.2.3.2 脱裤子应按照以下步骤操作：

a） 为老年人松开裤带、裤扣；

b） 协助老年人身体左倾躺好，将裤子右侧部分向下拉至臀下，再协助老年人身体右倾躺好，将裤子左侧部分向下拉至臀下；

c） 养老护理员双手分别拉住老年人身体两侧裤腰部分，向下褪至膝部，抬起一侧下肢，褪去一侧裤腿。以此方式，褪去对侧裤腿。

#### 7.1.3 服务要求

协助穿（脱衣）应保持动作轻柔，防止拉伤肢体。翻身时应注意安全，必要时拉上防护栏。完成后应根据实际情况为老年人盖好被子，清理用物。

### 7.2 睡眠照顾

#### 7.2.1 服务前准备

应了解老年人日常睡眠习惯。改善影响老年人睡眠的环境因素。根据不同季节准备相应的床上用品。

#### 7.2.2 服务步骤

睡眠照顾应按照以下步骤操作：

a） 睡前卧室开窗通风，保持空气清新，关闭窗户，拉好窗帘，关闭电视等，保持室内安静；

b） 调节卧室的空调或暖气至老年人感觉舒适；

c） 检查床铺有无杂物，展开被褥，保持平整，松软适中；

d） 呼叫器放于枕边，依据老年人需要，必要时协助老年人如厕，床旁放置便器；

e） 协助老年人脱去衣裤就寝，盖好盖被；

f） 拉起床挡；

g） 打开夜灯，关闭房间大灯；

h） 轻步退出房间，轻手关门，定时巡视，观察老年人睡眠情况，卧床老年人定时翻身。

#### 7.2.3 服务要求

睡眠照顾时应细心观察、对于身体状况不佳、有睡眠障碍的老年人，应加强观察和巡视。应协助老年人改善不良的睡眠习惯。

### 7.3 更换床上用品

#### 7.3.1 服务前准备

准备更换的床单、被套、枕套、医用床刷等物品。

#### 7.3.2 服务步骤

##### 7.3.2.1 更换床单

更换床单应按照以下步骤操作：

a） 站在床右侧，枕头平移至左侧，拉上对侧床挡，协助老年人翻身侧卧位，背对养老护理员；

b） 床头至床尾松开近侧床单，将污染床单从外到内卷入老年人身下，清扫床垫；

c） 打开清洁床单平整铺好，将另一半清洁床单内卷塞入老年人身下，将枕头移向右侧，协助老年人翻身侧卧于清洁床单上，拉上近侧床挡；

d） 转至对侧，将污染床单取出放入盆内，再清扫床垫，拉出塞在老年人身下的清洁床单平整铺好。

7.3.2.2 **更换被套**

更换被套应按照以下步骤操作：

a）协助老年人平卧，松开棉被，拉出棉絮，使之呈S形，置于床尾；

b）将清洁被套平铺于污染被套上，清洁被套被头部分置于老年人颈部，打开清洁被套被尾；

c）将棉絮装入清洁被套，整理棉被，从床头至床尾移除污染被套，放入盆中，棉被两侧内折成被筒，被尾向下折叠平整。

7.3.2.3 **更换枕套**

一手托起老年人头部，另一手拉出枕头，在床尾更换枕套，将枕头放回老年人头下，调整好睡姿。

### 7.3.3 服务要求

每月更换床上用品不应少于2次。保持床单位干净、平整。协助老年人翻身侧卧时，防止坠床，必要时用床挡。更换被套时，不应遮住老年人口鼻。套好的枕头四角应充实。

## 8 清洁卫生照料

### 8.1 洗头

#### 8.1.1 服务前准备

应检查老年人头皮状况，了解身体对洗头服务的耐受程度。准备毛巾、洗头盆、水壶、温水（40—45℃）、防水垫、污水桶、洗发用品、梳子、吹风机等物品。

#### 8.1.2 服务步骤

8.1.2.1 坐位洗头应按照以下步骤操作：

a）协助老年人坐稳，将洗头盆置于面前凳子上，将污水桶放置洗头盆一侧，毛巾围于老年人颈肩部，协助其身体前倾，头部位于洗头盆上方，提醒低头闭眼，双手扶稳洗头盆边沿；

b）手持调好水温的水壶缓慢淋湿老年人头发，先将洗发用品涂抹在手上，揉出泡沫，再用双手指腹反复揉搓头发；

c）持水壶冲洗老年人头发不应少于3次，直至泡沫洗净；

d）擦干头发和面部，移除老年人颈肩部毛巾，根据实际需要将吹风机调至最低挡，吹干头发并梳理整齐。

8.1.2.2 卧位洗头应按照以下步骤操作：

a）协助老年人平卧躺好，在其肩颈部位围上一条毛巾，移除枕头至肩下，将防水垫置于其头颈部下面，再将一条毛巾铺于防水垫上，将洗头盆置于其头下，将污水桶放置洗头盆一侧，用棉球塞耳，提醒老年人闭眼；

b）手持调好水温的水壶缓慢淋湿老年人头发，先将洗发用品涂抹在手上，揉出泡沫，再用双手指腹反复揉搓头发；

c）持水壶冲洗老年人头发不应少于3次，直至泡沫洗净；

d）移除洗头盆，用毛巾擦干其面部及头发，取出双耳内的棉球；

e）根据实际需要将吹风机调至最低挡，吹干头发并梳理整齐；

f）移除用物，整理床单位，协助老年人取舒适卧位。

#### 8.1.3 服务要求

每周洗头不应少于1次，动作应轻柔。洗头时间不宜过久，洗头过程中，注意观察并询问老年人有无不适，及时调整操作方法，当老年人出现面色、呼吸改变等不适反应时，应停止操作。注意调节水温，避免水流入老年人眼、耳和鼻内，不应打湿被褥和衣物。

### 8.2 洗脸

#### 8.2.1 服务前准备

准备脸盆、温水（40—45℃）、洁面用品、润肤膏及毛巾1—2条等物品。

8.2.2 服务步骤

8.2.2.1 坐位洗脸应按照以下步骤操作：

a) 协助老年人坐稳，在其胸前围上毛巾，脸盆放在身旁；
b) 用温水润湿老年人面部，涂抹洁面用品并清洗干净，毛巾擦干面部，必要时，涂抹润肤膏。

8.2.2.2 卧位洗脸应按照以下步骤操作：

a) 协助老年人平卧躺好；
b) 先将毛巾铺垫在枕头上及老年人胸前被子上和下颌之间，再拿毛巾浸湿后拧干，十字对折呈4层，用毛巾4个角分别擦拭双眼的内眦和外眦；
c) 清洗毛巾拧至半干，包裹于手上，涂抹洁面用品，分别擦拭额部、鼻部、鼻翼两侧、脸颊、耳后及颈部，再清洗毛巾擦干面部，必要时，涂抹润肤膏；
d) 移除用物，整理床单位。

8.2.3 服务要求

每天洗脸不应少于2次，动作应轻柔。面部有皮疹及损伤情况，应注意避开。

8.3 洗手

8.3.1 服务前准备

应观察老年人双手有无皮疹及损伤情况。准备脸盆、温水（40 — 45℃）、洁手用品、毛巾等物品。

8.3.2 服务步骤

洗手应按照以下步骤操作：

a) 将老年人一只手在脸盆中浸湿，抬起、涂抹洁手用品，揉搓手掌、手指、指缝、手背和手腕。再将手浸在脸盆中洗净并擦干；
b) 相同方法洗净另一只手；
c) 移除用物，整理床单位。

8.3.3 服务要求

根据老年人需要应即时洗手，动作应轻柔。

8.4 刷牙

8.4.1 服务前准备

准备牙膏、牙刷、水杯、水、毛巾、防水垫、水盆、润唇油等物品。

8.4.2 服务步骤

8.4.2.1 刷牙应按照以下步骤操作：

d) 协助老年人坐稳，防水垫铺在身体前，放好水盆；
e) 准备好牙刷、牙膏，协助老年人身体前倾，刷牙前漱口；
f) 指导老年人刷牙采用竖刷法或在养老护理员协助下，采取上牙从上向下刷，下牙从下向上刷，螺旋刷洗咬合面，每次刷牙时间不应少于3min；
g) 帮助漱口，用毛巾擦净口角水痕；
h) 刷牙完毕移除用物。口唇干裂时可涂抹润唇油。

8.4.2.2 清洗义齿应按照以下步骤操作：

a) 一手捏住义齿，一手用软毛牙刷在流动水下刷洗义齿；
b) 刷洗水杯，盛装清洁冷水，将义齿浸泡水杯中，需要时可浸泡在义齿清洁剂中；
c) 义齿使用前应在流动水中刷洗。

8.4.3 服务要求

每天刷牙不应少于1次。动作轻缓，不应损伤牙龈。义齿至洗漱间清洗，不应用硬毛或已磨损的牙刷刷洗义齿。义齿不应用热水、酒精浸泡。刷牙不应采用横刷法。

8.5 漱口

8.5.1 服务前准备

准备水杯、漱口水、吸管、毛巾、润唇油等物品。

8.5.2 服务步骤

漱口应按照以下步骤操作：

i） 协助老年人取半卧位躺好，床头摇高（30°—45°），帮助老年人面部侧向养老护理员；
j） 将毛巾铺在老年人颌下及胸前部位；
k） 协助老年人用吸管吸取或直接口含适量漱口水，提醒闭紧双唇，鼓动颊部3—4次后吐出，养老护理员用另一水杯接取，反复不应少于3次；
l） 取下铺在胸前的毛巾擦干老年人口角水痕，口角干裂时可涂抹润唇油；
m） 移除用物，床头摇平，协助老年人躺好，整理床单位。

8.5.3 服务要求

每天漱口不应少于1次。漱口过程中不应发生误吸。处于昏迷状态的老年人不应漱口。

8.6 口腔擦拭

8.6.1 服务前准备

应检查老年人口腔状况。准备毛巾、消毒棉签、棉球、弯止血钳、镊子、治疗碗、手电筒、弯盘、水杯、吸管、水杯、漱口水、润唇油等。

8.6.2 服务步骤

口腔擦拭应按照以下步骤操作：

a） 帮助老年人呈侧卧位或仰卧位，头偏向养老护理员一侧，抬高床头30°；
b） 将毛巾铺在老年人颌下及胸前。根据使用工具的不同，分别按以下方式操作：
——使用消毒棉签时，将杯子置于枕边，取消毒棉签蘸适量漱口水；
——使用棉球时，将弯盘置于老年人口角边，先清点棉球数量，浸湿后一手持镊子夹取干净棉球递于另一手弯止血钳夹紧，拧至半干，湿度以不滴水为宜。
c） 按以下顺序擦拭口腔：
  1） 协助老年人用吸管漱口，擦拭并湿润口唇；
  2） 检查口腔有无口腔炎症、溃疡；
  3） 提醒老年人牙齿咬合，由内至外分别纵向擦拭牙齿左右外侧面；
  4） 提醒老年人张开口腔，分别纵向擦拭上下牙齿各内侧面、螺旋擦拭咬合面；
  5） 弧形擦拭两侧颊部，由内向外擦拭上颚、舌面、舌下；
  6） 再次漱口；
  7） 检查口腔是否擦拭干净。使用棉球后，再次清点棉球数量。
d） 用毛巾擦净老年人脸部、口角水痕；
e） 移除用物，整理床单位。口唇干裂时可涂抹润唇油。

8.6.3 服务要求

每天口腔擦拭不应少于1次。棉签或棉球蘸水后应挤压出多余水分。擦拭上颚及舌面时位置不应靠近咽部。一支棉签（棉球）擦拭一个部位，棉签或棉球用后放入弯盘内。在口腔清洁过程中，提醒老年人根据需要闭合嘴巴，提高舒适性。处于昏迷状态的老年人不应漱口。

8.7 梳头

8.7.1 服务前准备

应检查老年人头部皮肤状况。准备毛巾、梳子、纸巾等物品。

8.7.2 服务步骤

8.7.2.1 坐位梳头应按照以下步骤操作：
a) 帮助老年人采取坐位坐稳，将毛巾围于其肩部；
b) 一只手压住老年人头发根部，另一只手梳理头发至整齐。头发较长的老年人，可一只手握住头发中段，分段梳理，再从发根梳至发梢；
c) 卷起毛巾撤下，处理毛巾上的头屑及脱落头发。

8.7.2.2 卧位梳头应按照以下步骤操作：
a) 托住老年人头部，将毛巾铺于枕巾和头部之间；
b) 帮助老年人将头部偏向一侧，按坐位梳头方法，先梳理一侧，再梳理另一侧；
c) 卷起毛巾撤下，处理毛巾上的头屑及脱落头发；
d) 协助老年人取舒适卧位，整理床单位。

#### 8.7.3 服务要求

每天梳头不应少于1次。梳理过程中不应用力强拉头发。头发打结时可用30%酒精溶液浸湿并从发梢缓慢梳理。

### 8.8 剃须

#### 8.8.1 服务前准备

应检查老年人下颌部皮肤状况。准备电动剃须刀、毛巾、润肤油等物品。

#### 8.8.2 服务步骤

剃须应按照以下步骤操作：
a) 帮助老年人坐稳或取舒适体位躺好，在其下颌至胸前垫上毛巾；
b) 一手绷紧皮肤，一手打开电动剃须刀开关，按照从左至右、从上到下的顺序剃须；
c) 剃须完毕，用毛巾擦拭剃须部位，检查是否刮净、有无遗漏部位；
d) 必要时涂擦润肤油；
e) 整理用物，放回原处备用。

#### 8.8.3 服务要求

每周剃须不应少于1次。剃须过程中动作应轻柔，不应刮伤皮肤。胡须较硬时，宜在操作前用温热毛巾热敷5 — 10min。定期对剃须刀清理消毒。

### 8.9 床上洗足

#### 8.9.1 服务前准备

准备足盆、温水（38 —40℃）、枕垫、防水布、洁足用品、浴巾、毛巾等物品。

#### 8.9.2 服务步骤

床上洗足应按照以下步骤操作：
a) 揭开被尾暴露双足，在老年人膝下垫枕垫支撑；
b) 在床尾铺防水布和浴巾，放上足盆，内盛 40 —45℃温水装至足盆的 1/2 处；
c) 将老年人双足浸泡在足盆中不应少于 5min，支撑好双足，毛巾涂擦洁足用品，擦洗足背、足底、趾缝等各部位，再次浸没水中洗去泡沫后，将双足置于浴巾上；
d) 撤去足盆，擦干双足。整理床单位。

#### 8.9.3 服务要求

床上洗足应动作轻缓，不应打湿被褥和衣物。擦拭毛巾应专人专用。饭前、饭后1小时内及足部有损伤不宜洗足。

### 8.10 洗澡

#### 8.10.1 服务前准备

准备防滑垫、梳子、洁发洁身用品、润肤膏、浴巾、毛巾、干净衣裤、洗澡椅（坐位洗澡）或洗澡平车（平车洗澡）、防滑拖鞋等物品，必要时准备轮椅、吹风机。

8.10.2 服务步骤

8.10.2.1 坐位洗澡

坐位洗澡应按照以下步骤操作：

a) 关闭门窗，保持浴室温暖，地面放置防滑垫。根据身体状况，采取搀扶或轮椅运送的方式将老年人送入浴室，安置在洗澡椅上；
b) 协助老年人脱去衣裤，在洗澡椅上坐稳，双手握住扶手，先开冷水，再开热水开关调节水温40℃，洗澡前让老年人先用健侧感受温度是否合适，从双脚开始淋湿老年人身体；
c) 提醒老年人闭眼。淋湿头发，涂擦洁发用品，由发际向头顶部用指腹揉搓头发。用水将泡沫冲洗干净；
d) 由上至下涂抹洁身用品，顺序为颈部、耳后、双上肢、胸腹部、背部、双下肢，最后擦洗会阴、臀下及双足。养老护理员清洁双手为老年人清洁面部。将面部及全身冲洗干净，同时将地面冲洗干净，关闭水源开关；
e) 使用毛巾擦干老年人面部及头发，用浴巾包裹并擦干身体，必要时，涂抹润肤膏；
f) 协助老年人穿着干净衣裤。梳理头发，需要时使用吹风机吹干头发。搀扶或用轮椅运送老年人返回房间；
g) 整理用物，开窗通风，擦干地面，清洗毛巾、浴巾及更换下的衣裤。

8.10.2.2 平车洗澡

平车洗澡应按照以下步骤操作：

a) 关闭门窗，调节浴室至适宜温度，将老年人从床上转移到洗澡平车上推至浴室，调节好水温40℃，以温热不烫手为宜；
b) 协助老年人脱去衣裤；
c) 提醒老年人头部后仰，闭眼。淋湿头发，涂擦洁发用品，由发际向头顶部用指腹揉搓头发。用水将泡沫冲洗干净后擦干头发；
d) 淋湿身体，涂抹洁身用品，先洗身体前面，顺序为颈部、耳后、双上肢、胸腹部、双下肢，再将老年人翻身侧卧洗背部，臀部，最后清洗会阴及双足；
e) 养老护理员清洁双手为老年人清洁面部。将面部及全身冲洗干净，同时将地面泡沫冲洗干净，关闭水源开关；
f) 使用毛巾擦干老年人面部及头发，将一条干浴巾平铺在老年人身下，另一条干浴巾包裹并擦干身体，必要时，涂抹润肤膏；
g) 协助老年人穿着干净衣裤。梳理头发，需要时使用吹风机吹干头发。用平车运送老年人返回房间；
h) 整理用物，开窗通风，擦干地面，清洗毛巾、浴巾及更换下的衣裤。

8.10.3 服务要求

夏季每天洗澡不应少于1次，其他季节每周洗澡不应少于1次。动作轻柔。采用平车洗澡时，应将平车上两侧护栏拉起，防止老年人坠床。洗澡宜安排在老年人进食1h后进行，沐浴后应及时喂水。洗浴过程中应观察老年人皮肤及身体状况，如有不适，立即停止操作，协助返回房间休息，并通知医护人员或家属。洗浴时间宜控制在15min内。秋、冬季使用吹风机应调至最低挡。

8.11 床上擦浴

8.11.1 服务前准备

床上擦浴前应了解老年人全身皮肤情况。准备暖瓶、橡胶单、洁身用品、润肤膏、浴巾、毛巾3条（身体、臀部、脚）、脸盆3个（身体、臀部、脚）、污水桶、干净衣裤，必要时备屏风、便器。

8.11.2 服务步骤

8.11.2.1 关闭门窗，脸盆内盛装温水（45 — 50℃），协助老年人脱去衣裤，盖好被子。

8.11.2.2 浴巾半铺半盖被擦拭部位，用毛巾包手涂上洁身用品擦拭，清水洗净毛巾，擦净相应部位上的泡沫，再用浴巾沾干皮肤。用此方法按以下顺序清洁身体各部位：

a) 擦洗面颈部：参照第8.2条操作；
b) 擦拭手臂：暴露一侧手臂，由前臂向上臂擦拭，按同样方法擦拭另一侧手臂；
c) 擦拭胸部：将被子向下折叠暴露胸部，由上向下擦拭胸部及两侧；
d) 擦拭腹部：盖被向下折叠至大腿上部，用浴巾遮盖胸腹部。打开浴巾下角，暴露腹部，顺时针螺旋形擦拭腹部及两侧腰部；
e) 擦拭背臀：协助老年人翻身呈侧卧位，暴露背臀部，浴巾一侧边缘铺于背臀下，另一侧边缘向上反折遮盖背臀部；由腰骶部沿着脊柱向上擦洗至肩部，再螺旋形向下擦洗背部一侧，同样方法擦洗另一侧。环形擦洗左右侧臀部；
f) 擦洗下肢：协助老年人平卧，盖好被子，暴露一侧下肢。一手扶住下肢的踝部，一手由小腿向大腿方向擦洗。按同样方法依次擦洗另一侧踝部、小腿、膝关节、大腿；
g) 清洗足部：参照第8.9条操作；
h) 擦洗会阴应按以下步骤操作：
    1) 更换水盆，一手托起老年人臀部，一手铺垫橡胶单和浴巾，将专用毛巾浸湿拧至半干；
    2) 女性老年人由阴阜向下至尿道口、阴道口、肛门，边擦洗边转动毛巾，清洗毛巾分别擦洗左右侧腹股沟部位，撤去橡胶单和浴巾；
    3) 男性老年人由尿道外口、阴茎、包皮、阴囊、腹股沟和肛门。清水清洗毛巾，直至清洁无异味。撤去橡胶单和浴巾。

8.11.2.3 为老年人更换干净衣裤，盖好被子，必要时，涂抹润肤膏。整理用物,开窗通风。

#### 8.11.3 服务要求

床上擦浴时，动作应轻柔。擦拭过程中应随时用浴巾遮盖老年人身体，避免受凉。多人同住一室，应用屏风遮挡。擦洗过程中，应擦洗干净皮肤皱褶部位，随时添加和更换温水。床上擦浴时间宜控制在15— 20min。擦拭过程中应观察老年人身体状况，如有不适，应立即停止操作并通知医护人员。

### 8.12 修剪指（趾）甲

#### 8.12.1 服务前准备

准备纸巾、指甲刀、指甲锉等物品。

#### 8.12.2 服务步骤

修剪指（趾）甲应按照以下步骤操作：

a) 在老年人床边铺开纸巾；
b) 一手握住老年人手（足）指（趾），另一手持指甲刀修剪并用指甲锉锉平指甲边缘。其他指（趾）甲采取此方式逐一修剪并锉平指甲边缘；
c) 清理用物，纸巾包裹指甲碎屑放入垃圾桶。

#### 8.12.3 服务要求

每月修剪指（趾）甲不应少于2次。指甲刀使用前后应消毒。先剪手指甲，后剪脚趾甲。修剪过程中不应损伤老年人指（趾）甲附近皮肤。老年人指（趾）甲较硬时，宜用温热毛巾包裹手、足5min或在洗浴后进行修剪。修剪后指甲留存长度约1.5mm。发现老年人有灰指甲、甲沟炎等症状应及时报医治疗。

## 9 排泄照料

### 9.1 协助排便

#### 9.1.1 服务前准备

应了解老年人日常排便情况。（床上排便）排便前准备坐便器、坐便椅、安全扶手、卫生纸、毛巾等物品。（床上排尿）准备尿壶、一次性护理垫、卫生纸等物品。

#### 9.1.2 服务步骤

##### 9.1.2.1 协助如厕

协助如厕应按照以下步骤操作：

a) 协助老年人进入卫生间，关闭卫生间门；

b) 提醒老年人扶稳安全扶手，协助老年人脱裤子，从腋下环抱老年人坐稳坐便器；

c) 便后协助老年人身体前倾，擦净肛门，搀扶起身穿好裤子，冲净坐便器；

d) 行走不便的老年人，可在床旁使用坐便椅。

##### 9.1.2.2 床上排便

床上排便应按照以下步骤操作：

a) 根据老年人实际情况选择合适的方式放置便盆：

——侧卧位放便盆：协助老年人褪下裤子至膝部，呈侧卧位，腰臀部垫一次性护理垫，便盆窄口朝向足部扣于臀部，协助老年人翻转呈仰卧位，臀部位于便盆上；

——仰卧位放便盆：协助老年人褪下裤子至膝部，将老年人两腿屈膝（肢体活动障碍者用软枕支托膝下），一手扶托老年人的腰及骶尾部，另一手在腰臀部垫一次性护理垫，便盆窄口朝向足部置于臀下，用尿垫或尿布遮盖下身，盖好盖被。

b) 排便完毕，养老护理员一手扶稳便盆，一手协助老年人侧卧，移除便盆，为老年人擦净肛门。必要时，用温热毛巾擦洗臀部及肛门周围并擦干；

c) 移除一次性护理垫，帮助老年人穿好裤子。倾倒、刷洗便盆备用，整理床单位，开窗通风。

##### 9.1.2.3 床上排尿

床上排尿应按照以下步骤操作：

a) 在老年人臀下垫一次性护理垫；

b) 男性老年人取仰卧位或侧卧位，将阴茎插入尿壶口内。女性老年人取仰卧屈膝位，双腿分开，将尿壶口边缘靠紧会阴部。盖好被子；

c) 排尿后揭开被子撤去尿壶，必要时为女性老年人清洗会阴；

d) 移除一次性护理垫，协助穿好裤子；

e) 倾倒尿液，刷洗尿壶备用，整理床单位，开窗通风。

#### 9.1.3 服务要求

协助排便动作应轻柔。取放便盆时，不应擦伤皮肤。注意老年人的保暖和隐私。床上排尿时，服务前应对尿壶进行检查。排泄后，观察大小便的颜色、性状、量等，发现异常及时通知医护人员。

### 9.2 人工取便

#### 9.2.1 服务前准备

应充分了解老年人日常大便情况。准备一次性护理垫、甘油或肥皂水、棉球、橡胶手套、便盆、卫生纸、毛巾、水盆、温水等物品。

#### 9.2.2 服务步骤

人工取便应按照以下步骤操作：

a) 协助老年人将裤子褪至膝部，呈左侧卧位。臀下垫一次性护理垫，便盆放在床尾侧；

b) 养老护理员右手戴橡胶手套，用甘油或肥皂水棉球涂擦食指至指根部，左手分开老年人臀部，食指润滑肛周。提醒老年人深呼吸，食指沿肛壁一侧轻轻插入，由浅入深将粪便掏出放于便盆内；

c) 取便完毕后，撤下橡胶手套，取卫生纸擦净肛门。在水盆中浸湿并拧干毛巾热敷肛门处，缓解不适；

d) 协助老年人穿好裤子，倾倒刷洗便盆备用，整理床单位，开窗通风，做好记录。

#### 9.2.3 服务要求

人工取便应动作轻柔。服务过程中观察老年人有无面色苍白、呼吸急促、全身大汗等症状，发现异常应立即停止服务，并通知医护人员。

### 9.3 更换一次性纸尿裤

#### 9.3.1 服务前准备

更换一次性纸尿裤前应充分了解老年人日常大小便情况。根据老年人体形选择适宜尺寸的纸尿裤。准备毛巾、水盆、温水（45 —50℃）、清洁纸尿裤 、污物桶等物品。

#### 9.3.2 服务步骤

更换一次性纸尿裤应按照以下步骤操作：

a） 关闭门窗，同房间有其他人时用屏风遮挡。协助老年人取仰卧位，解开纸尿裤两侧粘扣，展开两翼至老年人身体两侧，将前片从两腿间向内面卷起至臀下；

b） 协助老年人面向养老护理员侧卧，将对侧污染的纸尿裤向内面对折至老年人身下，观察老年人会阴部及臀部皮肤情况。在水盆中浸湿并拧干毛巾，用湿热毛巾擦拭会阴部及臀部；

c） 将干净的一次性纸尿裤（贴皮肤面朝上）对折放于老年人臀部，协助老年人翻身至另一侧，将污染的纸尿裤向内面卷起，丢入污物桶内，温水毛巾擦洗近侧臀部，同时拉平身下干净纸尿裤；

d） 协助老年人身体取仰卧位，从两腿间向上兜起纸尿裤前片，粘贴两翼粘扣，整理大腿内、外侧纸尿裤边缘至服帖；

e） 整理床单位，开窗通风。

#### 9.3.3 服务要求

更换一次性纸尿裤过程中，在翻转老年人身体时动作应轻柔，避免发生坠床现象。

### 9.4 更换尿袋

#### 9.4.1 服务前准备

应检查留置导尿管有无滑脱。准备更换的尿袋、止血钳、碘伏、棉签、一次性无菌手套、一次性口罩、医用污物桶等物品。

#### 9.4.2 服务步骤

更换尿袋应按照以下步骤操作：

a） 打开尿袋引流管上的开关引流尿液，观察管道是否通畅；

b） 待尿液排出后关闭尿袋引流管上的开关。观察尿液颜色、性状、尿量，必要时记录；

c） 打开尿袋放尿端口，排空尿袋内余尿，关闭放尿端口；

d） 戴一次性无菌手套，用止血钳夹住留置尿管开口上端 3 — 5cm 处，分离留置尿管与尿袋。保持留置导尿管管口向上，不可触及任何地方。取下尿袋，放置医用污物桶中；

e） 用碘伏消毒尿管端口及外周，撕开备好的尿袋外包袋，检查并旋紧放尿端口。取下新尿袋引流管端口盖帽，将引流管端口插入导尿管内，松开止血钳，观察尿液引流情况，引流通畅，夹闭尿袋引流管上的开关；

f） 固定尿袋，保持管道通畅；

g） 协助老年人取舒适卧位，盖好被子。

#### 9.4.3 服务要求

更换尿袋时动作应轻柔准确，打开尿袋引流管上的开关时尿袋应低于膀胱，移动老年人时将引流管上开关关闭，防止尿液反流。发现异常情况应及时通知医护人员。

## 10 体位转移照料

### 10.1 床上体位转换

#### 10.1.1 服务前准备

应了解老年人身体状况及宜采用的体位转换方法。准备软枕、楔形垫等物品。

#### 10.1.2 服务步骤

10.1.2.1 仰卧位转换为侧卧位时，养老护理员双手分别扶住老年人身体一侧肩部、髋部，协助老年人翻身呈侧卧位，在背部放入楔形垫或软枕，小腿中部垫上软枕。

10.1.2.2 侧卧位转换为仰卧位时，移除楔形垫和软枕，双手分别扶住其肩膀和髋部，使之呈仰卧位躺好，再环抱老年人臀部移至床中线。

10.1.2.3 仰卧位转换为坐位时，按照10.1.2.1协助老年人由仰卧位转换为侧卧位，以靠近床铺一侧肘臂为支点帮助老年人撑起上半身，再托起其颈肩部协助缓慢坐起，双腿屈膝坐稳。

#### 10.1.3 服务要求

床上体位转换过程中养老护理员应动作轻稳，不应发生老年人坠床、摔伤现象。体位转换后，应让老年人保持功能位且稳定舒适。密切观察老年人身体状况，如有异常应及时通知医护人员。

### 10.2 床与轮椅转移

#### 10.2.1 服务前准备

应了解老年人日常坐轮椅状况及臀部皮肤受压状况。准备轮椅、软枕等物品。检查轮椅完好，轮胎气压充足，脚踏板完好，刹车制动良好。

#### 10.2.2 服务步骤

10.2.2.1 床转移至轮椅应按照以下步骤操作：

a) 协助老年人坐于床沿，将轮椅放置老年人坐位时的健侧，与床成30°— 45°夹角固定；
b) 养老护理员膝部抵住老年人患侧膝部，双手臂环抱老年人腰部或提起腰带夹紧；
c) 转动身体带动老年人转身移动坐在轮椅上；
d) 在老年人后背及患侧上肢下放软枕；
e) 系好安全带；
f) 双脚放于脚踏板上。

10.2.2.2 轮椅转移至床采用10.2.2.1逆向顺序操作。

#### 10.2.3 服务要求

10.2.3.1 床与轮椅转移过程中，养老护理员不应使用蛮力，不应造成老年人身体损伤。

10.2.3.2 下坡时应顺向退行，养老护理员与老年人面向上坡方向，养老护理员在轮椅后方，双手扶稳轮椅往下坡方向缓慢退行。

10.2.3.3 上坡时应逆向推行，养老护理员与老年人面向上坡方向，养老护理员在轮椅后方，双手扶稳轮椅往上坡方向缓慢推行。

10.2.3.4 养老护理员每隔30min应协助老年人变换体位。天气寒冷时应注意老年人腿部保暖。

### 10.3 平车搬运

#### 10.3.1 服务前准备

根据老年人体重状况选择转移方法。准备平车、被单等物品。检查平车担架完好，轮胎气压充足，刹车制动良好，护栏完好。

#### 10.3.2 服务步骤

10.3.2.1 单人搬运时，协助老年人屈膝，一臂自老年人腋下伸至对侧肩部外侧，一臂伸至大腿下，提醒老年人双臂交叉于养老护理员颈后（老年人单臂等特殊情况除外），移动老年人至平车上。

10.3.2.2 双人搬运时，由两名养老护理员站在床的同侧，一人一手托住老年人颈肩部，另一手托腰部；另一人一手托臀部，另一手托膝下部，同时抬起向近侧床缘。也可同时起身使老年人身体向养老护理员倾斜，合力搬运老年人至平车上。

#### 10.3.3 服务要求

单人搬运适用于体重较轻的老年人。平车搬运应动作轻柔。对于不能配合的老年人应按相关要求采取适当的约束措施，保障老年人身体安全。天气寒冷时应注意保暖。搬运老年人前应先锁定车轮，固定平车，搬运时应注意老年人头部位于平车大轮端。动作应轻稳，协调一致，不应使用蛮力。

# 河　南　省　地　方　标　准

# 养老机构安全风险分级管控和隐患排查治理体系实施细则（试行）

2019-10-23 发布　　　　2019-11-01　实施

河南省民政厅　　发布

# 目　录

6. 信息平台化建设
6.1. 基本要求
6.2. 功能模块
6.2.1. 风险分级管控模块
6.2.2. 隐患排查治理模块
6.2.3. 统计分析及预警模块
6.2.4. 系统接口
6.2.5. 系统管理
附件1：养老机构危险源辨识建议清单
附件2：养老机构双重预防体系建设中可能用到的相关表格
A.1 风险点登记台账
A.2 作业活动风险清单
A.3 设备设施清单
A.4 作业危害分析（JHA+LEC）评价记录表
A.5 安全检查表分析（SCL+LS）评价记录表
A.6 经营活动风险分级管控清单
A.7 设备设施风险分级管控清单
附件3：风险矩阵分析法（LS）
附件4：作业条件危险性分析法（LEC）

# 河南省养老机构安全风险分级管控和隐患排查治理体系实施细则（试行）

## 1. 范围

本标准规定了河南省内养老机构安全风险分级管控与隐患排查治理的双重预控体系建设的方法。

本标准适用于养老机构各部门岗位等相关业务过程的安全风险识别、分析评价、分级管控、隐患排查、持续改进等工作内容。

## 2. 规范性引用文件

下列文件对于本文件的应用是必不可少的。凡是注日期的引用文件，仅所注日期的版本适用于本文件。凡是不注日期的引用文件，其最新版本（包括所有的修改单）适用于本文件。

GB 2894-2017 安全标志及其使用导则

GB/T 23694-2013 风险管理 术语

GB/T 24353-2009 风险管理 原则与实施指南

GB/T 27921-2011 风险管理 风险评估技术

GB/T 28001-2011 职业安全健康管理体系要求

GB/T 33000-2016 单位安全生产标准化基本规范

GBZ 158-2016 工作场所职业病危害警示标识

GB50016-2014（2018 版）建筑设计防火规范

GB 50867-2013 养老设施建筑设计规范

GB/T35796-2017 养老机构服务质量基本规范

GB 50763-2012 无障碍设计规范

MZ008-2001 老年人社会福利机构基本规范

DB37/T 2882-2016 安全生产风险分级管控体系通则

## 3. 术语和定义

下列术语和定义适用于本指导手册。

3.0.1 风险

事故或事件发生的可能性和严重程度的组合。可能性，是指事故（事件）发生的概率。严重性，是指事故（事件）一旦发生后，将造成的人员伤害和经济损失的严重程度。风险=可能性×严重性。

3.0.2 风险点

风险伴随的设施、部位、场所和区域，以及在设施、部位、场所和区域实施的伴随风险的作业活动（过程），或以上两者的组合。

3.0.3 可接受风险

指预期的风险事故的最大损失程度在单位或个人经济能力和心理承受能力的最大限度之内。

3.0.4 重大风险

发生事故可能性与事故后果二者结合后风险值被认定为重大的风险类型。

3.0.5 危险源

可能导致人身伤害和（或）健康损害和（或）财产损失和（或）环境破坏的根源、状态或行为，或其组合。

3.0.6 风险辨识

识别危险源的存在并确定分布和风险特性的过程。

3.0.7 风险分析

对风险发生的可能性及其后果严重性进行分析，理解风险性质，确定风险等级的过程。

3.0.8 风险评估

包括风险（危险源）辨识、风险分析、风险分级和风险评价的全过程。

3.0.9 风险分级

通过采用科学、合理方法对危险源所伴随的风险进行定性或定量评价，根据评价结果划分等级。风险分级的目的是确定风险管控的优先顺序。

3.0.10 风险分级管控

根据风险不同级别、所需控制资源、控制能力及控制措施复杂和难易程度等因素确定不同控制层级的风险控制方式。

3.0.11 风险管控措施

企业为将风险降低至可接受程度，针对该风险采取的管控方法和措施。通常包括：工程技术措施、行政管理措施、教育培训措施、个体防护措施和应急处置措施等。

3.0.12 风险信息

包括风险点名称、危险源名称、类型、所在位置、当前状态以及伴随风险大小、等级、所需管控措施、责任单位、责任人等一系列信息的综合。

3.0.13 风险清单

企业各类风险信息的汇总集合。主要包括：作业场所清单、设施设备清单、作业活动清单、安全责任清单等。

3.0.14 风险描述

对风险所做的结构化的表述。主要包括四个方面：危险源、事件、原因和后果。

3.0.15 事故隐患

企业违反安全生产、职业卫生法律、法规、规章、标准、规程和管理制度的规定，或者因其他因素在生产经营活动中存在可能导致事故发生或导致事故后果扩大的物的危险状态、人的不安全行为和管理上的缺陷。

3.0.16 一般事故隐患

危害和整改难度较小，发现后能够立即整改排除的隐患。

3.0.17 重大事故隐患

危害和整改难度较大，应全部或者局部停产、停业，并经一定时间整治才能排除的隐患，或者因外部因素影响致使单位自身难以排除的隐患。

3.0.18 隐患排查

企业组织安全生产管理人员、工程技术人员、岗位员工以及其他相关人员依据国家法律法规、标准和企业管理制度，采取一定的方式和方法，对照风险分级管控措施的有效落实情况，对本单位的事故隐患进行排查的工作过程。

3.0.19 隐患清单

企业将法律法规、标准规范和规章制度的要求，以条理化的形式对相关管理活动的内容进行细化、量化，一条条清晰明细地罗列出管理内容或控制要点的所有不符合项，简单、方便、快捷地反映出动态化的管理痕迹，并能追溯整个管理过程的来龙去脉，更能体现安全生产管理的透明度、开放度和清晰度。

3.0.20 隐患治理

消除或控制隐患的活动或过程。

3.0.21 隐患信息

包括隐患名称、位置、状态描述、可能导致后果及其严重程度、隐患信息公告、隐患信息报送、治理目标、治理措施、职责划分、治理期限、验收复核、摘牌销案、建立台账、闭环管理等全过程记录信息的总称。

3.0.22 风险管控与隐患治理双重预防体系

双重预防体系是构筑防范安全事故的前后两道防火墙。通过这一系统性的风险管理工程，把每一类风险都控制在可接受范围内，把每一个隐患都治理在形成之初，把每一起事故都消灭在萌芽状态。

第一道防火墙是管风险：以安全风险辨识和管控为基础，从源头上系统辨识风险、分级管控风险，努力把各类风险控制在可接受范围内，杜绝和减少事故隐患；

第二道防火墙是治隐患：以隐患排查和治理为手段，认真排查风险管控过程中出现的缺失、漏洞和风险控制失效环节，坚决把隐患消灭在事故发生之前。

3.0.23 双重预防体系评审

通过获取客观证据，确定风险管控与隐患治理双重预防体系的充分性和有效性而进行的系统的、独立的分析研究的全过程。

**4. 基本要求**

应采取养老机构为主导的工作机制，遵循养老机构自主建设为主的工作模式。

机构应落实主体责任，全员参与风险辨识、分级和管控，确保风险管控措施持续有效。主要负责人应全面负责，分管负责人督促、检查相关制度的落实，安全管理人员负责组织实施，技术、设备管理人员及劳动者均应参与该工作。

应遵循养老机构自主建设为主的工作模式。机构应根据工作岗位风险评价结果，落实管控措施。风险评价应遵循科学客观的原则，评价所需基础资料的调查应翔实、准确，数据应真实有效且覆盖所有岗位和工作地点。

**5. 工作程序和内容**

双重预防体系构建工作程序主要包括成立领导小组和工作机构，人员培训，划分和确定风险点、风险辨识、风险分级、编制风险隐患清单、风险分级管控措施、排查治理隐患、闭环管理、持续改进等内容。双重预防体系工作程序见下图1。

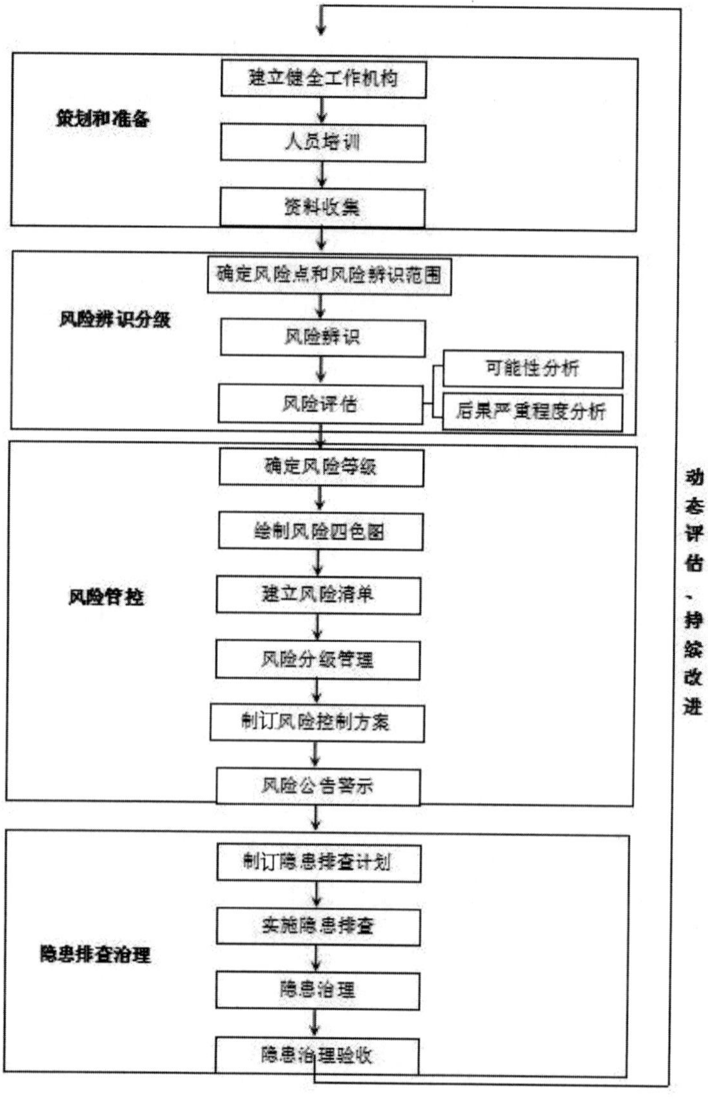


图1 双重预防体系建设基本程序

5.1. 策划和准备

5.1.1. 工作机构

养老机构应在现有的组织机构基础上，根据自身情况专门或合署成立由主要负责人牵头的双重预防体系建设工作机构，负责制定完善本企业双重预防体系建设相关工作制度和工作方案。

双重预防体系建设工作机构的组成人员应至少包括养老机构主要负责人、各部门负责人和一名熟悉风险评估工作的人员。养老机构也可以聘请安全专家或注册安全工程师协助开展双重预防体系的建设工作。

双重预防体系建设工作制度应明确目标、责任人员及其责任范围、工作程序、分级标准、资金投入、建档监控、考核标准等。考核标准应将各部门、各岗位双重预防体系建设落实情况纳入安全绩效奖惩。

双重预防体系建设工作方案应明确工作目标、实施内容、责任部门、保障措施、工作进度和工作要求等相关内容。养老机构各部门应根据双重预防体系建设工作方案，制订本部门的工作计划，层层分解、落实责任。

5.1.2. 制度建设

（1）建立风险分级管控制度，明确开展风险辨识、风险分析、风险评价的工作内容、程序、方法及工具等，针对不同等级的风险制定相应的管控措施，明确管控层级、责任部门及责任人等。

（2）健全完善隐患排查治理制度，明确隐患排查治理的工作程序、方法和工具，明确排查范围、排查内容、排查频次及治理验收要求等。

（3）建立双重预防体系建设责任制，明确各级部门和岗位人员的工作职责，纳入安全绩效考核指标，与本机构各级岗位人员的薪酬挂钩，并定期对其履职情况进行评估和监督考核。

5.1.3. 明确职责

（1）主要负责人职责

主要负责人为机构双重预防体系工作的第一责任人，领导、组织本单位双重预防体系建设工作，确保体系建设所需人力资源、资金投入、物资保障，监督领导各有关岗位和人员履行职责，对体系建设的有效性全面负责。

（2）各分管负责人职责

负责分管范围内的双重预防工作，负责实施方案和相关制度的制定，负责组织方案和制度的培训，负责风险分析管控清单、风险分级管控和隐患排查治理表的编制及更新，负责对隐患排查治理情况进行统计分析和报送。

（3）分管安全负责人职责

分管安全负责人组织日常监督检查，负责双重预防工作的跟踪考核。

（4）岗位作业人员职责

应知晓所在岗位的风险信息，按照风险分析管控清单、风险分级管控和隐患排查治理表的要求，落实风险分级管控措施，进行隐患排查和治理。

5.1.4. 人员培训

1. 主要负责人和管理人员

（1）机构主要负责人和安全管理人员应具备与从事养老机构经营活动相适应的安全风险管控和隐患排查治理的知识与能力。

（2）每年对安全管理人员至少组织一次风险管理、辨识评估、隐患排查治理知识培训，使其具备正确履行岗位安全风险管控和隐患排查治理职责的知识与能力。

2. 安全人员

开展全员的安全培训，内容至少应包括：双重预防的基本知识、年度和专项辨识评估结果、与本岗位相关的风险管控措施。通过培训使从业人员熟悉有关法规、标准和制度的要求，掌握本岗位危险源辨识、风险分析、风险评价、风险管控、隐患排查治理的知识和技能。

3. 护工及其他职工

养老机构应对护工及其他职工进行针对性的岗位技能教育培训，确保其具备相应的安全风险管控和隐患排查治理常识，提高紧急情况下的应急处置能力。

4. 外来人员

养老机构应对进入院区从事服务和作业的相关人员，以及检查、参观、学习等外来人员进行风险宣讲告知，并保存记录。宣讲告知内容主要包括院区安全规定、可能接触到的风险、应急知识等。

5. 2. 风险辨识分级

5. 2. 1. 风险点划分原则

风险点主要分为静态风险点和动态风险点。一般遵循大小适中、便于分类、功能独立、易于管理、范围清晰的原则。

（1）静态风险点主要包括：设施、部位、场所、区域。如水泵房、配电房、锅炉房、电动车充电棚、停车场、老年人活动室、走廊通道、电梯厅、老年居住用房、厨餐厅等。

（2）动态风险点主要包括：操作及作业活动。应涵盖经营过程所有常规和非常规状态的作业活动。如人员护理、烹饪作业、文娱活动、设备检修等经营及人员活动。

5. 2. 2. 风险点排查

养老机构应对经营活动全过程进行风险点辨识，形成风险点名称、所在位置、可能导致的事故类型、风险等级等内容的基本信息。

5. 2. 3. 风险（危险源）辨识

应在资料收集的基础上划分范围和对象，辨识危险源，分析和确定可能发生事故类别。

为方便危险源辨识，养老机构可根据实际情况按照功能明确、管理责任和空间界限清晰的原则，将本机构分解为若干个相对独立的单元，划分出辨识范围和对象。

危险源辨识应从周边环境、设备设施、经营活动等方面查找本机构危险有害因素，并准确描述存在的部位、存在方式，需要考虑如下雨、下雪、刮风、扬尘、夏季炎热中暑、春冬季寒冷感冒、传染病、流感等危害因素。常见的伤害事故有：火灾、爆炸、触电、中毒窒息、高处坠落、车辆伤害、起重伤害（电梯）、机械伤害、淹溺、坍塌、灼烫、其他伤害等。

常见的安全问题有：跌倒后骨折、呛噎与窒息、坠床、走失、误吸或误服、皮肤压疮、自杀、自伤或他伤、突发疾病死亡（猝死）、社会安全事故、医疗事故等。

危险源辨识应覆盖养老机构地上和地下占用的场所和区域内所有周边环境、设备设施、工作人员及老人活动，充分考虑过去、现在和将来三种时态和正常、异常、应急状态下的危险有害因素，分析危害出现的条件和可能发生的事故或者故障类型。

针对辨识出的危险源，对照安全管理法规、技术规范、事故案例、未遂事件等辨识人的不安全行为、物的不安全状态、不良环境和管理缺陷等事故原因。常见的事故原因见下表1。

**表1 常见事故原因**

| 序号 | 类型 | 事故原因 |
|---|---|---|
| 1 | 人的不安全行为 | （1）操作错误，忽视安全，忽视警告；<br>（2）使用不安全设备；<br>（3）手代替工具操作；<br>（4）物体存放不当；<br>（5）未经许可进入设备房等危险作业场所；<br>（6）出行、活动等未采取安全可靠的交通工具和防护装备；<br>（7）上下楼梯未采取有效的安全防护；<br>（8）其他。 |
| 2 | 物的不安全状态 | （1）设备、设施、工具有缺陷或设置不合理；<br>（2）设备、设施运行异常或检修不规范；<br>（3）家具、物品摆放不到位，或突出物件未做包角处理；<br>（4）个人防护用品用具防护服、听力防护用品等缺少或有缺陷；<br>（5）医疗看护设备设置不合理，医药用品过期失效未及时处理；<br>（6）其他。 |
| 3 | 不良环境 | （1）照明光线不良；<br>（2）通风不良；<br>（3）周边噪声影响；<br>（4）作业场地杂乱，作业场所狭窄；<br>（5）道路交通出入口设置不合理；<br>（6）厨房、洗手间等地面无防滑措施；<br>（7）环境温度、湿度不当；<br>（8）天气等户外变化。 |
| 4 | 管理缺陷 | （1）教育培训不够，未经培训，缺乏或不懂安全操作的基本知识；<br>（2）劳动组织不合理；<br>（3）对现场工作缺乏检查或指导错误；<br>（4）没有安全操作规程或不健全；<br>（5）对事故隐患整改不力；<br>（6）食品、药品未严格监管；<br>（7）其他。 |

——人的不安全行为应考虑作业过程所有的常规活动和非常规活动。非常规活动是指异常状态、紧急状态的活动。

——物的不安全状态应考虑正常、异常、紧急三种状态。

——不良环境应考虑内部环境和外部环境。

——管理缺陷应考虑与法律法规的符合性、自身管理需要及更新情况。

5.2.4. 危险源辨识方法

（1）经营活动危险源辨识应采用作业危害分析法（JHA）进行危险源辨识，分析步骤和要求参见附件2-表A4。

（2）设备设施危险源辨识可采用安全检查表分析法（SCL）进行危险源辨识，分析步骤和要求参见附件2-表A5。

5.2.5. 风险评价

风险评价是根据危险源可能发生的每种事故类型的可能性和后果严重程度确定风险的大小和等级的过程。

在危险源辨识的基础上，对危险源进行风险评估，确定事故发生的可能性和严重程度。本实施指导手册推荐两种常用方法对已经辨识定性的危害因素进行定量风险分析，判定风险等级：一是风险矩阵法（LS），具体参见附件3；二是作业条件危险性分析法（LEC），具体参见附件4。

5.2.6. 风险分级

根据风险评估结果，确定危险源可导致不同事故类型的风险等级。风险点的级别确定一般是按照风险点内各危险源评价出的最高风险级别作为该风险点的级别。

风险等级从高到低划分为重大风险、较大风险、一般风险和低风险四个等级，分别用红、橙、黄、蓝四种颜色代表。

A级：重大风险/红色风险，评估属不可容许的危险；必须建立管控档案，明确不可容许的危险内容及可能触发事故的因素，采取安全措施，并制定应急措施；

B级：较大风险/橙色风险，评估属高度危险；必须建立管控档案，明确高度危险内容及可能触发事故的因素，采取安全措施；

C级：一般风险/黄色风险，评估属中度危险；必须明确中度危险内容及可能触发事故的因素，综合考虑伤害的可能性并采取安全措施，完成控制管理；

D级：低风险/蓝色风险，评估属轻度危险和可容许的危险；需要跟踪监控，综合考虑伤害的可能性并采取安全措施，完成控制管理。

重大风险确定原则：

以下情形可直接确定为重大风险：

1）违反法律、法规及国家标准中强制性条款的；

2）发生过死亡、重伤、职业病、重大财产损失事故，或三次及以上轻伤、一般财产损失事故，且现在发生事故的条件依然存在的；

3）高压配电室、锅炉房等重大危险源的场所和设施；

4）具有中毒、爆炸、火灾等危险的场所。

5.3. 风险分级管控

5.3.1. 风险分级管控原则

风险分级管控应遵循以下原则：

——分类、分级、分层、分专业，逐一明确各岗位的管控重点、管控责任和管控措施。

——重大风险应由院级组织进行专项管控。

——风险控制资源投入如安全专项资金、升级改造、监测监控等应根据风险等级确定优先等级。

——按照消除、限制和减少、隔离、个体防护、安全警示、应急处置的顺序控制。

养老机构应建立风险分级管控工作制度，制订工作方案，分别落实领导层、管理层、员工层的风险管控职责和管控清单，确保风险分级管控各项措施落实到位。

养老机构应结合风险特点和安全生产法律、法规、规章、标准、规程的规定制定风险控制措施，包括以下方面的内容：

——工程技术；

——安全管理；

——人员培训；

——个体防护；

——应急处置。

养老机构应建立风险清单，清单的主要项目包括风险点、所在位置或设备号、潜在事故类型、风险等级、预警色、管控措施、责任部门、责任人等，清单表格样式见下表2。

**表2 风险清单（样表）**

| 序号 | 风险点 | 所在位置 | 潜在事故类型 | 风险等级 | 预警色 | 风险管控措施 | 责任部门 | 责任人 |
|---|---|---|---|---|---|---|---|---|
| | | | | | | | | |
| | | | | | | | | |
| | | | | | | | | |

养老机构要高度关注危险源变化后的风险状况，动态评估、调整风险等级和管控措施，确保风险始终处于受控范围内。

风险评估结果为低风险时，维持现有管控措施，对执行情况进行审核。风险评估结果为一般风险时，对现有控制措施的充分性进行评估，检查并确认控制程序和措施已经落实，需要时可增加控制措施。

风险评估结果为重大风险和较大风险时，应明确不可容许的危险内容及可能触发事故的因素，采取针对性安全措施，并制定应急措施。

5.3.2. 风险管控

（1）养老机构在每一轮危险源辨识、风险分析、风险评价后及时更新风险清单和数据库。风险清单应至少包括风险位置、风险描述、可能导致后果、风险等级及其标示颜色、风险管控措施、风险管控层级、风险管控责任单位及责任人等内容，并按规定及时更新。

（2）养老机构应将重大风险进行分类汇总，登记造册，重点监控，并对重大风险存在的场所区域、采取的管控措施、责任单位及责任人等进行详细说明。作为重大风险进行管控的，必须制定重大风险管控措施。风险管控措施应至少包括以下内容：

——建立完善安全管理规章制度和安全操作规程，并采取有效措施保证其得到执行。

——建立健全安全监测监控体系并保证其有效性和可靠性。

——明确关键设备、重点部位的责任人或者责任部门，并定期对安全状况进行检查，及时消除事故隐患。

——在风险的活动场所和岗位，设置明显的告知牌及警示标志。

——以岗位风险及防控措施、应急处置方法为重点，强化员工风险教育和技能培训。

5.3.3. 风险告知

养老机构应建立完善的风险公告制度，并针对院区辨识评估出的风险，加强风险教育和技能培训，确保所有管理者和员工都掌握风险的基本情况及防范、应急措施。

1）区域风险四色分布图

养老机构应使用红、橙、黄、蓝四种颜色，将作业场所、生产设施等区域存在的不同等级风险标示在总平面布置图或地理坐标图中，并设置在养老机构醒目位置，向本机构从业人员或外来人员公示企业风险分布情况。

2）作业风险比较图

养老机构应利用统计分析的方法，采取柱状图、饼状图或曲线图等将难以在平面布置图、地理坐标图中示例风险等级的作业活动、关键任务按照风险等级从高到低的顺序标示出来，如动火作业、检修作业、医疗废弃物运输等。养老机构应在醒目位置将作业风险比较图对员工进行公告。

3）岗位风险明白卡

养老机构应在有风险的工作岗位设置岗位风险管控告知卡，告知从业人员本岗位存在的主要危险、有害因素、后果、风险管控措施、应急处置措施、应急电话等信息。

4）重大风险公告栏

养老机构应在有重大风险的区域和设备设施的醒目位置设置重大风险告知栏，标明危险源名称、风险等级、危害有害因素、后果、风险管控措施、应急处置措施、应急电话等信息。

5）风险公告、标识的保持

机构应定期对安全风险四色分布图、作业安全风险比较图、岗位安全风险明白卡、重大风险公告栏和安全警示标识进行检查和维护，确保其完好有效。

5.4. 隐患排查

5.4.1. 具体要求

（1）养老机构应在风险分级管控的基础上，对所存在的危险源开展全覆盖的隐患排查治理工作。应将存在重大风险和较大风险的场所、环节、部位及其管控措施作为隐患排查治理工作的重点。

（2）养老机构要建立完善隐患排查治理制度，明确主要负责人、分管负责人、部门和岗位人员隐患排查治理的职责范围和工作任务；制定符合机构实际的隐患排查治理清单，明确和细化隐患排查事项、内容和频次；完善资金投入和使用制度；完善事故隐患排查治理激励约束机制，鼓励从业人员发现、报告事故隐患。完善事故隐患排查、治理、评估、核销全过程的信息档案管理制度。

（3）隐患排查治理工作包括计划、排查、登记、治理、评估和验收环节，形成闭环管理。

5.4.2. 制订隐患排查计划

（1）编制隐患排查专用清单

养老机构应按照各类风险的全部控制措施和基础管理要求，编制包含全部重大风险在内的隐患排查治理清单。清单内容主要包括：风险点、隐患类型、隐患描述、隐患等级、治理措施、责任单位、责任人、治理期限、排查日期、销号日期、信息来源等。

（2）隐患排查计划应明确隐患排查的事项、内容、层级、责任人和频次。

（3）隐患排查计划应做到定期排查与日常排查相结合、专业排查与综合排查相结合、一般排查与重点排查相结合。对存在重大风险和较大风险的场所、环节、部位及其管控措施应重点排查。

（4）隐患排查分为基础管理类和现场活动类。

基础管理类隐患

基础管理类包括以下各方面的问题与不足：养老机构资质证照；安全生产管理机构及人员；安全生产责任制；安全生产管理制度；安全生产记录文件；教育培训；安全生产管理档案；安全生产投入；应急管理；职业卫生基础管理；相关方安全管理；基础管理其他方面等。

现场活动类

现场活动类包括以下各方面的问题与不足：供水、供电、供气、供暖设备设施；场所环境；消防及应急救援；人员看护、护理；外来人员探视；老人文化娱乐活动等现场其他方面。

5.4.3. 实施隐患排查

（1）养老机构应按照隐患排查计划和隐患排查治理清单组织人员进行隐患排查，填写隐患排查记录，形成隐患和问题清单。

（2）事故隐患分为一般事故隐患和重大事故隐患。一般事故隐患，是指危害和整改难度较小，发现后能够立即整改排除的隐患。重大事故隐患，是指危害和整改难度较大，应当全部或者局部停止经营活动，并经过一定时间整改治理方能排除的隐患，或者因外部因素影响致使自身难以排除的隐患。

（3）事故隐患的等级由组织隐患排查的部门依据有关法律法规和标准确定。

（4）对于排查发现的重大事故隐患，要立即向机构主要负责人和有关监督管理部门报告。重大事故隐患排除前或者排除过程中无法保证安全的，应当从危险区域内撤出作业人员，并疏散可能危及的其他人员，加强监测监控，设置警戒标志，暂时停止使用相关设施、设备，防止事故发生。

（5）养老机构应及时将隐患名称、位置、不符合状况、隐患等级、治理期限及治理措施等信息向有关人员通报。

5.5. 隐患治理及验收

5.5.1. 隐患治理

隐患治理流程

隐患治理流程包括：通报隐患信息、下发隐患整改指令、实施隐患治理、治理情况反馈、验收等环节。如下图所示：

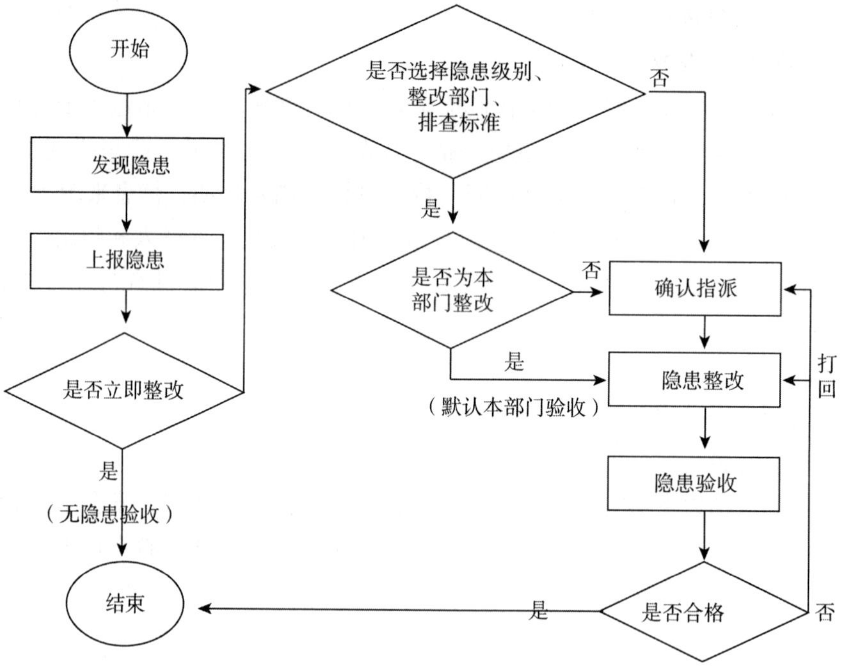


**隐患排查流程图**

隐患排查结束后，将隐患名称、存在位置、不符合状况、隐患等级、治理期限及治理措施要求等信息向从业人员进行通报。隐患排查组织部门应编制下发隐患整改通知书，应对隐患整改责任单位、措施建议、完成期限等提出要求。隐患存在单位在实施隐患治理前应当对隐患存在的原因进行分析，并制定可靠的治理措施。隐患整改通知编制下发部门应当对隐患整改效果组织验收。

（1）隐患排查组织部门应下达隐患整改通知书，对隐患整改责任单位、措施建议、完成期限等提出要求。

（2）在实施隐患治理前，应当对隐患存在的原因进行分析，并制定可靠的治理措施。

（3）对于一般事故隐患，机构责任部门负责人应立即组织整改。

（4）对于重大事故隐患，机构主要负责人应组织制订并实施严格的隐患治理方案，方案应当包括下列内容：

——治理的目标和任务；

——负责治理的机构和人员；

——采取的方法和措施；

——经费和物资的落实；

——治理的时限和要求；

——安全措施和应急预案。

5.5.2. 隐患治理验收

（1）隐患治理完成后，应根据隐患级别组织相关人员对治理情况进行验收，实现闭环管理。建立养老机构现场管理类隐患排查治理台账与基础管理类隐患排查治理台账。

（2）重大隐患治理工作结束后，养老机构安环部组织对治理情况进行复查评估，并将治理结果向相应的民政管理部门报告。

5.5.3. 隐患排查信息管理

（1）养老机构应当建立隐患排查治理台账或数据库，主要内容应包括隐患排查任务清单、隐患和问题清单、整改工作清单、复查验收清单，形成隐患排查、登记、评估、治理、验收、核销的闭环管理。

（2）养老机构应建立完善的隐患排查信息管理系统，做好隐患信息的登记、分类分级、整改、跟踪等工作。

（3）养老机构的隐患排查信息管理系统应当与当地民政主管部门的隐患排查治理信息系统互联互通，并将统计数据及时上报负有监督管理职责的部门，全过程记录报告隐患排查治理情况。

5.6. 有效运行与持续改进

养老机构根据双重预防体系建设自评结果所反映的问题和趋势，客观分析本单位双重预防体系的运行质量，及时修正发现的问题和偏差，完善安全风险管控制度和隐患治理措施，强化“两道防线”，持续改进提升，不断提高本质安全水平。

5.6.1. 评估

（1）养老机构定期对风险管控与隐患治理双重预防体系运行情况进行一次系统性评审或更新。根据特殊经营活动、新增功能性区域、装置或设施等适时开展危险源辨识和风险评价，采取预防与纠正措施，以确保其持续可行性、适宜性、充分性和有效性。

（2）养老机构在每年危险源辨识和风险评价后，编制包括全部风险点各类风险信息的风险分级管控清单，并按规定及时更新；在每年组织编写危险源辨识风险评价报告后，对本年度风险控制情况进行总结评审，对变更情况应进行说明。

（3）组织开展双重预防体系运行情况自评工作，形成自评报告，并将自评结果对管理人员和从业人员通报，作为年度安全绩效考评的依据。

（4）如果养老机构发生安全事故，应通过自评全面查找双重预防体系存在的缺陷和不足。

（5）对较大、重大风险的评估每年进行一次，对一般和低风险每三年评估一次。评估记录至少保存5年。

5.6.2. 更新

养老机构根据以下情况变化，及时更新风险与隐患信息：

（1）法律法规及标准规程变化或更新；

（2）政府规范性文件提出新要求；

（3）组织机构和安全管理机制发生变化；

（4）关键设备发生变化；

（5）机构外部环境发生重大变化；

（6）发生伤亡事故或相关行业发生事故；

（7）隐患排查治理发现的风险管控存在的缺失和漏洞；

（8）公司自身提出更高的安全管理要求；

（9）事故（事件）或应急预案演练结果反馈的需求；

（10）风险程度变化后，需要对风险控制措施进行调整；

（11）机构认为应当修订的其他情况。

5.6.3. 沟通

养老机构建立有效的内外沟通机制，通过双重预防体系信息管理平台及时向民政监管部门报告风险（隐患）信息，实现数据交换、信息共享，提高管控效果和效率。

5.6.4. 考核

养老机构建立健全内部激励约束机制和绩效考核制度，调动和提高全员参与安全管理的积极主动性。对个人应奖惩并重，以奖为主；应建立一套绩效考核办法，定期考核。

## 6. 信息平台化建设

6.1. 基本要求

养老机构应采用信息化管理手段，建立安全生产双重预防信息平台，具备安全风险分级管控、隐患排查治理、统计分析及风险预警等主要功能，实现风险与隐患数据应用的无缝链接；保障数据安全，具有权限分级功能。宜使用移动终端提高安全管理信息化水平。

6.2. 功能模块

6.2.1. 风险分级管控模块

风险分级管控模块应实现对安全风险的记录、跟踪、统计、分析和上报全过程的信息化管理。应具备以下功能：

（1）风险点的管理（增加、删除、编辑、查询等功能）；

（2）风险辨识评估的过程管理（辨识数据的录入、辅助辨识评估、审核等）；

（3）系统生成风险四色图，展示每个区域的风险状态；

（4）形成风险管理台账（按条件查询、查看详情等功能）。

6.2.2. 隐患排查治理模块

隐患排查治理模块实现对隐患的记录统计、过程跟踪、逾期报警、信息上报的信息化管理。应具备以下功能：

（1）隐患信息录入及与风险的关联；

（2）隐患登记、整改、验收等过程跟踪，实现闭环管理，对于逾期未整改的隐患进行预警。

6.2.3. 统计分析及预警模块

该模块应具备以下功能：

（1）实现安全风险和隐患的多维度统计分析，自动生成报表；

（2）实现统计图片的下载及统计数据表的导出等功能。

6.2.4. 系统接口

系统接口应具备以下功能：

（1）应具备短信或微信提醒接口，实现预警信息的及时推送；

（2）应具备对外提供数据接口，实现风险、隐患等数据与其他系统的对接。

6.2.5. 系统管理

养老机构的“双重预防体系”系统管理员应定期对信息系统中涉及本单位相关内容进行定期更新和维护，更新内容主要包括管理机构、设备设施、安全风险评价清单、风险点源库数据、风险点隐患排查清单、隐患排查治理信息数据库等内容。

**附件 1：养老机构危险源辨识建议清单**

| 序号 | 场所/设备/活动（示例） | 风险描述（示例） | 事故类型（示例） | 风险等级（示例） | 标示颜色（示例） | 管控措施 （示例） | 管控主体（示例） | | |
|---|---|---|---|---|---|---|---|---|---|
| | | | | | | | 管控层级 | 责任部门 | 责任人 |
| 1 | 老年人居住用房 | 装修材料、可燃家具等遇火源（电气短路、电弧、明火）、<br>高温（电暖炉等）可能导致火灾 | 电击、火灾 | 低风险 | 蓝色 | 家具尽量采用不燃材料或难燃材料<br>规范敷设电器线路，使用合格的电线和有防护的插排<br>高温（电暖炉）应使用合格产品，使用时护理人员要做到及时巡视 | 班组 | ××组 | ××× |
| 2 | 老年人居住用房 | 固定家具设备突出部分未进行防护处理造成磕碰伤害 | 碰撞、其他伤害 | | | 对房间内固定家具存在突出部分的进行包角处理 | | | |
| 3 | 老年人居住用房 | 烟头等明火导致可燃物燃烧引发火灾 | 火灾、其他伤害 | | | 加强室内使用明火的管理规定，禁止室内抽烟 | | | |
| 4 | 老年人居住用房 | 老人居住用房与电梯井道、有噪声震动的机房贴邻造成老人身体伤害 | 其他伤害 | | | 老人卧室、起居室不应与电梯井道、有噪声的场所贴邻布置 | | | |
| 5 | 公共通道 | 通道建筑出入口、公共通道设计不合理或安全防护措施不到位 | 其他伤害 | | | 出入口处的平台与建筑室外地坪高差不宜大于500mm，并应采用缓步台阶和坡道过渡 | | | |
| 6 | 公共通道 | 通道上设置有门槛或有造型锋利和易碎的饰品造成老人摔伤、磕碰 | 其他伤害（磕碰） | | | 老人经过的门厅、走廊、房间等不应设置门槛，并应设置安全提示标志和灯光照明提示<br>老人经过的区域不应摆设造型锋利和易碎饰品，以及带有尖刺和较硬枝条的盆栽 | | | |

| | | | | | | | | | |
|---|---|---|---|---|---|---|---|---|---|
| 7 | 厨房 | 使用天然气、煤气等气体泄漏，遇火源、高温可能导致火灾、爆炸、中毒窒息等事故 | 爆炸、火灾、窒息 | | | 对使用天然气等可燃气体介质的场所安装可燃气体报警装置<br>定期对厨房可燃气体管线进行漏气检测，及时整改 | | | |
| 8 | | 可燃物、食用油、酒精类等物质遇火源发生火灾 | 火灾、人员伤亡 | | | 加强对可燃物、食用油、酒精类物品的监管，设置固定摆放区域 | | | |
| 9 | | 烤箱、烤炉等大功率设备高温导致爆炸 | 爆炸、火灾 | | | 及时对烤箱、烤炉等大功率设备进行检修维护，发现异常及时维修或更换 | | | |
| 10 | | 消毒柜、消毒的可燃物品高温发生火灾 | 火灾 | | | 及时对消毒柜进行检修维护，发现异常及时维修或更换 | | | |
| 11 | | 排油烟管道未及时清理引发火灾 | 火灾 | | | 定期对排油烟管道进行油污清理 | | | |
| 12 | | 用电设备电缆、插板漏电 | 火灾、电击 | | | 禁止私拉乱接电线，采用固定防潮防油污专用插座 | | | |
| 13 | | 食品加工机械误操作造成事故（搅拌机、压面机等） | 电击、其他伤害 | | | 机械运转部位有完好可靠的防护装置<br>凡有碾、绞、压、挤、切伤可能的部位均应有可靠防护<br>每台设备应有单独控制开关 | | | |
| 14 | | 高压锅、热水器、炊具等内高压、高温液体介质倾覆烫伤 | 爆炸、灼烫 | | | 规范高压锅、热水器、炊具等有高压、高温液体介质倾覆的炊具使用方法，加强对违规作业人员的管控要求 | | | |

| | | | | | | | | | |
|---|---|---|---|---|---|---|---|---|---|
| 15 | 食品卫生 | 餐厨人员未取得健康证上岗，上岗作业未穿戴工作服 | 其他 | | | 未体检或体检不合格不予录用，或者调岗录用；<br>加强员工管理，注意个人卫生，统一穿戴洁净工作服 | | | |
| 16 | | 采购食材不合格或者过期食品导致人员食物中毒 | 其他 | | | 食品采购应提供产品合格文件或有效合格证明文件 | | | |
| 17 | | 食品储存不当导致食材腐败变质 | 中毒，其他 | | | 进货查验记录及证明材料应真实、完整，记录和凭证保存期限不少于产品保质期期满后六个月，没有明确保质期的，保存期限不少于二年<br>建立和保存食品原辅料、食品添加剂、食品相关产品的储存、保管记录和领用出库记录 | | | |
| 18 | | 食品加工卫生不到位造成食材污染 | 其他 | | | 制作食材要做到生熟分开，成品与半成品分开，避免交叉污染；<br>使用工具容器前要消毒，使用后应洗净保洁，并定为存放 | | | |
| 19 | | 未落实食品留样管理制度 | 其他 | | | 从食材进入到人员食用，进行全程记录跟踪，制定突发应急预案，并做好留样时间不少于48h | | | |
| 20 | 餐厅 | 通道狭窄或堵塞 | 火灾、其他伤害 | | | 根据规范要求疏散通道设置足够的疏散宽度，疏散通道上禁止摆放杂物 | | | |
| 21 | | 疏散标识不全或设置位置不合理 | 其他伤害 | | | 应在疏散通道、安全出口设置应急照明和疏散指示标志，指示标志清晰 | | | |
| 22 | | 疏散门不能正常开启 | 其他伤害 | | | 疏散通道的门应向疏散方向开启，并保持关闭状态，不得上锁 | | | |

| | | | | | | | | | |
|---|---|---|---|---|---|---|---|---|---|
| 23 | 餐厅 | 疏散通道上设置镜面材料影响安全疏散 | 其他伤害 | | | 镜面材料容易给老人造成错觉，疏散通道上禁止使用 | | | |
| 24 | | 餐厅地面光滑引发摔倒 | 摔伤、其他伤害 | | | 对于老人出入行走区域及时对路面进行防滑处置，防止意外摔伤 | | | |
| 25 | | 餐厅家具桌角突出部位造成磕碰 | 其他伤害 | | | 餐厅采用圆角家具或者对突出部位进行包角处理 | | | |
| 26 | 变、配电室 | 雨、雪及小动物进入室内破坏绝缘层或绝缘不良， 导致触电或火灾事故 | 火灾、触电 | 较大风险 | 橙色 | 采光窗、通风窗、门、电缆沟等处应设置防止雨、雪和小动物进入的阻挡设施 | | | |
| 27 | | 电线电缆老化、短路或者过负荷引发火灾 | 火灾 | | | 配电室耐火等级不应低于二级；室内地面应采用防滑、不起尘的耐火材料；变压器、高压开关柜、低压开关柜操作地面应铺设绝缘胶垫 | | | |
| 28 | | 在操作、检修时由于电气设备故障或操作不当引起触电事故 | 触电、火灾 | | | 长度大于 7m 的配电室应设两个出口，门应为防火门，且向外开；金属门或包铁皮门应作保护接地<br>检修作业人员必须持证作业，作业时须穿戴好各类防护用品，非专业人员未经许可不准入内<br>检修作业时必须设置检修作业告示牌，并报备相关安全管理部门 | | | |

| | | | | | | | | | |
|---|---|---|---|---|---|---|---|---|---|
| 29 | 餐厅、配电室 | 变配电室通风空调管道在穿越建筑时，要做好防火封堵，并做好等电位装置 | 电击、火灾 | | | 配电室通风空调管道在穿越建筑时，应用防火泥等防火材料对管道预留的空洞进行密封处理，做好等电位装置，防止漏电 | | | |
| 30 | | 配电室应干净整洁，禁止堆放可燃易燃物品 | 火灾 | | | 变配电室内禁止堆放易燃可燃物品，室内配电装置摆放规整 | | | |
| 31 | | 灭火系统误动作，导致人员窒息 | 窒息 | | | 配电室应采用可靠灭火气体进行防火保护，灭火联动系统必须按规定经过专业机构进行检验检测 | | | |
| 32 | 电梯、扶梯等特种设备 | 特种设备检测维保管理制度不健全或人员不安全操作导致人员伤害 | 起重伤害、坠落 | | | 制定完善的特种设备操作规程，作业人员持证上岗<br>定期进行校验鉴定、检修，并保存记录 | | | |
| 33 | 水泵房、设备间 | 消防设施失效或故障导致火灾失控 | 火灾 | | | 应对建筑消防设施每年进行一次全面检测，确保完好有效<br>制定完善的消防巡查检查制度，定期进行排查，并保存检查记录 | | | |
| 34 | | 操作不当或电气线路接地保护措施失效等导致漏电伤人事故 | 触电 | | | 应设置电器设备接地保护或漏电保护，并确保有效可靠<br>定期检查检测漏电保护装置<br>制定完善的电气安全操作规程，并配备必要的电气防护用品 | | | |

| | | | | | | | | | |
|---|---|---|---|---|---|---|---|---|---|
| 35 | 水泵房、设备间 | 电气线路超负荷或操作不当导致火灾 | 火灾、触电 | | | 电气线路应设置防止超负荷的保险措施，定期对线路进行检测养护<br>线路穿墙、楼板敷设时均应穿管保护<br>电缆沟应有防火排水措施 | | | |
| 36 | 辅助用房（卫生间、洗衣房、热水房等） | 卫生间地面未进行防滑处理造成老人摔伤 | 其他伤害 | | | 对卫生间地面进行防滑处理，在卫生间等区域和场所安装扶手保护老人 | | | |
| 37 | | 热水房接触高温液体烫伤 | 其他伤害 | | | 由护工为老人提供热水服务，或者采取保护装置防止热水烫伤 | | | |
| 38 | | 辅助用房内消毒物质、杂物等倾覆污染 | 其他伤害 | | | 消毒剂、杂物等放置在指定位置，污物禁止使用，并及时进行处置 | | | |
| 39 | 医疗用房 | 私拉乱接电线引发火灾 | 电击、火灾 | | | 禁止私拉乱接电线，减少和避免使用一般插头，应使用有保护装置的插头 | | | |
| 40 | | 医药用品处置不当造成失效 | 中毒、其他伤害 | | | 医药用品储存处应有安全设施<br>严格执行麻醉药品、精神药品、放射药品使用管理制度，专人负责 | | | |
| 41 | | 氧气呼吸机、氧气罐、X光机等医用设备管理不善引发事故 | 其他伤害 | | | 规范管理氧气呼吸机、氧气罐、X光机等设备<br>电气线路应设置电气保护装置 | | | |
| 42 | | 针灸、艾灸等不规范引发的医疗事故 | 其他伤害 | | | 加强医护人员的监管，必须持证上岗 | | | |
| 43 | | 医用废弃物处理不当引发污染 | 中毒、其他伤害 | | | 根据医疗废弃物管理规定集中处置医疗废弃物 | | | |

| | | | | | | | | | |
|---|---|---|---|---|---|---|---|---|---|
| 44 | 仓库用房 | 酒类、食用油等具有自燃性或遇火源导致起火 | | | | 禁止储存过量酒类、食用油等具有自燃性物质，摆放整齐分区域放置 | | | |
| 45 | | 仓库私自拉接电线、插板过负荷使用过热引发火灾 | 电击、火灾 | | | 加强库房安全管理，禁止私拉乱接电线，可燃物与插板等用电设备保持安全距离 | | | |
| 46 | | 堆放物品过高或储存物品的储存柜不稳可能导致坍塌 | 坍塌、其他伤害 | | | 仓库用房应分类摆放物品，不可过高堆放，放置位置宜方便取用，仓库出入口禁止摆放物品 | | | |
| 47 | 健身室、学习室 | 电器设备误操作造成电击事故 | 电击 | | | 尽量使用带有保护装置的电器设备，规范电器设备使用 | | | |
| 48 | | 老年人运动健身设备使用不当造成伤害 | 物体打击、其他伤害 | | | 加强护工对老人健身活动的看护，尽量做好老人运动的防护工作和应急处置工作 | | | |
| 49 | | 家具器材突出部分未进行有效防护造成事故 | 其他伤害 | | | 对家具器材突出部分进行防护处理，并做好应急处置工作 | | | |
| 50 | 锅炉房 | 锅炉房内可燃物、易燃液体以及燃料等物质泄漏 | 爆炸、中毒、火灾 | | | 锅炉房内需保持通风、照明正常<br>对于气体介质的锅炉房应加装可燃气体报警装置，并定期对可燃气体管线进行检测维护<br>对于液体介质的锅炉房，可燃液体存放量不能超过规定要求的最大值，且不可随意堆放<br>对于固体介质的锅炉房，可燃物堆放应注意防止自燃 | | | |

| | | | | | | | | | |
|---|---|---|---|---|---|---|---|---|---|
| 51 | 锅炉房 | 锅炉本身存在缺陷；出气阀被堵死，锅炉仍在运行；超载运行；操作人员的失误和仪表的失灵而造成超载；缺水运行；腐蚀失效；水垢未及时清除；锅炉到期未检验，安全附件超期未检或失效；司炉人员无证操作或脱岗等原因易造成锅炉爆炸 | 爆炸 | | | 定期对锅炉进行检测维修<br>不允许无证人员进入操作场地 | | | |
| 52 | | 高温高压蒸汽和水，锅炉燃烧设备、热灰渣等温度较高，可能引发灼烫事故 | 烫伤 | | | 进入作业现场，按照规程作业，防护装备穿戴到位 | | | |
| 53 | | 私拉乱接电线引发火灾 | 火灾、爆炸 | | | 锅炉房内禁止私拉乱接电线，防止由于漏电、短路引发火灾爆炸 | | | |
| 54 | 院区活动 | 院区内未进行人车分流造成碰撞事故 | 其他伤害 | | | 对院区进行人车分流，并加强管控 | | | |
| 55 | | 老人外出丢失 | 其他伤害 | | | 对院区内老人配备 GPS 定位跟踪装置，及时了解老人动向 | | | |
| 56 | | 老人出行磕碰摔伤 | 其他伤害 | | | 加强护工对老人的防护措施 | | | |

## 附件 2：养老机构双重预防体系建设中可能用到的相关表格

### A.1　风险点登记台账

单位：

| 序号 | 名称 | 类型 | 区域位置 | 可能发生的事故类型 | 现有风险控制措施 | 管控层级 | 责任单位 | 责任人 | 备注 |
|---|---|---|---|---|---|---|---|---|---|
| | | | | | | | | | |
| | | | | | | | | | |
| | | | | | | | | | |
| | | | | | | | | | |

填表人：　　填表日期：　　年　月　日　审核人：　　审核日期：　　年　月　日

### A.2　作业活动风险清单

单位：　　　　№：

| 序号 | 作业活动名称 | 作业活动内容 | 岗位/地点 | 活动频率 | 备注 |
|---|---|---|---|---|---|
| | | | | | |
| | | | | | |
| | | | | | |

填表人：　　填表日期：　　年　月　日　审核人：　　审核日期：　　年　月　日

### A.3　设备设施清单

单位：　　　　№：

| 序号 | 设备名称 | 类别 | 型号 | 位号/所在部位 | 是否特种设备 | 备注 |
|---|---|---|---|---|---|---|
| | | | | | | |
| | | | | | | |
| | | | | | | |

填表人：　　填表日期：　　年　月　日　审核人：　　审核日期：　　年　月
日

注1：按照单元或装置进行划分，同一单元或装置内介质、型号相同的设备设施可合并，在备注内写明数量。

## A.4 作业危害分析（JHA+LEC）评价记录表

风险点： 岗位： 作业活动： №：

分析人： 日期： 审核人： 日期： 审定人： 日期：

| 序号 | 作业步骤 | 危险源或潜在事件（人、物、作业环境、管理） | 可能发生的事故类型及后果 | 现有控制措施 | | | | | 风险评价 | | | | | 风险分级 | 管控层级 | 建议改进（新增）措施 | | | | | 备注 |
|---|---|---|---|---|---|---|---|---|---|---|---|---|---|---|---|---|---|---|---|---|---|
| | | | | 工程技术措施 | 管理措施 | 培训教育措施 | 个体防护措施 | 应急处置措施 | 可能性L | 严重性E | 频次C | 风险值D | 评价级别 | | | 工程技术措施 | 管理措施 | 培训教育措施 | 个体防护措施 | 应急处置措施 | |
| | | | | | | | | | | | | | | | | | | | | | |
| | | | | | | | | | | | | | | | | | | | | | |
| | | | | | | | | | | | | | | | | | | | | | |

注1：分析人为岗位人员，审核人为所在岗位负责人，审定人为上级负责人。

注2：根据LEC评价法填写。

注3：现有管控措施结合实际情况按五种措施分类填写，内容必须详细和具体。

注4：可能发生的事故类型应结合行业特点依据GB 6441填写。

注5：评价级别是运用风险评价方法确定的风险等级。

注6：风险分级是指重大风险、较大风险、一般风险和低风险，分别用“红、橙、黄、蓝”标识。

注7：管控层级是指根据机构设置情况确定的管控层级。

## A.5 安全检查表分析（SCL+LS）评价记录表

风险点： 岗位： 设备设施： №：

分析人： 日期： 审核人： 日期： 审定人： 日期：

| 序号 | 检查项目 | 标准 | 不符合标准情况及后果 | 现有控制措施 | | | | | 风险评价 | | | | 风险分级 | 管控层级 | 建议改进（新增）措施 | | | | | 备注 |
|---|---|---|---|---|---|---|---|---|---|---|---|---|---|---|---|---|---|---|---|---|
| | | | | 工程技术措施 | 管理措施 | 培训教育措施 | 个体防护措施 | 应急处置措施 | 可能性L | 严重性S | 风险值R | 评价级别 | | | 工程技术措施 | 管理措施 | 培训教育措施 | 个体防护措施 | 应急处置措施 | |
| | | | | | | | | | | | | | | | | | | | | |
| | | | | | | | | | | | | | | | | | | | | |
| | | | | | | | | | | | | | | | | | | | | |

注1：分析人为岗位人员，审核人为所在岗位负责人，审定人为上级负责人。

注2：当选用风险矩阵分析法（LS）时可不填写频次。

注3：现有管控措施结合实际情况按五种措施分类填写，内容必须详细和具体。

注4：可能发生的事故类型应结合行业特点依据GB 6441填写等。

注5：评价级别是运用风险评价方法确定的风险等级。

注6：风险分级是指重大风险、较大风险、一般风险和低风险，分别用“红、橙、黄、蓝”标识。

注7：管控层级是指根据企业机构设置情况确定的管控层级。

## A.6 经营活动风险分级管控清单

单位：

| 风险点 | | | 作业步骤 | | 危险源或潜在事件 | 评价级别 | 风险分级 | 可能发生的事故类型及后果 | 管控措施 | | | | | 管控层级 | 责任单位 | 责任人 | 备注 |
|---|---|---|---|---|---|---|---|---|---|---|---|---|---|---|---|---|---|
| 编号 | 类型 | 名称 | 序号 | 名称 | | | | | 工程技术措施 | 管理措施 | 培训教育措施 | 个体防护措施 | 应急处置措施 | | | | |
| 1 | 操作及人员活动 | | 1 | | | | | | | | | | | | | | |
| | | | 2 | | | | | | | | | | | | | | |
| | | | 3 | | | | | | | | | | | | | | |
| | | | 4 | | | | | | | | | | | | | | |
| | | | 5 | | | | | | | | | | | | | | |

注1：管控措施指按一定程序确定的所有管控措施，包括“现有安全控制措施”和“建议改进（新增）措施”，内容必须详细和具体。

## A.7　设备设施风险分级管控清单

单位：

| 风险点 | | | 检查项目 | | 标准 | 评价级别 | 风险分级 | 不符合标准情况及后果 | 管控措施 | | | | | 管控层级 | 责任单位 | 责任人 | 备注 |
|---|---|---|---|---|---|---|---|---|---|---|---|---|---|---|---|---|---|
| 编号 | 类型 | 名称 | 序号 | 名称 | | | | | 工程技术措施 | 管理措施 | 培训教育措施 | 个体防护措施 | 应急处置措施 | | | | |
| 1 | 设施、部位、场所、区域 | | 1 | | | | | | | | | | | | | | |
| | | | 2 | | | | | | | | | | | | | | |
| | | | 3 | | | | | | | | | | | | | | |
| | | | 4 | | | | | | | | | | | | | | |
| | | | 5 | | | | | | | | | | | | | | |
| | | | 6 | | | | | | | | | | | | | | |

注1：管控措施指按一定程序确定的所有管控措施，包括"现有安全控制措施"和"建议改进（新增）措施"，内容必须详细和具体。

**附件 3：风险矩阵分析法（LS）**

风险的数学表达式为：R=L×S。其中：

R—risk degree，代表风险度；

L—likelihood，代表后果发生的可能性；

S—severity，代表可能产生的后果的严重程度。

本方法的风险度由后果发生的可能性、可能产生的后果的严重程度大小决定。

机构应结合实际设定可能性（L）取值准则。通常可从以往偏差（即危险和有害因素，包括人的因素、物的因素、环境因素和管理因素）发生频率、现有控制措施的有效程度对危害事件发生的可能性（L）进行取值，根据表4取四项得分的最高分值作为其最终的L值。

**表 4　后果发生的可能性（L）取值**

| 分值 | 以往偏差发生频率 | 现有控制措施的有效程度 | | | |
|---|---|---|---|---|---|
| | | 员工胜任程度（意识、技能、经验） | 规程/制度/作业程序等 | 检查措施 | 监测、控制、报警、联锁、补救措施 |
| 5 | 1.常规活动中的偏差每天、每周发生；2.非常规活动中的偏差几乎每次作业发生；3.设施方面的偏差长期存在（一年及以上） | 不胜任（无任何培训、无任何经验、无上岗资格证） | 没有规程/制度/作业程序等 | 从不按标准进行作业前、日常、专业、综合等检查 | 无任何措施，或有措施从未使用 |
| 4 | 1.常规活动中的偏差每月发生；2.非常规活动中的偏差经常发生；3.设施方面偏差较长时间存在（一个季度及以上） | 不够胜任（有上岗资格证，但没有接受有效培训） | 有规程/制度/作业程序等，但不完善，或只是偶尔执行 | 很少按标准进行作业前、日常、专业、综合等检查，检查走马观花 | 有措施，只是一部分，但不完善 |
| 3 | 1.常规活动中的偏差每季度发生；2.非常规活动中的偏差较少发生；3.设施方面的偏差较长时间存在（一个月及以上） | 一般胜任（有上岗证，有培训，但经验不足，多次出现差错、意识不强） | 有规程/制度/作业程序等，比较完善，但只是部分执行 | 经常不按标准进行作业前、日常、专业、综合等检查，检查不充分、不全面 | 防范控制措施比较有效、全面、充分，但经常没有有效使用 |
| 2 | 1.作业活动中的偏差，过去曾发生过，现在基本不再发生；2.设施方面的偏差过去曾发生过，现在基本不再发生 | 胜任，但偶然出差错 | 有翔实、完善的规程/制度/作业程序等，但偶尔不执行 | 偶尔不按标准进行作业前、日常、专业、综合等检查，检查比较充分、全面 | 防范控制措施有效、全面、充分，偶尔失去作用或出差错 |
| 1 | 该偏差从未发生过 | 高度胜任（培训充分，经验丰富，安全意识强） | 有翔实、完善的规程/制度/作业程序等，且严格执行 | 严格按检查标准进行作业前、日常、专业、综合等检查，检查充分、全面 | 防范控制措施有效、全面、充分 |

机构应结合实际设定严重程度（S）取值准则。通常可从法律、法规及其他要求、人员伤亡情况、财产损失、机构形象几个方面对可能产生的后果的严重程度（S）进行取值，根据表5取六项得分最高的分值作为其最终的S值。

**表 5　可能产生后果的严重程度（S）取值**

| 分值 | 法律、法规及其他要求 | 人员伤亡情况 | 财产损失（万元） | 机构形象 |
|---|---|---|---|---|
| 5 | 违反法律、法规和标准 | 发生死亡 | >50 | 重大影响 |
| 4 | 潜在违反法规和标准 | 丧失劳动 | >25 | 行业内、省内影响 |
| 3 | 不符合上级公司或行业的安全方针、制度、规定 | 截肢、骨折、听力丧失、慢性病 | >10 | 地区影响 |
| 2 | 不符合企业的安全操作程序、规定 | 轻微受伤、间歇不舒适 | <10 | 企业及周边范围 |
| 1 | 完全符合 | 无伤亡 | 无损失 | 形象没有受损 |

确定了S和L值后，根据R＝L×S计算出风险度R的值。

企业应结合实际设定风险分级准则，通常分为重大风险 、较大风险 、一般风险 、低风险四个等级，见表6。

**表 6　风险矩阵表**

| 严重性 S / 风险度 R / 可能性 L | 1 | 2 | 3 | 4 | 5 |
|---|---|---|---|---|---|
| 1 | 1 | 2 | 3 | 4 | 5 |
| 2 | 2 | 4 | 6 | 8 | 10 |
| 3 | 3 | 6 | 9 | 12 | 15 |
| 4 | 4 | 8 | 12 | 16 | 20 |
| 5 | 5 | 10 | 15 | 20 | 25 |

■ 重大风险：R=20～25

■ 较大风险：R=15～16

□ 一般风险：R=6～12

□ 低风险：R=1～5

机构应结合自身实际，依据分析出的S值和L值合理设定风险评价准则，客观评价风险的可容许程度。

**附件 4：作业条件危险性分析法（LEC）**

风险的数学表达式为：D=L×E×C。其中：

D—danger，代表危险性；

L—likelihood，代表后果发生的可能性；

E—exposure，代表人员暴露于危险环境中的频繁程度；

C—consequence，代表可能产生的后果的严重程度。

本方法是对具有潜在危险性作业环境中的危害因素进行半定量的安全评价方法，用于分析操作人员在具有潜在危险性环境中作业时的危险性、危害性。本方法的风险度由事故事件发生的可能性、暴露于危险环境的频繁程度及事故事件后果严重性大小决定。

机构应结合实际设定L、E、C取值准则。取值可参考表7、8、9。

**表 7　事故发生的可能性（L）**

| 分数值 | 事故发生的可能性 | 分数值 | 事故发生的可能性 |
|---|---|---|---|
| 10 | 完全可以预料（1+次/周） | 0.5 | 很不可能，可以设想（1 次/20 年） |
| 6 | 相当可能（1 次/6 个月） | 0.2 | 极不可能（1 次/大于 20 年） |
| 3 | 可能，但不经常（1 次/3 年） | 0.1 | 实际不可能 |
| 1 | 可能性小（1次/10 年） | | |

**表 8　人员暴露于危险环境中的频繁程度（E）**

| 分数值 | 人员暴露于危险环境中的频繁程度 | 分数值 | 人员暴露于危险环境中的频繁程度 |
|---|---|---|---|
| 10 | 连续暴露 | 2 | 每月一次暴露 |
| 6 | 每天工作时间暴露 | 1 | 每年几次暴露 |
| 3 | 每周一次或偶然暴露 | 0.5 | 非常罕见的暴露（<1 次/年） |

**表 9　事故可能造成的后果严重性（C）**

| 分数值 | 发生事故可能造成的后果 | 分数值 | 发生事故可能造成的后果 |
|---|---|---|---|
| 100 | 大灾难，许多人死亡或造成重大财产损失 | 7 | 严重重伤或造成较小的财产损失（损工事件） |
| 40 | 3－9 人死亡或造成很大财产损失 | 4 | 致残或很小的财产损失，医疗处理（限工事件） |
| 15 | 1 人死亡，造成一定财产损失 | 1 | 引人注目，危害人员安全健康要求（急救事件） |

企业应结合实际设定风险分级准则，通常分为重大风险 、较大风险 、一般风险、低风险四个等级，见表10。

**表 10　风险级别划分表**

| 风险度 | 等级 |
|---|---|
| >160 | 重大风险 |
| 70～160 | 较大风险 |
| 20～70 | 一般风险 |
| <20 | 低风险 |

企业应结合自身实际，依据分析出的C值、L值和E值合理设定风险评价准则，客观评价风险的可容许程度。